à André Barbault

TRANSITS ET RÉVOLUTIONS SOLAIRES

Révision du travail par Claudine Galtieri
Composition et couverture : Ciro Discepolo et Pino Valente.
2008 © Tous droits réservés Edizioni Ricerca '90

CIRO DISCEPOLO

TRANSITS ET RÉVOLUTIONS SOLAIRES

Traduit de l'italien par Claudine GALTIERI et Philippe THÉVENY

Edizioni Ricerca '90
Viale Gramsci, 16 - 80122 - Napoli - Italie
www.cirodiscepolo.it - www.solarreturns.com
info@cirodiscepolo.it

Préface

Faisant une estimation par défaut, j'ai calculé qu'à la fin de l'année 2001, après trente et un ans d'intense pratique astrologique, j'ai envoyé au moins 15 000 personnes[1] faire un anniversaire ciblé et, chose plus importante, j'ai enregistré, après un an, leur bilan par rapport à cette splendide réalité qu'est la Révolution solaire ciblée. Mais ce n'est pas là l'objet du présent volume qui s'adresse à tous ceux qui étudient ou entendent étudier les Révolutions solaires, indépendamment du fait qu'ils souhaitent ou non utiliser la méthode des anniversaires ciblés. J'ai fait référence à un nombre aussi élevé de cas, pour affirmer sans prétention aucune, que mon expérience en la matière est considérable et qu'il s'agit d'une expérience concrète et non d'une expérience théorique, ce qui est assez fréquent chez d'autres auteurs. Vous trouverez dans ce livre des considérations très différentes de celles que vous pourriez lire dans un quelconque autre ouvrage. Je vous donne deux exemples : vous lirez dans les chapitres suivants, qu'avec une Révolution solaire qui part disons avec Jupiter en Milieu de Ciel, la promotion socioprofessionnelle du sujet considéré, dans l'année, serait cent fois inférieures, dans les résultats positifs, à une autre Révolution solaire qui, au contraire, commence avec l'Ascendant de Révolution solaire en Maison X radicale et à l'opposé, un Ascendant de Révolution solaire en Maison I de naissance. Vous le verrez dans les chapitres qui suivent, il s'agit de l'une des pires positions qui puissent vous frapper. Ces considérations, comme bien d'autres, naissent d'une pratique très large et sont étayées par des milliers et des milliers de bilans personnels qui peuvent corroborer tout ce qui est écrit ici.

Nous devons ajouter que ce volume n'a pas pour but de se substituer à mes précédents *Guida ai transiti* et *Trattato pratico di Rivoluzioni solari*, mais plutôt d'être une aide majeure pour la compréhension des transits et des Révolutions solaires, grâce aux années de recul et aux nombreuses recherches qui ont suivi celles décrites dans les deux textes cités.

Avec ce livre, je me propose de démontrer trois choses :

1) L'impossibilité de pouvoir faire des prévisions justes si l'on ne considère

pas à la fois les transits et les Révolutions solaires.
2)   La valeur extrêmement négative des Maisons XII, I et VI.
3)   Qu'en utilisant, à la fois, les transits et les Révolutions solaires et les lisant selon ma méthode, il est possible de faire des prévisions tout à fait crédibles.

Soyons clairs, je ne nie pas que d'autres spécialistes, très compétents, puissent réussir à faire des prévisions assez exactes en partant d'autres systèmes d'analyse, mais je pense que les autres méthodes sont condamnées à être nettement inférieures à celles obtenues avec le système que je propose. Selon moi, même celui qui a l'habitude d'utiliser les Révolutions solaires, mais le fait en les interprétant selon des écoles différentes, ne pourra pas obtenir des résultats prévisionnels brillants comparables à ceux qu'il pourrait obtenir avec les règles qui suivront dans les prochaines pages, sachant pertinemment que je n'affirme pas être infaillible sur le plan théorique, mais, je le répète, une très grande pratique me permet d'effectuer des classifications, de définir des priorités, de parler d'échelle de valeurs et de points d'exclamation qui peuvent être placés à côté d'items.

C'est le lecteur qui, par la suite, jugera du bon fonctionnement de la méthode. Mais je suis certain que la pratique me donnera raison. Je ne prétends pas assurer une précision à cent pour cent, mais un degré de vérification très élevé, au point de vous permettre d'agir sans commettre de grosses erreurs. Des erreurs nous en faisons tous et l'important n'est pas d'essayer de ne jamais se tromper mais de s'efforcer de se tromper le moins possible.

Deux choses encore. Vous vous rendrez compte que dans la description des transits la présence de l'auteur est moins évidente, dans la mesure où j'ai essayé d'être le plus "silencieux" possible dans le rapport Livre/Lecteur. Au contraire, lorsque vous lirez la partie relative aux Révolutions solaires, je serais plus présent, plus incisif, avec des commentaires très personnels et ce parce qu'il s'agit d'arguments pour lesquels j'ai ressenti la nécessité d'entrer en lice, de prendre plus nettement position, par rapport aux transits.

Enfin, je voudrais ajouter que vous trouverez souvent dans ce livre les termes "négatifs" et "positifs" en ce qui concerne certaines positions dans les transits et dans les Révolutions solaires. Nombreux seront ceux qui seront horrifiés par un "tel langage", affirmant qu'il faudrait parler seulement de positions harmoniques ou dissonantes et jamais de positions positives ou négatives. Je suis désolé, mais je ne supporte pas la démagogie et dans une société dans laquelle les aveugles s'appellent non voyants, les pauvres démunis, les handicapés porteurs de handicap, les noirs immigrés, je préfère appeler un chat un chat : vous pourriez faire ce que vous voulez pour me convaincre, vous ne réussirez jamais à me faire dire qu'un transit de Saturne sur le Soleil en Maison XII est simplement dissonant ou qu'il peut faire croître. Je resterai toujours convaincu que c'est d'abord un malheur que quiconque préférerait éviter et puis, éventuellement, qu'il peut aussi être source de croissance.

[1] Il arrive quelquefois que dans la même journée, entre les amis, les collègues et les élèves, dix

PRÉFACE

personnes différentes m'appellent pour me demander un conseil. Ayant toujours l'ordinateur branché, en quelques minutes, grâce au programme Molriv et à la discussion avec des personnes compétentes en la matière, j'aide à opter pour une destination. De la même manière, après un an, je commente, brièvement, avec les mêmes personnes, les résultats obtenus. Si pour un grand nombre de choses, j'ai de véritables trous de mémoire, pour la RSM, je n'oublie presque jamais rien.

1.
Trente bonnes règles

Ce que vous êtes sur le point de lire ou d'étudier ne prétend pas être un prolongement de la Bible, mais -simplement- des règles nées de mon expérience qui doivent être prises globalement, pour une vérification, pour ensuite être acceptées ou refusées, selon les résultats qu'elles donneront. A mon avis, elles fonctionnent, et plutôt bien, mais je ne veux pas vous influencer outre mesure et je veux seulement que vous les expérimentiez. Si en les utilisant vous trouvez qu'elles vous aident à faire des prévisions très crédibles, beaucoup plus crédibles qu'avec d'autres méthodes enseignées par d'autres maîtres, alors faites-moi part de vos impressions (mon e-mail est *discepol@tin.it* et l'adresse de mon site Internet est *www.cirodiscepolo.it*). Ce que je vous demande toutefois est de les prendre "en bloc" : si vous entendez réellement les utiliser, faites-le en les considérant dans leur ensemble et non en faisant une sélection arbitraire.

Les trente règles sont les suivantes :

1. Les vingt jours précédant et les vingt jours suivant l'anniversaire sont très importants, tant en positif qu'en négatif. Souvent, les événements les plus importants de toute l'année ont lieu ces jours-là.

2. Le jour de l'anniversaire est une journée vraiment très spéciale dans la mesure où des événements extraordinaires peuvent avoir lieu. Giacomo Casanova, qui retranscrivait avec précision les faits de sa vie, déclare dans ses mémoires qu'à sept reprises durant son existence, son anniversaire a coïncidé avec des événements extraordinaires, positifs ou négatifs, événements qui ont changé radicalement le cours de sa vie, comme l'évasion d'une prison (le Vénitien a été accueilli dans une grande partie des prisons européennes) ou le fait de devenir millionnaire (il a été, à cette époque-là plusieurs fois millionnaire et plusieurs fois mis sur la paille). La raison je ne la connais pas : je ne sais pourquoi l'anniversaire est un moment aussi particulier, et même si j'avais une idée quelconque à ce sujet, je m'abstiendrais de la déclarer n'en étant pas certain. Cependant, même si je ne suis pas en mesure de donner une explication théorique à ce fait, je me limite à constater que cela fonctionne. A partir d'aujourd'hui, essayez d'écouter les journaux télévisés ou de

lire la presse en étant particulièrement attentif à ce genre de nouvelle et vous trouverez, de manière assez récurrente, des informations de ce genre : un mafieux russe arrêté dans un hôtel de luxe le jour de son anniversaire, l'assassin de Giovanni Falcone[1] arrêté le jour de l'anniversaire de sa victime, un footballeur marque un but décisif le jour de sa naissance et ainsi de suite. Je pourrais donner des milliers d'exemples.

3.   Si plusieurs anniversaires se succèdent dans la famille du sujet, ces jours-là deviennent "explosifs", de véritables bâtons de dynamite et une concentration encore plus grande d'événements.

4.   N'oubliez pas que si l'Ascendant ou un stellium[2] ou le Soleil de Révolution tombe dans la Maison I, VI ou XII, l'année se présente très mal, fatale, dangereuse, négative à 360° et pas seulement pour la santé, le travail ou les sentiments. Il s'agira dans la quasi-totalité des cas, d'une année noire dont vous vous souviendrez pendant longtemps, une année à oublier. Je me rends compte qu'en disant cela, je finis par rendre très emphatique cette valeur, mais c'est exactement ce que j'ai l'intention de faire : à mon avis, jamais aucun auteur ne s'est prononcé avec ces points d'exclamation, alors que personnellement je pense qu'il est juste, non seulement de mettre des points d'exclamation bien précis à ses propres règles, mais aussi qu'il faut les mettre ici et pas ailleurs. Quelqu'un a parlé de la Maison XII comme étant un peu négative, mais jamais personne avant moi, je crois, ne l'a tant diabolisée et jamais personne n'a tant criminalisé la VI et la I : mais essayez de suivre cette règle et puis tenez-moi au courant. Lorsque ces Maisons sont interceptées, de gros ennuis peuvent survenir dans tous les domaines : ennuis dans la vie sentimentale, la santé, la justice, l'argent, deuil, etc. Je souhaite ajouter, qu'à travers les recherches et les vérifications faites ces dernières années (1997 – 2001), j'ai acquis la conviction que, lorsque dans la Révolution solaire trois ou plus de trois astres sont présents entre la Maison I et XII, indépendamment de la nature de ces astres, le résultat est exactement le même à celui que l'on pourrait avoir avec un Ascendant en Maison XII, Mars en Maison I ou un stellium en Maison VI. Cela est valable aussi si, par exemple, nous avons Jupiter en Maison XII et Vénus et Mercure en Maison I. Il faut donc faire attention à ne pas sous-estimer une telle configuration astrale vraiment très insidieuse.

5.   Tout ce que nous avons énoncé dans le chapitre précédent reste valable pour Mars en Maison XII, VI ou I de révolution : cette position, même isolée peut ruiner une année qui s'annonçait très positive, pour d'autres éléments des transits ou de la même Révolution solaire.

6.   Dans l'examen de la Révolution solaire, je conseille de tenir compte seulement de quelques éléments qui sont sûrs : a) où tombe l'Ascendant de Révolution par rapport à la Maison de naissance ; b) où tombe un stellium de Révolution par rapport aux Maisons de Révolution c) où tombe le Soleil de

Révolution par rapport aux Maisons de Révolution ; d) où tombent les maléfiques (mais surtout Mars) par rapport aux Maisons de Révolution ; e) ensuite, *mais seulement ensuite*, les autres positions des astres dans les Maisons. Je déconseille vivement de tenir compte d'autres éléments, comme par exemple si une planète est rétrograde ou si elle forme un bon ou un mauvais aspect, parce que ces éléments n'ont pas une valeur nulle, mais très basse, de l'ordre d'une fraction décimale par rapport aux nombres entiers des positions énumérées précédemment. Prenons un exemple : Mars en Maison XII, dans la RS d'un sexagénaire sera toujours dangereux, indépendamment du fait qu'il est rétrograde ou pas et indépendamment du fait qu'il est affligé, en exil ou en chute ou autre. La Révolution solaire est une fenêtre d'exceptionnelle clarté sur douze mois qui embrasse les Maisons dérivées et tout le reste, mais il faut éviter l'erreur de vouloir la lire comme s'il s'agissait d'un ciel de naissance, allant jusqu'à regarder les dispositeurs. Tout cela en effet, loin d'éclairer l'ensemble a seulement pour effet de masquer les autres significations qui sont très claires.

7. La Maison VII correspond, presque toujours, à des tracasseries administratives, à des ennuis avec la loi, à des conflits possibles avec la justice, à des guerres en tous genres, à des tensions en général, à des litiges, à des désaccords avec son partenaire pouvant porter à la séparation ; à des inimitiés déclarées, voire à des attentats, comme agressions ou dommages à nos propres biens (par exemple par intimidations mafieuses).

8. Jupiter et le Soleil aussi bien en transit qu'en Révolution solaire en Maison II, VII et VIII fonctionnent comme un oscillateur bistable, dans le sens où ils tendent à inverser de 180° la situation préexistante : si tout est calme, ils amènent la tempête et s'il y a la guerre ils aident à rétablir la paix. Nous renvoyons plus particulièrement aux paragraphes spécifiques, en rappelant de bien observer cette règle afin d'éviter de se tromper complètement dans l'analyse d'une situation astrale.

9. Les valeurs des Maisons II et VIII indiquent, dans la plupart des cas, d'importantes dépenses, de véritables hémorragies monétaires et une nette diminution des entrées d'argent.

10. La Maison XI est souvent en relation avec la mort, les deuils, beaucoup plus que la Maison VIII où la mort n'est que secondaire par rapport au discours principal qui porte sur l'argent (dans 90% des cas, une Maison VIII interceptée dans la RS, mais aussi dans les transits, nous parle de problèmes économiques et non de mort). Encore aujourd'hui, de nombreuses années après cette découverte, je me demande comment il est possible qu'aucun collègue ne s'en soit rendu compte avant moi : il s'agit d'une réalité tellement transparente que seul un aveugle, ou un représentant du CICAP, pourrait ne pas s'en rendre compte. Essayez d'examiner une vingtaine de deuils qui vous ont touché directement ou dans l'entourage de vos amis et vous constaterez l'infaillibilité de cette règle.

11. Les trigones et les sextiles d'Uranus et de Neptune surtout, mais aussi de Pluton, sont très souvent annonciateurs de malheurs. J'imagine déjà, à ce propos, une levée de boucliers : "Comment ? Nous voulons alors défendre la théorie selon laquelle il y a dans la vie d'un être humain beaucoup plus d'aspects négatifs que d'aspects positifs ?" A quoi je réponds : vous avez attendu ce jour pour vous en rendre compte ? N'est-il pas vrai que pour chaque personne qui gagne au tiercé ou à la loterie, il y en a au moins mille qui tombent dans un escalier, qui perdent leur emploi, qui apprennent que leur fils se drogue, que leur conjoint les trompe ou qui sont frappés par une maladie grave ? Même si elle est terrible, c'est la pure et simple réalité : pour chaque événement heureux, il y en a au moins mille douloureux. Les trigones et les sextiles aussi voyagent très souvent dans une mauvaise direction.

12. Soyez particulièrement attentifs aux semi-carrés et aux sesqui-carrés dans les transits qui ont une énorme importance, exactement comme celle des carrés et des oppositions. Ne les négligez pas parce que vous pourriez y perdre beaucoup. D'après mon expérience, au contraire, semi-sextiles, sextiles et quinconces ont une très faible influence voire aucune.

13. L'Ascendant en Maison X de Révolution solaire amène, presque toujours, des choses exceptionnellement positives, ainsi que vous pourrez le lire dans le chapitre qui y est consacré. Par contre, Jupiter en Milieu du Ciel de Révolution solaire, n'a qu'une très modeste influence, certainement beaucoup plus modérée que l'Ascendant dans la même position. Je ne sais quelle en est la raison, mais ce que je peux affirmer c'est qu'il en va ainsi et que vous pourrez vous en rendre compte vous-même.

14. L'Ascendant en Maison X, lorsqu'il est concomitant à un transit négatif de Saturne, d'Uranus, de Neptune ou de Pluton, en Milieu du Ciel en Maison X ou bien en aspect dissonant avec l'Ascendant, le Soleil ou la Lune (y compris les conjonctions), est source d'importants dommages : situations problématiques non négligeables.

15. Les jours où se bousculent de nombreux aspects aussi bien positifs que négatifs, nous devons nous attendre à des événements vraiment spéciaux et maintenir notre sens de l'observation en état d'alerte, nous mettant en position de vigilance et de défense.

16. Les moments parmi les plus dramatiques d'une vie surviennent quand à un transit dissonant de Saturne, d'Uranus, de Neptune ou de Pluton, par rapport au Soleil, à l'Ascendant, au Milieu du Ciel, ou à la Lune de naissance, viennent s'ajouter un Ascendant, un stellium, un Soleil ou un Mars de Révolution solaire dans les Maisons I, VI ou XII de Révolution. Vous ne pouvez vous tromper.

17. Tout ce qui est déjà en puissance, est exalté par les transits et par la Révolution solaire. Si quelqu'un, par exemple, a un mauvais Uranus de naissance en Maison VIII, quand Uranus transite en opposition par rapport à une telle position, il est légitime de s'attendre à de graves crises économiques.

18. L'effet positif de la Maison X de Révolution peut aussi n'intéresser qu'un seul événement et non nécessairement une longue série de faits positifs. Nous invitons à la lecture du chapitre qui y est consacré.

19. Nous ne devons jamais oublier que les variables en jeu pour expliquer l'évolution d'une vie sont au nombre de trois : l'information génétique, c'est-à-dire l'héritage biologique des parents transmis par l'acide désoxyribonucléique, la détermination astrale et les conditions sociales, économiques, culturelles, historiques, politiques et sociales d'une période et d'un territoire où l'on naît et vit : si Napoléon Bonaparte était né au XV° siècle sur un plateau de l'Afrique, il ne serait pas devenu empereur du monde. Selon certains biologistes, il existerait une quatrième variable (mais pour ces derniers, l'influence des astres n'existant pas, il s'agirait de la troisième) dérivant de la connexion "fortuite" entre les neurones. Mais la question est de savoir comment dans une nature dans laquelle tout semble suivre des lois universelles précises, peuvent se produire des phénomènes dus au "hasard", et comment il est possible d'affirmer, par contre, que de tels phénomènes ne sont pas déterminés par la position des astres au moment d'une naissance.

20. Pour chercher à différer les événements d'une année interceptés par la Révolution solaire, exercice des plus difficiles, il est bon de tenir compte des Révolutions lunaires outre les transits de planètes plus ou moins rapides. Par exemple, si une Révolution solaire annonce des événements très négatifs, regardez la position de Mars dans le courant de l'année, dans ses aspects dissonants principalement avec le Soleil, l'Ascendant, le Milieu du Ciel et la Lune. Pour les années de bonne Révolution solaire, regardez, par contre, la situation homologue déterminée par les transits de Jupiter et de Vénus.

21. Nombreux sont ceux qui pensent que la description des transits relatifs aux Maisons de naissance peut être la même pour la position des astres dans les Maisons de Révolution et la chose n'est absolument pas évidente, comme vous pourrez le noter en lisant les chapitres correspondants.

22. Si les indications des transits et de la Révolution solaire sont opposées, il est nécessaire de se régler comme suit. D'après mon expérience, si les transits sont plutôt mauvais et menaçants, alors que la Révolution solaire, par contre, est peu influente, neutre et donc peu à craindre, alors l'année ne sera pas marquée par des événements dramatiques et nous ne devrons pas nous préoccuper. Si, par contre, les transits sont peu importants, presque neutres, en rien préoccupants, et, si par contre, la Révolution solaire est mauvaise, difficile, même pour un seul Ascendant

dans la Maison I, VI ou XII, alors nous devrons nous attendre certainement à une année plutôt insidieuse et négative.

23. A l'intérieur de quelles orbites faut-il considérer les transits ? Il n'y a pas de règles rigides et, dans tous les cas, tout dépend de la lenteur ou de la rapidité de la planète qui aspecte. Les astres rapides, comme le Soleil, la Lune, Mercure, Vénus et Mars, peuvent agir, en général, même jusqu'à cinq degrés avant et cinq degrés après l'orbite précise de l'aspect (de conjonction, carré, sextile, etc.). Les transits de Jupiter et de Saturne peuvent être considérés comme valables généralement dans un écart maximum de trois degrés de l'orbite : toujours avant et après l'aspect exact. Pour Uranus et Neptune, par contre, la possibilité d'évaluation ne pourra se faire que sur deux degrés mais souvent nous lisons qu'ils agissent avec des orbites plus grandes: cela est dû à l'effet d'addition à travers lequel ils peuvent se manifester, accompagnés d'autres transits d'astres plus rapides. Pour Pluton, par contre, qui peut demeurer jusqu'à une dizaine d'années sur le même point, nous devons considérer tout au plus un degré, mis à part les exceptions que nous venons d'évoquer. En ce qui concerne les semi-carrés et les sesquicarrés, les orbites doivent être réduites le plus possible et tournent autour de deux ou trois degrés pour les planètes rapides et de un ou deux pour les autres.

24. Les transits de Mars tendent à anticiper, dans le sens où ils se manifestent plus en entrée qu'en sortie. Mais il ne faut pas considérer cette règle comme absolue.

25. Les transits devront être considérés sous certains aspects, à la fois négatifs et positifs, indépendamment du carré ou du trigone par lequel ils s'expriment. Pour comprendre si un passage planétaire se manifestera de manière positive ou négative, il faut observer la Révolution solaire qui est un véritable "livre ouvert" aux prévisions exceptionnellement claires : celui qui lira les Révolutions solaires et les transits selon la méthode décrite dans ce volume, ne se trompera pas de beaucoup dans ses prévisions.

26. Rappelez-vous que, souvent, la Maison VIII correspond à la prison.

27. Les transits triples sont beaucoup plus difficiles que les transits simples. Une planète peut passer sur la conjonction avec un autre astre et procéder sans jamais retourner en arrière. Inversement, dans certains cas, celle-ci transite de manière directe une première fois, puis rétrocède une seconde fois et repasse, définitivement, de manière directe, une troisième fois. Les transits triples sont beaucoup plus importants que les autres.

28. Les transits des planètes, surtout les planètes lentes, dans les Maisons, même dans celles qui sont vides, sont extrêmement importants et nous offrent de très précieuses informations. Lire dans ce livre les paragraphes qui y sont consacrés.

29. Pour de nombreux passages planétaires il est très utile, dans le but de comprendre le passage même, de demander au consultant ce qui est advenu, avec le même transit, dans le cycle précédent. Par exemple, un passage de Jupiter en Maison II, peut amener aussi bien énormément d'argent en entrée qu'en sortie et pour pouvoir faire des prévisions sérieuses, il est utile de demander au sujet ce qu'il lui est arrivé, de ce point de vue, quand, douze ans auparavant, la même chose s'est vérifiée.

30. Un des points fondamentaux, à mon avis, dans l'interprétation de la Révolution solaire, est qu'il est nécessaire d'assigner une très faible importance aux aspects qui forment, dans un sens angulaire, les différentes positions des astres dans l'économie globale de la RS elle-même. Voici un exemple qui me permettra d'être plus clair : imaginons qu'un individu X ait un Mars superbe pour les aspects qu'il forme dans la Maison VI de RS : celui-ci sera toujours et uniquement destructeur et en rien (ou presque) influencé par les bons aspects qu'il forme avec les autres astres dans le ciel de *return* considéré. En d'autres termes, si nous attribuons 100 (comme valeur numérique négative) à Mars dans la Maison VI, nous pourrons lui ajouter plus 1 ou moins 1 selon qu'il forme des trigones ou des carrés. Donc, il ne faut pas se faire d'illusion en ce sens et je suis convaincu qu'il est inutile de chercher à présenter les choses mieux qu'elles ne sont : Mars, en Maison VI, I ou XII, est on ne peut plus négatif, indépendamment du fait qu'il est "harmonique" ou "dissonant".

Naples, 23/04/97

---

[1] Juge assassiné au cours d'un attentat en Sicile. (NdT)
[2] Trois astres ou plus, près l'un de l'autre.

2.
Transits du Soleil

Les transits du Soleil, ainsi que ceux de la Lune, de Mercure et de Vénus ont une importance extrêmement limitée par rapport à l'ensemble des événements qui caractérisent une année ou plusieurs années de notre vie. Ceux-ci peuvent en effet déterminer tout au plus la qualité et la direction des laps de temps limités à quelques jours seulement, tout au plus à deux ou trois. Le Soleil est certainement le premier indicateur de libido, aussi met-il en évidence notre dimension mentale, là où nous désirons aller, ce que nous voulons faire à un moment donné de notre existence. Le Soleil est aussi la force de notre Moi conscient et donc de sa position dépend en grande partie la charge plus ou moins significative d'optimisme que nous pouvons engager dans chacune de nos actions, et le rapport que nous évaluons chaque jour qui existe entre notre rationalité et les forces de l'inconscient. Le Soleil représente aussi le père ou le fils, ou le frère ou le mari et donc ses transits nous fournissent d'utiles informations sur ces sujets. En outre, il doit par ailleurs être mis en rapport avec notre prestige, avec notre croissance sur le plan social et professionnel.

Soleil en aspect harmonique au Soleil

Les jours où le Soleil de transit conserve favorablement sa position de naissance, nous sommes beaucoup plus chargés d'énergie, aussi bien dans un sens physique que mental. Une légère mais essentielle ondée d'optimisme nous envahit tous et nous ressentons le besoin d'agir, de caractériser par des faits réels une profonde volonté d'affirmation, de réussite, d'engagement. Ce sont les jours où nous pouvons commencer à travailler à un nouveau projet, à mettre en pratique une idée que nous avons en tête depuis longtemps. Nous recueillons autour de nous un consensus plus vaste, et enregistrons estime et prestige. Il est aussi possible de recevoir, ces jours-là, de bonnes nouvelles relatives à notre travail, à notre activité intellectuelle, sportive, musicale, etc. Au cours de ce passage, il est aussi possible d'assister à une croissance, au passage d'un cap, temporaire ou définitif de notre fils, de notre père, de notre mari ou de notre frère. Etant plus sereins et aussi plus optimistes, nous pouvons tenter de tirer des bilans partiels pour étudier la direction dans laquelle il est préférable de diriger nos énergies.

Soleil en aspect dissonant au Soleil

Dans le courant de ces jours, nous subissons un léger mais non négligeable infléchissement de tonus, de nos forces physiques et mentales. Un souffle de pessimisme envahit notre personne et la vie nous semble plus difficile. Nous sommes enclins à penser avec une certaine mélancolie et aussi avec un zest de défaitisme. Nous tentons d'abandonner ce que nous avons entrepris parfois quelques semaines auparavant et ressentons un dépérissement de notre vitalité. Le soleil représente un archétype de vie et ce n'est pas un hasard si dans les Pays scandinaves qui vivent durant une longue période de l'année dans l'obscurité il y ait un grand nombre de suicides. Quand nous enregistrons le passage dissonant de notre source de lumière ou lumière fondatrice par rapport à sa propre position de naissance, nous ferions bien de diriger plus de lumière et plus de rayons solaires vers nous, soit directement, en nous exposant à l'air libre, soit indirectement avec des lampes artificielles. L'illumination, ces jours-là, semble essentielle, vraiment importante. Notre psyché enregistre à proprement parler une chute de luminosité. Nous nous sentons découragés et percevons une baisse de popularité, un affaiblissement de l'image que les autres ont de nous. Aussi ne sera-t-il pas opportun de nous adresser à un chef dans l'intention de lui demander de l'avancement, d'envoyer une demande dont dépendrait notre futur professionnel. En macrobiotique, ces conseils reviendraient à solliciter le yang de notre organisme, avec par exemple du café ou du thé ou bien par d'autres substances en relation directe au yang. Même notre image extérieure, durant ce transit, apparaît comme moins resplendissante et moins vive. Ces jours seront ceux au cours desquels nous pourrons recevoir de mauvaises nouvelles d'un frère, d'un fils, de notre mari, de notre père. Il est préférable, dans ce bref laps de temps, d'éviter les bilans, de prendre des décisions dont notre futur en général pourrait dépendre.

Soleil en aspect harmonique à la Lune

Les jours où le premier luminaire transite de manière favorable à notre Lune de naissance, notre personne vit un moment de sain équilibre intérieur, d'harmonie entre les parties consciente et inconsciente qui nous construisent, ce que l'on appelait autrefois la *coniuctio oppositorum* : Il s'agit, en effet, de la magnifique fusion entre la rationalité et l'émotivité qui trouve surtout dans la conjonction entre les deux astres une magnifique forme d'expression. Mais aussi avec le trigone et avec le sextile nous ressentons une plus grande paix intérieure, peu de frictions à l'intérieur et à l'extérieur de notre personne. Pour bien comprendre cet aspect, il est nécessaire de noter l'attitude de ceux qui sont nés avec les aspects harmoniques Soleil-Lune, et de ceux qui, par contre, sont venus au monde avec des angles dissonants entre les deux luminaires. Les premiers apparaissent comme des personnes équilibrées, posées, calmes, réflexives. Au contraire, les seconds tendent à se comporter comme des sujets toujours anxieux, agités, préoccupés, absolument pas en équilibre. De la même façon, quand le Soleil forme un aspect positif avec notre Lune radicale, nous nous sentons moins tendus, plus tranquilles, beaucoup plus disponibles au dialogue intérieur et extérieur. Nous nous mettons dans une position positive avec nous-mêmes et avec les autres. Nous sommes dans la condition de faire des bilans, de lire avec une plus grande clarté les événements de cette période. Nous sommes aussi plus tolérants par rapport à notre prochain et prêts à donner un espace plus grand aux autres. Il ne s'agit pas d'un affaiblissement du moi, mais d'une valorisation momentanée de nos forces plus intérieures et viscérales. Nous pourrons ces jours-là recevoir de bonnes nouvelles relatives à une sœur, une fille, notre femme, notre mère. Ces personnes nous apparaîtront au cœur de ce transit, plus sereines et équilibrées. Ces jours leur seront particulièrement favorables aux nouvelles relations amicales et même sentimentales.

Soleil en aspect dissonant à la Lune

Au cours de ce passage ne durant que fort peu de jours, nous nous sentons en opposition avec nous-mêmes et avec les autres. Nous notons une plus grande dichotomie entre notre sphère pensante et notre sphère émotive-inconsciente. Le docteur Jekyll et mister Hyde qui sont en nous vivent un moment de friction maximum où chacun d'eux peut assassiner l'autre. Ce sont des jours où l'agitation prévaut et où nous dormons probablement peu, mais il nous serait impossible de dire s'il s'agit du manque de sommeil qui nous rend agités ou si c'est parce que nous sommes agités que nous dormons peu. Nous sommes tendus et susceptibles, prêts à la dispute, excessivement sur nos gardes par rapport à l'extérieur. Nous ne sommes en rien sereins et nos paramètres de jugement sont nettement enclins à l'exagération et au pessimisme. Si le phénomène de la lycanthropie existe, nous en vivons ici l'expérience dans une fraction de temps infinitésimale mais non négligeable. Comme les loups-garous des nouvelles de Pirandello et de nombreux autres écrivains, nous voudrions, nous aussi, sortir et hurler à la nuit. Toute notre personne est envahie d'un sens original d'insatisfaction et d'impatience. Nous voudrions changer et changer encore, sans savoir quoi. Nos évaluations personnelles sont rendues difficiles par une brume mentale et par une agitation générale non mieux définissable qui nous emporte et nous pousse à faire de mauvais choix, excessifs et inopportuns. Il est bon, en ces jours, de ne pas prendre de décisions importantes et surtout d'éviter d'engager des discussions dont peut dépendre notre rapport sentimental ou affectif. Nous ne nous sentons pas bien disposés à l'égard d'autrui et nous percevons une friction identique chez les autres à notre égard. Au cours de ce passage nous pouvons recevoir de mauvaises nouvelles relatives à une sœur, à une fille, notre femme, notre mère ou bien l'un de ces sujets féminins apparaît particulièrement agité, troublé, vivant décidément un moment marqué par la négativité.

Soleil en aspect harmonique à Mercure

Au cours des quelques jours où le Soleil transite à notre Mercure radical, nous vivons un moment de grande intelligence, au sens où nous sommes plus lucides et plus rationnels. Nous sentons aussi que les autres réussissent à nous comprendre parfaitement. Nous sommes beaucoup plus disposés à écouter et sommes mieux préparés pour communiquer, proposer nos idées. Nous percevons par ailleurs la nécessité de déplacements bénéfiques, éventuellement grâce à un court voyage en voiture ou en moto. En cette période la conduite d'un véhicule nous attire certainement. Nous désirons voyager et la plupart des fois nous le faisons réellement. Le besoin de communiquer qui nous prend, mais non de manière névrotique, nous pousse à chercher d'autres formes de contacts avec autrui, éventuellement par le biais de la radio, de la télévision etc. Pour naviguer sur Internet, le transit en question est des meilleurs: sont possibles d'alléchantes occasions de découverte de sites nouveaux et intéressants. Ces jours-là toujours, nous pourrons réaliser nous-mêmes de bonnes pages WEB sur le réseau. Mais le besoin de communiquer dont nous parlons doit être compris dans un sens large: des autres vers nous et vice-versa. Nous recevons souvent une correspondance à la fois importante et intéressante et sommes nous-mêmes poussés à écrire à de nombreuses personnes. Le téléphone sonne plus souvent et nous sommes en mesure de nous mettre plus facilement en contact avec des numéros difficiles à contacter. Notre désir de lecture augmente et c'est le bon moment pour commencer à lire un livre particulièrement difficile ou dense, un ouvrage que nous avons par exemple laissé plusieurs années dans un tiroir. Nous ne devrons pas nous étonner si nous regardons de manière plus intéressée, sur les journaux et à la télévision, la publicité de voitures et motos. C'est une période également positive pour l'achat éventuel d'une imprimante pour notre ordinateur ou de papier à en-tête. En outre, nous nous sentons beaucoup plus capables d'entreprendre des transactions et nous nous découvrons, aussi, un talent temporaire pour les affaires: c'est le moment adapté pour chercher à nous défaire d'un objet qui ne nous sert plus, d'un vieil appareil électroménager, etc. Ce sont les jours où nous pouvons recevoir de bonnes nouvelles relatives à un frère, un cousin, un beau-frère ou pour améliorer nos rapports avec eux.

Soleil en aspect dissonant à Mercure

Les quelques jours au cours desquels le Soleil est en aspect négatif à Mercure, nous comprenons plus difficilement les autres et nous nous faisons plus difficilement comprendre. Nous sommes aussi légèrement plus confus nous-mêmes ou bien nous sentons en nous une résistance à écouter autrui. C'est un moment négatif pour toutes les formes de communication qui nous touchent. Plus que d'une chute d'intelligence, nous pourrions dire mimant le langage de l'informatique, qu'il y a des problèmes de vitesse dans l'interface entre nous et l'extérieur. Nous pouvons apparaître particulièrement sensibles, en négatif, aux lenteurs et aux répétitions de ceux qui sont devant nous ou, au contraire, ne parvenir qu'avec difficulté à la rapidité d'exposition des concepts de notre interlocuteur. Nous notons en outre des difficultés dans le maniement des instruments typiques de la communication: nous ne réussissons pas à sélectionner un numéro de téléphone que nous appelons en général sans problème, nous ne sommes pas en mesure de nous mettre en contact avec le *provider* pour naviguer sur Internet, notre fax tombe en panne ou bien c'est le téléphone, la radio ou le téléviseur. Ces jours-là une lettre envoyée peut nous être retournée et à laquelle manquerait par exemple le numéro de la rue du destinataire. Il peut même se faire que nous recevions des lettres déplaisantes voire méchantes, des télégrammes inopportuns et une quantité importante de publicité inutile. Il nous arrive aussi souvent d'être assaillis par des coups de téléphone dans les moments les moins opportuns ou bien de devoir ouvrir à des livreurs quand nous ne sommes pas disponibles. Il peut même se faire que nous devions entreprendre à contre cœur un bref déplacement ou bien être contraints à des déplacements réguliers. Au cours du passage en question, notre voiture ou notre moto tombe souvent en panne, à moins qu'il ne s'agisse de l'imprimante de notre ordinateur. Le moment est décidément négatif pour l'achat de l'un de ces derniers appareils ou objets. Ce n'est d'ailleurs pas non plus le moment le plus favorable pour contacter un frère, un cousin ou un beau-frère qui habite loin et nous pourrons être informés d'un problème qui les touche dans le courant de ce transit. Il est bon, ces jours-là, d'éviter de s'improviser dans la vente ou le commerce de n'importe quel type de marchandise ou bien de tenter de faire aussi de petites affaires avec les journaux de petites annonces. Une certaine électricité en nous pourrait nous porter à une légère insomnie qui disparaîtra bien vite.

Soleil en aspect harmonique à Vénus

Au cours de ces quelques jours nous nous sentons décidément mieux. Une sensation de bien-être psychophysique nous permet d'affronter la journée et le futur avec optimisme. Nous éprouvons vivement le désir d'être soft avec notre environnement, d'arrondir les angles dans chacun de nos contacts avec l'extérieur, d'être plus ouverts et disponibles avec tous et surtout tolérants ce qui ne nous arrive pas en général. Nous notons aussi une beaucoup plus grande disponibilité des autres et une sympathie générale à notre égard. Qu'il s'agisse du rapport avec l'employé assis derrière un guichet ou de quelques mots échangés avec le facteur ou un livreur, nous pourrons vérifier que nos rouages rationnels sont plus huilés que d'habitude. Nous sommes, par ailleurs, plus dirigés vers l'amour au sens strict du terme et ces périodes sont parmi les plus indiquées, dans le courant de l'année, pour vivre un week-end de passion, de sexe et de tendresse. Ce sont les jours idéaux pour tenter de se réconcilier avec la personne aimée ou pour tenter d'établir une nouvelle relation sentimentale. Ces jours étant favorables à la cour amoureuse, vous pouvez les employer à écrire des lettres sentimentales, à envoyer des fleurs et friandises, à tenter une approche téléphonique avec la personne qui vous intéresse.

Mais il s'agit d'une disponibilité supérieure non seulement à l'amour et aux rapports d'amitié, mais aussi et surtout d'un intérêt pour tout ce qui est beau, esthétique, artistique et récréatif. Vous vivrez un moment d'hédonisme durant lequel les achats de vêtements, de bijoux, bijouterie, ameublement, tableaux et bibelots seront favorisés. Votre sens esthétique devenu plus aigu vous permettra de faire de bons achats en objets qui prendront de la valeur avec le temps. Période propice aussi du point de vue créatif: peindre des tableaux, sculpter dans la pierre, travailler avec de la céramique, faire du bricolage en général. La visite des musées est conseillée, mais aussi une fréquentation plus assidue des spectacles, concerts restaurants, night-clubs, discothèques. Vous éprouverez l'envie de vous amuser, de jouer, de faire l'amour. En ce sens ces jours seront propices à une éventuelle procréation. En outre, vous pourrez embellir votre propre personne par des massages, par des applications de boue, par l'immersion dans des eaux thermales, par des traitements esthétiques de la peau et des cheveux, coiffeurs et visagistes, ainsi que tout autre soin psychophysique de votre personne. Le transit en question pourra encore masquer une période positive pour votre compagne, votre fille, sœur ou mère.

Soleil en aspect dissonant à Vénus

Un hédonisme exagéré peut se matérialiser ces jours-là et nous conduire sur le chemin d'une recherche excessive des plaisirs avec des conséquences pas toujours positives. Nous pouvons désirer à tout prix satisfaire les sens et commettre des exagérations alimentaires ainsi qu'en matière d'alcool et de sexe. Les "grandes bouffes" ne sont jamais salutaires et derrière l'apparence de totale satisfaction des sens se cache, presque toujours, le danger de coliques en tous genres, entendues aussi sur le plan mental. Nous pouvons le vérifier par exemple dans le fait que de nombreux criminels vivent sous l'emprise de leur criminalité parce qu'ils ont Vénus dominante dans leur Ciel de naissance et tendent donc à en faire trop, aussi au risque de tuer ou de commettre un viol. Donc, Vénus est certainement la planète du beau, du doux, du poétique et du romantique, mais aussi un aimant puissant des instincts animaux les plus bas. Il sera, par conséquent, salutaire ces jours-là de contrôler nos instincts et de travailler surtout avec notre cerveau nous inspirant à un comportement que nous pourrions qualifier de sain. Nous pourrons ne pas être en bonne santé, peut-être serons-nous même atteints par la maladie indépendamment des excès que nous venons de décrire. En effet, Vénus signifie (le principe masculin renvoyant à la planète; le principe féminin se référant par contre à la déesse dont il prend le nom) aussi la santé qui tend cycliquement à se détériorer quand le soleil établit un angle dissonant avec l'astre en question. Il s'agit, cependant, de troubles passagers qui disparaîtront immédiatement après pour laisser place à des périodes de bien-être dus à la formation d'aspects harmoniques avec le quatrième astre de notre système solaire (vu de la Terre). Vénus est aussi en relation avec l'argent, et donc les possibilités de dépenses excessives, ces jours-là de l'année, sont plus grandes. Il sera bon de ne pas se laisser tenter par les jeux de hasard et les spéculations économiques à risque. Mais les petites ou importantes hémorragies d'argent pourraient venir aussi de dépenses excessives et non du jeu: en ce sens la modération est encore conseillée. Modération devra être le mot d'ordre durant toute la durée de ce passage astral. Toutefois, le dynamisme, l'effort, inscrit dans le concept d'aspect dissonant, comme dans ce cas, peut signifier la souffrance que nous éprouvons pour la personne que nous aimons, pour une sœur, une fille, notre mère ou bien la légère adversité qui touche l'une de ces figures.

Soleil en aspect harmonique à Mars

Quand le Soleil regarde d'un œil bienveillant notre Mars de naissance, nous nous trouvons dans un moment de grande énergie psycho-physique. Une légère, mais concrète exubérance de forces nous permet de nous concentrer fortement sur tous nos projets et de viser exactement dans la direction où nous voulons aller, sans subir de changements de route dus à des agents perturbateurs. Nous sommes conscients d'avoir passé la bonne marche et nous allons de l'avant droit au but au point d'en être surpris nous-mêmes. Nous ne sommes pas disposés à mettre en doute les décisions prises et cette rigidité dans cette phase, peut être particulièrement importante pour prendre avec résolution des décisions. Nous avons l'impression de n'avoir jamais eu les idées aussi claires sur ce que nous désirons faire et c'est le moment d'en profiter. Immédiatement après ce pic d'énergie, il y aura une retombée physiologique tout aussi naturelle que la rapide montée précédente, et nous devons donc agir rapidement pour ne pas perdre les bénéfices d'un tel projet de fond, mais cela demeurera aussi un défoulement physiologique dans le sport et dans le sexe. C'est le moment adapté pour faire beaucoup de sport ou dans tous les cas une saine activité physique, de la danse au footing, du ski de fond aux exercices de gymnastique. De bonnes courses à l'air pur seraient ce qu'il y a de mieux, mais devant rester en ville les mouvements exécutés à l'aide d'un vélo d'appartement pourront être suffisants. Comme on le sait, grâce à la sudation nous rejetons une grande quantité de toxines dangereuses et donc le cycle sport-sudation-douche est ce que l'on peut faire de mieux (en général et en particulier) en ce moment. Le sexe aussi fait de manière saine, peut nous aider à véhiculer le mieux possible ce surplus d'énergie. Nous pouvons profiter d'un tel passage aussi pour des travaux que nous avions laissés de côté, prêts à les effectuer à la première bonne occasion: déplacement de meuble, changement d'une partie de l'ameublement, mise en ordre de la bibliothèque, travaux de réparation dans la maison. Tout cela requiert en somme une grande quantité d'énergie physique, celle-là même qui souvent nous manque vivant le stress quotidien. Avec le soleil en aspect positif à Mars, par contre, nous pouvons disposer d'une vitesse supplémentaire, de ce qui fait qu'un travail extra devient possible, d'un effort auquel nous ne sommes pas habitués. Nous pouvons éprouver aussi dans ce moment là une forte attraction pour la mécanique au point de prendre les outils pour réparer notre voiture ou une bicyclette ou bien encore aider notre fils qui se débat avec son train électrique. Couper du bois ou couper de la viande peut également être utile.

Soleil en aspect dissonant à Mars

Quand le Soleil se trouve dans une position d'angle dissonant avec notre Mars de naissance, nous nous trouvons dans une période de conflit ouvert avec le monde. Nous nous sentons irascibles, nerveux, tendus, polémiques, agressifs. Nous ne sommes pas disposés à considérer les choses dans leur ensemble et sommes par contre poussés par l'émotion vers des situations de heurt surtout avec nous-mêmes et ensuite avec les autres. Nous oublions complètement qu'il faudrait compter jusqu'à trois avant de répondre à chaque sollicitation extérieure et agissons, au contraire, comme le plus primaire des Bélier. Nous enregistrons un malaise en nous que nous ne réussissons guère mieux à identifier, une inclination à la guerre, à toutes les fictions possibles. Toute la sagesse que les années nous ont offerte semble s'évanouir en quelques heures. La lucidité ne nous manque pas et nous reconnaissons aussi quelle est la véritable nature de notre comportement; toutefois nous ne pouvons pas nous empêcher d'être agressifs. Mais le grand Carl Gustav Jung disait que la réalité subjective équivaut à la réalité objective et donc autour de nous il y a de l'agressivité avec ou sans notre participation à une telle attitude négative. Nous notons facilement que les autres s'adressent à nous d'une manière dure, peu amicale, comme s'ils sentaient notre attitude avant même que nous parlions. Notre popularité, petite ou grande, est remise en question. Personne ne nous concède sa sympathie et généralement nous rencontrons de l'hostilité autour de nous. Quand cette tension électrique atteint des valeurs plutôt élevées, alors les objets eux-mêmes qui nous entourent finissent par se casser ou par tomber en panne; ce sont les jours où plats et verres nous tombent des mains, où le téléviseur ou l'ordinateur tombent en panne. Il s'agit décidément d'un moment négatif et plutôt qu'insister il est préférable de laisser passer la petite tempête qui ne durera que quelques jours. Le conseil est de rester tranquille et de chercher à ne pas contrer le destin (ou le démon?). Ces jours-là, nous devrons être particulièrement prudents outre dans nos rapports interpersonnels afin de conjurer d'éventuels litiges, aussi et surtout avec notre physique: nous pourrons facilement nous blesser avec un couteau ou tomber d'une échelle ou encore glisser sur une peau de banane. Ce sont des jours où nous pouvons tamponner une autre voiture ou suer pour changer un pneu crevé. Il nous arrivera aussi souvent de devoir faire des corvées supplémentaires et non prévues comme par exemple vider une armoire pour en remplir une autre, ou bien devoir transporter de gros et lourds paquets. En général, ces jours-là, sont ceux des rendez-vous chez le dentiste ou bien de thérapies qui comporteront incisions, blessures, applications, etc. Mars est aussi le véhicule potentiel d'infections et il faudra être prudents, y compris sur le plan de contaminations possibles, en évitant par exemple de manger des fruits de mer crus ou des légumes mal lavés.

Soleil en aspect harmonique à Jupiter

Quand le Soleil regarde d'un œil favorable notre Jupiter de naissance, nous nous trouvons ces jours-là envahis par un grand optimisme. Nous regardons la vie avec une plus grande sérénité, nous avons confiance en nous et en les autres. Nous lisons avec les yeux de la paix le temps qui passe et projetons tous azimuts des pensées positives. Il semble que nous respirions l'atmosphère des films de Frank Capra et nous pensons que le monde doit nous sourire nécessairement. Peut-être sous-évaluons-nous les problèmes, mais il est décidément salutaire d'avoir des jours, périodiquement, où faire des projets sans la faux négative et dépressive du pessimisme. Nous sommes plus indulgents avec nous-mêmes et avec les autres, la méfiance nous fait défaut ainsi que le sens critique, mais par contre nous nous projetons de manière optimiste vers l'avant pour commencer aussi de petites ou grandes entreprises qui ne commenceraient jamais si nous n'avions ce transit de temps à autre. C'est un moment de chance pour nous, mais non détaché de la positivité que nous irradions autour de nous par nos pensées positives. Nous vivons un instant de totale détente, ce qui est suffisant pour récupérer des forces dans l'attente des prochains passages dissonants, surtout celui de Saturne. Nous nous sentons beaucoup plus en paix avec le monde et nous voudrions étendre à tous ce sentiment de tranquillité. Au cours de ce passage, il sera bon de réévaluer les entreprises mises de côté ne serait-ce que quelques jours auparavant, sous l'effet de transits dépressifs et décourageants. Nous pourrons bénéficier de cet aspect astral surtout pour de petites ou grandes entreprises commerciales et/ou d'entrepreneur: les commerçants et les entrepreneurs doivent avoir nécessairement un Jupiter important dans leur propre ciel de naissance, autrement ils ne prendraient autant de risques liés à leur travail. La chance étant au rendez-vous, nous pouvons risquer plus que jamais (mais non dans les jeux de hasard) et tenter aussi de faire plus que nous ne devrions. Sous ce ciel nous pourrons inaugurer l'ouverture d'un magasin, donner le coup d'envoi à une société, signer un contrat devant le notaire, nous marier, aller habiter dans une nouvelle maison, etc. En d'autres termes, nous devons nous dépêcher parce que ce transit dure peu! Au cours de ces jours, il est aussi possible de recevoir de bonnes nouvelles du monde du travail ou qui font augmenter notre prestige, des petites aux grandes choses: promotions, éloges, articles de presse, reconnaissances publiques.

Dans tout processus de guérison, l'effet placebo étant une composante importante, il sera aussi opportun de commencer une nouvelle thérapie durant ce passage de façon que le médicament favorisé par notre excellente disposition puisse agir au maximum et avoir les résultats espérés.

Soleil en aspect disssonant à Jupiter

Les jours où le Soleil forme un angle dissonant par rapport à notre Jupiter de naissance, nous pouvons subir l'effet négatif d'un excès de confiance en nous. L'hypertrophie, entendue aussi bien dans un sens physique que mental, est l'ennemi potentiel auquel nous devons faire attention. Notre vue est offusquée, ce qui nous empêche de voir les choses dans leur juste dimension. Nous ne ferons plus la distinction entre les petits et les grands problèmes et la manière dont nous les apprécierons sera inversement proportionnelle à leur réalité. Nous ne réussissons pas à être objectifs et nous tendons plutôt à déformer les images de nos pensées comme devant le jeu des spectacles d'un *lunapark*. Nous réussissons aussi à être suffisamment conscients de nous trouver dans une période "déphasée" mais nous n'en tirons pas ensuite les conséquences et, très souvent, nous commettons des erreurs. Celles-ci sont avant tout relatives aux jugements et à cause desquels nous pouvons détruire une relation ou, ce qui est pire, tisser des liens qui nous seront délétères. Nous devrions nous inspirer de la méfiance des Vierge pour ne pas commettre de telles erreurs, mais nos sentinelles intérieures ne nous préviennent pas comme elles le devraient. La tendance est au relâchement total, une erreur que nous ne rencontrons presque jamais dans le monde animal où la nature a mieux armé ces créatures aux frontières des dangers de la vie. Si nous sommes en mesure de lire et de comprendre les éphémérides, nous devrons être beaucoup plus attentifs ces jours-là et nous répéter à nous-mêmes d'examiner avec attention les situations avant de prendre des décisions que nous pourrions durement regretter. Ces jours-là, placés sous les couleurs de Jupiter pourraient nous tendre de petits pièges dont nous subirons les effets parfois pendant plusieurs années. Une pareille sous-évaluation pourra consister en un investissement économique risqué aux conséquences extrêmement graves pour le futur. Nous pourrons dans le même temps aussi ne pas apprécier à sa juste mesure le danger qui se dresse à l'entrée d'une relation sentimentale ou d'un rapport sexuel occasionnel présentant donc des risques. L'hypertrophie qui caractérise le transit en question tend aussi à s'exprimer à travers des excès alimentaires ayant pour conséquence un mauvais état de santé. L'empoisonnement momentané du sang est à compter parmi les conséquences possibles d'un tel aspect astral. En outre, un léger vent d'impopularité ou pire encore de popularité négative peut nous rendre esclave d'une situation de scandale, d'une éventuelle incrimination ou d'une accusation de la part de la magistrature ou de simples particuliers. Si nous avons rangé des squelettes dans nos armoires, eux-mêmes pourraient, ces jours-là, pointer leur nez. Un zest de malchance (parce qu'il ne s'agit pas d'un transit rapide) nous poursuivra au cours de ce transit.

Soleil en aspect harmonique à Saturne

Quand le Soleil est favorable à notre Saturne de naissance, nous nous trouvons dans un jour que caractérisent la sagesse, l'auto-contrôle, le sens des responsabilités. Presque jamais nous ne réussissons à être aussi rationnels et bien ancrés au sol. Nous sommes capables de faire des raisonnements profonds, d'évaluer exactement la réalité qui nous entoure, de programmer avec mesure et responsabilité le futur. C'est comme si un vieillard était devenu maître de nous, nous parlait et pensait à notre place. Nous semblons de manière positive avoir soudain vieilli. Si nous étions toujours aussi responsables, nous réussirions à éviter bon nombre de petites et grandes tragédies de notre vie. Naturellement tout cela a un prix: la perte de l'enthousiasme. Nous ne bénéficierons pas du moindre brin d'optimisme et nous penserons et agirons comme si nous étions frustrés et même un peu dépressifs. C'est le revers de la médaille du transit en question. Certes nous ne saurions tout avoir et la vie nous réserve des jours d'optimisme, pour nous lancer, et des jours de pessimisme, pour nous freiner. Dans cette alternance de situation nous devons chercher le sel de la vie, la façon d'enjamber de la meilleure façon les transits. Dans le cas de ceux du type de celui dont nous nous occupons maintenant, les jours se prêtent à la réflexion et à la pondération et moins à l'action. Dans la mythologie, Saturne est Chronos, le temps et celui-ci doit nous permettre d'effectuer des plans à longue échéance. Les desseins saturniens, en effet, sont à longue échéance, projetés dans le futur, relatifs à des projets importants et ambitieux qui requièrent une lente et robuste construction. Durant ces passages il nous est possible de planifier l'inscription à un cours universitaire ou bien de nous engager dans un prêt bancaire pour l'achat d'une maison, commencer une collection de monnaies anciennes, etc. Nous devons aussi tenter de faire profiter les autres de ce moment particulier de lucidité offrant des conseils et évaluant des situations qui demande d'être évaluées. Ces jours-là il nous sera difficile de connaître de jeunes amis et il sera plus probable que nous entrions en contact avec des personnes âgées, de possibles maîtres de vie. Il est recommandé de lire des livres sérieux plutôt que de regarder des banalités à la télévision, mais cela se fera de manière naturelle vu que nous serons attirés par des occupations plus sérieuses ou sévères et nous éprouverons une gêne certaine envers toute forme de frivolités ou de divertissements inutiles. Nous pouvons profiter de ce moment pour commencer une diète rigoureuse : en effet, Saturne accompagne, presque toujours, la frugalité et l'essentiel. Nous serons moins attirés par la nourriture et nous pourrons en profiter aussi pour de périodiques et salutaires jeûnes. Le transit se prête, en outre, pour des moments d'isolement, éventuellement dans une maison de campagne ou de montagne ou en quelque lieu solitaire où méditer et réfléchir.

Soleil en aspect dissonant à Saturne

Quand le Soleil forme de mauvais aspects avec notre Saturne de naissance, nous nous trouvons dans un jour de crise, de tristesse, de découragement. Nous sentons le gel autour de nous, surtout dans un sens humain. Nous avons l'impression d'être seuls au monde pour affronter les mille épreuves que la vie met devant nous chaque jour. Nous vivons un instant de profond pessimisme, de tendance au refus total, à la renonciation, à la tristesse. Nous voudrions nous évader, mais nous ne réussissons pas à nous divertir parce, en un certain sens, nous avons la mort dans le cœur. Nos pensées sont orientées vers ce qui est pire, et même si nous le sentons, nous ne réussissons pas à voir le moindre rayon de lumière parmi les nuages qui forment un ciel de plomb au dessus de nous. Tout cela nous porte à un profond abattement, à vivre un sens de défaite, l'abandon qui nous prend et qui tend à affaiblir la moindre de nos ressources. Nous voulons jeter l'éponge avant même de commencer. Les forces nous abandonnent et nous découvrons combien notre volonté s'est appauvrie.

En même temps, nous sentons de manière extrêmement forte le sens du devoir jusqu'à l'obsession. Une telle aspiration à une conduite irréprochable représente un blocage ultérieur de l'action et nous ressentons beaucoup plus l'angoisse au cours de cette période. Faisant les bilans partiels et périodiques de notre existence, nous pensons avoir manqué d'attention à l'égard d'un de nos parents, d'un de nos enfants, de notre partenaire. Nous nous jugeons d'une manière beaucoup plus sévère que d'habitude, mais c'est précisément ce qui peut faire croître notre disponibilité envers les autres ainsi que notre conscience d'avoir peut-être excessivement envahi l'espace d'autrui. Indubitablement nous nous trouvons dans un moment difficile où nous ne pouvons pas compter, même modestement, sur la chance. Celle-ci, nous l'invoquons à de multiples reprises tout au long de la journée, comme lorsque nous attendons un autobus et qu'il tarde à arriver, ou quand nous doublons un autre voiture dans des circonstances dangereuses. Dans ces occasions comme dans d'autres, nous devons savoir que les astres non seulement ne nous sont pas favorables, mais au contraire vont dans une direction opposée. La période en question n'est pas indiquée si nous avons l'intention de demander une augmentation ou une amélioration de nos conditions de travail. La sagesse devra nous suggérer de renvoyer à des temps meilleurs nos projets expansifs qui requièrent l'approbation d'un chef. La nature de Saturne étant étroitement liée à l'isolement, il est aussi possible qu'en ces jours nous subissions un isolement forcé, par exemple dans une clinique pour des examens. Notre santé ne sera pas bonne et nous pourrons souffrir à cause de troubles divers surtout aux os et aux dents. Toutes les activités ludiques et les divertissements seront automatiquement suspendues, sinon par notre volonté du moins par les circonstances de la vie. Le moment n'est ni à la fête ni au divertissement, mais c'est le bon moment pour travailler d'arrache pieds et pour produire. La fatigue physique et mentale, l'absence de divertissement caractérisera ces jours-là.

Soleil en aspect harmonique à Uranus

Quand le soleil passe en aspect positif à notre Uranus de naissance, nous nous sentons poussés vers le renouveau. D'une manière indépendante au fait que notre nature soit conservatrice ou progressiste, nous irons vers ce qui est nouveau, vers les parcours alternatifs et pionniers au sens large du terme. En ce moment notre esprit suit un mouvement centrifuge et il est sollicité à agir, à rompre l'impasse quotidienne, à tenter, à oser. Nous nous sentons comme lorsque nous avons été toute une journée dans un train et une fois descendus, nous éprouvons le besoin de compenser le temps perdu par un excès d'activité. Nous nous dépêchons comme lorsque nous désirons ne pas gaspiller un seul instant. Nous voudrions accélérer chacune de nos actions et nos pensées aussi se pressent les unes contre les autres dans notre cerveau. Le mot électricité est peut-être celui qui exprime le mieux notre état d'âme durant ce passage planétaire. Une effervescence générale caractérise aussi bien nos projets que nos actions. Nous avons l'impression de mieux comprendre les choses, d'être même plus intelligents, certainement plus éveillés et attentifs aux réalités qui nous entourent. La rapidité *input/output* avec laquelle nous interagissons avec notre environnement augmente. Nous sommes plus disposés à nous occuper d'eux. Ces jours-là nous pouvons profiter de tout cela pour lire et apprendre à utiliser un nouveau magnétoscope ou la télécommande d'une antenne parabolique ou bien un nouveau programme de notre ordinateur. Chaque application technico-scientifique nous est d'un abord plus facile et nous sommes aussi attirés par la photographie, par le cinéma, par l'électronique, par l'astrologie. Si nous n'avons jamais changé la prise d'une lampe, c'est le bon moment pour le faire, de même que le moment est positif pour commencer un cours d'informatique, un recyclage technique, une période d'essai scientifique dans un ou plusieurs domaines qui nous intéressent. Le transit se prête aussi à l'achat de matériel électronique en général et à la recherche de nouvelles amitiés qui prendront certainement le caractère de cet aspect astral particulier. Le "courant électrique" qui traverse nos veines peut aussi nous aider à prendre des décisions très rapides qui soient en mesure de renouveler fortement une situation qui stagnait depuis longtemps. En somme, nous nous retrouvons même si ce n'est que pour quelques heures, plus courageux et entreprenants, pratiques et animés de l'envie de réaliser.

Soleil en aspect dissonant à Uranus

Au cours du peu de jours où le Soleil passe en aspect dissonant à Uranus, nous nous sentons mal à l'aise, en proie à une sorte de frénésie qui nous rend fortement intolérants à l'égard de toutes les situations d'impasse, de stagnation et de réflexion excessive. Nous sommes mus par un esprit révolutionnaire guère plus précis qui nous pousse à détruire tout équilibre jusque là rejoint avec difficulté. C'est quelque chose d'électrique dans le plus mauvais sens du mot, qui comme une secousse, met en court-circuit notre système modérateur et diplomatique. Nous paraissons aux autres comme excités et nerveux mais essentiellement intolérants un peu à tout et à tous. Nous voudrions que les autres aillent à la même vitesse que nous et nous sommes énervés de constater qu'il n'en va pas toujours ainsi. Nous ne sommes pas disposés à attendre les lenteurs d'autrui et celles des autres: nous prétendrions que le corps suive l'extraordinaire rapidité du cerveau en ce moment-là. Nous ne réussissons pas à coordonner les signaux en entrée et en sortie de notre cerveau, comme si l'interface représentée par nos cinq sens était encombrée. L'état de nervosité accentuée qui nous caractérise au cours de ce passage planétaire est comparable à l'effet de plusieurs tasses de café bues les unes après les autres. Comme les ampoules électriques qui sont alimentées par un courant au voltage plus élevé, nous aussi pouvons briller beaucoup plus mais aussi aller en court-circuit. Il s'ensuit une agitation générale qui peut amener à différentes perturbations dont l'insomnie. Si nous écrivons sur un clavier nous serons plus rapides mais nous nous tromperons plus souvent en tapant. De même pour le piano, ou la guitare, si nous savons jouer de ces instruments. En voiture nous devrons être plus prudents parce que notre vulnérabilité face aux accidents augmentera. Nous serons plus exposés par rapport à tous les accidents potentiels, non seulement en voiture, mais aussi ceux relatifs au courant électrique, aux chutes, aux blessures avec les couteaux, aux incendies causés par le maniement de liquides inflammables, aux armes à feu dont un coup pourrait partir accidentellement. En somme, nous traversons un moment où nous ferions mieux de rester chez nous devant le téléviseur, en jouant avec la télécommande. La période n'est absolument pas indiquée pour les achats d'ordinateurs, téléviseurs, magnétoscopes et appareillages électroniques en général. Nous ne devrons pas nous étonner si durant ces jours un ou plusieurs appareils électroménagers tombent en panne. En outre, nous devrons être très attentifs à ne pas détruire, par notre intempérance de vieilles amitiés. Nous sommes, en effet, beaucoup moins patients que d'habitude et nous voyageons donc dans la direction des disputes.

Soleil en aspect harmonique à Neptune

Quand le Soleil voyage en angle favorable à Neptune, nous sommes pris par une grande fantaisie et imagination. Notre sens pratique est complètement écarté pour laisser place aux forces de l'inconscient. Dans ces moments-là nous désirons rester seuls et profiter des voyages que nous faisons avec l'imagination. Une bonne musique de fond, mais aussi un long parcours dans le silence sur l'autoroute, peuvent nous aider à développer de nombreux rêves les yeux ouverts. Un vent de romantisme nous envahi tous et nous nous laissons aller comme sur les vagues en mer. Nous percevons une plus grande vulnérabilité aux facteurs externes qui peuvent modifier notre état d'âme. Comme des éponges émotives, dans un sens positif, nous sommes inspirés par l'humus qui nous entoure. Les objets, les paysages au milieu desquels nous vivons ne sont plus les mêmes que les jours précédents mais se parent de nouvelles et fécondes significations. Nous tirons inspiration d'une feuille comme d'une tache sur la vitre de la fenêtre en face de nous. Si l'on nous soumettait au test de Rorschach, nous serions capables de parler pendant des heures sur chaque objet. Si notre travail est de nature artistique, c'est alors un moment très intense pour nous et nous réussissons à tirer de magnifiques inspirations ces jours-là. Mais nous pouvons aussi comprendre mieux autrui. Si nous sommes psychologue ou astrologue, nous réussirons mieux à faire un diagnostic. En tous cas, nous pourrons compter sur une dilatation mentale positive nous portant vers un sixième sens. Nous pourrons être un peu télépathes et pourquoi pas voyants, si notre ciel de naissance le suggère. Cette brève période se prête à être intéressante pour l'étude de l'ésotérisme, de la parapsychologie, de l'astrologie, de la psychologie etc. Nous sommes aussi portés par un élan d'idéalisme et/ou mystique. Nous éprouvons une plus grande compréhension à l'égard des autres, nous éprouvons de la pitié pour les pauvres et les déshérités. Nous sommes beaucoup plus sensibles aux thèmes de la pauvreté dans le monde, de l'injustice entre classes sociales, de la guerre et de tout ce qui constitue le tragique scénario quotidien visible dans les journaux télévisés. C'est le bon moment pour nous engager dans une organisation humanitaire ou un organisme œuvrant dans le domaine du volontariat, à un mouvement pacifiste ou écologiste. Nous nous sentons attirés aussi par les voies mystiques religieuses. Si nous sommes croyants nous pouvons en profiter pour nous retirer dans la prière et si nous ne le sommes pas nous pouvons dans tous les cas exploiter ce sentiment pour nous rapprocher des mystères de la foi, éventuellement par l'intermédiaire des Saintes écritures. Sur un plan plus pratique nous pouvons profiter d'un voyage en mer ou d'un cours de plongée sous-marine. Nous pouvons aussi tirer profit d'un médicament qui atténuera en partie nos problèmes (période indiquée pour prendre des médicaments, psycholeptiques en général).

Soleil en aspect dissonant à Neptune

Durant le passage du Soleil en angle dissonant par rapport à Neptune, nous nous sentons surtout très confus. Nous n'avons pas les idées claires et c'est avec difficulté que nous faisons des raisonnements valables. Une brume nous entoure et nous projette dans un monde imaginaire dans lequel nous ne réussissons pas à distinguer avec netteté le monde des choses réelles de celui qui relève de suggestions hypnotiques. Il est préférable de ne pas prendre de décisions importantes au cours de ces heures parce que nous risquons d'avoir beaucoup à « raccommoder » ensuite. Nous pourrions exagérer un problème sans importance et inversement sous-évaluer une question vitale. Notre perception du danger semble avoir diminué et par conséquent nous courrons de plus grands risques. Nous pouvons prendre un mal au ventre pour une perception extrasensorielle et dire des bêtises. Si nous sommes appelés à donner une appréciation dans le domaine technique, nous pouvons facilement commettre des erreurs. Le lapsus nous accompagne, en ces heures, et notre crédibilité pourrait à jamais en subir les conséquences. Nous sommes souvent aussi plus sujets à des troubles mentaux de nature névrotique et non psychotique. Nous pouvons par exemple ressentir un état de dépression et de découragement. En ce sens nous tendons à tout voir en noir et il nous semble que tout ce que nous avons sous les yeux doit durer pour toujours. Nous perdons courage pour un rien et nous nous excitons tout aussi facilement. Si de nos décisions doit dépendre un projet important, il sera bon de renvoyer tout jugement aux jours suivants. Une légère mais ennuyeuse tendance paranoïaque pourrait s'emparer de nous et nous faire penser que tout le monde est contre nous, que la vie nous est hostile, le destin contraire, et même que notre conjoint est notre ennemi. Nous nous considérons comme des victimes et devenons plutôt difficiles dans les rapports interpersonnels surtout avec les membres les plus proches de notre famille et avec notre partenaire nous sommes amenés à fréquenter des personnes ayant des troubles mentaux ou bien des personnes fanatiques, dans un sens politique, idéologique, religieux. Nos comportements sont extrémistes et nous sommes aussi capables d'exagérer par des attitudes qui plus que mystiques semblent être celles d'un exalté. Ces jours-là nous courrons le risque de devenir la proie de l'alcool ou des médicaments ou même de stupéfiants. Il est bon de ne pas commencer des soins à base de psycholeptiques dans ces périodes-là. De la même façon, l'expérience d'un joint pourrait se révéler être des plus négatives et destructrices. Faisons en sorte de rester loin des personnes névrotiques qui pourraient nous influencer très négativement ainsi que des spectacles terrifiants et angoissants. Evitons, en outre, de faire des voyages en mer, surtout sur de petites embarcations. Abstenons-nous de pratiquer de la plongée et tentons d'être prudents au maximum avec la voiture à la conduite de laquelle nous pourrons commettre des erreurs impardonnables.

Soleil en aspect harmonique à Pluton

Quand le Soleil se déplace en angle favorable à Pluton, nous bénéficierons d'une grande énergie positive que nous pouvons mettre au service d'un projet ambitieux et puissant. Nos forces internes primordiales, tendent à affleurer en ces heures et à nous pousser surtout dans la direction d'une plus grande compréhension de nous-mêmes. Nous semblons plus fascinants par rapport à notre environnement et nous éprouvons aussi une plus grande fascination pour les autres. Notre intelligence est beaucoup plus puissante et se distingue en particulier par sa capacité à voir ce qui se cache derrière les choses, à être de meilleurs observateurs, à être plus stratégiques, plus profonds, plus "policiers". Une grande énergie réalisatrice nous envahit et nous sommes en mesure de mettre sur pied des projets ambitieux, exceptionnels et cultivés depuis longtemps. La puissance que nous percevons autour de nous vient de l'intérieur, c'est le feu sacré de notre esprit qui résonne avec l'extérieur, avec les forces de la nature. Il en résulte que nous sommes plus vitaux et, nous rappelant qu'Eros est vie, nous sommes automatiquement aussi plus motivés sur le plan sexuel. Notre entourage s'en rend compte et s'il est lui-même également motivé, il répondra positivement. Notre personnalité tend à émerger beaucoup plus et à faire entendre notre voix. Une aura de charisme nous entoure et nous réussissons à imposer beaucoup plus nos points de vue. Ces jours-là, il est possible d'être appelés à assumer une fonction de plus grande responsabilité ou de prestige dans notre travail. Tout ce que nous faisons durant ledit transit pourrait produire des résultats importants. Nous ressentons aussi un plus grand intérêt pour les problèmes liés à la mort ou à des thèmes policiers. En ce sens peuvent être favorisées nos petites actions d'espionnage (par exemple pour parvenir à la solution d'un mystère familial). La période semble adaptée, en ce sens, à l'acquisition d'appareillages électroniques, de magnétophones et micros de surveillance téléphonique. Bonne période aussi pour exécuter des fouilles, éventuellement à la recherche de cours d'eau souterrains ou même de produits précieux, et pour commencer des thérapies pour des problèmes sexuels.

Soleil en aspect dissonnant à Pluton

Les jours où le Soleil transite en aspect dissonant à Pluton, les forces les plus primitives et négatives au sens large du terme qui sont en nous tendent à venir à la surface. Notre agressivité est au maximum de même que le sens destructif qui nous envahit dans les pires moments de notre vie. Nous sommes revêches avec les autres et, si notre ciel de naissance le justifie, nous pouvons même être dangereux pour les autres. De mauvaises idées de mort se rendent maîtresses de nous. Nous pouvons continuer à penser à la mort et en être fortement impressionnés. Les sujets les plus émotifs se sentiront plutôt mal au cours de ces heures et, ceux qui sont conditionnés par des problèmes pratiques, pourraient avoir aussi des intentions suicidaires. La destructivité au sens large semble prendre ceux qui sont protagonistes d'un tel transit et se retourner sur elle-même comme sur les autres. Le risque est de faire du mal y compris à ceux qui nous sont proches et pas seulement sur un plan mental. S'il existe en nous des pulsions homicides, elles , elles remontent à la surface en ces jours. De même que tendent à affleurer les pires instincts sexuels qui peuvent nous conditionner. Nous avons un grand besoin d'auto-contrôle parce que nous pourrions manifester ce qu'il y a de plus mauvais en nous. Le mister Hyde de la situation pourrait sortir à découvert et s'entacher d'un délit. De la même façon, nous risquons d'avoir des problèmes d'impuissance et de frigidité. Dans tous les cas notre sexualité se présente comme perturbée et incapable de s'exprimer au mieux. Le policier qui demeure en nous veut sortir à la lumière et nous amener à commettre des actions dont nous pourrons avoir honte ensuite . De mauvaises pulsions peuvent aussi s'exprimer et nous conduire à nous occuper du monde de l'au-delà, par exemple en tentant de fréquenter des séances de spiritisme ou des choses de ce genre qui peuvent nuire à notre santé mentale. Le moment n'est pas adapté aux recherches souterraines en général ni au début de cures relatives à la sphère sexuelle.

Soleil en aspect à l'Ascendant

Voir Soleil en Maison I

Soleil en aspect au Milieu du ciel

Voir Soleil en Maison X

Soleil en aspect au Descendant

Voir Soleil en Maison VII

Soleil en aspect au Fond du ciel

Voir Soleil en Maison IV

Soleil en transit en Maison I

Quand le Soleil passe à travers notre Maison I, la concentration est toute centrée sur le Moi et fort peu attentive aux problèmes des autres. Nous devons cependant lire la chose non nécessairement en sens négatif vu que la nature pense à diversifier, plus ou moins en temps égaux, l'orientation de notre libido. Si nous nous concentrons maintenant sur notre personne, dans six mois nous ferons exactement le contraire et nous nous tournerons essentiellement vers les autres. Dans tous les cas cette plus grande capacité de concentration sur nous-mêmes nous permettra de voir plus clair dans nos programmes et nos stratégies. Indubitablement nous serons un peu égocentriques et désireux d'être au centre de l'attention, mais si cela n'est pas excessif et si c'est réparti dans le temps, cela reste physiologique. Nous nous sentirons au centre de la situation et demanderons que les autres nous portent la plus grande attention. Nous pourrons aussi pêcher un peu par narcissisme. Nous nous mettrons au centre de l'attention et nous nous comporterons dans une optique anthropocentriste privilégiant nos propres nécessités par rapport à tout et à tous. Nous nous préoccuperons avant tout de notre personne, en commençant par le côté psychologique. Si les autres ne garantissent pas un intérêt suffisant à notre égard, nous pourvoirons seuls à faire en sorte que le maximum des énergies disponibles converge sur notre personne. Nous nous occuperons de nous et écouterons surtout la voix de nos exigences personnelles. Au cours de ces trente et quelques jours, si nous exagérons, nous pourrons être égocentriques et égoïstes, mais ainsi que nous l'avons déjà dit, cela aussi est physiologique si cela advient périodiquement et de façon limitée dans le temps. Durant ces semaines nous aurons aussi un plus grand soin de notre corps aussi bien d'un point de vue esthétique que du point de vue de notre santé. Nous pourrons décider de nous laisser pousser la barbe ou les moustaches ou bien pour les femmes de changer de couleur de cheveux et de maquillage. Si nous désirons changer de type d'alimentation ou d'activité physique, c'est le moment le plus adapté pour commencer une cure de désintoxication (par exemple avec la macrobiotique) ou amaigrissante, ou bien pour entreprendre un cours de gymnastique une heure par jour. Excellent moment aussi pour commencer la pratique d'un sport comme le tennis, la natation ou un art martial. Notre esprit est fortement concentré vers le bien-être psycho-physique de notre organisme et nous devons prendre des décisions qui peuvent nous être du plus grand profit en ce sens. Aller chez le dentiste aussi ou faire des examens médicaux est plutôt indiqué en ces jours. Mais il est tout aussi évident que si au cours de ce passage d'autres passages dissonants d'autres planètes s'unissent à celui-ci, nous pourrons nous fatiguer énormément et enregistrer un excès de stress. Ces jours pourraient alors être des jours durant lesquels nous risquons d'être mal, de nous sentir plus lourds et fatigués, de nous enrhumer ou d'avoir des problèmes de santé liés à une mauvaise alimentation. Nous pouvons aussi tomber malades ou être soumis à une intervention chirurgicale si le cadre général de notre thème natal le justifie. Nous éviterons alors les occasions de stress excessif et les marathons de travail, de sexe et de sport. Nous soignerons notre physique en pratiquant des saunas réparateurs, des massages, des courses nous permettant une bonne sudation que nous ferons suivre de bonnes douches chaudes. Les massages shiatsu ou bien la chiropraxie douce pour affronter les douleurs aux os nous feront du bien.

Soleil en transit en Maison II

Quand le Soleil transite dans notre Maison II, l'attention se tourne essentiellement vers l'argent et vers tout ce que l'on peut posséder grâce à lui. La libido se tourne vers le gain et jamais au cours de ces quelques trente jours nous n'employons autant d'efforts dans un sens pratique et constructif pour améliorer la situation de nos finances. Tout commence dans notre tête qui est pleine de pensées de type pratique. Au cours de ces semaines nous nous sentons poussés à mieux utiliser chaque ressource pour gérer au mieux notre rapport avec l'environnement, pour réussir à trouver les moyens les meilleurs pour survivre. Si nous vivions à l'âge de la pierre nous nous préoccuperions, en cette période, de trouver la meilleure grotte pour nous défendre et de la nourriture pour survivre. Aujourd'hui, la Maison II signifie presque exclusivement l'argent et nous cherchons donc à en gagner le plus possible. C'est une des périodes de l'année où nous avons les pieds sur terre et pensons de manière pratique et constructive. Nous regardons autour de nous et cherchons tous les moyens pour faire en sorte que nos ressources économiques augmentent. Le sens des spéculations entendu au sens large trouve ici sa plus grande portée. C'est donc une partie de l'année où nous mettons de côté le plus d'argent possible. Mais c'est aussi souvent le temps des dépenses, la période où on aime dépenser l'argent gagné précédemment. En outre, notre attention se tourne aussi vers l'imagination, un peu comme pour le passage du Soleil dans la Maison précédente, mais alors, l'objectif était la santé, maintenant c'est plutôt le look. Nous nous efforçons d'être plus beaux, plus valables du point de vue esthétique. Donc nous fréquenterons beaucoup plus les coiffeurs et les masseurs, les esthéticiens et les manucures. Nous trouverons le temps pour des soins à base de boue et de kinésithérapie qui peuvent rafraîchir et rajeunir notre peau. Souvent nous changeons de coiffure et décidons de nous habiller différemment. C'est le moment pour nous faire faire des photos mais aussi pour faire des photos des autres ou des films avec un caméscope. Il n'est pas rare de noter au cours de cette période que nous finissons par acheter un appareil électroménager relatif à l'image: un téléviseur, un nouveau magnétoscope, un appareil photo, etc. Le théâtre nous intéresse beaucoup plus ainsi que le cinéma et nous pouvons, parfois, nous lancer dans le théâtre amateur. Si le Soleil, au cours de ce transit reçoit des aspects dissonants des autres planètes, il peut alors arriver que lesdits trente jours environ correspondront à une période dure ou difficile d'un point de vue économique, une période où nous devrons affronter une dépense sans que nous en ayons les moyens. Notre attention ainsi saturée négativement, il en des problèmes économiques et nous recourons la plupart du temps au prêt d'un ami ou d'une banque. Si nous ne faisons pas attention nous risquons aussi de trop dépenser et de nous retrouver ensuite à en subir les conséquences dans le futur. Nous devons en outre faire attention à ne pas être volés qu'il s'agisse de vol ou d'escroquerie. Durant ce type de transit, il est bon d'éviter toute tentative de spéculation surtout en bourse.

Soleil en transit en Maison III

Quand le Soleil traverse notre Maison III radicale, nous nous trouvons dans une période caractérisée par le désir de mouvement aussi bien en un sens mental que physique. Nous éprouvons une attraction particulière pour les voyages et les déplacements. Si nous aimons conduire c'est le meilleur moment pour organiser un très agréable voyage. Si, au contraire, nous préférons le train ou un autre moyen de locomotion, nous nous trouvons dans tous les cas dans la période la plus favorable pour nous déplacer, éventuellement pour aller rendre visite à un frère ou à une sœur. Nous éprouvons un fort désir de rompre les barrières du quotidien et de faire au moins une courte excursion en dehors de la ville, éventuellement à la mer. Mais le désir de mouvement que nous percevons est surtout de type mental. Nous aurons ainsi l'esprit plus agile, plus disposé à être soumis à l'exercice, éventuellement avec une partie d'échec ou des mots croisés. Notre curiosité sera à son comble, un pic positif qui nous projettera vers la lecture, de manière claire et marquée. C'est le bon moment pour lire un bon livre ou pour suivre un cours, préparer un examen, un concours. Nous nous sentons plus motivés par l'apprentissage et sommes nous-mêmes en mesure d'enseigner aux autres. Si nous n'avons pas le permis de conduire, ces jours-ci sont les plus indiqués pour le passer, y compris le permis bateau. Au cours de ces semaines, généralement, nous sommes très actifs en matière de correspondance et passons beaucoup de temps à rédiger des lettres parfois en écrivant des lettres importantes dont nous repoussons la rédaction depuis longtemps. Nous recevons nous aussi plus de courrier et enregistrons un plus grand nombre de coups de téléphone. Au cours de ce mois nous nous occupons en général beaucoup plus de nos frères et sœurs. En outre, un beau-frère ou une belle-sœur pourront être au centre de notre attention pour quelques jours. Si nous désirons acheter une voiture ou une autre moto, c'est le bon moment pour le faire. Il en va de même pour la réparation de ces moyens de transport. Si nous sommes très occupés intellectuellement, la période se prête aussi à la rédaction d'un livre ou d'un rapport auquel nous tenons. Nous pouvons aussi exploiter nos capacités commerciales accrues au cours de ces semaines et tenter de mener à bien une affaire petite ou grande comme par exemple vendre un vieil appareil électroménager ou acheter, au marché aux puces, une deuxième imprimante pour notre ordinateur. Si au cours de ce passage le Soleil reçoit de mauvais aspects des autres astres, nous devons alors être plus attentifs à ne pas être les protagonistes d'un accident de la route et nous devons éviter de circuler surtout sur des deux roues. Nous devrons par ailleurs faire beaucoup plus attention à la sécurité de notre voiture à cause de vols possibles dont elle pourrait faire l'objet. Une nervosité excessive nous conseillera de ne pas faire d'efforts mentaux, en écoutant de la musique et en évitant les études difficiles.

Un examen pourrait ne pas bien se passer et il est donc préférable de le renvoyer. Nous nous sentirons plus tendus dans nos rapports avec les autres, du livreur à l'employé des postes. Il sera bon aussi d'éviter toute correspondance qui pourrait se perdre ou provoquer des incidents diplomatiques. Ce n'est pas le moment le plus adapté pour voyager parce que des grèves de transport pourraient avoir lieu. Un frère ou une sœur pourrait avoir besoin de nous et nous ferions bien de les contacter.

Soleil en transit en Maison IV

Quand le Soleil passe dans notre Maison IV de naissance, nous enregistrons une plus nette impulsion à nous replier sur nous-mêmes ainsi qu'à la recherche endopsychique. Nous désirons nous concentrer au maximum sur nous-mêmes, sur nos problèmes, sur les origines de notre famille, sur ce que nous avons de plus privé. Nous tendons à fuir tout ce qui est social, les sorties, les relations avec les autres et les communications, ressentant par contre un grand désir de rester à la maison et l'idée d'enfermement, de la citadelle, de l'utérus protecteur grandit en nous et nous dirige vers le dialogue avec notre Moi profond. Nous nous approchons de ce qu'en psychologie on appelle le mythe de la Grande Mère, un besoin protecteur qui voit dans le parapluie, dans l'utérus et dans la maison ses expressions symboliques les plus précises. Ce sentiment est en relation avec l'idée de foyer domestique, autour d'une table, la cheminée allumée alors que dehors il pleut et fait froid. C'est un retour aux origines, un creusement intérieur et une référence nostalgique à la vie prénatale et utérine. Nous voudrions construire un mur domestique protecteur comme s'il s'agissait d'une île idéale qui nous sépare du monde et de ses préoccupations. D'un point de vue parapsychologique cela signifie chercher à fuir les responsabilités, aller trouver refuge auprès de sa mère, réelle ou celle de notre projection psychique, tenter de fuir la vie et ses mille dangers. La dimension temps se présente comme très importante: le passé est source de sécurité, dans le futur par contre s'agitent des monstres probables qui nous terrorisent. Plonger dans l'oubli des souvenirs est rassurant et occasion de réconfort. Notre enfance revient à notre mémoire comme le miroir d'une réalité sans responsabilité, conduite et gérée par une mère toute puissante et surtout charitable et indulgente avec nous. La tradition acquiert une importance particulière pour nous, ainsi que les origines en général et notre famille en particulier dressées comme des protections contre la société vue comme un principe pénétrant masculin. Nous désirons nous isoler, élever un mur très élevé autour de nous, créer une barrière sonore contre l'extérieur, semblable au monde enchanté et protégé qui était celui de la vie dans l'utérus qui nous protégeait. Le désir de prendre racines se fait plus pressant, que ce soit en ville ou dans une maison. Notre attention est suscitée essentiellement par nos parents et par notre habitat. Nous dépenserons de plus grandes énergies pour nous occuper de nos parents âgés et pour améliorer la maison où nous habitons. C'est le moment où nous pensons sérieusement à un investissement immobilier, à faire un prêt pour l'achat de notre maison. Si nous en possédons déjà une, nous ferons des projets de restructuration, d'agrandissement, de modernisation, d'ameublement partiel ou total. C'est le moment favorable pour commencer des travaux, pour demander des autorisations, pour obtenir un prêt. Ce peut être aussi le bon moment pour réserver une maison pour les vacances ou pour l'achat d'une multipropriété. Nous pensons aussi qu'un temps limité nous sépare de la perte de nos parents et nous cherchons à en profiter pour être plus proche d'eux. Si l'astre passe en mauvais aspect à des points importants de notre ciel de naissance, alors, probablement notre attention envers nos vieux parents deviendra chose nécessaire et nous serons contraints pour de graves motifs à nous occuper d'eux et de leur santé. Il est aussi possible que notre maison nécessite des réparations urgentes ou que naissent des problèmes avec notre propriétaire ou bien avec un de nos locataires. Les remboursements du prêt pourraient devenir plus lourds à gérer et de nouvelles taxes immobilières pourraient nous mettre à dure épreuve. Toute les dépenses relatives à la maison peuvent augmenter au cours de cette période. Ce n'est pas le bon moment d'entreprendre des travaux quelle qu'en soit la nature à l'intérieur de notre foyer domestique.

Soleil en transit en Maison V

Quand le Soleil traverse notre Maison V de naissance, notre esprit est fortement attiré par ce qui est ludique et récréatif. L'état d'âme qui nous accompagne s'oriente vers l'évasion, le divertissement, l'amour, le jeu. Nous sentons que nos batteries sont déchargées et nous avons la ferme intention de les recharger en nous divertissant au sens large du terme. Nous découvrons ainsi le plaisir de lire un livre qui ne soit pas un essai et de voir un spectacle à la télévision qui ne soit pas un débat ou un documentaire instructif. Nous renvoyons mentalement toute occasion d'approfondissement culturel. Nous voulons nous relaxer au maximum et quatre-vingt-dix fois sur cent, nous y réussissons. Nous avons en horreur les obligations de travail et tentons le plus possible de nous distraire: nous penserons plus tard à ce que l'on doit faire. Nous entendons fermement nous dégager un espace de sécurité, de joie, de plaisir. Notre Moi se projette avec hédonisme dans la vie. Le jeu nous appartient et nous désirons le pratiquer sous toutes ses formes. Nous donnerons un espace plus large aux loisirs qui en cette occasion deviennent vitaux. Nous sommes plus disposés au sexe et à l'amour. Notre condition est surtout une condition mentale qui utilise ensuite des instruments concrets pour réaliser les intentions lucides que nous avons en nous. Nous nous projetons avec enthousiasme vers l'extérieur et enregistrons au cours de ces quelques trente jours, différentes soirées passées dehors avec les amis. Nous fréquenterons beaucoup plus les discothèques, les night-clubs, les restaurants, le cinéma, le théâtre, les concerts. Nous partirons en week-end avec notre partenaire et l'on fera beaucoup plus de sexe. Si nous sommes artistes, nous serons plus productifs. Notre disposition par rapport à la vie s'exprimera aussi à travers une plus grande aptitude à la procréation au cours de ces semaines. C'est le moment le plus adapté pour devenir père ou mère. Nous serons aussi plus attirés par le jeu entendu comme cartes ou comme casino, de même que par les spéculations boursières. La période est indiquée pour nous inscrire à un ciné forum ou pour commencer un nouveau hobby, du jardinage à l'ordinateur, de la tapisserie à la philatélie. Possibilité de s'amuser beaucoup en croisière ou dans les voyages en général. Notre plus grande disponibilité au plaisir peut aussi faire que nous tombions amoureux au cours de ces quelques trente jours ou que nous perdions complètement la tête. Surtout si le transit est dissonant, nous devrons nous protéger de potentielles mauvaises relations sentimentales ou de maternité ou de paternité non désirées. Nous pourrons aussi perdre de grosses sommes d'argent, aussi bien au tapis vert que dans les actions boursières. Notre fils ou notre fille pourront être cause de problèmes. Un stress lié à un excès de plaisir pourra miner notre santé. Nous ferons bien à ne pas nous abandonner à tous les vices et aux plaisirs excessifs. Cette voie du plaisir nous créera des problèmes dans le travail.

Soleil de transit en Maison VI

Quand le Soleil traverse notre Maison VI, nous sommes beaucoup plus attentifs aux soins de notre corps. Que l'on soit soucieux de notre apparence esthétique ou de notre santé, nous nous occuperons de notre corps. Avant même de trouver des applications pratiques notre sentiment ira vers un état de bien-être en général. Nous serons plus prudents et sentirons le besoin de nous occuper de nous. Dans la séquence chronologique des Maisons, cela pourrait signifier la tentative de remédier aux excès commis durant le Soleil en Maison V. Nous réfléchissons beaucoup plus sur notre personne et sur les limites qui sont les nôtres. Nous rapprochant de la psychologie de la fourmi nous tenterons de faire des bilans partiels de notre mode de vie, nous soumettant à des jugements sévères et très critiques. Le sens critique est celui qui nous fera le moins défaut au cours de cette période, en effet nous en aurons tellement que nous finirons par être ennuyeux aux yeux d'autrui. Nous serons en mesure de faire des examens scrupuleux, surtout d'un point de vue comportemental. Nous nous regarderons comme à travers la lentille d'un microscope pour découvrir le moindre défaut intérieur. Un esprit aussi analytique et critique pourrait nous être utile en particulier si nous avions l'intention de commencer une analyse avec un psychothérapeute. Nous nous regarderons beaucoup plus dans le miroir et nous penserons de manière plus constante à l'esthétique de notre corps. Ce seront des semaines où nous irons plus souvent chez le coiffeur, chez l'esthéticienne, le masseur. Il n'est pas improbable que nous nous inscrivions dans une salle de gymnastique ou que nous commencions à pratiquer un sport en ville. Le moment est particulièrement adapté pour faire des jeûnes thérapeutiques, des cures de désintoxication ou amaigrissantes, des thérapies homéopathiques, des cycles de bains de boue ou d'hyperthermie pour les os, des visites chez le dentiste, le gynécologue, l'orthopédiste. La période est aussi très bonne pour le bricolage et l'emploi du temps libre dans de nombreux petits travaux qui placent nos mains au centre de notre activité. Si nous en sommes capables, nous pourrons peindre, modeler l'argile, travailler sur un tour, mais aussi nous amuser à broder. Nous ne devrons pas être surpris par notre intérêt pour les animaux domestiques et nous pourrions recueillir un bâtard dans la rue et le ramener chez nous. Si ce passage naît en concomitance avec de mauvais aspects, alors notre attention pour le corps pourra être dictée par un petit problème de santé, comme par exemple des maux de dents ou une grippe. Un malaise plus ou moins grave nous contraindra à nous occuper de nous d'une façon moins agréable que nous ne l'aurions souhaitée. Nous irons chez le médecin et fréquenterons un kinésithérapeute, un acupuncteur. Nous pourrons souffrir de troubles périodiques comme les allergies. Nous tomberons beaucoup plus facilement malades et ferons mieux de ne pas nous soumettre à des traitements esthétiques dangereux, comme se refaire le nez ou à un traitement chirurgical anticellulite. Si nous sommes un peu hypocondriaque ce passage peut provoquer une accentuation de nos fixations et nous convaincre d'avoir les plus diverses maladies. Nous devons chercher à affronter cela à travers la conscience de la nature du transit qui doit nous éclairer sur la véritable cause de ces craintes. Le moment ne se prête pas non plus aux nouvelles cures pharmacologiques qui pourraient nous procurer des effets toxiques indésirables. Ces jours-là, enfin, un de nos animaux domestiques pourrait être malade.

Soleil en transit en Maison VII

Quand le Soleil passe à travers notre Maison VII, nous nous trouvons dans une période où nous désirons fortement nous confronter aux autres. Le Moi s'éloigne de lui-même et tend à se dissoudre dans son environnement. La libido est toute tournée vers le social, les rapports interpersonnels, la recherche de l'interlocuteur au sens large. Nous ressentons un besoin précis de confrontation, de dialogue, d'association. Indépendamment du fait que nous soyons introvertis ou extravertis, à ce moment-là nous sommes aimantés par les autres et nous voudrions fonder un club toutes les fois que nous rencontrons trois nouvelles personnes. Nous nous sentons plus portés vers le mariage. Au cours de ces jours nous sommes convaincus que la plupart des solutions aux problèmes de l'homme d'aujourd'hui est dans l'association, dans la relation de couple, dans la création de sociétés commerciales ou culturelles. L'idée de la confrontation se marie avec une plus grande adhésion à la politique et notre objectif est d'abandonner ce qui est personnel au profit du social. Notre intérêt pour notre partenaire est sincère, authentique, conditionné par un mouvement centrifuge. Nous tendons même à le placer sur un piédestal, bien qu'il ne s'agisse que de quelques semaines de passage planétaire. Nous croyons plus en lui et nous sommes convaincus que nous pourrons obtenir de lui la solution de nos problèmes. Si nous ne sommes pas mariés, nous pensons sérieusement au mariage. Si nous n'avons pas de compagnon ou de compagne, nous nous employons à en trouver un ou une. C'est au cours d'une de ces périodes que nous déciderons avec de grandes probabilités de le faire, d'abandonner le célibat. Notre sens critique qui dans des conditions normales nous ferait choisir de demeurer célibataire pour toute la vie, diminue notablement, nous laissant entrevoir la réalité avec un voile d'illusion et de confiance envers les autres: c'est la nature qui se défend et pense à la continuité de l'espèce. Il est aussi probable qu'au cours de ces jours notre partenaire bénéficie d'une certaine popularité, qu'il reçoive des signes tangibles, objectifs du consensus général. Il pourrait s'agir d'une gratification dans le travail, d'un éloge public, d'un moment important dans notre carrière, mais aussi de la réussite à un examen universitaire. En somme, notre autre moitié grandit et nous nous en rendons compte. Le passage peut être tout aussi important pour planifier une action légale qui pourrait par la suite nous être profitable. Il en va tout autrement si le transit a lieu dans des conditions d'aspects dissonants collatéraux: dans ce cas nous devrons nous attendre à des problèmes administratifs et judiciaires. Un ou plusieurs contentieux s'ouvriront devant nous et nous serons engagés à faire la guerre. Croîtra notre instinct guerrier ou bien celle de notre partenaire. Surtout dans les relations de couple, nous enregistrerons une tension beaucoup plus grande. Nous pourrons aussi nous disputer sérieusement et ouvrir des blessures difficiles ensuite à guérir. D'une certaine façon nous pouvons être impliqués dans des questions judiciaires, éventuellement en nous voyant retirer notre permis de conduire pour un dépassement hasardeux. Sur le plan fiscal, nous percevons une certaine hostilité de la part du milieu qui nous entoure et peut nous conduire à entrer en guerre avec tout le monde. Durant cette période, il serait bon de demander le renvoi de procès nous concernant.

Soleil en transit en Maison VIII

Quand notre Soleil traverse la Maison VIII, une plus grande circulation d'argent s'annonce pour nous. Le destin nous offre la possibilité d'obtenir un accroissement d'entrées d'argent. La chose est réelle et limitée seulement à notre ciel de naissance. Si celui-ci le justifie, nous pouvons certainement nous attendre à des bénéfices économiques directs ou indirects, par exemple à travers notre partenaire ou nos parents les plus proches. Les grilles de la fortune s'élargissent temporairement et permettent à plusieurs facteurs d'intervenir favorablement dans notre situation économique. Les occasions peuvent être multiples: augmentation de salaire, pension, héritage, donation, gains au jeu, travail non prévu, etc. Si la chance existe c'est peut-être le canal préférentiel qu'elle choisira pour se manifester. Il s'agit bien sur d'une période brève, un mois environ, mais durant laquelle nous pouvons également percevoir des signes importants du destin. Un flux plus important d'argent peut aussi provenir de la vente d'un immeuble ou d'une voiture, d'un instrument de travail, d'un bijou, d'une fourrure. Il est aussi possible d'accéder à un grade supérieur dans la hiérarchie sociale à la suite de la mort de quelqu'un: non seulement dans les cas directs d'héritage de la part de parents, mais aussi de la position professionnelle consentie par la disparition d'une personne qui entravait notre évolution. En outre, au cours de ce transit, nous pouvons aussi intensifier notre activité sexuelle et cela, souvent, nous informe directement d'un nouvel amour qui arrive. D'un point de vue strictement psychologique nous nous trouvons dans le cours de ces quelques semaines dans la possibilité de faire des expériences positives concernant le mystère de la mort. La sereine disparition de quelqu'un de cher ou que nous estimons, nous rapproche positivement de ce mystère et fait que nous assumions de nouvelles positions plus sages et émancipées par rapport à nos idées précédentes sur la question. Si le passage a lieu dans des conditions d'angles défavorables avec d'autres points importants de notre ciel astral, nous courons alors le risque d'avoir une brève, mais assez importante hémorragie financière. Il peut s'agir d'une dépense imprévue, d'une taxe extraordinaire qui nous tombe dessus, d'une facture de gaz ou d'électricité particulièrement salée, d'une dépense médicale extraordinaire à laquelle nous ne nous attendions pas. Nous pouvons aussi perdre de l'argent ou être victime d'un vol, d'une machination, d'un vol à la sauvette, d'un vol à main armée. Si les choses vont ainsi il est opportun d'entrer en alerte parce qu'un problème en appelle un autre. Nous devons, alors, éviter de faire des spéculations économiques, de jouer en bourse, de prêter de l'argent et ainsi de suite. Mais inversement le problème peut aussi consister dans le fait que nous pourrions aussi commettre des légèretés qui nous pénaliseront gravement dans le futur. Au cours de ces jours nous pouvons éprouver aussi l'amère expérience d'un deuil, vécu de manière très négative. Mais le Soleil en Maison VIII, en clef négative, ne signifie pas seulement la mort, mais aussi la fin possible d'une situation, par exemple d'un amour qui durait depuis longtemps ou d'une amitié à laquelle nous tenions particulièrement. Le moment est aussi négatif sur le plan sexuel et nous pourrons vivre des expériences déplaisantes comme par exemple un blocage.

Soleil en transit en Maison IX

Si le Soleil traverse notre Maison IX, nous sommes influencés par un besoin très fort d'évasion aussi bien sur le plan géographico-territorial que métaphysico-transcendantal. Nous sommes à un degré supérieur par rapport au passage du Soleil en Maison VII où nous enregistrions un moment centrifuge de notre Moi: dans ce cas il s'agit de quelque chose de plus, ne nous limitant pas à une projection vers l'extérieur, mais désirant atteindre les objectifs les plus lointains possibles. Notre esprit apparaît comme s'il plongeait vers l'extérieur, mis en orbite autour de la terre et dans les espaces les plus lointains. *Lointain* est le mot clé qui explique le mieux notre état d'âme de ce moment. Nous pourrions parler d'un goût xénophile prononcé, mais c'est quelque chose de plus que la simple volonté d'acheter un téléviseur de marque étrangère ou l'automobile d'un pays voisin. Nous désirons aller le plus loin possible, traverser l'atmosphère terrestre et naviguer librement dans l'espace. Si nous pouvions chevaucher la fusée *Ariane*, nous le ferions volontiers. Si nous pouvions nous inscrire parmi les membres de l'équipage de la prochaine mission *Apollo*, nous n'hésiterions pas. Mais au-delà de la description quelque peu forcée que nous en donnons, demeure le fait que nous vivons un instant (il s'agit d'un mois environ) d'indescriptible besoin de nous éloigner le plus possible de la plate réalité qui nous entoure. Cela arrive, généralement, à travers un agréable voyage à l'étranger ou dans une autre région ou ville de notre Pays. Il peut s'agir aussi bien d'une excursion que d'une brève permanence quelque part pour des motifs professionnels. Dans tous les cas cette occasion ne nous est pas offerte par hasard précisément au moment où nous en ressentons le plus le besoin. Nous pourrons nous amuser beaucoup mais surtout satisfaire la soif de lointain qui nous a envahi. Parfois, cependant, on doit entendre notre voyage plus en un sens figuré que réel et pouvant faire ressurgir à la mémoire ces histoires merveilleuses d'Ulysse dans l'*Odyssée* ou Dante dans la *Divine Comédie*. Sans toutefois vouloir proposer des comparaisons blasphématoires, nous nous limiterons à dire que les explorations du lointain peuvent advenir aussi à travers la pensée ou l'étude de disciplines qui se détachent de la routine: par exemple, en lisant des livres de psychologie analytique, de philosophie, de yoga, de théologie, d'astrologie, d'ésotérisme et aussi avec un cours universitaire qui en tant que tel, est éloigné du savoir quotidien. Dans le pire des cas, quand le passage planétaire à lieu avec des transits négatifs concomitants, nous pouvons alors vivre une expérience déplaisante de voyage forcé (par exemple pour accompagner un parent malade à l'étranger) ou bien de voyage ayant une issue négative (accident de parcours en tout genre, éventuellement en voiture ou blessures de toutes sortes). Il peut arriver aussi que nous recevions une mauvaise nouvelle liée à quelque chose de lointain (nous apprenons, par exemple, que notre partenaire a une relation avec une personne étrangère). En somme, l'étranger, le lointain, en ce moment-là nous sont hostiles et nous ferions mieux de demeurer à distance. Ces jours-là il est aussi préférable de ne pas nous laisser attirer par la démonologie, le spiritisme et autres disciplines qui pourraient nous faire courir de graves dangers au niveau mental.

Soleil en transit en Maison X

Quand le Soleil passe dans notre Maison X, nous pouvons alors vivre une ou plusieurs émancipations. Nous nous sentons plus ambitieux et notre statut socio-professionnel nous intéresse beaucoup plus. Nous aspirons à améliorer non seulement notre travail mais un peu tous les aspects de notre vie. C'est sans doute la période de l'année où nous misons le plus haut et raisonnons essentiellement en terme de futur, ou à longue échéance. Nous sentons que la seule route pour émerger est celle de la compétitivité et abandonnons toute nostalgie personnelle qui nous amènerait à nous réfugier dans l'introversion. Nous savons que la route que nous entreprenons est une montée difficile et que nous devons serrer les dents si nous voulons atteindre un résultat important et nous sommes décidés à grimper jusqu'au sommet. Nous nous employons surtout à améliorer notre travail et à aller dans un sens de croissance en général. Celle-ci peut signifier l'abandon d'un vice (par exemple, cesser de fumer) ou bien l'élimination d'un boulet attaché à notre pied et qui nous empêche de "voler" (éventuellement en rompant un lien frustrant) ou, encore, réussissant dans une entreprise que nous avions déjà essayée mais sans succès) comme apprendre à nager à cinquante ans) ou même en se mariant (c'est plus le cas des ciels natals féminins) et ainsi de suite. En somme, au cours de ces trente jours environ, nous pouvons aller de l'avant, peu ou prou, mais nous pouvons croître, faire un saut de qualité, améliorer un ou plusieurs aspects de notre vie. Si nous devons nous proposer pour un nouveau travail ou mettre une annonce dans le journal, c'est le bon moment. Nous ne devons pas cependant rester dans l'attente passive des événements, mais nous retrousser les manches et, sachant qu'un tel passage astral ne durera que quelques semaines, nous employer à proposer nos services en allant en personne dans des entreprises ou chez des personnes susceptibles de pouvoir nous aider. De la même façon nous devons nous interroger et chercher à comprendre par rapport à quelles activités et dans quels secteurs nous désirons "décoller". Nous devons chercher à comprendre dans quelle direction concentrer nos efforts. Année après année, durant ce transit, le devoir nous impose de ne pas le gaspiller et de faire chaque fois une nouvelle conquête, soit en apprenant à utiliser un ordinateur ou en passant le permis de conduire. Souvent nous trouvons un tel passage aussi chez des sujets qui commencent une analyse. La Maison X est celle de la mère, c'est pourquoi le transit peut correspondre à un moment de lumière particulière pour notre mère ou à des jours où celle-ci se sentira mieux, bénéficiera d'un avantage matériel, d'une occasion de travail, etc. Si par contre le Soleil donne et reçoit des aspects dissonants durant ce passage, nous devrons alors nous attendre à des efforts importants que nous devrons faire pour ne pas aggraver notre condition professionnelle ou sociale (c'est le cas de nombreuses personnes qui cherchent à esquiver les effets d'une séparation ou d'un divorce). Nous pourrions être pressés par une série de contingences qui risquent de nous faire faire un pas en arrière dans l'échelle de l'émancipation. Parfois un passage de ce genre peut être relatif aussi à un problème de santé ou à un accident qui nous empêche de travailler. Notre popularité accuse un moment de chute et il en va de même pour notre prestige. Nous pouvons aussi être sous l'effet du stress pour un problème de santé de notre mère.

Soleil en transit en Maison XI

Quand le Soleil traverse notre Maison XI, nous sommes poussés vers l'avant par un goût pour les projets en général. L'effervescence temporelle de notre capacité inventive et de notre fantaisie pourrait déboucher sur de valables applications. Nous passons beaucoup de temps à rêver, mais il ne s'agira pas seulement de rêverie mais aussi d'intentions dignes d'attention. Ce que nous faisons en général avec le Soleil en transit en Maison XI, ce sont des programmes à longue échéance, ambitieux et structurés de manière rationnelle. Dans ces projets, par contre, il y a une bonne part de fantaisie en plus, de créativité qui manque aux premiers. Nous pourrions dire que ceux qui sont liés à la Maison XI sont les projets d'un ingénieur et les autres le produit d'un architecte. Nous nous rendons compte d'être particulièrement féconds en ce sens, voire originaux. Nous pouvons utiliser toute cette créativité pour la rénovation de notre habitation ou bien pour nous inventer un nouveau travail (à notre époque une telle chose est effectivement possible). C'est peut-être le moment de l'année où nous pouvons être plus libres, moins conditionnés par l'esclavage de la pensée liée à la tradition, à l'éducation, à la vie en société. Nous osons beaucoup plus et devons le faire. Utilisant au maximum les valeurs *uraniennes* de la Maison en question, nous pouvons réellement inventer quelque chose, des solutions, pour améliorer notre vie. Nous sommes aussi décidément poussés vers l'amitié. Nous désirons fortement connaître des personnes nouvelles et cela, en général, arrive effectivement. Au cours de ces semaines il est possible de se retrouver avec nos anciens camarades d'école ou d'enfance. Quelqu'un frappera à notre porte et nous fera une agréable surprise. Nous devrons aussi chercher à exploiter le mieux possible nos connaissances d'autant que, au cours de ces trente jours environ, nous pourrons beaucoup plus compter sur les personnes influentes, sur les appuis qui peuvent nous venir d'en haut, sur les protections en général, entendu non en sens mafieux, mais dans le meilleur sens possible. Frapper à la porte encore et encore devrait être l'impératif d'un tel passage astral. Demander sans crainte parce qu'en ce moment nous trouverons notre interlocuteur plus disposé à nous écouter et à prendre en considération nos requêtes. Toujours ces jours-là, il nous sera plus facile de trouver un bon mécanicien pour notre voiture, un médecin scrupuleux pour notre santé, un bon technicien pour réparer notre ordinateur et ainsi de suite. Même si nous demeurons dans une file nous ressentirons moins de tension chez les autres et une plus grande disponibilité générale à reconnaître notre espace vital. Au cas où le transit ait lieu en conditions d'angles dissonants, nous devrons alors craindre la perte d'un ami ou même d'une personne de notre famille. Cela doit être compris surtout dans le sens d'un litige ou d'une mutation, mais aussi d'un deuil éventuel. Une telle Maison en effet, est certainement liée à la mort et nous sommes toujours plus surpris de noter comment aucun astrologue, avant nous, ne s'en soit jamais rendu compte (tout cela est évident). En clé négative encore, nous pouvons aussi penser à un projet que nous verrons s'effondrer.

Soleil en transit en Maison XII

Quand le Soleil traverse notre Maison XII, nous nous sentons l'âme d'un infirmier prêt à aider les autres. Nous sommes beaucoup plus disposés à collaborer, à prendre soin des autres, à faire de notre mieux pour alléger les souffrances de ceux qui nous entourent. Cela pourra se traduire non seulement par des soins médicaux comme une injection que l'on fait à un parent mais aussi par le réconfort d'un ami qui pleure ou est en proie au désespoir. Nous nous retrouvons plus que d'habitude à réconforter quelqu'un par téléphone de façon plus ou moins insolite par rapport à notre comportement ordinaire. Si nous avons des employés nous serons plus attentifs à leurs problèmes et nous chercherons aussi à intervenir pour leur donner quelque chose qui indique de manière tangible notre préoccupation pour leur condition. De la même façon si nous sommes employés dans une entreprise, nous nous efforcerons de mieux comprendre les exigences de nos supérieurs. Il s'agit, donc, d'une disponibilité élargie de type surtout mental, mais qui peut trouver aussi des applications précises comme l'assistance médicale de notre conjoint (changer une perfusion, faire un pansement, passer le bassin à un malade alité, etc.). Si nous avons l'intention d'apprendre quelque chose en matière médicale, pour les besoins minimums de notre famille, c'est le bon moment. Ces jours-là nous réussissons à mieux nous concentrer, à écrire quelque chose (éventuellement un journal), à prier (si nous avons la foi), à faire des recherches dans les secteurs les plus divers du savoir. En outre, nous sommes animés par un élan mystique et spirituel. La période se prête tout particulièrement aux prières ou à la méditation, de préférence dans un couvent, dans une maison isolée à la campagne, dans une chambre loin des bruits de la rue. Nous pouvons aussi profiter de ce passage planétaire pour une hospitalisation en vue d'un contrôle général ou bien pour des soins comme aller chez le dentiste. Une enquête dans le but d'espionner un membre de notre famille aura ces jours-là une plus grande probabilité de réussite. Il en va de même pour qui veut acheter un appareil électronique ayant cette fonction de surveillance comme des micros-espions par exemple. Ces lectures au cours de ces semaines pourraient être essentiellement de nature psychologique ou sociale. Mais si le passage planétaire en question a lieu dans des conditions d'aspects dissonants nous devrons craindre alors une période d'épreuves et de légers inconvénients. Tant de petits problèmes quotidiens qui nous provoqueront anxiété et appréhension pour notre santé ou celle de nos proches, pour nos relations avec les autres, pour le travail, pour l'argent… Tout, même si c'est à une échelle réduite semble aller de travers et nous finissons par nous comporter de manière paranoïaque, pensant que la vie nous est contraire et que le destin est notre ennemi, que notre prochain nous hait et ainsi de suite. Nous devons nous garder d'avoir une telle attitude négative et penser avant tout que ce n'est là qu'un moment qui ne saurait durer. Non que les autres ne nous manifestent pas leur hostilité, éventuellement par le biais de lettres anonymes ou diffamatoires, mais il s'agira surtout de fantômes issus de notre imagination inquiète plus que de faits réels. Au cours de ces semaines nous pourrons être l'objet d'une hospitalisation, d'un accident ou d'une opération et de toute une série d'ennuis. Nous aurons tendance à nous abandonner à la dépression et au découragement. Ce passage sera marqué par les conflits.

3.
Les transits de la Lune

Les transits de la Lune sont plutôt rapides et vont d'un minimum de quelques heures dans les aspects avec les autres astres, à un maximum de quelques jours pour le passage dans les maisons. Il ne faut pas leur donner trop de poids, car isolés, ils n'ont aucune conséquence particulière. Seulement unis au passage d'astres plus lents ils peuvent avoir une légère influence. En général, ils indiquent des états d'âme qui nous accompagnent durant quelques heures ou quelques jours et conditionnent autant notre extraversion que notre introversion, la joie et la tristesse, l'amour et la haine, mais, je répète, leur incidence à l'intérieur d'un destin général reste assez négligeable. Ils représentent plus ce que nous voudrions et non ce que nous faisons. Ils sont en relation à ces mers que nous aurions voulu parcourir et sur lesquelles nous n'avons jamais navigué. Ce sont les indicateurs de notre tension émotive : quelles sont nos espérances, nos attentes ? Ils sont souvent trompeurs car ils ne correspondent pas exactement à notre volonté consciente ; ce satellite représente, dans un ciel natal, une figure féminine de premier plan, comme la mère, la femme, la fille ou la sœur. Il représente aussi la maison : que ce soit la maison natale ou celle où nous irons habiter par la suite.

Lune en aspect harmonique au Soleil

Quand la lune regarde avec un angle favorable notre Soleil de naissance, nous sommes en paix avec le monde mais surtout avec nous-mêmes. Un courant positif traverse notre esprit et nous prédispose à la tolérance, à la modération, au calme et même à la joie. Il ne s'agit pas d'un moment particulièrement exaltant, ni sur le plan des sentiments ni sur celui des actions, mais plutôt d'équilibre. Nous nous sentons vraiment bien, sereins. Nous constatons une plus grande disponibilité à l'égard des autres et nous nous acceptons mieux. Peut-être sommes-nous plus indulgents en général et vivons-nous un moment de plus grand équilibre entre notre partie rationnelle et celle émotive, inconsciente. Ces heures-là sont caractérisées par une tendance générale à la bonne humeur. Cet état de grâce est perçu par notre entourage. Il y réagit positivement et manifeste sympathie à notre égard, nous permettant ainsi de vivre ces moments-là de la meilleure façon qui soit. L'atmosphère autour de nous est donc pacifique et durant ce passage nous ne ressentons presque jamais de tensions autour de nous. Durant ces heures, nous ressentons une plus grande attirance pour les autres et en particulier pour les hommes. Ces passages favorisent le dialogue entre les deux sexes et l'amour en général. Nous pourrions consacrer plusieurs heures à notre relation de couple et passer une bonne partie de la journée à nous promener ou bien la soirée dans une boite de nuit dans un climat d'harmonie rare. Nous serons mieux disposés à l'égard de notre mari, notre frère ou notre fils. Parallèlement, nous pourrions percevoir aussi une plus grande disponibilité de ces derniers à notre égard.

Lune en aspect dissonant au Soleil

Quand la Lune passe en angle défavorable par rapport à notre Soleil de naissance, nous nous sentons particulièrement agités. Un indéfinissable sentiment d'irritation nous conditionne et risque de nous rendre nerveux et peu équilibrés durant quelques heures. Nous remarquons, en effet, un mauvais rapport entre notre côté rationnel et notre côté émotif. Il s'ensuit un état de mal-être général qui influence négativement notre rapport avec autrui, avec notre environnement. Nous ne sommes favorables ni aux rencontres, ni à la relation avec notre partenaire. Nous éprouvons le désir de rester seuls ou, pire encore, de rentrer en conflit avec l'extérieur. Nous sommes particulièrement susceptibles et capables de nous disputer pour la moindre bêtise. Durant ce genre de passage planétaire nous ferions mieux d'éviter tout risque d'accrochage en restant seuls ou en faisant un peu d'exercice au grand air. Notre mauvaise humeur se voit de loin et prédispose mal les autres à notre égard. Un tel passage peut même nous faire vivre des heures de véritable impopularité qui pourrait se concrétiser par un authentique acte d'hostilité de la part d'un supérieur hiérarchique ou d'un collègue plus âgé. Il est possible aussi que notre père, notre frère ou notre mari nous fasse un reproche sérieux. Bref, ce transit-là n'est pas terrible mais bien que son passage soit très court, il établit un très mauvais rapport entre nous et notre environnement. Cela justifie de notre part un compte à rebours pour en établir la fin. Il ne s'agit que de quelques heures mais elles sont particulièrement ennuyeuses. Comme vous l'aurez compris, ce n'est pas le meilleur moment pour demander des augmentations de salaire ou des promotions professionnelles.

Lune en aspect harmonique à la Lune

Quand la Lune se déplace en angle positif par rapport à notre Lune de naissance, nous nous sentons plus légers et positifs. Nous sommes plus optimistes et croyons plus en notre prochain. Nous traversons un moment de bien-être général, sans particulière emphase, mais d'harmonie, de sécurité, de tranquillité. Notre équilibre général est satisfaisant et nous éprouvons du plaisir à harmoniser nos voix intérieures avec la raison. Nous ressentons toutes ces sensations et sommes conscients que nous pouvons être rentables d'un point de vue professionnel mais aussi sentimental, affectif. Cet état de grâce particulier crée une aura positive autour de nous qui est perçue et appréciée par notre entourage qui nous le rend surtout sous forme de sympathie. Ce processus s'auto-amplifie et détermine un excellent rapport entre nous et l'extérieur, pour quelques heures. Nous devons en profiter pour demander quelque chose à notre supérieur ou pour tenter d'assainir une situation de vieux désaccords. Nous sommes plus en syntonie avec les personnes qui nous sont chères, notre partenaire et surtout notre maison. Nous ressentons un plus grand besoin d'intimité qui, cependant, ne correspond pas à une pulsion d'isolement, mais simplement à un besoin de chaleur du foyer. Nous désirons nous asseoir à une table, avec le plus de personnes chères possible et jouir de la chaleur d'une pièce, d'un bon dîner, de la joie d'une famille en paix. Si nous sommes loin de chez nous, nous désirons encore plus y retourner et il est possible que nous le décidions indépendamment des engagements pris auparavant. C'est un moment particulier et positif même pour l'amour et nous pourrions aussi avoir la joie d'une maternité ou d'une paternité. Un bon bain chaud en hiver ou un bain de mer rafraîchissant en été pourrait être la toile de fond de ce type de passage.

Lune en aspect dissonant à la Lune

Quand notre satellite terrestre se déplace en angle dissonant avec notre Lune de naissance, nous nous sentons irrités et mal disposés vis à vis des autres. C'est le type même de transit qui nous fait dire : "Il est mal luné". En fait nous ne réussissons même pas à comprendre pour quelle raison nous sommes si nerveux, mais le fait est que nous nous montrons particulièrement tendus, susceptibles, capables de nous disputer pour un rien. Nous avons les nerfs à fleur de peau et cette agressivité est dans la plupart des cas tout à fait gratuite, elle n'est mue par aucune raison précise et n'a aucun objectif déterminé. C'est une agitation qui nous parcourt comme une décharge électrique et nous rend on ne peut plus "inflammable". Nous sommes vraiment de mauvaise humeur et nous ne désirons avoir affaire à personne pas même aux êtres chers qui, au contraire, dans ces moments-là sont la cible de la plus grande partie de notre agressivité. Heureusement que les destinées d'un pays ne dépendent pas de notre état d'âme autrement nous serions capables de déclarer la guerre au monde entier. Nous apparaissons infantiles et capricieux, nous pleurons facilement et sommes peu rationnels. Notre part émotive prend le pas sur la raison et nous fait nous comporter comme un enfant auquel un jouet a été retiré. Durant ces heures-là nous pouvons vraiment être détestables et nous finissons par faire du mal aux personnes qui nous aiment. Notre moment astral est caractérisé par une grande instabilité et donc tous les rendez-vous importants pouvant tomber sous cette configuration astrale sont à éviter. C'est la raison pour laquelle, durant ces heures, il convient d'éviter non seulement les rendez-vous professionnels mais aussi les réunions de famille ou les rendez-vous galants. Enfin nous sommes beaucoup plus négatifs avec notre mère, notre femme, notre sœur ou notre fille. Nous n'avons pas envie de rester à la maison, mais ne voulons pas nous en éloigner non plus : nous ne savons pas exactement ce que nous voulons. Nous pouvons éprouver une aversion particulière pour l'eau.

Lune en aspect harmonique à Mercure

Quand la Lune transite en angle favorable avec notre Mercure de naissance, nous éprouvons un vrai désir de communication, de mouvement. Nous désirons voyager, pas forcément loin, seulement pour quelques heures, mais nous n'avons pas envie de rester immobiles, de répéter la routine quotidienne. Nous sommes contre la stagnation et envisageons d'être actifs. *Projeter* est le mot juste car s'agissant d'un transit lunaire il représente plus un état d'âme, une intention qu'une action. Quoi qu'il en soit, nous avons envie de faire une belle promenade, de sortir de la ville, de conduire pendant quelques heures, de faire une course à bicyclette ou en moto. Nous éprouvons le besoin de communiquer. Nous nous rendons compte que nous sommes plus lucides, plus conscients de nos sentiments, plus en mesure de comprendre les autres et de nous faire comprendre. Nous devons profiter de cette lucidité accrue pour parler de nos projets aux personnes qui nous sont proches. Cet élan communicatif ne concerne pas seulement le rapport direct avec autrui mais tous les moyens de communication : le téléphone, la lettre ou Internet qui nous mettra en contact avec le monde entier (c'est le moment idéal pour naviguer sur le web !) L'effervescence de ce moment est marquée par une curiosité accrue qui nous pousse à prendre ici et là de nombreuses informations, exactement comme nous pouvons le faire avec un simple clic dans les différents sites Internet, en passant d'un argument à un autre sans aucun critère rigide pour guider nos recherches. Nous pouvons éprouver le plaisir de nous abandonner à une recherche de ce genre et laisser aller librement notre esprit qui, durant cette période, est très juvénile. Mais autant de légèreté et de lucidité pourraient ne pas être utilisées uniquement à des fins ludiques et récréatives, mais aussi pour en retirer des avantages professionnels. Notre prédisposition pour la rencontre au sens large est en soi positive pour la rencontre en soi et donc nous pourrons remarquer, avec satisfaction, qu'il nous est objectivement plus facile de communiquer avec les interlocuteurs qui sont d'ordinaire difficiles à joindre. Même la lecture d'un livre sera meilleure avec un tel aspect planétaire et nous pouvons en profiter si nous avons un volume particulièrement difficile à digérer. Mentalement donc, nous apparaissons excités, presque drogués, en tout cas plus réceptifs et plus communicatifs. En bref, nous pouvons dire que vraiment il améliore notre interface avec notre environnement. Durant ces heures, nous portons aussi un intérêt plus grand aux véhicules et nous pourrions en projeter l'achat, qu'il s'agisse d'une automobile, d'une moto ou d'une bicyclette. C'est le bon moment car nous sommes mieux disposés à cet égard et plus lucides pour prendre une bonne décision. Durant ces heures-là nous pouvons mieux nous concentrer pour étudier, pour préparer un examen, pour faire ou pour suivre un cours, pour travailler à la rédaction d'un article, d'un livre, d'une intervention pour un congrès. Nous sommes attirés par les personnes plus jeunes et nous pouvons nouer de nouvelles amitiés. Nous éprouverons, peut-être, aussi le besoin de nous retrouver avec un frère, un cousin, un beau-frère. Nous serons mieux disposés à leur égard et nous pourrons utiliser ce moment pour améliorer nos relations avec eux. Par ailleurs une plus grande capacité à négocier nous permettra de conclure une bonne affaire, peut-être grâce à des journaux d'annonces locales. Nous pourrons ainsi vendre un vieil appareil électroménager ou acheter quelque chose en réussissant à discuter sur le prix. Si nous sommes représentants de commerce cette période sera particulièrement fertile pour les ventes et nous constaterons une meilleure capacité à nous présenter et à vendre notre marchandise.

Lune en aspect dissonant avec Mercure

Quand la Lune se déplace en aspect dissonant par rapport à notre Mercure radical, nous accusons un moment de friction avec notre environnement le plus proche. C'est surtout une sensation, mais elle produit, ou peut produire, une série de désagréments autour de nous. Nous avons du mal à communiquer avec l'extérieur, au sens large. Nos pensées manquent de fluidité ou bien elles défilent trop rapidement. Quoi qu'il en soit, le trouble que nous pourrions définir de rapidité a pour effet de rendre plus complexes toutes nos communications. Peut-être recevons-nous mal le message des autres ou nous énonçons-nous de manière erronée, le fait est que nous nous comprenons mal voire pas du tout. Il est probable que dans un tel moment nous n'avons pas les idées très claires et que par conséquent nous les exprimons mal. Nous ferions mieux de nous taire, d'interrompre momentanément les canaux de communications avec l'extérieur. Nous ne réussissons pas à rester, comme nous le devrions, tranquillement silencieux et seuls pendant un moment, nous sommes de toute façon tentés de dialoguer et ce avec de très mauvais résultats. Par conséquent, nous ressentons autour de nous une certaine irritation. Mercure concerne aussi les rapports occasionnels, superficiels et dépourvus d'importance ce qui veut dire que nous pourrions facilement nous disputer avec un chauffeur de bus, avec l'employé d'un guichet quelconque ou avec le coursier qui nous livre un paquet. Ce n'est pas le bon moment pour les contacts en général et nous devrions vraiment nous convaincre qu'il vaut mieux rester un peu isolés : d'ailleurs il s'agit seulement de quelques heures. Cette vague d'incommunicabilité peut nous pousser à passer des coups de fil inopportuns ou à écrire des lettres que nous aurions intérêt à poster plus tard. De petits incidents peuvent caractériser ces tentatives inopportunes et se matérialiser par des gaffes du type : oubli du timbre, adresse erronée. L'appareil téléphonique peut être une caisse de résonance négative à notre humeur et rendre difficile la formation d'un numéro ou l'obtention de la tonalité. Nous pouvons aussi, durant ces heures-là, être confrontés à des problèmes avec le modem de notre ordinateur, Internet ou avec notre imprimante. Toujours selon cette grande vérité énoncée par Carl Gustav Jung qui dit que la réalité subjective coïncide presque toujours avec la réalité objective, nous constatons que durant ces heures la connexion à Internet est perturbée ou très lente. De la même manière, notre ligne téléphonique pourrait subir des interférences et nous pourrions nous retrouver ainsi à quatre sur la ligne ou encore recevoir un paquet déchiré et à moitié vide. Nous devrions vraiment nous persuader qu'il serait préférable d'attendre quelques heures et d'utiliser un ciel plus favorable pour les transmissions au lieu de se précipiter à la première boite à lettres pour poster un billet qui arrivera plus tard par rapport au premier choix. Le transit nous déconseille aussi d'effectuer des achats relatifs à des moyens de transport, qu'il s'agisse de la voiture en soi ou d'un accessoire. Vivement déconseillés les voyages et les déplacements durant ces heures-là : nous pourrions avoir de petites mais désagréables odyssées causées par des grèves, des intempéries ou des ennuis quelconques au départ d'un train ou d'un avion. Dans le pire des cas, nous pourrions même être victimes d'un tamponnement. Il sera aussi préférable d'éviter les rapports avec des personnes plus jeunes, avec un frère, un cousin ou un beau-frère. Nous pourrions aisément nous disputer et gâcher un bon rapport. Il vaut mieux de pas s'engager dans des négociations commerciales : nous risquerions de faire de mauvaises affaires. Enfin, les fumeurs pourraient avoir un recours excessif à la cigarette ayant pour conséquence une éventuelle intoxication.

Lune en aspect harmonique à Vénus

Quand la lune voyage en angle favorable à notre Vénus de naissance, nous ressentons une agréable sensation de bien-être autour de nous. Nous sommes plus en accord avec nous-mêmes et avec les autres. Nous nous sentons plus sereins, plus optimistes et aussi plus vitaux. Nous sommes plus calmes, plus doux. Nous éprouvons de la sympathie à l'égard des autres qui en général nous le rendent bien. Nous tendons à l'amitié, aux rapports conciliants et à arrondir les angles qui pourraient se créer entre nous et les autres. Nous nous sentons mieux tant physiquement que psychologiquement et nous voudrions surtout nous amuser. C'est un moment à consacrer essentiellement au temps libre, aux loisirs, aux distractions au sens large. Les plaisirs matériels sont au premier plan et nous devrons donc privilégier un bon repas, une bonne sieste, une promenade au grand air, le plaisir sain et relaxant du sexe. Mais une partie de cartes ou un bon film avec un ami seront aussi de bonnes occasions de vivre au mieux ce transit. Comme durant ce passage planétaire, nous sommes particulièrement ouverts aux autres, nous pouvons en profiter pour régler d'anciens malentendus. Nous pouvons en outre nous proposer pour de nouvelles fonctions, pour quelque chose qui nous fasse nous épanouir professionnellement, pour une réconciliation avec la personne aimée : nous trouverons notre interlocuteur beaucoup mieux disposé à notre égard. Avec ce transit nous nous sentons attirés par l'art et le beau en général. C'est donc une bonne période pour aller visiter les musées, les galeries, les monuments, pour apprécier un C.D. ROM sur l'art, pour acheter une pièce d'antiquité, un tableau, une porcelaine ou de l'argenterie de valeur. C'est aussi le bon moment pour choisir une cravate, une robe neuve ou un vêtement quelconque. C'est en outre un passage qui se prête au soin de notre personne et nous pourrions en profiter pour nous faire faire un soin du visage, une manucure, des bains de boue, un sauna relaxant et désintoxiquant, nous faire coiffer. Si nous avons un problème esthétique à résoudre, par exemple un projet de rhinoplastie, nous pouvons en profiter pour consulter un chirurgien esthétique et entendre son avis. Nous ressentons le besoin d'être plus beaux, de nous exprimer au mieux et cela peut passer par un cours de diction qui pourrait commencer durant ces heures-là, ou choisir une nouvelle monture de lunettes ou encore essayer pour la première fois de porter des verres de contact. Une pulsion hédoniste s'empare de nous et nous pouvons la satisfaire en cherchant le plus possible à nous faire plaisir, en nous entourant de choses belles, esthétiques, agréables à regarder et à toucher. Ce sont des heures parfaites pour l'amour, pour courtiser, pour faire des déclarations, envoyer des fleurs, des petits mots... Se faire photographier, durant ces moments-là, peut aussi être particulièrement utile dans la mesure ou notre excellent état psychophysique transparaît aussi à travers les sels d'argent d'une photo. Nous pouvons aussi décider de changer de coiffure ou de nous laisser pousser la barbe ou de modifier un peu notre style vestimentaire. Nous pourrons choisir un nouveau papier à lettres ou une plaque à accrocher à notre porte d'entrée : chacun de nos choix, durant ces heures, sera guidé par le bon goût, le sens de l'esthétique et de la mesure. Nous pourrons nous consacrer avec tout autant de satisfaction à une meilleure disposition de nos meubles ou des tableaux de notre salle de séjour. Enfin, nous nous sentons particulièrement bien disposés à l'égard d'une sœur, d'une amie, d'une fille, de la personne aimée.

Lune en aspect dissonant avec Vénus

Quand la Lune transite en angle dissonant par rapport à notre Vénus de naissance, nous pouvons être attirés, de manière excessive, par le plaisir sous toutes ses formes et modalités d'expression. Le risque d'excès est réel et nous devrons veiller à ne pas exagérer avec la nourriture, l'alcool, le tabac, le jeu, le sexe... Le risque d'inflation couve sous ce passage planétaire et donc, le sachant, nous devrons être plus vigilants pour éviter les indigestions de tout type. Nous serons plus attentifs pour ne pas subir les mauvaises conséquences d'une nuit passée à faire la noce. Un hédonisme effréné peut être particulièrement néfaste. La recherche du plaisir à tout prix n'est jamais un fait positif et se traduit, la plupart du temps, par des bêtises que nous regretterons. N'oublions pas que dans l'anthologie universelle des thèmes de naissance des personnages célèbres, brillent un grand nombre de noms d'assassins et de violeurs avec pour dominante Vénus... Essayons donc de discipliner notre libido, de nous fixer des règles et surtout de nous calmer et de faire preuve de bon sens. Le réveil après une cuite est toujours particulièrement douloureux et pour quelques heures de divertissement déchaîné, nous pourrions payer une addition assez salée. Notre état d'esprit influencé par le désir de plaire, nous place dans une prospective déformée à l'égard de l'autre et donc, même si apparemment notre désir est d'aimer beaucoup, cela ne semble pas être le bon moment. Nous ferions mieux de nous abstenir et remettre cela à un autre moment. Souvent nous nous trompons par excès et pas seulement par défaut. L'inflation est cachée derrière nos intentions et nous pouvons produire plus d'une gaffe qui aura des conséquences. La difficulté de réfréner notre passion peut s'exprimer aussi par un incident de parcours comme le fait de provoquer une grossesse non désirée. Nous risquons aussi d'apparaître excessifs dans nos rapports avec les autres où il semble qu'à tout prix nous souhaitions conquérir notre interlocuteur par un excès de familiarité et de sympathie. En somme ce qui nous fait défaut en ce moment c'est la mesure plus que la disponibilité à aimer ou à traiter aimablement avec notre prochain. Pas de problème, par contre, si une telle pulsion hédoniste se matérialise par une "cure" de musées, d'expositions de tableaux, de concerts, de théâtre, etc. Ici les risques d'inflation ne peuvent produire de dommages, au contraire ils seront source d'élargissement de notre culture et tendront à raffiner notre esprit. Il n'en va pas de même avec les achats d'objets d'art, de tableaux, de céramiques, d'argenterie, d'antiquités où nous constaterons la même tendance aux excès dont nous avons parlé et qui pourrait nous induire en erreur. Une des tendances négatives du moment est, en effet, une excessive prodigalité ou, si vous préférez, un peu de mégalomanie dépensière. Avec ce passage nous risquons de vider nos poches, surtout pour nous procurer du plaisir tous azimuts. Nous serons facilement induits en erreur quant à l'achat d'un vêtement comme cravates, tailleurs, sacs, robes, chapeaux. Evitons de choisir à cette période la nouvelle couleur du salon, ou le carrelage de la salle de bains et renvoyons à une date ultérieure la décision d'une nouvelle disposition des meubles de la maison. Enfin, faisons attention à ne pas gâcher nos rapports avec une sœur, une amie, une fille, la personne aimée.

Lune en aspect harmonique à Mars

Quand la lune circule en aspect positif à notre Mars de naissance, nous sommes envahis par un agréable sentiment de force et d'optimisme. Un courant particulièrement vital nous envahit et nous permet d'établir un contact très positif avec les autres et la vie en général. Nous ressentons une grande force intérieure qui nous pousse à faire des choses importantes, même s'il s'agit d'un transit rapide. Nous nous sentons forts, courageux, déterminés, capables de grandes entreprises, voire d'actions audacieuses et périlleuses. Nous ne pensons pas aux dangers et nous allons de l'avant de manière dynamique. Notre détermination flotte autour de nous et réussit à convaincre notre entourage de la grande lucidité d'action qui est la nôtre à ce moment-là. *Un esprit sain dans un corps sain* disaient les anciens et effectivement il s'agit d'un moment où nous sommes au sommet de notre énergie psychophysique. L'expression de notre visage, notre voix, notre tension musculaire, tout notre être en général, sont un concentré d'énergie, de vitalité, de puissance. Cela nous permet d'affronter des sujets durs et épineux et de trouver des solutions qui demandent du courage et de l'application. Notre détermination transparaît clairement et notre entourage la perçoit et l'accepte de manière naturelle. Autour de nous plane une aura de majesté, de leadership qui nous pousse, sans présomption, à diriger, commander, guider. Nous pouvons et devons oser plus : c'est le bon moment pour demander un poste à responsabilités, la direction d'un projet ambitieux, la conduite d'une négociation importante. Une force émane de nous qui n'a rien affaire avec l'agressivité : c'est la force tranquille des vrais forts. Nous pouvons commander sans courir le risque d'être autoritaire, demander sans imposer, nous faire entendre sans élever la voix. Il s'agit de quelques heures magiques dont nous ne voudrions pas voir la fin. Durant ce passage, les timides auront une audace qu'ils n'ont jamais eue, les autres seront beaucoup plus efficaces. Ce transit nous suggère aussi de nous consacrer à une activité sportive : les moins sédentaires pourront doubler leur dose quotidienne de mouvement et les plus sédentaires s'essayer à un match de football avec leurs collègues de travail, un match de volley-ball ou de la gymnastique. Nous pourrions avoir envie de nous inscrire dans une salle de gymnastique et cela ne serait pas une mauvaise idée. Ce plein d'énergie pourrait aussi être exploité pour des travaux occasionnels comme couper du bois, transporter des provisions alimentaires, déplacer des meubles, etc. Ce transit planétaire se prête aussi à une activité sexuelle saine et intense. Nous pourrions, en outre, éprouver une étrange attirance pour les travaux de mécanique, de menuiserie, de plomberie qui nous permettrons de joindre l'utile à l'agréable. Durant ce passage, nous serons plus attirés par les images masculines fortes comme les militaires, les policiers, les sportifs, etc.

Lune en aspect dissonant à Mars

Quand la Lune transite en aspect dissonant avec Mars, nous sommes conditionnés par une désagréable agressivité dont nous ne comprenons pas les motivations. Effectivement il n'existe aucune motivation réelle si ce n'est le transit : nous sommes électriques, irritables et nerveux. Nous ne sommes pas contents de nous et nous constatons que nous cherchons la dispute, que nous pouvons réagir pour un rien, que nous aurions vraiment besoin d'un sédatif. Tout naît, probablement, d'un déséquilibre entre les forces qui nous gouvernent, celles qui gèrent notre esprit et celles qui remontent à notre émotivité la plus intime. La première conséquence d'un tel surplus d'énergie à fleur de peau est une situation plus conflictuelle avec notre environnement. Nous risquons de nous disputer sans arrêt et avec tout le monde, en premier lieu avec les personnes de notre famille, ensuite avec notre partenaire et enfin avec quiconque entre occasionnellement en contact avec nous : l'employé de banque, le chauffeur de bus, le boulanger, etc. Nous découvrons un côté querelleur de notre personnalité qui ne nous appartient pas d'ordinaire. Si nous n'y prenons garde, nous pourrions d'un rien en arriver à la bagarre. Il nous faut donc être très attentifs car le risque de compromettre des relations rodées depuis longue date pour des bêtises est très élevé. Nous devons nous efforcer continuellement, durant ces quelques heures, de compter jusqu'à trois avant d'agir, de nous répéter qu'il y a en nous un petit diable qui nous fait nous comporter de manière insensée. Nous devons rassembler toute notre prudence afin d'éviter des situations désagréables qui pourraient avoir des retombées judiciaires (combien de fois nous trouvons-nous sur le point de nous disputer avec un agent de la circulation pour un stationnement interdit, encourant une inculpation pour outrage à un agent de la force publique ?) C'est essentiellement avec des personnages militaires (policiers, agents, gendarmes) que nous risquons les heurts. Nous courons aussi le risque, durant ces heures, de provoquer des accidents en tout genre : entrer en collision avec une voiture, renverser un piéton, casser une vitre, provoquer des dégâts en entrant dans un magasin. Bref, durant ce transit, nous serons particulièrement destructifs, au sens large et tous azimuts. Nous le serons aussi envers nous-mêmes et nous risquons de nous blesser avec un couteau en coupant du pain ou de tomber d'une échelle pendant la pose de rideaux. Il va donc de soi que durant un tel passage astronomique nous ne devrons pas aller skier, ni patiner ni faire de la bicyclette. Nous éviterons de plonger, à la mer ou à la piscine, les escalades à la montagne, mais aussi simplement de nous mettre à la fenêtre durant un feu d'artifice. En effet, une telle configuration astrale détermine un danger général autour de notre personne qui pourrait se traduire, à l'extrême, par une balle qui nous atteint durant un hold-up dans une banque. Bien entendu, il s'agit de raisonnements par l'absurde dans la mesure où une telle éventualité ne se justifierait que par la concomitance de ce transit avec d'autres très graves, mais nous citons cet exemple pour expliquer que les dommages potentiels que nous pourrions subir ne sont pas seulement de notre fait. Dans ces moments-là, nous devenons des pôles d'attraction négative qui peuvent servir de caisse de résonance à notre environnement et provoquer des dégâts.

Lune en aspect harmonique à Jupiter

Quand la Lune se déplace en angle favorable avec Jupiter, nous éprouvons un sentiment de sain optimisme et de confiance en les autres et dans la vie. C'est un bon moment qui, même s'il dure peu, peut nous servir à recharger les accus. Nous nous sentons mieux, plus satisfaits, en paix avec le monde, plus sereins et ouverts à l'égard de tous. La tendance générale qui nous gouverne est celle d'abaisser la garde, de faire confiance aux autres et de ne pas chercher les éventuelles duperies autour de nous. C'est durant ces passages que nous pouvons accomplir ce qu'une excessive méfiance, la crainte d'être roulé, nous avait empêchés de faire. Nous avons Jupiter dans le cœur et autour de nous aussi, si bien que les autres le perçoivent et entrent en harmonie réciproque avec nous. Nous traversons ainsi quelques heures caractérisées par de bonnes relations avec notre prochain. Notre bonne humeur nous aide à faire naître de nouvelles entreprises d'une certaine importance. Nous pourrons donc commencer un nouveau travail, mais aussi un nouveau loisir ou un régime alimentaire différent. L'aura positive qui nous entoure peut aussi nous aider à obtenir une sponsorisation : avoir une gratification professionnelle, obtenir une fonction de plus grande responsabilité et plus grand prestige, recevoir un compliment ou une critique positive pour un travail effectué. Nos actions montent et nous devons en profiter rapidement, dans tous les domaines. Nous avons intérêt à nous mettre en avant, à oser, à écrire des lettres à des personnes susceptibles de nous aider, à passer des coups de fil qui peuvent nous procurer des avantages matériels. Si nous cherchons un travail, cela sera un moment favorable si les conditions économiques du pays le permettent. Notre optimisme accru favorisera la naissance de nouvelles initiatives comme une inscription à l'université, ou à un cours de langue, l'attribution de plus grandes responsabilités professionnelles, une nouvelle organisation du temps libre. Durant ce transit, nous aurons un plus grand sens de la justice et nous ferons en sorte que ses principes soient appliqués avec rigueur et fermeté. Cela pourra nous conduire à réexaminer, par exemple, de vieilles affaires que nous avions archivées comme n'étant pas dignes d'intérêt et où nous pourrions découvrir les droits d'un tiers foulés aux pieds. Notre état d'esprit favorisera aussi la mise en œuvre de conditions plus équitables qui peuvent concerner notre situation économique et de prévoyance. En outre, avec un tel état d'âme, nous pourrions mettre un terme à de vieilles controverses légales ou à différents contentieux qui nous bloquaient depuis longtemps. Nous serons aussi particulièrement attirés par les voyages et les déplacements, courts ou longs. La période s'y prête particulièrement bien et nous en jouirons pleinement. Nous devons en profiter car cela ne dure que quelques heures. Enfin nous serons attirés par les problèmes de philosophie, théologie, ésotérisme, astrologie, etc. Nous saisirons la balle au bond et améliorerons notre culture.

Lune en aspect dissonant avec Jupiter

Quand la Lune avance dans son parcours zodiacal en regardant de manière sinistre notre Jupiter de naissance, nous nous trouvons dans un moment d'hypertrophie générale du Moi avec une propension aux actions les plus répandues. L'absence presque totale de sens critique prend ici une ampleur préoccupante car elle nous rend complètement inattentif aux dangers qui pourraient venir de l'extérieur, mais qui pourraient, aussi et surtout, découler de la mauvaise appréciation que nous faisons de chaque type de danger. Nous avons une telle confiance en nous que cela frise la suffisance et notre présomption nous fait sentir presque omnipotent. Nous sommes portés à minimiser les difficultés, à appréhender avec optimisme l'éventuelle solution d'un différend. Nous pensons que tout peut s'aplanir et que tout rentrera facilement dans l'ordre. Et il n'y a rien de pire que le fait d'abaisser la garde, de se découvrir, de perdre ce minimum de saine méfiance qui devrait nous permettre d'être vigilant sur ce qui se passe autour de nous. Ce que nous pourrions définir de manière positive "candeur du sagittaire" prend ici une dimension excessive et nous empêche de voir clair. Nous nous détendons trop et donc nous nous exposons. Nous nous comportons comme des sentinelles qui tournent le dos à l'ennemi. Cette excessive confiance en nous ne nous permet pas de comprendre exactement d'où pourraient venir les attaques. Nous avons tendance à nous surestimer. Nous nous sentons des Dieux et surestimons nos qualités. Rien n'est plus faux et plus délétère. Nous sommes donc particulièrement vulnérables. Le fait de sous-estimer, de manière temporaire, des problèmes, nous conduit à nous exposer un peu trop dans tous les domaines ; par exemple dans le secteur économique. Nous pouvons imaginer être en mesure de faire d'excellentes affaires et en fait nous brûlons des ressources économiques en réalisant de très mauvais investissements. Nous pensons être capables de nous jeter, tête baissée, dans des entreprises professionnelles qui s'avéreront être de véritables fiascos. L'idée nous effleure même de pouvoir commettre un petit délit sans encourir des conséquences légales cependant il n'en sera pas ainsi. Nous sommes aussi convaincus de pouvoir acquérir des biens qui vont au-delà de nos possibilités économiques, si bien que nous contractons des crédits trop importants que nous aurons du mal à rembourser. Cette sous-estimation des problèmes peut être étendue au domaine sentimental où nous pouvons nous risquer dans une entreprise allant au-delà de nos possibilités. Nous pouvons aussi nous convaincre de pouvoir inscrire notre fils dans une école difficile et découvrir qu'il s'agissait d'une entreprise téméraire, voire absurde. Bref, durant ces quelques heures nous devrons nous efforcer de bien garder les pieds sur terre et ne nous lancer dans aucune entreprise aléatoire. Il faudra aussi veiller à ne pas courir le risque d'excès alimentaires de tout type. En effet, le relâchement mental génère souvent une grande auto-indulgence qui peut nous conduire à trop manger mais surtout à manger des aliments mauvais pour la santé. Il en va de même pour l'alcool qui pourrait devenir notre ennemi numéro un.

Lune en aspect harmonique à Saturne

Quand la Lune transite en aspect harmonique avec notre Saturne de naissance, c'est comme si subitement nous devenions plus sages et plus mûrs. Une grande paix intérieure nous informe que nous nous trouvons dans un moment de rare équilibre où nous réussissons à gérer au mieux nos rapports entre notre Moi rationnel et les forces de l'inconscient. Nous sommes particulièrement équilibrés et mesurés, nous avons un grand self-control, sans pour autant nous réprimer. Le contrôle du Moi se fait de manière tout à fait naturelle et nous éprouvons une grande sensation de tranquillité autour de nous. Nous nous sentons posés, stables, particulièrement sages et rationnels. C'est comme si d'un coup nous avions vieilli de vingt ans, au sens positif du mot. Nous nous découvrons, même s'il ne s'agit que de quelques heures, capables de raisonnements difficiles, de contrôler nos émotions, de comprendre la juste mesure de chaque chose. Durant ces moments-là, nous pouvons penser à notre futur le plus éloigné car nous sommes en mesure de faire des programmes à long terme, même sur vingt ans. Tout ce que l'on peut obtenir seulement au prix de longs efforts peut naître facilement pendant ce transit. Si l'on prend l'exemple de l'athlétisme, nous pouvons nous comparer à des coureurs de fond, moins rapides que les coureurs de cent mètres mais beaucoup plus résistants. Notre force n'est pas dans la détente mais dans la durée et tel doit être notre objectif. Cette sérénité un peu magique qui nous gouverne nous permet aussi de faire des bilans partiels de notre vie pour découvrir quelles sont nos erreurs et dans quelle direction, au contraire, nous devons persévérer. Nous sommes aussi plus justes en ce qui concerne nos rapports avec les autres ; nous réussissons à voir les raisons d'autrui et à comprendre les exigences de tous. Nous nous découvrons plus ambitieux, mais cela fait justement partie des stratégies à long terme qui naissent sous les transits qui concernent Saturne. Nous ne sommes pas du tout attirés par les jeunes et nous leur préférons les personnes âgées que nous admirons. Nous savons que les personnes âgées peuvent nous donner de précieux enseignements et nous les écoutons avec dévotion. Nous avons envie de parler avec nos grands-parents, si nous avons la chance de les avoir encore avec nous et nous aimons écouter leurs histoires, riches de sagesse et d'expérience. C'est une source richissime d'informations. Nous avons tendance à nous occuper des parties de notre corps liées à la vieillesse et donc au calcium : les os et les dents. C'est le bon moment pour une visite chez le dentiste ou l'orthopédiste, mais aussi pour visiter des monuments anciens et des musées.

Lune en aspect dissonant à Saturne

Quand la Lune transite en angle dissonant avec notre Saturne de naissance, nous ressentons un grand sens du devoir. Nous sommes particulièrement motivés, nous voulons faire le maximum, ne pas faire d'erreurs. Nous nous découvrons extrêmement sévères avec nous-mêmes et nous avons l'impression que les autres le sont à notre égard. Nous nous sentons observés, épiés. Nous avons un grand besoin de compliments, d'encouragements. Il s'agit évidemment d'un moment de dépression, de découragement, d'abattement. Nous avons la sensation de voir la vie à travers une paire de lunettes sombres. Nous ne réussissons pas à regarder devant nous de manière positive et tout nous semble tourner au tragique. C'est un pessimisme total, général qui nous touche. Un sentiment d'infériorité nous assaille et nous fait penser que nous ne sommes pas à la hauteur des autres, que nous n'avons pas suffisamment de qualités pour rivaliser avec les autres. Ce sentiment d'infériorité provoque, par un effet compensatoire, une forte ambition et un désir de pouvoir qui, évidemment, restent liés à ces heures-là. Nous imaginons la réussite triomphante de nos entreprises, nous aimons à nous projeter dans des carrières fulgurantes et des fonctions à très grande responsabilité. Nous visons haut, très haut. Mais en même temps nous craignons toute image de type paternel : de notre père en chair et en os, à notre supérieur hiérarchique, notre commandant sous les drapeaux, notre enseignant à l'école. Nous nous sentons pris dans un étau de sentiments de culpabilité et de sens du devoir qui empêchent nos émotions de s'exprimer librement. Le contrôle rigide du Moi est presque total. Nous avons l'impression d'asphyxier. Nous réussissons à regarder avec objectivité les choses et nous avons l'impression que ce ciel de plomb virtuel qui est au-dessus de nous, caractérise, au sens météorologique et psychologique, notre avenir tout entier. Cette heure de particulière tristesse semble devoir durer toute la vie. Nous sommes mélancoliques et tristes et tout nous apparaît compliqué, dur, difficile à surmonter. Dans un tel climat, nous serions même capables de confesser des crimes dont nous ne sommes pas responsables. Toutes les relations interpersonnelles nous mettent mal à l'aise car nous avons l'impression que les autres nous jugent et qu'ils nous jugent plutôt sévèrement. Nous craignons surtout le jugement des personnes âgées et des chefs ou de ceux qui, bien que n'étant pas nos supérieurs hiérarchiques, expriment une idée d'autorité. Nous pourrions ainsi, de manière inconsciente, faire réagir notre corps pour nous procurer des alibis : j'ai des boutons c'est pour cela que l'on ne m'aime pas. Notre estomac pourrait aussi subir les conséquences de tout ce stress et nous pourrions souffrir de gastrite nerveuse, si notre ciel de naissance en présente les bases. Nous pourrions en outre, avoir des problèmes aux os ou aux dents et être contraints à avoir recours aux soins d'un dentiste durant ce passage planétaire. En revanche, nous favoriserons les examens de conscience qui nous permettront de voir quelles sont nos erreurs. En effet durant ces heures nous serons sans pitié avec nous-mêmes, chose positive pour ce genre d'examen.

Lune en aspect harmonique avec Uranus

Quand la Lune circule en angle favorable avec notre Uranus de naissance, un grand vent de renouveau nous envahit. Nous nous sentons frais, toniques, mais surtout catapultés vers l'extérieur, fermement décidés à nous renouveler. Voilà l'impulsion la plus forte : un ferme et puissant courant révolutionnaire qui nous pousse à changer complètement. Nous répugnons toute situation de stagnation, d'ennui, d'impasse. Nous voudrions combattre la stagnation comme s'il s'agissait d'une maladie grave. Nous ne supportons pas de rester immobile à regarder notre vie qui passe sans rebondissement. Il est peu probable que d'autres transits puissent générer l'esprit d'aventure qui nous saisi dans ces moments-là. Nous nous sentons aussi particulièrement originaux et nous le démontrons non seulement dans l'expression de nos idées, mais aussi à travers des actions précises, par exemple, dans nos choix vestimentaires. Quelquefois cette originalité prend de telles proportions qu'aux yeux des autres nous apparaissons carrément excentriques. Il ne vous est jamais arrivé de porter un vêtement qui jure par rapport à la circonstance dans laquelle vous vous trouvez ? Si oui, vous vous trouviez sous l'influence de ce passage planétaire. Les idées les plus extravagantes s'emparent de nous et nous pourrions en arriver à peindre notre voiture en rose avec des étoiles bleu ciel. A condition, bien sûr que notre ciel de naissance le justifie. Il s'agira surtout d'un moment fécond pour les idées et innovateur pour tout notre être qui pourrait mettre à profit ce moment pour amorcer un virage à 180° et rompre avec la routine. S'il n'y avait pas ces transits de temps en temps, nous risquerions de stagner dangereusement. Le vieillissement, mental surtout, est l'un des dangers les plus importants dont nous devrions toujours nous protéger. Nous présenter différemment aux personnes qui nous sont chères, au monde, est une opération gagnante, positive. C'est l'occasion de nous rendre compte des erreurs que nous accomplissons à vouloir nous accrocher à ce que nous avons déjà conquis. Souvent la peur de perdre des biens nous paralyse et nous condamne à un triste cliché qui se répète à l'infini. La routine émousse nos sentiments et tue l'enfant qui est en chacun de nous. L'aspect harmonique Lune-Uranus nous permet au contraire de mettre à jour nos forces les plus créatives et innovatrices de notre esprit. Nous nous projetons loin dans le temps et dans l'espace. Pour un jour nous pouvons jeter aux orties notre écharpe et notre chapeau et courir chemise ouverte dans le vent. Qui a dit que nous devions par force nous abriter de la pluie ? Pour une fois, ne pouvons-nous pas courir sous la pluie, follement, comme dans la très célèbre chanson américaine ? Pourquoi devrions-nous aller nous coucher tous les soirs à onze heures ? Et si nous essayions, pour une fois, de courir dans la ville toute la nuit et ensuite aller voir le lever du soleil au bord de la mer ? Soyons très attentifs à nous-mêmes durant ces heures et nous retrouverons l'esprit jeune que nous tentons d'enfouir jour après jour. Extrayons ce qu'il y a de meilleur en nous, notre côté anticonformiste qui nous permet de prendre des risques, de vivre. N'ayons pas peur de respirer, de risquer, d'enfreindre les règles. Profitons de ce moment pour jeter par la fenêtre tout ce qui nous vieillit jour après jour. Comme nous le faisons pour le jour de l'an, nous pouvons jeter par la fenêtre non seulement les assiettes, mais aussi ce vieux souvenir qui nous cloue au sol et nous empêche de voler. Eprouvons l'ivresse de voler, comme le dit Erica Jong dans son très célèbre livre. Essayons, au moins de temps en temps, d'abandonner les conventions, les règles. Libérons-nous du super Moi castrant. Défoulons-nous. Et volons, vraiment, car durant ces heures nous serons effectivement attirés par les avions, mais aussi par l'électronique, le cinéma, la photographie, la musique, l'astrologie. Profitons de ce moment pour faire des choses insolites, mais aussi pour étudier des sujets peu communs ou tenter des expériences différentes. Essayons aussi d'extraire l'esprit fraternel qui est en chacun de nous. Passons une journée de hippy, une fois seulement.

Lune en aspect dissonant à Uranus

Quand la Lune se déplace en angle dissonant avec Uranus, une forte électricité entoure notre personne. La tendance à l'anticonformisme qui peut représenter un élément sain de renouvellement durant le transit harmonique Lune-Uranus, devient ici irrésistible et prend des dimensions vraiment excessives. La pulsion qui nous gouverne durant ce transit finit par déborder et emporter avec elle toute règle de bon sens. Ainsi nos actions se distinguent-elles par des excès de tous types et surtout par l'excentricité. Quelqu'un qui porte une veste de smoking sur un jean passe inaperçu, mais on ne pourrait pas en dire autant si quelqu'un décidait de se rendre au Parlement en short. Durant ce passage planétaire l'intolérance aux habitudes et aux lenteurs, l'aversion pour la stagnation et pour la routine peuvent prendre des proportions démesurées qui nous conduisent à des gestes excessifs, disproportionnés, dépourvus de tact et d'élégance. Notre personnalité, durant ces heures-là, apparaît agitée, sans contrôle. Un état d'énervement excessif nous pousse plus à détruire qu'à construire. D'un seul coup d'un seul, nous pourrions balayer des années de constructions lentes et difficiles. Un mot mal choisi et nous pourrions sacrifier une amitié de vingt ans. Nous devons être très prudents, particulièrement mesurés, contrôlés, sages. Ce qui nous fait le plus défaut sous ce transit c'est le sens de la mesure. Notre esprit est agité, projeté vers le paradoxe, vers les exagérations de tout type. Nous voudrions nous comporter comme des chiens libres et sans règle. Toute forme de règle, d'obligation, de civisme nous gêne énormément. Notre grain de folie a tendance a prendre le pas sur le "raisonnable" qui est en chacun de nous. Nous nous comportons comme si nous étions survoltés, voire drogués, comme si nous avions bu une dizaine de tasses de café et nous finissons par tourner en surrégime. Une telle agitation est contagieuse et nous prédispose négativement à l'égard des autres au point que nous courons le risque de nous disputer un peu avec tout le monde. La pulsion qui nous gouverne est celle d'envoyer au diable notre chef, mais aussi les personnes que nous aimons le plus et avec lesquelles nous partageons notre vie. Nous devons faire très attention car, pendant ces heures-là, nous pourrions compromettre des rapports qui nous tiennent particulièrement à cœur. Nous pouvons, éventuellement recourir à un sédatif, naturel ou synthétique, pour abaisser la pression qui nous caractérise sous ce passage planétaire. Nous devons surtout nous efforcer de rester lucides, froids, conscients. Evitons de laisser s'exprimer les forces centrifuges qui nous gouvernent. La haute tension qui nous entoure, dans ces moments-là, peut aussi s'exprimer à travers différents incidents dont nous pourrions être victimes, c'est pourquoi il vaut mieux éviter de conduire, skier, patiner, plonger, allumer des feux avec de l'essence, effectuer des réparations électriques, jouer avec les armes à feu.

Lune en aspect harmonique à Neptune

Quand la Lune transite en aspect harmonique avec notre Neptune de naissance, nous avons la sensation de baigner dans une atmosphère de rêve. La sensation est celle de l'oubli, de l'abandon, de la rêverie. Nous nous sentons particulièrement inspirés au sens poétique et littéraire. Mais il s'agit surtout de sensations et d'états d'âme qui pourraient être convertis en pratiques artistiques. Durant ces moments-là, en effet, si nous sommes artistes, le moment est particulièrement indiqué pour peindre, sculpter, composer ou jouer de la musique, écrire, réfléchir sur les éventuelles œuvres à venir. Bien que bref, il s'agit néanmoins d'un moment magique, riche d'excellentes intuitions que nous devons convertir en produit de notre fantaisie et de notre génie. Même si notre travail est essentiellement technique, ce transit peut nous permettre de nous améliorer, de trouver des solutions à de vieux problèmes, de trouver la voie la meilleure. Nous désirons penser, réfléchir, mais aussi nous abandonner, nous reposer, dormir. Les promenades faites durant ces heures seront très agréables et relaxantes. Si ce sont des promenades en bateau ou sur une embarcation de n'importe quel autre type, le plaisir n'en sera que plus grand. Nous éprouvons en effet, une grande attraction pour l'eau et pour tous les liquides, y compris les boissons en tout genre. Notre tolérance à l'égard des autres augmente de même que notre côté bon samaritain. Nous avons plus de compassion pour les autres, nous sommes touchés par la misère, émus par les souffrances d'autrui, sensibles aux problèmes des plus faibles, des personnes seules, des marginaux, des immigrés qui vivent autour de nous. Nous avons besoin de nous mobiliser dans ce sens, de faire quelque chose, de collaborer avec les organisations humanitaires, d'offrir notre aide. Donner un peu de nous-mêmes nous fera du bien, tout comme envoyer de l'argent à ceux qui en ont besoin ou encore faire une bonne action. Nous nous sentirons mieux, apaisés. Nous serons aussi quelque peu mystiques et nous pourrons en profiter pour aller prier ou pour visiter des temples consacrés à la prière et au culte. Si nous ne sommes pas croyants, nous pourrions alors éprouver un besoin d'agrégation aux foules, aux mouvements politiques, syndicaux, écologistes, etc. Si nous pensons adhérer à l'une de ces organisations, c'est plus que jamais le moment de le faire. Il en va de même pour ce qui est de l'inscription à un cours de plongée sous-marine, de voile ou de ski nautique. Ce passage nous invite aussi à rendre visite aux malades et aux personnes qui souffrent. Profitons-en pour remédier à un impair dont nous pourrions nous culpabiliser. Notre plus grande disponibilité et tolérance envers les autres pourraient déboucher sur le pardon d'une vieille rancœur. Profitons-en aussi pour lire des livres sur l'ésotérisme, le mysticisme, le yoga, l'orientalisme, l'astrologie, etc. Si nous pratiquons la méditation, ce transit nous offre un excellent moment pour s'y consacrer.

Lune en aspect dissonant à Neptune

Quand la Lune transite en aspect dissonant avec notre Neptune radical, nous sommes pris par de petits états d'angoisse et/ou de phobie. Nous avons une sensation de danger mais nous ne sommes pas en mesure d'intervenir ni même de comprendre pour quels motifs nous nous trouvons dans une telle condition. Un vague sentiment de peur s'empare de nous et tend à nous faire sentir mal, à avoir des comportements phobiques. Nous sommes portés à croire que nous traversons un mauvais moment, que quelque chose nous menace, que les autres nous en veulent, qu'à l'improviste nous pourrions nous retrouver confronter à un problème important. Même si d'ordinaire nous ne sommes pas paranoïaques, durant ces heures nous avons la sensation de l'être et nous sommes particulièrement méfiants à l'égard des autres. Un véritable pessimisme s'empare de nous et nous commençons à penser que nous sommes persécutés, que le destin est notre ennemi, que tout va de travers. Le problème est que, comme nous ne réussissons pas à être objectifs, non seulement nous ne nous rendons pas compte que ces peurs sont subjectives et n'existent qu'à l'intérieur de nous mais nous pouvons aussi penser qu'elles nous accompagneront toujours. En fait il s'agit seulement de quelques heures qui tout au plus nous ferons passer une mauvaise journée. Si notre état d'esprit est plutôt bon, alors le transit n'aura pour conséquence qu'un état de grande confusion. Il s'agira d'un moment durant lequel nous manquerons de lucidité tant dans la capacité d'élocution, de réflexion que de programmation. Mieux vaudra ne prendre aucune décision importante ni même élaborer de projets d'envergure. Si nous devons travailler à un rapport qui nous tient à cœur ou avoir une activité intellectuelle quelconque, mieux vaut les renvoyer. La confusion mentale habite notre cerveau, mais aussi notre cœur c'est pourquoi nous sommes induits en erreur, y compris sur l'appréciation que nous pouvons faire des autres. Il est donc préférable de ne pas porter de jugement et de s'abstenir de prendre des décisions concernant nos relations les plus intimes. Notre état d'âme est troublé et Neptune nous pousse à surestimer ou sous-estimer les situations, les personnes. La confusion mentale qui s'est emparée de nous peut aussi nous faire commettre des erreurs matérielles dont peut dépendre notre intégrité c'est pourquoi il faut éviter de faire de la moto et limiter au maximum l'utilisation de la voiture. Si les pilotes de Formule 1 connaissaient ce passage, ils éviteraient de faire ce métier pour ne pas être exposés, périodiquement à de tels risques. Il sera aussi préférable d'éviter tout ce qui peut représenter un danger comme le ski, la course à bicyclette, l'utilisation d'armes à feu, l'escalade, etc. La mer représente un danger particulier, il serait donc imprudent de sortir en bateau ou de faire de la plongée, avec ou sans bouteille. De la même manière les liquides comme les alcools ou les psycholeptiques ou encore les drogues pourraient être sources d'ennuis. Les intoxications dues à l'absorption de psycholeptiques sont plutôt fréquentes de même que les dommages causés par l'absorption de médicaments pour les personnes qui n'en ont pas l'habitude. Ce transit conseille en outre de ne pas s'exposer politiquement ni même dans des manifestations, grèves, assemblées. La fréquentation de sectes secrètes, de mages, d'exorcistes, de mauvais astrologues ou même de religieux particulièrement "actifs" pourraient se révéler particulièrement dangereuse. Il est donc conseillé, comme règle générale, de bannir toute forme de fanatisme ou d'exaspération des idées.

Lune en aspect harmonique à Pluton

Quand la Lune circule en aspect harmonique à Pluton, une grande énergie psychophysique nous envahit. Nous sommes en mesure de vivre et d'éprouver des émotions fortes, intenses et un caractère passionné s'empare de nous. Nous sommes en mesure de vivre ces heures avec ferveur et tonus. Il s'agit en général d'un intense élan vital durant lequel nous nous sentons capable de faire plus que d'ordinaire, d'accéder à des situations complexes et difficiles, de donner le la à des programmes qui d'habitude nous effraient et nous découragent. Notre caractère semble s'affirmer et nous rendre encore plus forts si notre personnalité est déjà assez marquée. Nous exerçons un certain charme et nous constatons que notre charisme opère. Un certain magnétisme nous caractérise et nous apparaissons comme enveloppés d'une lumière particulière, d'un certain charme. Nous sommes attirés par des problèmes policiers et par la littérature policière ou par la démonologie. Nous avons envie de jouer les policiers à l'échelon familial et nous passons à l'action en enquêtant sur un quelconque mystère familial. A cette occasion nous pouvons imaginer avoir le contrôle sur le téléphone ou bien demander la facture détaillée de nos communications ou encore essayer de comprendre quelles sont les fréquentations de notre fils. Notre désir sexuel et donc notre demande sexuelle augmente. Si notre partenaire se trouve dans la même situation, nous pourrons vivre des moments de grande intensité. Nous pourrions aussi éprouver du plaisir à effectuer des recherches souterraines, par exemple relatives à des cours d'eau cachés ou encore la volonté de ramener à la lumière des métaux précieux ou des objets précédemment enfouis, par nous-mêmes ou par autrui. Le monde des morts nous attire et nous pouvons en profiter pour aller au cimetière rendre visite à ceux qui nous sont chers.

Lune en aspect dissonant à Pluton

Quand la Lune transite en aspect dissonant à notre Pluton de naissance, nous passons quelques heures de la journée caractérisées par d'obscures pulsions destructrices. Nous pourrions dire que ce passage planétaire est d'un octave supérieur par rapport à celui de la Lune en angle dissonant avec Neptune. Les angoisses, les phobies, les peurs généralisées de ce transit se trouvent ici amplifiées et si les circonstances générales le justifient, nous pouvons même éprouver des pulsions destructrices ou autodestructrices. Si nous traversons une période difficile de notre vie nous pourrions même penser au suicide. Quoi qu'il en soit, nous sommes victimes de pensées obscures, très négatives tant à notre égard qu'à l'égard des autres. C'est une composante essentielle des comportements criminels en tout genre. Le pire de nous-mêmes fait surface, l'animal qui est en nous finit par émerger. Nous devons faire preuve d'une grande capacité d'autocontrôle pour freiner ces pulsions basses et négatives. Nous devons avoir recours à la raison et à la bonne éducation pour maîtriser le monstre qui couve en nous. Le mister Hyde qui habite chacun de nous émerge et voudrait ululer. Nos pulsions les plus méprisables et les plus animalesques tendent à se manifester à travers des comportements qui, s'ils ne sont pas criminels au sens strict du mot n'en sont pas loin. Il s'agit seulement de quelques heures mais elles pourraient nous faire commettre des actes méprisables. Nous avons intérêt à rester enfermer chez nous en nous distrayant le plus possible, en lisant ou encore en nous défoulant devant un film violent nous permettant de canaliser notre énergie teintée de noir. Nos pulsions sexuelles se font jour avec plus de force, mais il ne s'agit pas d'un besoin sain mais de pulsions qui sont plus de l'ordre du viol que du besoin pacifique d'une relation à deux.

Lune en aspect à l'Ascendant

Voir Lune en Maison I

Lune en aspect en Milieu du Ciel

Voir Lune en Maison X

Lune en aspect au Descendant

Voir Lune en Maison VII

Lune en aspect au Fond du Ciel

Voir Lune en Maison IV

Lune en transit en Maison I

Quand la Lune passe dans notre Maison I de naissance, nous avons tendance à être plus primaires, notre mode de fonctionnement tient plutôt du court-circuit, nous apparaissons plus déterminés, avec une personnalité plus marquée. Notre personnalité éclate, nous sommes rayonnants, gagnants. Nous forçons plus le respect, pas dans le sens mafieux du terme, c'est au contraire notre sympathie qui conquiert les autres. Nous sommes plus conscients de pouvoir, grâce à notre seule volonté, être maîtres des situations. Nous nous sentons en mesure de mener à bien des engagements lourds et difficiles. Nous avons plus confiance en nous. Nous retroussons nos manches : voilà nous pourrions dire que c'est là l'aspect émergent du moment. Quelques heures durant lesquelles nous agissons avec plus d'habileté et de détermination. Nous nous sentons mieux, tant du point de vue physique que psychologique. La positivité qui nous habite nous permettra aussi de passer des heures agréables du point de vue sexuel. Nous sommes mus par la sincérité et la loyauté à l'égard des autres. Les sentiments les meilleurs nous guident positivement vers notre prochain et nous le traitons comme un ami. Cette récupération de force et de détermination nous permet aussi de mieux nous occuper de notre corps et ainsi nous pouvons décider d'aller chez le coiffeur ou l'esthéticienne. Durant ces quelques jours, nous aurions intérêt à pratiquer un sport comme nous le rappelle l'adage latin *un esprit sain dans un corps sain*. Tout type d'activité physique nous fera le plus grand bien, de la course à la danse, de la natation au rangement de la maison. En général nous attachons plus d'importance à notre personne ce qui ne correspond pas forcément à une tendance à l'isolement de notre Moi. Il est vrai que nous nous sentons un peu le nombril du monde et que nous nous prenons pour des héros, mais nous avons toujours besoin des autres, ne serait-ce que comme spectateurs de nos entreprises. Ce n'est que si l'astre forme des aspects très dissonants avec les autres planètes que nous courons le risque d'être égocentristes, nombrilistes. Dans ces circonstances, nous pourrions apparaître versatiles, très inconstants et lunatiques, ainsi que capricieux et infantiles. Un énervement excessif peut s'emparer de nous et nous porter à être querelleurs et intolérants à l'égard des autres, altérant ainsi nos relations familiales ou sentimentales. Si nous devions être confrontés à une telle situation, nous devrions avoir recours à notre rationalité pour maîtriser ces pulsions de l'inconscient.

Lune en transit en Maison II

Quand la Lune traverse notre Maison II de naissance, nous avons tendance à nous occuper surtout des choses utiles et essentielles de la vie, comme l'augmentation de nos revenus. Durant un peu plus de deux jours par mois, nous n'avons plus les pieds sur terre et nous essayons d'être plus pratiques, plus spéculatifs et nous veillons surtout à concrétiser, à rentabiliser nos efforts. Nous abandonnons pour quelque temps les rêves et les projets théoriques pour chercher de meilleurs moyens de survie. Il y a des milliers d'années, ce passage correspondait à ces jours durant lesquels nos aïeux cherchaient à se procurer un toit ou une peau pour se protéger. Aujourd'hui, fort heureusement, la plupart d'entre nous, occidentaux, ont de quoi se couvrir et ont une maison, donc ce passage indique presque exclusivement la recherche de l'argent grâce auquel nous pouvons nous procurer d'autres biens de nécessité primaire ou secondaire. Si nous avons des créances, nous irons à la recherche de nos débiteurs pour récupérer ce qui nous est dû. Dans le cas contraire, nous serons plus attentifs aux petites annonces des journaux locaux et peut-être en publierons-nous une. Nous aurons des idées sur la façon de réaliser de nouveaux gains et nous serons attirés par les périodiques traitant de ce sujet. Il est probable aussi que durant ces deux jours nous passions plus d'une fois à notre banque, pour déposer des chèques ou faire des prélèvements. Si nous avons de l'argent de côté, c'est avec plaisir que nous le compterons. Nous serons de toute façon attirés par l'argent, même par le simple fait de le toucher. La Maison II correspond aussi au style et donc nous nous serons probablement attentifs à notre aspect extérieur ce qui nous conduira peut-être à changer de coiffure, de couleur de cheveux ou de maquillage. Ce sont donc des heures favorables pour aller chez le coiffeur, se faire masser, faire des bains de boue, aller au sauna ou tout autre chose bénéfique pour la peau, le visage et le corps. C'est essentiellement durant ce transit que nous décidons de changer de style vestimentaire : pour un homme, par exemple, il peut s'agir, pour la première fois, de l'envie de porter la cravate. Nous pourrions aussi décider de suivre un régime ou de faire quelque chose pour maigrir. Notre relation à la nourriture pourrait changer, même pour quelques heures seulement, et nous pourrions être confrontés à une forme légère de boulimie ou d'anorexie. Le chant et la musique susciteront en nous un plus grand intérêt et nous pourrions consacrer ces jours-là à chanter dans un cœur. Le théâtre, le cinéma, les spectacles en général nous plairons plus. Profitons-en si nous voulons nous essayer au théâtre amateur ou si nous souhaitons faire des photos ou des films. Nous serons plus à l'aise devant l'objectif et plus photogéniques. Si nous avons besoin d'un portrait pour des motifs professionnels, c'est le jour idéal pour aller chez un bon photographe. Nous serons intéressés par l'art graphique et donc nous pourrons en profiter pour apprendre à utiliser ce genre de logiciel. Durant ce passage planétaire, nous serons plus dépensiers et nous devrons faire particulièrement attention à ne pas gaspiller notre argent si des aspects dissonants sont aussi présents. Attention aussi aux prêts à fonds perdus et aux vols.

Lune en transit en Maison III

Quand la Lune traverse notre Maison III de naissance, nous sommes pris d'un grand désir de communication. C'est comme si notre esprit rajeunissait et nous avons envie de mouvement. D'un point de vue physique, nous choisissons de nous déplacer, de faire un voyage, même bref, une excursion. Si nous aimons conduire, l'envie de rouler sera plus forte et nous ferons de très belles promenades. Nous pourrons aller rendre visite à un parent à la campagne ou à la mer ou tout simplement faire une balade en ville. Si nous ne nous servons pas de la voiture, il s'agira alors simplement d'une très agréable promenade, mais de toute façon nous n'entendons pas rester immobiles à notre poste de travail. D'un point de vue psychologique aussi, nous serons plutôt instables, curieux de mille choses : nous avons envie de lire, de nous informer, de consulter des encyclopédies, d'écouter la radio, de regarder la télévision. C'est un moment idéal pour naviguer sur Internet et faire des recherches hypertextes. Pouvoir surfer sur l'océan infini du réseau nous enivre et nous détend à la fois. Nous réussissons mieux à nous connecter, y compris avec les sites les plus visités, chose plutôt difficile en temps normal. Nous recevons et passons plus de coups de fil. Nous contactons les personnes qui sont loin et nous trouvons que la communication est plus simple, même avec les personnes qui sont rarement chez elles. C'est aussi une période durant laquelle l'échange de correspondances sera plus important. C'est un bon moment pour étudier, faire des cours, se consacrer à l'enseignement, préparer un mémoire, un rapport pour un congrès ou écrire le chapitre d'un livre. Nous devons profiter de ce transit car cela n'arrive que très peu de jours par mois. Nous sommes plus portés à socialiser, à dialoguer avec les autres, à entrer en relation avec le monde environnant. Notre capacité à communiquer et donc meilleure, nous sommes plus lucides et aptes à recevoir les messages. Nous nous faisons mieux comprendre de nos interlocuteurs et vice versa. Nous nous exprimons mieux non seulement à l'oral, mais aussi à l'écrit. Nous pouvons aussi avoir envie de plus communiquer avec un frère, un cousin, un beau-frère, avec des personnes jeunes. Si ce passage est concomitant à des aspects dissonants, il est alors préférable d'éviter les déplacements, d'éviter de conduire, car nous pourrions aller au devant de différents incidents, comme une grève bloquant notre voyage, un tamponnement, ou un ennui mécanique. Il est aussi conseillé d'éviter de téléphoner ou d'écrire car des contretemps pourraient influer négativement sur nos communications ; une lettre qui part sans timbre, un téléphone mal raccroché qui nous isole durant plusieurs heures. Les connexions à Internet seront aussi difficiles. Etant donné ce flux dissonant, nous nous abstiendrons de travailler à l'écriture d'un livre ou à la lecture d'un ouvrage important pour notre travail. Evitons aussi de contacter un frère, un cousin ou un beau-frère avec qui pourraient naître des malentendus.

Lune en transit en Maison IV

Quand la Lune traverse notre Maison IV de naissance nous ressentons le besoin de la maison, de la famille, de la chaleur du foyer. L'idée du refuge, du logis qui nous protège du monde s'empare de nous au-delà de l'existence ou non d'un danger. Chaque mois, durant ces deux jours, nous recherchons notre mère, notre vraie mère, ou notre mère symbolique : nous sommes à la recherche de protection, de sécurité, de confort, de chaleur humaine. Nous tendons à nous réfugier dans le passé, dans la tranquillité des traditions et de ce que nous connaissons bien. Nous répugnons au risque, à l'aventure, aux voyages, au fait de nous exposer à la nouveauté en général. Nous nous découvrons particulièrement prudents et modérés. Nous voici de nouveau, même seulement pour quelques heures, pantouflards, aimant à traîner chez nous en robe de chambre. Nous abhorrons l'idée de sortir nous exposer au froid et apprécions celle d'un bon dîner chez nous, avec les personnes qui nous sont chères et de vieux amis avec qui écouter de la bonne musique. L'idée d'être devant un feu de cheminée avec, sur les genoux, notre enfant ou notre chat, nous plaît beaucoup. Nous nous sentons fortement concernés par tous les problèmes relatifs à la maison. Nous envisageons d'acheter ou de louer une maison, d'emprunter pour une opération immobilière ou de nous rendre dans une agence de multipropriété. Nous nous promènerons à la recherche de meubles, d'objets, de bibelots. Nous envisagerons des travaux de restauration, la construction d'une mezzanine, ou la peinture d'une pièce. Si nous sommes de bons bricoleurs, nous saisirons nos outils pour peindre ou réparer une armoire. Nous éprouverons aussi le besoin de nos parents, aussi en profiterons-nous pour aller leur rendre visite et passer la semaine avec eux. Peut-être même irons-nous avec eux visiter le lieu de nos prochaines vacances et réserver un appartement ou un hôtel. Si, au contraire, le transit est dissonant, alors nous pourrions avoir des ennuis domestiques, comme une lettre désagréable de la part de notre syndic de copropriété ou d'un de nos voisins. Nous pourrions avoir des problèmes avec un locataire ou notre propriétaire à propos d'une augmentation de loyer. L'atmosphère négative créée par ce transit dissonant risque de nous faire regretter d'avoir pris un crédit et nous mettre de mauvaise humeur pour plusieurs heures. Les préoccupations concernant le logement augmenteront, qu'il s'agisse d'un loyer plus élevé, de factures de gaz ou d'électricité excessivement importantes auxquelles nous ne nous attendions pas, de travaux de plomberie, etc. Notre mauvaise humeur nous fera nous sentir mal chez nous ou, si nous sommes loin de notre ville, nous pourrions éprouver de la nostalgie et ne pas être à l'aise dans notre hôtel. Ce laps de temps est on ne peut plus inadéquat à l'achat ou à la location d'un immeuble ainsi qu'à tout type de travaux de restauration. Des soucis relatifs à nos parents nous rendent nerveux.

Lune en transit en Maison V

Quand la Lune transite dans notre Maison V de naissance, nous sommes très attirés par tout ce qui est ludique. Nous ne voudrions penser qu'à nous amuser, à sortir le soir, aller au cinéma, aller danser ou dîner dehors. Nous désirons voir du monde et être heureux. Notre libido va aussi dans ce sens et nous n'avons pas envie de travailler, étudier, tenir nos engagements. Nous détestons rester chez nous et avons tendance à rentrer tard le soir. Il s'agit d'un transit rapide, qui dure environ deux jours ; nous pouvons toutefois avoir une petite indigestion de plaisirs. Plaisirs entendus au sens large. En effet, plaisir peut signifier apprécier la lecture d'un roman qui nous change de la lecture obligatoire de traités ou essais nécessaires à notre profession. Nous comprenons donc que le concept de divertissement n'est pas obligatoirement lié à l'interdit ou au peu licite, mais peut être représenté par tout ce que nous pouvons organiser librement sans limite de temps et d'espace. Pour certains cela sera la cuisine, pour d'autres le jardinage, pour d'autres encore jouer au Monopoly... Chacun trouve son plaisir où il peut, donc en Maison V, il est aussi possible d'étudier la bataille de Waterloo, si cela nous fait plaisir. Ce qui compte le plus c'est l'état d'esprit avec lequel nous nous prédisposons mentalement à la détente, aux vacances, à ne pas penser au devoir qui nous appelle. Alors, partir un week-end à la mer ou à la montagne ou bien rester chez soi à regarder la télévision seront tout autant bénéfiques. Nous serons aussi bien disposés à l'égard de l'amour et du sexe et dans le cadre de ce transit nous passerons des moments fort agréables. Le plaisir peut aussi nous être procuré par le sport, comme simple exercice physique ou comme compétition. La Maison V concerne en outre les jeux de hasard (cartes, roulette) et la spéculation boursière par lesquels nous pourrons être tentés. Enfin, nous nous sentirons attirés par les enfants, tant ceux existants que ceux en projet. Ce sont donc des jours favorables pour programmer une maternité ou une paternité. En ce qui concerne les enfants ou les jeunes en général, ce passage peut correspondre à des heures durant lesquelles nous nous sentons portés pour l'enseignement. Si ce transit est accompagné de mauvais aspects planétaires, alors nous pouvons éprouver un désir de plaire excessif ou mal géré. Quoi qu'il en soit, mieux vaut s'abstenir. Nous risquons aussi de perdre de l'argent au jeu ou en bourse, nous déconseillons donc tout type de spéculation. Notre prédisposition à l'amour est mauvaise et nous risquons de nous disputer avec notre partenaire avec grande facilité ou encore de recevoir de mauvaises nouvelles le concernant. Notre rapport avec les enfants est sous une influence négative et cela peut être aussi un mauvais moment pour eux.

Lune en transit en Maison VI

Quand la Lune passe dans notre Maison VI de naissance, nous avons tendance à beaucoup nous occuper de notre corps et de celui des autres. Pour être plus précis, plus que le corps, c'est la santé psychophysique qui nous intéresse. Nous concentrons notre attention sur nous-même et nous pensons qu'il est important de penser à ce que nous mangeons, à l'air que nous respirons, au stress qui peut nous nuire, aux examens médicaux que nous devrions faire de manière régulière, aux consultations médicales (dentiste, gynécologue) que nous sommes tenus à faire régulièrement. En réalité, chaque mois durant ces deux jours nous voudrions consulter plus d'un médecin et entreprendre plus d'un traitement. De toute façon notre attention sera concentrée sur les médecins et sur les médicaments, qu'il s'agisse de médecine traditionnelle ou de médecine parallèle. Nous aurons plus fréquemment recours à l'acupuncteur, au magnétiseur, au masseur shiatsu, ou à un autre thérapeute. Durant ce transit, nous serons portés à faire des examens cliniques, qu'il s'agisse d'examens généraux (analyse de sang, radiographie) ou d'examens spécialisés (chez l'ophtalmologiste, l'orthopédiste, l'angiologue, l'andrologue, etc.). Bref, nous serons fortement intéressés par tout ce qui touche à la santé et nous nous documenterons en consultant des encyclopédies ou en achetant des revues spécialisées. Ce sera le bon moment pour entreprendre un régime amincissant ou désintoxiquant, pour nous inscrire dans une salle de gymnastique, un club de tennis ou une piscine. C'est aussi une bonne période pour faire des massages, des bains de boue, des bains de vapeur et des cures thermales pour la peau et les os. L'équilibre des énergies de la nature, fait en sorte qu'après avoir consacré du temps aux contacts avec les autres, à la maison et aux divertissements, pendant deux jours, nous en consacrions essentiellement à nous-mêmes. Nous focaliserons mieux nos problèmes et nous préoccuperons aussi de notre santé mentale en prenant rendez-vous avec un psychologue ou un astrologue. Nous nous occuperons aussi un peu plus de notre travail et surtout des relations de travail qui nous intéressent. Cela pourra générer des tensions supplémentaires, mais c'est inévitable. Nous pourrions avoir ou provoquer une discussion avec l'un de nos collègues ou notre supérieur. Nous mettrons les points sur les i en ce qui concerne nos fonctions et les responsabilités qui incombent aux autres. Nous clarifierons mieux le rapport de responsabilité qui nous concerne au sein de la structure dans laquelle nous travaillons. Nous pourrons avoir des discussions à ce sujet mais cela sera utile pour des éclaircissements de fond. Nous pourrions être confrontés à un employé de maison qui nous quitte ou nous pose des problèmes. Si le transit est dissonant, nous pourrions ne pas nous sentir bien, qu'il s'agisse de problèmes objectifs comme la grippe ou de malaises indéfinis. Nous pourrions être obligés à garder la chambre pendant quelques jours et à recourir aux soins d'un médecin. Nous pourrions aussi être pris par une frénésie excessive de nettoyage et nous nous éreintons à remettre en ordre la maison ou le bureau.

Lune en transit en Maison VII

Quand la Lune traverse notre Maison VII, nous avons une grande envie de mariage. Si cela ne dépendait que de nous, nous le ferions immédiatement si nous ne l'étions déjà. Quoi qu'il en soit, après l'attention portée essentiellement à notre corps durant le passage de la Lune dans notre Maison VI, nous éprouvons un grand intérêt pour les autres, quel que soit leur sexe. La moindre tendance d'isolement que nous pourrions avoir, est presque miraculeusement annulée et notre relation avec autrui et empreinte d'une plus grande confiance. Les psychologues affirment que lorsque nous tombons amoureux, nos réserves envers les autres tombent radicalement et notre sens critique diminue considérablement. C'est dans un moment du même genre que nous nous trouvons, une de ces occasions pendant lesquelles nous abaissons la garde, nous réussissons à ne pas voir les défauts des autres et même à tomber amoureux. C'est la période où, environ deux jours par mois, nous pouvons penser sérieusement à une union avec notre partenaire. Nous serons fortement attirés par les autres et nous trouverons mille raisons pour appuyer rationnellement ce choix. Nous prendrons en considération l'utilité du couple face aux adversités de la vie, la grande valeur d'avoir à nos côtés une personne chère qui partage avec nous les moments heureux, mais aussi les moments plus tristes de la vie, le plaisir de se réveiller près de la personne que l'on aime. Rien que des idées que nous pourrions avoir n'importe quel autre jour mais auxquelles nous pensons juste à ce moment-là. Les gens nous sembleront plus cordiaux, plus sympathiques, plus attirants. Nos pulsions égocentriques seront extrêmement basses. Nous conjuguerons plus volontiers la première personne du pluriel que la première personne du singulier. Nous nous efforcerons de démontrer notre sociabilité en ayant une vie sociale plus importante. Nous serons attirés par les associations de quelque type que ce soit : clubs privés, villages touristiques, mouvements écologistes, salons. Nous ressentirons aussi une plus grande motivation politique qui pourrait nous pousser à nous inscrire à un parti, étonnés de ne pas y avoir pensé plus tôt. Nous serons poussés à monter une société avec une ou plusieurs personnes sur un projet professionnel. Fort probablement nous ferons le nécessaire pour activer les démarches nous permettant de commencer de nouveaux travaux, fonder une coopérative, une société, etc. Inversement si le transit est accompagné d'aspects négatifs, nous aurons tendance à être plutôt belliqueux. Nous serons alors plus agressifs à l'égard de notre partenaire et nous pourrions même nous disputer sérieusement durant ce passage planétaire. Nous pourrions même penser à une séparation ou à un divorce. Nous serons plus batailleurs, qu'il s'agisse de batailles politiques ou d'une déclaration de guerre à quelqu'un en particulier. Ce dernier pourra être tant un parent, qu'un ami ou un étranger. Nous aurons facilement recours aux conseils d'un avocat et enverrons des lettres recommandées. Mais nous pourrions aussi en recevoir. Durant ce transit nous penserons sérieusement à dissoudre une société, rompre des contrats, nous défaire d'un de nos associés. Bref, en quelques heures nous pourrions détruire le travail de plusieurs années. Il faut être très prudent et plus tolérants envers les autres.

Lune en transit en Maison VIII

Quand la Lune passe dans notre Maison VIII, nous sommes attirés par le jeu et par les possibilités de gain et d'enrichissement ne dépendant pas de notre travail. Confiants, nous nous essayons à plus d'un jeu, (loterie, loto...) guidés par une bonne intuition où un rêve qui souvent accompagne ce genre de transit. Nous essaierons avant toute chose de récupérer de vieilles créances en insistant auprès de nos débiteurs, en faisant pression sur les amis, en sollicitant les organismes de paiement. Ensuite nous nous ingénierons sur la façon d'augmenter nos rentrées, par exemple grâce à l'argent du conjoint (n'oublions pas que dans les Maisons dérivées, la Maison VIII est la deuxième de la Maison VII). Une atmosphère d'héritage, au sens large, nous accompagnera durant ces deux jours et si vraiment héritage il devait y avoir dans notre vie, cela pourrait bien être en ce moment. Ce qui est important, ce n'est pas tant l'évènement en soi, mais plutôt l'atmosphère qui se crée. Nous sommes dans un état d'attente positive et donc de meilleure humeur. Les grilles du loto et les billets de loterie nous occupent agréablement pendant quelques heures. Nous consultons la "clef des songes" à la recherche des numéros correspondants aux faits importants de la semaine. Une petite "fièvre de l'or" s'empare de nous et nous conditionne pour quelques heures. L'atmosphère pourra même être égayée, réellement, par l'arrivée d'un petit arriéré professionnel, d'un intérêt bancaire, du paiement d'une indemnité. Le cadeau d'un parent, même pour un simple anniversaire, pourra entrer dans cette logique. Toujours durant ces heures, il pourra nous venir à l'esprit de demander un prêt à une banque ou à un institut de crédit. La Maison VIII étant liée au signe du Scorpion, notre appétit sexuel augmentera et nous pourrons en profiter pour passer quelques heures agréables. Enfin, nous aurons envie de nous recueillir sur la tombe des êtres qui nous sont chers pour réfléchir sereinement sur la mort. Par contre si le passage est dissonant, nous pourrons vivre quelques heures sous l'influence négative d'une préoccupation économique due, par exemple, à des taxes à payer, une amende inattendue, un crédit qui, subitement est devenu trop lourd pour nos ressources, un emprunt que nous devons rembourser avec un intérêt trop important. Nous vérifions nos comptes et découvrons avec terreur que les dépenses de notre ménage augmentent de façon inquiétante. Nous invitons brusquement et fermement les membres de notre famille à modérer leurs dépenses. Nous nous querellons avec notre partenaire à cause de ses exigences économiques excessives. Nous sommes très inquiets car nous ne réussissons pas à obtenir un prêt sur lequel nous comptions ou parce que nous avons gaspillé au jeu de l'argent qui nous servait à des fins plus importantes. Bref, nous sommes tourmentés surtout par des problèmes d'ordre économique. Mais nos angoisses peuvent aussi dépendre d'autre chose et aller jusqu'à nous faire penser au suicide. Heureusement il s'agit d'un transit rapide durant lequel nous devons essayer de fréquenter des personnes gaies et équilibrées. Toujours durant ces heures, nous pourrions avoir des blocages sexuels passagers, ou pire, des pulsions excessives qui pourraient conduire les personnes peu équilibrées à commettre des actes répréhensibles. Il vaudra mieux se tenir à distance des cimetières et éviter de penser à la mort.

Lune en transit en Maison IX

Quand la Lune traverse notre Maison IX de naissance, nous éprouvons le besoin de nous éloigner de tout ce qui nous est familier. L'éloignement est à entendre au sens large, c'est-à-dire ce qui nous attire fortement. Eloignement tant géographico-territorial que métaphysico-transcendantal. Nous avons très envie de voyager, de nous éloigner le plus possible de chez nous. Nous voudrions même aller habiter dans une autre ville. Nous sommes attirés par les explorations, les expositions exotiques, l'étranger et les étrangers. L'intensité de ce désir génère, d'ordinaire, une réalisation pratique : nous nous marions, nous partons en voyage dans une autre ville de notre pays ou même pour l'étranger. L'idée de prendre un avion et de changer de continent nous galvanise et nous y investissons la plus grande partie de notre énergie. L'idée nous effleure aussi de nous arrêter dans une autre ville pour des cours universitaires ou de suivre un stage lié à notre profession ou encore de passer un peu de temps auprès d'un parent proche. Dans tous les cas, l'idée de ne pas pouvoir partir nous dérange. Et les voyages sont effectivement favorisés durant cette période. Nous pouvons nous octroyer des vacances brèves mais excellentes. Même si ce passage planétaire ne dure d'habitude qu'environ deux jours, c'est suffisant pour partir et commencer les vacances. Nous sommes aussi attirés par l'étude de la géographie et grâce aux excellents CD ROM ou aux documentaires en vidéocassettes existant dans le commerce nous pouvons nous perfectionner dans cette matière. Dans les kiosques à journaux nous trouverons différents cours de langue étrangère qui nous intéresseront tout particulièrement. Parmi les langues, nous devons inclure aussi celle relative à la programmation informatique par laquelle nous serons attirés. En outre, nous serons très intéressés par la philosophie, l'orientalisme, le bouddhisme, le yoga, la parapsychologie, l'ésotérisme, l'astrologie, la théologie. Nous pourrons aussi décider de nous inscrire à un cours universitaire qui, en tant que tel, traite des arguments qui dépassent le quotidien. Durant ces heures brèves mais intéressantes, nous serons inspirés, au sens philosophique du terme et nous réfléchirons sur les problèmes de base de la vie, de l'homme, de la mort. Si le transit est caractérisé par des angles dissonants, alors nous aurons intérêt à ne pas voyager car nous pourrions aller au devant de différentes difficultés, de la panne de voiture à la grève des trains ou des avions, en passant par la perte d'un bagage ou un accident de voiture. Nos expériences à l'étranger ou loin de chez nous, seront plutôt négatives, désagréables. Un mal-être momentané pourrait nous empêcher de faire un voyage et la mauvaise disposition d'une sœur, de notre femme, de notre mère ou de notre fille pourrait nous ruiner un week-end. Nous serons mal disposés envers les personnes qui viennent de loin et un tel comportement négatif pourrait même passer pour une forme de racisme. Ce n'est pas le bon moment pour les études philosophiques, religieuse, orientales, astrologiques, macrobiotiques, etc. Nos études universitaires empirent et nous pourrions avoir envie de les interrompre.

Lune en transit en Maison X

Quand la Lune passe à travers notre Maison X de naissance, nous tendons à la recherche de la maturité, la croissance, l'émancipation. Tout notre être sera pris d'une tension positive d'amélioration tous azimuts. Notre désir essentiel sera d'évoluer, de tendre à une condition meilleure. Nous nous sentirons tirés en avant. Notre objectif sera surtout le changement, l'enrichissement spirituel, la libération des chaînes de tout type. Nous chercherons à nous libérer des boulets, des poids morts qui nous empêchent de voler. Nous nous sentirons attirés par le vol, au sens large. Une telle intensité dans ce sens, conduit, d'ordinaire à l'obtention de résultats concrets. Nous pourrons nous lever, jeter le lest inutile, nous libérer des oppressions. La principale forme d'émancipation est peut-être celle liée à notre condition socioprofessionnelle : si notre travail n'est pas gratifiant ou peu rémunérateur, alors nous sommes vraiment esclaves de notre vie. A ce propos, nos ambitions seront plus grandes et nous aurons des désirs de puissance. Nous nous mettrons en avant pour avoir une gratification professionnelle, une meilleure reconnaissance de notre compétence professionnelle, une charge à plus haute responsabilité. Souvent nous y parvenons car nos supérieurs entrevoient la volonté qui émerge de notre personne. Avec ce type de transit nous pouvons apprendre à nager à un âge avancé ou bien nous réussissons à monter sur un avion pour la première fois ou nous nous appliquons à bien utiliser l'ordinateur. Nous pourrions aussi cesser de fumer ou de prendre des anxiolytiques. Dans certains cas nous pourrons guérir d'une vieille maladie et à abandonner une psychanalyse ou une thérapie de soutien (cela seulement en présence d'autres transits beaucoup plus importants). Nous vivrons probablement un moment de grande popularité. Nous serons plus attentifs aux désirs de notre mère et éprouverons pour elle une grande affection durant ces heures où celle qui nous a donné le jour pourrait vivre, à nos yeux ou objectivement, un petit moment de lumière particulière. Inversement si le transit est négatif, dissonant, alors notre rentabilité professionnelle sera moindre, nous n'aurons pas envie de travailler, nous ne nous sentirons pas en mesure d'assumer une responsabilité professionnelle plus importante, pas suffisamment motivés pour demander un poste plus élevé. Nous apparaîtrons moins ambitieux ou excessivement ambitieux : dans les deux cas cela pourra nuire à notre carrière. Nous pourrions aussi régresser dans notre démarche d'émancipation, par exemple en recommençant à prendre des somnifères ou en ayant de nouveau besoin de quelqu'un disposé à nous accompagner pour un voyage. Nous nous sentirons moins libres et plus oppressés par les contingences quotidiennes. Nous pourrions perdre un privilège précédemment acquis avec fatigue et détermination. Notre popularité subira une légère baisse. Une pensée récurrente nous fera craindre pour la santé de notre mère qui pourrait effectivement avoir quelques problèmes.

Lune en transit en Maison XI

Quand le satellite de la Terre traverse notre Maison XI de naissance, nous éprouvons un grand besoin d'exprimer amitié et fraternité universelle. Nous voudrions embrasser le monde entier et nous pensons sincèrement que les autres sont nos amis et que l'amitié est un sentiment qui mérite d'être cultivé. Si nous n'avions pas périodiquement ce type de passage planétaire nous finirions par devenir misanthrope, par nous refermer sur nous-mêmes et par ne cultiver aucune amitié. Durant ces jours au contraire nous sommes attirés par les autres et nous ne semblons pas nous apercevoir des défauts de nos amis que nous jugeons avec plus d'indulgence et avec qui nous sommes plus affectueux aussi. Nous avons envie de téléphoner ou d'écrire à d'anciens camarades d'école, d'armes ou d'enfance. Il arrive que nous leur rendions visite et que nous organisions les traditionnels dîners de retrouvailles entre anciens de quelque chose. Toutes les occasions sont bonnes pour nous réunir y compris les événements tristes que personne ne fêterait. Un comportement aussi positivement centrifuge nous conduit à chercher et à trouver de nouvelles amitiés. Ce sont aussi des heures durant lesquelles nous avons tendance à demander des faveurs à nos supérieurs qui peuvent nous les accorder. En effet durant ce transit les protections peuvent fonctionner et nous donner des avantages que nous poursuivions depuis longtemps. Il conviendra d'être plus audacieux, de frapper à toutes les portes importantes, de solliciter amis et connaissances, de nous faire sponsoriser par quelqu'un. En outre, la Maison XI étant celle des projets, il est possible que nous en fassions plusieurs pour l'avenir. De nombreux architectes ont le Soleil en XI et nous, durant le passage de la Lune en Maison XI, nous pouvons avoir de bonnes idées pour meubler ou agencer de manière plus fonctionnelle notre maison. Pour ceux qui aiment la musique, cette période sera particulièrement favorable pour jouer d'un instrument, pour chanter, pour acheter un instrument de musique ou des disques, pour aller à un concert. Si le passage est dissonant parce qu'il donne et reçoit de mauvais aspects alors nous risquons d'être moins tolérants avec nos amis et même mal disposés à leur égard. Nous risquons de rompre avec de vieilles relations et donc nous devrons nous disposer à une plus grande tolérance. Les amis ne seront pas porteurs de bonnes nouvelles et nous serons inquiets pour leur santé. Nous devrons nous occuper d'un ami ou l'assister dans une crise sentimentale. Ce n'est pas le bon moment pour faire des projets ou tenter de les mettre en œuvre. Au contraire nous courons le risque d'en voir certains aller à vau l'eau. Il sera aussi préférable d'éviter de jouer d'un instrument ou de se rendre à un congrès où la "Mauvaise Lune" pourrait nous gâcher le plaisir d'un tel spectacle.

Lune en transit en Maison XII

Quand la Lune traverse notre Maison XII de naissance nous sommes portés à rester enfermés chez nous, dans des lieux petits et isolés. L'idée d'être seuls pour quelques jours nous plaît. Nous faisons en sorte qu'il en soit ainsi. Nous désirons sincèrement nous isoler un peu du monde et aussi des êtres qui nous sont chers, non pas parce que nous sommes en conflit avec eux mais parce que nous souhaitons surtout réfléchir sur nous-même, sur notre vie et même tenir un journal des dernières semaines vécues. Nous avons tendance à lire des livres sérieux. Nous voulons nous isoler pour étudier ou faire de la recherche. Nous pourrions partir quelques jours dans une maison de campagne ou au bord de la mer réfléchir. C'est aussi un bon moment pour un isolement spirituel pendant lequel prier ou réfléchir. De brèves vacances dans un monastère, à l'intérieur d'une cellule pourrait être une très bonne expérience. Nous pouvons aussi partir quelques jours dans une autre ville et rester dans notre chambre d'hôtel pendant des heures à lire ou à écrire. C'est aussi un bon moment pour se faire faire un bilan de santé. Ce transit stimule aussi en nous notre côté bon samaritain et nous pousse à nous occuper des autres qu'il s'agisse de nos proches ou d'étrangers.

Notre sentiment chrétien est plus développé et nous voudrions démontrer concrètement notre engagement : c'est le bon moment pour faire du volontariat, éventuellement en nous rendant dans les hôpitaux à l'heure des repas pour aider les personnes âgées à manger. Heureusement notre société pullule d'organisations humanitaires de tout type et nous en trouverons certainement une qui nous convienne de l'Unicef à la Caritas en passant par la Croix Rouge. Nous nous sentons meilleurs et nous souhaitons prier plus si nous sommes croyants. Nous en profiterons donc pour plus fréquenter les églises et les lieux de culte en général. Nous aurons plaisir à parler durant des heures avec un prêtre, à nous confesser, à prendre la Communion. Ces journées favorisent toutes les cérémonies religieuses, du baptême à la communion. Nous aurons envie de prendre soin des personnes qui nous sont chères et nous le ferons en les accompagnant chez le médecin, au laboratoire d'analyses médicales, aux termes, etc. Si le passage est caractérisé par de mauvais aspects, il est possible que quelques épreuves nous attendent : notre santé ou celle d'un proche, un chagrin d'amour, un problème professionnel. Nous remarquons une certaine hostilité à notre égard et nous constatons que nous sommes plutôt impopulaires. L'inimitié cachée de quelqu'un pourra se matérialiser à travers une lettre anonyme, une calomnie. Nous serons quelque peu poursuivis par la malchance et nous pourrions être victimes d'un petit accident, nous blesser, subir une intervention chirurgicale, avoir recours à un dentiste ou à un médecin. Durant un tel passage, nous pouvons facilement tomber malades ou simplement être un peu déprimés. Une légère forme de paranoïa pourrait s'emparer de nous et nous conduire à penser que le monde entier est contre nous, que les autres nous détestent. L'absorption de médicaments pourrait se révéler nocive et provoquer une petite intoxication. Nous courons le risque d'une hospitalisation ou de problèmes suite à une anesthésie.

4.
Les Transits de Mercure

Pris dans l'ensemble des passages planétaires qui déterminent notre destin, les transits de Mercure n'ont guère d'importance. En effet, comme ceux du Soleil et de la Lune, ils ne marquent que des laps de temps très courts, de quelques jours tout au plus par rapport aux autres astres et de quelques semaines dans les Maisons. Ils nous informent sur notre état de lucidité mentale, sur notre capacité de comprendre les choses, de prévoir même les événements. Ils sont par ailleurs certainement en rapport avec les communications dans une acception très large du mot : petits voyages que nous faisons, déplacements en voiture ou à moto, promenades, allées et venues pour le plaisir ou pour notre travail. Ils indiquent aussi le courrier que nous recevons et celui que nous envoyons, le flux de coups de téléphone reçus et passés, les communications par radio (pour les cibistes), les navigations sur le net, les visites d'amis que nous recevons et celles que nous faisons. Nos rapports avec nos frères, nos cousins, nos beaux-frères, ainsi qu'avec les personnes plus jeunes que nous. Nous pouvons noter à ce moment-là un sens du commerce plus développé. Le désir plus ou moins prononcé pour la lecture ou l'étude, de faire ou de suivre des cours en qualité d'élève ou d'enseignant, d'écrire des rapports et des livres. Mercure souvent signale sa présence par notre désir de fumer.

Mercure en aspect harmonique au Soleil

Quand Mercure transite en aspect harmonique avec notre Soleil de naissance, nous nous sentons plus lucide, nos idées fusent, nous apprenons avec une plus grande rapidité, nous comprenons mieux quand les autres nous parlent et nous nous faisons comprendre avec plus de facilité. Le type d'intelligence qui nous gouverne dans le courant de ces quelques jours du mois est comparable à celui qui est requis pour résoudre un rébus, pour faire des mots croisés, des devinettes, pour jouer aux échecs ou au bridge. Notre rapidité d'élaboration des informations augmente et notre interface input/output se révèle plus performante. Nous nous sentons comme si nous avions absorbé du phosphore et pris du café, mais sans avoir bu la moindre goutte d'alcool. Nos pensées défilent rapidement et de manière limpide et nous allons directement au cœur du sujet. Nous pouvons profiter de cet état de grâce mentale pour chercher à nous expliquer avec les autres sur des questions emmêlées. Notre potentiel d'échange avec notre environnement s'améliore fortement. Nous sommes disposés à écouter avec plus d'attention ceux qui sont en face de nous et bénéficions, en échange, d'une meilleure écoute de la part de nos interlocuteurs. Nous désirons communiquer dans tous les sens du terme et pour cette raison nous nous déplaçons beaucoup plus. Nous ressentons comme nécessaire de rompre la routine en faisant un court voyage ne serait-ce que de quelques heures. Si nous conduisons, nous désirons être plus souvent au volant et nous en profiterons pour une escapade en dehors de la ville, sur l'autoroute. Mais nous pourrons aussi nous déplacer de manière confortable en prenant le train ou l'avion. C'est la journée idéale pour de courtes vacances, pour faire une excursion. Durant ces heures, il nous arrivera de passer de nombreux coups de téléphone et d'en recevoir tout autant. Il nous sera plus facile de téléphoner et nous réussirons à composer aussi ces numéros qui sont fréquemment occupés ou qui ne répondent jamais. Nous rendrons visite plus souvent à nos amis et eux-mêmes viendront nous voir. Notre courrier tant celui que nous envoyons que celui que nous recevons augmentera. Nous aurons très envie de naviguer sur Internet et il s'agit très certainement d'un moment favorable pour le faire : nous découvrirons des sites nouveaux et intéressants et nous réussirons à nous connecter à ceux qu'il nous serait difficile de contacter en d'autres moments. Si nous sommes radio-amateurs nous aurons d'agréables discussions avec des correspondants du monde entier qui nourrissent la même passion que nous. Nos capacités mentales plus effervescentes ces jours-là, nous porteront vers la lecture et la connaissance. Nous devons en profiter pour lire des livres difficiles dont nous renvoyions la lecture depuis longtemps, ou bien pour étudier en vue de nous présenter à un examen particulièrement difficile. Nous pourrons participer à des cours en qualité d'élève ou d'enseignant. Un des transits les plus favorables pour écrire un rapport, le chapitre d'un livre, des notes importantes. Nous serons attirés par de nouvelles amitiés avec des jeunes et probablement aurons-nous des contacts avec un frère, un cousin, un beau-frère. Notre capacité à négocier augmentera et nous serons en mesure de mener à bon terme une petite affaire, utilisant éventuellement les journaux de petites annonces. De cette façon, nous réussirons à nous défaire d'un électroménager ou à acheter, par exemple, une deuxième imprimante pour notre ordinateur. Cette période dans le domaine des achats, se prête tout particulièrement à la recherche de téléphones, radios, téléviseurs, livres et dictionnaires ainsi que tous les appareils de la communication du modem à l'automobile, de l'interphone à la moto.

Mercure en aspect dissonant au Soleil

Quand Mercure transite en aspect dissonant à notre Soleil de naissance, c'est avec difficulté que nous comprenons et que nous nous faisons comprendre. Nos capacités communicatives ne sont pas à leur top. Le flux de nos pensées est enrayé ou bien trop rapide et nous conduit à l'erreur. C'est comme si notre interface mentale qui nous relie au monde, s'était bloquée ou avait des problèmes de rapidité et ne réussissait pas à synchroniser les messages en entrée avec les messages en sortie. Parler et nous expliquer nous semblent alors difficiles. Notre esprit n'est pas des plus lucides et c'est tout juste si nous parvenons à trouver les désinences appropriées d'un mot ou à exécuter une opération sans calculatrice. Une certaine nervosité nous avertit que nous sommes réticents à dialoguer avec les autres, à voir des gens, à parler avec autrui. Nous n'avons pas envie de nous déplacer ou bien le contraire et dans les deux cas ces expériences pourrons nous faire vivre des moments négatifs. Il peut arriver par exemple, que nous ne nous présentions pas à un rendez-vous parce que nous avons mal compris l'heure fixée ou bien de ne pas arriver à destination en raison d'une grève des trains, d'un pneu crevé, de la batterie de notre voiture déchargée ainsi de suite. La projection de notre inconscient réticent aux rencontres se matérialise dans chacun de ces faits qui gênent ou interdisent les possibilités de voir nos amis ou nos parents. Le téléphone sonne souvent mais plus pour nous ennuyer que pour annoncer de bonnes nouvelles. Nous recevons des coups de téléphone d'importuns ou bien nous entendons la voix de personnes désagréables que nous préférerions ne pas contacter. Nous ne recevons que des lettres auxquelles nous serons obligés de répondre, des lettres non affranchies ou non suffisamment affranchies pour lesquelles nous devrons payer une taxe. Nous sommes nous-mêmes peu enclins à écrire et si nous écrivons nous pouvons commettre des erreurs comme omettre le numéro de la rue. Si nous décidons de naviguer sur Internet, nous découvrons que ce jour-là les choses vont de travers et nous ne "voyageons" qu'à la vitesse de un Baud parce que les lignes sont saturées et les connections quasiment impossibles. Dans ces heures il est recommandé de ne conduire n voiture ni moto parce que nous pourrons risquer d'avoir un accident ou d'avoir une contravention. Une surprise désagréable pourrait intéresser notre moyen de transport, par exemple, trouver un pneu à plat ou une vitre cassée. L'imprimante de notre ordinateur pourra faire des caprices, cartouche d'encre vide ou bien papier qui ne cesse de se bloquer. Notre agitation pourrait ensuite nous rendre antipathiques notamment aux yeux des personnes plus jeunes, d'un frère, d'un cousin, d'un beau-frère. Ce n'est pas non plus un moment favorable pour les transactions commerciales, petites ou importantes. Nous risquons de faire une très mauvaise affaire en vendant à un prix trop bas ou en achetant trop cher. Nos capacités à gérer des négociations sont en effet au dessous de la moyenne et notre sens du commerce est au plus bas. La journée est des plus négatives pour l'achat d'appareils qui sont en relation directe ou indirecte avec les communications : des accessoires pour la voiture aux imprimantes, des téléphones portables aux téléphones sans fil. Si nous sommes fumeurs, nous risquons de fumer beaucoup plus que d'habitude avec de graves conséquences pour la santé.

Mercure en aspect harmonique à la Lune

Quand Mercure transite en aspect harmonique avec notre Lune de naissance, nous ressentons un plus grand désir de communication. Par rapport au même transit par rapport au Soleil, ce dernier en angle avec la Lune reflète plus le désir de communiquer que la communication elle-même. Nous désirons plus entrer en contact avec les autres, voir des gens, parler, entrer en relation avec l'extérieur, mais il n'est pas dit que nous y réussissions toujours. Notre disposition en ce sens est excellente mais le résultat ne dépend pas seulement de celle-ci. Dans tous les cas, cela vaut la peine de tenter et nous ferons bien de bouger, de sortir, de prendre notre voiture ou le train. Cette inclination aux voyages aura comme conséquence de nous faire passer des heures agréables grâce à de courtes vacances loin du travail ou à l'occasion d'un déplacement professionnel. Nous serons volontiers amenés à conduire et nous pourrons nous relaxer en nous abandonnant au rêve, les yeux ouverts, tout le temps d'un long parcours sur l'autoroute. En effet, être au volant de sa voiture, sans que nous ne devions forcer sur l'accélérateur ni tenter d'imprudence, peut concilier réflexions, pensées et fantaisies. Dans de telles conditions, il est beaucoup plus agréable de conduire et de donner en même temps libre cours à notre inconscient et à nos fantaisies les plus diverses. Le bon passage de Mercure par rapport à notre Lune radicale peut notamment mettre en contact notre inconscient avec l'extérieur. Nous nous sentons plus motivés pour la communication, nous réussissons à trouver des raisons plus valables pour entrer en contact avec les autres, même si ce n'est que sur un plan émotif ! Nous découvrons qu'il nous est plus facile de communiquer aussi lorsque nous demeurons silencieux, par exemple par le regard seulement. Nous aurons un flair plus développé pour comprendre notre prochain, pour prévoir la réaction des autres avant même qu'ils ne se découvrent au grand jour. Nous serons beaucoup plus attentifs lorsque nous écoutons les autres et pourrons noter que nous suscitons beaucoup plus que d'habitude un intérêt auprès de ceux qui nous entourent, ainsi qu'un peu de popularité quand nous devons expliquer quelque chose et nous adresser à un interlocuteur. Nos contacts seront plus féconds avec les femmes en général et avec les jeunes femmes en particulier. Nous serons certainement plus réceptifs à toutes formes de massages et nous désirerons envoyer beaucoup de lettres, de billets, de télégrammes et de cartes postales. Au cours de ces journées nous passerons volontiers des heures entières au téléphone, à appeler des parents et de vieux amis seulement pour le goût de parler avec quelqu'un. Notre intérêt pour la culture augmente et nous désirons fréquenter des salons ou participer à des conférences, à des rencontres, des débats. Nous sommes nous-mêmes plus motivés pour faire des conférences ou pour réunir des amis autour de nous, pour leur communiquer nos expériences. Nous sommes attirés par les dernières nouveautés technologiques dans le secteur des communications et des télécommunications. Au cours de ce transit, par exemple, nous pourrons désirer passer le permis de conduire ou acheter une voiture ou apprendre à utiliser l'ordinateur et en particulier Internet et la poste électronique.

Mercure en aspect dissonant à la Lune

Quand Mercure passe en angle dissonant par rapport à notre Lune de naissance, nous sommes plutot embarrassés par les communications. Une certaine électricité que nous notons autour de nous ainsi qu'une irritation guère plus précise nous prédisposent négativement aux rencontres. Nous ne désirons pas communiquer ou, au contraire, nous éprouvons l'envie de communiquer et cette anxiété nous mène à un état d'âme en retour peu favorable à la communication. En sommes, rien en nous ne nous engage au contact avec les autres. Nous ferions mieux de demeurer seuls sans chercher à forcer sur la nature de nos sentiments. Nous passons des heures au cours desquelles nous ne réussissons pas à comprendre les raisons de notre comportement, le motif de notre attitude négative à cet égard. La sonnerie du téléphone ou l'absence d'appel nous irrite. Nous décachetons avec agitation les lettres que nous recevons et nous sommes nerveux si nous-mêmes en écrivons. Dans cette atmosphère nous pouvons facilement nous tromper parce que, peut-être, nous usons du ton le moins adapté avec quelqu'un ou parce que, pressés d'envoyer une lettre, nous écrivons mal l'adresse ou nous n'affranchissons pas l'enveloppe. Si nous avons l'intention de nous déplacer pour quelques heures, nous enregistrons de petits inconvénients autour de nous, comme arriver à la gare par exemple une fois que le train est déjà parti ou se tromper de quai ou prendre une mauvaise sortie d'autoroute. En somme, nous vivons une de ces journées totalement négatives pour les communications, où nous devons constater que toutes nos tentatives vont mal ou connaissent des accidents de parcours. Nous notons que nous sommes un peu antipathiques aux autres, voire impopulaires, surtout auprès des femmes. Si nous parlons avec un standardiste, nous nous irritons facilement et finissons par hausser la voix ou bien nous ne réussissons pas à nous faire comprendre. Notre malaise est surtout mental, mais peut se manifester de mille façons différentes, par exemple en nous faisant continuer à former notre propre numéro de téléphone, parce que nous sommes distraits. Si nous travaillons à l'ordinateur cette distraction produit encore plus de problèmes et tant de petits accidents de parcours pourront parsemer une matinée ou un après-midi passés à perdre notre temps devant une imprimante qui ne veut pas imprimer un rapport important. Evitons d'acheter des instruments de communication sous ce transit dissonant parce que nous pourrions faire de très mauvais achats. Evitons aussi de nous lancer dans des négociations commerciales où les problèmes rencontrés pourraient être pires encore. Soyons enfin attentifs à ne pas exagérer avec la fumée qui pourrait représenter le meilleur moyen pour décharger notre tension nerveuse, mais qui fonctionne comme un boomerang.

Mercure en aspect harmonique à Mercure

Quand Mercure se place en angle harmonique par rapport à notre Mercure de naissance, le microprocesseur que nous avons dans la tête fonctionne avec un "clock" beaucoup plus haut que d'habitude. Nous pensons beaucoup plus rapidement, nous élaborons les images et les sensations très rapidement, nous réussissons à communiquer avec notre environnement à la vitesse de la lumière. Nous nous sentons particulièrement éveillés et attentifs, curieux et avides de connaissances, plus objectifs et lucides. Nous réussissons à comprendre avec grande facilité et nous pouvons revoir les questions que nous avons le plus à cœur à la lumière de cette clarté mentale. Nous pouvons aussi prendre des décisions de responsabilité parce que nous ferons plus attention à ne pas commettre d'erreurs. Si notre travail peut devenir dangereux en raison d'éventuelles distractions, alors en ces jours nous ne courons pas de tels risques. Nous avons une perception claire des faits, nous nous comprenons mieux, de même nous comprenons mieux les autres. Nous réussissons aussi à mieux nous exprimer et nos qualités dialectiques pourront beaucoup surprendre. Nous réussirons mieux à expliquer nos positions aux autres et en même temps à comprendre parfaitement ce que nous dit notre interlocuteur. Nous ressentons un besoin précis de bouger, de nous déplacer, de voyager, qu'il s'agisse de déplacements courts ou bien longs et lointains. C'est le bon moment pour abandonner le travail pour des vacances, et pour aller en voiture ou en train pour voir un ami ou un parent. Si nous aimons conduire la voiture ou la moto, nous ferions bien d'allumer le moteur et de partir. Nous noterons qu'en ces heures nous conduisons mieux, avec une plus grande attention et que nos réflexes sont plus vifs. Une plus grande curiosité nous poussera à nous informer sur des arguments nouveaux pour nous, à étudier, à lire des livres, à fréquenter un cours, à écouter une conférence ou à en tenir une nous-mêmes. Excellent moment pour lire un livre difficile ou pour commencer à préparer un examen universitaire. Les écrits aussi fonctionnent pour le mieux et nous pourrons en profiter pour écrire un rapport important, le chapitre d'un livre, un curriculum à envoyer pour une demande de travail. Toute notre correspondance vivra un moment de vie beaucoup plus intense et presque certainement, nous recevrons plus de lettres ou bien nous en enverrons beaucoup plus. C'est par poste que pourrait nous arriver une bonne nouvelle. Même le téléphone sonnera plus souvent et nous entendrons plusieurs voix amies. A notre tour nous téléphonerons plus fréquemment, notant que les communications sont plus simples. Nous aurons envie de naviguer sur Internet et nous noterons que les transmissions sont plus performantes. La journée sera aussi consacrée à l'achat d'appareil de communication et de télécommunication, du téléphone portable au fax, du modem à la bicyclette ou à une nouvelle voiture. En outre, nous pourrons commander avec de bons résultats, du papier à en-tête ou des cartes de visite, ou projeter la couverture d'un livre, un poster publicitaire, l'affiche d'un spectacle. Nos transactions commerciales seront plus florissantes et nous pourrions faire de bonnes affaires dans les journaux de petites annonces.

Mercure en aspect dissonant à Mercure

Quand Mercure transite en angle dissonant par rapport à notre Mercure de naissance, nous nous sentons plutot agités et anxieux. Une nervosité à fleur de peau s'empare de nous et nous prédispose mal à l'égard des autres. Nous nous concentrons difficilement ou bien nous notons que la communication avec l'extérieur est plus rapide aussi bien en entrée qu'en sortie. Mais cela aussi peut perturber les transmissions entre nous et ce qui nous entoure. Nous comprenons que nous ne sommes pas en mesure de parler au bon moment et souvent nos phrases s'embrouillent ou bien nous les prononçons mal. Il nous est plus difficile de nous faire comprendre par ceux qui nous écoutent et nous devons nous-mêmes nous efforcer pour comprendre ce que veut dire notre interlocuteur. Le désir de bouger, de nous déplacer et de voyager est très fort ; cependant presque toujours au cours de ce passage, il est impossible de le faire et nous sommes encore plus nerveux pour ce motif. Nous ferions mieux de ne pas bouger, mais si nous nous déplaçons nous irons à l'encontre d'inconvénients comme un train bloqué en raison d'une grève, rater un avion parce que nous arrivons en retard, la surprise de trouver notre voiture fermée les clés à l'intérieur et ainsi de suite.

D'autres fois, notre étonnement pourra être lié au fait que nous puissions être contraints à effectuer des allers et retours fastidieux. Nous conduisons mal et sommes distraits, nous n'avons pas de bons réflexes ou bien sommes excessivement nerveux et nous pourrons risquer un tamponnement ou encourir une contravention pour infraction au code de la route. Le téléphone sonne beaucoup et même dans des moments peu opportuns. Nous recevons quelques coups de téléphone désagréables ou sommes dérangés par des interférences ou par quelqu'un qui nous téléphone par erreur. Si nous essayons de téléphoner vers un autre continent, nous avons plus de difficultés pour composer le numéro ou bien il est occupé. Il est aussi possible de recevoir une lettre déplaisante ou de mauvaises nouvelles par poste. Nous ferions mieux de ne pas écrire ces jours-là ni d'envoyer de paquets parce qu'ils subiront des dommages ou bien du retard durant le voyage. Nous aurons envie de naviguer sur Internet et cela nous est difficile parce que le browser est encombré ou bien parce que le site que nous cherchons a changé d'adresse électronique. Il serait mieux de ne pas passer d'examen en ces jours et chercher à en déplacer la date. Nous ne réussissons pas non plus à bien nous concentrer dans l'étude d'un argument quelconque.

Renvoyons à une date ultérieure la lecture d'un livre important ou l'étude d'un nouveau programme pour notre ordinateur. Il n'est par ailleurs pas conseillé de faire des achats, au cours de ce passage planétaire, de matériels liés aux télécommunications, comme un téléphone, une antenne parabolique, un fax, un modem, etc. Notre sincérité sera défaillante ces jours-là et nous pourrons nous comporter de manière ambiguë et même malhonnête si notre ciel de naissance et notre éducation s'y prêtent. Si nous avons un talent commercial, rien ne va plus au cours de la période en question et nous ferions mieux d'éviter tout type de transaction. Attention enfin à l'envie de fumer qui pourrait nous occasionner une légère intoxication.

Mercure en aspect harmonique à Vénus

Quand Mercure transite en angle harmonique avec notre Vénus de naissance, nous nous sentons plus sereins et plus en paix avec le monde entier. Nous ressentons une sensation de bien-être modéré sans motif apparent. Nous sommes avant tout plus en harmonie avec nous-mêmes et par conséquent nous voudrions déclarer à tous notre désir de paix avec autrui. Nos propos se font plus agréables et sympathiques, nous nous adressons aux autres d'un ton calme, notre attitude est caractérisée par l'harmonie et la tolérance. Nous sentons plus qu'à d'autres moments une sensation d'amitié. C'est le bon jour pour faire la paix avec ceux que nous aimons. Nous sommes particulièrement attirés par les femmes en général et par notre sœur en particulier ou par notre fille ou par une chère amie. En même temps nous sommes attirés par l'art, par l'esthétique et par tout ce qui est beau et pas seulement dans un sens artistique. Un tel transit peut nous accompagner très positivement dans la visite d'un musée, de monuments, de galeries d'art, d'expositions de peinture et de photographie, de salons d'exposition de meubles, de magasins d'antiquité, etc. L'achat aussi d'un objet d'art est très indiqué en ces heures. De même nous pourrons faire de bonnes affaires en achetant un vêtement, un meuble pour la maison, un objet d'art à offrir. Nous sommes fortement attirés par tout ce qui est beau et donc nous pourrions en profiter pour nous inventer une autre coiffure, un maquillage particulier pour notre visage, un nouveau style. Nous fréquenterons alors avec profit les coiffeurs, les esthéticiennes, les masseurs, les manucures... Si nous avons besoin d'une bonne photographie qui nous représente en société, c'est le transit le plus adapté pour le faire. En s'unifiant positivement les symbolismes de Mercure et de Vénus, nous tirerons profit principalement du choix et de l'achat de ces objets qui naissent de la synergie de ces deux symboles planétaires : par exemple, une nouvelle voiture, une belle moto, un téléphone particulier, un fax à la ligne innovatrice et plaisante, une imprimante aux formes agréables et aux couleurs modernes, etc. Vénus est la santé et Mercure le mouvement, aussi devrons-nous bénéficier de déplacements agréables, de brefs voyages, les promenades ces jours-là auront des effets bénéfiques sur notre santé psychologique. De même les longues et agréables conversations téléphoniques nous détendront et feront que nous nous sentirons mieux. Au cours de ce passage les commerces liés à l'idée de beauté seront favorisés, par exemple lampe U.V. ou valise en cuir.

Mercure en aspect dissonant à Vénus

Quand Mercure se déplace en angle dissonant par rapport à notre Vénus de naissance, ce n'est pas un bon moment pour nos relations sentimentales. Nous éprouvons une certaine confusion générale qui ne nous aide pas à comprendre les problèmes qui nous assaillent en ce moment et qui sont relatifs à notre vie affective. Nous n'avons pas les idées claires par rapport à ce que nous voulons faire et par rapport à ce que nous voudrions faire avec la personne aimée. Cette confusion interne finit par s'exprimer aussi à l'extérieur et notre comportement ne sera ni limpide ni cristallin et encore moins cohérent. La plupart des fois nous pourrons être amenés à mentir à ceux qui nous aiment et à avancer des excuses fort peu crédibles. C'est un mauvais moment pour l'amour, non dangereux du point de vue d'une rupture possible avec le partenaire mais néanmoins ennuyeuse, déplaisante. Nous sommes amenés à dire des choses que nous pourrions regretter, nous ne sommes pas sincères et nous ne comprenons pas non plus à l'intérieur de nous ce que nous désirons réellement. Il ne s'agit pas d'agressivité envers la personne aimée, mais ce peut être au contraire l'expression d'un abandon, mais –dans tous les cas– notre comportement n'aide pas notre relation et ne la fait pas évoluer. Nous n'avons pas les idées claires non plus en matière esthétique en général et donc nous ne tirerons aucunement profit de la visite d'un musée, d'une galerie d'art, d'une exposition de peintures ou de photos, etc. Si nous allons chez le coiffeur et chez l'esthéticienne nous pourrons ne pas choisir le style qui nous convient et même si cela n'a rien d'irrémédiable et de définitif, cela demandera dans tous les cas quelques jours pour être corrigé. Notre rapport avec les figures féminines en général et avec notre sœur en particulier ou avec notre fille sera faussé par ce transit planétaire qui n'est pas le pire mais qui ne doit pourtant pas être sous-évalué. Le commerce d'objets artistiques ou liés à la fois au beau et aux voyages et aux communications en général est conseillé : évitons d'acheter valises et sacs de voyage, pantoufles pour l'avion, accessoires pour la voiture, casque pour la moto, décodeur pour antenne parabolique, imprimante pour notre ordinateur. Nos aptitudes commerciales, pour ceux qui en possèdent, seront énormément réduites au cours du passage planétaire en question.

Mercure en aspect harmonique à Mars.

Quand Mercure se déplace en angle harmonique par rapport à notre Mars radical, nous nous sentons riches d'une effervescence mentale qui nous rend particulièrement lucides, brillants dans nos pensées, capables de distinguer clairement les vrais problèmes des problèmes apparents. Notre cerveau semble électrisé et nous nous sentons beaucoup plus éveillés et aussi plus intelligents. Peut-être le sommes-nous réellement, mais dans tous les cas nous nous comportons comme si nous l'étions et cela fait du bien à toutes nos activités mentales. Nous nous sentons plus sûrs de nous et conscients de réussir à mieux exprimer nos pensées et nos paroles. D'une excellente concentration mentale nous bénéficions d'une tout aussi bonne capacité oratoire. Les mots fusent de notre bouche, prononcés avec clarté et détermination. Nous pouvons affronter n'importe quelle conversation puisque nous nous sentons maîtres de nous-mêmes sur le plan mental. Nous réussissons aussi à parler tranquillement en public ou devant une caméra de télévision. Nous pourrons participer sans problèmes à une émission radio ou télé en direct. La sûreté qui est en nous n'est pas le fruit de notre présomption, mais simplement la conscience d'être capables d'énoncer les concepts clairs qui sont en nous indépendamment du fait qu'ils soient retenus importants ou pas. La force de Mars en s'unissant de manière synergique à la rapidité de Mercure, nous fera écrire plus rapidement et plus intensément : nous serons capables de rédiger un long rapport en peu de temps, de préparer un discours qui est important pour nous, de travailler avec détermination à la rédaction d'un mémoire à l'université, d'écrire le chapitre d'un livre que nous avons à cœur avec une facilité évidente. De même nous serons prêts à comprendre plus facilement et nous pourrons en profiter pour suivre un séminaire, ou pour en tenir un nous-mêmes, pour étudier un examen, pour nous préparer à un concours, pour commencer un cours de langue ou d'informatique, pour mieux comprendre un livre difficile, pour nous familiariser avec un nouveau logiciel. Si nous voyageons ces jours-là nous conduirons beaucoup mieux parce que nous serons plus lucides et donc nous serons capables d'avoir de meilleurs réflexes et nous bénéficierons d'une excellente résistance physique qui nous permettra d'accomplir de longs parcours sans nous arrêter. Les longs coups de téléphone qui en général nous stressent, nous les supporterons en ces heures plutot facilement. Au contraire, nous devons profiter de cet état de grâce et passer beaucoup de coups de téléphone pour notre travail et pour notre plaisir, et écrire le plus possible de lettres pour notre courrier en retard. Toutes les communications seront favorisées et donc la journée sera excellente aussi bien par rapport à notre éventuelle activité de radio-amateur que par rapport à celle de navigateur sur le réseau Internet. Si nous devons placer une antenne parabolique sur le toit, il ne saurait y avoir de jour meilleur, de même si nous devons effectuer un travail difficile relatif aux voyages, aux transports, aux communications, comme réparer notre voiture, changer une roue à notre moto, placer une extension du câble téléphonique d'une pièce à l'autre, transporter des ramettes de papier pour notre imprimante. Notre rapport à la mécanique en général s'améliorera, indépendamment du fait que nous ayons les compétences en la matière. Nous éprouverons de la sympathie ou une attraction envers les figures martiales, comme un jeune ami athlète, un militaire ou un chirurgien. Excellente journée pour les achats relatifs aux objets mécaniques comme une perceuse, une scie électrique et des composants pour le hardware.

Mercure en aspect dissonant à Mars

Quand Mercure passe en angle dissonant par rapport à notre Mars de naissance, nous nous sentons très agressifs à l'intérieur et à l'extérieur de notre personne. Une certaine agitation générale s'empare soudain de nous et nous conditionne négativement envers notre prochain. Nous avons conscience d'être très électriques, de sursauter pour un rien, d'être trop sur la défensive ce qui a comme conséquence immédiate de nous rendre beaucoup plus agressifs. Sans aucun doute, nous sommes plus irascibles et nous tentons d'agresser les autres. En ces heures nous ne savons pas ce que signifient tolérance et modération. Nous apparaissons plutot combatifs, le couteau entre les dents, et les autres s'en rendent compte et sont eux aussi agressifs et irascibles à notre égard. Nous utilisons surtout la parole pour blesser, pour montrer aux autres combien nous sommes prêts à attaquer. Sans aucun doute notre capacité oratoire s'améliore notablement au cours de ces heures et si nous la reversons dans des débats publics qui requièrent une énergie particulière, celle-ci nous sera très utile.

La plupart des fois, nous la dirigeons inutilement vers les personnes qui nous sont chères, vers nos parents ou notre partenaire, avec comme conséquence de gâter sinon un rapport, du moins la journée. Une telle tendance cependant, nous devons le reconnaître, favorise notre sens de l'ironie et aussi un certain sarcasme qui, s'ils sont à la base de notre travail, nous seront de grande utilité (c'est le cas de certains présentateurs à la télévision). De la même façon, nous pourrons écrire des articles très acérés et ironiques qui pourraient enrichir l'anthologie de nos meilleurs écrits. On ne peut en dire autant, cependant, des lettres que nous enverrons ces jours-là et qui seront destinées à des collaborateurs ou à des associés, à nos supérieurs, à des personnes qui d'une certaine façon doivent nous juger et auxquelles certains de nos jugements trop sévères ne plairont pas. Ce qui sort de notre stylo ou de nos lèvres, en effet, peut être un véritable poison. Au cours de ces quelques jours du mois, nous risquons de rompre d'importantes amitiés, parfois des amitiés de longue date, si ledit passage est confirmé par des transits de planète plus rapides et surtout dans la Révolution solaire. Il est nécessaire d'être très attentifs si nous sommes au volant d'une voiture ou si nous conduisons une moto parce qu'une trop grande confiance en soi peut nous amener à commettre de nombreuses erreurs avec le risque d'accidents de la route. Même si nous allons à pied nous devrons faire très attention en traversant. La destructivité qui est en nous passe aussi à l'extérieur et nous romprons donc facilement les objets avec lesquels nous entrons en contact, surtout ceux qui sont en relation avec les télécommunications comme le téléphone portable, le téléphone sans fil, le fax, une télécommande, l'imprimante de notre ordinateur et ainsi de suite. Si nous nous relions par l'intermédiaire d'Internet à un forum, presque certainement nous nous disputerons un peu avec tous les autres navigateurs branchés en ce moment.

Le jour est des plus défavorables pour l'installation d'une antenne ou de travaux mécaniques, surtout ceux de précision où nos gestes maladroits pourraient provoquer de sérieux dégâts aux appareils sur lesquels nous travaillons. Notre frappe sur le clavier de l'ordinateur sera plus rapide, mais nous ferons aussi beaucoup d'erreurs. Attention à ne pas utiliser des objets métalliques et pointus, des outils de travail comme les scies et les perceuses électriques, le courant électrique avec des fils à nu et ainsi de suite. Au cours de ces heures, mieux vaut éviter d'allumer des feux avec de l'essence, de manipuler des armes à feu, d'aller à la chasse ou de participer à des manifestations publiques où une intervention de la police est possible. Il est nécessaire de faire très attention aussi dans le sport, du simple match de foot avec des collègues de bureau aux sports réputés plus dangereux, comme l'alpinisme, le ski, la pêche sous-marine.

Mercure en aspect harmonique à Jupiter.

Quand Mercure transite en angle favorable par rapport à notre Jupiter de naissance, nous sommes alors envahis par un sens de paix et de bien-être. Nous nous sentons optimistes, prêts à affronter les difficultés quotidiennes de la vie. Nous nous projetons vers le futur avec plus grand courage, mais il ne s'agit pas de courage au sens strict mais plutot de confiance en soi qui détermine nos actions, nos prises de position. Le transit en question favorise les projets pour lesquels est nécessaire une diminution de notre sens critique, sans quoi nous ne pourrions pas agir dans des situations qui requièrent un certain risque. Nous parlons surtout d'activités commerciales et/ou industrielles qui ne décolleraient pas sans l'appui de nos pensées positives. Si nous pensions, en effet, à tous les risques que comporte une activité entrepreneuriale, nous ne la commencerions jamais, mais heureusement la nature pense à distribuer les planètes dans chacun des ciels de naissance et donc il y a beaucoup de personnes prédisposées à trouver ce courage supplémentaire au cours d'un tel passage, ou qui éprouve moins de peur pour se lancer dans une aventure économique risquée. L'attitude positive de ces personnes finit par produire aussi de bons résultats sur le plan pratique et pour cela le transit se prête à de tels baptêmes. Toutes nos activités commerciales, directes ou indirectes, bénéficient du transit Mercure-Jupiter, par l'achat d'objets sans grande valeur à la vente d'une voiture. Notre sens des affaires en ces heures nous surprendra et nous pourrons effectivement porter à terme une négociation importante. Notre optimisme se confrontera à celui des personnes qui nous réserveront, durant ces heures, un meilleur accueil. Les voyages sont favorisés, qu'ils soient de brève durée ou intercontinentaux. La période se prête très bien aux projets de voyage comme aux débuts de voyage : si vous devez partir pour un pays lointain et difficile à rejoindre, choisissez avec confiance ce jour. Notre rapport avec les étrangers sera plutot bon de même avec les personnes nées dans une autre région que la nôtre. Nous découvrirons que nous nous en sortons mieux avec les langues étrangères. Le passage planétaire en question favorise aussi la conclusion positive d'affaires légales, le contact avec avocats et magistrats, les différentes tentatives de conciliation. Si, au contraire, nous pensons intenter un procès à quelqu'un, le transit s'y prête aussi. Nous serons favorablement attirés par les figures hiérarchiques importantes de notre société comme les juges, les hommes politiques, les prélats importants, etc. L'étude de la philosophie, de la théologie, de la parapsychologie, du yoga, de l'astrologie et de toutes les matières dites ésotériques seront facilitées ces heures-là. Il en va de même pour les études universitaires en général.

Mercure en aspect dissonant à Jupiter

Quand Jupiter transite en angle dissonant par rapport à notre Jupiter de naissance, nous ferions bien de faire très attention à tout ce qui nous regarde. Le plus important problème, en effet, qui peut naître d'une telle configuration astrale en général, est le manque presque total du sens critique. Sous-estimer les dangers dérivant de nos choix peut nous induire à des erreurs lourdes de conséquences pour notre travail ou pour notre santé ou pour notre vie affective et sentimentale. Un stupide optimisme de base nous projette trop simplement en avant et ne nous fait pas noter tous les pièges qui peuvent s'interposer entre nous et la réussite de nos entreprises. Cela peut parfois vraiment engendrer de gros problèmes auxquels il sera difficile de remédier. Nous devrions nous efforcer de raisonner avec attention sur les choses, et nous demander où est le piège. Nous tendons à nous fier trop facilement et cela peut avoir de lourdes conséquences. Nous ferions mieux d'être plus méfiants en ces heures. Mieux vaut ne pas se fier car l'exubérance qui est en nous, la volonté de porter à terme nos projets nous empêchent d'observer les détails de l'opération au point de faire avorter notre entreprise avant même qu'elle ne commence. Les voyages aussi sont conseillés durant une telle période, qu'ils soient brefs ou courts. L'étranger ne nous est pas favorable et notre inattention pourrait nous procurer plus de problèmes que dans notre Pays. Nous sommes plus vulnérables aux manipulations si nous nous trouvons loin de chez nous. Il est probable que nous soyons confrontés à des ennuis administratifs. Ces jours-là nous risquons, en effet, d'avoir affaire à la justice, les avocats, les juges, la police. Evitons de stipuler un contrat ou de monter une société. Abstenons-nous aussi de toute activité commerciale quelle qu'en soit l'importance et la teneur. Le commerce relatif aux automobiles, aux moyens de transport en général, aux instruments de communication comme le téléphone, le fax, le modem, etc. seront particulièrement défavorisés. Si nous signons un contrat relatif à l'achat d'une voiture d'occasion, assurons-nous bien, éventuellement avec le numéro du châssis, qu'elle n'ait pas été volée et si nous en vendons une, faisons pareillement attention si l'acheteur est en mesure de payer les traites ou les chèques antidatés. Ces jours-là l'étude de la philosophie ne sera guère fructueuse ainsi que celle de l'astrologie, de la théologie, de la parapsychologie, de l'orientalisme, du yoga et de toutes les matières universitaires.

Mercure en aspect harmonique à Saturne

Quand Mercure transite en angle favorable à notre Saturne de naissance, nous vivons un moment d'excellente lucidité mentale. Nos pensées sont beaucoup plus froides que d'habitude, moins dépendantes de nos émotions, plus prudentes et moins optimistes, mais beaucoup plus sages et contrôlées. Nous nous trouvons plus mûrs, plus capables d'analyser avec cohérence et sagesse tout ce qui nous entoure. Nous réussissons, comme jamais, à élaborer des plans précis et à longue échéance. Ce sont précisément les programmes à long terme qui peuvent débuter au cours d'un tel transit planétaire. C'est sans optimisme mais uniquement grâce à notre ambition, notre cohérence, notre fermeté que nous allons de l'avant. Nous semblons plus vieux que notre âge, nous percevons une perte d'enthousiasme dans nos idées, mais aussi une parfaite clarté dans nos objectifs et quant au meilleur moyen pour les réaliser. Nous apparaissons aux autres plus contrôlés, mieux organisés. Notre conversation réfléchira parfaitement cet état d'âme, mais surtout cet état mental et nous réussirons à faire des raisonnements à haute voix, caractérisés par la tranquillité, le sérieux, la cohérence. Notre dialectique ne sera pas aussi brillante qu'au cours des passages Mercure-Jupiter, mais sera beaucoup plus convaincante, claire, précise. Nous semblerons être de vieux professionnels de la parole, des orateurs confirmés. Nous ne pourrons pas ébahir notre interlocuteur avec des éclats de génialité oratoire, mais certainement celui-ci sera-t-il attentif et intéressé par nos discussions avec les personnes âgées et sages. Nous préférerons avoir une personne âgée comme interlocuteur avec laquelle parler plus tranquillement sur les choses sérieuses, essentielles. Il est rare durant un tel passage planétaire de discourir sur les frivolités que nous refusons et qui nous gênent même. Nos plans de communication à longue échéance ou ambitieux comme la tentative de nous relier à un réseau de transmissions rapides seront privilégiés, chose qui ne saurait être faite en peu de jours ou avec des moyens réduits. Nos lectures s'orienteront plus vers les essais que vers les romans, nous privilégierons des livres difficiles, fondamentaux en rien divertissants, mais qui profiteront à notre intellect. A l'université, nous pourrons affronter les examens les plus difficiles. Nous pourrons commencer à écrire un livre ou entreprendre une recherche particulièrement difficile ou nous inscrire à un cours sur trois ans ou de longue durée. Notre tendance au cours de ces jours sera de nature conservatrice. Nous écrirons à un parent âgé ou bien nous serons contactés par eux. Pour une éventuelle promenade en dehors de la ville, nous pourrons être plus attirés par la montagne et la campagne que par la mer. Notre envie de faire des achats s'orientera vers les objets d'antiquité, vers les vieilles autos et motos, vers des reliques comme des radios et des téléviseurs anciens et de collection. Si nous sommes fumeurs, nous réussissons à mieux contrôler ce vice.

Mercure en aspect dissonant à Saturne

Quand Mercure passe en angle dissonant par rapport à notre Saturne de naissance, nous ressentons alors une difficulté dans les communications. Nos pensées prennent un pli négatif et pessimiste. Nous pensons avec préoccupation à tous nos projets futurs et c'est avec difficulté que nous nous laissons aller à des programmes positifs. Notre tendance est au point mort, sur le plan intellectuel. Nous devons faire un gros effort pour sortir de positions de blocages mentaux qui nous tourmentent à propos des effets négatifs de nos projets futurs. Nous rencontrons plus de difficultés à avoir les pensées claires en ce sens qu'elles tendent à stagner sur des points plus critiques qu'elles pourraient engendrer. Nous ne réussissons pas à nous relaxer et à penser de manière positive. Notre conversation aussi s'en ressent et les autres notent que nous nous exprimons avec difficulté, que nous bégayons même. La frustration de ces heures s'appelle difficulté de communication dans tous les domaines. Nous ne nous faisons pas comprendre ou c'est avec difficulté que nous comprenons les autres. Nous ne réussissons pas à commencer une conversation ou bien nous devons l'interrompre en un point essentiel. Nous notons que notre interlocuteur n'est pas disposé à nous écouter et ne nous fait aucune concession dans la discussion. Nous ferions mieux de renvoyer tout éclaircissement avec les autres. Le mieux serait de rester un peu seul pour réfléchir : nous serons plus pessimistes mais cela ne doit pas être lu nécessairement en clef négative parce que cela pourrait corriger une fantaisie débridée que nous avons développée dans un passage Mercure-Jupiter. La réévaluation forcée de projets peut nous remettre les pieds sur terre, nous créant des déceptions, mais il s'agira de saines déceptions qui nous empêcheront de commettre des bêtises. Nous serons empêchés ou interdits par des personnes âgées. Une personne âgée pourrait avoir le dernier mot dans une discussion avec nous, ou bien nous mettre en difficulté devant les autres. Au cours de ces journées de petits incidents de communication ou de transmission peuvent se vérifier, comme une lettre perdue, la ligne qui tombe au cours d'une communication téléphonique, l'absence de tonalité pendant plusieurs heures, la panne de notre imprimante, l'antenne qui tombe du toit, le fax qui se bloque par manque de papier, et ainsi de suite. Nous ne devons pas donner trop de poids à ces inconvénients parce que chacun de nous devrait savoir que nous devons payer un tribut périodique aux planètes en transit dissonant sur notre tête. Evitons de nous déplacer en voiture parce que si nous renonçons à un voyage la frustration sera seulement celle du renoncement, mais si nous nous obstinons à partir, les problèmes pourraient être plus graves : un pneu qui crève quand nous n'en avons pas de rechange, la grève des pompistes qui nous bloque à mi-parcours, une voie interrompue par une avalanche, etc. Evitons de faire des affaires avec des personnes âgées ou d'acheter des objets d'antiquité ou simplement du vieux matériel comme une voiture, une radio, un téléphone portable et d'autres encore. Le tabac en ces heures, nous fera plus de mal que d'habitude.

Mercure en aspect harmonique à Uranus

Quand Mercure passe en angle favorable à Uranus de naissance, nous semblons fonctionner comme un ordinateur. Les voyants lumineux ne manquent pas de clignoter autour de nous, comme si nous étions un véritable terminal IBM. Nous comprenons que nous élaborons et échangeons les informations à une rapidité incroyable. Difficilement au cours du mois nous pouvons être aussi éveillés et plus intelligents. Nos capacités intuitives sont à leur puissance maximale et nous travaillons avec notre cerveau comme s'il était alimenté par un courant électrique plus fort qu'il ne l'est normalement. Les idées fusent et nous nous montrons très brillants, toujours prêts, intuitifs, clairs dans nos expositions. Nous réussissons à comprendre ce que veut dire notre interlocuteur avant qu'il ne finisse sa phrase. Notre capacité à comprendre les analogies qui sont probablement la plus grande expression d'intelligence augmente énormément. Notre esprit se comporte comme si nous avions pris de la cocaïne tant nous sommes prompts et rapides. Avec cette capacité mentale amplifiée, nous pouvons nous lancer dans des discussions hardies avec les autres, traiter des thèmes difficiles, affronter des questions épineuses qui requièrent une plus grande acuité. Une telle grâce nous aide surtout dans les décisions que nous devons prendre rapidement. Nos réflexes nous permettent d'être plus attentifs dans notre travail et d'opérer avec une plus grande marge de sécurité dans ces opérations qui requièrent beaucoup d'attention. Nous réussissons à mieux conduire notre voiture et notre moto, démontrant avoir des réflexes qui n'ont jamais été aussi bons. Si nous devons voyager de nuit ou avec une faible visibilité, cela pourra particulièrement nous être utile. Toutes les nouveautés de l'électronique et de la technique en général nous attirent fortement et nous pourrions profiter pour apprendre à utiliser un ordinateur ou bien si nous en utilisons déjà un, à utiliser un nouveau software. C'est le jour adapté pour lire les instructions d'un magnétoscope ou d'un téléphone portable sophistiqué, les instructions pour lesquelles il serait presque nécessaire de posséder un diplôme d'ingénieur en électronique. Il est très probable que ces jours-là nous achèterons, pour notre plus grand profit, du matériel télématique comme un modem, un fax, une antenne parabolique, un décodeur de signaux télé, un téléphone sans fil, etc. Nous serons, en outre, poussés aussi à acheter une nouvelle voiture, une moto, un scooter, une bicyclette. Si nous devons placer une antenne parabolique c'est le bon moment ainsi que pour ajouter un périphérique à notre ordinateur et à procéder à l'installation de son software. Nous nous en sortons mieux avec tout ce qui est technique, mais nous pourrions aussi faire de bonnes choses si nous nous consacrions à la photographie, au cinéma amateur, à l'étude de l'astrologie. Nous serons attirés par les personnes géniales et un peu excentriques et une nouvelle spéciale pourrait nous arriver d'un frère, d'un cousin, d'un beau-frère. Nous réussirons facilement à effectuer plus de voyages et de déplacements dans la même journée, en prenant par exemple trois ou quatre avions l'un après l'autre.

Mercure en aspect dissonant à Uranus.

Quand Mercure transite en angle dissonant par rapport à notre Uranus de naissance, nous ne nous sentons pas moins intelligents, au contraire ! Notre esprit semble drogué tant sa capacité d'élaboration des informations est grande. Celles-ci circulent avec une rapidité incroyable à l'intérieur et jaillissent à l'extérieur avec la même rapidité. Notre cerveau semble vraiment un ordinateur gouverné par un "clock" incroyablement rapide. La différence avec le transit harmonique Mercure-Uranus consiste dans le fait qu'une telle rapidité nous procure plus d'un problème : nous devenons particulièrement intolérants envers la lenteur mentale d'autrui et nous ne sommes pas disposés à être indulgents avec les personnes médiocres. En outre, une telle électricité nous procure une grande nervosité qui s'exprime aussi par l'agressivité et l'insomnie. Nous devons chercher à nous calmer, éventuellement en recourant à un léger sédatif, par exemple de type homéopathique ou naturel comme la camomille. Nous devons nous rendre compte que nous ne pouvons pas continuer à une telle vitesse et que nous devons nécessairement nous calmer. De profondes respirations pour interrompre le circuit sont salutaires. Appliquons-nous par ailleurs à quelque chose qui nous contraigne à ralentir. Notre esprit, durant ces moments-là, aime regarder la réalité comme à travers un caléidoscope qui change d'image à chaque seconde et trouve insupportables les premiers plans trop longs et statiques. De même, une bonne partie de flipper ou un match de football pourraient nous aider à nous détendre, ainsi qu'une demi-heure de ping-pong au cours de laquelle nos réflexes étonneront les présents. Dans ces moments nous parvenons à prendre au vol un insecte. Comme pour le transit harmonique Mercure-Uranus, dans ce cas nous pouvons utiliser nos facultés mentales momentanément augmentées pour étudier un examen difficile, pour affronter des arguments techniques et scientifiques, pour lire des livres qui requièrent un grand effort, pour soutenir des examens importants, pour tenir une conférence, ou participer à des débats. En voiture, par contre, nous devrons être plus attentifs parce que si c'est vrai que nos réflexes sont bien meilleurs, il est aussi vrai que notre tentation d'aller très vite est plus grande et pourrait nous causer un accident. Au cours de ces jours, il est presque certain que nous nous déplacerons beaucoup, aussi bien en voiture qu'en train ou en avion. Nous irons voir beaucoup de monde et nous serons à notre tour contactés par des amis et des parents. Le volume de notre correspondance augmentera ainsi que celle de la poste électronique. Le téléphone sonnera beaucoup et nous-mêmes serons plus prêts à l'utiliser. Une nouvelle désagréable pourrait nous tomber du ciel comme un éclair et intéresser un frère, un cousin, ou un beau-frère. Une particulière perspicacité pourra nous être utile dans des entreprises commerciales où nous montrerons une grande intuition. Nous serons particulièrement chanceux dans les négociations concernant l'achat et la vente de matériels télématiques comme un téléphone, un fax, une imprimante, un modem, un téléviseur, une antenne parabolique, etc. Nous serons plus attirés par la compagnie de personnes originales, pour ne pas dire excentriques. Notre nervosité excessive pourrait nous causer des problèmes plus graves avec le tabac.

Mercure en aspect harmonique à Neptune

Quand Mercure forme un angle harmonique favorable à notre Neptune de naissance, notre fantaisie et notre imagination se voient amplifiées. Nous sommes portés à nous relaxer mentalement et à laisser libre cours aux voix de l'inconscient qui nous projettent dans un monde idéal, virtuel, où nous pouvons nous entraîner à exprimer toutes nos capacités les plus créatives. Nous nous sentons particulièrement inspirés et nous pourrons avoir des idées qui en d'autres moments franchiraient difficilement la froide censure de la rationalité. Les freins inhibiteurs de la raison se détendent et nous pouvons ainsi accéder au monde des songes où il n'y a pas de limites. Nous pouvons en profiter pour jeter sur le papier des idées, la trame d'un livre, d'une nouvelle, d'un spot publicitaire ou simplement une lettre de vœux ou une invitation à une fête familiale. Si nous sommes artistes, par contre, le moment est particulièrement fécond pour notre production et nous devons en profiter pour écrire ou créer le plus possible avec la musique, le pinceau, le scalpel et avec n'importe quel instrument qui réussit à transformer de fortes suggestions en œuvres concrètes. Toute notre sensibilité la plus intime se voit mise en attente et prête à contribuer à cette production. Nous sommes attirés par les livres de psychologie analytique, d'ésotérisme, de parapsychologie, d'astrologie, de yoga, d'orientalisme, de religion. En ces heures, en effet, il existe un rapport étroit en nous, entre notre rationalité et l'inspiration qui nous conduit à nous occuper d'arguments neptuniens. Nous pourrions, par exemple, lire aussi des livres théorétiques sur le nautisme ou sur la pêche ou sur les immersions sous-marines ou même faire un cours pratique sur ces disciplines. Si nous pensons nous déplacer, comme cela est probable, il sera mieux de le faire en barque, en bateau, en hydroptère et passer de bonnes vacances en mer. De même une salutaire promenade au bord de la mer ou sur les rives d'un lac nous sera bénéfique ainsi que la visite d'un aquarium ou d'une station biologique. La mer et l'eau nous attirent particulièrement et nous sommes poussés à en savoir plus, en achetant par exemple un CD ROM sur le monde aquatique et les créatures qui l'habitent. Nous serons tentés par l'achat d'un bateau, grand ou petit, ou par les voyages en mer. Mais Neptune correspond aussi aux états de conscience altérée et tout ce qui les produit et nous pourrions utiliser ce temps en nous rendant à une conférence sur la drogue ou en nous informant mieux sur les effets des psycholeptiques. Si nous nous mettons à l'ordinateur pour voyager sur Internet, nous ferons bien de visiter surtout les sites en relation à ces arguments et notre intuition plus aiguë pourrait nous faire découvrir une adresse particulièrement utile que nous cherchions depuis longtemps. La bonne inspiration de ces quelques jours nous aidera à écrire des rapports, des travaux pour un congrès, un curriculum pour une demande de travail, le chapitre d'un livre. Il est fort possible qu'au cours de ce passage nous fréquentions des magiciens, astrologues ou cartomanciens, mais aussi des psychologues, des prêtres, des philosophes. Nous nous sentirons plus attirés par les personnes nécessiteuses et nous chercherons à prêter secours particulièrement à ceux qui ont un problème psychologique. Nous pourrions aussi aider, économiquement une association œuvrant dans ce secteur. Un peu de télépathie nous fera entrer en contact avec un frère, un cousin, un beau-frère. Dans le cas d'éventuelles négociations commerciales, pour l'achat ou la vente de biens, nous serons favorisés par une excellente intuition.

Mercure en aspect dissonant à Neptune

Quand Mercure circule en angle dissonant par rapport à notre Neptune de naissance, nous nous sentons un peu confus dans nos projets et nos idées. Ces dernières fusent dans notre esprit et nous ne réussissons pas à leur donner un ordre précis, une organisation juste. Nous ne sommes pas en mesure de bien distinguer entre un mal au ventre et une perception extrasensorielle, ni même si notre intuition se trouve dans un état de grâce ou bien si nous sommes distraits par mille stimulations désordonnées qui voyagent dans notre cerveau. Nous ne réussissons pas à bien planifier nos actions ni à avoir une bonne organisation de notre journée. Nous ferions mieux dans ces conditions de ne rien programmer d'important pour la journée sur le plan pratique. Si, par contre, nos programmes vont dans le sens de la création artistique et de la fantaisie, il n'y a alors aucun problème et nous pouvons aussi nous abandonner dans la direction de l'oubli. Profitons-en pour lire des livres, surtout des romans qui augmenteront nos sensations déjà dilatées au maximum. Mais faisons attention, cependant, à ne pas nous laisser impressionner par des lectures catastrophistes où il y a trop de descriptions de tragédies humaines, de maladies physiques et mentales, de calamités en tous genres. Notre sensibilité, en effet, est beaucoup plus élevée au cours d'un tel passage astronomique et nous risquons de nous laisser impressionner, d'être victimes d'angoisses, de peurs en tous genres, d'idées fixes, de petites névroses. Pour cela nous éviterons en ce sens, les livres dangereux, par exemple en nous plongeant dans de saines aventures marines, *Moby Dick* au *Capitaine Crochet*, en passant par *Vingt mille lieues sous les mers* de Jules Vernes. Evitons aussi de fréquenter les magiciens et les astrologues ou de présumées sorcières parce que les dégâts possibles sur le plan mental sont importants. Si nous sommes nous-mêmes astrologues, évitons de lire les éphémérides et d'aller analyser notre ciel de naissance ou celui des personnes qui nous sont chères parce que nous pourrions nous préoccuper trop et inutilement. Si nous désirons nous recueillir dans la prière, faisons-le en privé, en évitant de participer aux rites collectifs. Les foules, en effet, en ce moment particulier du mois, ne nous sont pas favorables et donc éloignons-nous des cortèges, des grèves, des assemblées syndicales et ainsi de suite. Les communications aussi se révèleront plus difficiles éventuellement à cause de problèmes occasionnés par l'eau (l'ordinateur tombe en panne parce qu'une boisson s'est renversée sur le clavier ou bien les lignes de téléphone sont interrompues à la suite d'une inondation qui a touché notre région). Dans cette perspective, naturellement, il faut éviter tous les voyages en mer, sur lacs et fleuves. Evitons de sortir en bateau, d'aller à la pêche, de faire des immersions. Le danger d'un naufrage est plus élevé. Nous conseillons la même chose à un frère, un cousin ou un beau-frère. Notre prétendue intuition décuplée pourrait nous jouer des tours si nous tentons de conclure une affaire commerciale précisément durant ce transit, il sera donc mieux de nous abstenir notamment de vendre ou d'acheter un bateau, grand ou petit, du matériel de pêche. Notre confusion mentale pourrait dériver aussi de l'absorption de psycholeptiques ou d'alcool. Quelqu'un pourrait nous pousser à fumer du haschich.

Mercure en aspect harmonique à Pluton

Quand Mercure se place en angle favorable par rapport à notre Pluton de naissance, nous assistons au développement de nos capacités mentales. Nous devenons plus réceptifs et profonds, capables d'affronter des arguments difficiles, complexes. Nous sommes beaucoup plus attirés par les problèmes importants et tendons à éviter les problèmes insignifiants ou moins importants. Pluton gouverne tout ce qui est dessous, profond, qui a besoin de fouilles, et c'est en ce sens que nous cherchons à regarder à l'intérieur des choses, de faire une analyse profonde de ce qui est en face de nous, de creuser dans l'âme humaine avec laquelle nous entrons en contact et d'en faire autant avec nous-mêmes. Période riche pour l'analyse personnelle, avec ou sans l'aide d'un thérapeute. Grand intéret pour les problèmes de la psychologie, de la psychanalyse, mais aussi de l'astrologie et de l'ésotérisme. Attrait pour les livres et les lectures sur ces thèmes. De possibles lectures aussi d'arguments policiers ou relatifs à la série noire. Intérêts relatifs à la mort en général. Nous sommes aussi attirés par l'idée d'aller sur la tombe de famille et cela pourrait être l'occasion d'une promenade. En ces heures nous serons parfaitement en mesure de nous concentrer sur les mystères de la mort et nous réussirons à penser de manière sereine, aussi à notre propre mort, sans drame ni angoisse mais au contraire de manière lucide et raisonnée. Nous pourrions nous mettre à faire des projets en ce sens, penser à notre sépulture. Toujours au cours de ce transit nous pourrions être attirés par la visite de grottes, de cavernes, de localités souterraines ou de mines. Les recherches cryptiques en tous genres nous attirent particulièrement et nous pourrions ressentir le besoin d'en savoir plus, éventuellement en lisant des livres qui parlent de géologie et de recherches hydrologiques par rhabdomancie. Dans les communications nous sommes poussés à essayer à entrer en contact avec des contrées éloignées et nous pourrons essayer d'appeler un parent ou un ami qui est à l'autre bout du monde. Nous pouvons aussi avoir l'idée d'acheter une antenne parabolique pour recevoir les programmes du monde, Japon et Australie compris. Ces quelques jours du mois se prêtent aussi à un rapport plus profond avec un frère, un cousin ou un beau-frère. Nous sommes en mesure, également, d'établir un rapport mûr et sérieux avec de jeunes amis. Si nous cherchons à réaliser une affaire commerciale, nous nous tournerons vers les grandes choses, délaissant les petits objets.

Mercure en aspect dissonant à Pluton

Quand Mercure circule en aspect dissonant à notre Pluton de naissance, nous sommes dans un moment à l'équilibre mental fragile. De fortes pulsions destructives et masochistes tentent de s'approprier de nous et font que nous regardons la vie de manière déformée, problématique. Nous sommes sous l'effet d'un courant pessimiste qui nous prédispose mal par rapport à la journée à passer. De mauvaises impressions traversent notre esprit et nous induisent à demeurer sur des idées désagréables. Comme pour les dissonances Mercure-Neptune, ici aussi nous pouvons vivre de légères phobies, manies, angoisses, amis aussi à un niveau supérieur. Nous sommes caractérisés par l'existence d'un léger terrain névrotique. Nous pourrons en particulier ressentir la mauvaise influence de pensées macabres, comme de véritables obsessions. Evitons d'aller au cimetière ces jours-là et surtout d'assister à une séance de spiritisme et à des choses de ce genre qui pourraient nous causer de sérieux problèmes psychiques. Mettons de coté la lecture de livres relatifs aux histoires les plus crues de la littérature policière et de série noire. N'allons pas voir des films de violence où il n'est question que d'homicides et de sang. Demeurons éloignés de tout ce qui peut nous déprimer et plongeons-nous au contraire dans une bonne littérature humoristique. De bonnes promenades en plein air, éventuellement dans les bois, pourront nous faire sentir mieux et nous faire sortir du climat psychologiquement difficile qui accompagne en général un tel passage planétaire. Evitons aussi les voyages nocturnes en voiture qui pourraient nous attirer mais qui seraient des plus dangereux pour nous. Abandonnons les projets d'immersion dangereuse ou d'exploration de grottes et de passages souterrains : ce n'est pas le jour adapté pour de telles inspections. De petites obsessions pourraient perturber aussi notre vie sexuelle, en ces heures, et peut-être est-il conseillé de reporter momentanément ce type d'activité. Le pessimisme qui nous caractérise au cours d'un tel transit fait que notre relation avec un frère, un cousin ou un beau-frère pourront se détériorer. Ou bien, il pourrait aussi se faire que le transit nous signale un problème psychique temporaire de l'une de ces figures. Evitons de faire des affaires en ce moment parce que nous pourrions être victimes d'escroqueries ou nous pourrions nous-mêmes avoir envie d'agir de manière malhonnête par rapport à notre prochain.

Mercure en aspect à l'Ascendant

Voir Mercure en Maison I.

Mercure en aspect au Milieu du Ciel

Voir Mercure en Maison X

Mercure en aspect au Descendant

Voir Mercure en Maison VII

Mercure en aspect au Fond du Ciel

Voir Mercure en Maison IV

Mercure de transit en Maison I

Quand Mercure passe dans notre Maison I radicale, nous nous sentons l'esprit particulièrement vif. Nous nous sentons plus intelligents, plus actifs mentalement, plus lucides lorsque nous formulons nos idées et nos pensées. Nous réussissons à mieux comprendre ce que nous voulons et il en résulte que nous nous montrons plus déterminés par rapport aux autres. Nous faisons beaucoup plus valoir nos idées personnelles, nous tendons à imposer nos principes. Il est pour tout le monde évident que nous nous exprimons plus clairement, nous faisant comprendre par tous et parvenant en même temps à comprendre exactement ce que disent les autres. Nous profitons de ce passage pour nous expliquer avec les personnes avec lesquelles nous avons eu un malentendu. Appliquons-nous à des arguments plus difficiles, à la solution de questions peu ordinaires. Nous tentons de résoudre des questions qui nous préoccupent depuis longtemps. Consacrons-nous à des lectures plus difficiles.

Même si nous ne sommes pas habiles avec les mots croisés et avec les rébus, en ces jours nous pourrions nous appliquer à un tel jeu mental et découvrir que nous pouvons être également à la hauteur. Excellente journée si nous désirons apprendre à jouer au bridge ou à des jeux sophistiqués. La force physique que nous exprimons est surtout une force mentale, une grande énergie qui provient de notre cerveau et fait que nous sommes particulièrement actifs. Nous donnons l'impression d'être du mercure liquide, du vif argent, une très grande mobilité aussi bien sur le plan physique que mental. Nous semblons même être plus jeunes, dans le corps et dans l'esprit. Nous désirons davantage la compagnie des jeunes et notre comportement à leur égard est plus juvénile. Un grand désir de communication s'empare de nous et nous projette vers l'extérieur, dans la rue, en voiture, à moto. Nous partons pour de très belles promenades, pour rendre visite à un frère, un cousin, un beau-frère, un ami.

Notre activité épistolaire augmente très nettement et nous voudrions écrire à tous ceux que l'on aime. Nous recevons aussi beaucoup plus de courrier. Le téléphone sonne continuellement et nous nous mettons nous-mêmes à téléphoner un peu à tous. Nous nous déplaçons aussi pour acheter des objets personnels, comme des vêtements ou des produits de toilette. Nous avons envie, en outre, de naviguer sur les océans d'Internet. Il est probable que nous achetions des objets relatifs aux communications et aux télécommunications comme un téléphone sans fil, un téléphone mobile, un modem, un décodeur pour antenne parabolique, un répondeur automatique, un fax, une imprimante et ainsi de suite. Nous pourrons, en outre, avoir envie de changer de voiture et en prendre une neuve ou d'acheter un vélomoteur pour suivre le courant juvénile qui nous emporte en ces heures. Notre habillement ira dans ce sens et nous serons tentés de nous découvrir excessivement.

Si le transit est dissonant, nous pourrons alors vivre un moment d'agitation et de nervosité. Notre capacité logique et intellective ne diminuera pas, mais elle pourrait nous procurer insomnie et un stress excessif. Dans ce cas, évitons de conduire notre voiture parce que nous pourrions provoquer un tamponnement. Faisons attention à ce qu'une telle nervosité ne nous conduise pas à trop fumer. Le moment est aussi bon pour traiter des affaires commerciales et de petites transactions en tous genres.

Mercure en transit en Maison II

Quand Mercure transite en notre Maison II radicale, notre esprit est concentré sur les affaires. Nos meilleures idées se développent et trouvent une application pratique dans le secteur des gains. Nous faisons de nouveaux projets, nous imaginons des stratégies en mesure de nous procurer une condition de vie meilleure. Si nous ne sommes pas commerçants, nous le deviendrons un peu en ces heures où notre intelligence sera projetée surtout dans un sens pratique et utilitariste. Nous nous demanderons aussi si nous ne sommes pas au fond quelqu'un de pragmatique : "Cela est-il bon pour moi ? Cela m'est-il utile ?" Et nous agirons en conséquence. Nous penserons tirer profit de tout ce qui est lié aux communications, aux télécommunications, aux voyages et aux déplacements en général. Nous pourrons faire une bonne affaire en vendant une voiture ou une moto ou en commençant un travail dans le domaine de l'élaboration de pages pour les sites Internet. Si notre vie est caractérisée par de fréquents allers et retours nous pourrons alors avoir une bonne idée pour amortir des dépenses de déplacement quotidien. Nous ferons une proposition d'affaires à un frère, à un cousin ou bien à un beau-frère ou à un jeune ami. Il peut aussi arriver que ce soient ces personnes qui nous en fassent une. D'autres idées fructueuses économiquement pourraient nous venir du secteur de la photographie, de la télévision, de l'industrie de l'image en général, du graphisme informatique. Notre intérêt pour ces secteurs augmentera et même s'ils ont pour nous une valeur essentiellement ludique, ils finiront par se transformer en un gain d'argent. Notre habillement, au cours d'un tel transit, tendra à être plus jeune, léger, informel. Ainsi notre style apparaîtra-t-il plus frais et immédiat. Excellentes journées pour inaugurer une activité dans le secteur des voyages, des communications, des télécommunications, de la téléphonie, de la télévision par satellite, etc. Si le passage est concomitant à d'autres transits négatifs ou si Mercure forme des aspects dissonants avec d'autres planètes, alors nous devrons faire plus attention et nous ne devrons pas nous exposer à des négociations commerciales parce que nous ne serons pas parfaitement lucides d'un point de vue mental et nous pourrions commettre de graves erreurs. Sous l'impulsion de ce passage planétaire nous pourrions être tentés par des affaires illicites, tentations que nous devrons combattre avec fermeté. Nous recourrons facilement au mensonge dans les affaires si cela correspond à notre nature de base. Nous devrons faire particulièrement attention à ne pas être l'objet d'escroqueries de la part de personnes jeunes ou de parents proches. Nous pourrions être victimes d'une manipulation commerciale à travers une lettre ou un coup de téléphone. Les nouvelles à la radio et à la télévision nous informeront de notre perte financière.

Mercure en transit en Maison III

Quand Mercure passe dans notre Maison III radicale, nous ressentons une puissante force communicative autour de nous. Nous sommes plus réceptifs et nous trouvons nos interlocuteurs plus prêts à nous comprendre. Le nombre de nos relations, la quantité de nos transactions et de nos discussions augmente notablement. Une grande clarté mentale caractérise ces heures et fait que nous apprenons plus rapidement. Une telle lucidité qui ne nous est pas habituelle nous permet de nous lancer dans des discussions importantes pour chercher à résoudre des problèmes que nous avons depuis longtemps. Nous avons d'agréables et longues discussions qui auront certainement des résultats utiles. Parler et écouter doit être l'impératif de ces heures. Nous nous activerons beaucoup en matière de communication. Nous serons attirés par tous les déplacements et le jour se prête parfaitement pour une excursion, pour aller en voiture ou en moto. Nous ferons aussi de très agréables promenades et nous irons rendre visite à des parents, un frère, un cousin, un beau-frère ou à de jeunes amis.

Notre téléphone sonnera plus souvent que d'habitude et nous téléphonerons nous-mêmes très souvent nous étonnant de la relative facilité avec laquelle nous réussissons à entrer en contact avec les autres, avec ces personnes aussi qui nous fuient généralement. Nous recevrons beaucoup plus de courrier, y compris de personnes dont nous n'avions plus de nouvelles depuis longtemps. Nous écrivons nous-mêmes beaucoup plus, récupérant le retard que notre paresse avait accumulé. Nous aurons envie de contacter des personnes proches et lointaines et nous pourrons le faire aussi en utilisant la poste électronique. La journée est idéale pour une agréable navigation sur Internet : nous découvrirons des sites nouveaux et intéressants et nous réussirons enfin à nous relier avec ceux qui généralement sont inaccessibles. Au cours de telles journées nous avons envie d'acheter des instruments de communication sophistiqués comme un téléphone mobile et un téléphone sans fil, un fax, un répondeur automatique, un modem, une imprimante, une antenne parabolique, un décodeur de signaux télé et ainsi de suite. Nous aurons aussi plus envie de lire et lirons plus. Profitons-en pour ingurgiter un livre difficile et qui requiert un effort particulier. Notre intelligence plus vive et plus lucide nous permettra d'étudier des examens difficiles, de comprendre les instructions complexes relatives à un ordinateur, d'apprendre à utiliser un nouveau logiciel ainsi que les rudiments du bridge, etc. Si nous devons préparer un rapport important pour notre travail, une recherche à présenter à un congrès, un discours à prononcer en public, aujourd'hui est le bon jour pour le faire. Il en va de même pour la rédaction d'un chapitre du livre auquel nous voudrions travailler. Excellente période pour tenir un cours ou le fréquenter, pour participer à une conférence, un débat, une table ronde, une émission de télévision ou radio. Par contre, si le transit est caractérisé par des aspects dissonants, nous manifesterons alors une excessive verbosité et une tendance polémique et sarcastique qui ne nous sont pas habituelles. Il nous sera plus difficile de nous faire comprendre et de comprendre nous-mêmes les autres. Nous rencontrerons des difficultés dans nos déplacements, comme une panne de voiture ou un train que l'on manque de peu. Nous achèterons un téléphone, un fax ou une imprimante qui ne fonctionnent pas, Nous aurons une discussion avec un frère, un cousin, un beau-frère ou un jeune ami. Nous n'aurons pas la tête aux affaires et il sera bon de nous en abstenir. Nous deviendrons particulièrement nerveux et nous pourrons abuser du tabac.

Mercure en transit en Maison IV

Quand Mercure passe dans notre Maison IV radicale, nous assistons à une augmentation de notre sens des affaires dans le domaine immobilier. Nous pensons acheter une maison ou une multipropriété, vendre un terrain, traiter une location. Nous avons les idées très claires en ce sens et le transit se prête bien à ce type d'affaire. Ce sont aussi des jours positifs pour réserver un appartement pour les vacances d'été ou une chambre d'hôtel pour l'hiver.

Un plus grand flair commercial en matière immobilière nous permettra de planifier des programmes à longue et très longue échéance dans ce secteur. Le transit en question se prête aussi aux discussions en famille, surtout avec les parents, au cours desquelles nous réussissons à bien faire comprendre nos points de vue et nous serons, en même temps, plus ouverts aux idées des autres. Beaucoup de bonnes idées relatives à la maison, pour son ameublement, sa restauration, pour la rendre plus jolie et fonctionnelle. Nous posséderons un talent architectural momentané que nous ne possédons pas en général.

De bonnes idées pourraient nous venir aussi en relation au secteur hôtelier et de la restauration. Nous désirons nous déplacer pour aller voir une maison ou pour rendre visite à nos parents. Ces derniers pourraient être occupés dans un voyage ou dans une transaction commerciale de n'importe quelle nature. Les communications entre eux et nous augmenteront. Si nous habitons dans le même immeuble, nous pourrons profiter de ce transit pour relier les deux appartements par un interphone.

Nous nous concentrerons sur les souvenirs et l'importance de la mémoire sera prévalante dans nos activités mentales. En ce sens le passage planétaire en question se prête très bien à sauver toutes les informations que nous possédons par exemple en effectuant un back up (copie de sécurité) des données contenues sur le disque dur de notre ordinateur. Nous pourrons acheter, en ce sens, des appareils comme un second disque dur ou bien un graveur pour transférer sur CD ROM les informations, un drive pour les disques magnéto-optiques, etc. Si le transit est dissonant, par exemple parce qu'il prend plusieurs mauvais aspects, il ne nous convient pas alors de nous lancer dans des transactions commerciales relatives à des biens immobiliers parce que nous risquerions d'être escroqués ou de nous tromper à cause du manque de clarté sur l'argument. N'achetons ni ne vendons rien dans le domaine immobilier et évitons aussi de réserver un hôtel pour les vacances. Abstenons-nous d'acheter des meubles ou des biens relatifs à la maison. En ces jours nous pourrions être contraints à un déplacement déplaisant pour rendre visite à nos parents en difficulté ou pour les accompagner chez un médecin. Nos parents pourraient être particulièrement nerveux ou avoir des problèmes au cours d'un voyage. Les communications entre nous et la maison de nos parents âgés seront plus difficiles que d'habitude.

Evitons de sauver des données de l'ordinateur parce qu'elles pourraient être perdues à cause d'une banale manipulation du clavier.

Mercure en transit en Maison V

Quand Mercure passe dans notre Maison V radicale, nous nous sentons attirés par les divertissements des jeunes. Nous aimerions nous remettre à jouer au ping-pong, au football, au flipper et à tous les jeux mythiques de notre jeunesse. Nous sommes animés par un esprit infantile qui en ces heures nous projette dans un monde qui ne nous appartient plus. Nous sommes attirés par les rébus, les mots croisés, les devinettes en tous genres. Nous sommes assaillis par de mauvais souvenirs nostalgiques. Nous recherchons la compagnie des jeunes et des tout petits, et nous donnons un plus grand espace à notre rapport avec nos enfants. Si ceux-là sont loin de nous, nous nous mettons au volant ou montons dans un train pour aller les rejoindre. Nos communications avec eux augmentent, même par téléphone ou par courrier. Nous voyageons aussi pour le plaisir sur la route ou en mer ou par avion. Nous nous amusons beaucoup à nous déplacer, mais aussi à communiquer en utilisant tous les moyens possibles, par exemple avec le réseau Internet. Nous sommes attirés par le jeu au sens strict et si celui-ci fait partie de notre histoire, nous fréquenterons alors un casino ou une salle de jeu plus ou moins clandestins, la table verte chez des amis et ainsi de suite. La Bourse aussi nous attirera de manière particulière au cours de ce passage planétaire. Toujours en ces heures, nous pourrons apprendre que notre fils ou notre fille sont tombés amoureux. En nous amusant beaucoup plus tant avec les moyens de transport qu'avec les moyens techniques qui nous permettent n'importe quel type de communication à distance, nous pouvons profiter de ce moment pour monter une antenne parabolique sur le toit ou bien travailler à l'installation d'un interphone entre notre chambre et celle de nos enfants, ou encore travailler sur notre ordinateur pour monter un modem. Nous nous sentons plus légers et plus disposés à toute forme de divertissements. Nous cherchons surtout la compagnie des personnes jeunes et nous pourrions aussi tomber amoureux d'une de celles-ci. Si le transit a lieu en concomitance à d'autres aspects dissonants, nous ferons bien de nous tenir à l'écart des jeux parce que dans le meilleur des cas, nous pourrions perdre un temps précieux, trop de temps, et dans le pire des cas, nous pourrions perdre des sommes consistantes à la table de poker ou à la roulette. Une recherche effrénée d'activités ludiques et récréatives à tout prix, nous procurera des problèmes dans notre travail et les affaires. Nous pourrions être contraints à nous marier pour un problème relatif à notre enfant. Une certaine confusion pourrait nous pousser à commencer une relation sentimentale avec une personne trop jeune. La fréquentation excessive des jeux vidéo et d'autres activités de ce genre pourraient être source de stress (il est démontré que l'utilisation intensive d'un monitor peut provoquer des troubles nerveux même d'une certaine gravité). Faisons attention à ne pas être attirés par le haschich.

Mercure en transit en Maison VI

Quand Mercure traverse notre Maison VI de naissance, nous pouvons nous consacrer à la cure de problèmes nerveux ou respiratoires qui nous gênent depuis longtemps. Nous aurons les idées plus claires par rapport à notre pathologie et nous pourrions être en mesure de découvrir l'origine d'un problème physique qui nous poursuit depuis longtemps. Nous aurons de bonnes idées relatives à l'amélioration de notre condition psychophysique. Nous ressentirons l'exigence de "rajeunir" en faisant éventuellement une cure amaigrissante, des massages, des cures thermales et générales en vue d'améliorer la condition de notre peau. En ce sens nous pourrions aussi nous inscrire dans une salle de gym, faire du sport, nous soumettre à une série d'examens médicaux, fréquenter des médecins, des spécialistes. Si depuis longtemps nous devons nous soumettre à une série d'exercices de rééducation, de massages, de soins dentaires, de bains de boue et autres, c'est le bon moment pour commencer. Notre soif d'information grandit en ce domaine et outre la lecture de livres sur l'argument ou nous abonner à une revue spécialisée, nous pourrions aussi être attirés par l'idée de fréquenter un cours de shiatsu, d'alimentation macrobiotique, d'homéopathie, etc. Si nous sommes étudiants et que nous cherchons quelle matière étudier, au cours de ce passage planétaire nous pourrions avoir l'idée de nous inscrire en médecine, mais aussi de devenir enseignant d'éducation physique. Le sport, sous toutes ses formes, nous fera le plus grand bien. Nous penserons en termes positifs à la santé d'un frère, d'un cousin, d'un beau-frère, d'un jeune ami. Dans le travail nous serons beaucoup plus lucides et précis, exigeant, à notre tour, une plus grande précision chez les autres. Nous serons enclins au calcul mathématique et nous pourrions aimer travailler à des tableaux sur ordinateur, préparer des échéanciers, mettre à jour des banques de données. Nous chercherons un collaborateur ou une collaboratrice jeune. Il en va de même si nous avons besoin d'un domestique. Nous serons très attirés par les bébés d'animaux domestiques. De ce point de vue, c'est un transit exceptionnel pour s'offrir un chaton ou un chiot, ou éventuellement l'offrir à nos enfants. Si le transit est dissonant parce qu'il reçoit des aspects négatifs, nous devrons alors être plus attentifs aux éventuelles manigances de la part de jeunes collaborateurs. Nous serons beaucoup plus nerveux et nous pourrions souffrir de troubles respiratoires dus éventuellement à un trop grand nombre de cigarettes. Nous n'aurons pas les idées claires par rapport à nos problèmes pathologiques et nous pourrions commettre des erreurs en commençant une thérapie au cours de ce transit. Un frère, un cousin, un beau-frère ou un jeune ami ne va pas bien et nous sommes préoccupés. Notre santé empire à cause d'un voyage ou bien nous nous déplaçons pour une visite médicale pour nous ou pour un membre de notre famille. Le travail nous stresse beaucoup et nous pourrions avoir des problèmes d'insomnie. Des cures pour rajeunir auront un résultat négatif. Un jeune médecin se trompe dans le diagnostic qu'il nous fait.

Mercure en transit en Maison VII

Quand Mercure passe dans notre Maison sept, nos objectifs corporatifs augmentent. Nous sommes amenés à voir la vie comme une entreprise de groupe, comme une lutte à conduire ensemble avec les autres, surtout avec un partenaire. Nous réfléchissons sur les avantages du couple par rapport à la vie en solo. Nos pulsions matrimoniales augmentent. Si nous sommes seuls nous penserons au mariage comme solution à bon nombre de nos problèmes. Nous verrons grandir sincèrement notre désir de communiquer, de participer. Les solutions qui prévoient la constitution d'une société nous sembleront logiques, évidentes, incontournables. Nous nous demanderons comment il nous a été possible jusqu'à ce moment de rester seul. Durant ce transit nous penserons sérieusement nous marier ou tout au moins trouver un partenaire. Nous aurons beaucoup d'idées pour former un groupe, pour encourager la naissance d'un club, pour promouvoir un mouvement. Si nous sommes déjà mariés c'est le bon moment pour clarifier nos problèmes de couple, pour parler à notre partenaire et mettre au clair ce qui ne va pas. Nous nous sentons plus lucides et beaucoup plus capables de préciser notre rapport de couple aussi bien sur le plan sentimental que par rapport à la société. Si nous pensons constituer une société nous évaluerons surtout l'hypothèse de la concrétiser avec un associé plus jeune ou avec un frère, un cousin, un beau-frère. Nos meilleures énergies sentimentales en ces jours pourront être mises au service du travail de groupe et nous ne serons, temporairement, ni individualistes ni ne chercherons à être au centre de l'attention. Le jugement d'autrui nous intéressera sincèrement et nous réussirons à regarder avec une plus grande objectivité les intérêts de notre prochain. Au cours de ces jours nous pourrions désirer nous déplacer pour rendre visite à notre partenaire ou à notre associé ou bien nous communiquerons plus fréquemment avec celui-ci par téléphone, lettre ou fax. Nos allers et retours s'intensifieront pour soutenir une société. Notre correspondance augmentera pour des questions légales. Les journées en question seront excellentes pour discuter de problèmes légaux, pour aller chez un avocat et conseillers légaux en général. De bonnes journées aussi pour choisir un avocat ou pour entreprendre une action judiciaire. Le monde de la loi nous intéresse tout particulièrement, nous pourrons en venir à acheter les CD ROM contenant les archives complètes des lois et des jugements rendus par la Cassation, et qui nous permettront des recherches bien précises. Les achats au nom d'une société notamment des téléphones, fax, imprimantes, etc. seront tout aussi valable. Si le transit se fait dans des conditions dissonantes, nous devrons être alors plus prudents dans les questions légales parce que nous pourrions être trompés par un associé voire un avocat. Nous n'aurons pas les idées très claires en matière d'association et il sera bon de ne pas tenter d'en créer au cours de ce passage planétaire.

Mercure en transit en Maison VIII

Quand Mercure passe à travers notre Maison VIII, nous tendons à nous intéresser beaucoup aux problèmes de la psychologie : la nôtre comme celle des autres. Nous ressentons le besoin d'une plus grande immersion dans notre Moi, à la recherche de nos racines, de nos motivations profondes qui inspirent nos actions conscientes.

La période est excellente surtout si nous sommes en analyse. De bonnes conversations avec un astrologue pourront nous être utiles. Nous serons plus introspectifs et nous méditerons sur les moments de notre vie, sur les rapports intenses que nous établissons avec notre prochain. Nous serons plus intéressés par les livres traitant ce sujet et nous pourrons nous faire une culture dans ce domaine en assistant à des conférences ou en discutant avec des personnes expertes. Nous éprouverons une grande attraction aussi pour les arguments policiers et nous aimerons lire des séries noires, voir des films policiers, suivre les faits divers dans les journaux et à la télévision qui sont malheureusement saturés d'arguments de ce genre. Au cours de ces journées nous pourrions être aussi tentés de nous procurer une arme, de demander un port d'arme. Le mal, entendu dans son expression la plus grande et dans tous les domaines, nous attire et réveille en nous des intérêts un peu malsains. De la même façon nous sommes curieux et intéressés par toutes les formes de fouille, de l'archéologie aux recherches géologiques de pétrole et d'eau. Excellente journée pour visiter les fouilles archéologiques, pour des explorations dans des grottes naturelles, pour la visite de catacombes et de villes souterraines, pour des immersions sous-marines dans des sites archéologiques, etc. La mort aussi nous attire particulièrement et nous pourrions être amenés à nous occuper d'affaires liées en quelque sorte à notre mort, comme, par exemple, contracter les conditions de notre future sépulture, nous occuper de la chapelle de famille, rédiger un testament devant notaire, discuter de succession avec nos parents ou avec nos enfants, disposer nos dernières volontés. Une visite au cimetière aussi, surtout si cela nécessite un voyage, pourra avoir lieu dans les meilleures conditions. Un voyage ou un petit déplacement pourraient aussi être liés au sexe : rendre visite à un homme ou à une femme pour une aventure de quelques jours par exemple. Si le transit se vérifie en concomitance aux aspects dissonants, nous devons alors craindre des manigances liées à un héritage ou à de l'argent qui nous est dû. Des actes sont falsifiés ou nous nuisent d'une certaine façon. Dans les cas limite un frère, un cousin, un beau-frère ou un jeune ami peut être en danger de mort. Nous risquons nous-mêmes notre vie au cours d'un voyage, d'un déplacement. Des questions bureaucratiques liées à une mort nous font perdre un temps précieux. Une excursion sur un site archéologique n'aboutit pas et quelque chose nous empêche de visiter le lieu qui nous intéressait. La nervosité et la confusion mentale perturbent notre sexualité.

Mercure de transit en Maison IX

Quand Mercure passe dans notre Maison IX de naissance, nous sommes assoiffés de lointain, que ce soit en un sens géografico-territorial que dans un sens métaphisico-transcendantal. Nous regardons très loin devant nous, vers tout ce qui se détache de notre réalité contingente. Nous sommes amenés à beaucoup nous occuper de questions qui nous font sortir de la vie quotidienne. Envie très forte de voyager, de connaître du monde, d'étudier les langues et les cultures étrangères.

La période est excellente pour partir ou simplement pour organiser un voyage, pour regarder la carte géographique et pour nous informer sur les horaires d'avions et les tarifs internationaux. Nous désirons autant nous déplacer en voiture ou à moto que faire une longue traversée en mer ou un voyage de plusieurs jours en train. Plus que jamais nous aimons l'avion et la possibilité qu'il nous offre de nous transporter dans une réalité très lointaine de la nôtre. En ce sens, nous pourrions être tentés de passer le brevet de pilote.

Nous tendons à conjuguer affaires et voyages et nous pourrions décider d'ouvrir une agence de voyage ou de demander la collaboration à un tour operator pour travailler dans ce secteur. Nous pouvons aussi envoyer des lettres à des éditeurs et des journaux pour proposer notre collaboration dans le domaine des traductions, si nous sommes à la hauteur de ce travail. Nous nous inscrivons à un cours de langues en vue d'un travail à l'étranger. C'est dans cette perspective que doivent être considérés les cours de programmation informatique : il s'agit toujours de langues. Nous nous déplacerons pour rendre visite à un frère, un cousin, un beau-frère ou un jeune ami. Nous connaissons de jeunes amis au cours de voyages. Nous faisons des voyages pour affaire ou pour étude. La quantité de notre communication quotidienne augmente, sous forme de correspondance, de coups de téléphone, de fax, de poste électronique… Au cours d'un tel transit nos navigations sur Internet pourront être particulièrement fascinantes et fructueuses pour trouver de nouveaux sites intéressants. Nous recevons une lettre importante de l'étranger. Nous signons un contrat de travail avec des personnes qui n'appartiennent pas à notre ville ou à notre région (la Maison IX correspond à tout ce qui est en relation avec les dialectes et les langues étrangères). Nous nous sentons particulièrement attirés par les étrangers, surtout ceux qui sont plus jeunes que nous. De très agréables vacances à l'étranger nous rajeunissent tant sur le plan mental que sur le plan physique. Nous achetons des livres ou des journaux étrangers ou bien nous nous inscrivons à des cours supérieurs, universitaires, relatifs à des disciplines comme la philosophie, la théologie, l'ésotérisme, la parapsychologie, l'astrologie, le yoga, l'orientalisme, le bouddhisme, la loi, etc. Nous entrons en contact avec un jeune avocat ou magistrat.

Nous faisons un voyage pour des motifs légaux. Si le transit est dissonant nous pourrions être contraints à voyager pour témoigner dans un procès parce que notre frère, notre cousin, notre beau-frère ou un jeune ami ont des problèmes. Déplacements dus à des problèmes légaux de membres de notre famille. Voyage qui se termine mal en raison de grèves d'avions ou de trains, de routes bloquées, de vols supprimés pour mauvais temps. Mauvais rapports avec les étrangers. Mauvaise nouvelle que l'on reçoit de l'étranger. Une lettre qui nous avait été envoyée de loin se perd.

De mauvaises communications internationales. Télécommunications intercontinentales perturbées ou qui n'aboutiront pas. Un membre de notre famille à l'étranger qui ne donne pas de ses nouvelles. Nervosité au cours d'un voyage. Insomnie en tentant de dormir loin de chez soi. De mauvaises expériences dans l'étude de la philosophie, de l'astrologie, de la théologie, etc. Problèmes légaux.

Mercure de transit en Maison X

Quand Mercure transite dans notre Maison X de naissance, nous avons tant de bonnes idées sur la façon d'améliorer et d'intensifier notre travail. Nous faisons des progrès que nous pouvons presque toujours réaliser et nous avons de lucides intuitions sur la manière d'innover dans notre activité professionnelle. Nous réussissons à raisonner avec grande lucidité sur les problèmes liés à notre travail. Nous acceptons de discuter tranquillement avec les autres sur des questions professionnelles. Nous sommes ouverts aux suggestions et nous-mêmes en faisons aux autres. Notre activité bénéficie de l'apport substantiel ou seulement des idées d'un frère, d'un cousin, d'un beau-frère ou d'un jeune ami. Nous rendons notre travail plus dynamique et plus jeune. Nous nous occupons de travaux qui sont en relation avec le monde des jeunes ou bien avec les voyages et les déplacements. Nous faisons de nombreux voyages de travail ou pour le travail (par exemple en allant visiter une foire à l'étranger). Nous avons au cours de ces jours de nombreux contacts professionnels et épistolaires pour exercer au mieux notre profession. Nous achetons du matériel télématique dont nous avons besoin pour notre travail : fax, téléphones mobiles ou sans fil, répondeurs automatiques, appareils de vidéo conférence, browser, etc. Donc nous nous connectons à Internet, nous le faisons non pas pour nous divertir, mais pour notre travail, par exemple pour chercher des informations utiles dans les pages jaunes électroniques. Nous achetons une nouvelle voiture pour notre travail ou un fourgon, un camion, un tracteur, etc. Nous sommes tentés de constituer une société dans le secteur des télécommunications ou des transports ou d'ouvrir une agence de voyage avec des amis. Excellente période pour les transactions commerciales et pour résoudre les contentieux judiciaires relatifs à notre travail. Notre travail tire profit de la collaboration d'un jeune homme de loi. Amélioration des communications à l'intérieur de notre entreprise en installant un système de poste pneumatique ou un réseau Intranet (l'Internet à l'intérieur des entreprises). Amélioration de la téléphonie interne, dans nos bureaux. Nous engageons un agent de commerce. Nous proposons nos services comme agent de commerce. Si le transit a lieu dans les conditions d'aspects dissonants, alors il pourra entraîner des problèmes de travail dus à des moyens de transport, par exemple, un de nos véhicules a un accident et nous ne pouvons effectuer la livraison qui devait se faire dans des délais très brefs. Nous sommes l'objet de manigances de la part de jeunes collaborateurs. Une affaire dont nous allons discuter au loin n'aboutit pas. Un frère, un cousin, un beau-frère ou un jeune ami nous font des torts dans notre travail. Nous devons nous efforcer beaucoup et souffrir aussi pour accroître notre installation télématique en vue d'un travail meilleur. Un nouveau travail qui nous contraint à d'exténuants allers et retours. Une voiture que nous "détruisons" pour trop l'utiliser dans notre travail.

Mercure en Maison XI

Quand Mercure transite dans notre Maison XI de naissance, nous tendons à faire des projets de voyages et de déplacements. Nous rêvons à un séjour à l'étranger, voire à un départ définitif pour un autre pays. Mais il pourrait s'agir seulement de rêves et de fantaisies abstraites. Nous aimons toutefois nous laisser bercer par de telles pensées et jouons comme si la chose devait vraiment avoir lieu. Nous nous procurons des cartes géographiques et des cartes routières, des guides, des listes d'hôtel et des restaurants, des tarifs de vols internationaux et ainsi de suite. D'autres fois, ces projets ont un fondement réel, une base de départ certain et une possibilité réelle d'être effectués. Dans ce cas nos planètes réussiront bien et nous aurons d'excellentes idées à cet égard. Les amis, surtout, nous aideront à réaliser des voyages ou bien nous ferons un voyage précisément pour rendre visite à un ami. Nous connaissons de nouveaux amis sympathiques durant un voyage. Nous voyageons pour rendre visite à un frère, un cousin, un beau-frère. Nous utilisons la voiture d'un ami pour nous déplacer. Ces jours-là, il peut aussi arriver que ce soit un frère, un cousin, un beau-frère ou un jeune ami qui doive voyager. Les communications à distance entre nous et nos amis augmentent : nous recevons beaucoup plus de coups de téléphone et contactons par e-mail (poste électronique). En naviguant sur Internet nous nouons de nouvelles et sympathiques amitiés. Si le transit est dissonant ou concomitant à d'autres transits négatifs, nous pouvons alors voir avorter un projet de voyage chez un jeune ami, un frère, un cousin ou un beau-frère. Il est aussi possible qu'un de ceux-là soit en difficulté avec nos amis ou avec ses propres amis. Nous avons des discussions animées avec des amis et une relation d'amitié pourrait même prendre fin définitivement. Nous découvrons qu'un de nos amis se comporte de manière malhonnête à notre égard. Nous constatons un manque de sincérité ou d'honnêteté chez un ami. Nous faisons de nouvelles et désagréables rencontres durant un voyage. Différents problèmes au cours d'un voyage pour rendre visite à un ami.

Mercure de transit en Maison XII

Quand Mercure transite dans notre Maison XII radicale, nous sommes poussés dans la direction de la recherche endo-psychique, personnelle et générale. Nous nous réfugions en nous-mêmes, nous éprouvons le besoin de dialoguer avec notre Moi. Nous sommes portés à méditer beaucoup sur nous-mêmes, sur notre condition, sur notre évolution, sur la spiritualité qui nous englobe. Nous avons envie de nous analyser, mais aussi d'écrire un journal, des mémoires, des réflexions sur nous-mêmes. Nous lisons ce que nous écrivions il y a quelques années. Nous désirons aussi faire un voyage pour des motifs religieux ou seulement pour demeurer avec nous-mêmes et pour mieux réfléchir. Nous faisons des voyages dans des lieux isolés ou bien dans des lieux de prière, de pénitence, de cures. Nous désirons aller méditer dans la cellule d'un couvent, éventuellement pour quelques jours. Nous nous enfermons pour écrire dans une maison isolée ; dans un hôtel où personne ne nous connaît, à libérer les sentiments que nous avons au fond de nous. Un frère, un cousin, un beau-frère ou un jeune ami nous aident à surmonter une épreuve. Nous réussissons à venir à bout d'un problème nerveux. Nous réussissons à résoudre un problème lié aux communications, comme une antenne tombée sur le toit ou un fax dont le papier s'est bloqué et qui ne fonctionne plus. Nous communiquons nos idées secrètes à un ami et partageons avec lui des informations que nous sommes seuls à détenir. Le repos dans une maison de cure ou un séjour à la campagne nous fera le plus grand bien. Nos recherches dans le domaine du secret s'améliorent, comme utiliser des micros cachés ou suivre quelqu'un. Notre compréhension en matière religieuse, psychologique, astrologique s'améliore, nous pourrons faire d'excellentes études dans ces domaines et aussi écrire quelque chose. Nous connaissons un jeune prêtre ou un magicien ou un cartomancien. Nous effectuons des voyages en mer ou des immersions sous-marines. Si le transit a lieu dans des conditions dissonantes, nous devons alors craindre l'effet de calomnie et de médisances à notre égard. Il se pourrait que nous recevions des lettres anonymes qui nous perturbent ou des coups de téléphone muets qui nous inquiètent. Nous devons craindre l'action négative contre nous de la part de jeunes amis, d'un frère, d'un beau-frère ou d'un cousin. Une de ces personnes pourrait subir une épreuve plus ou moins grave. Une hospitalisation forcée a des répercussions sur notre système nerveux. Nous subissons épreuves et accidents au cours d'un voyage. Les appareils liés aux communications tombent en panne : téléphone, fax, imprimante, modem, antenne parabolique, etc. Nous ne nous sentons pas bien parce que nous nous acharnons à vouloir découvrir un secret qui n'existe pas. Nous cherchons de manière obsessionnelle à suivre ou espionner quelqu'un. Nous avons une très mauvaise expérience avec un magicien ou un astrologue. La religion ou la psychologie ou l'astrologie font que nous sommes assaillis par des peurs en tous genres. Nous pouvons faire de très mauvaises expériences en fumant du hachisch. Notre système nerveux a des problèmes à cause de neuroleptiques. Nous avons des difficultés à nous exprimer, à raisonner et même à parler. Une lettre importante que nous avons écrite est perdue et un message laissé sur un répondeur automatique ne parviendra pas à son destinataire.

5.
Les transits de Vénus

Les transits de Vénus, comme ceux du Soleil, de la Lune et de Mercure, sont plutôt rapides et leur influence va d'un minimum de quelques jours, dans les aspects avec les autres astres, a un maximum de quelques semaines, dans le passage dans une Maison. Leur influence doit être généralement considérée comme bénéfique, positive, semblable aux transits de Jupiter, mais nous sommes décidément ici à un niveau plus bas en ce sens que son passage dans le ciel ne laisse pratiquement aucune trace dans la vie quotidienne d'un individu. Nous savons en effet que plus un transit est lent et plus nombreux sont les effets dans la vie d'une personne et vice versa. Il s'agit donc ici d'un souffle chaud, d'une légère caresse qui peut nous donner plus une sensation de chaleur qu'une chaleur au sens strict du terme. Parfois les passages de Vénus laissent derrière eux des cadeaux inespérés mais seulement s'ils s'unissent, dans un concours synergique, à des transits plus puissants de planètes lentes. S'ils sont en opposition avec un ensemble négatif de transits, généralement ils ne parviennent à provoquer aucun effet particulier. Toutefois, leur passage dans une Maison n'est jamais complètement silencieux. Rappelons par ailleurs que Vénus de même que Jupiter peut être à l'origine de graves problèmes, lorsqu'ils nous poussent à jouir de manière trop grande de la vie ou bien lorsqu'ils secondent nos plus grands vices.

Vénus en aspect harmonique au Soleil

Quand Vénus passe en aspect harmonique à notre Soleil de naissance, nous percevons un climat de détente autour de nous, nos relations avec les gens comme avec nous-mêmes sont beaucoup plus tranquilles. Notre comportement exprime une relation "soft" avec le monde et manifeste sympathie et amour à l'égard d'autrui. Une sympathie et un amour que nous restituent ceux qui nous sont proches et qui perçoivent notre charge positive. Plus qu'un transit heureux, il s'agit d'un transit d'harmonie avec le monde extérieur. Nous nous sentons plus satisfaits et donc moins en compétition avec les autres. Nous baissons la garde et en quelques jours voire en quelques heures, nous pensons qu'il n'est pas nécessaire de mettre le "gilet pare-balles" que nous devrions porter chaque jour pour affronter la jungle urbaine des relations sociales. Nous vivons dans une atmosphère plus détendue et nous sommes étrangement optimistes, confiants dans la vie et envers les gens. Nous pensons de manière positive et nous nous obstinons à vouloir voir le bon côté des choses. L'harmonie que nous avons dans le cœur se reflète sur chacune de nos actions et notre journée se déroule de manière agréable, rassurante. Nous enregistrons beaucoup moins d'accidents de parcours durant notre journée de travail mais les meilleurs effets d'un tel passage planétaire, nous les vérifions dans notre relation de couple et plus généralement dans nos relations affectives. Les heurts familiaux se font beaucoup moins fréquents, ceux-là même qui généralement sont la cible privilégiée de notre agressivité, notamment au cours des journées où tout va de guingois. Il s'agit au contraire d'une journée fondamentalement positive et nous devons en profiter pour résoudre aussi certaines rancœurs que nous nourrissons à l'égard de ceux qui nous sont proches. Notre prédisposition à sourire nous fera recevoir en retour les sourires d'autrui. Nous ne résoudrons certainement pas nos problèmes relationnels mais nous pourrons en éviter de nouveaux. Notre majeure charge affective s'adressera surtout à notre père, à notre mari, à notre frère ou à notre fils. Ce jour-là nous pourrons acheter à l'un d'entre eux le cadeau qui sera apprécié, notamment un vêtement, un petit bijou en or, un tableau, une gravure, un petit objet artistique. Ce passage planétaire qui accroît notre sens esthétique favorisera surtout l'achat d'objet en or. Nous pourrons aussi acheter pour l'offrir à ces dites personnes, un billet pour le théâtre et le concert. Vénus signifie aussi santé, nous nous sentirons donc mieux tant sur le plan physique que psychique durant ce transit. Il en sera ainsi pour notre père, notre frère... Vénus est en outre en relation avec l'argent et il est donc très probable, que de l'argent nous tombe du ciel, sous forme de cadeau, de gain au jeu, d'une prime, d'un emprunt accordé, d'un prêt qui nous est remboursé, etc.

Vénus en aspect dissonant au Soleil

Quand Vénus passe en angle dissonant par rapport à notre Soleil de naissance, il ne s'agit pas d'un mauvais transit, mais plutôt d'un transit banal aux faibles conséquences sur le plan pratique dans notre vie. Peut-être pourrions-nous dire qu'en ces heures nous ne savons aimer. Nous oublions le sens de la mesure et nous pouvons apparaître trop froids ou excessivement mais aussi faussement chaleureux. Le ton n'est pas juste et nous ne parvenons pas à établir un bon "feeling" avec notre entourage. Au lieu de vivre un sentiment d'amour de manière naturelle, nous avons tendance à l'intellectualiser, notre attitude devient forcée, nous nous imposons d'être cordiaux, sympathiques, affectueux avec les autres mais cela sonne faux. La manifestation systématique de bons sentiments exempts de sincérité, caractérise nos actions au cours de ces heures. Nous risquons même d'apparaître légèrement sots et stupides. Il s'agit plus d'une question de forme que de fond : en effet nos intentions sont positives mais –ainsi que nous le disions– nous nous trompons dans notre façon de faire. Dans certains cas, il pourrait aussi s'agir d'une recherche excessive du plaisir, d'un hédonisme démesuré, d'une chasse à la sensualité à tout prix. Si cela s'avérait, nous commettrions des erreurs et des péchés qui pourraient être très graves. Le vice, dans toutes ces manifestations est, en effet, source de problèmes tous azimuts. N'oublions pas non plus que dans les ciels de naissance de certains criminels se trouve souvent une Vénus dominante et dissonante, beaucoup plus souvent qu'un Mars qui pourrait éventuellement se défouler simplement en nous amenant à couper du bois à grands coups de hache. Le transit peut aussi indiquer un moment de trouble dans la vie sentimentale de notre père ou de notre fils, de notre frère ou de notre mari. Il peut aussi être signe de problèmes économiques ce jour-là, pour nous ou pour les personnes déjà citées. De ce point de vue, durant ce passage, il est nécessaire d'être très prudent car nous pourrions nous abandonner au jeu et perdre de grosses sommes. De même, sera-t-il nécessaire d'éviter de prêter trop facilement de l'argent ou de se lancer dans des investissements risqués et faussement intéressants. Il nous faudra, par ailleurs, surveiller nos dépenses car lorsque nous sommes trop généreux, nous finissons par faire des dépenses inconsidérées. Enfin, il nous faudra être beaucoup plus attentifs, durant ce passage planétaire, à notre santé qui peut subir les effets de nos excès quels qu'ils soient. Nous serons, en effet, amenés à trop manger et trop boire, trop fumer et trop penser au sexe. Dans ces moments-là, nous risquons de nous empoisonner gravement sans pour autant risquer notre vie. Il en va de même pour notre mari, notre père...

Vénus en aspect harmonique à la Lune

Quand Vénus circule en angle harmonique avec notre Lune radicale, nous nous sentons plus affectueux avec tout le monde et nous désirons créer une ambiance cordiale autour de nous. Les autres nous apparaissent plus sympathiques et la réciproque est vraie. Nous sommes portés par les bons sentiments et surtout par un désir de paix. Nous sommes plus disposés à l'amour, plus sensibles aux belles paroles, à un geste gentil, à une caresse. Nous sommes très attirés par les atmosphères intimistes, le foyer et c'est surtout chez nous que nous souhaitons exprimer le meilleur de ce transit positif. Nous avons très envie de rester au fond d'un canapé main dans la main avec la personne aimée à regarder un film ou écouter de la musique. Nous ne sommes pas très attirés par le théâtre, le cinéma ou les restaurants mais plutôt par l'intimité d'une maison, par la possibilité de nous exprimer au mieux au sein du foyer. Nous sommes plus attirés par notre femme, notre mère, notre sœur ou notre fille. Il ne s'agit donc pas seulement d'amour au sens sexuel du terme mais d'attraction tous azimuts par des personnages féminins, surtout les plus intimes. Le binôme femme-maison est particulièrement amplifié dans notre esprit et cela s'exprime par la recherche d'embellissement de la maison. Nous achèterons donc de jolis objets pour la maison, des objets d'art, des tableaux, du linge de maison, des tapis, etc. Notre amour croissant pour la maison nous portera à y consacrer plus de temps que ce soit pour des travaux de réparation, de peinture, de jardinage ou d'ameublement. Nous pourrons plus simplement désirer acheter ou louer un appartement. Nous pourrons aussi en profiter pour choisir une maison pour les vacances ou un hôtel pour une semaine à la montagne. Nous ferons aussi de bons achats pour un des personnages féminins déjà cités : petits objets d'art, bijouterie, surtout en argent. Si nous sommes enceintes c'est le bon moment pour l'achat d'un petit trousseau pour l'enfant à venir : chaque pièce sera choisie avec le plus grand goût et c'est le cœur et non la tête qui nous guidera. La tendresse qui nous habite nous invitera à offrir un chiot ou un chaton à notre enfant.

Vénus en aspect dissonant à la Lune

Quand Vénus passe en angle dissonant par rapport à notre Lune de naissance, nous enregistrons une nette inflation dans nos sentiments. Nous avons du mal à trouver la bonne mesure et nous pourrions commettre une erreur par excès d'affection ou manifestation d'affection. Les plus tendres ou plus demandeurs de tendresse tendent à devenir des poulpes qui voudraient prendre la personne aimée dans leurs tentacules. Nous avons besoin de baisers, de caresses. L'expression de ces besoins nous rend particulièrement ennuyeux. Naturellement il s'agit plus de besoins psychologiques que de vraies caresses dont nous avons besoin. Nous voudrions à n'importe quel prix nous isoler chez nous et faire le plein d'intimité avec la personne aimée. Le rapport avec notre mère aussi peut s'en trouver altéré et nous avons tendance à la suffoquer avec nos demandes d'affection et inversement un excès d'attention de sa part pourrait nous suffoquer. Il s'ensuit un comportement particulièrement infantile il ne nous manque que la sucette à la bouche pour donner la mesure de notre stupidité du moment. Nous devons faire des efforts pour montrer que nous sommes majeurs, adultes, responsables. Nous devons surtout éviter d'être capricieux. Notre demande excessive d'affection et notre besoin d'être rassurés pourraient, si cela faisait défaut, nous conduire à des comportements méprisants voire agressifs à l'égard des principaux personnages féminins : notre mère, notre femme, notre sœur, notre fille. Nous pouvons commettre des impairs avec les femmes en général et donc passer une journée émaillée de faux pas qui génère un climat d'insatisfaction interne et de critique de la part de notre entourage qui ne manquera pas de souligner notre comportement immature. Vénus étant aussi la santé, cela veut dire que nos femmes ne se sentiront pas très bien : il ne s'agira peut-être de rien de sérieux, mais seulement d'un sentiment de mal-être général, d'une petite intoxication alimentaire ou de problèmes sentimentaux qui se répercutent sur le physique. Au cours de ce passage planétaire il conviendra d'inviter nos femmes à une plus grande prudence dans les dépenses d'argent car la tendance de ces heures sera exactement à l'opposé. Maintenons-nous à distance des jeux de hasard, des spéculations, des risques économiques en général et évitons de prêter de l'argent si nous ne sommes pas sûrs d'être remboursés. La période n'est pas propice aux nouvelles amitiés et donc il vaudra mieux ne rien faire dans ce sens. Si nous nous sentons particulièrement agressifs, évitons le contact avec les autres et consacrons-nous à des passe-temps solitaires. Enfin nous devons être particulièrement attentifs quant au risque de procréation involontaire.

Vénus en aspect harmonique à Mercure

Quand Vénus transite en angle favorable par rapport à notre Mercure de naissance, nous sommes attirés par toutes les activités qui réussissent à conjuguer amour et communications. Nous réussissons à mieux communiquer nos sentiments, nos rêves d'amour. Nous nous inspirons de quelque poète, mais nous pouvons aussi pour l'occasion devenir nous-mêmes poètes et improviser des vers ou des lettres enflammées. Nous aimons aller au cinéma voir des films sentimentaux. Nos choix télévisés se portent eux aussi vers les émissions à caractère sentimental. Nos lectures seront de celles qui donnent envie de pleurer mais qui n'en seront pas moins des chefs-d'œuvre, comme *Madame Bovary* ou *Le rouge et le noir*. Notre sensibilité est on ne peut plus à l'écoute de notre cœur et semble n'avoir aucun autre centre d'intérêt. Ce sont des jours particulièrement propices aux déclarations orales ou écrites. Notre vie de couple sera le thème essentiel de notre correspondance. Nous écrirons plus et recevrons des lettres de notre partenaire s'il est loin. Le nombre de communications téléphoniques sera lui aussi en augmentation. Si durant le mois nous passons un coup de fil interminable à notre partenaire cela sera certainement durant ce transit. Nous nous déplacerons plus, en voiture, en train ou en avion pour nous rendre à un rendez-vous d'amour ou encore nous voyagerons avec notre partenaire. Nous pourrons vivre de très agréables journées de voyage sentimental, une espèce de voyage de noces, à tel point que l'idéal serait justement d'organiser son voyage de noces durant cette période. Le simple fait de commencer un voyage durant ces jours est suffisant. Les cadeaux que nous ferons à notre partenaire durant cette période seront particulièrement appréciés. C'est donc le bon moment pour offrir un téléphone mobile, un fax, une antenne parabolique, un vidéophone, un modem, un firmware (software et hardware) pour naviguer sur Internet. A ce propos, nous pourrons faire de très belles croisières parmi les cœurs solitaires qui publient des annonces : avec un tel transit nous pouvons même rencontrer un amour grâce à une annonce. La journée se prête aussi aux aventures sentimentales de notre frère, notre cousin ou d'un jeune ami. Une voiture pourrait nous être fort utile pour des rendez-vous galants.

Vénus en aspect dissonant à Mercure

Quand Vénus transite en aspect dissonant à notre Mercure de naissance, nous avons des problèmes pour tout ce qui est communication sentimentale. Nous ne réussissons pas à bien exprimer nos sentiments et nous avons même des problèmes à les comprendre nous-mêmes. Si nous commençons à discuter avec notre partenaire nous risquons de ne pas nous comprendre ou de mal interpréter ce que nous nous disons. Mieux vaut reporter toute discussion de ce type. Si ces communications se font à distance, par lettre ou par téléphone, c'est encore pire car notre lettre pourrait se perdre ou notre communication téléphonique être parasitée. Tous les instruments de communication à distance avec la personne aimée pourraient ne pas fonctionner : le papier pourrait bloquer le fax, la cartouche d'encre de l'imprimante être terminée. Si nous devions décider de rendre visite à notre partenaire, nous pourrions rencontrer différents obstacles : la voiture qui ne part pas, une crevaison, une manifestation qui bloque la circulation pendant des heures. Mieux vaut éviter les déplacements durant ce passage planétaire. Nous sommes quelque peu poursuivi par la malchance en ce qui concerne le binôme amour/communication et donc nous pourrions même subir le vol de notre véhicule pendant que nous montons chez notre partenaire. Nous pourrions ne pas choisir le bon cadeau, en particulier en ce qui concerne les téléphones ou les fax. C'est aussi une période peu agréable pour les relations sentimentales de notre frère, de notre beau-frère, d'un cousin ou d'un ami. La médisance d'un ami ou d'un frère peut gâcher une relation de couple. Il pourrait en être de même à cause d'une lettre anonyme ou d'un coup de fil déplaisant. La contrariété liée à une relation sentimentale bancale pourrait nous conduire à trop fumer.

Vénus en aspect harmonique à Vénus

Quand Vénus voyage en angle favorable à notre Vénus de naissance, tout, autour de nous, nous semble harmonieux. Nous nous sentons en paix avec le monde, plus satisfaits et sereins même s'il n'existe aucun motif objectif. Notre optimisme augmente et donc nous créons un courant positif autour de nous. Notre tolérance à l'égard des autres nous est rendue dans la même mesure. Nous avons un élan sentimental plus grand. Nous sommes plus audacieux, nous pouvons donc en profiter pour faire notre déclaration à la personne aimée. Nous pouvons conquérir ou reconquérir une personne. Nous sommes très attirés par tout ce qui est beau. C'est une excellente journée pour visiter un musée, une galerie d'art, une exposition photographique.

L'art en général nous intéresse et nous profiterons de la journée pour acheter des objets d'art, des bibelots, des antiquités, des tableaux, des bijoux, etc. Les livres anciens pourraient retenir notre attention et nous pourrions aussi faire relier des livres auxquels nous tenons particulièrement. Ce passage planétaire est aussi de bon conseil pour les modifications que nous souhaiterions apporter à notre look : nouvelle coupe de cheveux, nouvelle couleur, nouveau maquillage et même intervention de chirurgie esthétique. Si l'intervention devait avoir lieu durant ces heures, ce serait une réussite, en dehors des principes généraux liés à ce type de choix. La santé en général sera bonne, soit parce que nous commencerons un nouveau traitement, ou encore parce que nous nous divertirons plus, nous ferons de belles promenades, nous nous consacrerons aux voyages, nous profiterons plus de la vie, sous tous les points de vue. Nous pourrions aussi recevoir une somme d'argent inattendue, par exemple un arriéré de salaire, un gain au jeu, une donation de la part d'un parent, un prêt que nous avions fait, l'échéance d'intérêts bancaires, etc. De nouvelles amitiés ou amitiés sentimentales sont possibles.

Vénus en aspect dissonant à Vénus

Quand Vénus passe en angle dissonant à notre Vénus de naissance nous avons du mal à trouver le ton juste, pour tout. Ce transit n'est ni mauvais ni bon. Nous ne savons pas vraiment ce que nous voulons et nous manquons un peu de caractère : nous ne sommes pas agressifs mais pas vraiment sociables non plus. Notre comportement s'en ressent et nous pouvons sembler un peu gauches. Nos actions sont marquées par de pseudo bons sentiments, mais là non plus nous ne sommes pas très convaincants. Nous nous rendons compte de cet état d'âme mais nous ne pouvons rien y faire. Nous avons du mal à gérer au mieux nos sentiments et les relations avec l'autre ou les autres. Mieux vaut ne pas franchir de pas décisifs en amour. Il est préférable de ne pas prendre de décisions importantes et de reporter une éventuelle explication avec notre partenaire. Les autres perçoivent ce climat et agissent en conséquence. Nous donnons l'impression de ne pas être tout à fait sincères, mais il ne s'agit pas de cela.

Durant ce passage, nous pourrions recevoir des lettres ou des coups de fil qui reflètent parfaitement l'état d'esprit qui nous gouverne et qui sont donc tout autant confus quant au contenu. Quand Vénus est en opposition à elle-même, elle pêche par une recherche excessive du plaisir, par un hédonisme effréné et nous conduit à trop en faire. Si, par exemple, nous achetons un tapis, un meuble ancien ou un bijou, nous aurons tendance à exagérer, à prendre quelque chose de trop voyant voire de mauvais goût. Nous pourrions aussi être tentés d'inonder de coups de fil ou de lettres la personne aimée. Nous serons capables d'effectuer mille kilomètres en voiture pour ne pas attendre une journée de plus ! Selon la même logique de recherche effrénée du plaisir, nous pourrions exagérer dans les plaisirs de la table ou du sexe et nous en paierons les conséquences : cela ne sera rien de grave, seulement quelques revers désagréables.

Nous devrons faire attention à toutes les intoxications possibles d'origine diverse, y compris l'alcool. Quand bien même nous ne ferions aucun excès, nous ne nous sentirons pas bien. Notre punch habituel nous fera défaut et nous devrons avoir soin de ne pas trop dépenser durant ce passage. Le jeu mais aussi les produits de beauté seront la cause essentielle de nos dépenses. Nous pourrions dépenser de grosses sommes d'argent dans un institut de beauté pour une remise en forme, allant de l'épilation aux soins du visage en passant par une nouvelle coiffure et une nouvelle couleur de cheveux. Nos relations avec notre femme, notre fille, notre sœur ou une amie très chère se ressentiront de démonstrations d'affection excessives. Ces dernières seront quelque peu déphasées durant ces heures.

Vénus en aspect harmonique à Mars

Quand Vénus est en aspect harmonique à Mars, notre désir sexuel augmente. Nous n'en sommes pas esclaves mais une saine sensualité s'empare de nous et nous dirige positivement vers les autres. Le simple contact physique ou l'odeur de la peau des autres nous enivre et nous procure du plaisir. C'est notre côté animal qui ressort, dans le sens positif du terme. Nos réactions seront moins cérébrales, plus immédiates, directes mais sans vulgarité. La sensualité qui est en nous affleurera et nous deviendrons plus séduisants. Notre sex-appeal augmentera ainsi que celui des autres à notre égard. C'est le transit idéal pour programmer un week-end d'amour, une brève mais intense parenthèse essentiellement axée sur le sexe. Durant ces heures nous penserons que ceux qui déclarent que la chose importante dans une relation c'est la tête, mentent. Evidemment sous l'effet d'autres transits nous penserons exactement le contraire, mais dans ce cas-là notre raisonnement sera légitime. Nous aurons un regard plus critique sur l'entente sexuelle à l'intérieur de notre relation de couple et pourrions envisager de revoir nos plans à long terme. Si, au contraire, nous constatons une bonne entente sexuelle, nous pourrions abréger les délais de mariage ou de vie en commun. Nous avons dit que notre sensualité sera accrue au sens large, ce qui veut dire que nous jouirons des rayons du soleil sur notre peau, d'une boisson rafraîchissante, d'un bon plat de pâtes ou d'une part de gâteau, des parfums de la campagne, de l'odeur de l'herbe à peine coupée, etc. Comme nous l'avons déjà dit nous serons plus instinctifs, dans le meilleur sens du terme. Nous serons particulièrement attirés par les figures martiales : notre professeur, notre chef, un athlète, un militaire dans son bel uniforme, etc. Pour les hommes il ne s'agira pas nécessairement d'un désir homosexuel, mais cela pourra correspondre à un désir d'émulation, à un simple sens de respect et d'admiration. Les femmes, elles, seront particulièrement attirées par ces canons, objectivement virils chez un homme et qui ne passent pas forcément par la couleur des yeux. Nous aurons envie d'éprouver le frisson de la vitesse. Nous serons attirés par le sport, surtout par les activités dites martiales. Le risque nous tentera plus et nous penserons être devenus plus courageux. Des massages effectués par un chiropraticien nous remettrons en forme, mais de manière générale, durant ce transit, nous serons en excellente santé.

Vénus en aspect dissonant à Mars

Quand Vénus passe en angle dissonant à notre Mars de naissance, dans le domaine sentimental, il peut tout autant s'agir d'un moment heureux que d'un mauvais moment. Cela sera un moment heureux si nous sommes auprès de la personne aimée et si les conditions sont réunies pour permettre à nos exigences sexuelles de s'exprimer pleinement. Si, au contraire, nous sommes seuls et ne pouvons laisser libre cours à nos pulsions sexuelles, alors nous risquons de ne pas être bien et de commettre des actes auxquels nous ne sommes pas habitués. Tout dépend de la réponse sexuelle de notre partenaire. Et nous revenons ici à la valeur de la synastrie qui démontre à quel point il est important d'avoir les bonnes planètes au bon endroit : harmonie et compatibilité sexuelle signifient surtout désirer au même moment, ce qui ne peut être si les planètes du sexe du couple, Mars et Vénus, forment un mauvais angle ou n'en forment pas du tout. Donc, si nous avons la possibilité d'exprimer notre passion sexuelle, nous pourrons vraiment vivre de très beaux moments, mais si, comme nous le disions, il en va différemment notre physique s'en ressentira. Nous nous sentirons déphasés, nerveux et agressifs. L'agressivité à l'égard de notre partenaire est le revers de la médaille, conséquence d'une mauvaise entente du moment. Nous devons aussi être prudents car une telle passion amoureuse peut nous faire courir le risque d'une grossesse non désirée ou d'une infection vénérienne. Notre fantaisie érotique du moment nous conduira à avoir, dans l'intimité, des comportements insolites. Si nous voulons faire du sport pour nous libérer d'un surplus d'énergie, nous devrons être prudents et ne pas choisir des activités dangereuses. Nous éviterons donc le ski, le patinage, le cyclisme, le motocyclisme, etc. Ce transit nous prédispose mal à l'égard des figures martiales avec lesquelles nous pourrions avoir des réactions réciproques d'agressivité. Si nous travaillons avec des appareils mécaniques, nous pourrions nous blesser, surtout avec des objets pointus. Durant ces quelques jours, nous ne serons pas en grande forme.

Vénus en aspect harmonique à Jupiter

Quand Vénus transite en angle harmonique avec notre Jupiter de naissance, nous nous sentons particulièrement bien. Nous sommes détendus, en paix avec nous-mêmes et les autres. Nous vivons des heures ou tout au plus quelques jours de saine paresse et d'auto-indulgence. Nous n'avons pas très envie d'être entreprenants mais plutôt de nous laisser porter, par la chance dans ce cas. Effectivement, la chance nous accompagne un peu et résout "miraculeusement" différents problèmes. Les autres sont plus compréhensifs et se mettent à notre place pour essayer de nous aider. Quant à nous, nous sommes plus sereins et nous nous sentons moins en compétition avec autrui. Il est des moments de notre existence durant lesquels il faut lutter, sous l'influence du pessimisme et d'un brin de paranoïa, et d'autres où nous nous abandonnons à nous-mêmes, où nous voyons la vie en rose : ce transit appartient à la deuxième catégorie et nous permet de recharger les accus. Heureusement ! Le destin nous concède quelques instants de trêve pour reprendre notre souffle et nous devons en profiter en nous laissant porter, durant quelques heures, par le courant. On peut dire que nous sommes sur un chemin descendant. Pour les côtes, nous avons un peu de temps devant nous et nous pensons même un peu à nous divertir. L'optimisme qui est en nous n'est pas seulement un fait psychologique et subjectif mais il est en grande partie le reflet de la réalité. Des coups de chance, grands ou petits, nous accompagnent durant ce passage planétaire et nous permettent d'obtenir des avantages matériels : dans le travail, la promotion sociale, la vie sentimentale... Certes il ne peut s'agir de grands événements, étant donnée la courte durée du transit, mais s'il est appuyé par d'autres passages plus importants, il peut même accompagner des événements qui marqueront des étapes très positives de notre existence. Nous nous sentons mieux, psychologiquement et physiquement, au point que nous avons tendance à nous détendre, à abaisser la garde et être ainsi sur la voie idéale pour prendre du poids : si c'est un de nos points faibles, nous devrons être particulièrement vigilants. Ce transit favorise aussi la vie sentimentale, qu'il s'agisse d'une relation qui commence (la personne devant décider d'accepter notre cour ou pas aura un jugement moins sévère à notre égard) ou d'une relation à récupérer. Moment idéal pour prendre quelques jours de vacances, pour faire un voyage ou partir en week-end avec son partenaire. La meilleure rentabilisation de ces heures est de les consacrer à l'évasion, au spectacle, au divertissement au sens large : un bon dîner avec des amis, une soirée au bord de la mer avec l'être aimé, un bon film... C'est aussi un bon moment pour commencer une nouvelle thérapie ou nous débarrasser d'une douleur qui nous tenaille depuis longtemps. Il vaut mieux par contre éviter les interventions chirurgicales, comme elles sont caractérisées par le sang et les souffrances, elles pourront difficilement avoir lieu durant ce passage. Ce qui veut dire que si malgré tout nous devions prévoir une intervention, elle ne pourra avoir lieu, soit parce que le médecin sera absent, soit parce que le personnel hospitalier sera en grève ou pour d'autres raisons. Durant ces quelques jours, nous pourrions recevoir une augmentation de salaire ou une promotion, mais aussi récupérer de l'argent prêté, gagner une petite somme à un jeu de hasard, ou recevoir une donation de la part d'un parent... C'est un bon moment pour signer un contrat devant un notaire, pour acquérir des biens précieux (surtout des objets d'art), pour inaugurer un magasin, etc.

Vénus en aspect dissonant à Jupiter

Quand Vénus transite en angle défavorable à notre Jupiter de naissance, le sens critique nous fait vraiment défaut. Nous abaissons trop la garde et nous nous trouvons dans la condition limite opposée à la proverbiale méfiance de la Vierge. Une candeur rappelant le Sagittaire inspire nos actions et nous fait vivre des heures durant lesquelles nous cultivons l'illusoire conviction que nous sommes infaillibles, intouchables, que nous avons de la chance. Il ne s'agit pas d'un véritable voile protecteur mais d'un illusoire sentiment de sécurité. D'un côté, cela peut nous être profitable si nous entendons créer une entreprise commerciale ou industrielle (si ces moments n'existaient pas quel entrepreneur ferait le premier pas ?), d'un autre côté cela peut être dommageable si nous sous-estimons les risques. Et ici, il s'agit justement de cela : de sous-estimer tous les petits dangers inhérents à une situation. Nous nous jetons, tête la première, non pas avec l'impétuosité de la force du Bélier, mais avec l'inconscience générée par Jupiter. Notre décontraction est telle qu'elle nous induit en erreur, exactement comme lorsque l'on conduit en état d'ivresse. Ici les vapeurs d'alcool s'appellent Jupiter, amplifiées par l'angle défavorable de Vénus. Les erreurs d'évaluation tous azimuts sont ceux qui peuvent nous porter tort. Nous devons nous efforcer d'être plus vigilants, mais surtout plus méfiants. L'extrême décontraction nous conduit aussi à être très paresseux, à être très auto-indulgents, à manger plus et donc à grossir. Il s'agit seulement de quelques jours par mois, mais durant lesquels nous pourrions grossir de trois ou quatre kilos qui seront ensuite difficiles à perdre. Une tendance excessive au plaisir caractérisera ce transit qui nous poussera à jouir de tout, dans tous les domaines, pas toujours de manière très limpide. Nous pourrions exagérer dans tous les domaines et nous empoisonner le sang : on pourrait penser qu'un aspect dissonant entre les deux astres les plus bénéfiques du zodiaque ne soit pas très mauvais, mais il n'en est pas ainsi. Quand Vénus est dissonante par rapport à Jupiter, nous pouvons être très mal, surtout en ce qui concerne les intoxications. Par ailleurs, ayant perdu notre sens moral, nous pourrions nous retrouver mêlés à des scandales ou à des situations à la limite de la légalité. Durant ces jours, nous pourrions avoir le désir malsain d'une relation extraconjugale qui, outre les problèmes moraux, nous compliquerait considérablement l'existence et surtout naîtrait sous une mauvaise étoile. Nous pourrions être tentés par des dépenses liées exclusivement à notre plaisir comme des vêtements, des bijoux, des appareils électroménagers inutiles, des tableaux, des tapis... et donc nous devrons être particulièrement vigilants. Nous devrons aussi faire attention à ne pas perdre de l'argent, à ne pas en prêter, à ne pas faire de spéculations en bourse, à ne pas nous faire voler, etc. C'est un très mauvais moment pour les inaugurations de sociétés, d'activités commerciales et d'entreprises de tout type. Evitons enfin les affaires légales.

Vénus en aspect harmonique à Saturne

Quand Vénus passe en angle favorable par rapport à notre Saturne de naissance, nous nous sentons plus disciplinés dans les sentiments, plus sobres, moins expansifs mais certainement plus sérieux. Nous réussissons à raisonner avec lucidité et surtout avec un grand sens des responsabilités. Nous réussissons à comprendre les raisons des autres mais avant tout, les sentiments des autres. Nous ne nous laissons pas entraîner par les passions, de quelque type que ce soit, et nous réussissons à nous mettre dans la peau des autres. Notre entourage nous trouvera pondérés et difficiles à séduire, mais cela sera tout à l'avantage d'un comportement mature et sérieux. Nous sommes capables de nous interroger en profondeur et de mettre sur les deux plateaux de la balance nos points de vue et ceux des personnes qui nous sont chères. Nous ne nous laissons pas emporter par la colère ni même par un optimisme aveugle : nous voyons la réalité telle qu'elle est. Peut-être pêchons-nous par un peu de sévérité et de pessimisme dans nos jugements, mais c'est au profit de la justice. Il est possible que durant ces heures nous enregistrions une baisse d'intérêt envers la personne aimée, mais il s'agira d'une baisse physiologique sans grave conséquence. Il est aussi possible que, dans le domaine sentimental, nous réussissions à mûrir peut-être à cause d'une petite déception. Peut-être devrons-nous revoir nos projets, surtout dans le domaine affectif et sentimental. C'est le bon moment pour fixer une date d'union et pour tout type de projet à longue échéance. Si nous partons quelques jours en voyage avec notre partenaire, ce voyage sera caractérisé par de longues conversations plus que par la tendresse. Nous ne sommes pas dans un moment propice au divertissement, au contraire notre comportement général porte l'empreinte de la frugalité, de l'essentiel. Ce transit pourrait accompagner dignement une parenthèse de réflexion, d'isolement, d'étude et même de chasteté. Nous aurons plus de temps pour penser à nos relations affectives et sentimentales et pour réfléchir à la manière de les consolider. Nous sommes certainement moins disposés à écouter notre partenaire, mais nous ne pêcherons pas par manque d'objectivité à son égard. Notre seuil de tolérance sera moins grand, mais nous aurons plus le sens de la justice. Nous remarquerons une certaine froideur à notre égard de la part de nos interlocuteurs. Nous ne pourrons pas nous servir de notre charme, dans les rapports avec les autres, nous ne devrons compter que sur des arguments solides pour faire brèche sur eux. Bref, nous serons conscients de devoir fournir plus d'efforts, mais de manière constructive. Ce transit pourra accompagner aussi la conquête professionnelle de notre sœur, notre femme ou notre fille. Elles pourraient être les protagonistes d'une union. Nos éventuels investissements financiers à longue échéance commenceront bien sous ce passage planétaire. En ce qui concerne la santé, nous tirerons profit d'une nouvelle thérapie qui aura des effets dans le temps, par exemple des soins dentaires ou de rhumatologie.

Vénus en aspect dissonant à Saturne

Quand Vénus passe en angle dissonant par rapport à notre Saturne de naissance, nous avons un peu la mort dans l'âme. Le moment est caractérisé par une nette perte d'enthousiasme et nous avons tendance à voir le monde comme filtré par des lunettes de soleil. Nous sommes certainement plus pessimistes et même un peu déprimés. Nous voyons la réalité de manière négative. Nous envisageons des moments difficiles à passer. Nous voudrions jeter l'éponge, abandonner la lutte, éviter de nous engager dans de nouvelles entreprises. Nous sommes complètement abattus et avons tendance à nous détacher de nos biens, il s'agit plus d'une renonciation définitive que de frugalité. Le manque presque total de pulsions sensuelles nous conduit à ne voir nos relations sentimentales que du point de vue des obligations et des difficultés, sans considérer le côté agréable de la vie. Nous devons être particulièrement attentifs car, durant ces quelques heures, nous pourrions prendre la mauvaise décision de nous séparer de notre partenaire, de renoncer à un bien précieux pour notre vie. Nous pourrions être maladroits au point de sacrifier ce que nous avons de plus cher et de plus beau. Nous devrons donc nous imposer de ne prendre aucune décision de ce genre, dans le cas contraire, Saturne décidera pour nous. Si par contre la décision de nous séparer a été prise depuis longtemps et sous des transits moins sévères que celui-ci, alors le moment d'agir est arrivé. Mais si cela peut être le bon moment pour ce séparer, cela ne l'est pas pour une union : gare à baptiser une relation sous un tel ciel. Il en va de même pour la célébration d'un mariage ou une cohabitation. Durant ces quelques jours, nous n'aurons probablement aucune envie de partager des moments d'intimité avec notre partenaire et il sera bon de ne pas le faire. Dans le cas contraire, nous pourrions avoir quelques défaillances ou des blocages sexuels temporaires. Nous ne devrons pas nous inquiéter outre mesure et ne pas oublier que l'origine de la pulsion sexuelle c'est la tête. La proximité d'une vieille flamme, qui peut-être aujourd'hui n'est qu'une amitié, pourrait provoquer des blessures qu'il vaut mieux éviter. Bien sûr le transit pourrait aussi accompagner un chagrin d'amour : abandon ou trahison. De toute façon ces jours seront marqués par des peines d'amour. Si nous souhaitons l'éviter nous devrons être plus sages que d'habitude en évitant toute discussion avec la partenaire et en ignorant toute provocation. Si nos rapports étaient déjà tendus, ce n'est certainement pas le bon moment pour les ressouder. Ce transit pourrait aussi marquer la séparation conjugale de notre sœur, notre fille ou d'une amie très chère. Il pourrait aussi être le signe d'une perte économique pour nous-même ou pour l'une des personnes citées. Nous devons aussi surveiller notre santé et n'entamer aucun type de traitement.

Vénus en aspect harmonique à Uranus

Quand Vénus passe en angle harmonique à notre Uranus de naissance, nous éprouvons le besoin de nous exprimer différemment tant dans les relations amoureuses que dans celles amicales. Nous ressentons une pulsion centrifuge qui nous pousse à nous éloigner de nos horizons relationnels et à les gérer de manière innovatrice. Nous avons envie d'enfreindre les conventions et d'être anticonformistes, originaux voire excentriques. Le vent de folie qui s'empare de nous est l'icône de ce transit, la preuve que nous ne supportons rien de ce qui est routinier, monotone, ennuyeux. Nous voudrions, pour un jour au moins, être des précurseurs du libertinage. Il ne fait aucun doute que ce transit contient une impulsion transgressive. Nous sommes poussés à rompre avec les traditions, à nous moquer de ce que pensent les gens, à avoir des comportements complètement différents de nos comportements habituels. Bien sûr, ce passage planétaire peut plus ou moins agir en synergie avec notre nature de base : si nous sommes Verseau, les impulsions transgressives seront au maximum, alors que si nous sommes Cancer ou Taureau elles seront minimes. Dans tous les cas, nous avons besoin de liberté, de beaucoup de liberté. Nous pouvons être tentés par l'expérimentation de situations nouvelles, différentes, par des amours occasionnelles. Du point de vue sexuel aussi, nous pouvons avoir envie d'expérimenter une sexualité différente, voire homosexuelle si nous sommes hétérosexuels. Durant ces quelques jours, nous fréquenterons des personnes bizarres, originales, pour ne pas dire excentriques :

SDF, anarchiques dans le bon sens du terme, véritables hippies, etc. Si nous allons au spectacle, nous serons attirés par les représentations expérimentales au contenu novateur. Nous pourrions nous familiariser avec les jeux vidéo, l'informatique et surtout la réalité virtuelle. Nous ferons des achats "bizarres" : énormes chapeaux, chaussures hors du commun, maquillage insolite, etc. Si nous nous tournons vers l'art, là aussi, nos goûts ne seront pas ceux qui, d'ordinaire, nous correspondent. Notre rapport avec notre femme, notre fille ou notre sœur aura plus l'empreinte de l'amitié que de l'affection et se teintera d'originalité. Il se peut aussi que ces expériences nouvelles et/ou révolutionnaires soient faites par les personnages féminins cités. Les finances seront très instables mais nous pouvons aussi nous attendre à des rentrées d'argent imprévues et agréables. Notre santé sera bonne car nous serons plus électriques et donc plus nerveux au sens positif du terme : capables de plus de détente et d'une intelligence plus vive.

Vénus en aspect dissonant à Uranus

Quand Vénus transite en angle dissonant par rapport à notre Uranus de naissance, nous nous sentons très attirés part toute forme de relation transgressive. Nous pouvons dire que la part dionysiaque qui est en nous fait de tout pour émerger et avoir droit de cité au même titre que celle apollinienne, en admettant que le fait d'être transgressif, du point de vue des relations, soit à considérer comme négatif. Cependant, dans ce cas, ce besoin se situe à l'octave au-dessus par rapport au passage harmonique Vénus-Uranus et risque de porter à l'exaspération des désirs apaisés. Durant ce passage planétaire, notre comportement sera certainement excentrique. Nous pourrions, par exemple, être tentés de courtiser quelqu'un en présence de notre partenaire et penser que cela est licite. En effet, nous avons tendance à nous comporter très librement, sans la censure de la raison et de l'éducation. Bref, c'est le côté animal qui est en nous qui émerge et qui se moque des conventions. Nous pourrions donc nous lier d'amitié avec un clochard et prétendre l'emmener dîner chez des amis. C'est dans le domaine sexuel que nos pulsions seront les plus fortes et nous pourrions même heurter notre partenaire. Des idées si bizarres nous viendrons à l'esprit que nous aurons du mal à les accepter nous-mêmes. Si nous sommes hétérosexuels, nous pourrions être tentés par l'homosexualité. Ce qui est sûr, c'est que nous chercherons à bousculer notre relation traditionnelle par de nouvelles expériences sexuelles. Mais nous devrons faire très attention car nous pourrions commettre des erreurs et nous retrouver enceinte sans le désirer. La stabilité de notre relation sera un peu en danger et si d'autres transits s'expriment dans le même sens, nous devrons être attentifs à ne pas ruiner une relation qui dure depuis des années. Les tentations de rupture seront nombreuses et cela s'applique aussi aux projets de nouvelles relations. Nous devons être prudents car nous risquons de faire des rencontres imprévisibles qui pourraient nous apporter des ennuis. Les relations qui pourraient voir le jour en ce moment ne dureront pas. Des discussions pourraient surgir avec notre sœur, notre fille ou une amie. Ces dernières pourraient être protagonistes de situations sentimentales bizarres, particulières, imprévisibles. L'argent aura tendance à nous glisser des mains, nous devrons donc être prudents. C'est pourquoi nous devrons éviter de jouer et de faire des achats inconsidérés. Eventuellement, nous pourrions nous défouler dans une salle de jeux vidéo, ou dans un Luna parc. Notre santé pourra souffrir de cet excès d'électricité. Risque d'insomnie.

Vénus en aspect harmonique à Neptune

Quand Vénus passe en angle positif par rapport à notre Neptune radical, c'est le moment de rêver. Nous rêvons les yeux ouverts, nous faisons preuve d'imagination, de fantaisie. Nous éprouvons aussi le plaisir de l'abandon, de l'oubli. Nous sommes physiologiquement détendus et nous n'avons nullement envie de nous engager en quoi que ce soit. Nous ressentons très peu l'appel de la chair et beaucoup celui de l'esprit. Cela se manifeste par la recherche d'un rapport plus romantique, plus sentimental avec notre partenaire. Nous sommes également un brin nostalgiques et nous prenons plaisir à nous souvenir des étapes de notre amour : le lieu où nous sommes tombés amoureux, la discothèque où nous nous sommes fait notre déclaration, les lieux des premiers rendez-vous, les chansons qui ont accompagné nos premiers soupirs... Tout cela nous semble magique et digne d'être célébré. Nous ne réussissons pas à nous occuper des aspects pratiques de notre ménage et nous avons plutôt tendance à vivre de nouvelles émotions avec notre partenaire. Nous serons plus tolérants et plus attentionnés à son égard atteignant presque l'assistanat. Nous aimerons à revoir les vieilles photos et à rafraîchir les vieux souvenirs qui ont enchanté une saison unique de notre vie. Nous serons tentés de faire un cadeau à la personne aimée et nous pourrons choisir un objet lié à la mer, comme un bijou en corail, une marine ou un maillot de bain ; ou encore un objet d'art ésotérique ou religieux, comme des chandeliers anciens, des cartes divinatoires de collection, d'anciens livres d'astrologie, le signe zodiacal en or, etc. Ce sens de protection pourra aussi être adressé à notre sœur, notre fille ou une amie très chère. Ces dernières pourraient vivre une expérience de type ésotérique ou ressentir un fort intérêt pour la philosophie, la théologie, le yoga, le bouddhisme, l'ésotérisme, l'astrologie... Si nous parvenions à organiser un voyage en mer, une croisière, avec notre moitié, nous obtiendrions le plus grand bénéfice de ce passage planétaire. Mais une promenade romantique en bateau pourrait être suffisante. Durant ce passage, nous pourrions tomber amoureux d'un magicien, d'un astrologue, d'une cartomancienne, etc. Nous pourrions même être attirés par un religieux ou par un déséquilibré mental. Il est possible nous que liions amitié avec un drogué et que nous l'aidions à s'en sortir. Les personnes particulièrement croyantes pourront vivre une expérience de retraite spirituelle ou de prière collective. Nous éprouverons aussi une certaine satisfaction à fréquenter les associations, les congrégations, les mouvements politiques, les syndicats, etc. Un psycholeptique pourra nous aider à dépasser un moment difficile de notre existence. Les anesthésies pratiquées durant ces quelques jours ne nous poseront aucun problème et cela pourrait être un critère de choix pour une éventuelle intervention chirurgicale.

Vénus en aspect dissonant à Neptune

Quand Vénus transit en angle négatif par rapport à notre Neptune de naissance, nous vivons des obsessions d'amour. Nous sommes assaillis par quantité de doutes sur notre relation de couple. Nous nous comportons comme si nous étions sur le point de perdre la personne aimée ou bien nous éprouvons un fort sentiment de jalousie. Notre quotidien est hanté par ces cauchemars et c'est la fin de la paix dans notre couple. Quelquefois d'étranges situations viennent alimenter nos doutes ou augmenter notre jalousie, mais d'autres fois, il n'y a aucune raison objective qui justifie notre comportement angoissé et immature. Nous finissons par devenir obsessionnels et par torturer notre partenaire. Il peut se faire qu'effectivement nous soyons confrontés à une trahison et dans ce cas le chagrin est plus grand. Mais ce climat de confusion, de navigation en eaux troubles peut nous conduire, nous-mêmes, à trahir la personne aimée. Les relations naissant sous ce transit n'ont ni la vie facile, ni belle. Ce passage peut aussi témoigner d'un moment d'angoisse religieuse de notre partenaire ou d'une mésaventure avec un magicien ou un astrologue. Il en va de même pour une sœur, une fille ou une amie très chère. Ces dernières pourraient nous donner du souci lié à l'absorption de drogues ou pourraient avoir besoin d'un traitement psycholeptique. Nous ne devons pas nous laisser tenter, du point de vue sentimental, par des drogués, des religieux, des astrologues, etc. Notre santé pourrait se ressentir d'un lieu de prière collective avoisinant le fanatisme. Il en va de même pour les séances de spiritisme dites messes noires ou autre. Les voyages en mer sont déconseillés. Un nouveau traitement à base de psycholeptiques ne nous fait aucun bien. Nous vivons une très mauvaise expérience de drogue.

Vénus en aspect harmonique à Pluton

Quand Vénus voyage en angle favorable par rapport à notre Pluton de naissance, l'amour et la passion au sens physique sont amplifiés. Nous sommes très attirés par la personne aimée mais pas uniquement par elle. D'une manière générale nous sommes plus sensibles à l'amour tant du point de vue spirituel que charnel. Il émane de nous plus de charme et les autres s'en rendent vraiment compte. Un certain magnétisme nous enveloppe et nous rend plus intéressants aux yeux des autres. Nous pouvons dire que ce transit tend à amplifier tous nos sentiments et pas uniquement le sentiment amoureux. Cependant c'est dans la sphère sexuelle que nous en ressentons plus la présence. Notre désir augmente et si notre partenaire se trouve dans la même condition, il est possible que nous vivions une journée très intense. Durant ce passage, nous sommes attirés par des personnes importantes, du point de vue social, ou par des personnages plutoniens, comme des Scorpion ou des policiers ou des personnes à la limite de la légalité, des prostituées, des individus au caractère ténébreux, etc. Nos sentiments à l'égard d'une sœur, d'une fille ou d'une amie très chère s'intensifient. Il est possible aussi que ces dernières aient une relation avec un personnage aux caractéristiques plutoniennes. Ce transit pourrait aussi se référer à une attraction particulière pour la lecture de romans policiers, d'histoires liées à des séances de spiritisme, aux zombis... Nous serons plus attirés par le mystère de la mort et par le culte des morts, nous pourrions donc passer quelques heures sereines en allant rendre visite à nos défunts. Il est d'ailleurs possible que nous en profitions pour nous occuper du lieu qui nous accueillera après la vie. De même si nous devions faire des achats pour la tombe de nos disparus, ce transit nous aidera à faire le bon choix. Nous serons intéressés par les recherches souterraines en général, qu'il s'agisse de pétrole, d'eau ou de biens intentionnellement enterrés. Nous pourrions recevoir de l'argent d'un héritage, un legs ou une pension. Notre santé pourrait s'améliorer à la suite d'un décès : c'est le cas de beaucoup de personnes qui, s'occupant d'un malade en phase terminale, renoncent à dormir ou dorment très peu pendant une longue période et se reprennent tant physiquement que mentalement, quand l'être cher disparaît. La santé peut enfin s'améliorer grâce à une intense activité sexuelle.

Vénus en aspect dissonant à Pluton

Quand Vénus transite en angle dissonant par rapport à notre Pluton de naissance, les malaises concernant notre vie sentimentale et sexuelle sont nombreux. Nous sommes ici à l'octave au-dessus par rapport à la relation dissonante entre Vénus et Neptune. Nous sommes troublés par des angoisses et des peurs liées à notre situation sentimentale. De nombreux fantômes s'agitent en nous et conditionnent notre journée. Nous sommes mal disposés envers notre partenaire ou, au contraire, nous sommes attirés par lui de manière maladive. Quoi qu'il en soit, notre relation enregistre des déphasages qui nous font ne pas être bien. Il est probable que nous sommes maladivement jaloux de notre partenaire ou bien que nous nous persuadons que notre moitié ne nous aime plus voire qu'elle nous déteste. Dans la plupart des cas, il s'agira de projections malsaines de notre inconscient. Cependant, il se peut que quelquefois notre jalousie soit fondée, dans ce cas la souffrance n'en sera que plus grande. Nous vivons une période sadomasochiste où nous jouons à faire du mal aux personnes qui nous aiment et à nous-mêmes. Durant ce passage, nous courons le risque de faire des faux-pas et de blesser profondément notre partenaire au point que notre relation de couple pourrait prendre fin définitivement. Nous devrons essayer d'être le plus rationnel possible pour contrôler notre côté animal. Cela s'applique aussi à nos pulsions sexuelles qui en cette période ne sont pas toujours très orthodoxes. Le manque d'équilibre intérieur nous fait vivre mal notre sexualité qui revêt des aspects obscurs et maladifs. Il ne s'agit pas d'une saine expression de notre sensualité mais d'un érotisme excessif, poussé à l'extrême qui a souvent besoin de stimulations qui n'appartiennent ni à notre culture ni à notre éducation. Nous devrons être vigilants afin que cela ne nous conduise pas à commettre des actes répréhensibles que nous pourrions regretter. Cela est valable tant dans les rapports avec notre partenaire qu'avec une tierce personne. Car, en effet, il est possible que l'on aille à la recherche d'aventures ou de rapports occasionnels qui seraient très risqués de tous les points de vue. Il est possible que nous soyons attirés par des prostituées ou par des personnages à la moralité douteuse. Cela pourrait concerner aussi notre sœur, notre fille ou une amie très chère. Nous pourrions dépenser de l'argent pour du matériel pornographique, de la lingerie très spéciale, ou un instrument sadomaso. Notre santé se dégrade à cause de notre déséquilibre sexuel. Nous sommes loin de tout ce qui concerne directement ou indirectement la mort, comme les visites au cimetière, les séances de spiritisme. Il faudra éviter la spéléologie.

Vénus en aspect à l'Ascendant

Voir Venus en Maison I

Vénus en aspect au Milieu du Ciel

Voir Vénus en Maison X

Vénus en aspect au Descendant

Voir Vénus en Maison VII

Vénus en aspect au Fond du Ciel

Voir Vénus en Maison IV

Vénus en transit en Maison I

Quand Vénus transite dans notre Maison I de naissance, nous nous sentons plus disponibles envers les autres. Une colombe idéale vole en nous et, symboliquement ou réellement, nous offrons un rameau d'olivier à notre prochain. Nous sommes vraiment plus tolérants que de coutume et il ne s'agit pas seulement de la capacité à faire le dos rond face aux agressions externes mais d'une véritable amabilité. Nous sommes cool, portés à arrondir les angles, à concilier nos droits avec les nécessités des autres. Il est rare que nous soyons aussi sincèrement démocratiques et même affectueux. Ces bons sentiments sont le reflet de notre état d'âme qui ne sont pas qu'une simple façade. Il ne s'agit pas d'une pulsion secouriste mais d'une offre d'amitié avec laquelle nous nous proposons à nos interlocuteurs. Amitié qui, bien que n'allant pas jusqu'au sacrifice personnel, reste un signe de grande attention envers les personnes avec lesquelles nous entrons en contact. Durant cette période de quelques semaines, nous n'aurons ni une grande énergie, ni une grande volonté d'action, nous serons plutôt paresseux et indolents et gaspillerons un peu passivement ce que nous aurons acquis précédemment. Notre libido est tournée vers l'hédonisme. Nous penserons en premier lieu à notre plaisir même si nous aimons en procurer aux autres. Nous nous sentirons gratifiés au contact de tout ce qui est beau, esthétique, artistique. La visite d'un musée, d'une galerie d'art, d'une exposition de photographies ou d'un monument célèbre nous procure de la joie. Nous avons envie de fréquenter plus souvent les cinémas, les ventes aux enchères, les concerts. Même si nous n'avons rien à acheter, nous prendrons plaisir à faire du lèche-vitrines et nous nous arrêterons surtout devant les bijouteries et les boutiques des grandes griffes. Si nous devons faire des achats de ce genre, ces jours-là sont particulièrement recommandés. Cela est valable aussi pour les bijoux fantaisie, le prêt-à-porter, les chaussures, les gants, les chapeaux, etc. Les cadeaux que nous achèterons pour les autres seront de très bon goût. Les livres d'art ou les livres ayant une présentation artistique nous intéresseront particulièrement. Les autres percevant notre bonté d'âme seront plus affectueux à notre égard et prêts à nous écouter avec plus d'indulgence. Nous pouvons en profiter pour obtenir des avantages personnels. Nous constaterons une plus grande attention de la part d'une sœur, d'une fille, d'une amie ou de notre compagne à notre égard. Si nous nous occupons de politique, ce passage pourra favoriser une initiative d'alliance avec d'autres groupes internes ou externes à notre parti. C'est une bonne période pour tout type de négociation. Si le transit est entouré de conditions dissonantes ou uni à d'autres passages dissonants, il est probable que l'effet majeur sera un narcissisme déplacé qui nous fera nous pavaner devant un miroir. Nous pourrions d'ailleurs être tentés par des opérations de chirurgie esthétique. Cela est déconseillé. Attention au risque de prise de poids.

Vénus en transit en Maison II

Quand Vénus transite dans notre maison II de naissance, il est plus facile d'obtenir de l'argent. Ce n'est pas tant le fait de se retrousser les manches qui fait croître ce type de flux que l'existence d'une véritable petite chance. Nous constaterons qu'il nous est plus simple de gagner de l'argent, que nos idées sont accueillies favorablement, que nous avançons comme sur un chemin en pente douce. Bien sûr, ce passage ne durant que quelques semaines, nous ne pouvons nous attendre à des miracles, mais s'il se réalise en concomitance à d'autres transits plus importants et une bonne Révolution solaire alors nous pouvons espérer voir nos entrées d'argent augmenter. Cela se réalisera grâce à un prêt (que nous obtiendrons plus facilement durant cette période) ou une meilleure activité commerciale ou professionnelle. Si nous sommes employés avec un salaire fixe, cela pourrait s'expliquer grâce à une seconde activité. Nous gagnerons mieux notre vie grâce à des activités artistiques, en cousant, en fabriquant des bijoux, en faisant des massages, etc. La chance pourrait aussi nous faire gagner de l'argent au jeu si l'ensemble de la situation astrale le justifie. Une femme, une amie, une sœur, notre fille ou notre compagne pourrait nous aider à augmenter nos recettes. Cela pourrait provenir aussi du théâtre, de la musique, du monde du spectacle en général. Nous nous sentirons et nous serons plus photogéniques et nous pouvons en profiter pour nous faire faire des photos par un professionnel. Outre l'aspect économique, il convient de considérer également l'aspect ludique de la chose, dans la mesure où nous aurons plaisir à nous occuper de graphisme à l'ordinateur, indépendamment de l'aspect économique. C'est le bon moment pour installer et apprendre à utiliser un nouveau programme de graphisme. Nous ferions d'excellentes dépenses dans ce domaine : caméra, téléviseur, moniteur à haute résolution, magnétoscope, etc. Si le passage est dissonant alors nous pourrions dépenser trop, au-delà de nos possibilités. C'est le revers de la médaille. Trop de décontraction pourrait produire plus de dégâts que le passage de Saturne. Nous devons surtout faire attention à ne pas exagérer dans l'achat de vêtements, bijoux, montre, produits de beauté. Nous pourrions dépenser beaucoup d'argent pour une femme, pour lui faire des cadeaux et même pour la payer. Notre vanité nous conduit à nous endetter et nous pourrions même envisager une grosse dépense pour une intervention de chirurgie esthétique. Attention à ne pas être victime d'escroqueries liées à des achats imprudents, comme des tableaux d'origine douteuse. Une femme qui nous est étroitement liée ou nous-mêmes pourrions être compromis par des photos.

Vénus en transit en Maison III

Quand Vénus transite dans notre Maison III de naissance, nous avons plus de plaisir à converser avec les personnes qui nous entourent, qu'il s'agisse de ceux qui nous sont chers ou des gens dans le bus. Nous devenons plus sociables et notre désir de nous exprimer augmente. Notre capacité communicative s'améliore et nous sommes mentalement plus lucides y compris dans nos observations silencieuses. Nos raisonnements sont plus cohérents et nous réussissons à mieux comprendre ce que nous désirons profondément. A ces idées plus claires, font écho des expressions verbales plus sûres, plus solides, plus cohérentes, plus précises. Notre dialectique acquiert plus de lustre et nous nous découvrons plus incisifs. Les autres nous écoutent avec attention et nous, nous comprenons mieux les discours de nos interlocuteurs. Notre plus grande capacité communicative nous permet de potentialiser notre correspondance et de préparer des lettres importantes qui devaient être écrites depuis longtemps. Nous écrivons et recevons plus de lettres, y compris des bonnes nouvelles. Le téléphone sonne plus souvent et nous-mêmes composons plus de numéros pour communiquer avec des personnes que d'ordinaire nous avons du mal à joindre et que dans ce cas nous pourrons contacter plus facilement. C'est un bon jour pour les communications intercontinentales et pour les conversations en langue étrangère. Nous naviguerons sur Internet avec beaucoup de plaisir et nous visiterons des sites très agréables, surtout liés au divertissement. Nous découvrirons de très intéressants sites d'art, ou des objets esthétiquement parlant fort intéressants. Nous pourrons faire de très bons achats surtout dans le secteur des télécommunications : un téléphone portable ou sans fil, un fax, un modem, une antenne parabolique, un décodeur, un répondeur automatique, une imprimante, etc. Nous aurons très envie d'acheter une voiture neuve ou une moto ou encore des accessoires pour les équiper. Il est fort probable que nous ferons de très agréables voyages, pour rejoindre notre moitié ou pour passer un week-end ensemble. Tous les voyages, professionnels ou de plaisir seront très agréables. Il en va de même pour les déplacements en train, en avion, en car. Nous aurons de très agréables contacts avec notre sœur, notre fille ou une amie très chère, nous communiquerons mieux avec elles. Le transit peut aussi indiquer que l'une de ces dernières se déplacera pour une courte période. Toutes nos activités culturelles ainsi que celles des femmes ci-dessus seront en hausse. Toutes les activités liées à l'étude comme tenir ou suivre un cours, participer à des séminaires, préparer une intervention pour un congrès, passer des examens, nous seront plus faciles. Nous pourrons écrire des rapports importants, préparer une intervention pour un congrès, écrire un chapitre d'un livre important... Si le transit est caractérisé par des aspects négatifs ou si d'autres passages dissonants sont présents, il est probable que nous serons contraints à effectuer un voyage ou à faire des navettes dont nous n'avons pas envie pour des raisons d'amour ou pour porter secours à une sœur, une fille, une amie. Il est aussi possible que nous dépensions beaucoup d'argent pour faire réparer une voiture ou pour en acheter une dans un moment peu opportun. Nous pourrions dépenser de grosses sommes pour des coups de fil internationaux avec notre partenaire ou à cause d'un mauvais état de santé durant un voyage. Une femme qui nous est proche pourrait ne pas être en bonne santé.

Vénus en transit en Maison IV

Quand Vénus transite dans notre Maison IV, notre désir de maison, de famille, de foyer, de protection à l'intérieur de nos murs, augmente. Nous désirons nous concentrer et d'une certaine manière nous isoler. Les lumières de la ville ne nous fascinent pas et nous souhaitons, au contraire, faire un bon dîner avec les personnes qui nous sont chères. Durant ces quelques semaines, nous passerons beaucoup de temps chez nous et nous sortirons très peu le soir. Nous éprouverons beaucoup de joie à sentir la chaleur de la famille, à partager avec nos proches le concept maison. C'est certainement en un moment comme celui-ci que nous penserons à acheter une maison et nous agirons dans ce sens. Les hasards de la vie iront dans la même direction et il est probable que l'opération pourra se concrétiser grâce à l'obtention d'un prêt. Si nous possédons déjà une maison, alors nous ferons des dépenses pour l'embellir. Cela commencera par le plaisir de faire des projets, de faire le tour des magasins de meubles et d'ameublement, un nouveau carrelage pour la salle de bains ou la cuisine, des appareils électroménagers, des portes coulissantes, etc. C'est vraiment le moment idéal pour commencer des travaux et le simple fait de repeindre une pièce peut nous aider à voir différemment notre maison. Nous achèterons certainement quelques objets d'ameublement, un tapis ou un tableau. Si notre budget ne nous le permet pas, nous opterons pour de petits objets, comme de nouveaux couverts ou des serviettes de toilette qui suffiront à nous gratifier. Nous rendrons visite à nos parents ou nous les recevrons chez nous et passerons en leur compagnie des moments très agréables. S'ils avaient un problème de santé ou un problème économique il pourrait être résolu durant ces jours. Nous ne devons pas penser seulement au lieu où nous vivons, mais aussi à celui où nous travaillons : le bureau, le magasin, l'atelier, etc. Dans ce cas, tout ce que nous avons dit précédemment concernant achats et travaux est aussi valable ici. Nous pourrions aussi penser à louer un appartement en vue d'un déménagement ou réserver une maison ou un hôtel pour les vacances d'été. Dans tous ces cas, nous obtiendrons d'excellents résultats. La Maison IV c'est aussi la mémoire y compris la mémoire de notre ordinateur et donc, durant ce passage planétaire, nous pourrions augmenter la mémoire de notre ordinateur ou acheter une nouvelle unité de backup, un masterisateur, un disque dur, un drive pour unité magnéto-optique, etc. Si nous devons sauver ou transférer des données très importantes, ce transit est très favorable. Si le passage est accompagné d'angles dissonants, alors nous pourrions avoir des problèmes pour payer un crédit trop lourd ou des factures de travaux trop chères. Nous nous rendrons compte que nos achats de meubles sont excessifs ou bien nous recevrons des factures de gaz ou d'électricité trop importantes. Il est possible que nous soyons surpris par une taxe du succession importante. Il se pourrait que nos parents aient des difficultés économiques ou de santé. Nous dépensons beaucoup d'argent pour accueillir une sœur, ou une fille (ayant une famille) ou une amie. Notre ordinateur tombe en panne et nous dépensons une grosse somme pour acheter une nouvelle mémoire, alors que ce n'était pas prévu.

Vénus en transit en Maison V

Quand Vénus transite dans notre Maison V radicale, notre envie de nous divertir augmente. C'est probablement le meilleur transit pour jouir des activités ludiques et récréatives. Notre moral est excellent. Nous avons réellement envie d'abandonner pour quelque temps le travail et de nous consacrer aux distractions au sens large. Nous désirons nous détendre, ne penser à rien et profiter de tout ce qui est autour de nous. S'amuser signifiera aussi sortir pour faire du shopping ou se promener, mais aussi et surtout aller au spectacle, au restaurant, au concert, au casino, fréquenter les boîtes de nuit, etc. Nous irons souvent au cinéma et au théâtre. Nous partirons en week-end avec notre partenaire. Notre relation de couple fonctionnera mieux et nous nous disputerons moins que d'habitude. Notre vie sexuelle sera plus équilibrée : notre activité sexuelle sera plus importante, plus intense. Sexe et divertissement ne feront qu'un. C'est la période idéale pour des vacances, pour faire les jeunes mariées avec son conjoint ou son amant. C'est le bon moment pour procréer, si nous le désirons. Nous serons plus créatifs au sens large. Si nous nous occupons d'art, ce transit nous rendra plus fertiles, plus productifs, plus imaginatifs. Nous aurons l'inspiration nécessaire pour créer des œuvres importantes. Ce passage annonce souvent un moment heureux pour un fils ou une fille. Nous pourrions recevoir de bonnes nouvelles de leur part : savoir qu'ils ont trouvé du travail, qu'ils ont trouvé la personne faite pour eux, qu'enfin ils se sont mis à étudier ou qu'ils sont enfin sereins. Nous-mêmes ou bien nos enfants, nous divertirons plus avec l'ordinateur, les jeux vidéo ou la réalité virtuelle. Si de mauvais aspects ou d'autres transits dissonants entourent ce passage, il est possible que nous dépensions trop d'argent pour les divertissements ou au jeu. Nous risquons de perdre des sommes considérables au tapis vert, à la roulette, mais aussi au loto sportif, à la loterie, en Bourse et à tous les types de paris. Bien que limitée dans le temps, une vie faite de vices peut miner notre santé. Nous ne devrons pas faire d'excès alimentaires et en ce qui concerne le sexe, attention au risque de maladies vénériennes. Le jeu et les divertissements peuvent créer des problèmes, surtout d'ordre économique, à nos enfants. Nous pourrions enregistrer de grosses dépenses à cause d'un voyage trop cher ou d'un amour qui nous a aveuglés pendant une courte période. Attention au risque de grossesse non désirée.

Vénus en transit en Maison VI

Quand Vénus transite dans notre Maison VI de naissance, nous nous sentons mieux tant physiquement que psychologiquement. L'astre de la "petite chance" nous aide à surmonter de petits problèmes pathologiques. Nous pouvons commencer avec succès une nouvelle thérapie, consulter un spécialiste pour tenter de résoudre un petit problème, demander conseil aux autres, fréquenter un physiothérapeute, un chiropraticien, un masseur shiatsu, un magnétiseur, un acupuncteur. Notre aspect physique s'améliorera considérablement si nous allons faire des bains de boue, si nous allons au sauna, aux thermes, dans des instituts de beauté. De petites interventions de chirurgie esthétique ont plus de chance de réussir durant ce transit. Nous serons plus à même de comprendre les problèmes pathologiques qui nous obsèdent, peut-être simplement en consultant une encyclopédie médicale ou une revue de vulgarisation. Le fait d'être amoureux pourra être à l'origine de notre bien-être psychologique. Notre situation professionnelle aussi s'améliorera, si ce n'est d'un point de vue économique du moins du point de vue relationnel. Nous réussirons à panser une vieille blessure avec un collègue ou un supérieur hiérarchique. Le climat autour de nous sera plus détendu et nous remarquerons plus de considération à notre égard. Nous pouvons espérer recevoir une charge plus gratifiante ou travailler avec un collègue plus sympathique. Nous nouerons une amitié dans notre milieu professionnel. Il est possible que nous tombions amoureux de quelqu'un qui travaille avec nous. C'est une excellente période pour trouver un collaborateur ou une collaboratrice, de la femme de ménage à la secrétaire ou à la vendeuse. Un problème tourmentant un de nos employés sera résolu. Nous accueillerons chez nous un petit animal domestique. Si le transit est entouré d'aspects dissonants, nous pourrions nous sentir mal à cause d'une intoxication due à des excès en tout genre. Nous devons faire attention à l'alcool, à la cigarette, à la drogue mais aussi au sexe car nous pourrions attraper une maladie vénérienne. Les personnes souffrant d'hémorroïdes pourraient voir leur état empirer à cause d'excès alimentaires. Un nouveau traitement pourrait ne pas nous faire du bien à cause d'une intolérance à un médicament. Il est préférable de ne commencer aucun nouveau traitement et de ne se soumettre à aucune intervention chirurgicale, surtout de type esthétique. Un traitement esthétique donnera des résultats négatifs et pourra nous abîmer le cuir chevelu ou la peau. Une cure thermale nous donnera une allergie. Nous aurons des ennuis au travail pour des problèmes d'ordre sentimental et nous pourrions être l'objet d'un scandale. Un de nos employés aura une liaison peu discrète. Nous pourrions envisager d'avoir une improbable relation sentimentale avec un de nos employés ou une de nos collaboratrices.

Vénus en transit en Maison VII

Quand Vénus passe dans notre Maison VII de naissance, nous vivons un moment très favorable à l'amour en général. Nous sentons que nous sommes fortement attirés par l'extérieur et nous nous projetons de manière optimiste vers les autres. Même si nous sommes introvertis nous éprouverons du plaisir à entrer en relation avec les autres, à tenter d'établir des relations d'amitié. Nous nous sentons plus disponibles et nous constatons une plus grande disponibilité des autres à notre égard. C'est certainement un fait réciproque où l'on constate une résonance entre les personnes avec lesquelles nous entrons en contact et nous-mêmes, même s'il ne s'agit que d'une relation épistolaire. C'est justement la magie de ce moment : le contact physique n'est pas nécessaire pour vérifier notre plus grande harmonie avec les gens : un coup de fil ou une lettre suffisent. Si nous ne sommes pas mariés, nous en ressentons le besoin et si en même temps il devait y avoir d'autres transits plus forts, l'occasion pourrait se présenter. Même si nous sommes des célibataires endurcis, durant ces jours nous ne refusons pas l'idée du mariage ou de la vie à deux et nous examinons d'un bon œil les avantages que nous en tirerions. Si nous vivons en union libre, nous pourrions envisager de régulariser notre situation. Si nous sommes déjà mariés, nous vivrons une période heureuse avec notre moitié. Nous serons plus affectueux, plus amoureux et nous constaterons qu'il en est de même pour notre partenaire. Notre désir d'association nous fera envisager la création d'une société, l'inscription à un club, une association, un mouvement politique. Ce transit est plutôt positif pour les hommes politiques. Ce passage peut nous aider à résoudre de vieilles rancœurs avec notre partenaire, notre associé voire avec des ennemis ou adversaires déclarés. Ce transit nous aidera à résoudre un conflit ou a faire des progrès dans un procès long et difficile. Les juges nous écouterons avec plus d'attention. Si nous devons recourir à la justice c'est le bon moment pour le faire. Ce passage marque aussi un moment positif dans lequel se trouve, pour quelques semaines, notre partenaire. Durant ces jours, notre partenaire obtiendra un succès professionnel ou sera en meilleure santé. Si ce transit est accompagné de passages négatifs, nous devrons veiller à ce qu'une projection excessive vers l'extérieur ne nous fasse pas être un peu légers en amour et ne nous jette, trop facilement, dans les bras de quelqu'un qui pourrait nous attirer des ennuis. Notre partenaire aussi pourrait tomber amoureux de quelqu'un d'autre et nous faire souffrir. Des médisances ou des calomnies circulent sur notre compte et sur celui de notre partenaire. Ni sa santé, ni sa situation professionnelle ne sont très bonnes.

Vénus en transit en Maison VIII

Quand Vénus passe dans notre Maison VIII de naissance, notre désir sexuel est plus grand. Notre sexualité s'éveille, indépendamment de notre partenaire. En réalité, il s'agit plus d'érotisme que de sexualité, à savoir de phantasmes qui vécus positivement peuvent nous offrir une meilleure activité sexuelle. Nous rêvons les yeux ouverts et sommes capables d'inventer de nouveaux jeux érotiques. Durant cette période, notre sexualité est assouvie. Cela peut être le signe indirect d'une éventuelle réconciliation entre conjoints ou entre amants. Si, par exemple, deux amants ne se voient plus depuis longtemps pour différents motifs, en observant les éphémérides et en vérifiant qu'au moins un des deux aura le passage de Vénus dans sa Maison VIII de naissance, nous pouvons prévoir que leur activité sexuelle repartira et que donc ils recommenceront à se fréquenter. Pour un jeune homme ou une jeune fille, ce passage pourrait correspondre à la première expérience sexuelle. Ce transit a aussi une valeur économique et peut correspondre à une augmentation de salaire, un petit héritage, une donation, une prime, un gain au jeu, une spéculation réussie, etc. C'est un très bon moment pour l'obtention de prêts auprès des banques, de parents ou d'amis. Cela pourrait aussi concerner notre conjoint. C'est aussi le bon moment pour faire des recherches souterraines, par exemple chercher une source dans notre terrain. Les recherches archéologiques, géologiques, spéléologiques... sont, elles aussi favorisées. Si nous faisons une psychanalyse, nous verrons émerger, presque par magie, des vérités enfouies au plus profond de nous-mêmes. Nous comprendrons mieux les autres. Nous pouvons profiter de ce passage pour mettre en ordre le tombeau de famille, pour faire un projet de construction d'une tombe ou en démarrer les travaux. C'est avec plaisir que nous rendrons visite à nos défunts et nous penserons à eux avec plus de sérénité. Les personnes les plus sensibles rêveront à leurs parents décédés et pourront en recevoir de bons conseils. Durant ce transit, pourrait avoir lieu la mort douce, sereine de l'un de nos proches ou même la nôtre si nous sommes gravement malades et si l'ensemble des autres transits le justifie. Si le passage est dissonant ou coïncide avec d'autres transits négatifs, nous pourrions subir le deuil d'une jeune amie ou d'une parente. Notre vie sexuelle est peu harmonieuse et nous conduit à mal nous comporter tant avec notre conjoint qu'avec des personnes rencontrées depuis peu à qui nous pourrions faire des avances improbables. Nous devons être prudents dans nos relations sexuelles, surtout avec des partenaires occasionnels, car nous courons le risque de maladies vénériennes. Nous devons aussi être très prudents au jeu et à toutes les formes de spéculations économiques car nous risquerions de perdre beaucoup d'argent. Ne prêtons pas d'argent car nous pourrions ne jamais le récupérer. Evitons aussi de demander des prêts que nous ne pourrions pas rembourser. Attention aux vols et aux dépenses excessives de notre partenaire. Ne demandons pas d'augmentation de salaire durant cette période.

Vénus en transit en Maison IX

Quand Vénus passe dans notre Maison IX de naissance, nous sommes très attirés par l'étranger et les étrangers. Plus exactement, nous sommes attirés par ce qui est loin tant d'un point de vue géographique que d'un point de vue métaphysique. Nous avons très envie de voyager, de nous déplacer, de faire de longues ballades en voiture, de prendre l'avion pour l'étranger, de rejoindre les personnes qui nous sont chères et qui habitent loin, et surtout de rejoindre notre compagne, une sœur, une fille ou une amie. Nous raisonnons plus en termes internationaux et universels que nationaux. Nous comprenons mieux les raisons des peuples étrangers ou simplement de ceux des régions voisines.

Le simple fait de projeter un voyage, d'aller dans des agences, de consulter des cartes géographiques, d'acheter un CD ROM avec un atlas universel, d'acheter les horaires des trains ou des magazines spécialisés dans les voyages, nous fera plaisir. Nous aurons envie de réserver longtemps à l'avance nos vacances d'hiver ou d'été. Nous envisagerons l'achat d'une nouvelle voiture ou d'une moto. Nous éprouverons le besoin de nous inscrire à un cours de langue ou d'informatique. Dans la plupart des cas nous fera réellement une de ces choses, cela ne restera pas seulement à l'état de désir. C'est vraiment une bonne période pour voyager, pour prendre des vacances, mais aussi pour travailler en dehors de notre ville, pour assister à un séminaire à l'étranger ou à un congrès dans une autre ville. Le voyage sera certainement très agréable et nous pourrons rencontrer de nouvelles personnes avec qui, éventuellement, établir une relation sentimentale. Il se peut que nous fassions un voyage d'amour avec notre partenaire ou que nous nous déplacions pour le rejoindre. Nous serons aussi attirés par des études supérieures, par des matières qui transcendent le quotidien, le savoir de tous les jours. Nous pourrions faire des études de philosophie, de psychologie, d'ésotérisme, d'astrologie, de théologie, de yoga, etc.

C'est une excellente période pour étudier et passer des examens universitaires, pour s'inscrire à un cours universitaire, pour commencer une seconde maîtrise. Nous pourrions, tout en restant chez nous, rencontrer des étrangers et peut-être avoir une histoire d'amour avec une personne étrangère. Cela pourrait arriver aussi en naviguant sur Internet. De l'argent nous arrive de loin, par exemple d'un parent qui vit ailleurs. Notre compagne, notre sœur, notre fille ou une amie très chère partent en voyage à l'étranger.

Si le transit est entouré d'angles dissonants, alors nous pourrions avoir des dépenses excessives pour nous rendre à l'étranger ou même pour un voyage plus limité. Voyage fatiguant pour des raisons d'amour. Voyage à l'étranger pour accompagner une personne qui nous est chère se faire soigner. Aventures sentimentales à l'étranger avec une personne peu recommandable. Petit scandale sentimental vécu dans une autre ville. Une de nos parentes ne résidant pas chez nous divorce ou se sépare de son compagnon.

Vénus en transit en Maison X

Quand Vénus transite dans notre Maison X, nous vivons un bref moment de bonheur. C'est l'un des meilleurs transits que nous puissions avoir, bien qu'il soit à l'octave inférieur de l'homologue de Jupiter dans le même secteur. D'ordinaire, au cours de ce passage planétaire, nous nous émancipons. Nous ne devons pas forcément penser à une augmentation de salaire. Les émancipations que nous pouvons atteindre durant ces semaines doivent être lues à 360°, tous azimuts. Pour certains cela peut signifier cesser d'avoir peur des chiens, pour d'autres apprendre à avaler des comprimés, pour d'autres encore réussir à parler en public. Les émancipations que ce passage peut nous offrir sont très diverses, même celles impensables et apparemment banales sont tout aussi importantes.

Durant ces jours, nous nous libérerons probablement d'une personne gênante et trouverons le courage de rompre des relations avec des gens qui ne nous plaisent pas. Dans tous les cas nous évoluons. Il est possible que cette évolution soit le fait d'une femme. Une femme utilise son propre charme pour conquérir une situation professionnelle meilleure. Nous tombons amoureux de notre chef, de notre directrice, de la personne qui nous guide, etc. Cette période marque aussi de meilleurs rapports avec notre mère ou une saison plus heureuse pour elle, la résolution d'un problème de santé. Par ailleurs, nous nous sentons plus ambitieux et nous faisons en sorte d'obtenir de meilleurs résultats professionnels : les autres sentent notre attachement au succès et, d'une certaine manière, en facilitent la réalisation. Notre activité professionnelle s'enrichit d'éléments artistiques ou bien nous commençons à nous occuper d'art et de beauté en spécialistes. Si le passage est accompagné d'angles dissonants ou de transits négatifs, il peut alors indiquer un scandale sentimental ou une relation avec un chef qui nous nuit professionnellement.

Dans certains cas limites, si d'autres passages négatifs plus importants le justifient, nous pourrions en arriver à nous prostituer pour la carrière. Notre mère n'est pas en bonne santé ou vit un scandale sentimental. Nous avons des problèmes sentimentaux à cause d'une crise de notre mère.

Vénus en transit en Maison XI

Quand Vénus transite dans notre Maison XI de naissance, nous sentons augmenter notre sentiment d'amitié, dans le sens le plus noble du terme. Durant ces jours, nous sommes certainement meilleurs car nous nous présentons au monde et aux autres avec un esprit altruiste sincère, dans la mesure où la nature humaine laisse une telle tendance s'exprimer. Nous nous occupons davantage des autres, nous prenons plus à cœur leurs histoires, leurs préoccupations, leurs besoins que nous partageons plus par esprit de camaraderie que d'assistance. Nous sentons que nous appartenons à un groupe, que nous devons travailler en syntonie avec les autres, que nous ne devons pas nous isoler. Nous découvrons aussi le plaisir de demander, mettant ainsi de côté une part de notre orgueil qui d'ordinaire entrave nos actions. Demander est aussi une manière démocratique d'entrer en contact avec les autres. Durant cette période, nous pourrions découvrir que nous nourrissons de l'amour pour un ami ou une amie et une histoire pourrait naître. Les personnes influentes et importantes pourraient nous aider, nous sponsoriser et nous aurons intérêt à frapper à leur porte car ce que nous pourrions obtenir durant ces quelques semaines, nous ne l'obtiendrons plus, exception faite pour ceux qui voient Jupiter passer dans leur secteur. Remarquons aussi qu'il y a une tension moins grande autour de nous : par exemple si nous faisons la queue à un guichet, il se pourrait que quelqu'un nous laisse passer si nous le demandons, ou que l'employé nous change une grosse coupure, contrairement à l'ordinaire. Une personne chère échappe à un danger de mort ou bien s'éteint sereinement après de longues souffrances. Nous recevons de l'argent d'un ami ou d'une amie. Une de nos connaissances résout un problème de santé ou d'argent. Si le passage est entouré d'angles négatifs ou d'autres transits dissonants, il est possible que nous soyons impliqués sentimentalement avec un ami ou une amie, donnant lieu à un scandale sentimental. Le nom de l'une de nos connaissances est sur toutes les bouches à cause d'un vilain comportement sentimental, de problèmes de santé ou d'argent. Nous perdons de l'argent que des amis nous avaient prêté. Un de nos "sponsors", impliqué dans un scandale pour corruption, fait la une des journaux. Une jeune amie, une parente meurt ou risque de mourir. Nous devons apporter notre soutien économique à des amis.

Vénus en transit en Maison XII

Quand Vénus transite dans notre Maison XII radicale, nous sentons une plus grande solidarité autour de nous. Un ange gardien semble veiller sur nous et nous aider à régler de petits ennuis (pour les gros il faut Jupiter). Il s'agit d'un transit qui tend à améliorer, modérément, notre situation générale en corrigeant les problèmes qui nous stressent à ce moment-là. Un peu de chance nous rend la vie moins difficile. Des personnes qui nous sont chères nous réconfortent, nous donnent des conseils désintéressés ou une aide tangible. Nous aussi éprouvons le besoin d'offrir notre soutien aux autres, offrir notre épaule aux amis qui pleurent, écouter leurs souffrances au téléphone, leur donner notre soutien moral. Quelquefois, ce passage signifie que nous prenons matériellement soin des personnes qui nous sont chères ou de notre conjoint. Il peut s'agir d'une aide financière mais aussi de l'assistance hospitalière durant une maladie. Notre disponibilité envers les autres augmente et nous avons un comportement plus chrétien. Nous nous rapprochons de la religion, si nous sommes croyants, ou des mystères de la vie si nous ne le sommes pas. Nous pourrions aussi être attirés par des mouvements internationaux d'assistance et de solidarité comme la Croix Rouge, la Caritas, l'UNICEF et nous engager avec eux à faire du bien. Des offrandes faites durant ce transit nous permettront de nous sentir meilleurs, plus satisfaits de nos actions et nous donnerons une plus grande sérénité. Nous comprendrons le véritable sens de l'assertion selon laquelle donner fait plus de bien à celui qui donne qu'à celui qui reçoit. Nous aurons envie de pardonner et de tendre l'autre joue. Il est possible que notre santé ou notre situation économique, qui nous bridait depuis longtemps, s'améliorent. Un nouveau traitement promet de bons résultats. C'est un très bon moment pour commencer de nouvelles thérapies, y compris une psychanalyse. La fréquentation de prêtres, psychologues, astrologues, magnétiseurs, masseurs, chiropraticiens, etc. nous est positive. La découverte d'un mystère concernant une personne aimée améliore notre relation avec elle. Si le transit est dissonant ou concomitant à d'autres passages dissonants, il est possible que notre conjoint ou une personne chère ne soit pas en bonne santé et nous inquiète. Situation de danger ou économiquement critique pour une sœur, une fille, une amie. Scandales qui nous concernent ou qui concernent nos parents proches. Hôpital ou prison pour nous ou pour nos proches. Une femme qui nous est proche subit les conséquences négatives d'un rapport avec un prêtre, un mage, une cartomancienne. Nous vivons une crise religieuse ou un problème existentiel particulier. Nous recevons des lettres anonymes ou des calomnies ou bien nous sommes nous-mêmes poussés à en produire. Un nouveau traitement pharmacologique peut provoquer des intoxications. Nous vivons une désagréable expérience de drogue. Nous subissons les conséquences négatives d'une anesthésie.

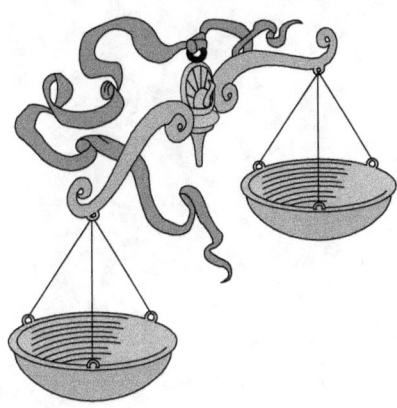

6.
Transits de Mars

Les transits de Mars se situent, d'un point de vue temporel, exactement à mi-chemin entre ce que l'on appelle les transits rapides et les transits lents. Mars, en effet, a besoin de deux années pour accomplir un tour complet du zodiaque, vu de la Terre. Donc, celui-ci reste moins de deux mois dans chaque signe, mais parfois il arrive qu'un tel séjour se prolonge beaucoup et qu'un signe soit "contraint" à l'accueillir pendant de longs mois. Les Anciens l'appelaient le "petit maléfique" pour le distinguer de Saturne, le "Grand Maléfique". En effet, nous devons admettre que, bien qu'aujourd'hui nous n'ayons plus l'habitude de parler en termes négatifs de la moindre chose, et qu'une bonne règle démagogique consiste dans le fait de réussir à accomplir aussi des tours incroyables de prestidigitation afin de trouver quelque chose de bon dans chaque réalité, nous retrouvons Mars dans pour ainsi dire tous les malheurs qui peuvent nous arriver au cours de notre parcours terrestre. Un peu comme la fièvre dans toutes les maladies, la planète rouge accompagne les transits les plus importants dans beaucoup de nos malheurs. Il n'agit presque jamais seul, ou au moins, quand c'est le cas, il ne procure que de légers problèmes. Associé à des transits plus lents, par contre, il peut provoquer de gros problèmes. A mon avis, son passage, avec celui de Saturne, est celui qui nous aide le plus à corriger une heure de naissance. En effet, son entrée dans une Maison est plutôt visible, compte tenu des problèmes immédiats qu'il entraîne et pour cela on peut établir, avec une approximation suffisante, en compagnie d'autres facteurs, où il convient de situer, avec une plus grande exactitude, le pic d'une Maison. Mais, à mon avis, il faut dire aussi, qu'il est le second révélateur de la libido dans un thème astral, après le Soleil. La position du Soleil dans une Maison radicale nous indique, la plupart des fois, la direction mentale d'un sujet, si c'est un joueur passionné de cartes, Don Juan ou infatigable travailleur. Immédiatement après ce sera Mars qui nous éclairera, à partir de sa position dans les Maisons, si c'est aussi un hypocondriaque, un lecteur acharné ou quelqu'un de très attaché à ses amis. Donc, quand il passe dans une Maison, le cinquième astre de notre système solaire, Soleil compris, nous dit où nous devons déplacer notre énergie et son passage dans la Maison IV, par exemple, ne veut pas dire seulement problèmes concernant notre habitation, mais aussi nos efforts pour la réparer, pour faire des restructurations, pour obtenir un prêt, ainsi de suite. Donc, sans aucune exagération, nous pouvons tranquillement affirmer que le passage du gouvernement du Bélier et du Scorpion par rapport à tout autre astre et par rapport à toute Maison radicale, comporte une valeur positive et une valeur négative.

Mars en aspect harmonique au Soleil

Quand Mars passe en angle harmonique par rapport à notre Soleil de naissance, nous nous sentons plus forts et plus déterminés. Dans un certain sens c'est comme si nous étions dopés, comme si nous avions une vitesse supplémentaire. Notre moteur interne tourne plus vite, à commencer par la puissance positive de nos pensées. Nous nous sentons plus optimistes et faisons des projets avec confiance, nous croyons en nous et en nos idées. Au cours de ces jours, nous éprouverons difficilement un sentiment de dépression et nous serons capables, par contre, de prendre des décisions courageuses et qui nécessitent une grande force intérieure. Nous affrontons avec tranquillité les difficultés et nous pensons pouvoir nous en sortir quelles que soient les situations. Notre attitude mentale générale nous engage à nous lancer dans de nouvelles initiatives ou à continuer avec obstination dans de bons programmes entrepris précédemment. Nous ne nous laissons pas facilement conditionner et c'est nous, par contre, qui entraînons les autres à parcourir nos propres sentiers. Une vocation à devenir des pionniers nous envahit et nous engage à entreprendre de nouvelles routes, même si celles-ci présentent des risques. Nous sommes curieusement courageux, indépendamment de notre thème natal ou, tout au moins sommes-nous plus courageux que ce que nos étoiles de base nous consentent d'être. La force positive des pensées s'exprime aussi à travers la parole et les actions qui vont droit au but, sans hésitation. Pour ce motif nous sommes plus immédiats et sincères, sans ambiguïté ni hypocrisie. Dans nos relations avec les autres prévaut une plus grande primarité, entendue dans le sens de relations en court-circuit, de ne pas réussir à compter jusqu'à trois avant de réagir sur chaque chose. Cela comporte un manque de diplomatie dans le rapport avec les autres, mais au plus grand avantage de la spontanéité et de la sincérité qui seront certainement particulièrement appréciées par nos interlocuteurs. Notre mode de nous rapporter aux faits et aux choses sera plus que jamais direct. Croîtra aussi notre force physique et durant ces journées nous serons en mesure d'affronter de plus grands efforts aussi bien sur le plan physique que mental. Nous devons en profiter si nous devons nous orienter dans une direction plutôt qu'une autre. Que notre travail consiste à écrire à la machine, à construire des meubles, dans tous les cas, nous pourrons au cours de ces jours caractérisés par ce passage planétaire, compter sur tant d'énergie en plus. Notre force physique ayant augmenté, elle devra toutefois être bien canalisée afin d'éviter dispersion ou, ce qui est pire, d'être mal employée. Un peu d'activité sportive nous fera certainement du bien. Pratiquement tous les sports sont adaptés, mais il est préférable de choisir les sports les moins dangereux, où il est plus difficile de se blesser. De la natation, du jogging, du tennis feront très bien l'affaire. Une plus grande activité physique peut vouloir dire aussi faire des travaux pénibles à la maison, comme déplacer des meubles, transporter des paquets, réparer la chaudière ou l'automobile, couper du bois et ainsi de suite. Cette période se prête aussi à une plus intense activité sexuelle, surtout pour les hommes. Il est probable que le transit nous signale aussi une période d'excellente forme pour notre mari ou notre père ou notre frère ou notre fils, ou bien un objectif particulier pour l'un d'eux.

Mars en aspect dissonant avec le Soleil

Quand Mars passe en angle dissonant par rapport au Soleil, nous « tournons » à une vitesse beaucoup plus grande que la normale, au sens où nous sommes poussés par une grande force physique et mentale et nous ne réussissons pas toujours à la contrôler. Nous nous comportons comme un moteur alimenté par un courant électrique au voltage supérieur à celui prévu par le constructeur. Nous risquons de « faire sauter les plombs ». Nous jouissons d'une importante énergie physique qui peut certainement être positive, mais il faut que nous soyons en mesure de la gérer. Nous ne devons pas commettre l'erreur de sous-évaluer une pareille condition parce qu'elle pourrait nous être aussi dangereuse. Notre capacité à être directs et francs dans les conversations augmente, mais le danger d'apparaître agressifs envers nos interlocuteurs croît aussi. Nous tendons surtout à être ainsi avec ceux qui nous sont chers, avec notre famille et dans le rapport de couple. Mais, plus généralement, nous sommes plutôt agressifs avec tout le monde et risquons sérieusement de nous disputer, y compris pour des questions banales. Le surplus d'énergie fait que nous ne supportons pas les lenteurs des autres ainsi que l'incapacité de la part des autres de comprendre immédiatement les idées que nous leur exprimons. Nous ne sommes disposés à être ni tolérants, ni indulgents. Nous voudrions tout et tout de suite. Un zeste d'arrogance nous envahit, même si cette attitude ne fait pas partie de notre culture ni de notre éducation. Nous voudrions être plus gentils et disponibles, mais nous n'y réussissons pas. Nous finissons surtout par avoir un très mauvais rapport avec les figures qui nous rappellent l'autorité paternelle: notre chef dans le travail, un collègue plus âgé, un supérieur hiérarchique, le professeur à l'école ou à l'université, le doyen, le commandant dans l'armée, le policier qui nous arrête pour un contrôle d'identité, etc. Dans ces situations nous pourrons véhiculer une grande quantité d'agressivité et avoir des problèmes. Nous devons absolument mettre un frein à notre langue et nous imposer en toutes circonstances de compter jusqu'à dix avant de réagir. Le sport, beaucoup de sport, peut décharger un peu nos pensées enflammées. Essayons de nous fatiguer au point de ne plus avoir ni souffle ni force pour attaquer qui se trouve devant nous. Mais soyons très attentifs à ne pas faire de sport dangereux. Consacrons-nous à la course, à la natation, au tennis ou à la gymnastique libre, excluant tout sport dangereux comme le ski, le patinage, le cyclisme, l'alpinisme, la boxe, etc. Tout au plus mettons des gants de boxe mais pour les utiliser contre un sac plein de sable. D'excellentes et salutaires suées nous mettrons de nouveau en forme et nous rendront fréquentables pour les autres. Nous devrons dans tous les cas être particulièrement attentifs à ne pas nous blesser: les risques de nous couper en ouvrant une boite de conserve ou de tomber dans l'escalier ou de provoquer un accident en voiture seront plutôt élevés. Evitons d'utiliser des objets pointus et coupants, de jouer avec le feu produit par un liquide combustible, avec des armes à feu, avec l'électricité ou avec tout ce qui est généralement reconnu comme étant dangereux. Beaucoup de sexe pour les hommes pourra être utile également pour décharger toute cette énergie. La période se prête tout aussi bien aux choses les plus futiles qu'aux choses les plus sérieuses. Il est presque impossible d'aller chez le dentiste sans au moins un petit transit dissonant de ce genre. Une figure masculine qui nous est proche (notre compagnon, notre père, notre frère, notre fils) a un accident, se blesse ou se dispute violemment avec quelqu'un. Au cours de ces jours, autour de nous nous enregistrons un plus grand nombre de pannes de nature mécanique ou électrique.

Mars en aspect harmonique à la Lune

Quand Mars passe dans un angle favorable par rapport à notre Lune de naissance, nous rêvons d'être les protagonistes de grandes aventures épiques. La pensée et l'action vont de pair et il en résulte un comportement plus déterminé, plus intense. Nous sommes poussés par la force plutôt positive qui anime nos actions et nous fait être optimistes par rapport à la vie et les autres. Il en résulte une exubérance de notre part qui est facilement déchiffrable aussi pour les autres. Il se trouve que nous sommes plus francs, plus immédiats, plus crédibles. Nous ne tournons pas autour du pot pour arriver au problème et nous affrontons tout de manière primaire, c'est-à-dire avec des réactions en court-circuit. Nous nous comportons de manière emphatique dans le sens que tout ce que nous entreprenons nous le faisons comme si nous avions l'épée en main ou le poignard entre les dents: c'est-à-dire sans fanatisme mais avec grande passion. Et la passion est probablement le mot clé pour comprendre pleinement la nature de ce passage planétaire. Avec tant de passion à l'intérieur, nous sommes capables de commencer d'importantes entreprises, de déplacer les obstacles mentaux qui nous gênent pour la réalisation d'un grand projet. Nous sommes capables de traîner positivement qui se trouve près de nous et nous avons un excellent ascendant notamment sur les femmes avec lesquelles nous vivons un excellent et temporaire rapport. Nous sommes certainement plus courageux que d'habitude et donc en mesure d'affronter des problèmes plus difficiles. Si nous devons faire un discours franc à notre chef, c'est le bon moment parce que nous réussirons à bien présenter nos raisons, avec conviction mais sans agressivité. Même par rapport aux problèmes familiaux ou de couple, nous serons plus en mesure de prendre des décisions fermes mais non pas pour autant hasardées. L'emphase se dirigera particulièrement dans deux directions bien précises: notre femme et notre maison. Ces jours seront favorables à la résolution de nombreux problèmes que nous avons depuis longtemps dans notre relation avec notre compagne, notre mère, notre sœur ou notre fille et aussi par rapport à notre habitation. Par exemple, nous pourrons trouver le courage de quitter une maison qui nous a vu naître ou bien de demander enfin un prêt qui toutefois nous endettera jusqu'au cou. C'est le bon moment et pour cela nous devons agir sans hésitation. Disons tout ce que nous avons à dire, à nos amis et à nos ennemis: les mots ne nous manqueront pas et en même temps nous réussissons à ne pas être agressifs. Même si nous avons en tête de déclarer notre amour à une femme, faisons-le. Selon la Maison occupée à notre naissance par la Lune, nous saurons mieux dans quelle direction diriger notre plus grand courage. Dans tous les cas lançons-nous, un peu en général, cherchant à débloquer les situations par exemple dans les cas de réticence face à l'examen du permis de conduire ou lorsque nous devons plonger d'une barque. Le moment marque aussi un objectif atteint par une figure féminine qui nous est chère.

Mars en aspect dissonant à la Lune

Quand Mars transite en angle dissonant par rapport à notre Lune radicale, nous ferions mieux de prendre un sédatif, éventuellement naturel, homéopathique, une simple camomille par exemple. En effet, à ce moment-là (qui toutefois peut durer aussi plusieurs semaines) nous sommes fortement irrités et irritables. A l'intérieur de nous, nous sentons vivre une condition de déséquilibre et cela fait que nous nous sentons mal avec nous-mêmes. Nous ne sommes en rien patients et nous nous comportons de manière intolérante par rapport aux réalités que nous vivons. Nous ne permettons pas aux autres d'hésiter sur les concepts et nous ne supportons pas qui ne réussit pas à s'exprimer. Nous sommes agités, impatients, nerveux, mais surtout plutôt agressifs. Nous nous énervons pour un rien et finissons par nous disputer avec tout le monde, surtout avec ceux que nous aimons, avec la personne aimée. Quelle que soit la personne avec qui nous entrons en contact, du guichetier de la gare au vendeur dans un magasin, nous sommes prêts à bondir. Nos nerfs sont tendus au maximum et un esprit guerrier voudrait en toute occasion nous diriger vers mille batailles. Nous déterrons la hache de guerre et sommes convaincus que le moment est arrivé de régler nos comptes avec toutes ces situations en suspens que nous avions temporairement mis de côté. En ces jours il sera pour ainsi dire impossible de ne pas se disputer, aussi bien à la maison que dans notre travail. Peut-être que la chose la meilleure pourrait être celle de choisir un bouc émissaire, ce qui peut nous entraîner le moins de risques, et l'utiliser en guise de soupape de sécurité. Si nous connaissons quelqu'un que nous ne supportons pas du tout et qui nous fait avaler de nombreuses couleuvres toutes les fois que nous voudrions l'envoyer au diable, mais que nous nous retenons, cela peut nous arranger dans un moment pareil. Notre agressivité est en relation avec les figures féminines, aussi bien en entrée qu'en sortie. Une telle agressivité nous rend plus courageux, et cela pourrait être un bien, mais cela fait aussi que nous sommes particulièrement audacieux, imprudents. Nous désirons parfois pratiquer des sports dangereux comme le parachutisme ou simplement le motocyclisme: il est bon de l'éviter parce que ce transit a aussi une expression physique et se signale souvent par une chute, une blessure, un accident. Nous devons demeurer à distance, comme dans le cas homologue du transit Mars-Soleil, des objets pointus ou coupants, des sports dangereux, des échelles en général, de l'essence enflammée, des armes à feu, etc. Il en va de même pour les personnes de sexe féminin qui nous sont proches: évitons qu'elles n'entrent en contact avec des situations dangereuses. Souvent notre tendance à la destruction s'exprime à l'intérieur de la maison et se matérialise par la destruction d'objets domestiques.

Mars en aspect harmonique à Mercure

Quand Mars transite en angle favorable par rapport à notre Mercure de naissance, nous percevons une intensification de nos facultés mentales. Nous nous sentons beaucoup plus lucides et nous comprenons mieux le flux de nos pensées. Nous sommes beaucoup plus éveillés, mais sans pour cela être agités. Nous réussissons à comprendre parfaitement les points de vue d'autrui et à nous faire mieux comprendre quand nous nous adressons aux autres. Nos capacités oratoires atteignent un pic inhabituel et il nous plait de pouvoir parler devant un public, à une conférence, face aux caméras. Si nous sommes interviewés, nous ferons certainement une belle apparition. Nous parvenons à nous exprimer au mieux de nos possibilités en choisissant bien les verbes et les adjectifs, les phrases adaptées. Les mots fusent de notre bouche et il est rare que nous trébuchions ou que finissions par balbutier. Cette capacité supérieure de communication fait aussi croître le désir de communication elle-même et pour cela nous passerons beaucoup plus de coups de téléphone trouvant une plus grande facilité à nous mettre en contact avec les autres, à composer des numéros que nous trouvons d'habitude occupés ou qui demeurent sans réponse. Nous recevons aussi un plus grand nombre d'appels et cela ne nous déplait pas du tout. La correspondance en entrée comme en sortie augmente aussi. Nous aimons écrire à tout le monde et trouvons qu'il est plus facile de le faire. Nous envoyons des lettres aussi aux personnes qui se trouvent loin avec lesquelles nous n'étions pas en contact depuis longtemps. Avec un Mercure aussi puissant croît, en outre, notre désir de voyager. Nous sentons que quelque chose nous pousse à nous déplacer. À bouger, à laisser notre lieu de résidence habituel pour faire un grand tour en voiture ou un voyage en train ou en avion qu'il s'agisse de voyages de plaisir ou de voyages professionnels, nous nous déplaçons beaucoup plus que d'habitude et trouvons assez facile de le faire et de bien le faire. Les voyages, surtout lorsqu'ils sont brefs, nous procurent en cette période vraiment beaucoup de satisfactions. La concentration de libido dans le secteur des voyages et des communications en général étant beaucoup plus grande, il est probable que nous désirerons aussi acheter des instruments nous permettant d'atteindre ces objectifs: il pourrait nous venir à l'esprit d'acheter une nouvelle voiture ou une moto ou simplement des accessoires pour l'une ou l'autre, mais aussi un portable, un téléphone sans fil, un répondeur automatique ou un fax, une antenne parabolique ou une imprimante… Nous pourrons faire d'excellentes navigations sur Internet, réussissant aussi à contacter ces sites traditionnellement surchargés et difficilement accessibles. Augmentera aussi le nombre de nos messages électroniques. Avec un esprit aussi éveillé nous pourrons en profiter pour étudier des arguments plus difficiles pour lire des livres très sérieux ou simplement pour lire un peu de tout et plus. Nous réussirons à préparer des examens difficiles ou à fréquenter des cours et des séminaires. Nous serons aussi en mesure de faire nous-mêmes des cours en qualité de professeur ou bien de tenir des conférences. Excellente période, en outre, pour écrire un rapport pour un congrès, un curriculum vitae, le chapitre d'un livre, un article pour le journal d'un ami… Nous dépenserons beaucoup plus d'énergie pour un frère, un cousin, un beau-frère ou un jeune ami. Ces jours-là il est possible que l'une de ces figures masculines puisse partir pour un voyage ou être occupé par un examen.

Mars en aspect dissonant à Mercure

Quand Mars transite dans un angle dissonant par rapport à notre Mercure de naissance, notre intelligence est en pleine effervescence, mais ressent aussi le besoin de s'exprimer de manière piquante, sarcastique ou critique. Nous formulons des pensées plutôt critiques envers tout ce qui nous entoure et nous ne sommes pas disposés à être indulgents avec la stupidité en général. Nous ne pardonnons pas la médiocrité des autres et sommes prêts à crucifier quiconque hésite ou a des difficultés à s'exprimer. Nos pensées prennent un tour présomptueux qui se matérialise avec des attitudes désobligeantes que nous finissons par avoir dans presque toutes nos conversations. Nous nous exprimons de manière très directe et, même si nous n'offensons pas, nous sommes de toute façon piquants et sévères. Notre ironie augmente et parfois aussi le sarcasme que nous ferions bien de contrôler si nous voulons éviter de nous aliéner la sympathie de notre entourage. Nous risquons de compromettre des rapports d'amitié et de détruire la confiance que les autres nous ont accordée. Nous devons nous efforcer de comprendre le point de vue des autres et cesser de croire que nos pensées sont infaillibles. Nous vivons indubitablement un moment de grande lucidité mentale qui peut nous être extrêmement utile dans un duel verbal, que nous exercions la profession d'avocat ou que nous nous trouvions à soutenir une simple discussion dans un bar, avec les amis. Nous découvrons que nous sommes d'excellents orateurs et que nous parvenons à nous faire comprendre très bien de tous. Mais la rapidité et le nombre de nos communications sont si élevés que cela nous procure, avant tout, une grande nervosité et des insomnies. Nous fonctionnons à une vitesse plus élevée qu'il serait nécessaire et cela n'est pas toujours un bien. La nervosité excessive, l'incapacité de rester tranquille avec l'esprit et avec les jambes, une agitation mentale plus que physique, nous poussent à téléphoner continuellement et à recevoir autant de coups de téléphone. Nous aurons plus d'un "accident" dans les communications: coups de téléphone antipathiques et même hostiles, débuts de conflits à distance, mauvaises nouvelles par téléphone. Il en va de même avec la correspondance, sur papier ou électronique: il est plus probable que nous recevions une lettre recommandée menaçante ou de mauvaises nouvelles en général. Nous lirons difficilement des messages amicaux et de sympathie à notre égard durant un tel passage planétaire. Il nous viendra aussi à l'esprit d'envoyer des lettres "vitriolées" ou tout au moins des messages polémiques et de défi. L'excessive électricité que nous mettrons dans chacune de nos actions nous fera pester contre un numéro de téléphone que nous ne réussissons pas à composer ou pour un fax dont l'envoi nous pose des problèmes. Ces jours-là il est fort probable que notre téléphone tombe en panne, si ce n'est le fax ou l'imprimante, et nous ferions bien de n'acheter aucun de ces appareils au cours de ce transit. Nous nous déplacerons certainement plus, mais la chose ne sera en rien agréable. Nous pourrions être contraints à de plus fréquents allers et retours devant affronter une situation d'urgence. Mais même si nous nous déplaçons par choix nous devrons affronter divers inconvénients: depuis les pannes de voiture ou de moto, aux embouteillages qui nous empêchent de voyager, des trains perdus au dernier moment aux tamponnements subis ou provoqués. En somme, nous ferions beaucoup mieux de rester à la maison ou bien de faire de longues promenades à pied. Si, par contre, nous devons écrire un article ou un pamphlet pour des raisons politiques, syndicales ou simplement de révolte professionnelle, alors la période est des plus indiquées. Ces jours-là, il est probable qu'un frère, un cousin, un beau-frère ou un jeune ami aura un problème de voyage, voire un accident. Attention à l'excès de tabac lié à l'état d'agitation.

Mars en aspect harmonique à Vénus

Quand Mars voyage en angle favorable par rapport à notre Vénus de naissance, nous nous sentons beaucoup plus attirés vers notre partenaire, surtout d'un point de vue sexuel. D'une façon plus générale nous pouvons dire que notre côté passionnel et notre sensualité sont en pleine ébullition. Bien manger, avoir le plaisir de boire, se reposer l'après-midi ou un bain de mer sont autant de choses qui deviennent plus des impératifs que de simples nécessités. Notre part animale, entendons-le dans le bon sens du terme, se libère et cherche à être pleinement vécue. Une des meilleures façons de la faire vivre est certainement d'avoir une activité sexuelle plus intense qui profitera en échange de la meilleure disposition de notre compagnon ou compagne. Mais nos énergies dirigées vers notre conjoint ou plus généralement vers notre partenaire, augmentent en général et nous nous occuperons beaucoup plus de lui à tous les points de vue, y compris pour l'aider dans ses problèmes quotidiens. Nous serons plus disponibles envers lui, mais moins d'un point de vue mental que dans les faits, sur le terrain, en l'aidant éventuellement dans des travaux qui requièrent un important effort physique comme déplacer des meubles ou lui faire de longs massages dans le dos. Nous serons, en outre, attirés par tout ce qui est beau et esthétique, à commencer par l'art. La symbolique de Mars, toutefois, implique qu'un tel intérêt ne peut pas vivre seulement d'un point de vue mental, mais doit avoir aussi une composante d'effort physique, de décharge d'énergie. En ce sens nous devons penser qu'en ces heures nous nous exténuerons à visiter de long en large des sites archéologiques très étendus, ou bien un musée immense ou que nous escaladerons des édifices très élevés et sans ascenseur pour regarder d'en haut un monument, etc. Il est aussi probable que nous porterons dans nos bras et pour un long parcours un buste de marbre acheté à une vente aux enchères ou bien simplement un tapis oriental ou n'importe quel objet d'ameublement un peu lourd et encombrant. Pour la beauté, il nous viendra à l'esprit de faire du jogging, d'intensifier une activité physique ou un sport, de bien suer et de prendre une bonne douche rafraîchissante et de pratiquer toutes ces activités fatigantes mais en même temps salutaires pour l'organisme et pour la beauté de la peau. Ce transit est aussi excellent pour nous soumettre à des interventions de chirurgie esthétique et à toutes ces pratiques, plus ou moins douloureuses qui vont dans le sens d'une amélioration de notre aspect physique. La liposuccion, si nous avons pris les précautions nécessaires, peut mieux réussir ces jours-là. En outre notre activité augmentera pour accroître les gains et nous travaillerons dur en ce sens. Le transit pourrait indiquer encore un moment de splendide forme physique d'une sœur, d'une fille, d'une amie, d'une figure féminine qui nous est chère. Bonne période enfin pour commencer une thérapie surtout s'il s'agit d'une thérapie reconstituante à base de vitamines, d'intégrateurs alimentaires, etc.

Mars en aspect dissonant à Vénus

Quand Mars se déplace en angle dissonant par rapport à notre Vénus de naissance, nous devons espérer qu'il se produit la même chose avec notre partenaire: l'instinct sexuel est particulièrement fort et si lui ou elle n'est pas orientée vers la satisfaction de ce même désir, il ne peut qu'en résulter une violente opposition due à une demande sexuelle excessive ou non satisfaite. En ce sens nous pouvons effectivement être trop exigeants. La façon de vivre le rapport sexuel aussi ne sera pas conforme à nos habitudes, mais exprimera une plus grande violence qui s'adapte mal à un geste qui au contraire devrait contenir beaucoup de poésie. Toute notre sensualité est en alerte et nous éprouvons le besoin d'un défoulement un peu animal de nos sens. Nous pourrions être poussés à chercher des gratifications corporelles démesurées, par exemple à travers la nourriture ou l'alcool, ou encore à des substances autres si elles font partie de notre quotidien. Dans tous les cas il en résulte des dommages pour la santé sous forme d'intoxication et sous forme d'obsessions mentales. Le rapport avec notre partenaire s'en ressent et des disputes au cours de cette période semblent inévitables. Nous devrons planifier préalablement des journées de grande discipline afin d'éviter de mettre en crise notre rapport de couple. Un salutaire défoulement d'énergie à travers le sport peut nous aider à alléger les esprits surchauffés qui parfois sont plus de nature mentale que physique. Mais évitons de pratiquer des sports dangereux et consacrons-nous, par contre, à la course en forêt ou près de la mer, aux exercices au sol, et, éventuellement aussi à la pratique de la boxe en donnant de grands coups de poing dans un sac de sable. Si nous ne réussissons pas à bien diriger cette énergie, nous serons amenés à nous disputer avec des femmes ou aussi éventuellement avec une sœur, une fille, une amie. Le transit en question peut en outre indiquer une période de disputes dans le couple relatives à une des figures féminines ci-dessus citées. Sur un autre plan le passage planétaire en objet pourrait correspondre à une période de dépenses excessives, par exemple pour des vêtements et des objets personnels. La tendance à dépenser beaucoup peut nous faire acheter des objets inutiles ou excessivement coûteux comme des bijoux, montres et tableaux, bibelots, sculptures et tapis aussi. Le jeu pourrait par ailleurs nous attirer et entraîner des pertes financières. Evitons donc toutes les formes de spéculation, prêts, et signature de contrat qui nous engageront trop sur le plan financier. Il peut aussi arriver que nous dépensions trop par amour par exemple partant en croisière ou en voyage avec la personne que nous aimons ou bien en la soutenant économiquement.

Mars en aspect harmonique à Mars

Quand Mars transite en angle favorable par rapport à notre Mars de naissance, nous vivons un moment de grande intensité énergétique aussi bien d'un point de vue mental que physique. L'antique dicton "un esprit sain dans un corps sain" s'adapte parfaitement à ce passage planétaire qui marque une période de lucidité mentale et d'efficacité physique. Le corps et l'esprit travaillent à l'unisson en excellente forme et nous offrent des journées fatigantes mais très intenses. Difficilement nous pourrons nous ennuyer durant ce transit et nous enregistrerons plutôt avec évidence que les autres ne réussissent pas à suivre notre rythme. Nous travaillons comme si nous avions le moteur gonflé et nous réussissons à donner beaucoup plus que d'habitude. Nous sommes aussi très déterminés à mener nos projets à terme. Notre volonté s'exprime en nous de manière claire et décidée: nous savons exactement ce que nous voulons et en combien de temps nous l'obtiendrons. Nous ne sommes pas disposés à parler de renonciation ou d'abdication en faveur de tiers. Nous ne sommes ni violents ni agressifs mais nous ne sommes pas non plus conciliants. Le ton est le bon mais certainement plus haut que d'habitude. Nous n'avons pas besoin de vitamines ni d'intégrateur alimentaire. Nous avons en nous le carburant nécessaire pour donner le maximum possible. Nous nous sentons difficilement aussi en forme comme ces jours-là. Nous devons en profiter un peu pour tout, à commencer par penser à des projets précis pour notre futur, à des programmes qui ne seront pas gâchés par la peur d'agir. Nous cherchons à récupérer le temps précédemment perdu et nous nous réorganisons sur la base des programmes déjà établis. C'est une bonne date pour commencer de nouvelles entreprises, même ambitieuses. Disons tout ce que nous devons dire en famille et au travail: nous réussirons à être convaincants sans être agressifs. Les jours en question sont excellents pour faire du sport y compris à un niveau professionnel. Chacun pourra préférer le sport qu'il désire sans contre indication particulière. Pourront convenir aussi bien un match de foot avec des collègues de travail qu'une course en forêt ou près de la mer. Transpirer et prendre une donne douche régénératrice nous feront grand bien. Il en va de même pour l'activité sexuelle qui pourra être intense aussi bien pour les hommes que pour les femmes. Nous serons aussi attirés par la mécanique et les travaux manuels en général. Nous pourrons en profiter pour réparer quelque chose à la maison, pour mettre au point quelque chose dans notre voiture, sur notre moto ou nos appareils électroménagers. Scier, couper, clouer sont autant d'activités en relation avec le transit en question. Même les travaux modérément fatigants pourront nous aider à bien vivre un tel passage planétaire. Profitons-en si nous devons déplacer une bibliothèque, changer les vêtements d'une armoire, si nous désirons aller acheter des provisions pour la maison, etc. Nous dirigerons de plus grandes énergies vers les figures masculines qui nous sont les plus proches. Nous sentirons une attraction pour les figures martiales en général, les hommes en uniforme, les policiers, les hommes autoritaires ou les autorités. Une figure masculine qui nous est proche sera amenée à se distinguer parce qu'elle vivra des jours très intenses et positifs.

Mars en aspect dissonant à Mars

Quand Mars passe en angle dissonant par rapport à notre Mars de naissance, les querelles deviennent notre pain quotidien. Nous ressentons un excès d'énergie que nous ne réussissons pas à libérer de manière positive. Nous sommes nerveux et tendus, très susceptibles et prêts à déchaîner notre colère, Nous ne sommes pas sereins mais surtout nous ne réussissons pas à trouver un juste équilibre avec les autres. Nous nous rendons compte que nous sommes destructeurs en tout ce que nous faisons. Il serait prudent de ne rien commencer d'important en ces jours et de chercher aussi à renvoyer les choses auxquelles nous tenons le plus et qui pourraient être compromises par un comportemental déplacé. Au cours de ce passage nous nous énervons pour un rien et risquons de nous disputer en famille et au travail. Nous devrons être extrêmement prudents afin d'éviter de ruiner des relations construites avec effort et patience au cours des mois, voire des années précédents. Nous devons être particulièrement attentifs avec notre père ou un de nos frères et avec les figures qui leur sont substitutives, mari compris. Dans le travail la tendance sera au conflit avec le chef et avec toutes les figures qui rappellent un concept d'autorité. Ce sont les journées au cours desquelles nous risquons de recevoir de sévères semonces ou même d'encourir des mesures disciplinaires. Cherchons à filer droit en toute occasion sinon nous ferons l'objet de contraventions, de censures, ou, dans le pire des cas de licenciement. Nous pourrons faire aussi de mauvaises rencontres avec la police, les gendarmes, le fisc et ainsi de suite. Notre rapport sera très tendu avec tous ceux qui portent un uniforme et un béret, à commencer par le concierge d'un immeuble. Notre tension nerveuse arrivera à un point limite surtout aux guichets et avec les employés qui devraient délivrer certificats, documents, autorisations. Evitons d'entrer en contact avec toutes ces personnes et nous vivrons moins mal une telle période qui n'est pas trop longue mais qui n'est pas très courte non plus (dans les cas de *anelli di sosta* (NdT : ce terme se réfère à l'arrêt apparent d'un astre dans le ciel) de la planète, le transit peut durer aussi plusieurs semaines). Faire du sport peut être particulièrement utile pour décharger ce surplus d'énergie, mais attention à ne pas pratiquer d'activité dangereuse avec un pareil Mars face à nous. Adonnons-nous à la course en plein air, à la gymnastique à la maison ou en salle de gym, au tennis ou à la natation et évitons absolument l'équitation, le motocyclisme, le patinage, le ski et tous les sports dangereux. Soit parce que l'on utilise des objets coupants et pointus, soit parce que l'on est en voiture, le risque d'avoir un accident ces jours-là est très élevé. Evitons tout particulièrement d'allumer du feu avec de l'essence, de manier des armes à feu, de nous lancer dans la réparation d'une installation électrique, de monter sur une échelle, de nous pencher à la fenêtre et de faire tout ce qui est considéré comme dangereux. Le sexe, par contre, pourra être un excellent véhicule d'expression de tant d'énergie, faisant tout de même attention à la passion qui, lorsqu'elle est excessive peut entraîner des "accidents" comme une procréation non désirée. Une figure masculine qui nous est proche comme notre mari ou notre père ou notre frère pourrait ne pas être en bonne santé ou être l'objet d'un accident ou de disputes.

Mars en aspect harmonique à Jupiter

Quand Mars transite en angle favorable par rapport à notre Jupiter de naissance, nous nous sentons en grande forme et pleins d'enthousiasme à l'égard de la vie et des autres. Nos actions enregistrent un haut degré de pénétration. Quand nous encaissons un coup, un coup de poing, par exemple, ce qui est important ce n'est pas tant la puissance en tant que telle mais la précision avec laquelle nous frappons la cible. En ce sens nous vérifions ces jours-là que nos "poings" vont beaucoup plus au centre que d'habitude. En somme nous touchons le centre grâce sans doute à une plus grande chance qui nous accompagne au cours dudit passage planétaire. Nos efforts sont couronnés par un plus grand succès et nous devons en profiter précisément pendant que chacun de nos efforts sera accompagné par une "bonne étoile". Notre esprit d'entreprise notamment sera récompensé et en ce sens nous pouvons risquer beaucoup plus là où il est nécessaire d'investir, de spéculer, d'être pionniers, de se lancer dans une activité privée, de raisonner en terme commercial ou industriel. Avec un si bon transit, nous pouvons commencer une nouvelle activité, si les conditions du marché le permettent. Nous avons beaucoup plus le droit de risquer parce que Jupiter accompagnera avec bienveillance nos actions. Les activités dans lesquelles le courage et l'action sont prédominants seront notamment primées. Beaucoup dépendra, bien sûr, de notre caractère de fond, mais si cela nous permet de risquer, alors le transit en question nous donnera un coup de main pour la réalisation d'entreprises difficiles. Avec le soutien d'une planète aussi bénéfique que Jupiter, nous pourrons tenter des entreprises ambitieuses, des escalades apparemment impossibles. Bien des choses dépendront de la chance qui, momentanément, est toute en notre faveur, mais ce qui comptera beaucoup aussi, c'est notre volonté qui dans tous les cas se trouve augmentée. Les entreprises qui pourront bénéficier le plus d'un tel transit sont les entreprises à caractère physique et athlétique. Si nous sommes sportifs, nous vivrons un moment exaltant au cours duquel nous pourrons marquer des points importants par rapport à nos prestations de base. Si nous nous lançons dans une compétition individuelle ou un match collectif, nous ne pourrons être que difficilement plus performants. Période exaltante aussi pour commencer un nouveau sport. L'activité sexuelle pourra très bien fonctionner et nous gratifier énormément. La santé de notre organisme touchera un niveau très satisfaisant et nous pourrons entreprendre de nouveaux soins et obtenir des résultats encourageants avec des thérapies commencées précédemment. Période de succès pour une figure masculine qui nous est proche: notre compagnon, notre père, notre frère, etc. Excellentes relations avec l'autorité en général surtout dans le travail.

Mars en aspect dissonant à Jupiter

Quand mars transite en angle dissonant par rapport à notre Jupiter de naissance, notre sens critique descend au plus bas degré qui lui soit possible d'atteindre. La saine méfiance qui normalement accompagne, plus ou moins importante selon l'individu, ce soupçon qui nous fait nous maintenir presque constamment sur nos gardes et qui souvent nous pousse à nous retourner, nous abandonne presque totalement maintenant, et nous plongeons dans des pensées sinon de toute-puissance du moins d'infaillibilité. Rien ne saurait être plus dangereux: nous risquons de sous-évaluer les dangers et d'exagérer, mais seulement dans notre tête, les possibilités qui nous sont données d'affronter les difficultés et de dépasser les obstacles. Dans une telle perspective, nous risquons de commettre de très grandes erreurs. Par exemple, nous pourrons nous embarquer dans une entreprise commerciale ou industrielle, disposer des moyens adéquats pour le faire, éventuellement en demandant, et ce qui est pire en l'obtenant, un prêt important dans une banque, un prêt que nous ne serons pas, par la suite, en mesure de rembourser. Ces personnes qui périodiquement remplissent les pages des faits-divers des journaux avec leurs histoires incroyables, protagonistes malheureux de machinations colossales causées par des personnes sans scrupules, ces personnes, très probablement, au moment même où elles ont été trompées alors qu'elles pensaient faire des gains fabuleux en confiant tout leur argent au prédateur de service, avaient un passage tel que celui-ci. Qui s'occupe d'astrologie, aussi bien sur un plan professionnel qu'en tant qu'amateur éclairé, doit être très prudent ces jours-là en évitant scrupuleusement de se lancer dans une aventure très risquée. Le problème ne se pose pas si nous nous déplaçons pour aller choisir un vêtement ou un sac, mais il est nécessaire de faire très attention si notre intention est d'investir de l'argent, de fonder une nouvelle société, de conclure une alliance financière et vice-versa. Ces jours-là, en somme, il est préférable de ne prendre aucune initiative importante, quel que soit le secteur et de renvoyer les décisions importantes à des jours meilleurs. Le risque d'inflation, à tous points de vue, est vraiment très élevé. Y compris dans un sens physique. Nous pourrons surévaluer notre résistance physique et nous lancer dans des entreprises qui ne correspondent pas à nos forces. Nous risquons d'éclater dans tous les sens du terme. Faisons attention à ne pas exagérer avec la nourriture, l'alcool, le tabac, et le sexe: nous pensons être très forts, à ce moment-là, mais nous ne le sommes pas ou, dans tous les cas, nous ne le sommes pas assez pour soutenir les fantaisies de puissance qui nous gouvernent dans le cours d'un tel passage planétaire. A une hypertrophie mentale peut correspondre aussi une hypertrophie physique: si nous nous énervons beaucoup, notre foie aussi grossit... Attention à nos colères qui seront difficilement contrôlables. Ces jours-là une figure masculine qui nous est proche pourrait commettre des imprudences.

Mars en aspect harmonique à Saturne

Quand Mars circule en angle harmonique par rapport à notre Saturne de naissance, nous réussissons bien à contrôler notre impulsivité. Nous reconnaissons être en mesure de gérer au mieux nos relations, assujettissant presque complètement la force à la rationalité. Nous réussissons à canaliser nos énergies et à exercer sur elles un froid contrôle à travers le raisonnement. Notre aptitude à raisonner fonctionne comme un condensateur qui accumule toute l'énergie en sortie de notre corps et en contrôle ensuite le flux régulier en sortie, empêchant des flots imprévus. Il est nécessaire de recourir à l'image d'un vieux qui réussit à souffrir en silence pour avoir l'idée d'un pareil contrôle. Notre corps, ces jours-là, ne sait pas ce que signifie se défouler, décharger son énergie et se libérer de manière incontrôlée des forces intérieures. Il se mobilise au contraire complètement pour gérer avec grande fermeté, le flux d'actions en sortie. On obtient ainsi un excellent contrôle sur l'articulation des bras, des jambes, des mains. Il ne s'agit pas d'une amélioration temporaire de notre habileté manuelle, mais d'un meilleur contrôle des membres supérieurs et inférieurs à travers l'esprit. Il en résulte des actions plus mesurées et raisonnées qui peuvent beaucoup améliorer des activités comme celle du chirurgien. Mais aussi n'importe quelle activité physique qui demande une gestion froide des mouvements des bras, des jambes et des mains, bénéficiera d'un pareil passage planétaire. Donc, avec un tel transit, les artisans, les bouchers, les ouvriers et les paysans travailleront mieux, mais aussi les dessinateurs, les personnes qui travaillent sur un ordinateur, les employés de banque, etc. Une meilleure gestion des forces intérieures réussit à maintenir sous contrôle la colère et cela favorise les relations interindividuelles dans le cours du transit en question. Nous pouvons affronter des discussions difficiles sur des arguments qui pourraient nous enflammer, continuant à conserver notre calme. Nous tombons difficilement sous les provocations et notre froideur nous fera même paraître cyniques. Il s'agit d'un état mental assez rare durant lequel nous avons la possibilité d'insister relativement dans des relations épineuses dont nous nous embarrassons depuis longtemps aussi bien en famille qu'au travail. En outre, nous sommes attirés par les figures martiales mûres comme ce pourrait être le cas d'un père âgé ex-militaire, d'un vieux magistrat, d'un commissaire de police jouissant d'une longue expérience professionnelle et ainsi de suite. Saturne correspondant à Chronos de la mythologie, et Mars l'énergie, l'action, nous pouvons aussi décider de nous lancer dans des projets importants et de longue durée. Ces planètes peuvent aujourd'hui nous faire devenir les excellents architectes de notre futur. Le début d'un effort de longue ou très longue durée peut aussi intéresser une figure masculine qui nous est proche. Le passage favorise encore la soudure des os et se prête donc très bien aux opérations de plâtrage d'un membre qui peuvent être nécessaire précisément ces jours-là. Ce sont aussi des dates indiquées pour des opérations aux os et aux dents.

Mars en aspect dissonant à Saturne

Quand Mars transite en angle défavorable par rapport à notre Saturne de naissance, nous ressentons un sens très grand d'impuissance. L'action (Mars) est interdite par la rationalité (Saturne): le Moi censeur exerce une forte censure sur chaque tentative d'expression physique de notre corps, qu'il s'agisse d'actions destructives ou d'actions positives. Nous pouvons difficilement nous sentir plus bloqués qu'en cette période qui par chance n'est pas trop longue. Une prudence extrême voudrait que nous contrôlions chacun de nos désirs spontanés et que nous étouffions la moindre expression de joie ou d'exubérance. Ces jours-là, nous ne pourrons en aucun cas être exubérants. Les possibilités sont doubles: soit nous décidons nous-mêmes de faire avorter toutes les initiatives dès leur naissance, soit nous tentons et en recevons une grande frustration due à l'incapacité d'atteindre la cible. Le rêve que nous faisions souvent enfant, cherchant à courir pour fuir un danger sans réussir à nous déplacer d'un millimètre, illustre parfaitement bien le transit en question. Une autre image qui exprime bien un pareil état mental avant de devenir physique, est celle, toujours plongé dans le sommeil, de nous voir en rêve tirer sur un ennemi et constater que nos balles, bien que le touchant, ne le perturbent en rien. En d'autres termes, une telle condition d'impuissance se réalise soit par la renonciation à l'action, soit par l'inutilité de notre action. Dans tous les cas, la sensation de frustration est très grande. Au cours d'un tel passage planétaire nous tendons à devenir cyniques, dans les limites où notre ciel de naissance nous permet de l'être. Il s'agit de ces moments heureusement rares au cours desquels nous serions capables de marcher sur le cadavre d'une personne qui nous est proche afin d'atteindre un objectif important. Nous raisonnons très froidement et cela peut favoriser des activités qui seraient perturbées par l'émotion, comme essayer de sectionner pour la première fois un cadavre pour les étudiants en médecine. Si nous considérons le passage planétaire en question par rapport à notre vie relationnelle nous constatons que nous sommes alors capables, très froidement, de prendre des décisions sans manifester aucune émotion, sans pitié et de décider d'anéantir une relation qui durait peut être depuis plusieurs années. Nous réussissons à parler de manière froide à notre partenaire et même à lui signifier son congé, presque sans remords et sans larmes. Sans aucun doute, ces jours-là, nous sommes plus méchants, moins sensibles, beaucoup plus pratiques, voire sans pitié. Le transit, en outre, est très dangereux sur le plan objectif des événements et il accompagne souvent chutes, accidents, blessures et surtout fractures. Parfois il est en relation avec une opération que nous devons subir précisément ces jours-là ou bien il se réfère à l'opération ou à l'accident d'une figure masculine qui nous est proche. C'est un indice générique de malchance et nous ferions mieux de ne prendre aucune initiative en ces jours, surtout lorsqu'il s'agit de projets de longue durée. Sont aussi possibles les conflits avec l'autorité en général et, en particulier, avec les personnes âgées.

Mars en aspect harmonique à Uranus

Quand Mars transite en angle harmonique avec notre Uranus de naissance, nous sentons que nous devons réaliser une révolution dans notre vie. Certes, cela n'arrivera pas à chaque passage cyclique de ce type, vu qu'il est assez fréquent dans le cours de la vie mais dans tous les cas nous ressentirons un grand besoin de renouvellement même si ensuite cela ne se réduit à rien de spectaculaire. Ouvrir les fenêtres, renouveler l'air que nous respirons, se libérer des chaînes que nous avons aux pieds, renverser un puzzle très compliqué qui nous oblige à rester assis pendant des heures, envoyer au diable une habitude qui limite notre liberté: ce sont autant de sensations que nous désirons éprouver au cours de ce passage planétaire. Un air frais nous enveloppe et nous pousse à aller de l'avant, très au-delà, dans la direction de nouvelles émancipations qui ont besoin du soutien de la volonté. Cette aide existe, et l'action libérée de la volonté est forte et déterminée. Si nous devons dire nos quatre vérités à quelqu'un, c'est le bon moment pour le faire. Réapproprions-nous notre espace vital sans être trop cérémonieux: il ne s'agit pas de violence mais d'être las de pardonner aux autres d'occuper notre territoire. Nous sommes lucides et déterminés, nous savons exactement ce que nous voulons, nous sommes conduits par la cohérence et la fermeté et nous voulons aller jusqu'au fond. Si un lieu nous opprime, le moment est arrivé de briser les chaînes. A un moment de notre vie, nous devons donner un coup sur la table et agir rapidement: nous pouvons faire ainsi sans nous préoccuper si les autres y lisent un comportement autoritaire. Le jugement des autres peut être sévère indépendamment de la direction de nos actions. Nous sommes tous d'accord sur l'importance qu'il y a à sauver certains liens, mais quand c'est trop, c'est trop et le sens de la mesure n'existe plus au cours d'un tel transit. Dans la vie sont aussi importants les moments de destruction que ceux de construction. Des cendres souvent, surgit une vie nouvelle qui peut être meilleure que la précédente. Il s'agit de courage et à travers ce courage nous pouvons aussi bien abandonner certains édifices en ruine de notre passé que jeter les bases de nouveaux et importants édifices pour le futur. Ce qui caractérise le plus ce type de transit c'est la rapidité avec laquelle nous réussissons à décider. Un transit de ce genre enivre surtout les sujets qui ont un mars faible par exemple en Balance ou en Cancer. Rapidité et force de décision signifieront des doigts très rapides pour les pianistes et les guitaristes, mais aussi des mains qui vont très vite sur un clavier d'ordinateur, qui exécutent parfaitement une gastroscopie, qui touchent avec précision une cible avec une presse mécanique… Notre énergie se marie parfaitement avec tout ce qui est moderne et ultra moderne et nous nous consacrerons plus volontiers que d'habitude à l'étude de la psychologie, de l'astrologie, de l'électronique, de l'informatique, etc. Les sports qui requièrent non tant une résistance physique que l'impulsion comme dans le cas du saut en hauteur et en longueur et dans le cent mètres, seront aussi favorisés. D'excellentes nouveautés pourront enrichir la vie d'une figure masculine qui nous est proche.

Mars en aspect dissonant à Uranus

Quand Mars transite en angle dissonant par rapport à notre Uranus de naissance, nous nous sentons particulièrement radicaux et intransigeants. Nous ne réussissons pas vraiment à être tolérants, même pas avec nous-mêmes. Notre instinct nous pousse à réagir sans penser à nous comporter de manière extrémiste dans toutes les occasions. La patience est un sentiment que nous semblons ne pas connaître. Nous voudrions tout et immédiatement sans jamais faire la queue, sans devoir attendre l'aide de personne. Nous sommes amenés à nous rebeller contre l'autorité, n'importe quel type d'autorité. Nous nous comportons de manière plutôt agressive avec tous ceux qui nous sont chers et ensuite avec nos collègues au travail. Nous voudrions être vraiment attentifs et prudents si nous voulions éviter de sérieux accidents de parcours comme une dispute avec notre chef ou avec notre conjoint. Nous ne réussissons vraiment pas à supporter les pertes de temps d'autrui, la lenteur à comprendre de la part de notre interlocuteur, la bureaucratie. Ces jours-là se réveille en nous un instinct révolutionnaire présent dans chacun de nous et nous pourrions prendre le fusil si les conditions historiques et politiques du Pays dans lequel nous vivons le justifiaient. Même si nous sommes des personnes civiles, instruites et bien élevées nous pourrions être tentés d'en venir aux mains avec ceux qui se mettent sur notre route. Précisément ce que nous ne réussissons pas à supporter dans ce moment c'est la barrière d'un passage à niveau, entendu au sens figuré. Si nous écoutions notre impulsion nous foncerions plutôt que nous arrêter à un contrôle ou bien nous donnerions de grands coups de coudes à celui qui se place devant nous. Nous n'avons certainement jamais été aussi violents. Ce n'est que très difficilement que nous réussirons à comprendre la raison des autres et notre agressivité révèle une bonne dose d'infantilisme, de caprice et de nervosité.

Comme il advient dans les passages dissonants Mars-Mars, mais à un degré supérieur, ici aussi nous devons essayer de trouver un bon moyen de se défouler et de libérer nos énergies. Le sport avant tout peut être la solution miracle. Mais attention: en ce cas le danger d'accident est très grand et nous devrons donc ne pratiquer que des sports non dangereux comme la course dans un stade, la gymnastique à la maison ou en salle, la boxe contre un sac de sable... Attention à la voiture et surtout à la moto et attention à toutes les activités réputées dangereuses: allumer un feu avec de l'essence, manier des armes à feu, des objets coupants et pointus, se pencher dans des endroits non protégés, monter sur une échelle, skier, patiner, aller à cheval, etc. Il est probable qu'au cours d'un tel passage nous devions recourir aux soins d'un médecin, d'un dentiste ou que nous devions subir une petite intervention. Notre dextérité est des plus mauvaises, rapidité et action ne sont pas synchrones: nous pourrons être beaucoup plus rapides au clavier d'un ordinateur, par exemple, mais en nous trompant souvent de touches. Evitons tous les travaux de précision. Les chirurgiens et les dentistes devront être particulièrement attentifs au cours de ce passage planétaire. Un accident ou une opération pourraient frapper une figure masculine qui nous est proche. Un accès de colère avec un militaire, un policier, une autorité en général pourrait nous créer des problèmes avec la justice.

Mars en aspect harmonique à Neptune

Quand Mars passe en angle favorable par rapport à notre Neptune de naissance, nous rechargeons nos batteries spirituelles. Nous nous sentons transportés vers la foi qui ne sera pas nécessairement de nature religieuse mais peut correspondre aussi à une cause politique, éventuellement dans la direction du matérialisme historique, ou bien une cause sociale ou encore se diriger vers un type de credo professionnel, alimentaire, philosophique et ainsi de suite. Ce passage enflamme les âmes et crée des états de conscience altérés. Qui le subit se sent fortement transporté et tend à vivre ces jours "l'épée à la main" ou "le poignard entre les dents". Cela, lu par une personne optimiste signifie le faire avec grande passion, par contre lu par une personne pessimiste signifie le faire avec fanatisme. En effet, il s'agit de la même chose et pour ce motif nous avons utilisé l'expression "états de conscience altérés" qui nous semblent bien décrire un comportement dans tous les cas emphatiques. L'emphase, de tous les points de vue, caractérise ces moments qui sont plutôt brefs dans l'année, mais qui peuvent nous porter à des actions importantes. Ces dernières nous pousseront à concrétiser nos idées, à crier au monde, à lever les drapeaux réels et symboliques. Dans nos cœurs brûlera la passion quelle qu'elle soit. Nous désirons témoigner concrètement nos plus profondes convictions et les réaliser en nous servant de la parole et du stylo. Au cours de ce transit il est possible de nous rapprocher de la religion et d'en vivre une exaltation particulière. Si nous sommes déjà croyants nous sommes amenés à fréquenter des prêtres et les églises ainsi que les temples bouddhiste, islamiste ou d'autres religions. Nous pourrons aussi être tentés de nous inscrire à un parti politique, à un syndicat ou à fréquenter l'assemblée des travailleurs, faire la grève, participer à des manifestations publiques, des cortèges, etc. Le binôme foi-foule, nous attirera fortement de même que tous les groupes véhiculés par un credo identique: nous pourrons aussi bien participer à un congrès de macrobiotique qu'à la manifestation publique du mouvement des verts qui se font enchaîner devant l'ambassade d'un pays étranger qui continue des essais nucléaires. Au cours de ce transit, en somme, nous avons besoin de hurler nos convictions, de les témoigner au plus grand nombre de personnes possible. Par contre, si nous décidons de vivre de tels sentiments en privé, ceux-ci auront un écho incendiaire en nous. Au contraire, nos énergies pourraient être utilisées pour vaincre une forme d'esclavage dû à la drogue, à l'alcool ou au psycholeptique. Si nous sommes victimes d'une de ces toxines, nous pouvons profiter du transit en question et tenter de nous libérer de tout cela. La force psychologique, dans ces cas-là, pourra vaincre le vice. Excellente période donc pour tenter de se désintoxiquer en général. Sur un plan plus banal, nous utiliserons ces énergies pour réparer notre bateau ou pour le transporter en cale sèche. Bonne période pour la pêche et la plongée sous-marine. Rencontres intéressantes avec des prêtres, psychologues, astrologues. Une figure masculine qui nous est proche vivra une expérience de grande intensité religieuse ou politique.

Mars en aspect dissonant à Neptune

Quand Mars transite en angle dissonant par rapport à notre Neptune radical, nous sommes plutôt aveuglés par les passions en tous genres. Notre état de conscience est fortement altéré et certainement dans une phase négative. Nous pouvons vivre un moment d'extrême exaltation de ce qui sera pour nous un credo et nous nous lancerons dans des croisades totalement détachées de la réalité. Il s'agit certainement de formes de fanatisme durant lesquelles nous pouvons apparaître aux autres comme de véritables possédés, des extrémistes, prêts à s'enflammer pour une idée, pour une cause qui peut être religieuse, mais aussi politique, sociale, syndicale, écologiste, macrobiotique, philosophique et ainsi de suite. Nous voyons rouge comme les taureaux de la corrida et risquons d'entraîner aussi les autres le long de sentiers qui ne devraient pas être parcourus dans un tel état d'excitation. Un tel aveuglement peut être endogène, dans le sens où c'est notre esprit seul qui le produit ou bien il dépend de l'absorption de médicaments, d'une grande quantité de café ou dans le cas le plus extrême, de drogue. Ce qui est certain, c'est que notre comportement ressemble beaucoup à celui d'un drogué. Nous ne réussissons pas à être objectifs et voudrions que tout soit emporté par nos convictions. Ce transit est extrêmement dangereux pour les chefs et dans tous les cas pour tous ceux qui se trouvent à la tête de n'importe quelle association, groupe politique ou autres car il peut inciter à prendre des décisions dans la direction de la rébellion, des manifestations, de la déclaration de guerre et ainsi de suite. Cela surtout si dès la naissance le sujet en question avait un aspect dissonant entre Mars et Neptune ou bien entre ce dernier et les luminaires ou bien simplement un Neptune dominant. Dans le sillage du maître des Poisson on peut être poussé à prendre le fusil, à se lancer dans la mêlée, à être phagocytés par les autres… Qui sait combien de jeunes terroristes qui ont rempli les prisons du monde entier ont commis des délits sous ce passage planétaire! Et qui sait combien de jeunes sont devenus tout simplement des terroristes inspirés par un tel transit. Dans de tels cas, le passage planétaire en question s'exprime simplement dans la direction d'une augmentation des névroses, chez des sujets à la base particulièrement névrotiques. Il peut faire croître les anxiétés, les angoisses, les phobies en tous genres et requiert la prise de sédatifs et d'antidépresseurs plus forts qui, à leur tour, créent un état de conscience altérée. Il s'agit certainement d'un transit très dangereux et destructeur qui requiert une prévention, une explication pour qui devra le recevoir, et dans un sens pharmacologique, éventuellement à travers une cure homéopathique. Il sera bon, dans le courant de ces jours-là, d'éviter de fréquenter les manifestations publiques, les grèves, les défilés, les assemblées, les foules et ainsi de suite. De possibles mauvaises expériences avec les toxicomanes ou avec des pseudo magiciens. Crises nerveuses ou dépressions à la suite d'une mauvaise prévision d'un astrologue ou d'une cartomancienne. Une figure masculine qui nous est proche souffre de névroses ou ne se sent pas bien pour avoir consommé de la drogue.

Mars en aspect harmonique à Pluton

Quand Mars transite en angle favorable par rapport à notre Pluton de naissance, nous sommes sous l'emprise de fantaisies incontrôlables de puissance bien que n'étant pas des possédés, même si nous n'en avons pas l'habitude. Chacun de nous fait souvent des projets ambitieux ou très ambitieux et c'est bien maintenant l'un de ces moments. Nous pensons les choses en grand et nous voulons nous lancer dans des projets plutôt grandioses. Il est possible de réaliser cela dans certains cas et donc nous ne devons surtout pas diaboliser un tel passage. En outre, un aspect de ce genre finit par accentuer notre volonté, par nous rendre plus entreprenants et donner aussi plus de consistance à nos sentiments. En somme, ce peut être le levier de nos pensées. Nous nous sentons certainement plus forts et plus motivés, comme pour les passages harmoniques Mars-Neptune, mais à un degré plus élevé. Nous pouvons être traversés par un vent de grandes passions qui peuvent nous conduire à nous lancer dans la politique et dans tous les secteurs où il est déterminant de *croire*. Notre désir sexuel augmentera aussi et nous pourrons vivre de ce point de vue là une saison importante avec la personne qui partage notre vie. Si notre partenaire a lui aussi les mêmes motivations, il s'agira alors vraiment de jours spéciaux, marqués par une grande passion physique et mentale. Nous pourrons vivre des jours inoubliables mais à condition que notre compagnon ou notre compagne soit lui ou elle aussi sollicité(e) par ce transit. Cela explique combien il est important dans chaque couple d'avoir les planètes dans de bons angles réciproques. Nous pouvons utiliser ledit passage planétaire pour chercher aussi à résoudre un problème psychologique ou un problème psycho-sexuel. En ce sens il sera utile pour nous d'aller consulter un psychologue, un sexologue, un andrologue ou un gynécologue. Pour les hommes si d'autres transits le justifient, il pourrait s'agir d'une petite incision du pénis. Pour les femmes cela veut dire une éventuelle cicatrisation dans les zones génitales ou quelque chose de ce genre. Une lecture érotique du type *Tropique du Cancer* de Henry Miller ou *L'amant de Lady Chatterley* de David H. Lawrence sera salutaire pour le sexe. Sont indiqués aussi tous les traitements, thermaux ou pas, pour les zones génitales. Notre plus importante énergie pourrait s'appliquer à la remise en état de la tombe de famille ou à d'autres nécessités liées à la mort en général ou bien à celle des personnes qui nous sont chères. Le transit pourrait vouloir dire aussi qu'une figure masculine qui nous est proche, comme notre frère, ou un ami proche, est en train de vivre une période de passion sexuelle. Si nous voulons installer un système d'alarme chez nous, placer des micros espions, quelle qu'en soit la raison, c'est le bon moment pour le faire.

Mars en aspect dissonant à Pluton

Quand Mars transite en angle dissonant par rapport à notre Pluton de naissance, nous tendons à laisser libre cours à nos plus mauvaises énergies, celles correspondant à nos instincts les plus primitifs. Des sentiments destructeurs et autodestructeurs plus que demeurer emprisonnés dans notre conscience, prétendent s'exprimer concrètement et y arrivent souvent vraiment. Des sentiments de colère, de vengeance, mais aussi masochistes prennent possession de nous et, si notre équilibre et notre éducation ne sont pas adéquats, ils peuvent aussi prendre le dessus pendant quelques heures et nous pousser à commettre des actions dont nous pourrons avoir honte. Le sexe nous obsède au point de nous mettre mal à l'aise. Si notre partenaire ne se trouve pas dans la même condition que nous ou se refuse à adhérer à nos requêtes, ce sera alors vraiment un très mauvais moment pour nous qui serons tentés par l'amour mercenaire ou pire encore. Nous devons être très attentifs parce que, outre le risque très élevé de maladies infectieuses, nous risquons aussi de nous trouver impliqués dans les situations relevant du code pénal. Au cours de ce passage planétaire, des contacts avec les criminels ou des membres de la pègre sont possibles. Nous pourrons aussi être tentés de nous procurer une arme à feu et d'autres instruments du crime. Nous éprouvons aussi une attraction pour les sujets de la pire espèce ou dans tous les cas pour les sujets qui peuvent être en relation avec la criminalité qu'il s'agisse de policiers ou bien de mafieux, de toxicomanes… Pour les infections nous ne devons pas penser aux plus terribles mais aussi à de simples et très ennuyeux parasites. Pour les sujets qui en souffrent, il peut s'agir d'une crise d'hémorroïdes. Une position de ce genre, dans de nombreux cas, entraîne le sujet vers la pornographie et cela aussi peut être à l'origine de problèmes. Des sentiments très forts de jalousie sont par ailleurs fréquents et en mesure de nous faire faire des choses qui en général ne nous passent pas par la tête, comme placer par exemple des micros espions, suivre notre partenaire, nous adresser à une agence d'investigation, etc. La jalousie aveugle l'esprit et ces jours-là nous pouvons vraiment être obnubilés par cette idée. Une colère terrible contre notre compagnon ou notre compagne peut naître et déboucher même sur une séparation. La destructivité est le sentiment dont nous devons nous prémunir. Nous pouvons vivre en ce sens de véritables obsessions encore plus fortes que celles que nous éprouvons au cours des passages dissonants Mars-Neptune. Une figure masculine qui nous est proche pourrait être impliquée dans un scandale de nature sexuelle.

Mars en aspect à l'Ascendant

Voir Mars en Maison I

Mars en aspect au Milieu du ciel

Voir Mars en Maison X

Mars en aspect au Descendant

Voir Mars en Maison VII

Mars en aspect au Fond du Ciel

Voir Mars en Maison IV

Mars en transit en Maison I

Quand Mars traverse notre Maison I, nous nous sentons chargés d'énergie. Sur le plan mental, nous nous sentons plus lucides et déterminés que jamais. Nous tendons à prendre des décisions fermes, de manière directe. Ceux qui sont habitués à se comporter de cette façon, n'apprécieront pas complètement la beauté du transit, mais tous ceux qui par nature ne sont pas enclins à prendre des décisions immédiates, se sentiront particulièrement gratifiés par un tel événement de détermination et de volonté. Ils éprouveront l'ivresse des décisions prises sans hésitation ni repentirs. Les objectifs de notre esprit seront incontournables, ils ne pourront être ni bloqués ni retardés. Nous serons plus décidés face aux questions importantes et nous nous comporterons un peu comme des chefs, nous tendrons à donner des ordres nets, mais sans autoritarisme, à nos collaborateurs. Ceux qui seront près de nous ces jours-là, percevront en nous une grande détermination et apprécieront la clarté de notre comportement. L'influence de Mars fera, en effet, que nous serons plus sincères et plus directs, moins diplomates et plus déterminés pour la poursuite de nos objectifs programmés. Nous vivrons fondamentalement dans le présent et peu dans le passé ou le futur. Comme le disaient les anciens romains: *carpe diem*, nous profiterons de l'occasion qui se présente, nous serons prêts à donner des réponses en temps réel. Nous pourrons faire valoir nos raisons auprès de nos supérieurs et nous ne craindrons plus autant les autorités avec lesquelles il nous est maintenant facile de parler. Nous réussirons à mieux affronter aussi les questions familiales en nous montrant fermes mais non violents. Il s'agira d'un moment de véritable force et non d'une attitude extérieure. Une telle force s'exprimera aussi du point de vue physique et cela nous aidera à produire une grande quantité de travail. Nous devons en profiter si nous devons récupérer des retards accumulés dans le passé et nous employer à abattre un tel travail, qu'il s'agisse du travail physique ou du travail intellectuel. L'augmentation d'énergie psychophysiologique nous permettra aussi de faire du sport ou d'en faire plus que d'habitude. Toutes les disciplines peuvent convenir, du football au tennis, du volley au ping-pong. Excellente période aussi pour s'inscrire dans une salle de gymnastique, pour commencer une activité sportive ou simplement une période d'activité bihebdomadaire. Pour les plus sédentaires sont conseillées de longues promenades ou des courses à pied dans les bois ou au bord de la mer, les excursions en montagne ou la cueillette des champignons dans les lieux propices.

Certainement nous pourrons développer une plus grande activité sexuelle, notamment les hommes. Si le transit a lieu en angles dissonants par rapport au reste du thème ou en même temps que d'autres passages dissonants, nous devrons alors surveiller notre agressivité et notre violence qui augmenteront sensiblement. Nous serons enclins à la dispute, et nous pourrons ruiner des rapports importants à cause de notre intolérance. Nous tendrons à contrecarrer la volonté d'autrui et à nous imposer comme de petits dictateurs. Nous ne serons en rien tolérants envers les exigences d'autrui, et nous nous disputerons aussi pour un rien. Nous risquons en outre sérieusement de nous blesser en manipulant des objets coupants ou pointus ou bien en heurtant quelqu'un avec notre voiture. Période très dangereuse pour voyager en moto, pour faire des plongeons d'un rocher ou pratiquer un sport dangereux. Une plus grande activité sexuelle pourra nous aider à bien canaliser toute cette énergie. Il est probable, au cours de cette période, que nous allions chez le dentiste, que nous subissions une intervention ou que nous ne soyons pas bien à cause d'une simple grippe.

Mars en transit en Maison II

Quand Mars transite dans notre Maison II radicale, nous nous concentrons sur le gain. Nous pensons plus à notre survie et nous nous employons à tirer plus de profits du monde qui nous entoure. Si nous avons des dispositions pour devenir chef d'entreprise, nous les manifestons ces jours-là et il ne devra pas s'agir nécessairement d'une occupation à longue échéance ni qui requiert un changement professionnel radical: il peut être question simplement d'une parenthèse temporelle au cours de laquelle nous pouvons avoir des idées pour trouver une source de revenus parallèles, éventuellement en revendant des biens qui ne nous servent plus. Nous lirons avec plus d'attention les journaux de petites annonces et nous ferons nous-mêmes publier une annonce. Nous pourrons faire de bonnes affaires en naviguant sur Internet. Même si nous ne donnons généralement pas à notre travail un sens strictement matérialiste, au cours de ce transit nous le lui donnerons et nous chercherons à ramener à la maison le plus d'argent possible. Nous désirerons obtenir une carte de crédit, demander un financement ou un prêt à un ami, étant certain d'être en mesure de pouvoir le lui restituer. La période est excellente pour inaugurer un magasin, pour commencer une activité commerciale, pour devenir représentant, pour ouvrir un nouveau bureau et ainsi de suite. En même temps, nous éprouverons le besoin de consacrer plus de temps à notre look, entendu au sens large du terme. Cela peut signifier que nous nous emploierons pour avoir une meilleure présentation, éventuellement en commençant une cure amaigrissante, en nous coupant la barbe ou en changeant notre coupe de cheveux. Très souvent nous modifierons légèrement la façon de nous habiller. Dans d'autres cas nous serons attirés par l'image entendue comme théâtre, cinéma, photographie, logiciel de graphisme, etc. Cela peut alors vouloir dire que nous nous lancerons dans une activité de théâtre amateur ou bien que nous achèterons un appareil photo, une caméra ou un magnétoscope pour travailler un peu avec les images. Une véritable passion pour les activités consacrées à l'image peut naître ces jours-là. Le moment est aussi excellent pour apprendre à utiliser un nouveau logiciel de graphisme ou simplement pour acheter un nouveau téléviseur ou un nouvel écran vidéo pour notre ordinateur. Si le transit naît avec des angles dissonants ou en même temps que d'autres passages planétaires dissonants, nous devrons alors être particulièrement attentifs aux dépenses parce que nous risquerons d'avoir des pertes d'argent. Nous tendrons à dépenser beaucoup, y compris pour des motifs futiles. En outre, nous pourrions perdre de l'argent prêté sans avoir pris de garanties ou bien nous l'investirons maladroitement en Bourse ou bien encore nous pourrons être l'objet d'un vol. Attention aux voleurs qui pourraient pénétrer chez nous ou dans notre voiture. Attention aux vols à main armée. Nous risquons aussi de recevoir des chèques en bois ou d'être trompé d'une certaine façon. Vu le symbole de la planète rouge, nous pourrions dépenser des chiffres excessifs pour des moteurs, des engins mécaniques, des armes... Des coupures ou des blessures peuvent compromettre notre look. Des interventions de chirurgie esthétique sont possibles.

Mars en transit en Maison III

Quand Mars transite dans notre Maison III radicale, nous dirigerons toutes nos énergies psychophysiques dans les télécommunications au sens large du terme. Notre volonté de nous mettre en contact avec les autres augmentera et nous nous en rendrons compte par la force de la pensée qui sera plus pénétrante, centrifuge, tournée vers l'extérieur. Notre esprit acquerra un brillant particulier et nous nous étonnerons nous-mêmes d'être aussi lucide. Nous réussirons à faire des raisonnements linéaires, directs, particulièrement pertinents. Nos capacités oratoires augmenteront aussi grâce à un vocabulaire soudainement plus riche (nous nous souviendrons de verbes et de substantifs peu utilisés). Nous passerons plus de temps au téléphone, acceptant de contacter des personnes ennuyeuses ou d'aborder des arguments difficiles. Nous écrirons aussi beaucoup plus de lettres, éventuellement pour une invitation collective qui nous occupera plusieurs heures de la journée. La volonté et la détermination qui nous caractérisent en ce moment, nous pourrons les affirmer surtout par lettres et par téléphone. Naviguer sur Internet nous plaira particulièrement et nous nous y consacrerons le plus possible. Nous aimerons beaucoup voyager et nous pourrons effectuer de véritables marathons en voiture ou en moto. Rarement il nous sera aussi agréable de conduire comme ces jours-là : cela nous relaxera énormément, surtout avec de longs trajets sur autoroute. Nous nous occuperons beaucoup plus d'un frère ou d'un cousin ou d'un beau-frère ou d'un jeune ami. Nous nous déplacerons, peut-être, pour aller les voir. Il peut aussi se faire que nous devions effectuer un travail en relation avec les télécommunications, comme monter un système d'interphone au bureau ou une antenne parabolique sur le toit. Une plus grande lucidité mentale, en outre, nous permettra de suivre avec plus grand profit des cours, des séminaires, des conférences ou bien d'être celui qui les anime. Nous désirerons plus lire, étudier ou écrire. Nous pourrons alors travailler à un rapport important, à un discours, au chapitre d'un livre ou simplement à rédiger un journal intime. Si le transit est accompagné par des aspects dissonants ou par d'autres transits négatifs, celui-ci peut être particulièrement dangereux pour les accidents de transport en général, que nous soyons au volant d'une voiture, que nous conduisions une moto ou que nous traversions la route, que nous montions, descendions d'un autobus. Nous pourrons avoir des querelles avec l'employé derrière son guichet, avec le vendeur d'un magasin ou avec un agent en ville. Des disputes possibles avec un frère, un cousin, un beau-frère ou un jeune ami ou bien de mauvaises nouvelles les concernant. De probables lettres ou des coups de téléphone agressifs ou annonçant de mauvaises nouvelles. Panne de nos appareils de transmission comme le téléphone portable, le téléphone sans fil, le modem, le fax, l'imprimante, etc. Nous pourrions faire l'objet de critiques dans la presse. De possibles querelles avec notre éditeur. Problèmes au cours de voyages : grève des trains, aéroports bloqués, panne de voiture.

Mars en transit en Maison IV

Quand Mars transite dans notre Maison IV, nous investissons une grande quantité de nos énergies sur la maison, le milieu domestique et professionnel. Nous nous occupons plus des quatre murs qui nous contiennent. Nous ferons des projets d'acquisition ou de déménagement. Nous chercherons à obtenir un prêt pour l'achat d'un bien immobilier ou d'une multipropriété. Eventuellement nous irons visiter avec notre compagnon ou compagne des appartements en vente ou à louer. Nous pourrons aussi nous déplacer pour aller réserver la maison de nos vacances ou l'hôtel pour les vacances d'hiver. Plus probablement nous nous lancerons dans des travaux de restructuration de notre maison ou de notre bureau, de notre laboratoire, magasin, etc. Nous aurons envie de travailler avec nos mains et peut-être serons-nous capables de peindre des murs, de placer une moquette ou de réaliser tant de petits et grands travaux qui nous feront épargner sur le coût de la main d'œuvre spécialisée: nous occuper de notre maison sera pour nous source de plaisir ou bien nous projetterons de futurs changements ou déplacements de meubles pour dessiner une nouvelle cuisine que nous voudrions réaliser, pour nous rendre dans un magasin d'ameublement ou faire des achats. Plus simplement ce transit pourrait correspondre à une période de petits travaux comme laver les vitres, démonter les rideaux pour les laver, nettoyer notre bibliothèque et ainsi de suite. Nous consacrerons certainement plus d'énergie à nos parents, pour aller les voir, en les recevant pour quelques jours, en les accompagnant faire quelque chose, nous occupant de questions qui les intéressent. Si le transit se vérifie avec des angles dissonants ou en même temps que d'autres passages négatifs, nous devrons alors faire attention à de possibles dégâts dans la maison. Ces derniers pourront être générés par un début d'incendie, par des appareils électroménagers qui tombent en panne, par des vitres ou des objets en porcelaine qui pourraient se briser et ainsi de suite. Nous recevrons probablement de mauvaises nouvelles relatives à notre maison ou la lettre d'un locataire qui nous demande un dédommagement ou encore l'avis de la copropriété qui nous somme de faire quelque chose ou bien une taxe à payer que nous n'avions pas prévue.

En somme, de mauvaises nouvelles à caractère immobilier. Il est aussi possible que nous nous rendions compte d'avoir des difficultés pour rembourser un prêt et finissions par dépenser beaucoup plus d'argent que prévu pour la rénovation. Si nous possédons une roulotte ou un camping-car, nous pouvons avoir un accident. Nos parents se font opérer, vont mal ou bien nous avons une discussion avec eux. Nous sommes contraints à habiter quelques jours dans un hôpital. Le disque dur de notre ordinateur ou un autre composant de sa mémoire est endommagé. Des problèmes possibles à l'estomac pour ceux qui en souffrent.

Mars en transit en Maison V

Quand Mars transite dans notre Maison V radicale, notre libido pénètre dans la sphère de ce qui est ludique et/ou récréatif. Notre plus grande aspiration est de nous divertir, d'être heureux, de ne penser à rien et de jouir le plus possible. Nous mettons de coté nos préoccupations et surtout les obligations de travail que nous renvoyons à une date ultérieure. Nous voulons maintenant faire un break et nous concéder un moment de vacances. La période est excellente pour faire un voyage ou, éventuellement, un week-end seulement avec la personne aimée ou seul à la recherche d'une aventure. Il peut aussi se faire que nous restions dans notre ville, mais dans ce cas nous sortirons fréquemment le soir, nous irons plus souvent au cinéma, au théâtre, aux concerts, au restaurant, en discothèque, au casino. Nous pourrons découvrir ou redécouvrir le plaisir des soirées à la maison, à jouer aux cartes entre amis, à la tombola et à la roulette. Si nous sommes musiciens nous nous amuserons plus souvent à faire de la musique avec nos amis et si nous sommes sportifs, à pratiquer un sport. Mais ce qui est important, ce n'est pas tant ce que nous ferons, mais comment nous le ferons. Par exemple, si en général nous lisons, mais ne lisons que des essais ou des livres spécialisés, il peut se faire que nous nous concédions ces jours-là une pause magnifique en lisant des romans de science-fiction, un policier ou une histoire d'amour. Notre vie sexuelle s'intensifiera certainement. La période est en outre excellente pour la procréation aussi bien dans l'horoscope féminin que dans l'horoscope masculin. Parfois on note que les sujets qui vivent un tel type de transit se consacrent au jeu boursier parce qu'au-delà de son aspect professionnel, c'est aussi un jeu au sens strict du mot. Nous pourrons en outre participer à des spectacles télévisés où il est possible de gagner un prix. Si nous sommes artistes, nous serons beaucoup plus récréatifs au cours de cette période et si nous enseignons nous consacrerons beaucoup plus de temps à la dialectique. Si le transit se passe avec des angles dissonants aux autres astres ou s'il est accompagné par d'autres passages planétaires dissonants, il peut alors indiquer toute une série d'exagérations contre lesquelles nous pourrons aller pour satisfaire un excès de libido sexuelle. Risques d'exagération en tous genres pour satisfaire le plaisir de notre corps, de tous les points de vue. Des accidents peuvent nous arriver dans la recherche du plaisir à outrance par exemple en nous blessant en pratiquant un sport dangereux ou en conduisant notre voiture après une nuit passée en discothèque et après avoir beaucoup bu et fumé. Une sensualité excessive et une sexualité effrénée peuvent entraîner une maternité ou une paternité involontaire ou encore une maladie vénérienne. Notre relation avec nos enfants tend à empirer et à nous procurer litiges et frictions. Un de nos fils ou une de nos filles est malade ou bien est victime d'un accident ou d'un chagrin (redoublement à l'école, compétition perdue, un amour qui finit…).

Mars en transit en Maison VI

Quand Mars transite dans notre Maison VI radicale, nous prenons davantage soin de l'esthétique et de la santé de notre corps. Nous faisons en sorte d'être mieux, de faire plus pour notre personne, pour notre santé psychologique. C'est le bon moment pour nous inscrire dans une salle de sport ou pour commencer en sport chez soi ou dans un club. Nous pourrons acheter un rameur, un vélo d'appartement et faire des mouvements à la maison. Ou bien nous pourrons commencer une diète amaigrissante ou de désintoxication. Il serait bon que nous nettoyions notre organisme en évitant par exemple pendant une certaine période de manger de la viande, de boire des boissons alcoolisées ou d'introduire des sucres dans l'organisme. Notre plus grande volonté peut être employée à tenter de cesser de fumer ou de nous intoxiquer en général, médicaments compris. Au cours de ce passage planétaire plus que jamais *mens sana in corpore sano* et pour cela nous devrions chercher à pratiquer des activités physiques, mais aussi transpirer, aller au sauna, prendre des douches tièdes, faire des bains de boue et tout ce qui peut être salutaire à notre peau, à notre visage, à nos cheveux. Si nous souffrons d'arthrose ou de rhumatismes, la période est indiquée pour faire de la gymnastique corrective, mais aussi pour nous faire faire des massages shiatsu, de l'acupuncture. A notre tour nous pourrons pratiquer de telles disciplines parce que la libido qui intéresse ce passage peut nous induire à nous occuper de notre corps mais aussi de celui des autres. En ce sens nous pouvons apprendre à faire des massages ou fréquenter un cours de chiropraxie, de macrobiotique, de kinésithérapie rééducative, etc. En outre, nous pouvons recevoir ou pratiquer des soins esthétiques, à commencer par les lampes U.V. jusqu'à l'épilation définitive. De courtes retraites dans des centres d'agritourisme spécialisés dans les soins et la santé du corps, accompagnées de longues promenades dans les bois, pourront nous remettre en forme. Il peut aussi arriver, cependant, que notre énergie s'investisse dans le travail afin de réduire certains retards. Nous serons, en ce cas, de véritables stakhanovistes, capables d'abattre une quantité de travail gigantesque. Les travaux manuels seront favorisés, ainsi que le bricolage, le tricotage, le travail sur un tour de potier, etc. Si le passage se fait avec des angles dissonants par rapport aux autres planètes ou bien en même temps que d'autres passages planétaires négatifs, il est alors possible d'avoir des problèmes de santé et nous pourrons subir une intervention chirurgicale. Il s'agira souvent de séances chez le dentiste. Fièvres et infections sont possibles. Dommages causés par des thérapies non suivies par le médecin: évanouissement en raison de baisse de tension durant les bains de boue ou bien petite fracture au cours d'une manipulation de chiropraxie ou intoxication alimentaire ou médicamenteuse, etc. Des querelles sont possibles dans notre travail, avec nos collègues et nos supérieurs. Accidents du travail. Dispute avec un collaborateur. Renvoi d'un employé de maison ou bien celui-ci est blessé ou malade. Un animal domestique est blessé ou meurt.

Mars en transit en Maison VII

Quand Mars transite dans notre Maison VII de naissance, nous plaçons toute notre énergie dans le contact avec les autres. Que nous soyons introvertis ou extravertis, égocentriques ou sincèrement désireux de fondre notre Moi avec celui des autres, nous ferons tout pour converger vers notre prochain, entendu comme un partenaire ou comme la société, une association, un groupe, une congrégation, etc. Plus que désirer, comme le veut la nature de Mars, nous cherchons à construire quelque chose pour lequel il est possible de conjuguer les verbes au pluriel. Nous déclarons nos sentiments à une personne pour commencer une relation, une vie en commun, un mariage. Notre désir de relations cherche à trouver une application pratique, de confluer dans quelque chose de concret. Si nous sommes déjà liés à un homme ou à une femme, nous fixerons la date de début de la vie en commun ou du mariage ou bien, si c'est déjà fait, nous engagerons toutes les formalités bureaucratiques et pratiques afin que cela se réalise: nous réservons à la mairie ou à l'église pour la cérémonie, au restaurant pour la réception, chez le typographe pour les invitations, chez le fleuriste pour la décoration... En somme, nous nous remontons les manches et procédons concrètement dans le sens de la réalisation de ce projet. Nous ne serons donc pas surpris si dans ces jours, nous sommes très pris par la résolution de questions pratiques pour l'organisation d'une cérémonie comme celle du mariage. Nous nous sentons très motivés, et rien ni personne ne peut nous arrêter. Si, par contre, nous sommes déjà mariés et s'il s'agit de constituer une société, de monter un bureau d'étude, de nous lancer dans la politique, nous nous engageons sur d'autres voies mais toujours animés par cet esprit d'union. Nous sommes convaincus au cours de ce transit que la seule route pour évoluer est de partager notre chemin avec une ou plusieurs personnes. Si nous ne vivions pas ce type de transit, de manière périodique, ne s'uniraient peut-être que les signes d'Air et les autres resteraient dans leur coin. Mais évidemment, la nature - ou le Zodiaque si vous préférez -, a bien organisé les choses et, périodiquement, nous fait être plus communicatifs ou plus ours mal léchés, juste ce qu'il faut pour équilibrer les forces de la vie, sans nous faire perdre l'équilibre dans un sens ou dans l'autre. Nous sommes induits à penser qu'il est important pour nous de nous inscrire à un parti politique ou à une association philosophique ou religieuse, d'être membre d'un club, d'entrer dans une coopérative, et de créer des liens étroits avec des groupes de différente nature et orientation. Un tel passage planétaire peut pour la première fois nous diriger vers la politique au sens noble du mot. Nous dédierons, en outre, beaucoup de nos énergies à notre compagnon ou notre compagne qui à son tour vivra des jours très intenses ou durant lesquels il ou elle saura se faire valoir dans les milieux qui comptent. Nous sommes fortement attirés par les uniformes et l'ordre militaire. Si le passage a lieu avec des aspects dissonants ou en même temps que d'autres transits dissonants, il y aura alors, pour nous et notre partenaire, beaucoup de documents juridiques. D'une manière générale, nous devrons combattre des guerres volontaires ou non. Dans les cas les plus fréquents il s'agira de disputes avec notre partenaire, mais il est possible aussi qu'il y ait de véritables conflits avec les autres, avec ou sans documents juridiques, avec ou sans juges, avocats ou tribunaux. Dans ces affaires nous pourrons être aussi bien acteurs que figurants. Il peut aussi se faire que la loi s'occupe de nous et les choses pourraient être ici plus graves. Dans le pire des cas, nous pourrions recevoir la visite du Fisc, de la Police ou de la Gendarmerie, pour un simple contrôle ou, même, pour être arrêtés. Si d'autres transits importants le prévoient, il est même possible de subir un attentat, un vol à main armée, des menaces, une agression ou nos biens subir des dégâts volontaires. Des problèmes sont possibles à l'interface de notre ordinateur ou aux connections de ce dernier avec ses périphériques.

Mars en transit en Maison VIII

Quand Mars transite dans notre Maison VIII radicale, nous nous trouvons souvent dans la nécessité de demander un prêt, à remplir le dossier de demande de financement auprès d'une banque. Nous allons dans la direction la plus positive pour accroître notre patrimoine, aussi bien à travers un héritage qu'une retraite, qu'une donation, etc. Les intérêts économiques prévalent sur tous les autres. Ces actions, généralement ont un résultat positif. Notre objectif est de gagner plus et nous y réussissons presque toujours. Nous mettons en jeu nos meilleures ressources et nous nous comportons avec un rare pragmatisme finalisé à la conversion en argent de chacun de nos efforts. Dans cette période il est facile d'avoir à faire avec des notaires, mais aussi avec des avocats et des directeurs de banque ou des fonctionnaires des finances. A un niveau un peu plus bas nous manifesterons aussi un intérêt pour le sexe et notre activité, de ce point de vue, presque toujours enregistre une accélération voire un accroissement vertigineux. Plus qu'un attrait sensuel, il s'agit ici d'une forte stimulation érotique entendue comme sexe vécu surtout mentalement. Pour cette raison notre fantaisie peut se déchaîner et nous pourrons demander à notre partenaire de devenir le complice de découvertes dans notre rapport sexuel. En outre, il est aussi possible de dépenser des énergies autour du symbolisme de la mort en luttant avec de bons résultats pour arracher à la mort une personne qui nous est chère et qui est gravement malade, ou bien en nous dédiant simplement à la restructuration de la chapelle de famille au cimetière. Enfin nous pourrons nous exprimer dans la direction de la mort à travers des séances de spiritisme, des recherches dans le domaine de l'occulte et de l'ésotérique plus généralement. Si le transit a lieu avec des angles dissonants dans plusieurs parties du thème natal ou en même temps que d'autres passages planétaires dissonants, il est alors possible que nous vivions beaucoup de difficultés, surtout de nature légale, relatives à un héritage, à la division de biens avec notre conjoint ou avec des parents très proches. Presque toujours dans ces cas le recours aux avocats est incontournable. Par ailleurs peuvent naître aussi des difficultés pour l'attribution d'une retraite. Nous employons beaucoup d'énergie pour obtenir un prêt qui ne nous sera pas concédé. Il nous est difficile de rembourser un prêt. Nous devons payer des taxes que nous n'avions pas prévues.

Nous nous rendons compte d'avoir fait un découvert sur notre compte. Nous devons restituer une somme d'argent que nous ne possédons pas. Nous devons respecter des échéances sans avoir les ressources suffisantes. Nous sommes menacés par des usuriers qui nous ont prêté de l'argent. Nous nous disputons avec notre compagnon ou notre compagne relativement à des biens que nous possédons en commun. Notre partenaire a une mésaventure financière qui nous inflige de grosses pertes d'argent. A un autre niveau nous enregistrons une forte pulsion sexuelle que nous ne réussissons pas à satisfaire de manière orthodoxe. Risque de faire de mauvaises rencontres dans nos aventures sexuelles. Expérience sexuelle avec des gens de la pègre. Danger de contracter une maladie vénérienne. Très mauvaise expérience de la mort. Mort de notre conjoint. Dans les cas les plus graves, ce passage pourrait, si d'autres transits le justifient, signifier un danger dans notre vie. De très mauvaises expériences au cours de séances de spiritisme ou en fréquentant des milieux ésotériques. Difficultés relatives à la sépulture d'un parent ou au déplacement de ses restes. Dégâts subis à la chapelle de famille au cimetière. Grosses dépenses pour la sépulture de notre conjoint.

Mars en transit en Maison IX

Quand Mars passe dans notre Maison IX de naissance, nous investissons nos énergies dans la recherche de lointain entendu dans un sens géographique aussi bien que métaphysique. Notre désir de voyager augmente beaucoup. Il est difficile au cours de ce transit de ne pas voyager. Certainement nous nous déplacerons d'une ville à l'autre. Très probablement nous irons à l'étranger, pour quelques jours ou pour une longue période. Le moment en est des plus propices et il l'est d'autant plus si nous pensons étudier ou perfectionner une langue, y compris celle de la programmation informatique. Nous nous déplacerons plus pour réaliser ou pour intensifier des liens avec des lieux éloignés par exemple en demandant à la compagnie des téléphones une ligne rapide pour les communications par Internet. Nous passerons aussi beaucoup de temps à naviguer, ainsi qu'en voiture ou à moto. En même temps augmentera en nous un intérêt réel pour la philosophie, la théologie, le yoga, l'astrologie, l'orientalisme, etc. Pour ce motif nous achèterons des livres, nous étudierons, nous participerons à des séminaires, des cours et congrès, nous apprendrons des techniques, nous nous mettrons en contact avec des maîtres. Notre correspondance avec les Pays lointains sera abondante. Si nous sommes étudiants, nous ferons des examens importants. Nous accompagnerons une figure masculine qui nous est proche dans un Pays étranger, éventuellement pour des motifs médicaux. Nous serons sollicités en même temps pour pratiquer du sport ou bien pour en intensifier la fréquence. Nous pourrions manifester un intérêt particulier pour le monde animal. Si le transit a lieu dans des conditions dissonantes, il peut alors indiquer un accident de la route en voiture, à moto, en traversant la rue, en tombant au moment de monter ou descendre d'un moyen de transport public. Parfois l'accident n'est pas lié strictement au transport mais peut avoir lieu chez nous en passant d'une pièce à l'autre. Notre voiture tombe en panne. De mauvaises nouvelles nous parviennent de loin. Un de nos parents proches a une mauvaise aventure à l'étranger et doit aller loin pour une opération chirurgicale. Nous nous confrontons aux autres sur le plan idéologique. Nous nous lançons dans des batailles à l'issue incertaine, sur des questions de principe ou relativement à nos profondes convictions. Nous nous opposons à des adversaires d'autres villes ou au cours de nos déplacements. Ces derniers sont décidément à déconseiller au cours d'un tel passage planétaire. Nous devons faire, en outre, très attention avec le sport, surtout ceux reconnus comme dangereux. L'étude d'une matière universitaire ou le désir d'affirmer notre pensée sont des occasions de stress. Nous pouvons nous blesser avec un animal. Notre modem ou notre téléphone portable pourraient tomber en panne.

Mars en transit en Maison X

Quand Mars transite dans notre Maison X, nous visons haut, très haut. Mais plus qu'aspirer à atteindre de meilleurs résultats dans notre travail ou notre condition sociale, nous évoluons avec de manière concrète afin que cela se réalise. Nous emploierons toute notre énergie pour nous émanciper à tous les points de vue. Si nous sommes jeunes, nos parents nous donneront plus de liberté ne serait-ce qu'en nous permettant de rentrer plus tard à la maison. Si nous sommes mariés nous atteindrons un objectif semblable en faisant comprendre à notre partenaire nos raisons. Nous réussirons à nous libérer d'un esclavage par la volonté, la détermination qui sont à leur comble en ce moment. Avec une telle énergie psychophysique, nous pourrions réussir à arrêter de fumer ou de boire de l'alcool ou d'être esclaves de psycholeptiques. De nombreuses personnes qui sont en analyse réussissent durant ledit passage planétaire à interrompre la thérapie psychanalytique. Notre détermination, la vision claire de ce que nous voulons, la force qui nous pousse à aller de l'avant, peuvent nous amener à nous élever sur le plan professionnel ou social. C'est un bon moment pour demander un avancement, pour se porter candidat à un poste de responsabilité à l'intérieur de la structure où nous travaillons. Au cours de ce transit, il est probable que nous réussissions à nous mettre à notre compte, surmontant les peurs qui nous ont empêchés de le faire précédemment. Tant d'activités dans le secteur commercial ou industriel ont eu pour origine ce transit. Y compris nos éventuelles ambitions politiques peuvent grandir considérablement. Nous pourrions atteindre aussi une plus grande émancipation en apprenant à utiliser l'ordinateur, à nager, ou à vaincre notre peur de voler. Nous consacrerons une bonne quantité de nos énergies à notre mère ou bien celle-ci vivra une période active et pleine de vitalité. Si le transit se vérifie simultanément à d'autres passages dissonants, il peut alors indiquer une dure bataille, à l'issue incertaine pour obtenir un travail meilleur ou des conditions de travail meilleures. On nous conteste quelque chose ou bien nous subissons des attaques de la part d'adversaires de fraîche ou de longue date. Notre travail est sérieusement compromis ou bien requiert de notre part une offensive sur le front de réalités qui nous empêchent de nous développer, Nous combattons avec pugnacité pour nous conquérir une place au soleil. Nous entrons en conflit avec notre mère ou bien celle-ci est malade, doit être opérée. Un accident au travail.

Mars en transit en Maison XI

Quand Mars transite dans notre Maison XI de naissance, nous nous coupons en quatre pour nos amis, même si nous ne manifestons pas nécessairement un instinct grégaire. Nous vivons beaucoup plus le sentiment d'amitié et de solidarité envers notre prochain. Nous nous battons pour un ami et nous nous comportons dans un esprit de camaraderie. Nous avons une vie sociale plus intense et demeurons moins seuls à la maison. Nous multiplions les occasions de rencontre avec les personnes qui peuvent devenir de nouveaux amis, mais nous nous rendons compte que de telles occasions augmentent aussi indépendamment de notre effort. Nos amis, entre temps, nous offrent leur aide, et nous font comprendre combien ils sont importants. Nous frappons à plusieurs portes en adoptant l'attitude qu'il convient, à savoir en désirant obtenir quelque chose mais sans arrogance. Nous interpellons les personnes influentes que nous avons connues autrefois et qui pourraient nous aider à résoudre un problème. Nous faisons aussi beaucoup de projets dans toutes les directions, depuis l'ameublement d'une nouvelle maison à la naissance d'une nouvelle activité. Nous faisons tout ce qui est possible de faire pour conjurer un décès ou pour le retarder. Si le passage advient avec des angles dissonants ou que d'autres transits négatifs l'accompagnent, alors, presque toujours, une amitié se rompra. Nous enregistrerons une grande agressivité dans notre relation avec nos amis. Un ami nous jouera un mauvais tour ou bien sera malade ou aura un accident. Une personne influente nous traitera mal. Certains de nos projets rencontreront de grandes difficultés dans leur réalisation. Nous pourrons aussi faire des projets destructeurs. Une figure masculine proche de nous, comme notre compagnon, un frère, un ami, se disputera avec ses amis. Nous nous lierons d'amitié avec des personnes dont nous découvrirons ensuite qu'elles appartiennent à la pègre ou qu'elles sont dans tous les cas socialement dangereuses. Dans les cas les plus graves, un de nos amis pourrait mourir ou bien perdre un parent, ou bien encore nous pourrons risquer nous-mêmes de perdre la vie si de nombreux autres transits le confirment.

Mars en transit en Maison XII

Quand Mars transite dans notre Maison XII, nous déployons beaucoup d'énergie dans la recherche en général. Si nous appartenons au monde de la recherche au sens strict, la période sera excellente pour notre travail. Si, par contre, nous opérons dans un tout autre secteur, nous sentirons au cours de ces jours le besoin d'une plus grande recherche dans un sens endo-psychique. Nous pourrions travailler à l'élaboration d'un journal intime ou bien à la rédaction de nos mémoires. Excellent passage pour la lecture et pour l'étude dans le domaine ésotérique, astrologique, psychologique, théologique, etc. Si nous sommes des religieux pratiquants, nous pourrions alors profiter d'un tel passage planétaire pour une retraite spirituelle, pour prier beaucoup, pour être plus en contact avec ce qu'il y a de plus sacré au monde. Inversement, nous pourrons participer à des congrès et séminaires d'astrologie, de psychologie, de philosophie et ainsi de suite. Excellente période pour notre propre analyse psychanalytique. Notre âme d'infirmier et notre sens de l'aide s'intensifieront et nous conduiront à diverses formes de solidarité envers les autres, soit par une simple contribution économique, soit à travers la fréquentation active d'associations de volontaires comme la Caritas, la Croix Rouge, l'UNICEF. Dans une dimension plus privée nous serons très près des personnes qui nous sont chères et non de façon contemplative. Une plus grande force intérieure nous permettra de nous libérer des psycholeptiques si nous en faisons usage. Il en va de même pour la drogue si nous sommes dans ce tunnel de souffrances. Notre lutte politique et idéologique deviendra plus vivante et concrète. Nous serons plus incisifs dans nos batailles et nous procéderons avec emphase pour affirmer nos principes. Nous combattrons avec plus grand succès que d'habitude, nos ennemis cachés. Si le transit advient en angle dissonant ou en même temps que d'autres passages très dissonants, il s'agit alors d'un facteur astrologique très négatif voire dangereux. Nous pourrions faire de mauvaises expériences à cause de notre foi religieuse, d'un principe philosophique, enregistrer les mauvaises conséquences de la rencontre avec un soi disant magicien ou astrologue, nous disputer avec un psychologue ou un prêtre, subir une agression de la part de toxicomanes. Une opération chirurgicale est aussi possible pour nous ou l'un de nos proches. Mauvais état de santé qui nous contraint à être hospitalisé. Formes d'enfermement forcé comme devoir rester en quarantaine. Dans le pire des cas si d'autres éléments du thème le justifient, il est possible aussi de finir en prison. Nous subissons les conséquences des actions négatives de nombreux amis secrets. Médisances et calomnies à notre égard. Jours de très mauvaise popularité pour nous ou pour nos parents les plus proches. De possibles accidents de voiture ou de moto. Mésaventures dans tous les domaines, dans la santé, les affaires, les relations affectives, notre rapport de couple, dans notre travail, par rapport à l'argent. Des deuils sont possibles.

7.
Les transits de Jupiter

Les transits de Jupiter sont les préférés des passionnés d'astrologie, experts et amateurs. Dans la société occidentale, ils correspondent à l'abondance, à la richesse, au prestige, aux gratifications matérielles : tout ce qui peut faire plaisir à un homme ou une femme vivant à notre époque et dans notre société. N'oublions pas, en effet, qu'il se conjugue plus avec avoir qu'avec être. Il est donc évident que les déplacements jupitériens sur les points les plus importants d'un thème de naissance soient attendus et convoités. Au début de chaque année nous assistons au spectacle assez triste des astrologues qui distribuent des espérances, souvent mensongères, à ceux qui appartiennent aux douze tribus correspondant aux douze signes du zodiaque et les prévisions les meilleures, vous pouvez en être sûrs, concernent toujours le signe traversé par Jupiter durant les douze mois qui vont suivre. Cela peut quelquefois être vrai pour certains, mais d'autres fois complètement faux pour beaucoup. Nous ne sommes pas là pour faire le procès de l'*oroscopia segnosolare* (NdT : néologisme péjoratif de l'auteur pour désigner les prévisions sur les douze signes), mais il ne faut pas oublier que, en dehors du fait que pour chaque situation il faut surtout étudier la Révolution solaire si l'on veut faire des prévisions précises, la planète la plus grosse de notre système solaire fonctionne souvent à l'inverse. Nous ne nous référons pas seulement au fait que ses passages avec des angles dissonants peuvent produire plus de dommages que Saturne, mais au fait que le sixième corps de notre système solaire fonctionne souvent comme un oscillateur bistable. Je m'explique. En ces nombreuses années de pratique et d'études astrologiques nous avons noté que son entrée dans une Maison, détermine souvent un effet contraire à celui de la situation précédant son arrivée. Prenons un exemple. Jupiter entre en Maison VII et nous nous attendons à ce qu'il apporte un amour important, voire même un mariage, et la résolution favorable de contentieux. Il arrive souvent exactement le contraire et nous voyons que, si le sujet auquel se réfère le transit, vit un mariage heureux, à l'arrivée de Jupiter en Maison VII, indépendamment des aspects positifs ou négatifs qu'il peut former avec les astres, on assiste à une nette dégradation de la relation matrimoniale du sujet et quelquefois même à une séparation ou à des tracasseries administratives. Cet effet qui peut donc être comparé à un oscillateur bistable qui change en fonction des impulsions en entrée (une première impulsion allume la lumière, une seconde l'éteint, et ainsi de suite), vaut pour toutes les maisons, mais est beaucoup plus nette pour la deuxième, la septième et la huitième où il peut produire de graves dommages. Cela vaut tant pour les transits que pour les Révolutions solaires, c'est, dans ce cas, même plus évident. Ignorer un tel facteur signifie souvent se tromper sur les prévisions annuelles d'un sujet. Vous trouverez ci-après les observations les plus importantes sur ses passages.

Jupiter en aspect harmonique au Soleil

Quand Jupiter transite en angle favorable par rapport à notre Soleil de naissance, nous recevons une caresse du ciel. Selon l'ensemble des transits et de la Révolution solaire du moment, nous pouvons obtenir de petites ou de grandes faveurs. Avant tout, notre optimisme croît remarquablement : nous nous sentons plus sûrs de nous, plus certains que la chance est avec nous. Et lorsque nous nous sentons plus chanceux, effectivement la chance vient à notre rencontre. Nos pensées sont positives et nous envisageons l'avenir avec le sourire. Nous agissons en ignorant ou en feignant d'ignorer les difficultés. Nous sommes moins hésitants et les autres perçoivent la confiance et la certitude dans nos yeux. D'ordinaire un tel comportement est aussi accompagné d'événements réels qui le justifient. Durant ces périodes qui peuvent varier de quelques jours à plusieurs mois dans une année, nous connaissons souvent toute une série de promotions ou de gratifications qui doivent être interprétées avec une logique occidentale. Pour un tibétain, manger un bol de riz chaque jour peut être une conquête, pour un européen ou un nord-américain, au contraire, acheter une voiture neuve, avoir une promotion, tomber de nouveau amoureux, gagner de l'argent au jeu, avoir, posséder, accumuler, sont source de joie. Evidemment nous ne dirons pas ici laquelle de ces deux logiques est la plus juste, mais nous soulignerons qu'une logique matérialiste du genre Jupiter accomplit remarquablement sa fonction. Nous pouvons démontrer, en effet, même sur un grand nombre, que ses passages accompagnent honneurs, augmentations de capitaux, achats de biens très convoités, réalisations matérielles en tout genre. Physiquement nous nous sentons mieux et cela pourrait constituer un premier et important facteur d'analyse. En second lieu, si nous examinons notre passé, nous voyons que chaque fois qu'il était en conjonction, sextile, trigone à notre Soleil de naissance, nous avons franchi des étapes importantes dans notre vie, comme le bac, la maîtrise, le premier amour, le mariage, la naissance d'un enfant, un moment de popularité, un scoop dans le travail et ainsi de suite. Bref, il est indéniable que Jupiter distribue des dons et des plaisirs entendus selon la logique occidentale. A ce propos, il n'existe aucun doute possible : les éphémérides et la biographie d'un personnage sont éloquents. Ce qui nous autorise à penser, chaque fois qu'un tel passage se vérifie, que nous nous trouvons sur la ligne de départ d'un autre moment magique de notre vie. Selon la nature de nos souhaits, nous pouvons vérifier qu'ils trouvent une confirmation concrète. Si nous cherchons une maison, nous la trouverons facilement, si nous aspirons à une amélioration de notre situation sentimentale, nous y arriverons avec plus de facilité. Bien sûr les miracles n'existent pas, sauf dans des cas rarissimes, nous ne pouvons donc pas prétendre de réussir à vendre des sauterelles en Afrique ou des réfrigérateurs en Alaska grâce au passage de Jupiter. Tout doit être lu avec intelligence et sans trop projeter ses propres espoirs. Au-delà de la valeur théorique relative à la bonté de ce passage, il faut vérifier son effet sur le sujet : il y a des individus qui répondent bien et avec beaucoup de sensibilité à son passage et d'autres qui n'en tirent aucun avantage. Pour vérifier l'effet plus ou moins positif de ce passage sur un sujet, il faut lui demander ce qui s'est passé environ douze ans plus tôt, lors du précédent passage. Notre compagnon, notre père, notre fils ou notre frère vit un très bon moment ou est protagoniste d'une évolution dans le domaine professionnel ou dans le domaine du prestige individuel.

Jupiter en aspect dissonant au Soleil

Quand Jupiter transite en angle dissonant par rapport à notre Soleil de naissance, l'effet le plus négatif que nous pouvons enregistrer est une chute dramatique de notre sens critique. Ce que nous pourrions appeler la "candeur du sagittaire", s'empare de nous et nous fait être très ingénus et téméraires. De la même manière qu'une cellule folle jaillit d'un organisme malade, nous tendons à nous comporter presque sans aucun sens critique. La saine méfiance qui ne devrait jamais nous abandonner, la garde que nous ne devrions jamais abaisser si nous souhaitons de pas être maladroitement frappés par le destin, durant ce passage planétaire deviennent des souvenirs du passé qui laissent place à un comportement plutôt désinvolte et téméraire. Ce qui peut nous nuire c'est le fait de penser que tout peut s'arranger et qu'il n'est pas dit que nous aussi courrions le risque de glisser sur une peau de banane. Cela nous conduit à nous découvrir et à nous exposer à grand nombre de risques. La sous-évaluation des dangers nous conduit à ne pas choisir le bon moment ni la bonne façon dans les rapports avec les autres, par exemple si nous voulons conquérir la sympathie d'une personne ou si nous devons parler à notre chef de notre situation professionnelle. Dans ces circonstances, nous ne pensons pas qu'il soit utile d'étudier une stratégie et souvent nous échouons là où en d'autres circonstances, notre tentative aurait été couronnée de succès. Cela est valable tant dans la vie sentimentale que professionnelle. Au travail, en particulier, le manque d'attention peut être la cause de graves erreurs, surtout si nous travaillons à une caisse ou à un guichet où nous risquons de mal compter l'argent, de rendre trop d'argent ou d'en encaisser moins et de générer d'autres erreurs. Le transit devient même dangereux si occupons des postes à grande responsabilité comme le contrôle radar d'un aéroport ou si nous travaillons dans un bloc opératoire. Sans prendre des cas extrêmes, il faut savoir que dans chaque situation professionnelle nous courons les risques qui dérivent du manque d'attention critique et de la sous-évaluation des dangers. Donc, quelle que soit notre profession, nous pouvons faire une erreur de jugement technique mais nous pouvons aussi rater un virage à cause d'une vitesse excessive. Les dommages que nous pourrons causer tant à nous-mêmes qu'aux personnes qui nous entourent, concernent la santé et l'argent. Dans le premier cas, il se peut que nous ne donnions pas d'importance à un problème qui pourrait être le signal d'une pathologie grave et dans le second cas nous pouvons faire allègrement des investissements insensés. Se projeter avant tant d'optimisme, peut signifier, par exemple, demander un prêt que nous ne serons pas en mesure de rembourser ou dépenser une grosse somme pour quelque chose dont nous n'avions pas vraiment besoin. Le geste que nous accomplissons souvent après un tel passage est celui de nous frapper sur le front pour nous étonner d'avoir été aussi ingénus, ce qui nous donne le registre global des conséquences auxquelles nous devons nous attendre avec un tel transit. Notre compagnon, notre père, notre fils ou notre frère vivent un moment négatif et sont victimes d'un déclin dans le domaine professionnel ou du prestige individuel.

Jupiter en aspect harmonique à la Lune

Quand Jupiter transite en angle harmonique par rapport à notre Lune radicale, nous nous sentons plus légers que d'habitude et notre "cœur s'ouvre". Un vent d'optimisme s'empare de nous et nous conduit vers plus de détente. L'effet principal de ce transit, n'est pas d'augmenter notre ambition, mais, au contraire, de nous détendre. Une indolence s'empare de nous et nous fait vivre, pendant quelque temps, avec plus d'auto-indulgence. Nous sommes plus disposés à nous pardonner nous-mêmes et nous nous détendons grâce à l'optimisme. Nous nous disons que nous pouvons reporter au lendemain ce que nous devions faire le jour même et qu'il est doux de vivre en se prenant de temps en temps un peu de vacances. Nous goûtons au plaisir d'un bon dîner, d'un vieux film, de renvoyer toutes les pensées relatives aux tâches quotidiennes. Le temps où nous devrons penser aux préoccupations viendra suffisamment tôt, pour l'instant nous n'en avons nullement envie. La nature fait en sorte qu'il y ait, périodiquement, des jours comme ceux-là, tôt ou tard, d'autres jours marqués par les soucis viendront. Un passage comme celui-ci est souvent accompagné d'un accroissement de notre popularité, de manière restreinte ou plus ample, selon notre travail et le nombre de personnes avec lesquelles nous entrons périodiquement en contact. C'est un moment extrêmement positif pour les personnages publics : hommes politiques, acteurs, artistes... Nous sentons que nous inspirons la sympathie autour de nous et nous pouvons en profiter pour demander une augmentation de salaire ou un poste à plus grande responsabilité. Notre épanouissement social et / ou professionnel sera favorisé par une femme. Notre situation affective et sentimentale s'améliore nettement. Nous avons de grandes chances de tomber amoureux durant ce passage et la plupart du temps c'est justement ce qui se passe et cela dérive de cet état d'abandon, de détente dont nous avons déjà parlé. Si nous n'abaissions pas la garde périodiquement, comme durant ce passage planétaire, nous ne tomberions probablement jamais amoureux. Ce transit peut favoriser la production de rêves et facilite toutes les projections au sens psychologique. Nous nous sentons particulièrement attirés par les personnages féminins et surtout par les femmes de notre famille, qu'il s'agisse de notre famille d'origine ou de notre famille par alliance. C'est un moment favorable pour notre femme, notre mère, notre sœur ou notre fille. C'est une période particulièrement positive pour la maison, en ce qui concerne les transactions immobilières, les déménagements, les travaux d'aménagement.

Jupiter en aspect dissonant à la Lune

Quand Jupiter transite en angle dissonant par rapport à notre Lune de naissance, nous sommes excessivement détendus à cause de l'absence de sens critique. La valeur de ce passage est plus ou moins la même que celle du passage dissonant Jupiter-Soleil. L'absence de toute méfiance de notre part peut engendrer de sérieux problèmes tant dans le domaine des relations interpersonnelles que dans le domaine professionnel. Ceux qui nous sont proches et ceux qui nous guident dans notre travail auront une mauvaise impression de notre comportement. Nous avons tendance à trop parler ou à parler sans trop réfléchir. Nous projetons énormément et nous ne sommes pas en mesure de comprendre que nous sommes en train de le faire. De cette façon-là, nous finissons par rêver les yeux ouverts et par attribuer aux autres ce que nous sommes nous-mêmes en train de penser. C'est un aspect dangereux pour toutes les personnes qui opèrent avec de grandes responsabilités. Ce passage peut aussi provoquer des incidents domestiques ou professionnels. La quasi absence de sens critique a surtout des conséquences chez nous et dans nos relations affectives. L'attirance que nous éprouvons envers un homme ou une femme est telle que nous nous comportons comme si nous avions des rondelles de saucisson devant les yeux : nous ne réussissons pas à voir toute la négativité de la personne qui nous fait soupirer. Un transport aussi inconditionnel pourrait nous conduire à décider rapidement d'un mariage ou d'une vie en commun que nous pourrions par la suite regretter. Nous pourrons aussi commettre de graves erreurs pour l'achat ou la location d'une maison. En outre, le passage détermine souvent une moindre attention aux problèmes de poids et nous risquons de prendre des kilos que nous aurions ensuite du mal à perdre. Essayons aussi, dans la mesure du possible de censurer un tantinet notre langue qui pourrait vivre un moment de logorrhée excessive et déplacée. C'est un moment défavorable pour notre femme, notre mère, notre sœur ou notre fille ou encore pour notre rapport avec elles. Un scandale éventuel dans lequel nous risquons d'être impliqués pourrait affecter notre popularité.

Jupiter en aspect harmonique à Mercure

Quand Jupiter transite en angle harmonique par rapport à notre Mercure de naissance, nous vivons un moment de grande fécondité et vivacité intellectuelles. Comme si nous alimentions notre cerveau avec du phosphore et des vitamines spécifiques, nous nous sentons plus éveillés et percevons une effervescence mentale qui nous permet d'être plus efficaces pour toutes les activités intellectuelles. Nous formulons mieux nos idées et les projets que nous avons déjà faits. Nous comprenons mieux ce que nous disent les autres et notre niveau de compréhension générale s'améliore. Nous réussissons aussi à plus nous exprimer et donc la quantité de nos communications avec l'extérieur augmente. Nous pouvons nous essayer à parler en public, dans un débat, une table ronde, devant les caméras, presque sans inhibitions. Nous écrivons plus que d'habitude et de bonnes nouvelles nous parviennent par courrier. Nous désirons voyager et nous en profitons pour faire un tour en voiture ou en moto. Ces journées-là sont favorables à n'importe quel type de voyage, en train ou en avion. Nous pouvons nous déplacer pour rendre visite à un frère, un cousin, un beau-frère, un jeune ami. Nous pouvons aussi voyager grâce à Internet et faire d'agréables navigations sur le réseau. Nous désirons acquérir des objets relatifs aux communications et télécommunications et la période s'y prête bien. Nous pourrions avoir envie de changer de voiture ou d'acheter un téléphone mobile, un téléphone sans fil, un fax, un modem, une parabole ou une imprimante. Indépendamment de notre travail habituel, notre capacité à mener des négociations commerciales augmente. Grâce aux journaux de petites annonces nous pouvons faire de bonnes affaires. C'est aussi un bon moment pour étudier, pour préparer un examen, pour s'inscrire à un concours, pour suivre des cours et des séminaires, mais aussi pour rédiger un rapport, un curriculum vitæ, pour travailler à un article pour un journal ou à un chapitre de livre. Notre frère, notre cousin, notre beau-frère ou un ami réalisent de bonnes affaires ou effectuent un agréable voyage.

Jupiter en aspect dissonant à Mercure

Quand Jupiter se déplace avec des angles dissonants par rapport à notre Mercure de naissance, nous devons faire attention à ce que nous disons car nous ne contrôlons pas bien nos pensées ni nos paroles car nous en sous-évaluons les dangers. Nous baissons la garde et notre méfiance est moindre. Nos pensées et nos paroles coulent sans contrôle de la part de la raison. A travers ce flux de paroles passent des mots en liberté, en excessive liberté. Nous sommes moins sincères que d'habitude, plus portés au mensonge, mais nous subissons aussi le mensonge de la part des autres. Nos communications téléphoniques seront plus nombreuses, mais elles pourraient nous apporter de mauvaises affaires. Des regards et des oreilles indiscrètes peuvent nous espionner. Nous pourrions, nous aussi, être tentés d'en faire autant. Nous voyagerons plus mais nous irons à l'encontre de désagréments comme une panne de voiture, des voies interrompues, des grèves de train, etc. Nous désirons acheter des objets électroniques pour les télécommunications, mais il conviendrait de s'abstenir car nous pourrions acheter un téléphone mobile inadéquat, un téléphone sans fil non homologué, un modem ou un fax fonctionnant mal ou une parabole trop chère. Il en va de même pour l'achat d'une voiture neuve ou d'une moto. Il est possible que nous nous déplacions pour secourir un frère, un cousin, un beau-frère ou un jeune ami qui se trouve dans le pétrin. Nous n'arrivons pas à nous concentrer sur un examen que nous devons passer ou bien nous avons du mal à suivre un cours, une conférence, à prendre part à des débats. Nous nous appliquons à écrire quelque chose mais les résultats sont plutôt médiocres ou décevants. Nous nous essayons, fort mal, à la négociation commerciale. Evitons tout acte important d'achat ou de vente. Tant qu'il s'agit d'un sac ou d'une cravate, passe encore, mais s'il s'agit de choses plus importantes, mieux vaut renvoyer à de meilleurs transits. Un frère, un cousin, un beau-frère ou un jeune ami sont escroqués ou alors ils escroqueront quelqu'un. Trop de stress ou trop de cigarettes nuiront à notre santé.

Jupiter en aspect harmonique à Vénus

Quand Jupiter transite en aspect harmonique par rapport à notre Vénus de naissance, notre disposition à l'amour augmente. Nous nous sentons plus disposés à l'amour, nous désirons nouer de nouvelles relations d'amitié, participer à la vie de groupe. Nous apparaissons plus sympathiques et nous éprouvons, à notre tour, plus de sympathie pour ceux qui nous entourent. C'est le bon moment si nous entendons déclarer nos sentiments à un homme ou une femme. Nos aspirations sentimentales trouveront le meilleur accueil possible. Il est fort probable que nous avons du succès dans les affaires de cœur. Grand nombre de relations sentimentales sont baptisées par ce transit. Les astres nous conseillent de déclarer nos sentiments. Si nous sommes au lendemain d'une discussion avec notre partenaire, c'est le bon moment pour tenter de résoudre le problème en faisant le premier pas. Si nous sommes en froid depuis longtemps avec notre partenaire, c'est le bon moment pour tenter de faire la paix.

La chance, petite, mais décisive nous assiste. Nous désirons donner le plus d'espace possible aux activités ludiques, récréatives et nous y réussissons bien. Nous voulons nous amuser et cela nous réussit. Notre niveau de satisfaction intérieure augmente et en général nous avons une plus grande activité sexuelle. Nous irons plus fréquemment au cinéma, au théâtre, au concert, au restaurant, en boîte de nuit. Il est probable que nous passions des week-ends romantiques. Notre goût accru pour les belles choses nous suggèrera de visiter des musées, des galeries d'art, des expositions photographiques et des salles des ventes. Nous aurons envie d'acheter un tableau, un tapis ou un meuble ancien et nous pourrons faire de bonnes affaires. Nous pouvons en dire autant pour les achats de vêtements, de montres, de bijoux, de fourrures.

Profitons-en pour acheter quelque chose à la personne que nous aimons. Nous nous sentons en meilleure santé et nous pouvons découvrir de nouveaux traitements pour des pathologies qui nous pénalisent depuis longtemps. Tous les soins concernant la beauté du corps seront particulièrement efficaces, comme les massages, les bains de boue, la balnéothérapie, les cures thermales, les applications d'herbes médicinales et ainsi de suite. Nous pouvons commencer, avec succès, des régimes amaigrissants ou désintoxiquants mais une grande volonté sera nécessaire car ce transit pousse plus au plaisir, à l'auto-indulgence qu'au sacrifice et à la privation. Par ailleurs ce transit favorise les bonnes affaires ou les entrées d'argent inattendues. C'est une période d'excellente santé ou de bien-être général pour la personne aimée, une sœur, une fille ou une amie très chère.

Jupiter en aspect dissonant à Vénus

Quand Jupiter passe en angle dissonant à notre Vénus de naissance, nous pouvons avoir envie de vivre une aventure extraconjugale ou irrégulière. Nous sommes sexuellement attirés par des personnes qui ne sont pas libres ou qui peuvent compromettre notre relation de base. Souvent la pulsion est tellement forte que nous passons à l'acte et nous nous mettons ainsi dans le pétrin. Le danger du scandale plane sur nous. A tort ou à raison, des ragots circulent sur notre compte. On parle beaucoup de notre vie sexuelle ou sentimentale.

Si nous sommes des personnages publics, des photos compromettantes peuvent faire la une des journaux. Des ragots peuvent nous empêcher de nous réconcilier avec la personne aimée ou entraver cette réconciliation. Une envie effrénée de sensations agréables peut nous conduire, de manière immodérée, à rechercher les excès du plaisir dans toutes les situations, à exagérer pour nous procurer le plus d'activités ludiques et récréatives possibles. Le dicton "Whisky, cigarettes et ..." est vraiment fait pour nous. Nous sommes portés à tous les excès : alimentation, cigarettes, sexe, alcool et tout ce qui peut faire mal à la santé et à notre porte-monnaie. Durant ce passage nous pourrions prendre des kilos que nous aurions ensuite du mal à perdre. Attention aux intoxications en tout genre, alimentaires, pharmacologiques ou autres. La qualité de notre sang n'est pas bonne. On peut penser que le dommage provoqué par un mauvais angle entre les deux astres les plus positifs du zodiaque est limité, en fait c'est exactement le contraire : il est difficile d'être plus mal que lorsque ces deux astres se regardent à travers un angle dissonant.

Durant ce transit, notre envie d'acheter de belles choses comme des tableaux, des meubles anciens, des objets de valeur, des vêtements griffés, des bijoux, des fourrures, augmentera. Mieux vaut éviter ce genre d'achat car nous risquons d'acheter des faux ou de dépenser trop. En ce moment, notre goût n'est pas des meilleurs. La tendance à trop dépenser peut nous mettre dans une situation économique vraiment difficile. Indépendamment de nos dépenses, nous pourrions avoir des arriérés à payer, des suspensions de paiement, des taxes, des échéances de crédit que nous ne sommes pas en mesure de payer. La personne que nous aimons, notre sœur, notre fille ou une amie ont des ennuis financiers ou sont en train de vivre une très mauvaise période d'un point de vue sentimental.

Jupiter en aspect harmonique à Mars

Quand Jupiter transite en angle favorable par rapport à notre Mars de naissance, notre énergie est potentialisée. Elle coule facilement en nous et est constructive. C'est le bon moment pour les inaugurations en tout genre, pour lancer un projet ambitieux que nous avions depuis longtemps, pour rassembler toutes nos forces et les pousser vers un objectif difficile à atteindre. Rien ou presque ne nous fait peur et la force qui est en nous se manifeste surtout par un optimisme accru qui nous fait paraître plus courageux que nous ne le sommes en réalité. Nous savons que nous pouvons compter sur toutes nos ressources internes et nous nous jetons à l'eau comme nous ne le ferions probablement jamais. Nous réussissons à avoir un contrôle correct de cette énergie et nous l'orientons vers des horizons précis. Jupiter, comme chacun sait, est lié à la Maison IX, ce qui veut dire que nous pouvons utiliser nos forces potentialisées pour commencer un voyage, pour partir vers des destinations lointaines, tant du point de vue géographique que métaphysique et transcendant. Ce qui veut dire que les transactions avec l'étranger ou une autre région sont favorisées, que nous étudierons une langue étrangère avec plus de facilité, y compris le langage informatique, que nous serons tentés par des matières comme la philosophie, la théologie, la parapsychologie, l'astrologie, la psychologie analytique, le yoga, le bouddhisme et toutes les matières universitaires. L'exigence d'agir conformément à la loi se renforcera. Durant tout le passage nous aurons avec la loi un rapport clair et tranquille. Nous nous comporterons comme ces Sagittaire qui s'auto-dénoncent s'ils ne reçoivent pas l'injonction de paiement de la taxe sur l'enlèvement des ordures ménagères. Ce sens accru de la justice pourrait aussi nous conduire à porter plainte contre les personnes que nous retenons coupables d'un comportement incorrect à notre égard. Les éventuelles affaires légales qui devraient naître en ce moment sont destinées à bien se terminer. Nous pouvons profiter de ce passage planétaire pour mener à terme un procès dont nous sommes protagonistes. Ce passage fait croître notre désir de paix et donc nous multiplions les occasions pour assainir de vieilles rancœurs. Sur un plan purement physique, notre santé s'améliore, nous nous sentirons plus forts et pour les hommes qui ont connu une chute de virilité, leur activité sexuelle sera meilleure. Une petite mais décisive renaissance de ce point de vue-là. Une éventuelle opération chirurgicale aurait les meilleures garanties de succès.

Jupiter en aspect dissonant à Mars

Quand Jupiter transite en angle dissonant par rapport à notre Mars de naissance, nous éprouvons des sentiments de mégalomanie. Le Moi est affecté par l'excès de confiance en soi. Nous agissons comme si le monde nous appartenait, sans penser que les choses pourraient aller mal et croyant que la force et la fortune sont de notre côté. Le transit peut être particulièrement positif pour ceux qui ont besoin de se reprendre d'une grave crise, d'une chute, à entendre au sens large du terme.

Rien de mieux que ce passage planétaire lorsque nous sommes à terre et que nous devons nous relever. Un remarquable optimisme guide nos actions et nous pousse en avant. Ce transit peut donner naissance à de nombreuses entreprises commerciales et industrielles. Cela dépend surtout de la baisse sensible de notre sens critique. La saine méfiance qui d'ordinaire est en chacun de nous est ici en chute vertigineuse. Et c'est vraiment la tête la première que nous nous jetons dans la mêlée sans évaluer ou en évaluant mal les obstacles qui nous font face. Si un tel transit n'existait pas, il serait difficile de créer de nouvelles entreprises. En ce moment nous avons tendance à sous-évaluer les dangers, ce qui est un bien pour plusieurs choses mais aussi un mal si nous occupons un poste à grande responsabilité. C'est comme pour la douleur : si nous nous approchons trop d'une chandelle allumée, nos senseurs nous avertissent du danger et nous nous poussons. Si, par contre, nous sommes sous l'effet de produits pharmaceutiques puissants ou de drogues, notre sensation de douleur diminue et nous courons le risque de nous brûler. Cela vaut également si nous travaillons à la tour de contrôle d'un aéroport, si nous sommes chirurgiens ou simplement si nous devons investir de l'argent. Il faut donc être particulièrement prudent et vigilant durant ce transit et n'agir que sous la protection et l'attention critique d'un tuteur. Les conséquences liées à ce moment, sont sous le signe de l'hypertrophie : nous avons tendance à exagérer en tout, à commencer par les évaluations. Certainement notre pouvoir rationnel est, durant ces jours, en congés et cela nous expose à toutes sortes de risques. Nous sommes plus belliqueux et nous voudrions déclarer la guerre aux personnes ou aux institutions, mais les conflits nés sous cette étoile-là risquent de ne pas avoir un bon dénouement. Jupiter amplifie la belligérance de Mars et nous n'avons donc aucune intention de nous réconcilier avec nos ennemis ou nos adversaires, au contraire, nous entendons ouvrir de nouveaux fronts de lutte. Si nous sommes engagés dans la politique ou dans le syndicalisme, alors le passage dissonant Jupiter-Mars nous peut être utile pour nous aider à enflammer les esprits. Il est probable que nous ferons du sport ou plus de sport, mais nous devons être prudents car, comme nous l'avons déjà dit, ce transit entraîne une baisse du sens critique et cela peut être la cause des incidents. Les sports non dangereux comme la natation, le tennis, le footing, sont donc préférables. Notre témérité du moment pourrait ouvrir une crise avec une autorité, comme un supérieur hiérarchique, un fonctionnaire de police, un juge. Des mesures légales pourraient être prises à notre égard. Les excès en tout genre, en premier lieu les excès alimentaires menacent la bonne santé de notre foie.

Jupiter en aspect harmonique à Jupiter

Quand Jupiter passe en angle harmonique à notre Jupiter de naissance, c'est un moment "magique" pour nous. Nous sommes très optimistes et en excellente forme psychophysique. Nous ressentons un sain équilibre à l'intérieur de nous-mêmes et nous constatons que les choses marchent plutôt bien. La parenthèse de chance, qui ne durera pas longtemps, est presque palpable. Les affaires marchent bien ainsi que tout ce qui est relatif à notre développement tant dans le domaine professionnel que social. Nous pouvons nous unir à des personnes influentes et importantes. Nous remarquons de la bienveillance et de la sympathie autour de nous, sans que nous ayons fait quoi que ce soit pour le mériter. Aujourd'hui, du petit panier aux numéros célestes, le numéro gagnant est sorti. Le moment serait excellent pour se retrousser les manches et commencer à thésauriser les fruits de notre travail. Hélas, durant un tel passage, nous tendons plus à nous abandonner, à nous détendre, qu'à agir. Le sentiment de bien-être qui nous accompagne durant ce transit a un pouvoir sédatif à notre égard, il nous prédispose à l'auto-indulgence, à profiter des instants de la vie. Dans ces conditions, il est évident que nous pouvons cueillir, mais pas semer. Si nous sommes impliqués dans une élection en tant que membre à élire, nous avons d'excellentes possibilités de réussite. Un air de popularité nous touche et fait augmenter notre crédit. Si la chance entendue comme la déesse Fortuna (déesse de la Chance aveugle et du Hasard), existe, elle nous protège. C'est une excellente période pour les voyages, longs ou brefs, pour les explorations territoriales ou culturelles. Nous pouvons nous essayer, avec succès, à toutes ces matières qui sont loin du quotidien. Le rétablissement physique après une maladie pourra être positif. Profitons-en pour grossir un peu si nous en avons besoin et au contraire contrôlons-nous si nous avons déjà un peu d'embonpoint. Le transit agit très bien sur les contentieux en cours et sur ceux qui pourraient naître en ce moment. Si nous avons un conflit avec quelqu'un nous avons toutes les chances de le régler. Les rapports avec la loi en général et les personnages comme les juges, les policiers... sont excellents.

Jupiter en aspect dissonant à Jupiter

Quand Jupiter transite en angle dissonant par rapport à notre Jupiter de naissance, notre confiance en nous s'accroît et nous conduit à avoir des comportements excessivement optimistes. Comme pour les transits dissonants Jupiter-Mars, mais à l'octave au-dessus, notre sens critique diminue considérablement et parallèlement nous perdons ce minimum de méfiance nécessaire à notre intégrité, de tous les points de vue. Nous avons tendance à surévaluer ou sous-évaluer les autres et les différentes situations. Nous dépassons les limites de la prudence. Nous sommes trop audacieux parce que nous surestimons nos forces et sous-estimons celles des autres. Il peut en découler un comportement arrogant et présomptueux voire méprisant. Si nous effectuons des travaux à risques, comme le travail de laboratoire d'analyses ou le travail dans une salle de commandes quelconque, nous devons faire très attention car nous constituons un danger pour tout le monde. De l'activité sexuelle, à la manipulation d'échantillons de sang, nous devons nous protéger au maximum avec des gants, des masques, des lunettes spéciales, des préservatifs, etc. Mieux vaut ne démarrer aucune activité commerciale ou industrielle sous un tel ciel. Ne nous laissons pas éblouir par des miroirs aux alouettes et mesurons chacun de nos pas avec le plus de rationalité possible. Une personne prestigieuse peut nous aider à ne pas commettre d'erreurs. La chance semble nous sourire, mais il n'en est pas ainsi. Des pièges préparés par un Jupiter négatif ont été placés sur notre chemin et nous pourrions nous y laisser prendre facilement. Notre énergie débridée peut nous conduire au vice, chose qui ne peut que nuire à notre santé et notre porte-monnaie. Attention à l'argent que nous pouvons perdre, aux vols, aux prêts que nous accordons et qui pourrait ne jamais nous être remboursés, à l'excès d'optimisme qui nous fait demander des prêts que nous ne serions pas en mesure de gérer. Notre moralité ou notre image publique pourraient se ternir. Nous pourrions être impliqués dans de petits scandales de corruption, concussion et autres délits à cause de notre comportement désinvolte. La santé, mentale et physique, ne sera pas très bonne, le foie en particulier pourrait être touché à cause d'excès alimentaires et de boissons alcoolisées.

Jupiter en aspect harmonique à Saturne

Quand Jupiter passe en angle favorable par rapport à notre Saturne de naissance, nous sommes en mesure de panser nos blessures. La caresse bienveillante de Jupiter nous permet, en effet, de trouver en nous, mais aussi à l'extérieur de nous, les ressources nécessaires pour corriger nos erreurs, pour guérir les marques du destin, pour tenter des réconciliations. Bref, la plus bénéfique des planètes se met à notre disposition pour tenter de réparer les dommages provoqués par le plus maléfique des Astres de la Tradition. C'est surtout dans des situations analogues que nous pouvons cueillir le meilleur du gouverneur du Sagittaire. Dans d'autres situations, comme nous l'avons déjà vu, il peut être extrêmement nuisible, mais lorsqu'il s'agit de combler un vide, de parer à des situations qui présentent des signes négatifs, alors la sixième planète du zodiaque est efficace et nous démontre à quel point elle peut être positive. Même à la naissance d'un sujet, un aspect positif entre Jupiter et Saturne indique une excellente capacité à se sortir du pétrin, à remonter une côte, à retomber sur ses pattes ou à avoir un ange gardien qui l'aide à se relever. Si nous l'observons de près, c'est peut-être l'un des meilleurs transits. Il n'a pratiquement aucune contre-indication. Comme un concentré de vitamines après un traitement antibiotique, il agit comme un remontant et nous fait sentir la force de recommencer, de laisser les problèmes derrière nous, de réagir aux nombreuses mésaventures que nous pouvons vivre chaque jour. Ce passage planétaire fonctionne particulièrement bien sur les vieilles blessures, sur les maux chroniques ou tendant à le devenir, justement en relation à Saturne, qui, ne l'oublions pas, dans la mythologie correspondait à Chronos, le vieux, le temps. Ici la symbolique est donc très claire : une aide décisive pour régler de vieilles situations négatives. Il ne s'agit pas toujours de véritables blessures que nous devons soigner, mais d'un obstacle qui nous empêche de "voler" et que l'arrivée de Jupiter en aspect harmonique à Saturne peut nous permettre de surmonter. Quelquefois, il peut agir sur un mal chronique qui, même s'il n'est pas grave, nous dérange considérablement. Il est alors possible qu'un nouveau traitement, suggéré par un ami ou une connaissance, se révèle déterminant. Sortons donc nos antennes et orientons toutes nos énergies vers la résolution de nos vieux ennuis. Par ailleurs, toujours en relation à la symbolique citée, une aide déterminante dans une situation difficile peut nous être donnée par une personne âgée. Cela peut vouloir dire, par exemple, qu'au lieu de nous rendre chez un jeune et brillant consultant, à la pointe du progrès et toujours bien informé, grâce à Internet, des dernières nouveautés scientifiques, nous aurons intérêt à aller nous faire visiter par un bon vieux médecin de famille qui en est encore au stéthoscope, qui écoute nos bronches avec son oreille, mais qui a une énorme expérience pratique. Ce discours est valable pour le choix d'un avocat, d'un conseiller financier, d'un architecte, etc.

Jupiter en aspect dissonant à Saturne

Quand Jupiter passe en angle dissonant par rapport à notre Saturne de naissance, c'est le bon moment pour se détacher des choses matérielles, des biens, entendus selon la logique occidentale (voiture neuve, bijoux précieux, montre de rêve...) Il vaudra mieux que cela parte de nous plutôt que d'attendre que les circonstances nous l'imposent. Durant ce transit nous nous rendons compte que la chance n'est pas de notre côté, au contraire, une part de malchance travaille contre nous. Cette douce sensation de légèreté qui nous pousse à des comportements auto-indulgents, durant les transits positifs de Jupiter, est ici remplacée par un sentiment de contrition. Nous sentons que nous devons nous en sortir seulement avec nos forces donc nous nous retroussons les manches et utilisons l'huile de coude. Il y a les périodes de vaches grasses et celles de vaches maigres, en ce moment nous sommes dans la seconde période. Certes ce transit ne présente pas l'hostilité d'autres transits bien plus mauvais (comme un Saturne carré au Soleil), cependant nous devons savoir et nous devons nous convaincre que rien ne nous sera offert durant cette période, c'est un chemin en côte que nous devons parcourir. Ce transit révèle une période durant laquelle nous devrons faire beaucoup d'efforts pour nous remettre sur pied après une chute, une période qui annonce une longue convalescence et qui est la démonstration qu'après la pluie ne vient pas toujours le soleil. Durant ces jours, nous devrons renoncer à un certain nombre de choses, être plus sobres, être le plus détaché possible des choses agréables de la vie. Le superflu, le gaspillage sont on ne peut plus inopportuns. Par ailleurs, c'est une très mauvaise période pour les négociations commerciales, les entreprises industrielles, les affaires en tout genre. Nous devons éviter les rencontres importantes et les négociations et renvoyer nos initiatives et les entretiens avec des personnes qui pourraient décider de notre avenir professionnel. Il est difficile que nous soyons populaires durant ce passage planétaire et nous risquons de ne pas avoir de pistons ou bien qu'ils soient inutiles. Il est donc préférable de ne pas frapper à la porte des personnes influentes, pour éviter les coups d'épée dans l'eau et conserver cette possibilité pour de meilleurs transits. Saturne c'est le temps, le vieux, il est donc déconseillé d'exhumer de vieux projets : ce n'est pas du tout le bon moment pour de telles opérations.

Jupiter en aspect harmonique à Uranus

Quand Jupiter transite en angle harmonique par rapport à notre Uranus de naissance, nous foisonnons d'idées novatrices. Nous sentons que nous devons changer, nous renouveler, changer de peau. Une force centrifuge s'empare de nous et nous projette dans le monde du concret. A l'inverse d'autres transits positifs, celui-ci nous permet d'avoir des idées brillantes mais aussi de les mettre en œuvre. Le génial lutin qui est en chacun de nous est potentialisé et animé par cet aspect. Donc, non seulement nous sentirons le besoin de nous renouveler, mais nous le ferons vraiment. Les décisions impromptues naissant ces jours-ci auront du succès. Nous devons être réceptifs à toutes les nouveautés, y compris celles qui risquent de rompre notre équilibre. Nous savons que le passé nous offre la sécurité et le futur, avec ses mille inconnues, nous inspire la crainte, mais ici nous pouvons nous lancer d'un tremplin, les yeux bandés car Jupiter nous assure qu'au-dessous il y a de l'eau. Naturellement les uraniens seront plus avantagés par un tel passage, mais toute personne ayant un peu de cran pourrait en profiter. Certes il faut prendre des risques et surtout prendre des décisions très rapidement, mais presque toutes les probabilités sont en notre faveur. Nous pourrions avoir besoin de partir dans une autre ville ou de changer de travail : dans tous les cas Jupiter nous suggère d'essayer. Tant nos affaires que notre santé seront aidées par les nouveautés : technologiques, basées sur la recherche pure, sur l'électronique, sur l'informatique et bien d'autres réalités de la dernière heure. Par exemple, notre travail pourrait tirer grand profit de l'informatisation de notre activité professionnelle ou bien notre arthrose pourrait être soulagée par un traitement comme l'hyperthermie. Le fax, le modem, Internet, les systèmes de vidéoconférence peuvent représenter autant de chances de succès. Mais, souvent, la chance qui nous touche ces jours-là n'est absolument pas sollicitée par nous et peut littéralement nous tomber du ciel. Un coup de téléphone, un télégramme, un e-mail peuvent nous annoncer une belle réalité. De ce point de vue ce transit peut être des meilleurs car il nous permet de nous épanouir, d'améliorer notre situation, ne serait-ce qu'à travers de bonnes nouvelles qui nous arrivent sans que nous ayons fait quoi que ce soit pour les solliciter. Dans cette même logique, on peut s'attendre à un héritage, un gain au jeu et même la mort d'une personne qui nous entrave dans notre émancipation.

Jupiter en aspect dissonant à Uranus

Quand Jupiter passe en angle dissonant par rapport à notre Uranus de naissance, les tendances les plus radicales de notre caractère tendent à exploser. Nous sommes certainement plus fermes dans nos décisions mais aussi plus destructifs. Nous ne supportons pas les situations stagnantes, les longueurs descriptives des personnes qui nous font face, la médiocrité des autres. Nous ne supportons pas les personnes qui n'ont pas de caractère ou qui sont trop longues à se décider, même pour des choses sans importance. Nous sommes portés à rendre explicites nos convictions et si en d'autres temps nous sommes diplomates, ici cela nous est vraiment impossible. Franchise, force dans les décisions, comportements outranciers, avancées à "coup de machette" font partie de notre bagage opérationnel du moment. Nous devons vraiment être prudents car pour une décision impromptue nous pouvons vraiment jeter aux orties des années de sacrifice et de lentes constructions. Evitons de prendre des décisions ou du moins de décisions hâtives. Comptons au moins jusqu'à dix avant toute réaction. Notre comportement sera certainement plus agressif et nous risquerons de rompre des amitiés ou de mettre en danger notre relation de couple. Nous aurons intérêt à nous répéter sans cesse que nous ne sommes pas infaillibles et que l'opinion des autres vaut autant que la nôtre. De mauvaises nouvelles pourraient nous parvenir par courrier ou par une communication téléphonique. Jupiter en aspect négatif à Uranus radical doit nous maintenir vigilant car les mauvaises nouvelles planent sur notre tête et pourraient s'abattre sur nous d'un moment à l'autre. Tout semble s'écrouler rapidement et quelquefois tout s'écroule vraiment. Evitons les spéculations hasardeuses durant ce passage planétaire et tenons-nous à distance du jeu, sous toutes ses formes, car nous pourrions perdre des sommes consistantes. Toutes les nouveautés de la technologie peuvent nous nuire et engendrer des conséquences négatives pour les affaires et pour la santé. Par exemple, nous pourrions perdre un dossier important à cause du disque dur ou d'un virus informatique. Soyons attentifs à ne pas être les cobayes involontaires de nouvelles thérapies : par exemple un nouveau traitement par ondes électromagnétiques qui devrait soulager nos rhumatismes. Ce transit apporte avec lui une certaine malchance dans les affaires légales, qu'il s'agisse d'une mise en examen inattendue ou de la conclusion négative d'une affaire.

Jupiter en aspect harmonique à Neptune

Quand Jupiter circule en angle harmonique à notre Neptune de naissance, nous nous sentons poussés en avant au sens mystique et transcendant. Nous avons besoin d'exprimer une spiritualité, de voyager ancrés à des rêves, des mythes, des suggestions. Carl Gustav Jung disait que l'homme n'est pas seulement le produit des mauvaises expériences du passé, comme l'affirmait Freud, mais aussi qu'un être va vers quelque chose, qu'il va de l'avant, qu'il regarde vers le haut, qu'il essaye d'atteindre des destinations idéales et ce transit peut en représenter l'icône. Cela nous sert à nous souvenir que nous ne devons pas nous battre seulement pour les biens matériels qui, dans la logique occidentale, devraient nous rendre heureux. Nous comprenons, durant ce passage planétaire, qu'il y a autour de nous des choses que nous devons cultiver indépendamment des fruits matériels que nous pouvons en tirer. Même les personnes qui ne sont pas croyantes subissent le charme de ce transit et orienteront leur propre libido non pas vers la religion, mais en direction d'idéaux politiques, syndicaux, sociaux, écologistes et ainsi de suite. Tous, croyants et laïques, seront mus par une pulsion d'assistance sous des formes différentes. Nous aurons envie de faire du volontariat, d'assister les plus faibles, d'aider les personnes qui souffrent. Nous serons plus disponibles envers les associations humanitaires qui nous demandent notre participation pour la lutte contre la dystrophie musculaire, le cancer ou autre. Quelqu'un a dit que faire du bien gratifie plus la personne qui le fait que celle qui le reçoit et durant ce transit nous pourrons être particulièrement contents de nous car nous ouvrirons notre porte-monnaie pour un don. Il s'agit d'un sentiment de charité, d'un esprit chrétien entendu au sens le plus large qui nous fait sentir meilleur. Mais ce transit ne s'arrête pas là, il nous projette dans un monde de choses immatérielles où nous aimons à nous perdre. Nous découvrirons ou redécouvrirons un certain intérêt pour la philosophie, la psychologie, la théologie, l'astrologie, l'orientalisme, le yoga et tout ce qui est loin du quotidien. Si nous consacrons la plus grande attention à ces matières-là nous serons certainement récompensés. Nous deviendrons meilleurs dans la pratique de ces disciplines, nous rencontrerons des personnes charismatiques affines à ces arguments comme des philosophes, des prêtres, des astrologues, des psychologues, etc. Nous acceptons avec confiance ces rapports car le passage de Jupiter en angle positif par rapport à notre Neptune de naissance nous offre de bonnes garanties de fond à cet égard. Si nous sommes dotés de pouvoirs paranormaux ou simplement d'une grande sensibilité, nous tentons de développer nos dons car c'est le bon moment pour le faire. Ce transit nous offre, en outre, la possibilité de nous inscrire à des groupes, des congrégations, des ordres professionnels, des paroisses et ainsi de suite. Nous sommes très attirés par les foules, par les mouvements de masse, par les associations en général, mais surtout par celles qui s'occupent des matières ci-dessus énumérées. Le voyage que nous entendons faire à l'intérieur de l'univers que nous pourrions appeler ésotérique, nous suggère aussi d'en faire un autre, pas du tout métaphorique, à travers les continents. Tous les longs voyages peuvent nous apporter de grandes satisfactions, mais surtout les voyages en mer : les croisières en premier lieu. C'est aussi un bon moment pour l'inspiration artistique ou musicale. Profitons-en si nous travaillons dans ce secteur. Travaillons à un nouveau tableau, un nouveau livre ou à la composition de nouvelles musiques. Il est à noter cependant que notre tendance de fond durant ces jours sera plus à la détente qu'à l'action. Portés par le rêve et l'imagination, nous découvrons le plaisir de nous abandonner aux fantaisies les plus abstraites qui nous font nous sentir bien et en paix avec nous-mêmes. Observons enfin que ce transit favorise énormément l'amélioration de notre santé mentale, nous permettant ainsi de sortir du tunnel de la dépression, de suspendre ou de mettre fin à un traitement psycholeptique.

Jupiter en aspect dissonant à Neptune

Quand Jupiter transite en aspect dissonant par rapport à notre Neptune de naissance, nous éprouvons l'ivresse que pourrait nous procurer un verre de vin bu à jeun. Ce qui, d'un côté, est positif car toute forme d'"anesthésie" peut nous faire du bien si nous avons trop de souci, mais d'un autre côté est nocif car cela nous prédispose au risque de mauvaises évaluations des situations. La conscience et l'esprit ne sont pas lucides et dérapent un peu. Durant ces jours, nous ne savons pas exactement que faire, nous sommes conscients de notre état de confusion, du fait que nous n'avons pas les idées claires, d'avancer sans un objectif précis, de ne pas avoir d'objectifs très clairs. Les anglais appellent "mistake" le produit de cette confusion et les ennuis qui peuvent en dériver sont faciles à comprendre. Si nous sommes au volant d'un véhicule plusieurs heures par jour, nous pourrions aller à l'encontre de graves dangers justement parce que nous agissons en état de semi-confusion. Cela est valable aussi pour la stipulation de contrats, pour l'évaluation des faits de notre travail quotidien, pour les décisions à prendre concernant notre vie sentimentale et affective. Comme pour le transit de Jupiter en angle positif à Neptune, ici aussi nous ressentons une grande attraction mystico-transcendante, mais la différence c'est la mesure de cette attraction : nous sommes certainement portés à exagérer, à vouloir atteindre les objectifs que nous nous sommes fixés avec fébrilité et même fanatisme. Fanatisme pourrait en effet être le mot qui décrit le mieux, mieux encore que "mistake", la condition dans laquelle nous nous trouvons en ce moment. Le Moi rationnel est en vacances, et cela nous expose à tous les risques de radicalisme et d'extrémisme qui sont en nous dans une mesure plus ou moins importante. Nous devons faire très attention car le vent des idéaux religieux, politiques, syndicaux, sociaux ou autres peuvent littéralement nous emporter. Nous pouvons être certains que nombre d'extrémistes ou de terroristes le sont devenus durant un transit analogue. Tenons-nous à distance des foules, des assemblées politiques, des défilés, des manifestations en tout genre car nous pourrions nous faire du mal ou en faire aux autres. Ce n'est pas le bon moment pour devenir membre d'une association, d'une secte ou d'un cercle un peu particulier. Prenons nos distances de l'astrologie, de la psychologie, de la théologie et des matières affines, non pas qu'il faille les condamner ou les diaboliser mais parce que nous vivrons mal le rapport avec elles et que nous pourrions en subir des dommages psychiques. Nous pourrions, durant ce transit, nous retrouver confrontés à un mauvais astrologue qui nous laisserait en proie à la panique après une prévision alarmiste. Donc gardons les pieds sur terre et ayons des projets concrets. Evitons le contact avec les personnes mentalement perturbées ou faisant usage de stupéfiants. Tenons-nous à distance de tout type de drogues, des médicaments, des psycholeptiques, de l'alcool, de la cigarette et du café. Les voyages, surtout en mer, sont à déconseiller.

Jupiter en aspect harmonique à Pluton

Quand Jupiter transite en angle harmonique par rapport à notre Pluton de naissance nous foisonnons d'idées. Nous avons de fortes ambitions et des projets grandioses. Notre potentiel humain est au plus haut. Nous sommes comme un moteur en sur-régime et nous allons au-delà des limites que la prudence nous conseillerait. Nous osons plus et en général la chance nous assiste mais surtout pour les projets importants alors que nous n'enregistrons rien de particulier dans les petites entreprises. C'est de ce transit que nous devrons faire partir la réalisation de nos idées les plus importantes. Nous serons certainement poussés par une certaine mégalomanie ce qui n'est pas forcément négatif si cela nous fait avancer. C'est dans un moment comme celui-là que nous pouvons donner naissance à des entreprises commerciales, industrielles, de recherche et d'études qui nous permettront d'avoir une longueur d'avance sur les autres. Ces derniers remarqueront notre grande volonté et agiront de conséquence. Il est probable que nous recevions l'annonce d'une victoire, d'une promotion professionnelle, de la stipulation d'un contrat intéressant, d'une reconnaissance qui fera augmenter notre prestige. Si nous travaillons dans le domaine des fouilles souterraines, qu'elles soient géologiques, archéologiques ou psychologiques, cela sera une période de découvertes fertiles. Si nous faisons une psychanalyse nous vivrons des séances enrichies de rêves clarificateurs. Nous nous sentons très bien, physiquement et mentalement et nous pouvons essayer d'abandonner le traitement que nous suivons depuis longtemps. Nos névroses, nos phobies, les angoisses relatives à n'importe quel sujet s'atténueront. Notre énergie sexuelle sera amplifiée par ce passage planétaire. Nous pourrons vivre de ce point de vue là des journées fort agréables. Par ailleurs, nous nous sentirons attirés par la littérature et les films policiers, par les lectures sur le monde de l'au-delà, par la fréquentation des cimetières et lieux sacrés.

Jupiter en aspect dissonant à Pluton

Quand Jupiter circule en aspect dissonant par rapport à notre Pluton radical, nous sommes conditionnés par de fortes pulsions destructrices. C'est notre côté le moins noble, le plus violent, animal, qui émerge et voudrait se manifester. Naturellement notre éducation, notre civilisation et notre culture peuvent nous en interdire l'expression mais nous ne réussissons pas vraiment à nous contrôler et si d'autres transits destructifs sont présents, nous pouvons tomber très bas et commettre des actes que nous regretterions. Des pulsions sadiques ou masochistes nous poussent à chercher le tourment autour de nous. Nous sommes donc attirés par des personnes peu recommandables et avec lesquelles nous ne devrions rien avoir à faire. Ces personnes peuvent être des sujets vivant aux frontières de la légalité ou bien des hommes et des femmes agressifs, violents, brutaux. Les situations compliquées, illégales, angoissantes font caisse de résonance au trouble qui s'empare de nous durant ce passage planétaire. Si nous sommes déjà de nature violente, alors nous pourrions vraiment risquer d'agresser les personnes qui nous entourent et de commettre des délits. Par ailleurs, nos pulsions sexuelles vivent une période d'exaspération de la libido et si notre partenaire n'est pas disposé à vivre plus intensément avec nous une parenthèse sexuelle, nous pourrions rechercher un partenaire pour des rapports occasionnels. Nous devons faire particulièrement attention car nous courons le risque d'infection sexuelle. A l'intérieur de notre relation de couple, nous demanderons à notre partenaire de vivres de nouvelles expériences, une sexualité insolite, peu orthodoxe, que nous confesserions difficilement aux autres. Un support pharmacologique, homéopathique peut-être, peut nous aider à dépasser cette forme de "lycanthropie" qui s'empare de nous. C'est certainement une période durant laquelle nous sommes mentalement perturbés, un moment durant lequel nous pouvons voir naître des phobies, des angoisses, des névroses. Tenons-nous à distance des séances de spiritisme, de la magie, de l'ésotérisme dans ses formes les plus basses car nous pourrions en subir des conséquences mentales. Evitons aussi les films violents.

Jupiter en aspect à l'Ascendant

Voir Jupiter en transit en Maison I

Jupiter en aspect au Milieu du Ciel

Voir Jupiter en transit en Maison X

Jupiter en aspect au Descendant

Voir Jupiter en transit en Maison VII

Jupiter en aspect au Fond du Ciel

Voir Jupiter en transit en Maison IV

Jupiter en transit en Maison I

Quand Jupiter transite dans notre Maison I radicale, nous sentons que notre cœur s'emplit de joie, notre optimisme et notre confiance en nous-mêmes et en les autres augmentent. Nous avons tendance à être bons. Nous nous sentons en paix avec le monde et nous désirons seulement nous détendre, nous abandonner comme nous le faisons d'ordinaire après un gros effort ou après avoir vécu des journées dramatiques. Nous sentons que les autres aussi sont bien disposés à notre égard et que nous pouvons plus oser. C'est un excellent moment pour démarrer de nouvelles initiatives comme des entreprises commerciales ou industrielles, mais comme nous l'avons déjà dit le transit nous pousse plus au repos qu'à l'action. Du reste, il est juste que de temps en temps nous prenions un peu de repos, de vacances, peut-être même seulement du point de vue des responsabilités et des décisions. Nous en profitons pour panser nos blessures, pour nous remettre sur pied après des périodes difficiles : nous aurons bien assez tôt le temps de nous occuper. Pour l'instant nous essayons d'être plus indulgents avec nous-mêmes et avec les autres. Nous nous rendons compte que notre sens du devoir a baissé ainsi que notre sens critique. C'est l'aspect le moins bon du passage car le degré de méfiance qui est en chacun de nous baissant, nous nous exposons à un plus fort risque de duperie de la part des autres. Evitons alors de trop relâcher l'attention et répétons-nous que le match que quotidiennement nous jouons avec la vie ne nous permet pas de baisser complètement la garde. Bien sûr, il est bon de temps en temps d'avoir des pensées positives pour par exemple donner naissance à de nouvelles entreprises qui ne verraient jamais le jour si nous n'avions pas un tant soit peu confiance en les hommes et au destin. Mais baisser un peu la garde ne veut pas dire ne jamais regarder derrière soi. Des erreurs d'évaluation risquent de nous coûter cher. Il est vrai cependant qu'une certaine chance nous accompagne et tend à arrondir les angles de notre parcours. Il est possible que nous recevions de bonnes nouvelles, des éloges, des gratifications au sens économique, des éloges relatifs à notre travail. Le passage est excellent pour se rétablir d'une maladie, d'une intervention chirurgicale, de situations de stress. L'aspect le moins bon de ce passage est qu'il n'y a pas que notre cœur qui s'ouvre, mais aussi notre appétit : nous devons donc faire attention car nous pourrions prendre plus de cinq ou six kilos que nous aurions du mal à éliminer ensuite. Enfin, faisons attention à ne pas nous intoxiquer en faisant des excès alimentaires, de tabac, de café, etc.

Jupiter en transit en Maison II

Quand Jupiter se déplace à travers la Maison II dans notre ciel radical, il faut faire très attention. Ici peuvent se créer les situations dont nous avons parlé au début de ce chapitre. Jupiter fonctionne comme un oscillateur bistable. En effet l'interprétation de fond que nous devrons lui donner est : plus grande circulation d'argent. Mais cela peut être en entrée ; nous gagnons plus ou nous sommes les destinataires de sommes n'appartenant pas à nos entrées habituelles, ou bien nous pouvons avoir de véritables hémorragies d'argent. De nombreux astrologues ignorent cette règle et parlent de période excellente pour l'argent avec leurs consultants. Il faut au contraire garder les yeux bien ouverts pour éviter les désastres économiques. C'est une période durant laquelle nous prévoyons dix et nous dépensons cent. Mieux vaudra ne pas envisager des dépenses importantes, comme l'acquisition d'une maison ou des travaux de rénovation. Trop de fois nous avons vu les effets dévastateurs d'un tel passage dans l'économie de différents sujets, riches ou pauvres. C'est l'un des trois secteurs (les autres étant le septième et le huitième) où le gouverneur du Sagittaire peut avoir de spectaculaires effets positifs ou négatifs et ce sans qu'il forme nécessairement de bons ou mauvais aspects avec les autres planètes du thème natal. En d'autres termes il est difficile de prévoir s'il fonctionnera pour ou contre nous. La seule façon de le savoir c'est d'interroger le sujet en lui demandant ce qui s'est passé au cours du précédent passage. Cela s'est passé environ douze ans plus tôt donc nous pouvons facilement faire le calcul, mais pour plus de sûreté il est préférable de lire sur les éphémérides la période exacte où il s'est déplacé dans cette Maison. Si la fois précédente ce sont les entrées qui ont augmenté alors il est probable que ce sera le cas cette fois aussi et vice versa. Au cas où nous aurions de justes craintes qu'il n'agisse négativement, nous devons conseiller à la personne qui nous a interpellés de fermer tous les robinets, de ne prévoir aucune dépense supplémentaire pour l'année, à commencer par l'achat d'une voiture neuve ou les travaux de rénovation de notre appartement ou du bureau. Toujours pendant ce transit, nous risquons d'être volés : au sens propre, mais aussi parce que nous pouvons recevoir des chèques sans provision, ne pas être remboursés d'une somme prêtée. Cambriolage, vol à l'arrachée, taxes imprévues, mauvais investissements peuvent être les représentations les plus directes de l'effet négatif de ce transit. Dans le cas contraire, nos entrées peuvent augmenter sensiblement. Par ailleurs, il peut aussi accompagner un changement de style comme une cure amaigrissante, une opération de chirurgie esthétique, une nouvelle coupe de cheveux, une nouvelle façon de s'habiller, etc. Nous pourrions aussi paraître à la télévision ou sur les journaux. Si nous faisons du théâtre ou du cinéma, le moment sera meilleur. Il est probable que nous achetions une caméra, un nouveau téléviseur, un magnétoscope, un écran plus grand pour notre ordinateur. Nous serons satisfaits de ce genre d'achats fait en une période favorable. Si nous travaillons à l'ordinateur, profitons-en pour un étudier un logiciel de graphisme. Les cours de graphisme publicitaire et de dessin en tout genre seront productifs.

Jupiter en transit en Maison III

Quand Jupiter passe dans notre Maison III radicale il ne provoque que rarement des ennuis et s'il le fait, ils ne sont pas graves. En général, il augmente notre activité intellectuelle. Nous sommes plus attentifs, plus éveillés, plus sûrs de ce que nous pensons et de ce que nous disons. Nous réussissons à nous exprimer mieux et à comprendre mieux notre prochain. Notre désir de communication augmente et nous ferons plus que d'habitude d'agréables conversations avec les membres de notre famille, des amis ou des collègues de travail. Nous aurons plus envie de parler au téléphone et nos factures augmenteront proportionnellement aux coups de fil que nous passerons, appels nationaux et internationaux. Nous expédierons aussi grand nombre de fax et d'e-mail. Les autres aussi se mettront plus en contact avec nous, par lettre ou par téléphone. Nos relations superficielles avec l'employé d'un guichet, le coursier, un vendeur seront plus sympathiques et cordiales. Nous recevrons de bonnes nouvelles. Nous aurons envie de voyager mais surtout pour de courtes distances. Nos allées et venues augmenteront et cela nous fera plaisir. Nous aurons plaisir à conduire et c'est une bonne période pour passer son permis auto ou bateau. D'ordinaire, l'effet le plus banal mais aussi un des plus sûrs, c'est l'achat d'une voiture neuve de la part du sujet ou d'un de ses proches parents. C'est valable aussi pour un cyclomoteur ou une moto de grosse cylindrée. Mais, c'est dans le secteur des examens que nous tirerons le meilleur parti d'un tel passage. Qu'il s'agisse d'examens scolaires ou universitaires, nous serons en mesure de récupérer le temps perdu. L'issue de tous ces examens, durant ces quelques mois, est positivement prévisible. Nous pouvons de toute façon profiter d'un tel passage planétaire pour suivre différents types de cours, de l'informatique à la peinture, de la plongée sous-marine au jardinage, aucun argument n'est exclu. Nous pourrons fréquenter ces cours tant en qualité de participant que d'intervenant. L'activité relative aux conférences, aux séminaires, aux tables rondes, aux débats en tout genre où nous pouvons être protagonistes mais aussi participants attentifs, est excellente. Notre envie de lire sera plus grande et nous devrons en profiter pour lire un ouvrage de référence relatif à notre spécialité. Si nous sommes journalistes et écrivains, ce passage favorisera énormément la parution d'un article ou d'un livre important. Tous les achats relatifs à la communication et à la télécommunication comme interphones, téléphones mobiles, téléphones sans fil, fax, paraboles, imprimantes... sont favorisés. Le passage de Jupiter en Maison III radicale accompagne d'ordinaire une bonne période pour un frère ou une sœur à qui nous tenons, un cousin, un beau-frère ou un jeune ami. Nos rapports avec toutes ces personnes s'améliorent. Dans les cas assez rares où cette planète s'exprime de manière négative dans cette Maison, nous pouvons nous attendre à un scandale dans lequel sera impliqué notre frère, un cousin, un beau-frère ou un jeune ami ou même un accident de la route dû à l'inattention ou à l'absorption d'alcool. Examens qui se passent mal à cause d'une mauvaise évaluation de la difficulté.

Jupiter en transit en Maison IV

Quand Jupiter se déplace dans notre Maison IV radicale, nous nous réjouirons pour une affaire immobilière. Ce qui signifie soit que nous conclurons une opération d'achat ou de vente immobilière soit que nous déménagerons (cela est valable tant pour l'habitat au sens domestique que professionnel) soit que nous commencerons des travaux d'aménagement de la maison ou du bureau. Dans tous les cas, il s'agira d'une joie liée à la "pierre", qu'il s'agisse d'un héritage, d'une donation ou d'une multipropriété. Il en va de même pour l'achat d'un garage, d'un terrain ou d'une caravane. Ce passage est souvent accompagné de la présence de Jupiter ou de Saturne, de transit ou de Révolution dans les Maisons II et VIII qui indiquent un fort engagement économique pour un achat important. Si l'on tient compte, en même temps, des transits et des positions à peine décrites, nous pourrons faire des prévisions on ne peut plus précises et qui surprendront les personnes qui nous ont consultés. Mais la maison est faite aussi de meubles, il peut donc s'agir de l'achat de nouveaux éléments d'ameublement ou d'objets de valeur. Chez les jeunes, ce passage marque souvent la disponibilité d'une chambre plus grande, d'une chambre seulement pour soi, peut-être le départ définitif d'un frère ou d'une sœur qui se marie. Pour d'autres cela peut vouloir dire profiter de la maison, par exemple pour les personnes qui sont toujours en voyage et qui désirent tant être chez eux, cela peut arriver durant ce passage planétaire. Dans un autre domaine, ce transit peut indiquer une excellente période pour nos parents qui réussissent à surmonter une période difficile ou dont la santé s'améliore. Nos rapports avec eux s'améliorent aussi. Ce transit s'exprime rarement de manière négative. Il peut en outre être relié directement à la mémoire de notre ordinateur et donc nous pouvons augmenter sa mémoire et acheter un disque dur plus puissant, un graveur, une unité d'enregistrement magnéto-optique, etc. C'est le bon moment pour faire des back-up de sûreté de nos données. Quand le passage s'exprime négativement (c'est un très petit pourcentage du total), il peut indiquer la perte d'une propriété à cause d'une inattention par rapport à des pièces légales, par exemple. Des dépenses excessives concernant la maison. Un de nos parents a des problèmes de santé : le foie ou le sang.

Jupiter en transit en Maison V

Quand Jupiter transite dans notre Maison V radicale, notre activité ludique et récréative augmente. Ce qui signifie aller plus souvent au cinéma, au théâtre, en boite de nuit, au concert, en week-end, danser, se promener. Mais il ne s'agit pas seulement de cela puisque la philosophie du plaisir doit être considérée à 360 ° et peut même passer par la pénétration d'un couteau très affilé dans une courge ou par la lecture d'un traité de droit romain. Nous pouvons nous distraire de plusieurs façons et donc imaginer des personnes qui se divertiront aux jeux vidéo, en utilisant l'ordinateur, en naviguant sur Internet ou en lisant de bons romans. Certains découvrent ou redécouvrent les tapis verts, la roulette, les jeux de hasards ou le jeu de la spéculation en Bourse. C'est aussi une bonne période pour l'amour. Il arrive très souvent que nous tombions amoureux durant cette période et que nous vivions un nouvel amour. Mais il n'en va pas toujours ainsi, donc pour connaître les probabilités existantes de vivre cette histoire d'amour ou non, il faut interroger le sujet à propos du passage de Jupiter dans le même secteur environ douze ans plus tôt : si durant ce passage-là il y a eu un amour, alors les probabilités en faveur d'un nouvel amour augmente considérablement. Mais la période belle pour l'amour peut aussi concerner un couple marié qui vit une saison heureuse dans sa propre relation. En général, durant ces mois-ci, nous avons une vie sexuelle plus intense et souvent nous générons une nouvelle vie. Pour les femmes enceintes un tel passage planétaire suggère un bon accouchement ou une bonne grossesse. Les rapports avec nos enfants peuvent s'améliorer ou bien nous assistons à une "renaissance" de ceux-ci : ils se mettent à étudier sérieusement, gagnent une compétition sportive, tombent amoureux, s'émancipent. Si nous enseignons, ces mois seront profitables ainsi que pour une éventuelle production artistique ou pour l'activité sportive, la danse, le théâtre. Au négatif, ce transit peut se manifester par une grossesse non désirée. Il est possible que nous vivions une relation extraconjugale pouvant générer un scandale. Cela vaut aussi pour notre fils ou notre fille. Dans les cas les plus négatifs, le transit se réfère à la pratique de jeux ou de passe-temps peu orthodoxes.

Jupiter en transit en Maison VI

Quand Jupiter transite dans notre Maison VI de naissance, il est possible que nous commencions un nouveau travail ou que nous commencions à travailler pour la première fois. En effet, si ce transit vient en concomitance à d'autres passages positifs et surtout en concomitance à un Ascendant de Révolution en Maison X radicale, nos potentialités professionnelles augmentent remarquablement. Cela ne signifie pas un gain d'argent plus important dans la mesure où il n'y a pas un rapport direct avec la Maison II ou la Maison VIII, mais cela veut dire de meilleures conditions de travail. Il s'agit surtout de la possibilité de créer ou de recréer une bonne atmosphère avec ses collègues, ses collaborateurs et ses supérieurs. De vieilles frictions ou rancœurs peuvent trouver une position positive durant les mois où agit ce transit. Ce que nous avons dit précédemment concernant l'argent n'exclut pas à priori l'éventualité d'augmentation des recettes mais il faut simplement dire qu'il n'y a pas un lien direct entre les deux choses. Cependant, il peut arriver que le transit favorise une progression dans la carrière professionnelle et donc une augmentation économique. C'est en outre une excellente période pour chercher un collaborateur ou une collaboratrice, y compris dans le sens strictement domestique. Les collaborateurs embauchés durant ces mois sont presque toujours des personnes valables et fiables. En ce qui concerne la santé, qui occupe aussi une grande partie de la Maison VI, nous pouvons observer une nette amélioration générale. Il est possible que ce soit justement dans cette période que nous réussissions à découvrir l'origine d'une maladie peu claire ou que nous puissions mieux en soigner une autre. Il convient donc de concentrer nos efforts, durant ce passage planétaire, sur la résolution d'un problème pathologique qui nous tourmente depuis longtemps et si vraiment nous ne pouvons le résoudre, nous réussirons à l'adoucir. Il est rare que cela advienne grâce à une intervention chirurgicale, dans la mesure où ce transit ne favorise pas du tout les opérations de ce genre et non seulement il ne les favorise pas mais il ne les justifie pas non plus. Les interventions chirurgicales sont annoncées par rapport à la Maison VI, surtout à travers les transits de Mars et Uranus et ces mêmes positions relatives à la Révolution solaire d'une année déterminée. Ici, il s'agit plus de soins au sens large, des traitements pharmacologiques aux soins de la médecine parallèle : massages, shiatsu, bains de boue, sauna, cures thermales et ainsi de suite. Si le passage accompagne une grossesse, elle se déroulera presque toujours sans problème. Si au contraire, le transit doit être lu de manière négative, alors nous pouvons avoir différents problèmes physiques liés surtout à la santé du foie et du sang. Jupiter, dans ce cas, peut être aussi mauvais qu'un maléfique et même pire, et provoquer une série d'intoxications ou d'autres types de problèmes liés aux excès alimentaires, d'alcool, de médicaments, de tabac, etc. Cela s'applique aussi aux grossesses qui se développent durant ce passage. En ce qui concerne le travail, nous pourrions être confrontés à un scandale relatif à un de nos employés ou subir les conséquences d'une excessive confiance en ce dernier.

Jupiter en transit en Maison VII

Quand Jupiter passe dans notre Maison VII, l'on voit de manière plus spectaculaire ce que nous disions dans l'introduction de ce chapitre, à savoir que son comportement est assimilable à celui d'un oscillateur bistable. Voici quelques explications : par un mécanisme dont l'origine n'est pas vraiment claire, mais dont l'effet est plutôt transparent ; le maître du Sagittaire "opère" comme un guérisseur quand il est nécessaire de guérir et comme un destructeur quand les choses vont bien. Cela ne peut pas être directement rapporté aux aspects que la planète forme avec les autres corps de notre système solaire durant son passage en Maison VII, donc nous disons pour simplifier les choses, au positif ou au négatif, mais en disant cela, nous devons nous référer seulement au résultat final. Nous sommes en mesure de pouvoir démontrer ce que nous écrivons à l'aide de nombreux exemples. En voici quelques-uns : si un sujet est célibataire et qu'il cherche désespérément une attache sentimentale, alors ce passage, dans de très nombreux cas, est porteur de ce genre de don et permet qu'une rencontre ou le début d'une relation aient lieu. Il favorise aussi la création d'une société, d'un pacte politique, d'une alliance stratégique de n'importe quel genre. Il accompagne aussi une nette amélioration pour ce qui est des affaires légales. Ce qui veut dire que si nous sommes impliqués dans un procès quelconque, l'arrivée de Jupiter dans cette Maison nous aide énormément à obtenir des sentences favorables. Les effets positifs les plus spectaculaires ont été notés quand ce passage s'associe à un Ascendant de Révolution dans la Maison X de naissance. Dans ces cas-là nous pouvons assister à de véritables petits miracles, surtout en ce qui concerne les affaires matrimoniales ou patrimoniales. Par contre, si le sujet vit une relation sentimentale ou un mariage heureux, l'arrivée de ce passage provoque de fortes tensions qui peuvent même déboucher sur une séparation ou un divorce. Ou encore, si le sujet, au moment de l'entrée de l'astre dans la Maison considérée, est sur le point d'obtenir des victoires légales, alors il est sûr que, bien que cela soit inexplicable, il assistera à une inversion de tendance et pourra avoir des sentences très défavorables. Cela est très amplifié par les mauvaises positions de la Révolution solaire en cours, surtout si l'Ascendant tombe en Maison XII, VI et I radicale. Dans de telles circonstances l'effet négatif est même spectaculaire et nous nous étonnons qu'aucun collègue ne s'en soit rendu compte avant nous. La position analysée apparaît donc particulièrement dangereuse pour les personnes qui ont à craindre de la justice comme les fraudeurs, les personnes liées à la criminalité, etc. Souvent ce passage annonce l'arrivée d'un contrôle fiscal pour le sujet. D'autres fois ce même transit peut exprimer un retrait du permis de conduire pour infraction au code de la route, contraventions et autres sanctions, différends avec le premier venu, guerres déclarées ou subies par des membres de la famille, amis, etc. En quelques mots le passage apporte avec lui, très souvent, des problèmes bureaucratiques au sens large. En ce qui concerne le partenaire, ce passage signale presque toujours pour lui un moment d'affirmation, de lumière, de meilleur état de santé. Très rarement, il suggère l'hypothèse d'un scandale relatif à la personne aimée ou à son implication dans une affaire légale.

Jupiter en transit en Maison VIII

Quand Jupiter passe dans la Maison VIII du ciel radix, nous assistons à la troisième forme (les autres sont relatives à la Maison II et VII) où la sixième planète de notre système solaire (en astrologie, rappelons-le, la Lune et le Soleil aussi sont par convention appelés planètes) peut se comporter de manière tout à fait contradictoire. Cela concerne, dans 90 % des cas, une situation économique. En effet, durant ce passage, nous constatons un plus important (par rapport aux finances du sujet) flux d'argent, mais cela peut être tant en entrée qu'en sortie. Comment faire alors pour savoir si son action sera positive ou négative ? Les autres transits en cours et la Révolution solaire peuvent nous aider. Par exemple, s'il se réalise avec un Ascendant de Révolution solaire en Maison XII, I ou VI, alors il y a un grand risque pour qu'il s'agisse de flux importants sortant. Mais ce n'est pas toujours ainsi et alors, le seul système qui nous semble valable pour comprendre la vraie nature de ce passage, consiste dans l'interrogation du consultant à propos de la période précédente où a lieu le transit, environ douze ans plus tôt. En effet, la chance ou la malchance en argent, pour un sujet déterminé, est un élément qui reste plutôt fixe. Donc si le passage précédent de cet Astre dans la Maison VIII a comporté une hémorragie d'argent nous devrons maintenant nous attendre à une situation du même genre. Inversement si ce passage-là a été l'icône d'un excellent flux d'argent en entrée, alors nous pourrons être optimistes. Les hémorragies d'argent peuvent dépendre de nombreux facteurs comme l'achat de logement et les importants crédits qui y sont liés, ou bien l'achat de biens coûteux comme une voiture. Mais il peut s'agir aussi de taxes, de mauvaises spéculations boursières, de prêts qui ne nous ont pas été remboursés, de vols, de dépenses excessives de notre partenaire (rappelons que dans les Maisons dérivées, la huitième est la deuxième de la septième). Ce passage peut être particulièrement dangereux pour tout le monde mais il pourrait être ruineux pour les entrepreneurs endettés jusqu'au cou : dans ce cas, une faillite est fort probable. En positif, en revanche, l'argent peut arriver par un héritage, grâce à de l'argent gagné par le partenaire, par une liquidation, par l'obtention d'une pension, par des arriérés professionnels, par le jeu et par une nette augmentation dérivant d'une meilleure réussite professionnelle. Ensuite nous avons des effets (il est évident que nous parlons d'effets pour simplifier et non parce que nous considérons évidente une hypothèse de mécanisme lié à la cause et à l'effet en astrologie) relatifs au discours mort. Si nous sommes nous-mêmes sur le point de mourir, ce passage peut nous aider à quitter ce monde de la meilleure façon qui soit. Si nous avons un membre de notre famille ou une personne très chère qui va très mal et dont l'agonie dure depuis longtemps, l'entrée de Jupiter en Maison VIII peut correspondre à sa mort que nous devons voir comme une libération pour tout le monde. Par ailleurs, ce transit peut favoriser notre vie sexuelle et c'est un bon indicateur quand nous voulons découvrir, par exemple, si un couple se reformera après une séparation (si chez l'un des deux nous trouvons cette position, cette dernière peut aussi nous signaler des gratifications sexuelles qui selon la logique peuvent nous faire supposer, avec suffisamment de précision si d'autres transits le confirment, une recomposition du couple) Enfin, signalons l'agréable effet de ce transit dans les recherches souterraines en général, de la géologie à l'archéologie, sans exclure la psychanalyse. C'est aussi un bon moment pour rédiger son testament ou acheter un tombeau au cimetière.

Jupiter en transit en Maison IX

Quand Jupiter traverse notre Maison IX radicale, l'interprétation que nous devons en tirer est plutôt en sens unique. En général, il nous offre des avantages relatifs au lointain. Dans de très nombreux cas il s'agit banalement d'un long voyage. Durant cette période, non seulement cela est possible, mais nous devrons nous-même faire en sorte que la chose ait lieu. Nous pourrons ainsi passer de très agréables vacances et découvrir de nouveaux lieux, de nouvelles cultures, langues, traditions différentes des nôtres. Cela est aussi le cas pour les voyages de travail. Cela peut être une bonne occasion pour rencontrer des gens, des représentants d'organismes ou de société qui pourraient nous être très utiles. Rappelons que la Maison IX ne se réfère pas seulement à l'étranger mais à toutes ces régions différentes de la nôtre où le dialecte est différent[1]. Nous pourrions tirer profit d'un voyage dans la capitale, de la fréquentation d'une université dans une autre ville, de la participation à des congrès ou à des conférences... Les avantages liés à ce transit ne prévoient pas nécessairement de longs déplacements, mais peuvent concerner des honneurs qui nous parviennent d'un pays étranger, l'éloge d'un de nos travaux qui paraît sur la revue d'une autre ville, une offre de travail qui nous arrive d'une autre région, etc. Dans tous ces cas, nous pouvons tirer des avantages de ce passage planétaire. L'obtention du meilleur résultat réside dans le fait de "cibler" le lieu qui pourrait nous être favorable en synergie avec ce transit et cela nous pouvons le déduire de la carte astro-géographique. Mais nous nous arrêterons là car il s'agit d'un autre sujet. Des solutions pour résoudre un problème de santé peuvent nous venir de loin : des médicaments vendus seulement à l'étranger, des médecins spécialistes pouvant nous visiter, nous suivre ou même nous opérer, des centres de cure thermale qui peuvent nous faire beaucoup de bien. Par ailleurs, ce passage favorise les études supérieures ou de matières ne faisant pas partie de notre instruction. Les matières comme la philosophie, la théologie, l'astrologie, l'orientalisme, le yoga, le bouddhisme, la parapsychologie, etc. sont favorisées. L'étude des langues, y compris les langages informatiques (langage de programmation de l'ordinateur) nous sera profitable.

Jupiter en transit en Maison X

Quand Jupiter passe dans notre Maison X de naissance, nous pouvons aspirer à un épanouissement tous azimuts. C'est certainement un des meilleurs transits qui puisse nous arriver. Nombre de nos rêves se réaliseront et nous sentirons la chance nous sourire. Oui, ici nous pouvons vraiment parler de chance, chance sans laquelle même la personne dotée du plus grand talent professionnel ne pourrait se distinguer. Nous éprouvons une sensation de légèreté, la joie d'avancer sur un chemin descendant, presque sans force de gravité, comme si nous avions des ailes. Durant cette période, nous pourrons souvent rêver de voler car cela correspond assez à la vérité. Si nous faisons une analyse à rebours des transits de toute notre vie, nous découvrons que ce passage a accompagné une bonne partie des meilleurs moments de notre vie : du bac à la maîtrise, du mariage à notre premier travail, de la naissance d'un de nos enfants à la création d'une société ou à l'apprentissage d'une langue... Le mot clef de ce passage est *émancipation* et doit être pris à 360°, qu'il s'agisse d'apprendre à nager à 50 ans, de réussir pour la première fois à voler ou à utiliser un ordinateur, de réussir à se libérer d'une personne gênante, de se débarrasser d'un tabou, de mettre un terme à une psychanalyse, de la guérison d'une longue maladie. Les exemples pourraient continuer à l'infini, mais le lecteur aura très bien compris de quoi il s'agit. De nombreux consultants comprenant vaguement quelque chose à l'astrologie, confondent de telles améliorations avec une amélioration économique : les choses sont au contraire absolument distinctes et ne doivent pas être confondues. Par exemple, une jeune fille élevée par des parents plutôt sévères qui se marie sous ce transit, gagnera en émancipation mais dépensera beaucoup d'argent pour le mariage. Des promotions ou des charges honorifiques sont possibles durant ce passage planétaire. Tout ce qui commence en ce moment naît certainement sous une bonne étoile. En outre ce transit peut accompagner une période de succès ou de meilleure santé pour notre mère ou bien des rapports plus sereins entre elle et nous.

Jupiter en transit en Maison XI

Quand Jupiter passe dans notre Maison XI, nous vivons une période presque aussi bonne que celle représentée par le passage de Jupiter en Maison X. Nous pourrons bénéficier de l'aide de personnes influentes, puissantes, prestigieuses. C'est le moment de frapper à leur porte car une période de petite, mais non négligeable, chance nous accompagne. Nous recevrons beaucoup plus d'attention que lorsque ce passage planétaire n'est pas présent. Nous devrons essayer de faire trésor de nos connaissances, nous souvenir que nous avons dîner avec tel juge ou tel parlementaire ou avec l'éditeur d'un network. Tous peuvent nous aider à améliorer notre situation professionnelle. S'il existe la moindre possibilité d'accéder à un emploi grâce à un piston, c'est le moment de le demander si l'on approuve ce genre de logique. Autrement nous pourrons exploiter ce transit pour obtenir plus rapidement un rendez-vous chez le médecin ou pour économiser sur des travaux d'aménagement ou encore pour faire un essai à la télévision, etc. Récemment, il y a eu dans plusieurs pays des sentences émanant des plus hautes instances affirmant que le piston n'était pas un délit. Mais comme nous l'avons à peine dit, ce passage ne concerne pas uniquement les améliorations économiques ou professionnelles. La bonne disposition des astres à notre égard peut également concerner une attention particulière de la part de notre mécanicien ou encore une séance plus longue de la part d'un astrologue ou d'un psychologue. En général, nous percevons une plus grande disponibilité des autres à notre égard, même si, dans une file d'attente, nous passons devant des gens pour demander une information. Sous ce transit, nous pouvons nouer de nouvelles amitiés intéressantes. Il peut nous offrir une magnifique liaison basée sur des sentiments de coopération et de camaraderie au meilleur sens du terme. De vieilles amitiés peuvent se cimenter durant cette période. Par ailleurs, ces mois seront féconds pour n'importe quel type de projet, qu'il s'agisse de ceux qui naissent maintenant ou de ceux qui naîtront après y avoir longuement pensé. Dans son aspect négatif, ce transit peut indiquer un scandale qui concerne un ami ou une personne influente avec laquelle nous sommes en contact. Il se peut aussi que la confiance excessive en un ami nous cause des ennuis.

Jupiter en transit en Maison XII

Quand Jupiter passe dans la Maison XII radicale, il nous donne un coup de main pour affronter toutes les épreuves en cours. C'est comme si un ange gardien descendait sur la Terre pour nous aider à surmonter toutes les difficultés dans lesquelles nous nous trouvons. Des nœuds se déferont presque miraculeusement et nous serons mieux armés pour affronter n'importe quel type d'épreuve. Ce passage peut en effet nous aider à résoudre les problèmes les plus variés, économiques, sentimentaux, légaux ou de santé. Au moment où tout semble s'écrouler, une main nous est tendue et nous aide à remonter la pente. Ces aides peuvent provenir un peu de partout : de la famille, d'amis, de personnes influentes. Astrologues, prêtres et psychologues peuvent nous être particulièrement utiles. La religion ou l'astrologie peuvent nous permettre de nous maintenir à la surface, qu'il s'agisse d'effet placebo ou pas. De toute façon, nous noterons une inversion de tendance et nous apercevrons enfin un peu de lumière au bout du tunnel. Par ailleurs, ce transit favorise la recherche en général et la recherche ésotérique en particulier. Nous pouvons en profiter si nous voulons étudier une nouvelle technique de prévisions par exemple. Nous nous sentirons mieux physiquement et mentalement si nous faisons du bénévolat. Nous serons mieux armés pour nous opposer à des inimitiés ou des calomnies nous concernant. Si le passage s'exprime de manière négative, nous serons probablement impliqués dans un scandale ou simplement dans une médisance. Nous pourrions avoir des ennuis de santé, en particulier le foie et le sang. Un comportement excessivement optimiste et confiant de notre part nous cause de sérieux problèmes.

[1] NDT : Il existe, en Italie différents dialectes encore très vivants de nos jours.

8.
Les transits de Saturne

Les transits de Saturne sont très importants. Ils marquent des étapes précises de notre vie, qui dans la plupart des cas correspondent à des épreuves significatives pour nous. Certains auteurs, dont l'autorité est souvent sans ambiguïté, s'efforcent de rejeter la thèse selon laquelle les passages de Saturne doivent être lus de manière positive parce qu'ils nous donnent l'occasion de grandir et nous permettent d'élever notre esprit, de devenir plus sages, de nous transformer en femmes et hommes meilleurs. Nous ne nions absolument pas cet aspect de la question, mais nous nous demandons toutefois si une femme ou un homme savent qu'à travers une tumeur à l'estomac ou la perte de la personne aimée ou encore l'écroulement de leur situation financière, ils pourront croître et devenir meilleurs. Pensez-vous qu'ils espèrent vivre tout cela ? Pensez-vous que l'auteur défendant une pareille thèse espèrera tout cela ? Ces personnes ne font-elles pas plutôt de la pure démagogie consistant, à notre époque, à soutenir l'idée selon laquelle tout doit être lu de manière positive. Nous sommes absolument convaincus de croître et de devenir plus sages grâce aux coups de fouet que nous assène la septième planète de la Tradition, mais nous sommes aussi convaincus que nous tous astrologues, ou amateurs d'astrologie, nous les craignons comme la peste. Aussi, abandonnons l'hypocrisie et allons vers une plus grande sincérité. Saturne est Saturne, le "Grand maléfique" de la Tradition, Chronos, le dieu de la mythologie qui dévore ses enfants. L'astre était représenté dans l'iconographie de la Renaissance comme un vieux en mauvaise santé, meurtri et couvert de bandages, avec une béquille dans la main droite et la faux dans la main gauche, une faux qui veut dire amputation, spoliation, mort. Voulons-nous compter combien de fois Saturne est présent dans les malheurs de toute notre vie ? Ses passages qui, par rapport à un point quelconque de notre ciel de naissance (Soleil, Lune, Ascendant, Milieu du Ciel...), tombent tous les sept ans environ dans le cas de conjonction, opposition et quadrature (sans prendre en considération les semi-carrés et les sesqui-carrés aussi importants que les autres), accompagnent des crises existentielles. Celles-ci peuvent aller essentiellement dans quatre directions : les maladies, les deuils, les difficultés professionnelles/financières et les crises affectives/sentimentales. Nous pouvons jurer que nous ne sortons pas de ces problèmes. A la différence cependant des passages d'Uranus, ceux de Saturne peuvent véritablement engendrer de gros problèmes, mais ils permettent aussi, une fois le transit terminé de retourner à la situation précédente, même si l'on a perdu quelques "plumes". Dans tous les cas, il est vrai que son passage ne doit pas être considéré nécessairement négatif (nous parlons naturellement des aspects dissonants). Mais soyons clairs. Il peut être favorable dans le cas d'un effort, d'une souffrance qui nous permet d'atteindre une position meilleure. Prenons quelques exemples. S'il transite dans notre Maison IV, il est probable que nous nous endettions jusqu'au cou pour acheter une maison, mais nous ne pourrons pas faire autrement. De la même façon nous pouvons mobiliser toutes nos forces pour passer un concours, au moment du passage de Saturne en Maison X, et cela se fera dans la souffrance, au prix de nuits passées dans les livres et renonçant aux divertissements et ainsi de suite. Dire que ses passages sont positifs, ce n'est pas la même chose: dans tous les cas, nous trouverons surtout la souffrance et nous pensons qu'il s'agit là du point central de la discussion que nous ne devons jamais perdre de vue. Rappelons par ailleurs que les transits peuvent être de deux types : simples et triples. Les premiers visualisent le passage de l'astre sur un point précis du ciel de naissance. Le passage a lieu, admettons que Saturne double notre Soleil, et qu'il se dirige tout droit sans plus revenir en arrière. Dans l'autre cas par contre, le "Grand maléfique" passe une première fois sur un point, puis il recule et repasse sur celui-ci pour enfin transiter une troisième et dernière fois en allant tout droit. Dans le cas de transits multiples et di *anelli di sosta* (NdT : ce terme se réfère à l'arrêt apparent d'un astre dans le ciel) de la planète sur les points sensibles d'un point de naissance, les effets sont bien sûr plus dévastateurs. Nous voudrions ajouter que le passage de Saturne dans les Maisons est un des meilleurs indicateurs dans la recherche de l'heure de naissance exacte du sujet. Nous sommes convaincus de cela au point que si nous devions choisir un seul système pour étudier la vie d'un sujet, choisissant entre transits, Révolutions solaires, Révolutions lunaires, directions, progressions..., nous nous orienterions certainement sur le passage des planètes dans les Maisons (et non pas des planètes en aspect entre elles), tant est grand le niveau de vérifiabilité de tels passages dans la vie d'un sujet. Par exemple, quand ce "caillou" commence à transiter dans la Maison III, nous pouvons nous attendre, presque au même moment, à des problèmes liés à la voiture, à nos frères, sœurs, cousins et beaux-frères, ou des problèmes relatifs aux études. Lisant sur les éphémérides à combien de degrés se trouve la cuspide en question, nous pourrons avoir un premier indice important dans la recherche de la véritable heure de naissance d'un sujet. D'autres preuves devront suivre, mais il s'agit d'un excellent point de départ.

Saturne en aspect harmonique au Soleil

Quand Saturne transite en angle favorable à notre Soleil, nous parvenons à une plus grande conscience de notre vie. Si nous devions nous référer à ce que Jung appelait *principe d'Individuation*, nous dirions qu'il s'agit certainement de cela. Durant ce transit nous pourrons faire de notre vie des bilans convaincants, considérer l'esprit serein et surtout sans emphase ce que nous sommes en train de faire. Nous devons certainement plus responsables, plus prudents, plus pondérés, en un mot plus sages. Nous comprenons que de notre comportement peuvent dépendre des réalités très importantes et nous ne sommes pas ou plus disposés à nous comporter avec légèreté. Parfois ce transit suit de peu la mort d'une personne chère et une plus grande responsabilité par rapport à d'autres personnes. Alors nous retroussons nos manches et agissons en sachant que tout cela sera difficile, mais que pas après pas nous réussirons à aller de l'avant. C'est dans ce moment que naissent les projets à long terme. Nous sommes en mesure de programmer à longue échéance et nous trouvons toutes les formes pour rendre pratiques nos projets. Il ne s'agit pas ici bien sûr de force entendue comme énergie qui brûle en un instant, mais de celle qui provient des cendres d'une combustion lente mais durable. Il est probable, au cours d'un tel passage planétaire de se voir attribuer des charges honorifiques, des promotions professionnelles. Les résultats d'un tel transit ne sont presque jamais visibles mais ils sont substantiels et généralement durables. Les jours et les semaines qui sont marqués par un tel transit nous pouvons parvenir à surmonter une épreuve qui nous empêche de progresser. Parfois ledit passage témoigne d'un moment important pour notre père, notre fils, notre frère ou pour notre compagnon.

Saturne en aspect dissonant au Soleil

Quand Saturne se déplace en angle dissonant par rapport à notre Soleil de naissance, nous devons affronter une de ces crises existentielles qui nous secouent particulièrement. Presque toujours, comme nous l'avons dit dans l'introduction de ce chapitre, il s'agira des problèmes d'un des quatre secteurs suivant : problèmes de santé, deuils, difficultés professionnelles/financières et crises sentimentales/affectives. Il s'agira difficilement d'autre chose. L'analyse des autres transits et surtout le ciel de Révolution solaire pourront nous donner d'autres éléments importants d'analyse pour des prévisions justes. Si ledit passage a lieu avec une mauvaise Révolution solaire, alors les conséquences de celui-ci peuvent être très graves. Il faut craindre en particulier la combinaison avec l'ascendant ou le Soleil ou avec un stellium dans les Maisons XII, I et VI. Quand durant notre voyage nous descendons dans cette gare, il s'agit toujours d'un arrêt important. Cela peut signifier un arrêt temporaire ou définitif, selon les cas, mais certainement un gros bâton dans les roues. Si la malchance existe, comme fait abstrait, alors ce transit en est un des emblèmes les plus significatifs. Nous sentons que le sort ne nous est en rien favorable, que tout est difficile à atteindre, que nous devons nous agripper de toutes nos forces pour conquérir quelque chose et que nous devons défendre bec et ongles nos conquêtes. Nous rencontrons des fleuves à traverser plutôt que des rivières et à chaque instant nous comprenons le sens de l'expression "à la sueur de son front". Les autres ne nous lancent aucune bouée de sauvetage et certains pourront même en venir à nous écraser les mains pour nous faire précipiter dans l'abîme. L'effet le plus évident du passage planétaire en question est la perte d'enthousiasme, l'appauvrissement de notre personne, l'abattement, la dépression. Nous ressentons un grand besoin de frugalité, d'essentiel. Nous ne réussissons pas à nous divertir et trois écrans de télévision couleur devant nous ne pourraient effacer toute la noirceur que nous avons dans le cœur. Des idées de mort et de défaite nous assaillent, des scénarios d'impuissance et de frustration, des abîmes de solitude et d'épreuves. Le temps semble s'arrêter et scander les minutes interminables de notre angoisse. Nous sommes amenés à abandonner, à lâcher prise, à jeter l'éponge. Ici se cache effectivement la partie diabolique du transit : l'invitation à abandonner, à nous priver d'une joie ou d'une personne aimée. Nous devons faire appel à toutes nos forces intérieures et nous rappeler que même l'heure la plus sombre n'est que de soixante minutes. Nous cherchons à nous convaincre que nous sommes en train de perdre une bataille et non la guerre. Certainement devrons-nous donner quelque chose à Saturne et nous le ferons, mais cela ne signifie pas une défaite totale. Des temps meilleurs viendront, même si en ce moment nous sommes induits à penser que tout notre futur sera tout aussi sombre. Que nous le voulions ou non, nous devrons nous séparer de quelque chose, qu'il s'agisse d'un bien superflu ou d'une personne chère. Le prix à payer au cours de ce transit est élevé mais il est toujours moins important que celui que généralement nous payons à Uranus. Et cela pourrait ne pas nous consoler, mais nous faire penser qu'il ne s'agit tout de même pas de la fin du monde. Il est facile qu'en cette période nous perdions du poids parce que nous ne sommes pas attirés par la nourriture et parce que nous tendons à la frugalité et à la sévérité/austérité en général. Nous nous divertirons certainement très peu voire pas du tout. Nous sortirons peu et nous préfèrerons demeurer loin des autres. Un vieillissement aigu et soudain nous frappera et sera visible, outre sur le plan mental, par une gestuelle plus calculée, une dynamique faciale plus contrôlée, aussi à travers les premiers cheveux blancs ou l'augmentation du nombre de cheveux blancs et à travers des problèmes osseux et dentaires (Chronos est le temps et lui-même peut être mesuré dans le corps humain par le calcium qui constitue la part essentielle des os et des dents). Enfin ce passage peut indiquer une période de grandes épreuves pour le compagnon, le père, le frère ou le fils.

Saturne en aspect harmonique à la Lune

Quand Saturne passe en angle harmonique à la Lune de naissance, nous nous sentons plus stables, plus équilibrés, plus responsables. Une bonne dose de sagesse nous porte vers des choix sûrs, contrôlés, raisonnés, peut-être dénués de passion mais certainement plus fiables que d'habitude. Nous agirons comme si nous étions plus âgés que nous ne le sommes réellement, montrant une maturité qui devrait appartenir seulement à des personnes âgées et nous sommes nous-mêmes vieux en ce moment, en tout cas du point de vue mental. Avec un tel transit, il est plutôt difficile de tomber amoureux parce que pour ce sentiment, l'abandon de soi et un sens critique moins aigu sont nécessaires alors que nous faisons preuve ici d'un contrôle constant de la raison sur les sentiments. Il est cependant possible qu'au cours de ce passage nous envisagions de nous unir à quelqu'un d'autre : dans ce cas, il s'agira plus d'une décision raisonnée et durable que de véritables élans du cœur. En effet nous pourrons mettre dans cette décision toute la force de notre maturité et l'application de programmes à longue ou très longue échéance typique des passages de Saturne par rapport aux luminaires. Nous devrons oublier la passion, mais en échange nous saurons exactement vers quoi nous nous dirigeons et, les yeux grands ouverts nous serons difficilement déçus. En général les unions qui naissent au cours de ladite période ont lieu à un âge où nous ne sommes plus très jeunes ou bien quand un tel aspect astrologique est déjà présent dans notre thème de naissance. Probablement peut-on dire en de pareils cas qu'il s'agit d'une union d'intérêt et cela est souvent vrai, mais cela ne l'empêchera pas de débuter avec des racines fortes et profondes. La tendance générale qui pourrait conduire à un choix de ce genre est de se rapprocher de personnes plus âgées que nous ou bien plus mûres ou trop sérieuses. Dans tous les cas nos choix, durant cette période, en ce qui concerne la vie sentimentale mais aussi la vie en général, seront orientés dans le sens de la frugalité, de l'essentiel, de la rigueur, de la négation du plaisir, de la sévérité avec nous-mêmes et les autres, de la plus grande discipline intérieure, d'un sens du devoir très fort qui inspirera chacune de nos actions et nous fera apprécier énormément le milieu professionnel. La méticulosité est un des mots clé du transit en question. Nous serons de ce point de vue extrêmement fiables, stakhanovistes, sérieux, loyaux, honnêtes. Nous abandonnerons nos illusions et la vie nous fera entrer dans une phase plus exigeante avec de plus importantes préoccupations, dans laquelle il n'y aura plus de place pour les élans infantiles et pour les comportements du passé. Il s'agit d'un processus irréversible qui ne nous consentira pas de retourner en arrière. Il est possible aussi que dans le futur, éventuellement sous l'effet d'un transit harmonique Jupiter-Lune, nous soyons capturés par une bouffée d'optimisme, mais ce ne sera jamais comme avant : les autres verront en nous des personnes beaucoup plus mûres et contrôlées. Sur le plan extérieur, le transit pourra indiquer une action de notre part pour acquérir ou restructurer notre maison, pour nous stabiliser définitivement dans une demeure après différents changements. Notre compagne, notre mère, notre fille ou notre sœur évolueront beaucoup plus au cours de cette période.

Saturne en aspect dissonant à la Lune

Quand Saturne circule en angle dissonant par rapport à notre Lune de naissance, nous sommes touchés par une importante perte d'enthousiasme. La tristesse, la mélancolie et souvent la dépression nous assaillent. Nous ne réussissons pas à nous amuser, nous nous détachons des biens matériels, nous n'éprouvons aucun plaisir à faire un bon repas ou à mettre un vêtement nouveau. Nos attitudes sont plutôt marquées par la frugalité, par l'essentiel. Nous tendons à rester seuls, à nous isoler des autres. Nous tendrons à nous habiller avec des couleurs sombres et, en un certain sens, nous aurons la "mort dans le cœur". Un fort pessimisme se rendra maître de nous et nous nous sentirons accompagnés par le mauvais sort. Il est probable, par ailleurs, qu'au cours de cette période nous serons plus malchanceux, ainsi que le disait Carl Gustav Jung à propos de la réalité subjective et de la réalité objective : si nous pensons de manière négative nous aurons de grandes chances de tomber sur une peau de banane. Notre attitude de fond sera placée sous l'égide de la sévérité surtout avec nous-mêmes et ensuite avec les autres. Un contrôle rigide du super-Moi fera en sorte d'étouffer toute impulsion juvénile qui pourrait venir du plus profond de nous-mêmes. Une sorte de belle-mère interne nous grondera continuellement pour que nous nous conduisions bien, correctement, honnêtement, sincèrement. Cela passe comme dans l'aspect harmonique Saturne-Lune mais quelques octaves au-dessus. Un sens du devoir exaspérant et poussé à l'extrême se rendra maître de nous et nous conditionnera beaucoup. Nous serons certainement très scrupuleux dans tout ce que nous ferons. Notre rendement dans le travail sera poussé au maximum. Nous ne serons certainement pas créatifs mais de très bons exécutants. Nous n'aurons pas envie de parler et nous désirerons plutôt nous isoler par rapport aux autres. Nous tendrons à abolir toutes les formes de divertissement. Nos activités ludiques et récréatives seront à des niveaux très bas. Un profond pessimisme nous conditionnera dans chacun de nos choix. C'est certainement là un des transits les plus difficiles, selon nous, plus que celui de Saturne-Soleil. L'obscurité dans laquelle est plongée notre âme peut être dictée par des situations externes et subjectives mais peut aussi être essentielle dans le sens où ce transit n'est gêné par aucune cause extérieure. Dans le premier cas, il s'agira presque certainement d'une déception sentimentale ou d'une contrariété affective comme la mort d'un conjoint ou la maladie d'un enfant. Mais il peut aussi se référer à une période d'impopularité (pour les hommes politiques et les personnages du spectacle) ou à la préoccupation pour la situation professionnelle/financière. Tant de liens sentimentaux et matrimoniaux se dissolvent sous un tel ciel mais nous devrons être responsables au point de comprendre que si nous en venions à un tel choix, nous ne ferions qu'adhérer à la "volonté de Saturne". La septième planète de la Tradition, survolant notre personne (la Lune) lui jettera un voile glacé qui pourrait nous précipiter dans un abîme de pessimisme et de tristesse. Dans des situations de ce genre nous pouvons faire aussi des bêtises surtout s'il y a d'autres transits négatifs. Ce passage planétaire devient ensuite funeste s'il s'unit à des Révolutions solaires très dures comme dans le cas où l'Ascendant, le Soleil ou un stellium de Révolution tombent dans la Maison XII, I ou VI. Parfois mais moins souvent, le transit coïncide avec une maladie à entendre essentiellement dans un sens somatique. Sur le plan extérieur le passage indique souvent des problèmes avec la maison, par exemple une expulsion ou un endettement important pour l'achat d'une maison ou bien des travaux de rénovation qui nous pénalisent. Notre mère, notre compagne, notre fille ou notre sœur ne vont pas bien ou sont simplement déprimées.

Saturne en aspect harmonique à Mercure

Quand Saturne transite en angle favorable par rapport à notre Mercure de naissance, nous vivons un moment d'extrême lucidité mentale. Notre esprit s'exprime pleinement. Notre rationalité atteint un point extrême et nous jouissons d'un contrôle mental généralisé. Nous pourrions difficilement être plus contrôlés et mentalement solides dans cette période. Nous n'aurons certainement pas la rapidité et la génialité qui peuvent nous venir d'un passage Uranus-Mercure, mais nous aurons certainement la force d'affronter des efforts longs et difficiles du point de vue du travail mental. La force d'un tel transit réside dans la continuité et dans la durée et non dans la rapidité. Nous avons les idées claires, nous comprenons tout parfaitement et comme jamais nous sommes en mesure de réfléchir sur notre situation. Nos pensées sont cohérentes, claires, logiques. Nous nous en rendons compte en parlant avec les autres et constatons que nous nous exprimons très bien, que nous réussissons à nous faire comprendre parfaitement et que nous comprenons à merveille les autres. Nous pouvons affirmer nos contacts avec autrui : nous écrivons à des personnes que nous avions perdues de vue, à de vieux amis, à des personnes âgées qui sont ou ont été nos maîtres. Nous pourrions éprouver la joie de mettre de l'ordre dans notre vieille correspondance, lorsque autrefois nous avons été les protagonistes d'une saison d'intenses communications. Une vieille passion de radio amateur (si elle a existé) nous reprendra et nous fera revivre d'anciennes joies. Nous organiserons mieux les instruments de communication avec les autres en projetant par exemple un nouveau papier à en-tête qui dans ce cas-là sera très sobre, essentiel. Nous pourrons aussi envisager, sans grand enthousiasme, mais avec plus de détermination, l'achat d'un téléphone mobile, d'un répondeur automatique, d'une imprimante. En retard par rapport aux autres nous pourrons décider de commencer à naviguer sur Internet et de nous procurer une adresse électronique. Pourrait aussi mûrir en nous l'idée de nous défaire d'une vieille voiture solide, sobre, aux couleurs peu vives, peu rapide ou peu nerveuse, de préférence d'occasion. Un tel passage pourra nous amener à accomplir des voyages importants sur le plan mental. Il est en effet probable que nous devions nous déplacer temporairement dans une autre ville éventuellement pour participer à un cours de spécialisation, à un congrès, à un séminaire, etc. Le moment est excellent si nous avons l'intention d'affronter la préparation d'un examen universitaire difficile. Il en va de même pour l'apprentissage du maniement de l'ordinateur ou d'un nouveau logiciel. Excellentes possibilités aussi pour commencer à écrire un livre ou simplement pour travailler à un article, un rapport, un curriculum vitæ. Un frère ou un cousin ou notre beau-frère ou notre fils vivent un moment d'affirmation personnelle ou acquièrent une plus grande responsabilité (observons à ce propos que Mercure en astrologie peut correspondre aussi au fils mais les planètes caractéristiques du fils sont le Soleil (pour les hommes) et la Lune et Vénus (pour les femmes). Dans tous les cas, dans les chapitres et paragraphes précédents et successifs aussi, afin de ne pas trop nous répéter, nous avons préférer indiquer seulement frères, cousins, beaux-frères et jeunes amis.

Saturne en aspect dissonant à Mercure

Quand Saturne circule en angle dissonant par rapport à notre Mercure de naissance nous notons des difficultés dans notre communication avec les autres. Avant tout nous n'avons pas les idées bien claires nous non plus. Il nous est difficile de comprendre avec une totale lucidité. Nous avons des problèmes de mémoire et de concentration. Si nous parlons avec les autres nous ne réussissons pas à nous exprimer au mieux. Nous pourrions balbutier aussi un peu. Le trac nous bloquera si nous devons parler en public ou à la télévision ou durant une assemblée. De grosses difficultés empêchent ou rendent difficiles nos contacts téléphoniques. Nous continuons à composer un numéro qui demeure toujours occupé ou ne répond pas. La ligne ne fonctionne pas ou notre téléphone tombe en panne. Mais le fax, l'antenne parabolique, l'interphone, le modem ou l'imprimante peuvent aussi tomber en panne. Nous passons moins de coups de téléphone que d'habitude et nous en recevons beaucoup moins. Nous devons en outre nous attendre à une mauvaise nouvelle par téléphone ou par courrier. Evitons d'envoyer des paquets avec des contenus précieux car ils pourraient se perdre ou arriver abîmés à destination. Un fort retard dans la livraison d'un paquet que nous avons envoyé a des conséquences dans notre travail. Nous enregistrons dans le même temps une certaine malchance dans les voyages. Nous en ferons peu ou bien ils seront caractérisés par la douleur, par le stress, par des circonstances déplaisantes comme dans le cas d'allers et retours plus nombreux pour des soins médicaux ou pour nous rendre auprès d'un parent malade. Celui-ci pourrait être un frère, un cousin, un beau-frère ou un jeune ami. Notre voiture pourra avoir des problèmes. Nous devrons recourir au mécanicien ou au carrossier parce que nous provoquons ou subissons un accrochage. Le vol de notre voiture est possible mais aussi celui de notre téléphone mobile. Nous vivons une période de conflit avec un frère, un cousin, un beau-frère ou un jeune ami, ou bien ces derniers seront en crise et nous devrons nous occuper d'eux. Le moment est aussi défavorable aux études en général. De possibles retards ou interruption dans les études. Un examen difficile nous bloque longtemps. Nous nous concentrons avec grande difficulté, de même pour écrire un livre important. La période est peu propice aux cours que ce soit en qualité d'étudiant ou de professeur. Evitons de participer à des tables rondes, séminaires, congrès, débats. Nous nous rendons compte que nous ne réussissons pas à écrire comme nous voudrions et tendons à renvoyer à plus tard. Il sera en outre préférable de ne pas nous lancer dans des opérations économiques : notre sens des affaires nous abandonne au cours dudit transit.

Saturne en aspect harmonique à Vénus

Quand Saturne circule en angle positif par rapport à notre Vénus de naissance nous devenons plus mûrs pour gérer nos rapports sentimentaux. Nous nous sentons plus adultes dans notre vie de couple. Nous nous montrons moins agressifs ou superficiels avec notre partenaire. Nous ressentons la nécessité de faire le point sur notre relation. Nous considérons que notre relation est mûre au point de l'officialiser par exemple par le mariage ou la vie en commun. Les passions amoureuses seront plus rares et moins intenses et nous donnerons plus d'espace à la raison. Nous avons tendance à planifier à long terme par rapport à notre partenaire. Nous envisageons sérieusement d'entreprendre une relation sentimentale après y avoir longtemps pensé. Nous sommes attirés par les personnes plus âgées que nous. Parallèlement à cette maturité nos goûts esthétiques seront beaucoup plus sobres préférant l'élégance classique à l'élégance moderne ou ultramoderne. Notre style sera plus sobre mais sera représentatif de notre "vieillissement". Nous nous inspirerons inéluctablement aux modèles conventionnels d'élégance. Par conséquent nos choix artistiques changeront : si nous achetons un tableau ou un meuble précieux notre choix se tournera vers l'ancien plutôt que vers le moderne. Nous serons attirés par exemple par l'art classique, ce qui nous conduira à visiter des musées, des galeries, des antiquaires, etc. Nos affaires tendront à se fonder sur des valeurs plus sûres qu'autrefois. Nous n'aurons que peu de grosses rentrées d'argent durant cette période, mais nous les consoliderons même si cela se fait dans des temps plus longs qu'autrefois. En ce sens nous pourrons faire des programmes à longue échéance. Notre santé aussi ressentira l'effet bénéfique de ce passage planétaire, nous nous sentirons mieux et probablement nous réussirons à trouver des thérapies qui nous sont plus adaptées. Nous pourrons en tirer des avantages notamment dans les traitements rhumatologiques et dentaires. Une figure féminine qui nous est chère, par exemple notre compagne, notre fille ou notre sœur, vivra une période de plus grande stabilité et d'évolution psychologique.

Saturne en aspect dissonant à Vénus

Quand Saturne circule en angle dissonant par rapport à notre Vénus de naissance nous vivons une crise sentimentale. Ne nous faisons pas trop d'illusions sur la possibilité d'une évolution atténuée d'un tel transit : la crise aura lieu certainement. Cependant cela ne devra pas signifier la fin inexorable d'un rapport. Saturne congèle l'amour mais peut n'intéresser qu'un aspect de notre relation amoureuse avec notre partenaire. En effet, il signifie souvent une période de plus grande froideur entre deux personnes liées par un sentiment d'amour. Il peut représenter une parenthèse certainement peu plaisante à l'intérieur d'un ménage mais pas nécessairement une catastrophe. Très souvent il signifie que nous sommes face à des semaines ou à des jours où le sujet recevra peu d'attentions de la part de son partenaire alors qu'il en aurait tant besoin. Cela peut s'exprimer aussi dans un sens formel : peu de cajoleries, peu d'attention, manque de tact de la part de la personne aimée, distractions à notre endroit. D'autres fois le transit accompagne des périodes d'abstinence sexuelle et cela est peut-être le point essentiel de ce transit comme la fièvre accompagne un peu toutes les maladies. Penser avoir une intense vie sexuelle au cours de ce passage est pure illusion et dans ce sens il est bon d'éviter les voyages qui voudraient être une occasion de rencontre romantique à deux, isolés du monde. Il y a un temps pour l'amour et un temps pour la réflexion. Ce temps est celui de la réflexion. Comme conséquence de notre jugement qui sera plus tranchant ou plus exactement moins illusoire, s'effondreront certainement des mythes relatifs à la personne que nous aimons. Nous réussirons à la voir peut-être pour la première fois sous une lumière plus froide, plus réaliste et peut-être nous mettrons-nous à réfléchir sur l'opportunité de continuer ou pas une histoire. De ce point de vue ce transit est utile parce qu'il nous fait réfléchir beaucoup et, si nous n'avons pas encore pris de décision d'union il peut nous suggérer de ne pas faire de choix risqués. Réussir à voir les "rides de l'amour" n'est pas toujours chose plaisante. Si nous étions toujours sages au point de regarder avec objectivité notre rapport sentimental, peut-être n'irions-nous pas nous jeter dans des histoires inconsistantes. Ce devrait être une règle à suivre pour les couples d'attendre un premier passage de ce genre avant de décider de se lancer dans une longue vie ensemble. Dans les cas les plus négatifs d'expression du transit Saturne-Vénus, la séparation peut aussi être définitive. Dans ce cas nous pouvons aussi vivre le mauvais côté, d'être quittés par la personne que nous aimons. D'autres fois nous découvrons une infidélité de notre partenaire et dans tous les cas nous souffrons. A la différence des transits Uranus-Vénus, ceux de Saturne en angle dissonant à notre Vénus de naissance nous offre cependant l'opportunité d'un appel, au sens où lorsqu'ils finissent, une réconciliation devient possible. Souvent, en effet, le transit ne signifie qu'une période plus ou moins longue de séparation qui peut dépendre aussi de motifs professionnels ou d'études de la part de l'un des deux éléments du couple. D'autres fois, l'abstinence sexuelle peut être en rapport au mauvais état de santé de l'un des deux. Ce passage peut difficilement accompagner une grossesse mais celle-ci n'est pas à exclure. Par rapport à sa signification financière le transit en question se réfère à une période de vaches maigres, de difficultés économiques, de plus importantes entrées ou sorties. En ce qui concerne aussi la santé du sujet, rien n'est très brillant ni sur le plan physique, ni sur le plan mental. Enfin le passage peut indiquer un mauvais état de santé ou la crise sentimentale d'une figure féminine qui nous est chère.

Saturne en aspect harmonique à Mars

Quand Saturne transite en angle harmonique par rapport à notre Mars de naissance, nous réussissons à asservir la force à la raison. Nous avons un plus grand contrôle de nos instincts agressifs et nous cherchons à maîtriser par la sagesse nos pulsions les plus profondes et immatures. Dans cette optique la période se présente comme excellente pour n'importe quel travail pour lequel est nécessaire un contrôle froid de nos actions. Pour les artistes et les artisans il est de même profitable mais aussi pour les autres, pour tous ceux qui doivent conclure un travail délicat de la construction d'une maquette de bateau à la réparation d'une montre, nous nous rendons compte combien il est agréable d'avoir le contrôle de nos propres énergies. Les chirurgiens, dans cette période, grâce à leurs mains sûres d'elles-mêmes réussiront à réaliser des interventions importantes et difficiles. Mais aussi les pilotes d'avion, les camionneurs et les conducteurs de voitures sportives et de compétition s'exprimeront au mieux de leurs capacités. Si nous devons entreprendre un voyage long ou même très long en voiture, c'est le transit qu'il nous fallait. Saturne réussit à bien museler les pulsions destructrices de notre esprit. Nous sommes capables au cours de ce passage planétaire de regarder devant nous avec une extrême froideur et de gérer les situations les plus difficiles qui risquent de nous toucher beaucoup sur le plan émotionnel, avec détachement et maturité. Dans certaines occasions nous donnons l'impression d'être un peu cyniques, mais c'est là le revers de la médaille. Nous ne nous laisserons aucunement emporter par les sentiments et nous réussirons à prendre des décisions sévères mais nécessaires. Si nous sommes parents, nous serons plus sévères avec nos enfants. Nous serons aussi capables de couper les "branches sèches" de notre cœur.

Notre effort pour les travaux importants sera total : notre volonté n'hésitera pas et nous pourrons entreprendre du bon pied le chemin qui nous mène vers des objectifs quels qu'ils soient. Notre force ne sera ni nerveuse ni exagérée mais simplement constante et durable. Le bon appui de Saturne pourra nous être utile pour venir à bout d'une situation difficile que représente Mars. Un long contentieux pourrait arriver enfin à son terme. La guérison de vieilles blessures, au sens propre ou figuré, est possible. En cas de fractures, amélioration de la situation.

Saturne en aspect dissonant à Mars

Quand Saturne passe en angle dissonant par rapport à notre Mars de naissance, nous nous trouvons au centre d'une période très difficile. Nous nous comportons certainement avec une plus grande agressivité, nous sommes au centre d'une période marquée par les conflits, nous devenons plus radicaux dans nos choix et notre humeur en ces jours peut avoir comme emblème un grand coup de poing sur la table. Tout ce qu'il y a d'extrême, de belliqueux en nous s'exprime librement. Nous réussirons difficilement à contrôler nos instincts les plus sauvages. Nous risquons de perdre tout contrôle et de faire du mal aux autres ou à nous-mêmes. Certainement nous nous montrerons endurcis et même impitoyables. Une bonne dose de cynisme nous fera faire des choix obstinément mauvais ou qui n'appartiennent en rien à notre nature. Nous sommes amenés à juger sévèrement les autres, trop sévèrement. Nous ne parvenons pas à être tolérants envers les faiblesses d'autrui et si nous étions magistrats nous émettrions ces jours-là des jugements durs et infligerions de lourdes peines. Tous les sentiments peuvent nous guider, sauf ceux de type chrétien. Nous ne sommes en rien disposés à tendre l'autre joue et nous pensons que la seule règle valable est celle du Talion. Le cynisme qui nous gouverne au cours de ce passage planétaire pourrait à la limite, comme le dit un vieux dicton, nous pousser à tuer père et mère pour atteindre un objectif. La période est des plus mauvaises pour les chirurgiens, les conducteurs, les pilotes et pour tous ceux qui doivent faire des travaux de précision. La tendance à la destruction volontaire ou involontaire, atteint un niveau élevé. Autour de nous, des objets se casseront certainement en raison des ondes destructrices qui émanent de notre personne. Renvoyons les travaux importants et de précision et évitons aussi de conduire pendant de nombreuses heures. Une bonne dose de malchance nous frappe et fait que bon nombre de choses vont de travers. Nous notons que les autres nous manifestent froideur et hostilité. C'est le moment où de vieilles rancœurs peuvent remonter à la surface et nous faire entrer en conflit avec l'autorité, par exemple : un policier, un juge, notre supérieur hiérarchique, etc. En outre le passage est aussi très destructeur à notre endroit et nous devrons être sur nos gardes si nous voulons éviter de nous faire du mal. Abstenons-nous de pratiquer des sports quels qu'ils soient et de conduire voiture ou moto de manière objectivement dangereuse : quand il y a du brouillard, quand la route est verglacée ou quand gronde l'orage... Le risque d'accident, de fracture ou d'intervention chirurgicale est très grand. Si d'autres éléments du ciel de naissance ou des transits en cours ou de la Révolution solaire de ces moments concordent, alors le danger est vraiment très grand. Si cela est possible, renvoyons des examens médicaux particulièrement risqués comme l'exploration interne de notre système circulatoire. Renvoyons aussi d'éventuelles liposuccions ou toute intervention de ce genre. Défendons-nous de toutes les pathologies liées à des excès et donc mangeons et buvons modérément.

Saturne en aspect harmonique à Jupiter

Quand Saturne circule en angle harmonique par rapport à Jupiter, différentes situations peuvent s'améliorer et trouver une issue favorable. Le transit en question est peut-être un des meilleurs pour se relever après une chute. Cela ne sera pas facile ni même rapide mais des résultats positifs sont assurés. Nous nous trouvons dans une période de meilleur équilibre général et nous pouvons chercher à tendre aussi bien vers une évolution psychologique que professionnelle. Il n'est pas surprenant, au cours d'un tel passage, de recevoir des félicitations, une promotion, la reconnaissance officielle de notre travail. La carrière que nous sommes parvenus à construire se voit considérablement consolidée et nous offre la sérénité nécessaire pour nous suggérer de nouveaux objectifs. Les personnes pouvant nous aider le plus sont celles qui détiennent un pouvoir : juges, politiciens, prélats importants, hauts fonctionnaires, personnalités du monde de la culture, etc. Et notamment si ces derniers sont des personnes âgées. Si nous avons l'intention d'effectuer un voyage difficile, c'est certainement le meilleur moment pour le faire. Nous privilégierons les voyages dans des pays lointains mais aussi des séjours prolongés à l'étranger et dans une autre ville. Un travail que nous avons mené avec patience et depuis longtemps se conclut enfin avec succès à l'étranger. Nos études supérieures reçoivent un flux positif qui portera ses fruits. Nous serons aussi gratifiés par l'étude d'une discipline peu conforme à notre quotidien comme l'astrologie, la philosophie, la théologie, l'ésotérisme, le yoga, le taoïsme, etc. Si nous avons des questions légales en cours, si nous avons depuis longtemps affaire avec juges et avocats, le transit en question nous promet une résolution qui nous sera favorable. Allons plus dans le sens des affaires parce que le moment est favorable. Enfin nous pourrons tirer un avantage particulier de cures de désintoxication qui dans tous les cas visent à améliorer la santé de notre foie et la qualité de notre sang.

Saturne en aspect dissonant à Jupiter

Quand Saturne passe en angle négatif par rapport à notre Jupiter de naissance, nous sentons que nous devons faire de grands efforts après une chute. Nos capacités de défense sont au minimum. Nous sentons que le temps n'est pas favorable à la résolution d'anciennes crises et plus celles-ci sont ramifiées et plus il nous sera difficile de compter sur une amélioration. Notre flair nous fera comprendre que nous devons renvoyer à une date ultérieure l'action d'assainissement des dommages précédents.

Sans tourner autour du problème, nous pouvons dire que nous sommes dans une période de malchance. Sur ce point nous devons nous distinguer d'autres auteurs qui voient la malchance comme quelque chose qui naît de notre attitude négative par rapport à la vie. Non. Ce transit nous donne la mesure d'une malchance objective, indépendante de notre état d'âme ; une malchance autonome vivant de ses propres forces. Nous la sentirons d'abord dans nos affaires. Nous devrons être particulièrement prudents si nous ne voulons pas que notre patrimoine n'en paye les pots cassés. De ce point de vue le transit n'est absolument pas adapté à soutenir nos spéculations éventuelles. Abstenons-nous donc de faire des opérations boursières ou des opérations hasardeuses. Renvoyons à une date ultérieure les transactions dont peut dépendre tout ou partie de notre avenir. Si nous sommes étudiants nous rencontrerons de grandes difficultés. Il en va de même si nous avons l'intention d'approfondir des thèmes comme la théologie, la philosophie, l'astrologie, la parapsychologie, l'ufologie, etc. Idem pour l'étude des langues étrangères et pour un quelconque langage informatique. Evitons, dans la mesure du possible, de voyager et surtout d'accomplir des voyages difficiles. Il peut se faire que nous soyons obligés de faire des voyages qui nous mettront directement ou indirectement à l'épreuve, comme dans le cas d'une opération chirurgicale que nous ou une personne proche devons faire nécessairement à l'étranger. Période difficile dans les séjours effectués loin de chez soi, éventuellement pour des motifs professionnels. Les personnes influentes et importantes comme les juges, les politiciens et les prélats de haut rang ne nous aiderons pas en ce moment. Si nous avons des procès en cours, les jugements seront difficilement en notre faveur. Reportons à une date ultérieure le début d'une action légale. Notre santé surtout notre foie et notre sang enregistre un moment critique.

Saturne en aspect harmonique à Saturne

Quand Saturne se déplace en angle harmonique par rapport à notre Saturne de naissance nous pouvons construire énormément pourvu qu'il s'agisse de projets à longue ou très longue échéance. Saturne nous fait comprendre que les choses positives ne s'obtiennent pas dans la hâte mais au contraire grâce à un effort constant et durable. Nous réussirons très lentement à avoir raison d'anciennes épreuves qui se sont superposées au cours de notre vie et qui nous ont pénalisés pendant des années ou des décennies. Une nouvelle et plus forte maturité nous offre les dons de la sagesse, de la réflexion, du contrôle sur nos actions. Nous recevons l'aide surtout de personnes âgées. Nos affaires peuvent éventuellement suivre un cours favorable, uniquement s'il s'agit de projets à longue échéance. Nous devons viser loin, très loin dans le temps. La période se prête très bien à la mise en place de plans à longue échéance. Nous sommes en mesure de planifier avec sagesse et en connaissance de cause pratiquement tout notre futur. Dans de telles périodes, nous pouvons décider de nous inscrire à l'université pour une longue formation ou pour commencer à étudier une matière qui dès le départ nous annonce que la route sera difficile. La construction d'une maison ou le début de remboursement d'un prêt peuvent naître sous un ciel favorable. Quel que soit le produit, fruit de notre talent, depuis l'écriture d'une musique ou celle d'un roman, le temps nous assurera de justes résultats. Ce passage planétaire fait croître de beaucoup notre ambition et c'est pour cela que nous pouvons décider d'entreprendre des voies longues et difficiles. En ce moment, les épreuves ne nous effraient pas. Nous sommes plus enclins au sacrifice qu'au divertissement. Nous sentons l'exigence de sobriété, d'essentiel, de frugalité. Même notre corps ira dans cette direction, favorisant d'éventuelles diètes et cures amaigrissantes. Du spectacle au livre, de la télévision à la radio, nous serons beaucoup plus attirés par les arguments sérieux et très sérieux et ils nous éloigneront des activités ludiques et récréatives qui caractérisaient souvent notre quotidien. On pourra le noter aussi à travers notre aspect vestimentaire qui tendra à être plus sobre ou plus classique, avec des couleurs essentiellement foncées ou peu vives. Cette période se prête enfin à diriger de la meilleure des manières les efforts relatifs à notre santé surtout en ce qui concerne les dents et les os.

Saturne en aspect dissonant à Saturne

Quand Saturne transite avec un angle dissonant par rapport à notre Saturne de naissance, nous ressentons une forte résistance qui empêche nos actions d'être couronnées de succès. Un climat d'échec accompagne tout ce que nous entreprenons. Nous sommes en bas d'une côte et nous avons du mal à obtenir de l'aide. Le temps ne nous est pas ami et nous voyons de vieilles batailles se conclure négativement. Prémunissons-nous de tout ce que l'on peut qualifier de vieux. Durant le passage planétaire en question des cycles prennent fin et des réalités qui nous concernent peuvent disparaître à jamais. C'est certainement un moment très difficile même s'il est d'un niveau inférieur à celui de Saturne en angle dissonant avec Mars. Evitons de nous lancer dans des projets à long terme et surtout ne cherchons pas à obtenir des prêts très longs que nous ne pourrions pas rembourser. Cherchons à concentrer nos efforts seulement sur des objectifs accessibles. Les personnes âgées en général peuvent nous créer des embûches. Durant ce passage il est préférable de ne rien faire naître d'important comme une entreprise commerciale, un mariage, une société. Nous enregistrerons facilement des difficultés économiques et professionnelles. Notre ambition croîtra considérablement mais sera frustrée par les difficultés auxquelles nous devrons faire face au cours de ces semaines. Indépendamment de notre volonté nous sommes contraints à un régime d'autorité, de sobriété, de renonciations. Ce n'est que difficilement que nous pourrons nous divertir et nos sorties le soir diminueront. Il est probable que nous maigrirons mais cela pourrait aussi être l'indice d'un mauvais état de santé. Nous ne serons pas attirés par la nourriture et nous nous isolerons encore plus. Sous certains aspects nous nous sentirons tristes, mélancoliques et aussi un peu déprimés. Cela se reflètera dans notre style, nous prendrons beaucoup moins soin de nous-mêmes et nous aurons tendance à porter des couleurs sombres, peu allègres. Saturne, étant le temps et se mesurant par le calcium contenu dans notre corps, nous pourrions, au cours d'un tel passage planétaire, avoir des problèmes aux os et aux dents. Certains de nos problèmes de santé, jusqu'alors périodiques, tendront à devenir chroniques.

Saturne en aspect harmonique à Uranus

Quand Saturne circule en angle favorable par rapport à notre Uranus de naissance, nous pouvons réaliser, de manière rationnelle et équilibrée, tous les projets de rénovation que nous avions en tête. Maintenant nous les mettons en pratique, mais de manière ordonnée. Nous avons l'impression de pouvoir rendre notre vie plus dynamique, mais nous savons aussi que cela doit se faire à un niveau structurel et que les coups de tête intenses et brefs n'iront pas dans ce sens. Nous sommes favorables à toutes les nouveautés pourvu qu'elles aient lieu à l'intérieur d'un programme général sous le contrôle strict de la raison. Durant cette période de grands changements vécus les années précédentes trouvent un équilibre stable. Les études d'arguments nouveaux ou très nouveaux dans tous les domaines comme l'électronique, l'informatique, la photographie, l'astrologie, etc. seront favorisées. Acceptons avec sagesse les petites ou les grandes révolutions dans lesquelles nous sommes protagonistes, indépendamment du fait que nous l'ayons voulu nous-mêmes ou pas. Dans cette logique tout ce qui est ultramoderne peut nous faire du bien ; par exemple des soins par hyperthermie ou laser, l'absorption de nouveaux produits expérimentés et dont l'efficacité a été reconnue par les autorités sanitaires de notre pays. Si nous n'avons jamais utilisé d'ordinateur dans notre travail, c'est le moment de le faire. Nous le ferons pas après pas, lentement, progressivement, apprenant chaque jour avec calme et patience. C'est le résumé de l'action combinée et synergique entre Saturne et Uranus : le nouveau, le très nouveau. Peu importe si nous n'apprenons jamais comment est fait un ordinateur et comment il fonctionne vraiment : l'important est d'apprendre à nous en servir et de l'utiliser dans ses applications fondamentales et relatives à l'écriture de texte, à la création d'une base de données pour la gestion de notre agenda, de la liste de nos clients, etc. Une vieille amitié se renforcera au cours dudit passage. Nous lierons de nouvelles et précieuses amitiés surtout avec les Verseaux ou avec des sujets fortement uraniens. Nous ferons d'excellents projets pour l'avenir. Des projets au contenu plutôt innovateur mais gérés judicieusement et rationnellement. Nous réussirons à obtenir l'appui important de personnes en vue.

Saturne en aspect dissonant à Uranus

Quand Saturne circule en angle négatif par rapport à notre Uranus de naissance, nous notons que notre attitude tend à être radicale, brusque, destructrice. Nous n'aurons pas de patience envers les personnes qui ne réussissent pas à comprendre immédiatement. Nous nous altérons si la personne que nous avons en face hésite, prend son temps et nous voudrions que tous s'expriment en "temps réel", sans attente ou perte de temps. Nos convictions politiques risquent de nous aveugler au point de ne pas vouloir tenir compte des idées des autres. Certainement au cours d'un tel passage planétaire, nous devenons plus arrogants et nous finissons par être un peu dictatoriaux avec les personnes qui nous entourent et qui sont contraintes de subir notre impatience. Une telle attitude à un degré supérieur par rapport au passage dissonant Saturne-Mars peut nous faire perdre de nombreuses sympathies et provoquer la rupture d'amitiés ou même de compromettre notre rapport de couple. Nous devrons nous efforcer de compter jusqu'à dix avant de répondre et de réagir en toute occasion. Nos manières brusques finissent par nous rendre maladroits : nous faisons tomber les objets, nous nous blessons avec des couteaux ou des outils pointus et coupants, nous endommageons des mécanismes parce que nous ne les avons pas maniés avec soin. Mais ce sont surtout les nouveautés qui nous portent tort. Que nous parlions de santé ou d'affaires, nous ne devons pas nous approcher de tout ce qui est nouveau ou très nouveau. Les dernières nouveautés de la technique peuvent nous porter tort, par exemple si nous achetons le dernier disque dur pour notre ordinateur, jouant un peu les pionniers pour quelque chose qui n'a pas été suffisamment expérimenté, nous pourrons perdre tous nos fichiers en raison de son mauvais fonctionnement. Empruntons les routes déjà parcourues et privilégions tout ce qui est ancien : pour les nouveautés nous attendrons des transits meilleurs. Mais, même si nous nous prédisposons de manière plus lente ou très prudente par rapport au quotidien nous recevrons de toute façon de mauvaises nouvelles. De ce point de vue nous pouvons certainement affirmer que la période se présente plutôt sous le signe de la malchance aussi bien dans les affaires que dans notre vie sentimentale. Les mauvaises nouvelles tendent à se présenter lorsque nous nous y attendons le moins. Des amitiés avec des sujets du Verseau ou ayant de fortes valeurs uraniennes nous porteront tort. De vieilles amitiés prennent fin. Les projets que nous faisons dans cette période sont destinés à faire faillite. Nous perdons à l'improviste une protection importante, l'appui de personnages influents. Notre santé est compromise par des traitements qui n'ont pas été suffisamment expérimentés.

Saturne en aspect harmonique à Neptune

Quand Saturne circule en angle positif par rapport à notre Neptune de naissance, nous nous sentons portés vers ce qui relève du spirituel. Que nous soyons croyants, pratiquants ou pas, nous avons la sensation que les longs processus de sédimentation, d'expériences surnaturelles entendues au sens large du terme sont parvenues à terme. Quelque chose a grandi lentement à l'intérieur de nous et enfin nous pouvons exprimer des tendances qui, jusqu'à aujourd'hui, n'avaient pas trouvé place dans notre cœur. Nous atteignons un équilibre, un compromis entre notre rationalité et ce brin de mysticisme qui nous vient aussi de l'intérieur. Nous comprenons ce que voulait dire Carl Gustav Jung quand il disait que l'homme n'est pas seulement le produit d'expériences infantiles malheureuses (comme le voulait Freud), mais aussi un être qui regarde vers le haut, qui élève son esprit, qui est dirigé dans un sens mystique vers les mystères de la vie et de la mort. L'inspiration que nous enregistrons ici n'est cependant pas seulement de type religieux, mais peut correspondre à une grande fertilité créatrice : poétique, narrative, artistique, musicale. Nous sommes plus sensibles aux suggestions de tous les milieux avec lesquels nous entrons en contact. Nous ressentons l'exigence de faire le bien, d'aider les plus démunis et en ce sens aussi naissent des élans charitables pouvant s'exprimer dans toutes les formes du volontariat. Nous nous rendons compte que faire du bien gratifie surtout nous-mêmes. Nous éprouvons le plaisir de faire l'aumône. Nous nous rendons compte que cette nouvelle sensibilité devenue évidente à nos yeux est destinée à durer, à devenir quelque chose de stable pour le futur, puisqu'elle est née sous l'influence de Saturne. Il est probable que nous devrons prendre soin d'un parent malade, surtout de personnes âgées. Nous recevons des richesses spirituelles ou des nourritures pour l'esprit de la part de prêtres, de psychologues, d'astrologues... Toutes nos sympathies jamais complètement exprimées à l'égard du monde de la foi ou de celui de la psychologie, de la parapsychologie, de l'astrologie parviennent à un moment important de notre voyage terrestre. La recherche dans de tels secteurs pourra donner de très bons fruits au cours de ce passage planétaire. Même les recherches du type enquête, par exemple dans les cas de trahisons sentimentales, seront favorisées. Enfin, longtemps après nous réussirons à découvrir des ennemis cachés, des personnes qui nous veulent du mal, nous parvenons à surmonter de vieilles épreuves. Nous pouvons entreprendre de longs voyages surtout en mer. L'action modératrice de Saturne pourra nous permettre de sortir d'une dépendance à l'alcool, aux médicaments, aux produits toxiques en général (drogues comprises). Certains pourraient se sentir, au cours de ce transit, attirés par le monde monastique ou par un choix d'isolement.

Saturne en aspect dissonant à Neptune

Quand Saturne circule en angle dissonant par rapport à notre Neptune de naissance, nous nous sentons perturbés par des pulsions peu identifiables. De vieux processus évolutifs ou involutifs qui intéressent notre façon de nous rapporter au surnaturel se concluent. La phrase clé dans ce cas est "état de conscience altéré". Mais il ne s'agit pas de quelque chose d'aigu, comme dans le cas de l'aspect dissonant Mars-Neptune : ici la chose doit être lue dans le sens d'un long processus arrivé à conclusion. Dans cette optique, tout peut être lu aussi bien comme expression d'une foi, pratiquée maintenant de manière emphatique, l'épée à la main, que comme une névrose, une peur, une angoisse, une phobie, relatives à un credo que nous avons embrassé depuis peu. Nous nous sentons agités et confus, nous ne réussissons pas à faire la lumière à l'intérieur de nous, nous avons peur mais nous ne savons pas exactement de quoi. Notre psyché est troublée et nous nous comportons comme si nous étions sous l'effet de médicaments puissants ou de drogues. Nos idées politiques ou nos credo religieux, de tout type, nous poussent à une activité militante active, à faire des pas importants comme entrer dans un ordre religieux ou s'inscrire à un parti et porter avec nous toute l'emphase de ce moment. Mais de telles batailles, ces guerres que nous voulons mener, ne sont pas relatives seulement à de grands idéaux, mais aussi à n'importe laquelle de nos convictions qui prend maintenant la valeur de fanatisme et qui peut toucher à l'alimentation macrobiotique, l'opposition à l'univers de la pollution, la sauvegarde d'une technique chirurgicale, l'engagement dans une cause civile et sociale. Au cours d'un tel passage planétaire, nous pourrons affronter de manières désagréables des prêtres, des psychologues, des soi-disant mages ou astrologues... Avec cela nous n'entendons pas criminaliser cette dernière catégorie mais dire simplement que notre état de conscience altéré pourrait ultérieurement s'aggraver avec la proximité de personnages fortement liés à une croyance. Il est probable que nous devrons prendre des médicaments pour atténuer la nervosité qui caractérise ces semaines, mais faisons-le en nous rappelant que nous sommes plus exposés aux intoxications en tout genre, dues y compris à l'absorption de médicaments. Evitons de nous empoisonner ultérieurement avec de grandes quantités de café, d'alcool, de tabac. Nous devons faire les frais d'une ancienne intoxication que nous avons alimentée pendant des années. Des personnages névrotiques ou à la limite de la psychose nous perturbent ou nous menacent ou nous créent des problèmes. Nous nous sentons attaqués par des ennemis cachés et ici aussi l'aspect mental peut jouer un rôle important, en négatif. Ces ennemis, en effet, peuvent avoir une identité précise, mais pourraient n'être aussi que des fantômes, fruit de notre imagination. Emprisonnement ou internement par exemple à l'hôpital pour un problème que nous traînions depuis longtemps. Evitons de faire de longs voyages, surtout en mer, et de pratiquer la pêche sous-marine dans cette période.

Saturne en aspect harmonique à Pluton

Quand Saturne circule en angle harmonique par rapport à notre Pluton de naissance, nous parvenons à un meilleur contrôle par la raison de nos forces les plus internes et en un certain sens les plus sauvages. Il s'agit d'un saut de qualité, d'un processus de maturation qui nous permet de mieux contrôler nos pulsions animales. C'est évidemment un moment de croissance. Certainement quand nous finissons par agir plus sous le contrôle de l'esprit que sous le coup des émotions, nous perdons notre spontanéité et notre élan juvénile mais nous avons acquis par contre une grande maturité et une plus grande sagesse. Grâce au contrôle que nous aurons sur notre sexualité, celle-ci deviendra moins aléatoire et plus soumise à notre volonté. Mais si ce dernier point peut jouer en défaveur des hommes pouvant indiquer aussi une chute probable de virilité, par ailleurs cela peut représenter pour eux une étape nouvelle et meilleure de leur propre sexualité (par exemple pour les sujets qui souffrent d'éjaculation précoce). Sur un plan plus extérieur et moins psychologique, le transit peut indiquer la résolution de questions relatives à un héritage, une donation, un passage de propriété. Cela advient généralement après un deuil et représente le point d'arrivée de controverses familiales ou avec des tiers. Ce même passage planétaire peut aussi indiquer l'encaissement d'intérêts relatifs à des fonds bloqués pendant une longue période, de l'argent investi qui a un meilleur rendement et dont on entre enfin en possession. Les fruits d'une mort auxquels le transit peut se référer ne doivent cependant pas être entendus seulement d'un point de vue économique mais aussi en terme de retour en général, sur le plan culturel et de l'héritage spirituel transmis par un maître, un guide spirituel, un point de référence important de notre vie. Saturne en angle harmonique à Pluton indique souvent aussi le résultat après de longs efforts de recherches concernant tout ce qui est profond ou enfoui, et peut signifier trouver de l'eau dans un terrain, du pétrole –assez rarement-, des biens cachés par des parents lointains, etc. Succès dans les explorations géologiques, mais aussi dans le domaine de la psychologie : par exemple dans un travail d'analyse le transit peut signifier parvenir à une étape importante après un long travail de fouilles. Une mort peut avoir lieu après une longue agonie et assumer le caractère d'une libération. Nos intérêts se tournent aussi vers le mystère de la mort auquel nous n'avions précédemment jamais pensé ou fort peu.

Saturne en aspect dissonant à Pluton

Quand Saturne circule en angle dissonant par rapport à notre Pluton de naissance, nous pouvons subir les conséquences négatives de notre comportement peu civil ou par lequel se sont exprimées les pulsions les plus sauvages de notre nature. Nous ne réussissons pas à freiner nos instincts et cela perturbe nos rapports interpersonnels, aussi bien avec les membres les plus proches de notre famille qu'avec des tiers. Par rapport à la sexualité, le transit peut indiquer une ou plusieurs pathologies liées à un âge avancé, comme des blocages temporaires ou définitifs se manifestant par une impuissance pour les hommes ou une frigidité pour les femmes, par une mauvaise sexualité déterminée par exemple par une opération de la prostate ou une hystérectomie qui finit par compromettre l'équilibre hormonal d'une femme. Dans tous les cas le transit signale des problèmes relatifs à la sexualité, pour la femme et pour l'homme. D'autres fois il peut indiquer par contre des pathologies non directement liées à la sexualité et se réfèrent par exemple à l'aggravation de problèmes d'hémorroïdes de kystes à l'utérus, de prolapsus du vagin, etc. Sur le plan externe, il s'agit d'un transit hostile à l'acquisition de biens liés à un héritage, une retraite, une donation, un passage de propriété. Dans de nombreux cas il marque la fin de transactions longues et pacifiques inaugurant, de ce point de vue, une nouvelle saison de luttes et de ruptures. Notre conjoint subit une perte constante de son patrimoine ou est l'objet d'une escroquerie. Notre partenaire ou bien nous-mêmes, ou tous les deux, subissons un vol ou perdons de l'argent prêté. Une dette contractée précédemment nous occasionne de gros problèmes quant à son remboursement. Nous réussissons à obtenir un financement et nous pensons que la chose est positive mais en réalité nous entrons dans une impasse car nous ne serons pas en mesure d'honorer notre dette. D'anciennes dettes, même très anciennes, s'accumulent progressivement et atteignent un montant excessif. Au cours de ces semaines nous pouvons subir un deuil douloureux. Une mort nous frappera fortement. Nous pouvons perdre un maître, un guide spirituel, un point de référence culturel. A la suite d'une mort, par exemple d'un de nos parents, nous commençons pour la première fois à penser sérieusement et avec beaucoup de préoccupations à notre propre mort qui pourrait être proche. Des réalités enfouies nous nuisent comme la découverte d'anciennes preuves sur un terrain qui nous appartient et avec pour conséquence l'arrêt des travaux en cours. Creuser en profondeur à l'intérieur de nous à travers une analyse fait émerger des réalités qu'il aurait été préférable de laisser enfouies.

Saturne en aspect à l'Ascendant

Voir Saturne en Maison I.

Saturne en aspect au Milieu du Ciel

Voir Saturne en Maison X.

Saturne en aspect au Descendant

Voir Saturne en Maison VII.

Saturne en aspect au Fond du Ciel

Voir Saturne en Maison IV.

Saturne en transit en Maison I

Quand Saturne passe dans notre Maison I radicale, nous vivons une situation, par certains côtés semblable au passage Saturne-Soleil. Un voile de mélancolie s'empare de nous et fait que nous fonctionnons comme un moteur en sous régime. L'effet général du transit intéressant pour ainsi dire toutes les situations peut être résumé par : *soustraction d'enthousiasme*. Une perte d'intérêt pour tout ce qui est superflu, mondain, superficiel, éphémère, nous conduit sur la voie de ce qui est essentiel, frugal, isolé. En termes positifs, le passage planétaire en question indique une croissance importante sur le plan psychologique, une maturité qu'il serait difficilement possible d'atteindre avec d'autres passages. Nous sentons que nous gérons mieux toutes les situations, nous contrôlons mieux les expressions de notre visage, nous réussissons à gouverner plus aisément les mouvements de notre corps et à gesticuler de manière moins impulsive. Nous privilégions le contrôle rationnel sur les actions et spontanément nous comptons jusqu'à trois avant de répondre. Nous soupesons avec sagesse toutes les bonnes situations qui se présentent devant nous. Nous nous intéressons aux choses vraiment importantes, délaissant les questions secondaires. Nous ne prêtons que fort peu attention à la forme et beaucoup à la substance. Nous réussissons à mieux gérer nos rapports interpersonnels parce que nous faisons beaucoup travailler l'esprit et beaucoup moins nos instincts. Nous nous sentons plus à notre aise avec les personnes âgées et nous nous éloignons des personnes jeunes ou juvéniles. Tout ce qui est ludique et récréatif ne nous intéresse pas mais nous allons droit au but, dans la direction de projets constructifs et à longue échéance. Les autres comprennent que nous avons mûri et s'adressent à nous avec plus de considération ou de respect. Il peut nous arriver, pour la première fois, si nous avons plus de quarante ans, de voir des jeunes nous céder leur place dans l'autobus, même si cela devient chaque jour plus rare. Mais ce passage qui, comme nous l'avons dit, correspond à une croissance bien précise de notre personne, se réalise souvent après être passé par des épreuves et des sacrifices que nous avons dû affronter. C'est là le côté le moins positif du passage. Comme dans les transits Saturne-Soleil, c'est un passage qui peut accompagner une crise existentielle, crise qui, généralement, correspond à un des quatre problèmes suivants : mauvais état de santé, deuil, difficultés sentimentales/affectives, échec professionnel/économique. Ne nous faisons pas trop d'illusions sur le bon côté de ce passage parce qu'il est presque certain que nous devrons payer un prix élevé pour la maturité acquise. Si nous sommes un personnage public nous connaîtrons un moment d'impopularité. Une défaite personnelle peut nous frapper aussi bien dans le travail que dans la vie sentimentale. L'effet final est quelque chose qui va au-delà de la perte d'enthousiasme citée ci-dessus et peut indiquer une véritable dépression, d'autant plus grande que nous sommes sensibles aux problèmes et dans un tel palmarès nous trouvons les Poissons, les Cancer et les Taureau en première position. Le vieillissement mental et caractériel dont nous avons parlé dans ces cas-là se double d'un véritable vieillissement physique avec la perte, ou le blanchissement des cheveux, l'arthrose, les rhumatismes, les problèmes dentaires. Nous percevons une baisse de nos forces et comprenons que les "folies" juvéniles ne nous sont désormais plus permises, notre corps ne supportant que fort mal les excès. Peut-être que l'un des bons côtés de ce transit réside dans le fait que nous tendons à maigrir, ce qui dans une société opulente comme la nôtre (le monde occidental et industrialisé bien entendu) n'est que mieux. La Révolution solaire et les autres transits peuvent nous aider à comprendre les raisons de l'amaigrissement et de l'état d'abattement psychophysique. Nous devrons nous attendre au pire si au moment même de ce passage se vérifie aussi une convergence avec les valeurs de la Maison XII, I et VI dans la Révolution solaire. Le vieillissement qui caractérise le passage en question est quelque chose d'irréversible et cela conditionnera pour toujours notre attitude à l'égard de notre futur.

Saturne en transit en Maison II

Quand Saturne passe dans notre Maison II radicale, notre attitude par rapport à l'argent devient plus prudente. Nous comprenons avec beaucoup plus de maturité et de manière plus responsable la véritable valeur des biens patrimoniaux. A partir de ce moment nous gérons nos finances avec une plus grande prudence et une plus grande sagesse. Nous ferons des plans de gestion à longue échéance et nous prendrons des décisions relatives à notre futur économique qui seront dictées par une vision claire de la situation. Nous nous dirigeons très probablement vers des investissements sûrs et de longue durée. Si nous sommes de nature imprudente, cela changera au cours de ces années (généralement deux ou trois) et nous prendrons des décisions plus prudentes. Nous préférerons les constructions lentes, des investissements qui prévoient des fonds bloqués pour plusieurs années. Les spéculations à risque nous attireront difficilement. Il est en outre possible qu'au cours d'un tel passage planétaire notre rapport avec l'argent devienne moins flexible et nous deviendrons plus économes et même avares. On peut souvent le vérifier, paradoxalement, chez des sujets qui deviennent riches à l'improviste, quel qu'en soit le motif, et commencent à se comporter de manière conservatrice par rapport à l'argent. Par rapport à la signification de la Maison II relative à l'image (à ne pas confondre avec la vue qui correspond par contre aux Maisons VI et XII), nous enregistrons une transformation de l'aspect vestimentaire du sujet. Il est en effet extraordinaire de noter que de nombreuses personnes au cours du transit commencent à l'improviste à s'habiller de manière plus classique et peu sportive. Des hommes qui n'avaient jamais porté de veste, ni de cravate, ou des femmes qui ne se présentaient jamais en tailleur décident de manière spectaculaire d'opérer cette transformation. Il en va de même pour la coiffure, la coupe et la couleur des cheveux. Le port ou l'élimination de la barbe et des moustaches. Parfois le transit en question est accompagné par l'amaigrissement volontaire ou involontaire de la personne. D'autres fois, on enregistre sur le plan extérieur un intérêt tardif pour la photographie, le caméscope, la participation à des émissions de télévision, l'apprentissage de logiciels de graphisme, le dessin, le théâtre amateur, etc. En ce sens il est souvent possible de vérifier qu'après de longues réflexions nous serons amenés à acheter un écran coûteux de grandes dimensions pour notre ordinateur, un téléviseur aux prestations intéressantes, un magnétoscope dernier modèle, un caméscope semi-professionnel, un logiciel pour le CAD (dessin assisté par l'ordinateur)... Si le transit a lieu avec des angles négatifs par rapport aux autres points du ciel de naissance ou en concomitance à une Révolution solaire importante, alors celui-ci nous indique des problèmes économiques dus à une diminution de nos entrées d'argent ou à une augmentation de nos sorties d'argent. Dans tous les cas il s'agira d'une diminution de nos moyens économiques qui obligeront à demander un prêt ou à restreindre de manière draconienne nos dépenses en général. Parfois cela est lié à d'autres passages négatifs en Maison IV ou à des indices de la Révolution toujours relatifs au quatrième secteur et donc la situation pourra facilement correspondre à des efforts économiques pour soutenir des investissements immobiliers en tout genre : achats d'appartements, travaux de rénovation d'une maison ou de bureaux, déménagements, etc. Ce qui est sûr, c'est que nous devrons affronter un manque de liquidités, mais comme tout est annoncé plusieurs années à l'avance, il sera donc possible pour un entrepreneur surtout, de contracter un prêt avec des modalités de remboursement sur un plus grand nombre d'années. Si nous donnons le feu vert à des travaux, quelles qu'en soit la nature, rappelons-nous que si nous prévoyons dix nous dépenserons trente. Sur un autre plan Saturne de passage en Maison II, signifie que l'on verra avorter par exemple un hobby lié à la photographie ou relatif à l'image. Notre style sera moins agréable et tendra à exprimer notre état d'austérité. Si nous sommes un personnage public nous vivrons une éclipse, nous passerons moins à la télévision et paraîtrons moins en photo dans la presse. Il est probable au cours de ces années d'enregistrer des problèmes relatifs à l'oralité avec des périodes de légère boulimie ou anorexie ou bien avec des pathologies thyroïdiennes.

Saturne en transit en Maison III

Quand Saturne passe dans notre Maison III de naissance, nous nous trouvons dans une période au cours de laquelle nous approfondissons les analyses et les pensées qui ont nous-mêmes pour objet. Nos communications avec l'extérieur deviennent plus consistantes et moins superficielles. Nous nous employons à établir des contacts pour pouvoir mieux communiquer et cela peut signifier par exemple dépenser de l'argent pour nous équiper en matériel de communication avec un téléphone mobile ou un téléphone sans fil, mais aussi en achetant un fax, un modem, une antenne parabolique, une imprimante. Il peut se faire aussi que nous consacrions du temps pour apprendre à naviguer sur Internet ou bien pour apprendre le fonctionnement d'un traitement de texte. Dans d'autres cas, l'achat d'une voiture ou d'une moto est possible, ce qui signifie des sacrifices économiques correspondant au teint gris du maître du Capricorne. Nous serons occupés à répondre à du courrier en retard. Nous ferons des voyages constructifs mais fatigants et onéreux : il s'agira essentiellement d'allers-retours dont la fréquence s'accentuera. Nous commencerons l'étude de matières difficiles ou un programme d'examens universitaires particulièrement chargé. Si le passage doit être considéré négatif, de par les aspects qui le distinguent ou de par l'ensemble général des transits et de la Révolution solaire, un retard ou une interruption des études sont probables. Des difficultés en tout genre feront que les travaux intellectuels seront plus pesants et nous pourrons voir perdurer une période dans laquelle nous lirons et écrirons moins. En ce qui concerne la voiture et les moyens de transport en général, nous pouvons dire que le risque de vol ou de dommages demandant des réparations coûteuses est grand. Dans les cas les plus graves, nous pouvons être victimes d'un accident de la circulation au volant d'un véhicule ou à pied (tombant de l'autobus, renversés en traversant une route, etc.). D'autres fois il s'agit de déplacements pour des motifs peu agréables tel que le déménagement de notre bureau, un parent dont nous devons nous occuper et qui habite loin, des soins médicaux qui nous amènent à aller loin de chez nous, etc. Le moment est des plus mauvais pour voyager et nous ferions mieux de rester chez nous si nous voulons éviter de déplaisantes conséquences comme être bloqués dans un aéroport pendant des heures ou se retrouver en pleine grève ferroviaire ou vivre de très mauvaises aventures dans une autre ville. En ce qui concerne aussi tous les moyens de communication nous pouvons être pénalisés notamment à cause de la perte d'un téléphone mobile, de la panne d'un fax, d'un standard téléphonique, d'une panne d'imprimante, de la réception d'une facture de téléphone élevée et dont nous ne parvenons pas à comprendre l'origine, etc. Nous recevons de loin une mauvaise nouvelle par téléphone ou par la poste. Un paquet que nous avons envoyé ou que nous attendons est perdu par la poste. Nous sommes isolés pendant plusieurs jours, notre téléphone ne fonctionnant pas, ou bien nous perdons une lettre importante. Il est aussi possible que l'on doive secourir un frère, un cousin, un beau-frère ou un jeune ami en difficulté. Leurs problèmes peuvent ne pas être graves, mais peuvent aussi être de véritables malheurs. Une mauvaise relation s'établit avec nos parents. Nos relations avec eux s'amenuisent. Dans d'autres cas il peut aussi se faire que nous vivions de mauvaises expériences à cause de la presse qui nous attaque ou avec un éditeur qui doit publier un de nos livres. Même chose mais à un niveau supérieur pour des cartes de visite que le typographe doit nous imprimer. Enfin nous pouvons accuser de graves problèmes de santé liés au tabac ou d'autres maladies respiratoires.

Saturne en transit en Maison IV

Quand Saturne transite dans la Maison IV de notre ciel de naissance, il est probable que nous nous lancions dans une opération à longue échéance pour l'achat d'une maison ou bien pour déménager. Presque toutes nos ressources se concentreront dans cette direction d'affaires de type immobilier qui sont fondamentalement de trois types : soit la négociation d'immeubles (terrains compris), soit un déménagement, soit la rénovation de l'intérieur de notre logement ou de notre lieu de travail (cabinet, bureau, atelier, laboratoire...). Cela devient plus évident si nous trouvons un Jupiter de passage dans la Maison II ou VIII ou bien la présence de Jupiter et de Mars dans les mêmes Maisons, mais dans la Révolution solaire de cette année-là. Saturne est souffrance, mais aussi effort et donc un tel passage peut nous amener à l'amélioration de notre lieu de vie, éventuellement en cohabitant pendant plusieurs mois avec les ouvriers qui mettent notre maison seans dessus dessous. Le passage peut aussi indiquer un plus grand effort de notre part par rapport aux parents qui pour un motif quelconque ont besoin de nous. En ce sens il est aussi possible que notre père ou notre mère mais aussi notre beau-père ou notre belle-mère viennent habiter avec nous. Quand au contraire le transit doit être considéré comme négatif soit parce qu'il forme de mauvais aspects, soit parce qu'il est accompagné d'autres passages particulièrement difficiles, alors celui-ci peut indiquer un gros problème par rapport aux parents ou, à la limite, la mort de l'un d'eux. L'incidence d'une variable aussi négative est, évidemment, par rapport à notre âge, et donc nous pouvons dire que, d'un point de vue statistique, elle est plutôt faible dans le cours du premier passage, qui doit advenir avant nos 29 ans. Au contraire, si nous nous trouvons dans le second passage, qui doit avoir lieu avant nos 50 ans, la probabilité de décès de l'un de nos parents ou des deux est alors très élevée. Surtout si le transit est accompagné par de mauvais passages d'Uranus par rapport à notre Soleil radical ou à la Lune ou à l'Ascendant. Par rapport à la Maison il s'agira presque toujours de grosses sommes d'argent que nous devrons payer pour honorer un prêt qui nous a été concédé précédemment ou bien pour faire des travaux de rénovation ou pour un déménagement. Nous trouvons souvent cette condition dans le ciel de naissance d'un mari ou d'une femme, en cas de séparation, quand l'un des époux laisse la maison à l'autre. En outre un tel passage planétaire peut indiquer aussi des dégâts subis dans notre habitation à cause de catastrophes naturelles comme un tremblement de terre, une inondation, un incendie, etc. Nous pouvons recevoir une lettre d'expulsion du propriétaire de notre appartement ou bien avoir des problèmes relatifs à un immeuble que nous avons loué et que nous ne parvenons pas à libérer. Par ailleurs, le transit en question peut se référer à une résidence forcée dans le cas d'une assignation à résidence ou bien pour une maladie qui nous oblige à garder la chambre. D'autres fois le même transit se réfère à une hospitalisation mais nous devrons en trouver une trace dans les autres aspects et dans la Révolution solaire par exemple dans le cas d'éléments significatifs présents en Maison XII, I ou VI. Les personnes du Cancer ou avec de fortes valeurs en Cancer auraient intérêt à faire un bilan de santé afin de vérifier s'ils ont dans leur estomac l'hélictobactère pylori, un bacille qui semble désormais le principal responsable de gastrites, d'ulcères et tumeurs à l'estomac. Par rapport à l'ordinateur nous observons qu'en ce moment nous courons le risque de perdre des données sur le disque dur endommagé.

Saturne en transit en Maison V

Quand Saturne transite dans la Maison V de notre ciel de naissance il est possible de noter un intérêt de notre part pour un hobby plutot sérieux tel que le bridge ou les échecs mais aussi l'étude des grandes batailles de l'histoire ou de la littérature classique. Notre attention se concentre pour les loisirs, sur les objets que la plupart considèrent comme sérieux ou sévères, mais en ce moment c'est exactement ce que nous désirons. Il est aussi probable que nous choisirons pour ces moments de loisir des compagnons plus âgés que nous ou des personnes sérieuses. Un vieux passe-temps peut devenir une pratique professionnelle et nous commençons à le vivre avec responsabilité et rigueur. Il peut arriver en outre que nous commencions un enseignement, éventuellement en retard, d'une matière dont nous sommes férus. Un de nos fils ou de nos filles grandit et nous donne des satisfactions pour sa maturité. Si le transit doit être lu négativement, il marque alors, presque certainement la brusque réduction de pratiquement toutes nos activités ludiques et récréatives, voire leur interruption. Très probablement nous enregistrerons une crise sentimentale ou sexuelle. Nous ne nous divertirons que fort peu et nous connaîtrons des interruptions momentanées ou définitives de l'activité sexuelle avec notre actuel compagnon ou notre compagne. Sous certains aspects, nous finirons par ressembler à des anachorètes. Cela advient souvent avec de grandes préoccupations que l'on peut faire remonter, si nous savons le lire, à d'autres secteurs transités durant cette période ou à l'ensemble de la Révolution solaire. Dans tous les cas, au cours des mois relatifs au passage planétaire en question, les probabilités que nous nous séparions sont vraiment très élevées et, dans le meilleur des cas, il s'agira d'une longue pause à l'intérieur du rapport à deux. Un mauvais état de santé de notre partenaire est aussi possible, mais moins probable que dans les situations précédemment indiquées. Au cours de ces mois, nous sortirons peu, nous irons moins au restaurant, moins au cinéma, au théâtre, concerts et discothèques. Il s'agit aussi souvent de problèmes relatifs à l'un de nos enfants : soit parce qu'il est loin de nous, soit parce qu'il est dans une période de crise pour différents motifs. En outre, le transit est présent dans de nombreux cas de préoccupations relatives à une paternité ou à une maternité, dans le sens que nous tentons d'avoir un enfant et nous nous rendons compte que c'est une entreprise difficile. De nombreux conjoints découvrent dans le courant de ce passage d'être stériles et de devoir commencer un long chemin de croix dans l'espoir de réussir à concevoir un enfant. Parfois, le problème est exactement le contraire et se présente une grossesse à un moment inopportun. Les femmes qui vivent une telle expérience accompagnée par le passage de Saturne dans leur Maison V de naissance, doivent s'attendre à une grossesse difficile et aussi à un avortement ou à une césarienne. Si nous sommes enseignants, la période nous crée des embûches dans notre travail rendant défavorables tous nos rapports avec les enfants et les jeunes en général. Il en va de même pour les personnages publics qui verront leur popularité chuter. Tous les travaux créatifs enregistrent un coup de frein au cours de ce transit. En outre, des problèmes à la prostate pour l'homme et des problèmes gynécologiques pour la femme sont possibles. Evitons les rapports sexuels occasionnels et cette règle qui devrait être toujours respectée, prend ici une valeur plus stricte. Tenons-nous à distance des spéculations boursières ou du jeu en général qui pourraient nous entraîner de grosses pertes. Faisons plus attention au coût de nos divertissements parce que nous pourrions exagérer. Les voyages sont déconseillés.

Saturne en transit en Maison VI

Quand Saturne transite dans notre Maison VI de naissance, nos intérêts pour notre corps aussi bien d'un point de vue esthétique que de notre santé, augmentent et se font plus sérieux. Nous décidons que le moment de nous occuper de nous-mêmes est venu, et nous le faisons avec des visites médicales, en commençant de nouvelles thérapies, en faisant de la gymnastique, en fréquentant les stations thermales avec les traitements de boues minérales, d'eau thérapeutique, des massages, des physiothérapies, des interventions shiatsu ou d'acupuncture, des diètes de désintoxication ou amaigrissantes, des cures homéopathiques, des saunas, de la balnéothérapie, de l'héliothérapie et ainsi de suite. Parfois nous réussissons à venir à bout, après de nombreuses années, d'un problème dont nous ne connaissons pas l'origine. Nous faisons des cures qui nous servirons pendant longtemps. Nous nous faisons placer une prothèse dentaire qui indique à la fois notre vieillesse et la fin de nos problèmes de mastication. En nous, la conscience de devoir économiser nos énergies augmente, de même que nous devons compter avec une vieillesse qui arrive. La période se prête, en outre, à la consolidation d'un rapport professionnel : on peut nous proposer un contrat de travail après des années de précarité, notre ancienneté peut nous être reconnue, nous atteignons un haut niveau de la hiérarchie professionnelle dont nous faisons partie, nous parvenons à rejoindre nos objectifs les plus élevés. Si nous sommes patrons, il est possible alors que s'établisse un rapport entre nous et un de nos employés, dans le cas, par exemple, où celui qui ne collaborait que partiellement avec nous nous communique sa complète disponibilité. Un de nos collaborateurs reçoit une reconnaissance pour la qualité de son travail ou sa fidélité. Nous décidons après longue réflexion, de prendre un chiot ou un chaton chez nous. Si le passage est négatif, celui-ci marquera alors pour nous presque certainement le début d'une maladie. C'est en ce sens qu'il faut lire ou relire ce qui est écrit dans la préface de ce chapitre à propos du passage de Saturne comme indicateur important dans la recherche de la véritable heure de naissance d'un sujet. Très souvent il s'agira de problème aux dents ou aux os, mais la pathologie peut intéresser n'importe quel secteur. D'autres fois le passage planétaire en question témoigne de l'aggravation, dans un sens chronique et irréversible d'un de nos problèmes de santé, tel que l'arthrose, les rhumatismes, les allergies et ainsi de suite. Nous ne devons pas sous-évaluer les voyants lumineux qui s'allument parce qu'il pourra ne pas s'agir de pathologies légères. Toutefois le niveau de dommages que nous encourons dépend aussi des autres transits en cours et comme toujours, pour qui veut suivre cette méthode d'analyse, de la Révolution solaire. Les concepts Saturne/Maison VI et valeurs de Maison XII, I et VI, dans la Révolution solaire, doivent être considérés plus que jamais néfastes. Si d'autres éléments d'analyse le justifient, une intervention chirurgicale est possible. Sur un autre front nous sommes particulièrement occupés par notre travail devenant motif de stress ou de mauvaises relations avec nos collègues, collaborateurs et supérieurs. Le milieu professionnel devient soudain plus pesant, opprimant et nous désirons fortement le quitter. Cela arrive effectivement dans de très nombreux cas. Au cours de ces mois il est probable, en effet, que nous envoyions une lettre de démission, mais aussi que nous soit signifié notre licenciement. Si nous sommes employeurs nous devons alors nous attendre presque certainement à la séparation temporaire ou définitive de l'un de nos collaborateurs. Il s'agit souvent d'une période au cours de laquelle nous devons changer plusieurs fois d'employéss de maison parce qu'ils nous abandonnent ou parce que nous sommes obligés de les licencier, mais nous parlons bien sûr ici d'une minorité de cas. Nous devons aussi nous attendre à des citations en justice de la part d'anciens employés ou même à un jugement défavorable ou définitif d'un procès avec ceux-là.

Saturne en transit en Maison VII

Quand Saturne transite dans notre Maison VII de naissance, nous nous sentons alors poussés à établir des rapports plus étroits avec les autres. Surtout si nous sommes introvertis et égocentriques, nous devenons conscients de devoir nouer des relations, des alliances ou de simples contacts avec les autres. Une initiative personnelle, par exemple, nous contraindra à publier notre numéro de téléphone dans le journal et à devoir affronter de nombreux coups de téléphone, même importuns. Mais, dans le même temps, nous trouverons que cela enrichit notre humanité. Nous nous rendons compte qu'une vieille relation que nous avions depuis longtemps et qui était restée précaire, demande à être officialisée. Il est probable alors que nous nous mariions mais cela ne se fera pas avec la légèreté et l'enthousiasme de nos vingt ans, mais plutôt à travers une longue méditation qui porte en elle tout le poids lié aux préoccupations d'un tel choix, à un âge mûr. Des procédures légales où nous avons un rôle de premier plan arrivent à conclusion. Un compromis légal est trouvé après des années de litiges et de contentieux. Une société que nous avions créée il y a longtemps croît et se consolide. Le statut professionnel ainsi que la condition physique ou financière de notre partenaire s'améliore. Notre partenaire devient plus important mais plus exigeant aussi. Si le passage a lieu négativement, il s'annonce alors sans possibilité d'équivoque ; réception de communication officielle. Ce même document peut intéresser au sens large du terme notre relation avec notre compagnon ou compagne. Nous vivrons certainement des mois de tension, de conflit, d'agressivité subie ou que nous aurons fait subir. Un peu comme cela arrive avec les passages de Mars dans le même secteur, mais à un niveau supérieur, de telle manière qu'une relation peut se dissoudre, même pour toujours. Si nous sommes engagés dans la vie politique nous aurons des ennuis avec nos alliances personnelles et si nous n'avons pas la conscience tranquille, il est même possible d'avoir maille à partir avec la justice. Des problèmes avec la justice sont possibles un peu à tous les niveaux : retrait du permis de conduire à cause de graves infractions au code de la route, par les services du Fisc et de la Douane dans notre travail, plainte contre nous de la part de notre employeur, etc. Une ancienne société est démantelée ou risque de l'être. Un de nos associés est malade ou a des problèmes. Notre partenaire traverse une période plutôt négative et a des problèmes de santé. Notre conjoint devient plus important mais aussi présomptueux et/ou agressif. Nos relations à l'intérieur du couple se refroidissent. Au cours de ces mois, l'hostilité de la part des autres peut devenir évidente et nous vivons ainsi dans un climat d'affrontements. Dans les cas les plus graves, si de nombreux autres points d'analyse de la situation le justifient, nous pourrons perdre la personne aimée. Si nous avons une prédisposition aux maladies rénales ou à la vessie, alors une telle prédisposition pourra devenir réalité.

Saturne en transit en Maison VIII

Quand Saturne transite dans la Maison VIII, nous percevons une contraction substantielle de nos finances ou bien enregistrons des dépenses importantes. Contrairement à ce que l'on croit, le passage du "Grand maléfique" dans la Maison VIII du ciel de naissance correspond presque toujours à des problèmes économiques et rarement à des deuils. Ces derniers sont surtout présents dans la Maison XI. Naturellement les problèmes économiques évoqués ci-dessus, peuvent aussi être relatifs à des investissements immobiliers ou de type commercial et industriel et, dans ces cas-là, lesdites difficultés doivent être considérées de manière plus positive que négative. En effet, le passage planétaire en question marque un flux d'argent au cours de ces mois. Nous assistons à une circulation plus intense de l'argent qui peut être cependant en sortie. Avec ce transit, il est possible de recevoir un héritage ou une donation longuement attendue, tant de la part de nos parents que de notre conjoint (rappelons que la Maison VIII est la seconde de la semaine dans les Maisons dérivées). Notre compagnon ou compagne voit croître son patrimoine immobilier ou hérite de biens mobiliers. Une situation longue et difficile par rapport au sexe se conclue enfin de manière positive. Nous avançons avec difficulté mais aussi avec succès dans la recherche d'eau souterraine, par exemple, ou de produits combustibles, ou dans des recherches entendues comme exploration de notre inconscient, avec l'aide d'un psychanalyste. Si le passage a lieu dans des conditions dans l'ensemble défavorables, alors celui-ci déterminera avant tout un manque d'argent. Ce dernier peut être le résultat d'une opération hasardeuse que nous avons faite peu avant. Mais il peut correspondre à une taxe inattendue, une grosse dépense que nous devons affronter pour des travaux de copropriété, le paiement d'une opération chirurgicale ou de soins coûteux, le remboursement d'une dette contractée par notre partenaire, l'héritage négatif après la mort d'un parent etc. Dans certains cas, le passage semble être favorable, par exemple si nous demandons et obtenons un prêt important, un financement, mais en réalité ce peut être le début d'une période très dure pour nous et nous devrons faire front à des sorties d'argent élevées. La disparition de quelqu'un peut nous plonger dans une situation difficile à gérer comme prendre soin d'un parent âgé demeuré seul. D'autres fois, le passage indique, sic et simpliciter, le décès d'une personne chère, d'un ami, d'une personne à laquelle nous étions attachés. Mais la Maison VIII doit être lue aussi comme secteur lié à la fin de toutes choses : souvent, très souvent, elle témoigne de l'arrivée d'une séparation définitive entre deux personnes, par exemple deux amants. A travers l'arrivée prévue de Saturne en Maison VIII, nous pouvons prévoir, si d'autres éléments le justifient, le début d'une période d'abstinence sexuelle qui, à son tour, indique la crise possible d'une relation. Sur le plan pathologique le passage en question peut intéresser la naissance ou le développement de problèmes liés aux organes génitaux et/ou à l'anus (par exemple, les hémorroïdes). Si nous sommes en train de faire les démarches de retraite, nous serons facilement pénalisés et il en ira de même pour les biens en héritage à partager avec des frères et sœurs. En outre, Cronos qui voyage dans la Maison co-signifiante du Scorpion influe sur l'irruption de pensées dépressives liées à la mort. Un danger pour nous-mêmes peut être accompagné par un tel transit mais de nombreux éléments doivent converger dans cette direction, aussi bien dans notre ciel de naissance que dans celui des personnes qui nous sont chères. De probables dépenses à affronter pour des funérailles. Travaux coûteux à la chapelle de famille au cimetière. De très mauvais résultats dans nos recherches souterraines de tous types, y compris celles de nature psychologique. Argent perdu au jeu. De possibles vols aussi dans notre maison.

Saturne en transit en Maison IX

Quand Saturne voyage dans notre Maison IX de naissance, la période est vraiment magnifique pour tout ce qui s'éloigne du quotidien comme la théologie, la philosophie, l'astrologie, le yoga, l'orientalisme, le bouddhisme, le zen, les médecines parallèles, etc. Il s'agit de mois durant lesquels nous pouvons affronter des examens universitaires difficiles, des cours de spécialisation et de perfectionnement, des séminaires au cours desquels nous espérons beaucoup apprendre. Nous vivons un moment de grande sobriété, d'essentiel, de détachement de la matière et d'élévation de notre âme vers des réalités surnaturelles. Nous sommes fascinés par les mystères de la vie et de l'homme, nous nous rapprochons d'une foi qui peut être aussi de nature marxiste ou en général politique, sociale, syndicale, écologiste, etc. Nous faisons des voyages avec les jambes ou avec la tête, pour nous mettre plus en contact avec ce qui est élevé, sublime ou simplement avec des connaissances supérieures. Nous rendons visite à un parent qui habite à l'étranger ou loin (en astrologie nous devons considérer comme territoire de la Maison IX tous les lieux où l'on parle une langue ou un dialecte différent des nôtres). Nous allons en pèlerinage dans un lieu de culte, Nous nous inscrivons dans une université étrangère. Nous effectuons de longs parcours pour des soins médicaux ou pour améliorer dans tous les cas notre état de santé. Si le passage a lieu dans des conditions dans l'ensemble dissonantes, il peut alors signifier une ou plusieurs mauvaises nouvelles qui nous viennent de l'étranger, de loin : un parent meurt ou est malade, une personne pour nous importante dans un autre Pays disparaît, nous découvrons que notre partenaire a une relation avec une personne étrangère... Le passage planétaire en question peut aussi signifier une mauvaise aventure à l'étranger comme un vol ou une maladie qui nous gâche le voyage. Des voyages exténuants, coûteux et vécus sans plaisir. La Maison IX intéresse notamment la route et la circulation en général, nous pouvons donc nous attendre à des problèmes liés à notre voiture, de l'accident à la panne importante ou au vol. Nous sommes contraints de nous déplacer pour nous faire soigner une maladie grave dans un hôpital étranger spécialisé. Notre conjoint est loin de nous et nous fait souffrir. Nous voudrions partir, mais nous sommes empêchés de le faire. Puisque ce passage indique moins de voyages ou plus de problèmes dans les voyages, chacun pourra choisir comment mieux le vivre. Des retards ou des interruptions dans nos études supérieures. L'étude d'un examen important nous met à dure épreuve. Nous entrons éventuellement dans une crise spirituelle à la suite de la lecture d'un livre. Notre équilibre est mis en crise par la fréquentation de prêtres, de psychologues, d'astrologues, etc. Le contact avec des personnes étrangères entraîne des problèmes dans nos affaires.

Saturne en transit en Maison X

Quand Saturne passe dans notre Maison X de naissance, nous nous dirigeons vers un objectif professionnel important. Nous trouvons ce transit chez de nombreux sujets qui sont sur le point de participer à un concours pour l'amélioration de leur propre carrière : enseignants qui désirent devenir titulaires ou passer à un niveau d'instruction supérieur ou concourent pour un poste de proviseur, des employés de la fonction publique qui aspirent à monter dans la hiérarchie, des avocats qui tentent de devenir notaires ou magistrats et ainsi de suite. Une ambition précise peut nous amener à souffrir beaucoup, à travers l'étude. Mais nous ne devons pas considérer un tel effort seulement comme la possibilité d'amélioration de notre condition professionnelle : il peut intéresser n'importe quel objectif visant à notre croissance, à une émancipation et en ce sens nous pouvons penser à un boxeur qui s'entraîne avant de défier un champion, les musiciens qui répètent avec tant de sacrifices pour participer à un concert important, des jeunes filles qui s'astreignent avec souffrance et obstination à suivre une cure amaigrissante pour atteindre un certain poids, des malades qui s'efforcent de se réapproprier par de nombreux exercices physiques la pleine fonctionnalité d'un membre fracturé, etc. Dans cette logique, Saturne-souffrance s'exprime pleinement et s'applique à nous donner des fruits vraiment spéciaux que nous ne pourrions cueillir au cours d'une autre période de l'année. La Maison X intéresse surtout les émancipations dans tous les domaines et pour cela nous ne devons pas commettre l'erreur de penser qu'elle nous donnera plus d'argent : l'argent est un instrument d'émancipation, mais n'est pas le seul. Très souvent, pensant obtenir des avantages professionnels, nous ne nous rendons pas compte que nous n'avons plus peur du noir ni de la mer, que nous nous sommes libérés de la présence d'une personne hostile, que notre santé va mieux, etc. Le transit planétaire en question stabilise notre position professionnelle et sociale (souvent celle-ci veut dire un mariage). Les projets qui sont lancés au cours de cette période seront des plus ambitieux et bien structurés par la volonté précise de rejoindre des objectifs élevés. D'autres fois, le passage se réfère à l'évolution, à différents niveaux, de notre mère. Mais si ce transit s'exprime négativement, nous devons alors craindre pour sa santé et pour sa condition générale. Dans les cas les plus graves quand d'autres importants éléments du ciel de naissance et de la Révolution solaire mettent en évidence la même chose, sa disparition ou une dispute avec elle, un éloignement, une séparation, sont possibles. Sur le plan professionnel, le transit dissonant de Saturne en Maison X est plutot dangereux parce qu'il peut indiquer une chute et même une mauvaise chute. Bien sûr, tout est rapporté à l'ensemble de la situation et seulement celle-là considérée dans sa totalité, peut nous fournir d'importants indices sur la façon dont iront les choses. Si le transit se réfère à un ouvrier il est alors probable que celui-ci sera licencié. Les hommes politiques, les gens du spectacle, les présentateurs, les animateurs, enregistrent une vague d'impopularité. Lorsque la faux glacée de Chronos entre en contact avec des positions qui ne sont pas ou ne peuvent pas être éternellement stables, elle donne généralement de terribles coups qui feraient tomber Napoléon. Si l'on observe la carrière de personnages célèbres on voit comment, au cours des moments les plus sombres de leur vie publique, ils ont été touchés par la main glacée de la Maison VII de la Tradition. Nombreux sont ceux qui au cours de ce passage décident de partir en retraite, de se retirer du monde du travail ou de la scène publique, qui éprouvent un besoin énorme de solitude, de paix, d'essentiel, de frugalité, d'abandon du château illusoire des événements brillants et divertissants qui correspondent à la vie superficielle lorsque Saturne n'est pas présent. La vie nous met en échec et parfois échec et mat. Très souvent nous avons besoin de recommencer de zéro, après une bastonnade, mais dans ce Saturne une aide nous est donnée et nous prédispose à accepter avec résignation un effort lent et prolongé. Il serait prudent d'éviter d'inaugurer des initiatives en tous genres au cours de ces mois.

Saturne en transit en Maison XI

Quand Saturne transite dans notre Maison XI, nous construisons nos projets les plus ambitieux. Nous accomplissons de grandes choses et jetons les bases pour des entreprises importantes. Nous ne nous limitons pas à avancer jour après jour mais notre vue s'étend aux années futures. Après une longue gestation nous sommes prêts à concrétiser nos rêves, à nous projeter vers l'avenir avec conviction et ténacité. Des amis influents nous donneront un coup de main en ce sens. Le moment de frapper aux portes que nous espérons voir s'ouvrir est venu. Nous pourrons compter surtout sur les personnes âgées qu'il s'agisse de parents, d'amis ou de connaissances. La sympathie des personnages qui comptent se manifeste à notre égard sans emphase mais concrètement et solidement. Nous réussissons, en outre, à nouer une amitié, à croire en des personnes qui se disent nos amis. Un vieil ami fait de tout pour nous aider à trouver une solution à de vieux problèmes. Si le passage, par contre, s'exprime de manière négative parce qu'il forme de mauvais aspects ou parce qu'il est concomitant à des positions difficiles, d'autres transits ou de la Révolution solaire, alors nous devons craindre la perte d'un ami cher, due à une querelle ou à la mort de celui-ci ou pour d'autres raisons. Le passage correspond souvent aussi à des deuils en famille, à un niveau supérieur à celui de la même position en Maison VIII. Cela est évident si l'on fait aussi une recherche limitée d'une vingtaine de cas que nous connaissons. Il peut aussi arriver que nous perdions l'appui d'une personne influente parce que, éventuellement, elle disparaît de la scène politique du Pays ou est destinée à des charges qui peuvent ne pas nous être utiles pour nos problèmes. La Maison XI souligne l'importance de l'aide que nous recevons des autres et, donc, au sens large du terme, le transit en question peut signifier la perte de notre médecin traitant, de notre mécanicien habituel, d'un bon comptable, etc. Et les pertes dont nous venons de dresser la liste doivent être entendues non nécessairement comme des deuils, mais aussi dans le sens que ces figures peuvent choisir de changer de travail. Un litige avec un vieil ami nous pénalise au niveau personnel et au niveau professionnel. Nous ressentons avec plus de douleur que d'habitude le manque de nos amis.

Saturne en transit en Maison XII

Quand Saturne passe par notre Maison XII, nous vivons un moment (c'est-à-dire des mois) de profonde réflexion et de besoin de rester seul. Nous désirons nous isoler pour mieux méditer sur nous-mêmes et sur notre vie. Nous pouvons être attirés par la rédaction d'un journal intime voire d'un livre sur notre vie passée. Nous essayons de tirer profit de toutes les exigences négatives des années qui se sont écoulées. Les lumières de la ville ne nous attirent pas et nous préférons l'obscurité d'une maison éloignée, l'intimité d'un lieu peu fréquenté, le caractère suggestif d'endroits comme les monastères. Nous ferions bien de mettre en pratique de tels désirs et nous aménager un espace vraiment loin du monde pour penser ou pour prier si nous sommes croyants. Les retraites spirituelles organisées par différents diocèses peuvent nous permettre de satisfaire d'un point de vue logistique notre rêve même si la quantité de personnes présentes ne nous aide pas à nous concentrer. La période est vraiment excellente pour la recherche dans tous les sens du terme. Elle nous aide à grandir, à devenir meilleur, à regarder le monde aussi un peu dans une "logique tibétaine". Nous nous rendons compte que la vie n'est pas seulement avoir, mais aussi être. Nous nous étonnons d'avoir été si attachés jusqu'à il y a peu de semaines encore, à des valeurs qui nous semblent aujourd'hui complètement superflues, insignifiantes, peu gratifiantes. Par chance, la nature est là pour nous inspirer, suivant des cycles alternés, dans une direction ou dans une autre, de façon à ce que nous puissions choisir et vivre aussi des saisons différentes, sans perdre le contact avec la réalité. Pour qui aurait l'intention de se diriger vers la vie religieuse, le passage planétaire en question est des plus indiqués. Il en va de même pour se retirer dans la solitude, lire, écrire, méditer. Le temps qui guérit de nombreuses blessures nous permet de sortir des mailles d'un problème qui nous angoissait depuis longtemps. Nous réussissons enfin à venir à bout d'une enquête pour découvrir nos ennemis cachés qui nous poignardaient dans le dos. Au contraire si le transit agit de manière négative, nous devons alors nous attendre à des épreuves dérivant d'actes hostiles et secrets contre nous. Nous devons, en outre, nous préparer à une période difficile. Saturne en transit dans cette Maison peut nous frapper aussi bien dans nos affections que dans l'amour ou dans le travail, dans la santé et dans les finances. Il s'agit d'un transit insidieux et mauvais qui peut nous amener certaines épreuves parmi les plus importantes de notre vie, en particulier s'il s'ajoute à une Révolution solaire concomitante avec de fortes valeurs de Maison XII, I et VI. La fermeture dont nous parlions ci-dessus, qui en terme positif pouvait signifier vie érémitique volontaire, acquiert ici la valeur maléfique d'un emprisonnement, d'une fermeture forcée de tous types, des arrêts domiciliaires à l'hospitalisation. Au cours de ces mois la route à parcourir est en montée et nous comprenons que la fête est finie et qu'en attendant la prochaine, il y aura beaucoup de travail pour nous. Nous devrons tout conquérir avec les ongles et avec les dents, et après l'avoir compris, nous devrons aussi le défendre avec tout autant d'efforts. Rien ne nous sera donné et nous devrons tout acheter au prix fort. Nous comprendrons mieux les paroles de la Bible quand elle nous parle de sueur au front. Il nous faudra avoir les épaules larges pour nous en sortir sans trop d'égratignures. Il s'agit cependant d'épreuves de nature chronique, comme si le "Grand maléfique" avait la courtoisie de nous frapper à doses homéopathiques et non comme un coup de massue. En ce sens nous serons beaucoup plus en mesure se supporter les coups parce qu'il s'agit bel et bien de coups, mais il est dit aussi que Dieu ne nous envoie jamais d'épreuves au-dessus de nos forces et, pour le croyant, cela peut être utile. Sinon, pour les agnostiques, nous pouvons dire que l'heure la plus noire ne compte que soixante minutes.

9.
Les transits d'Uranus

Les transits d'Uranus pourraient servir de preuve à la validité de l'astrologie contre ses détracteurs, tant les possibilités de vérification par rapport aux vicissitudes de la vie humaine et pas seulement, sont élevées. De temps en temps il nous arrive d'entendre quelqu'un qui dit : "Cela ne m'arrivera jamais!" et puis nous voyons qu'avec le passage d'Uranus sur un point sensible de ce ciel de naissance, l' "impossible" se produit. Pour résumer en une seule phrase toute la puissance de ce passage, nous pourrions dire que la huitième planète de notre système solaire *soulève des montagnes*. Ces passages sont spectaculaires, explosifs, sensationnels, dignes de faire la une des journaux. Cet astre qui fut découvert durant la Révolution française apporte avec lui tout l'humus révolutionnaire de cette époque-là et se propose comme l'inspirateur, et même un peu plus, à tous les tournants importants de votre vie. Quand il passe au-dessus de nos têtes, nous ressentons le besoin de changer, de tout changer et pas comme le dit le Guépard[1] de tout changer pour que rien ne change : dans ces cas on change vraiment et pas seulement dans la forme mais aussi dans la substance. Il marque les étapes les plus importantes de notre vie et cela nous coûte le prix fort. Nous ne pouvons pas nous faire d'illusions car le prix est élevé, très élevé et nous ne pouvons même pas payer à crédit. Nous pourrions dire qu'il veut tout et tout de suite. Bien sûr nous ne pouvons pas dire que tous ses passages soient négatifs et destructeurs car nous entendons parler tous les jours de la métamorphose existentielle de grand nombre de personnes qui deviennent milliardaires grâce au jeu ou qui guérissent "miraculeusement" d'une grave maladie ou qui découvrent des choses importantes. Il se propose de nous changer la vie, en bien et en mal, mais nous devons cependant observer que face à un super chanceux qui trouve les bons numéros au loto, il y a au moins mille personnes qui subissent une intervention chirurgicale ou qui sont victimes d'un accident de la route ou qui sont arrêtées, etc. Si vous parcourez les pages consacrées aux trente exemples de ce livre, vous vous apercevrez que vouloir lire ce transit positivement n'est que pure démagogie : quoi que vous en disiez, la réalité est que dans les plus grandes tragédies humaines, il est toujours présent. Tous ses effets ne sont pas inévitables et des méthodes pour l'amadouer existent, mais nous entrerions ici dans le débat de l'*Astrologia Attiva* qui n'est pas le thème de ce volume et que le lecteur retrouvera dans le *Nuovo dizionario di Astrologia*, éditions Armenia, et le *Trattato pratico di Rivoluzioni solari*, Blue Diamond Publisher. Nous devons ici nous limiter à comprendre ou à essayer de comprendre quels sont ses effets en l'absence de protection de la part du sujet qui vit ses passages en première ligne. Les Verseau et les uraniens sont, en général, ceux qui peuvent le mieux accepter ses transits car ils sont, de par leur caractère, ouverts aux changements, même ceux qui ont des effets totalisants. Au contraire, les signes plus conservateurs, comme le Taureau, le Capricorne, le Cancer ont de bonnes raisons de les craindre dans la mesure où ils n'ont aucune envie de changer complètement de route. Quand Uranus transite en relation à nos planètes de naissance, il accompagne des événements très importants, qu'il s'agisse de la vie professionnelle du sujet, de sa vie économique, sentimentale, affective et pathologique. Changer est sa devise et elle marque toutes les étapes importantes de notre vie, de notre mariage à notre premier emploi, de la naissance d'un enfant à une grosse crise financière : c'est un vent rempli de promesses et de menaces. Ses passages accompagnés d'une mauvaise Révolution solaire, par exemple avec de fortes valeurs en Maison XII, I et VI sont extrêmement redoutables. Si vous êtes attentifs durant le passage du maître du Verseau, en aspect au Soleil, par exemple, vous verrez que dans les deux années du passage, une des Révolutions solaires sera plutôt terrible. Il est difficile d'expliquer cette réalité qui semble née de la plume d'un dessinateur surnaturel, mais les choses sont exactement ainsi. Si, au contraire, ce passage a lieu en concomitance avec des transits plutôt positifs et une tout aussi bonne Révolution solaire (par exemple avec un Jupiter qui passe en Maison X et un Ascendant de Révolution dans la même Maison) alors il peut être l'artisan principal d'un tournant extraordinairement beau dans notre vie. Durant les entretiens avec plusieurs milliers de consultants, seulement un interlocuteur disait n'avoir rien vécu de particulier durant ce passage, par rapport à son Soleil de naissance. Mais nous pensons qu'il mentait ou qu'il ne se souvenait plus. N'oublions pas enfin ce qui est écrit dans les premières pages de ce livre, à savoir que parler de trigones et de sextiles, dans ce cas, ne veut pas dire obligatoirement transits en positifs, étant donné que souvent il nous envoie de véritables tuiles, y compris durant les passages dit harmoniques.

Uranus en aspect harmonique au Soleil

Quand Uranus transite en angle favorable par rapport à notre Soleil de naissance, nous vivons une saison de grand renouvellement de notre vie. Nous devons cependant faire une distinction selon la période où il se présente à nous. Si le passage arrive lorsque nous sommes encore des enfants, alors il peut indiquer de gros changements concernant nos parents, surtout notre père. Il en est de même si ce transit arrive à un âge avancé : cela pourrait correspondre à des événements concernant nos enfants, surtout les garçons. Mais s'il se présente au cœur de notre vie active, admettons entre quinze et soixante ans, alors nous le ressentirons vraiment sur nous. Il est impossible que cela advienne et que nous demeurions exactement comme avant. Il est certain que nous changerons radicalement, soit en ce qui concerne les événements pratiques et objectifs, soit dans le sens de tempêtes internes qui nous bouleversent d'un point de vue psychologique. Les Maisons concernées, les autres transits concomitants et surtout la Révolution solaire peuvent nous aider de manière assez exhaustive à comprendre comment il a l'intention de se comporter. Les sujets manquant un peu de volonté, peut-être parce qu'ils ont Mars en Balance ou en Cancer, pourraient éprouver une certaine euphorie car ils seront en mesure, pour une fois, de prendre le taureau par les cornes, de rompre le charme des souvenirs du passé et d'agir enfin sans autant d'indécision. De ce point de vue, ce passage planétaire est à la première place des transits positifs. Des situations d'impasse qui duraient depuis des lustres sont balayées du matin au soir, comme ce fut le cas avec le mur de Berlin, fort probablement avec ce même type de transit d'Uranus (mais nous ne connaissons pas la date de naissance de l'Allemagne). Dotés d'autant de force, nous pouvons tenter des entreprises que quelques jours auparavant nous aurions définies titanesques. Tout part de très fortes pulsions de type centrifuge qui nous mettent fortement en rapport avec les autres et nous donnent une envie folle de changements, renouvellements, transformations totales. On peut saisir ici une analogie avec les passages de Mars par rapport au Soleil, mais nous sommes plusieurs octaves au-dessus. Il y a peu de chances pour qu'un retour à la situation précédente au passage ait lieu. Si nous avons des rêves importants, comme un changement radical de profession ou un départ dans une autre ville ou le début d'une relation sentimentale, alors c'est le bon moment pour partir. L'attitude radicale qui caractérise cette période nous permettra de nous libérer des convictions et des hypocrisies pour agir de manière plutôt novatrice.

Uranus en aspect dissonant au Soleil

Quand Uranus transite en angle dissonant par rapport à notre Soleil radical, nous devons être très prudents. Nous sentons du vif-argent couler dans nos veines, c'est un moment de grande agitation, nous pensons et agissons de manière radicale, nous nous projetons dans la vie de manière agressive. Nous voudrions boire le monde en un verre d'eau. Notre effervescence peut atteindre des latitudes paroxystiques. Dans un tel climat, nous pouvons commettre des bêtises et en payer les conséquences. Deux situations sont à distinguer. La première concerne notre propre responsabilité comme dans le cas d'un chirurgien qui par légèreté commet une erreur pouvant coûter la vie à son patient ou le cas d'un contrôleur de vol ou d'un pilote d'avion qui prennent des décisions hâtives pouvant provoquer une véritable catastrophe collective. Il ne s'agit donc pas d'une erreur due à la confusion, territoire des passages de Neptune que nous verrons plus loin, mais de gestes brusques ou maladroits qui nous placent face à quelque chose d'irréparable. Cela doit être pris de manière très large et s'applique à n'importe quel type de travail et de responsabilité, du travail de baby sitter à celui de cuisinier. La liste des exemples serait longue mais elle nous semble inutile. La seconde situation concerne les grosses épreuves que nous devons affronter et qui ne dépendent pas de notre comportement. Ici, nous pouvons nous attendre à des deuils, des trahisons sentimentales, des revers financiers provoqués par des tiers, des vols, des maladies, etc. Si nous considérons tout cela, nous nous rendons compte que parler de ses propres responsabilités est dans ces cas-là démagogique. Si nous le faisions nous théoriserions l'innocuité de ce transit et ferions endosser toutes les fautes à la société ou à nous-mêmes. En réalité, Uranus se comporte souvent comme un sauvage, un primitif aux manières brutales, une espèce de monstre qui ne se laisse pas apprivoiser. Ses coups de cravache nous atteignent plus qu'une tuile qui nous tomberait dessus. Nous ne ferons pas la liste de tout ce qu'il peut provoquer, d'une part parce que cela serait trop long et d'autre part pour ne pas générer trop de peurs chez les personnes qui ne sont psychologiquement pas armées. Nous ne voulons pas exagérer, mais il est vrai que c'est une vaste anthologie qui contient une liste de chagrins et de tragédies que nous ne pouvons pas ignorer. Après le passage du maître du Verseau nous sommes complètement différents. Notre vie aura changé. Le prix à payer peut se résumer en un seul évènement dont nous sommes protagonistes. Ce sont les cas les meilleurs, mais non les plus fréquents. Dans la plupart des cas, au contraire, nous devons être conscients que nous devrons affronter ce passage d'environ deux ans en sachant que nous devrons donner beaucoup. Plus nous donnerons spontanément, moins il se servira au hasard. Si ce passage ne nous concerne pas directement, alors il concernera un de nos parents surtout le père ou un fils, un homme.

Uranus en aspect harmonique à la Lune

Quand Uranus transite en angle harmonique par rapport à notre Lune de naissance, nous avons très envie de nous renouveler. C'est comme si nous avions plus de courage car nous regardons vers l'avenir de manière constructive. Nous avons mille programmes et nous avons des rêves que nous pensons pouvoir réaliser. Les impulsions qui nous concernent ces mois-ci, sont de type centrifuge et associatif. Notre attention se porte vers l'extérieur et nous nous apprêtons à sortir des sentiers battus. Un brin d'originalité et même d'excentricité nous fera apparaître différents aux yeux de nos proches. Notre comportement sera guidé par un grand besoin d'émancipation et d'indépendance. Nous ferons, ou nous tendrons à faire des choix de liberté. Il faut dire, cependant, que ces transits par rapport à la Lune sont plus potentiels qu'effectifs, comme dans le cas du premier luminaire. Cependant, nous remarquons une série importante d'événements qui nous font changer de vie ou qui pourraient nous faire changer de vie. Nous pouvons donc imaginer des tournants importants dans notre vie professionnelle mais aussi et surtout dans notre vie sentimentale et affective. Il est plus que probable que nous tombions amoureux durant ce passage planétaire. Nous penserons qu'un changement dans notre vie affective et sentimentale est nécessaire et nous pourrons, par exemple, décider de nous libérer d'une relation étouffante et perdante que nous n'avions pas le courage de sacrifier. C'est un homme nouveau ou une femme nouvelle qui sortira du passage d'Uranus par rapport à la Lune. Peut-être forcerons-nous la main au destin, mais d'ordinaire nous ne nous plaignons pas de ce qui a été fait à ce moment-là. Notre relation avec notre mère aussi aura tendance à se renouveler et cela peut signifier, dans la plupart des cas, quitter la maison des parents ou de toute façon s'émanciper par rapport à eux. La Lune c'est aussi la maison ce qui veut dire que, fort probablement, il y aura à ce sujet de nombreux changements. Cela veut dire changer de maison, faire une transaction immobilière ou encore faire des travaux dans le lieu où nous dormons ou celui où nous travaillons. La Lune c'est aussi le sommeil et il pourrait subir des modifications : diminuer ou augmenter. Les grands changements dont nous avons parlé pourraient ne pas nous concerner directement mais concerner notre mère, notre sœur, notre fille. Les cas de maternité et de paternité durant cette période sont nombreux.

Uranus en aspect dissonant à la Lune

Quand Uranus transite en angle dissonant par rapport à notre Lune de naissance, nous nous trouvons dans une période d'anxiété et d'insatisfaction. Nous ne savons pas nous-même ce que nous voudrions, mais nous reconnaissons que la vie que nous conduisons ne nous satisfait plus. Une certaine agitation nous signale que nous devons faire quelque chose et ne pas rester à la fenêtre à attendre les événements. Nous adoptons des comportements radicaux, sous tous les aspects, ce qui peut entraîner la rupture de relations importantes tant au sein de la famille que dans le domaine professionnel. Sous une telle impulsion extrémiste nous pourrions commettre des actions que nous pourrions regretter par la suite. Mais nous savons très bien aussi que la diplomatie est loin d'être notre fort durant ce passage planétaire. Nous devons être particulièrement attentifs aux erreurs que nous pourrions commettre dans notre travail, surtout s'il comporte un risque pour les autres ou pour nous-mêmes. Les compagnies aériennes devraient donner quelques jours de repos à leurs pilotes quand ils sont concernés par ce transit mais aussi par le transit Uranus-Soleil, Uranus-Mercure, Uranus-Mars. Dans tous les types d'activité le risque d'erreur, à cause d'une hâte excessive ou d'une imprudence ou d'une surestimation de nos possibilités ou encore d'une sous-évaluation des dangers, existe. Nous nous sentions euphoriques, trop euphoriques et nous nous comportons comme si nous avions bu dix tasses de café en même temps. Nous devons faire en sorte de nous imposer une grande prudence car sous l'effet d'Uranus nous sommes amenés à prendre des décisions impulsives, hâtives et qui pourraient nous voir engagés dans un nouveau travail sans avoir apprécié tout ce que cela comportait. La plupart des effets que nous réussissons à solariser à propos de ce passage, concernent notre vie sentimentale. Nous devons nous attendre à une véritable bourrasque : mariages qui se défont, couples qui se séparent, coups de foudre imprévus et orageux, trahisons qui se savent, paternités et maternités non souhaitées... Nous pouvons être sûrs en tout cas que notre vie sentimentale changera considérablement après le transit d'Uranus. Les choses ne seront plus comme avant, même dans le cas d'une éventuelle réconciliation. Cette dernière est moins probable par rapport à la dissonance Saturne-Lune. En effet, alors que dans le premier cas nous avions une période très dure, mais avec la possibilité d'un retour à la situation précédente après la fin du transit, dans le cas d'Uranus cela n'arrive que très rarement et une séparation définitive est plus probable. Mais comme toujours, nous devons examiner attentivement les autres transits et la Révolution solaire. Cette dernière peut devenir particulièrement difficile si nous avons un Ascendant ou le Soleil ou un stellium en Maison VII. Dans ce cas les risques d'un divorce, au sens strict du terme, sont plus que probables. Par ailleurs, nous notons que nous pourrions avoir différentes mésaventures liées à notre habitation ou à notre bureau, laboratoire, etc. Dans de nombreux cas, il s'agit d'un déménagement ou de travaux de rénovation qui nous donneront du fil à retordre. Dans d'autres cas, il s'agit d'opérations immobilières : l'achat d'un terrain, la vente d'un appartement, l'achat d'une multipropriété... Notre sommeil pourra être perturbé par notre état d'agitation. Cette dernière pourrait du reste être responsable de problèmes à l'estomac. Le transit peut concerner une femme qui nous est proche : notre mère, une sœur, une fille, une amie.

Uranus en aspect harmonique à Mercure

Quand Uranus passe en angle favorable par rapport à notre Mercure de naissance, nous sommes dans une période d'exceptionnelle intelligence et lucidité mentale. La rapidité d'échange input/output de notre cerveau est très élevée et nous sommes en mesure de saisir des concepts et des analogies dans des délais très brefs. Nous nous étonnons même de ce moment magique d'un point de vue mental. Nous en profiterons pour faire le point sur tout ce qui est en train de nous arriver. Notre horizon est clair, pur, transparent. Nous nous comprenons mieux, nous comprenons mieux les autres et nous nous rendons compte que nous avons considérablement potentialisé nos communications avec l'extérieur. Nous nous sentirons portés à la discussion, aux échanges d'opinions avec tout le monde. Notre téléphone sonnera plus souvent et nous annoncera des nouvelles. Nous éprouvons le besoin de renouveler nos instruments personnels de communication et nous achèterons le dernier modèle de téléphone mobile ou sans fil ou un nouveau fax, une nouvelle parabole, un modem, un standard téléphonique, une imprimante. Si nous ne l'avons encore jamais fait, il est probable que nous nous mettions à utiliser Internet ou bien que nous apprenions à utiliser un nouveau programme de transmission de données. Nous nous informerons sur tout ce qui peut améliorer notre système actuel de communication. Nous aurons une envie incroyable de voyager ou en tous cas de nous déplacer. Si nous n'avons jamais volé, c'est le bon moment pour commencer. Nous pourrions avoir envie d'acheter une voiture neuve à la ligne futuriste ou dotée des derniers accessoires à la mode. Il en va de même pour une moto. Durant cette période, nous serons plus proches de nos frères ou de nos beaux-frères, de nos cousins, de jeunes amis. Il est probable que l'un d'eux fera un voyage important ou réussisse des examens difficiles ou écrive quelque chose en vue d'une publication. Nous aussi aurons plus envie d'étudier et de lire et nous pourrons en profiter si nous devons suivre des cours, préparer des concours, participer à des séminaires, des conférences, des stages, des tables rondes... Il est possible aussi que nous écrivions quelque chose comme une intervention pour un congrès, un curriculum vitae, un article ou un livre. Si publier fait déjà partie de notre quotidien, le transit pourra signifier une écriture différente de notre écriture habituelle, peut-être sur un sujet futuriste.

Uranus en aspect dissonant à Mercure

Quand Uranus transite en angle défavorable par rapport à notre Mercure de naissance, ni notre capacité cognitive, ni notre perspicacité intellectuelle ne diminuent, la véritable différence par rapport au transit harmonique, réside dans le fait qu'ici nous sommes plus impatients face à toutes les formes de lenteur et de "pâleur" des autres. Notre capacité de concentration est très grande, notre rapidité mentale est extraordinaire, mais nous ne supportons pas les personnes qui n'arrivent pas à nous suivre. Un énervement extrême caractérise notre façon de faire durant ces mois qui seront certainement marqués par une suractivité mentale, par de très nombreuses excursions dans le monde du savoir, par un vécu au contenu intellectuel élevé. Nous serons pris d'une manie communicative dont nous aurons la mesure avec notre prochaine facture téléphonique : nous avons envie de parler un peu avec tout le monde et nous passerons de nombreux coups de fil aux amis, parents, connaissances, collègues de travail. Nous recevrons aussi beaucoup de coups de fil par rapport à la moyenne. Il est fort probable qu'un courrier ou un coup de fil nous transmette de mauvaises nouvelles. Nous serons très attirés par toutes les nouvelles technologies appliquées aux communications et aux instruments de connexion à distance. Nous pourrons donc acheter le dernier modèle de téléphone mobile ou de téléphone sans fil, un nouveau standard téléphonique, un fax de la dernière génération, un modem, une antenne parabolique... Cependant tout cela pourrait nous procurer des problèmes liés au fait que ces instruments à la technologie avancée auraient besoin d'être rôdés et nécessiteraient un minimum d'informations avant leur utilisation. Il pourrait donc se faire que nous ayons le meilleur de la technique mais que nous ne soyons pas en mesure de l'utiliser. Notre besoin d'entrer en contact avec les autres sera aussi physique et donc nous voyagerons beaucoup, en voiture, en train... Nous devrons d'ailleurs être vigilants car s'il est vrai que nous avons d'excellents réflexes, il est aussi vrai que notre excessive confiance en nous, pourrait nous porter à commettre des imprudences, comme des excès de vitesse. Nos relations avec un frère, un cousin, un beau-frère ou un ami seront très fréquentes et il se pourrait qu'eux aussi traversent une période d'allées et venues. A un autre niveau, ce passage planétaire pourra être extrêmement positif : nous faisons référence à la capacité d'apprentissage qui augmentera considérablement et nous permettra d'étudier des sujets complexes, de préparer des examens universitaires difficiles, de participer à des séminaires, à des cours de spécialisation, des congrès, etc. Notre écriture aussi sera plus fluide et nous nous étonnerons de notre capacité à être clairs, synthétiques comme jamais. Nous pouvons en profiter si nous devons préparer un rapport, une intervention pour un congrès, un article de journal ou le chapitre d'un livre. Nous pourrons aussi tenter de nous exposer au sens commercial, mais nous ne devrons pas prendre de décisions hâtives qui pourraient nous nuire. L'insomnie et l'excès de tabac pourraient nuire gravement à notre santé en cette période.

Uranus en aspect harmonique à Vénus

Quand Uranus transite en angle harmonique par rapport à notre Vénus de naissance, nous ressentons le besoin de renouveler notre vie sentimentale. Nous devons affronter d'importants changements. Nous prenons conscience que les choses ne peuvent plus continuer à fonctionner de la même manière. Nous pensons devoir être les protagonistes d'un grand changement dans notre vie sentimentale. C'est un transit qui peut être très favorable car il nous met en condition de sortir de l'impasse des périodes longues et tourmentées où nous ne savions pas quelle direction prendre. L'aspect positif peut être de se décider enfin pour un mariage, une union, quitter sa maison pour vivre avec la personne aimée. Nous nous rendons compte que nous ne pouvons plus demeurer dans une situation précaire, que nous devons choisir une unique direction. Le radicalisme qui caractérise notre action au cours de ce passage planétaire, nous poussera vers des solutions extrêmes ce qui, comme nous l'avons déjà dit, nous conduira enfin à des situations limpides, unidirectionnelles. Il est tout aussi vrai que le même passage, bien qu'étant défini "harmonique", porte simplement à des séparations. Donc pas seulement la fin d'une double relation mais aussi la fin d'une relation, un point c'est tout. Les cas que chacun de nous peut vérifier, éphémérides en main, sont vraiment très nombreux dans la vie d'amis, de parents, de connaissances. Comme nous l'avons déjà dit précédemment, nous assistons souvent à des tragédies, petites ou grandes, même avec des transits dits positifs. Il suffit d'essayer pour y croire. Si nous voulons voir la chose de manière positive, en faisant un petit effort d'interprétation, nous pourrions dire qu'à la fin d'un amour nous sortirons grandis ; qu'il s'agissait d'une erreur ou d'une relation qui nous rognait les ailes et qu'en y mettant fin, nous avons fait un énorme pas en avant en direction d'une plus grande émancipation. Mais cela ne peut nous consoler qu'en partie et d'habitude, cela correspond à une lecture assez forcée de la réalité. La vérité est que ce passage peut tout aussi bien produire des dommages que des promotions. Il arrive aussi que ce passage nous pousse à nous jeter dans les bras d'une autre personne alors que nous vivons une relation de couple des plus heureuses. Il est difficile de résister aux flèches de

Cupidon au cours d'un tel transit et souvent il nous arrive de perdre la tête. Dans ces cas-là, le coup de cœur acquiert les caractéristiques d'un exploit vécu à l'enseigne du scandale, de la risée générale. Lorsque nous lisons qu'un tel est parti avec une danseuse au Brésil ou que Anne a quitté son mari et ses enfants pour fuir avec son amant, nous pouvons parier qu'ils étaient sous l'influence de ce passage. Les hommes et les femmes qui, restés seuls et un peu âgés, avaient fait une croix sur leur vie sentimentale, voient tout à coup se réveiller leurs propres sentiments et trouvent quelqu'un qui les accueille. Rappelons qu'Uranus peut déplacer les montagnes ! Cette révolution sentimentale prévisible peut aussi concerner une sœur, sa propre mère, une fille ou une amie très chère. Sur le plan économique, ce transit peut correspondre à une rentrée d'argent inattendue d'origines diverses comme un héritage, une donation, des arriérés professionnels et même un gain au jeu pour les personnes particulièrement chanceuses. En ce qui concerne la santé aussi, ce transit peut être signe d'une bonne période dans laquelle nous pouvons nous remettre de diverses pathologies et, éventuellement, découvrir un nouveau médicament qui résoudra de vieux problèmes.

Uranus en aspect dissonant à Vénus

Quand Uranus transite en angle dissonant par rapport à notre Vénus de naissance, tout ce qui a été décrit dans l'aspect harmonique est ici exacerbé. Le désir de renouvellement dans la vie sentimentale laisse la place à une véritable fureur qui s'empare de nous et nous porte à détruire des années et des années d'une relation sentimentale importante. La tendance à la destruction, en ce qui concerne notre vie amoureuse, est très élevée et se concrétise souvent. Cette période accrédite l'hypothèse d'une séparation, d'un divorce, d'une rupture définitive. Ici, beaucoup plus qu'avec la dissonance Saturne-Vénus, des relations qui semblaient avoir des bases en béton armé, peuvent prendre fin. Durant ces mois, notre vulnérabilité d'un point de vue affectif et sentimental est vraiment élevée. Les risques de rompre une relation pour toujours sont tels qu'une société d'assurances refuserait de stipuler une police avec nous. Ce transit fait partie du groupe restreint de passages planétaires grâce auxquels un astrologue peut faire des prévisions spectaculaires tant son incidence réelle et objective est élevée et vérifiable. Il est vrai que quelquefois il se manifeste seulement dans le cœur d'un homme ou d'une femme, mais il s'agit vraiment d'un faible pourcentage. La plupart du temps, ses effets sont éclatants voire pyrotechniques. La rupture sentimentale occupe la première place de tout ce qui peut arriver durant ce passage, mais ce n'est pas la seule chose. Dans d'autres cas, le passage peut indiquer un événement, presque toujours négatif, concernant la vie de notre partenaire. En effet, dans le ciel de naissance d'une personne, nous pouvons voir que son partenaire est en train de vivre une grande histoire d'amour et peut-être l'intéressé ne le sait-il pas ou ne le saura-t-il jamais. Dans certains cas, il est aussi possible de remarquer une maladie du partenaire et dans des cas extrêmes, si beaucoup d'autres points du ciel de naissance et de la

Révolution solaire le confirment, sa mort. Dans tous les cas décrits le retour à la situation précédente à conclusion du transit est fort improbable. Uranus est pour les solutions draconiennes et définitives. Cependant, surtout si nous sommes face à une séparation de fait qui dure depuis plusieurs mois, le couple peut se recomposer. Mais même en de telles circonstances, il ne s'agira jamais d'un retour complet à la situation précédente dans la mesure où le gouverneur du Verseau est exigeant et sévère dans ses actions. Des personnes estimées exerçant une profession libérale, des personnes communes, des citoyens appartenant à la majorité silencieuse, des individus conduisant d'ordinaire une vie irrépréhensible se comportent comme si elles avaient complètement perdu la raison et provoquent des coups d'éclats, type la fuite à l'étranger avec des personnes rencontrées la veille. Vous vous souvenez de l'*Ange bleu* ? Le vieux professeur de lycée qui perd la tête pour une danseuse aux mœurs légères (Marlène Dietrich) ? Voilà, cette invention cinématographique pourrait donner la mesure de la dissonance Uranus-Vénus. Pour les adolescents, le passage pourrait correspondre au premier rapport sexuel et pour les personnes âgées, cela pourrait marquer le retour, imprévu et improbable d'un désir sexuel. Le même passage peut pousser les hommes et les femmes vers de nouvelles expériences sexuelles, comme une relation homosexuelle ou de groupe... Cela peut aussi accompagner une nouvelle phase dans la relation avec son propre partenaire, par une sensualité qui s'exprime avec plus de fantaisie et des modalités qui pourraient être taxées de peu orthodoxes. Tout cela pourrait aussi concerner non pas le sujet lui-même mais une femme qui lui est proche : sa mère, une fille, une sœur, une amie. En ce qui concerne la santé, le transit est assez négatif car il peut être le signe de maladies imprévues qui, selon le panorama astrologique, peuvent être graves. Pour ce qui est de l'argent, le risque de perdre d'importantes sommes d'argent est élevé, que ce soit au jeu, à cause de mauvais investissements, de prêts non remboursés (surtout aux femmes à peine citées) ou de vols.

Uranus en aspect harmonique à Mars

Quand Uranus transite en angle favorable par rapport à notre Mars de naissance, nous avons l'impression de disposer d'une vitesse supplémentaire. Nous sommes pleins d'énergie, une force intérieure nous pousse à agir, à faire plus, même trop. Il est rare que nous nous sentions autant en forme. Nous serions prêts à partir dans des entreprises difficiles et qui requièrent une forte dose de courage et d'initiative. Cette dernière pourrait être l'emblème du passage planétaire en question. Nous devenons entreprenants et si nous l'étions déjà, nous pouvons même étonner les autres par notre courage et la détermination avec laquelle nous affrontons les choses. Notre force de volonté est à son maximum. Nous agissons comme si nous étions de petits lions. Presque rien ne nous fait peur et les difficultés nous stimulent au lieu de nous abattre. Une aura d'enthousiasme juvénile nous entoure et les autres se rendent compte de notre excellent état de forme psychophysique. C'est le bon moment pour mettre en pratique tous nos projets. Nous osons et devons oser plus.

Nous devons nous mettre en avant au travail et en toutes circonstances car nous pourrons difficilement être plus convaincants. Nous réussissons à prendre des décisions importantes dans des délais très brefs : nous sommes synthétiques, essentiels, directs, pratiques, extrêmement efficaces. C'est un peu comme si nous disposions d'un second moteur en mesure de nous faire carburer au maximum. C'est vraiment un excellent moment à plusieurs égards, mais surtout pour les sportifs qui pourraient réaliser des records durant le passage Uranus-Mars. Nous serons très attirés par les moteurs, les voitures et les motos de course et même par le pilotage d'avion. Nous aurons probablement envie de passer le brevet de pilotage et de parachutisme.

Notre manière de conduire sera empreinte du punch qui nous accompagne en ce moment. Mais comme dans le cas des passages Uranus-Vénus, ici aussi nous constatons des manifestations du transit qui pourraient faire penser à un angle dissonant et non à un aspect harmonique. Souvent en effet, comme dans les angles mauvais entre le maître du Verseau et celui du Bélier, nous pouvons être victimes d'accidents divers : automobiles, de la circulation, d'escalade, de bicyclette, etc. Les dernières découvertes de la technique peuvent nous aider en renforcer notre physique et à améliorer notre rendement sportif et sexuel (pour les hommes).

Uranus en aspect dissonant à Mars

Quand Uranus est en angle dissonant par rapport à notre Mars de naissance, nous avons un comportement plutôt radical et intransigeant vis à vis de tout et de tous. Le côté révolutionnaire et extrémiste qui est en nous se fait jour et nous pousse à prendre des décisions extrêmes. Nous ne réussissons pas à raisonner calmement, à être diplomates, tolérants. Nous sommes perturbés par le manque de volonté et de rapidité des autres. Nous avançons plus par à-coups que par des efforts prolongés. Nous avons tendance à effectuer des changements imprévus et importants qui concernent tous les aspects de notre vie, du travail à l'amour. Nous devons faire très attention car il nous arrive souvent, au cours de ce passage planétaire, de rompre des relations de grande importance, surtout dans le domaine professionnel, où notre intolérance pourrait se manifester plus que dans les autres secteurs. Mais si nous vivons des situations insatisfaisantes et frustrantes qui durent ainsi depuis des années, alors ce transit pourrait être positif car il nous donne la possibilité de nous comporter comme des lions et non comme des moutons. Nous voulons dire tout ce que nous ressentons et nous le faisons, quel qu'en soit le prix. Nous ne sommes plus disposés à faire des concessions et nous sommes même en mesure de hausser la voix avec des personnes qui, jusqu'à hier, nous faisaient peur. Nous sommes autorisés à penser que nombre de jeunes gens ont enrichi les rangs des extrémistes et des terroristes au cours d'un passage de ce type. Quelle que soit notre situation professionnelle, nous aurons envie de descendre dans la rue avec les étudiants et participer aux manifestations. Conduire constitue en ce moment un véritable danger. Mais voyager en moto, faire du ski, du patin, plonger, allumer des feux avec de l'essence, empoigner des armes à feu, monter sur une échelle, faire de l'escalade et tout ce qui est reconnu comme étant dangereux est encore plus risqué. Les risques d'accident sont vraiment très importants. Si nous sommes chauffeur de bus ou pilote d'avion, nous devrions être suspendus jusqu'à la fin du transit sous peine de causer des accidents collectifs. Nous devons aussi faire attention à ne nous bagarrer avec personne, bien sûr cela devrait être une règle de vie permanente pour tout le monde. Si nous sommes victimes d'un hold-up ou si simplement nous assistons à un hold-up, par exemple dans une banque, nous courons le risque que la première balle tirée soit pour nous. Maintenons-nous à distance des défilés, des manifestations, des tribunes d'un circuit de Formule Un, des incendies... Nous devons faire très attention au danger de court-circuit et d'explosions si nous avons affaire aux explosifs. Evitons de manipuler des feux d'artifice, surtout les plus dangereux. Nos mains deviennent des instruments de destructions potentiels et il n'est pas rare que nous cassions des objets de valeur à cause de notre maladresse. Soyons très attentifs au travail car nous pourrions commettre de graves erreurs surtout si nous sommes chirurgiens, anesthésistes, contrôleurs de vols, etc. Des interventions chirurgicales sont probables. Tout à coup nous sommes confrontés à une situation que nous devons combattre, un conflit avec une personne ou une institution. Notre voiture tombe en panne ainsi que la plupart des appareils qui nous entourent, à commencer par l'ordinateur.

Uranus en aspect harmonique à Jupiter

Quand Uranus circule en angle favorable par rapport à notre Jupiter de naissance, nous sentons que nous avons la chance à portée de la main. Effectivement, le ciel nous donne un coup de main et si nous faisons le reste, ce passage peut être le reflet d'une ou plusieurs situations gagnantes dans les domaines les plus variés de notre vie. Toutes les formes de chance, petite ou grande, peuvent nous arriver durant ces mois y compris le gain d'une somme d'argent au jeu, bien qu'il s'agisse là d'une variable qui échappe à tout type d'interprétation, même à celle astrologique. Cependant nous pouvons dire que les personnes chanceuses de naissance auront de nombreuses possibilités de taper dans le mille. Quoi qu'il en soit ce type de chance imprévue peut concerner différents domaines. Un de nos ennemis peut cesser définitivement de nous causer des ennuis ou une des personnes qui nous est très chère peut réussir à se sortir du pétrin dans lequel elle se trouvait ; un nouveau traitement nous soustrait enfin à un esclavage thérapeutique de longue date ; une intuition "géniale" nous donne subitement la solution à une énigme qui nous bloquait ; au moment où nous nous y attendons le moins l'avis d'un concours que nous pouvons réussir est publié. Bref, comme disait les romains, *carpe diem*, saisit l'instant présent. De bonnes occasions se présentent sans préavis et nous devons être prêts à les saisir au vol. Les voies d'information et de communication les plus modernes et d'avant-garde peuvent jouer un rôle essentiel et nous apporter d'excellentes occasions : la plus élective est Internet. Faisons donc de bonnes navigations journalières ou mieux nocturnes et sortons les antennes de notre sensibilité pour profiter de toutes les occasions qui nous attendent ces mois-ci. Notre bien-être peut dépendre du lointain, programmons donc des voyages, de longs voyages pour obtenir des améliorations dans le domaine de la santé, du travail, du portefeuille. L'étranger et les étrangers peuvent nous être utiles, surtout dans les disciplines d'avant-garde. Un de nos amis lointains nous apporte une bonne nouvelle. De longs voyages nous font du bien d'un point de vue neurologique. Cela est valable aussi pour les activités sportives et pour la proximité des animaux qui réussissent à alléger des souffrances ou des pathologies.

Commençons à étudier des matières peu communes comme la philosophie, la théologie, l'astrologie ou l'ésotérisme avec des instruments d'avant-garde comme Internet ou des systèmes d'apprentissage basés sur le multimédia. Nos études universitaires ou supérieures profitent de l'utilisation de l'ordinateur. Subitement un procès se conclut en notre faveur.

Uranus en aspect dissonant à Jupiter

Quand Uranus passe en aspect dissonant par rapport à notre Jupiter de naissance, nous devons faire attention à tous les éventuels accidents ou aux adversités qui peuvent être occasionnés par l'électronique, l'informatique, les thérapies basées sur l'irradiation, tout ce qui est lié au moderne à l'ultramoderne. Nous recevons de mauvaises nouvelles. Le téléphone ou la télévision nous apporte des nouvelles qui nous sont douloureuses. L'utilisation d'appareils sophistiqués et futuristes nous provoque d'importants ennuis qu'il s'agisse de la Bourse ou de la santé. Evitons donc, durant ce passage, d'acheter mais aussi d'utiliser des appareils sophistiqués, les dernières nouveautés technologiques, le high-tech en général. Une certaine part de malchance nous frappe et peut générer différents types de problèmes, mais surtout des problèmes économiques. Nous pouvons avoir des mésaventures en voyage, surtout durant les longs voyages. Le lointain et l'étranger peuvent provoquer des problèmes de type neurologique. Vivre loin de chez soi nous pénalise considérablement et génère de l'anxiété et des insomnies. Nous sommes contraints à partir rapidement pour un traitement médical dont la structure d'avant-garde n'est pas encore disponible dans notre pays. Une mauvaise nouvelle nous arrive de loin par Internet ou par l'antenne parabolique. Les voyages en voiture et en moto devraient être évités à cause du risque d'accident. Les voyages en avion également, surtout si nous sommes les pilotes. La Révolution solaire pourra expliciter le type de danger au devant duquel nous allons. Si la Révolution solaire du moment s'appuie plus sur les Maisons III et IX, alors le danger est plus grand et doit être sérieusement pris en considération avant de décider un déplacement en voiture. Le danger est encore plus grand si nous devons traverser des régions où il y a beaucoup de brouillard ou si nous devons rouler sur des routes verglacées ou encore sous des orages et donc avec une faible visibilité. Le cours de nos études universitaires ou supérieures subissent une brusque interruption, momentanée ou définitive. Les études concernant la philosophie, la théologie, le yoga, le bouddhisme, l'astrologie... suscitent en nous un grand énervement.

Nous devons éviter d'avoir recours aux juges, aux avocats et aux tribunaux car la loi nous est hostile en ce moment et peut se manifester en notre défaveur par le biais d'un témoignage important et inattendu.

Uranus en aspect harmonique à Saturne

Quand Uranus voyage en angle harmonique par rapport à notre Saturne de naissance, une forte ambition nous pousse en direction de conquêtes professionnelles ou d'un plus grand prestige. Nous nous rendons compte que, pendant des années, nous avons été trop humbles et peut-être trop condescendants à l'égard de nos supérieurs hiérarchiques et nous souhaitons à présent que notre compétence et notre valeur soient respectées. C'est pourquoi nous montrons une détermination, et un entrain que nous pensions être réservés à la jeunesse. Notre intéressement à toutes les dernières découvertes de la technique et de la science qui peuvent nous servir dans la réalisation de notre projet, participe de cette énergie. De manière inattendue, des personnes âgées se proposent de nous aider pour notre carrière professionnelle. Avec cette nouvelle conscience de nous-même, nous faisons l'expérience d'une plus grande maturité, de la sagesse et du bon sens qui nous feront progresser de manière plus consciente. Une nouvelle discipline de type psychologique ou liée aux médecines parallèles nous permet d'atteindre un meilleur équilibre. Grâce à Internet nous pouvons essayer de trouver de nouvelles technologies pour le soin des dents ou des os si cela nous intéresse directement mais aussi si nous voulons en faire profiter un parent. Cela vaut aussi pour les traitements pouvant retarder notre vieillissement.

C'est aussi une bonne période pour restaurer, avec de nouvelles techniques, des objets ou des meubles anciens. Au moment où nous nous y attendons le moins nous résolvons un vieux problème. Une vieille question trouve naturellement sa réponse grâce au vent de renouvellement qui souffle sur notre propre personne ou sur le pays tout entier. Grâce à de nouvelles techniques non agressives notre circulation sanguine s'améliore.

Uranus en aspect dissonant à Saturne

Quand Uranus circule en angle dissonant à notre Saturne de naissance, c'est un peu comme si nous devions traverser un torrent impétueux. Nous devons faire attention car la destructivité qui est à l'intérieur et à l'extérieur de nous est élevée. Nous sommes mus par des sentiments agressifs et destructifs. Nous courons le risque de jeter aux orties des années et des années de patiente construction de notre avenir économique, professionnel, sentimental et sanitaire. Des décisions hâtives et inconsidérées peuvent nous faire régresser considérablement. Certaines nouveautés de la science et de la technique génèrent des problèmes dans notre carrière, peut-être parce que notre équipement devient subitement obsolète. Nous nous efforçons de mettre à jour notre savoir-faire en essayant de suivre l'évolution de la science, mais nous n'y parvenons pas et cela entraîne une chute de notre prestige. D'anciennes relations d'amitié, de travail ou d'amour peuvent être cause d'ennuis. Tout ce qui est sous l'étiquette du vieux finit par nous nuire. Durant ce passage planétaire nous devons surveiller les vieilles structures qui sont chez nous ou à notre bureau, comme les bonbonnes de gaz pour cuisinière, une installation électrique dépassée, un vieux chauffe-eau... Une part de malchance plus ou moins évidente nous conseille d'être prudent. Des sports comme le ski, le motocyclisme, l'automobilisme, l'alpinisme et ainsi de suite sont trop dangereux pour être pratiqués en cette période. En effet, un des dangers de ce transit sont les accidents et les fractures aux membres. De nouvelles techniques thérapeutiques, surtout celles relatives aux soins des dents et des os peuvent nous causer de sérieux problèmes ainsi que les nouveaux traitements à base d'irradiations. Les conséquences d'une trop longue exposition aux rayons et aux champs électromagnétiques deviennent évidentes, surtout pour les personnes qui habitent près des lignes à haute tension ou qui sont entourées d'appareils électroniques de tout type.

Uranus en aspect harmonique à Uranus

Quand Uranus transite en angle harmonique par rapport à notre Uranus de naissance, nous sommes investis d'un grand vent de renouvellement. Nous regardons derrière nous et nous comprenons que nous avons encore beaucoup à faire avant de prendre notre retraite, qu'il s'agisse du premier passage Uranus-Uranus ou du dernier. Il est pour nous ce que le printemps est pour la nature : c'est une floraison d'idées, de projets, d'initiatives, d'expériences, d'explorations. Notre envie de renouvellement concerne nous-mêmes mais aussi l'extérieur et nous l'envisageons projetés vers l'avenir et vers les autres. Nous ressentons la nécessité de nous confronter avec les autres, d'agir avec eux et de jeter aux orties notre résistance de type individualiste. Participer avec les autres, annuler son propre Moi en fonction d'un dessein stratégique collectif, se fondre dans la masse, tels sont les sentiments qui nous conduisent loin du cocon protecteur et égocentrique. Nous sommes maintenant sûrs que nous devons agir et non nous replier sur nous-mêmes. La solution de nombre de nos problèmes pourrait être de nous jeter dans la mêlée de manière optimiste. Certains tabous tombent, certaines résistances conservatrices s'écroulent et laissent se développer en nous un esprit d'amitié et même de fraternité universelle. Notre esprit vit une saison brillante et produit des idées et des projets qui peuvent nous rendre meilleurs sur le plan humain et nous faire évoluer professionnellement et socialement. Nous sommes poussés à rechercher de nouvelles amitiés et à renouveler complètement notre relation d'amitié avec les autres. C'est une période particulièrement profitable pour ceux qui font des projets dans leur profession comme les architectes et les ingénieurs.

Mais nous tous pouvons bénéficier de ce passage planétaire car il nous fournit le carburant nécessaire pour tous les types de plans relatifs au futur. Il s'agira, comme nous l'avons déjà dit, de tourner la page, de nous propulser en avant en faisant des propositions, de changer les vieilles habitudes, de quitter ses pantoufles, de sortir et respirer l'air pur, d'abandonner l'immarcescible et la platitude des sentiments conservateurs qui sont en nous. Le fait que nous nous rendions compte que nous vieillissons, que nous sommes dépassés, nous donne l'énergie nécessaire pour nous renouveler sur notre lieu de travail, avec les autres. Nous pouvons tirer profit de toutes les nouveautés, y compris celles de la science, de la haute technologie, des dernières découvertes médicales, psychologiques, astrologiques. Nous trouvons des solutions gagnantes à nos problèmes de toujours grâce aux toutes dernières thérapies, de nouvelles possibilités de travail et de connaissance des autres êtres humains, à travers des moyens modernes comme Internet et tout ce qui pourra suivre. Nous devons abandonner toute résistance et plonger dans le tourbillon des changements. Quittons la nostalgie et regardons devant nous. Uranus, avec sa force irrésistible, nous aidera à changer positivement notre existence. Nous devons profiter de ce transit pour jeter aux orties tout ce qui au fond de notre cœur a perdu de sa fraîcheur, pour tourner la page une fois pour toutes.

Uranus en aspect dissonant à Uranus

Quand Uranus transite en angle dissonant par rapport à notre Uranus de naissance, nous risquons d'être emportés par le vent des nouveautés. Ce qui pour d'autres, pour les Verseau ou pour les uraniens en général pourrait être une excellente occasion de renouvellement, de rajeunissement, n'est, pour nous, qu'un cauchemar, un monstre qui menace de nous faire perdre la tranquillité et la stabilité conquises à prix d'or. Nous pensions être parvenus à un moment de tranquillité dans notre voyage terrestre et nous sentons le sol bouger sous nos pieds. Nous sommes déconcertés par les faits qui nous font précipiter (c'est vraiment la sensation que nous éprouvons) de nouveau dans la mer déchaînée de la vie. Nous cherchions un port sûr et nous avons trouvé une mer force neuf. Nous sommes contraints à retrousser de nouveau nos manches et à recommencer depuis le début ou presque. Alors que nous nous laissions bercer par des rêves de tranquillité, nous nous retrouvons face à un monstre qui menace de nous dévorer. Le monstre s'appelle futur et nous le craignons, ce qui est normal mais peut-être le craignons-nous un peu trop. Nous ne sommes pas convaincus et nous ne sommes pas disposés à remettre en question tout ce que nous avions acquis et nous opposons de grosses résistances aux changements. Mais la vie a de nouveau frappé à notre porte et prétend une mobilisation pleine et inconditionnelle. Les nouveautés nous effraient et nous voudrions revenir en arrière, mais cela ne nous est pas permis et nous devons accepter, malgré nous, ce que le destin nous réserve. Il est probable que nous serons contraints à modifier plusieurs choses, à commencer par le travail, en passant par la vie sentimentale, le temps libre, l'orientation thérapeutique que nous suivions, etc. Nous devons nous rendre compte que notre position sur la défensive n'est pas conciliable avec la vie moderne et que nous devons sacrifier une partie de notre ego pour nous jeter dans la mêlée. Certes dans la confrontation avec les autres, nous trouverons la lutte, mais nous pourrons aussi rajeunir le sang qui coule dans nos veines. Une bouffée d'air frais ne nous fera pas de mal. Mais pour y arriver nous devrons traverser une nouvelle tempête et cela ne nous plaît pas du tout. De toute façon, de deux choses l'une, ou nous changeons spontanément ou Uranus s'en chargera, sans aucune possibilité d'y échapper. Les dernières découvertes de la technique et de la science pourront nous nuire ainsi que certains amis que nous pensions fiables. De vieux projets seront définitivement enterrés. Ce passage peut apporter avec lui, outre des nouveautés au sens large, mais aussi des deuils.

Uranus en aspect harmonique à Neptune

Quand Uranus circule en angle harmonique par rapport à notre Neptune de naissance, des intérêts ésotériques, surnaturels, philosophiques, religieux, astrologiques... s'agitent en nous. D'un coup nous découvrons que nous sommes curieux d'un monde auquel nous n'avions jamais pensé sérieusement. Nous sommes fortement attirés par le mystérieux, au sens large : la vie, la mort, ce qui est plus grand que nous. Ces intérêts nous porteront à creuser dans cette direction, à lire, à assister à des conférences, à suivre des émissions télévisées, à fréquenter des prêtres, des psychologues, des astrologues, des exorcistes, des personnalités au charisme fort, des hommes phares pour tant d'êtres humains qui comme nous voudraient se désaltérer au torrent de la connaissance. Nous découvrons tout à coup l'éphémère qui a toujours été présent autour de nous et nous nous demandons comment nous avons pu vivre jusqu'à présent : peut-être avions-nous un bandeau sur les yeux. Il s'agit d'un intérêt très fort, totalisant, qui monopolise nos pensées et établit une hégémonie de notre orientation mentale future. Nous ressentons une espèce de fièvre et nous voudrions brûler les étapes pour atteindre rapidement des connaissances supérieures, pour récupérer une partie du temps perdu. En même temps nous nous sentons poussés vers notre prochain, au sens chrétien du terme. Des sentiments inédits, ou presque, de fraternité et un esprit de sacrifice qui nous étaient jusqu'ici inconnus nous pousseront vers des activités d'assistance. Nous désirons participer aux souffrances des autres, faire du bénévolat, la charité de différentes manières. Si nous ne sommes pas croyants, en ce moment nous avons des pulsions qui pourraient être l'antichambre d'une foi sur le point de se développer.

Nous sommes aussi attirés par les foules, par les mouvements, par les groupes religieux. C'est une excellente période pour participer à des retraites spirituelles de groupe, à des stages peu conventionnels comme le yoga, la macrobiotique, le shiatsu, l'astrologie, etc. Grâce à des nouveautés thérapeutiques nous réussirons à nous défaire de l'esclavage de médicaments ou d'intoxications de notre organisme par le tabac, l'alcool ou la drogue. Des ressources inattendues et imprévues nous permettront de dépasser de vieux problèmes, de nous affranchir de véritables croix que nous portions sur nos épaules. Un long voyage imprévu en mer nous donnera une nouvelle énergie dont bénéficiera notre système nerveux. Il est possible que nous allions vivre au bord de l'eau : au bord d'un fleuve, d'un lac, de la mer...

Uranus en aspect dissonant à Neptune

Quand Uranus circule en angle dissonant par rapport à notre Neptune de naissance, notre équilibre apparent est perturbé par un intérêt pour la foi et tout ce qui est peu connu ou ésotérique, au sens strict. Nous vivons mal un attrait pour l'astrologie, la psychologie, la parapsychologie, le yoga, l'orientalisme, la philosophie et l'étude des religions. Ce courant imprévu d'intérêts nous catapulte dans un monde que nous voyons peuplé de fantômes et de symboles qui nous perturbent considérablement. Notre système nerveux enregistre cette sensation et nous signale que tout cela peut nous perturber. Si nous avons déjà un terrain névrotique, cela pourrait augmenter. Nous voulons faire marche arrière mais c'est difficile. Nous éprouvons en même temps un sentiment d'attraction et de répulsion. Un prêtre, un mage ou un psychologue nous ont peut-être déstabilisés. Nous pensons ne pas être prêts pour ce type d'expérience. Des angoisses, des phobies, des idées fixes nous assaillent et font brèche dans l'écorce protectrice, apparemment épaisse, qui nous entoure, cela est peut-être lié à un scepticisme toujours professé mais jamais vraiment vérifié. La proximité des foules, des mouvements, des sectes, peut nous nuire et nous aurions intérêt à nous tenir à distance des groupes de personnes en général, grands ou petits, mus par une idée dogmatique, une épée à la main ou un couteau entre les dents. Ce passage planétaire pourrait être le creuset dans lequel pourraient se développer des idées extrémistes, radicales, voire terroristes. Nous ne sommes pas du tout sereins durant ces mois, c'est pourquoi nous courons le risque d'être influencés par des personnages charismatiques. Un événement inattendu nous apporte une épreuve difficile, une croix pour l'avenir. Notre équilibre général est compromis par l'excès de tabac, de café, d'alcool, de drogue. Un incident domestique peut provoquer une inondation ou de sérieux problèmes de plomberie. Nous serons contraints à refaire l'installation de chauffage. Nous vivons une vilaine aventure en mer et courons le risque d'un naufrage. Nous rencontrons des toxicomanes et en subissons de mauvaises conséquences.

Uranus en aspect harmonique à Pluton

Quand Uranus circule en angle harmonique par rapport à notre Pluton de naissance, les forces les plus profondes de notre personne tendent à émerger et à se manifester. Nous pouvons même dire que nos instincts les plus primitifs, dans le meilleur sens du terme, sont solarisés, explicités, portés à la surface. Ces forces qui proviennent du plus profond de notre inconscient nous permettent d'être plus combatifs, plus motivés à vivre, à souffrir, à nous démener pour les sentiments fondamentaux que sont la conservation de la vie, l'instinct de reproduction pour la conservation de la race et la nécessité de s'unir pour former un couple. Il s'agit d'instincts primordiaux que nous avons tous en nous, mais qui sont comme anesthésiés par la platitude de la vie quotidienne. Avec le grand vent rénovateur d'Uranus ces stimulations refont surface et nous orientent de manière positive vers l'avenir. Ce passage peut donc nous servir à nous reprendre d'une chute à la suite d'une interruption dramatique de notre vie sentimentale ou professionnelle. Nous comprenons que nous devons compter sur nos forces et sur cet instinct de conservation qui caractérise la vie de tout être vivant sur cette Terre, à commencer par le monde animal qui n'a jamais perdu cette référence. Nous, hommes et femmes, au contraire, subissons un processus de barbarisation et nous dirigeons, selon des modèles préfabriqués et synthétiques, loin de notre vraie nature. Uranus en angle harmonique par rapport à notre Pluton de naissance peut aussi réveiller notre désir sexuel après une longue léthargie. Nous sommes plus attirés par notre partenaire et devenons aussi plus exigeants en matière sexuelle. Un décès peut, de manière inattendue, nous faire entrer en possession d'une somme d'argent ou d'une propriété immobilière que nous ne pensions pas nous être destinées, ou que nous ne pensions pas obtenir dans de brefs délais. Mais un deuil imprévu peut aussi nous consentir une évolution sur le plan professionnel, de la connaissance, de l'enrichissement intérieur. C'est une période plutôt favorable aux recherches souterraines de tout type : nous pourrons trouver de l'eau dans un terrain nous appartenant ou d'autres ressources précieuses. Le fait de creuser aussi, au sens métaphorique du terme comme pour la psychanalyse doit être mis en relation avec ce passage planétaire : durant ces mois nous pouvons faire de grands pas en avant dans notre évolution. Subitement nous sommes curieux de ce qui concerne le thème de la mort ou de la médiumnité et nous pourrons faire d'intéressantes expériences. Nous sommes aussi plus portés vers la littérature ou le cinéma noir. Nous sommes plus intéressés par le phénomène de la criminalité. Nous éprouvons le besoin de faire des projets pour notre sépulture future.

Uranus en aspect dissonant à Pluton

Quand Uranus passe en angle dissonant par rapport à notre Pluton de naissance, c'est comme si d'un coup nous retirions la soupape du récipient qui contient nos instincts les plus primitifs et destructifs. Ce côté Landru qui est en nous tend à affleurer et à revendiquer le droit de cité dans notre existence. Il s'agit d'une mauvaise période dans laquelle nous nous rendons compte que nous n'avons pas les bons instruments pour endiguer ou réprimer, avec l'éducation ou la civilité, ce que nous avons de moins éduqué et moins civil. Notre pulsion dominante est la lutte et la destruction, y compris contre nous-mêmes. C'est pourquoi durant ce passage nous pourrions, inconsciemment, avoir des tendances masochistes et autodestructrices, en fumant ou en buvant trop, en abusant de médicaments ou de drogues, en dormant très peu, en ayant une activité sexuelle trop intense. Mais le danger majeur est représenté par les sentiments que nous nourrissons à l'égard des autres, essentiellement des sentiments de violence. Si à cela s'ajoute un désir sexuel plus grand, alors nous pourrions vraiment commettre des actes incivils ou dont nous pourrions avoir honte. Bien sûr notre éducation de base et l'ensemble des transits pourront nous dire dans quelle mesure nous courons de tels risques. Il est à noter, cependant, que le mister Hyde qui est en nous, même chez les personnes apparemment plus tranquilles, peut se faire jour de manière imprévue pendant ce transit. Nous pouvons faire de mauvaises rencontres et un rapport sexuel occasionnel, sans protection, pourrait nous causer de graves maladies infectieuses. Un geste impulsif, non raisonné, peut nous faire perdre de grosses sommes d'argent, un héritage, une donation, les biens de notre partenaire. Nous risquons de perdre des sommes consistantes au jeu ou dans de mauvaises spéculations. C'est une période dangereuse pour les cambriolages ou les hold-up. De mauvaises expériences psychiques en relation à la mort ou à des séances de spiritisme. Attirance morbide pour le roman noir ou pour la criminalité et les criminels. Rencontres possibles avec ces derniers. Tout à coup, des travaux dans notre propriété mettront à jour des secrets qui auraient dû le rester. D'autres fois l'état d'agitation produit par un tel transit peut conduire les femmes à un blocage sexuel et les hommes à avoir des problèmes d'impuissance. L'idée de la mort nous obsède. Peur de mourir.

Uranus en aspect à l'Ascendant

Voir Uranus en Maison I

Uranus en aspect au Milieu du Ciel

Voir Uranus en Maison X

Uranus en aspect au Descendant

Voir Uranus en Maison VII

Uranus en aspect au Fond du Ciel

Voir Uranus en Maison IV

Uranus en transit en Maison I

Quand Uranus passe dans notre Maison I, nous ressentons une grande exigence de renouvellement général de notre vie. Les situations d'impasse qui nous ont bloqués durant ces dernières années, risquent d'exploser. En effet, nous avons tendance à nous comporter exactement comme un volcan qui explose, comme le bouchon d'une bouteille de champagne qui saute. Nous ne sommes plus disposés à attendre, nous voulons tout et tout de suite. Nous nous comportons comme des reclus à vie qui finalement revoient la lumière du soleil et découvrent la joie de rire, chanter, courir. Courir est le verbe clé de notre état d'âme de ces années (le passage a lieu en moyenne en sept ans minimum). Nous en avons assez d'attendre, nous sommes fatigués des médiations, intolérants à l'égard de toutes les solutions diplomatiques et prudentes. Nous n'entendons nullement être prudents et exprimons un fort radicalisme qui était peut-être déjà en nous mais qui était étouffé ou bien qui voit le jour en concomitance de ce passage planétaire. Si nous sommes ouverts aux changements, disponibles au renouvellement périodique de notre vie, favorables aux petites et grandes révolutions de notre existence, ce transit sera des plus positifs et nous projettera vers un univers extraordinaire, fait de volonté réalisatrice, de choix directs et essentiels, d'actions et de pensées qui voyagent de concert, de rajeunissements, de courage et de force. C'est ce qu'il faut aux personnes qui ont peu de volonté (par exemple dans le cas de Mars en Balance ou en Cancer). Ces derniers éprouveront le frisson des décisions foudroyantes et du poing sur la table : une expérience qui ne se reproduira pas. Les Verseau, les uraniens, mais aussi les Sagittaire, les Lion, les Bélier, vivront au mieux ce transit. Les autres, au contraire, pourraient le subir avec terreur et angoisse. Tous ceux qui voudraient renforcer la forteresse à l'intérieur de laquelle ils tentent de protéger la stabilité de leur vie, sentiront les fondations se dérober sous leurs pieds, ils sentiront le danger d'un grand cyclone qui déstabilise tout, qui compromet l'avenir et hypothèque la sécurité de la cellule familiale.

Outre courir, l'autre mot clef sera changer et de deux choses l'une ou nous changeons spontanément ou Uranus s'en chargera. Il n'est pas possible de contourner l'obstacle, ni de retarder les temps d'actualisation de son programme. Durant ces années, un grand nombre de choses pourront réellement être modifiées, du travail à la vie affective et sentimentale, de la santé aux intérêts culturels. Nous pourrons commencer à pratiquer un sport ou à faire de la moto alors que nous avons toujours été sédentaires ou encore nous déciderons de nous alimenter selon des règles précises et non plus de manière désordonnée. Quelquefois on remarque aussi d'importants changements physiques comme une prise de poids ou au contraire un amaigrissement : d'une certaine manière notre corps change d'aspect. Certains traits de notre personnalité peuvent aussi être influencés par le passage d'Uranus et nous pourrions devenir plus ouverts, plus disponibles au dialogue, plus originaux et même un peu excentriques, plus enclins à saisir le moment présent. Si nous acceptons des équilibres plus précaires, un destin où, chaque jour, nous devrons jouer des cartes importantes alors nous retirerons le plus grand bénéfice de ce transit. Dans le cas contraire cela signifiera un état psychophysique précaire, pour nous, mais aussi des maladies plus ou moins graves, surtout si d'autres transits maléfiques ou une mauvaise Révolution solaire avec des valeurs en Maison XII, I ou VI viennent s'ajouter. Dans les cas les plus graves nous pouvons subir des opérations chirurgicales ou différents types d'accidents.

Uranus en transit en Maison II

Quand Uranus transite dans notre Maison II, nous sommes poussés à rechercher d'autres ressources financières. Nous comprenons que de ce point de vue les choses ne peuvent pas continuer ainsi. Nous devons nous débarrasser de vieux tabous et retrousser nos manches pour changer de politique économique, personnelle et familiale. Nous rechercherons de nouvelles solutions, lirons les journaux spécialisés, ferons des demandes d'emploi ou chercherons à créer une activité commerciale ou industrielle. Si, périodiquement, il n'y avait pas ce genre de transit, il n'y aurait aucune création d'entreprise. En effet, la peur qui d'ordinaire finit par bloquer toute initiative de ce type, diminue considérablement durant ce transit et nous permet de faire le grand saut : quelquefois il y aura un matelas pour nous réceptionner, d'autres fois seulement l'asphalte, cela dépend de l'ensemble des transits de cette période, de notre thème de naissance et de la Révolution solaire qui peut comme toujours jouer un rôle important. Le transit d'Uranus en Maison II favorise les opérations financières, évidemment dans la mesure de nos possibilités : tant en recettes qu'en dépenses. Il sera difficile d'immobiliser du capital durant cette période. Nous aurons tendance à le faire circuler, à investir, à risquer, à vendre et à acheter ; tout sauf l'inaction, d'un point de vue économique. Il est possible aussi que nous changions un peu de look, qu'il s'agisse de la coupe de cheveux, de se laisser pousser la barbe ou la moustache, ou d'opérations de chirurgie esthétique qui modifient considérablement notre aspect.

Quelquefois cela correspond aussi à des régimes amaigrissants plutôt sévères ou à l'inverse à une prise de poids importante due à différents facteurs, y compris une grossesse. Dans d'autres cas il s'agit de notre façon de nous habiller qui change de manière imprévisible et il se pourrait que nous nous mettions à avoir un look sportif alors que notre style a toujours été très classique. Il peut aussi se faire que nous nous occupions de photographie, de cinéma, de théâtre, de graphisme publicitaire, de graphisme à l'ordinateur. L'image pourrait devenir une idée fixe pendant quelques années au point d'acheter des écrans de télévisions géants, des caméras vidéo professionnelles, des écrans d'ordinateur à haute résolution, des magnétoscopes sophistiqués, etc. Il est aussi possible que nous acquérions une notoriété aussi inattendue qu'agréable, peut-être grâce à une émission télévisée, en paraissant sur les journaux ou sur Internet.

Dans les cas d'expression plus négative de ce transit, nous devons faire très attention car nous pourrions enregistrer de grosses pertes d'argent dues à des vols, à de mauvais investissements, à des escroqueries, à des dommages sur nos propriétés causés par des incendies ou des catastrophes naturelles, à de graves revers de fortune, des pertes au jeu... Nous courons aussi le risque d'être défigurés à cause d'opérations chirurgicales ratées ou à la suite d'accidents ou d'incendies. Risque d'importants dommages à notre équipement télévisuel, cinématographique, photographique, informatique.

Uranus en transit en Maison III

Quand Uranus passe à travers notre Maison III de naissance, nous ressentons le besoin de changer notre système de communication et de télécommunication. Cela pourrait commencer par un cours de diction pour apprendre à mieux parler et participer sans complexe au monde du village global. Nous aurons envie de nous équiper de toutes les dernières découvertes de la haute technologie en matière de téléphone mobile, téléphone sans fil, fax, modem, fibre optique, Internet, satellite, télévision *on demand*, etc. Durant ces années, nous évoluerons considérablement dans ce domaine et nous investirons beaucoup, tant du point de vue économique que du point de vue des ressources énergétiques. Il est probable que notre qualité de vie entendue comme déplacements quotidiens, hebdomadaires et mensuels change. Nous ferons plus souvent des voyages, de travail ou de plaisir, proches ou lointains. Peut-être utiliserons-nous des moyens de transport jamais pris jusqu'alors comme la motocyclette, l'hydroglisseur, le train.

Mais cette révolution pourrait aussi concerner simplement nos études et accompagner une inscription à des cours, des séminaires, des stages. Nous pourrions aussi commencer à écrire et nous retrouver ainsi projetés dans l'univers des écrivains ou des journalistes (il pourrait s'agir de la presse écrite, télévisée, radiophonique, etc.). Notre frère, notre beau-frère, un cousin, un jeune ami est le protagoniste d'une révolution complète et positive de sa propre vie. Nous faisons de bonnes expériences commerciales. Dans le cas d'un transit à interpréter négativement, soit parce qu'il forme des aspects dissonants, soit parce qu'il est concomitant à d'autres transits négatifs ou à une Révolution solaire négative, nous devons faire très attention aux accidents de la route, en voiture, en moto, mais aussi lorsque nous traversons la route. Cela est valable aussi pour nos frères, beaux-frères, cousins, jeunes amis qui pourraient être victimes d'accidents de la route ou d'adversité en tout genre comme la maladie, une opération, une séparation conjugale, des problèmes avec la justice... A l'improviste la presse pourrait s'occuper de nous sans que cela nous plaise le moins du monde. Il sera bon de faire des sauvegardes régulières de notre travail car nous pourrions tout perdre. C'est une période de panne ou de destruction de nos moyens de communication et de télécommunication. Nos relations avec nos parents cités ci-dessus se détérioreront. Nous rompons notre contrat avec un éditeur ou un journal qui nous faisait travailler. Nous suspendons subitement nos études. Certaines négociations commerciales dans lesquelles nous nous étions lancés se révéleront de véritables échecs. Eventuelles maladies du système nerveux ou problèmes graves dus au tabac.

Uranus en transit en Maison IV

Quand Uranus transite dans notre Maison IV de naissance, nous avons des envies de changement par rapport à notre logement. Si nous ne sommes pas déjà propriétaires, probablement en achèterons-nous un. Ici il ne s'agit pas seulement de tendance, mais de réalité, nous changerons vraiment de logement soit parce que nous aurons acheté soit parce que nous prendrons une autre location. Il pourrait enfin s'agir d'importants travaux d'aménagement dans notre lieu de vie ou de travail : bureau, atelier... Souvent ce transit peut indiquer un changement de travail ou dans le travail, par exemple les fonctionnaires qui sont mutés dans un autre service ou un autre établissement. Nous pourrions aussi recevoir une maison en héritage, en donation, de la part d'un parent, du partenaire dont on est séparé. Ce passage peut aussi concerner d'importants changements pour nos parents, un succès public, une fonction importante qui leur est confiée, la guérison d'une maladie, le rétablissement après une opération, etc.

Dans le cas où ce transit serait plus négatif que positif, nous pouvons au contraire constater l'aggravation soudaine de l'état de santé d'un de nos parents, une opération et même leur mort. En ce qui concerne la maison, nous devons être particulièrement attentifs car nous pourrions subir un incendie, un attentat mafieux (dans ce cas non seulement chez nous mais aussi à notre bureau, notre magasin, notre lieu de travail en général). Nous pourrions perdre notre logement à cause d'une saisie due à des dettes non remboursées ou bien à cause de vices importants dans le passage d'une propriété. D'autres fois le transit finit par être le reflet d'une séparation, quand la personne concernée par le transit est contrainte à quitter le domicile. Les conséquences de tremblement de terre ou autres catastrophes naturelles peuvent détruire notre maison. Dans la pire expression de ce transit, nous pouvons aussi nous attendre à des réclusions ou des hospitalisations. Bien entendu, toujours si d'autres transits et la Révolution solaire le justifient. Faisons attention aux ondes magnétiques de notre ordinateur car elles pourraient nous causer de graves problèmes.

Accidents possibles lors de voyages en camping-car ou en caravane. Climat insupportable de tension dans le foyer. Expulsion immédiate à cause d'une sentence du tribunal.

Uranus en transit en Maison V

Quand Uranus voyage dans notre Maison V, nous nous dirigeons brusquement vers toutes les activités ludiques et récréatives. Après environ sept ans durant lesquels nous avons pensé surtout à la maison et à la famille, où nous avons concentré nos énergies vers une direction endo-psychique, où nous avons privilégié le privé par rapport au public, nous ressentons le besoin de nous diriger de nouveau vers l'extérieur, de sortir le soir, d'aller au cinéma, au théâtre, au concert, danser, de partir en week-end, en voyage. Nous avons envie de jeu sous toutes ses formes. Nous avons très envie de nous amuser, nous amuser et nous amuser encore. De nouveaux loisirs se feront jour et Uranus étant le moteur d'un tel changement, il s'agira probablement de loisirs liés à l'électronique, à l'informatique, à la photographie, à la psychologie, à l'astrologie... Pour beaucoup il s'agira de l'ordinateur, pour d'autres les jeux vidéo, pour d'autres encore pour la première fois les cartes ou le tapis vert de la roulette. Mais le plaisir est une réalité subjective et en tant que tel peut avoir une amplitude de 360°. Cela pourrait donc aussi être l'étude des grandes batailles de l'histoire ou le début d'une collection de timbres-poste. Ce qui est sûr c'est que le temps consacré aux passe-temps quels qu'ils soient augmentera considérablement.

Probablement, durant ce passage, une nouvelle histoire d'amour commencera. Nous tomberons amoureux de la même personne ou d'une autre. C'est une saison plutôt enflammée de notre vie avec plusieurs coups de théâtre qui se profile. Pour plusieurs personnes ce transit est aussi rattaché à une maternité ou une paternité. Cela est valable aussi pour les couples qui pensaient être stériles : souvent alors qu'une femme ou un homme avait abandonné tout espoir, arrive la fécondation inattendue, comme il est dans la nature du maître du Verseau. Si le passage doit être considéré dissonant ou s'il forme de mauvais aspects avec les autres planètes ou s'il y a d'autres transits négatifs en concomitance et une Révolution solaire (compte tenu d'une année à la fois) elle aussi peu agréable, alors nous pourrions vivre une maternité ou une paternité non désirée. Un événement imprévu peut nous apporter un grand nombre de problèmes. Nous pourrions citer des dizaines d'exemples de femmes tombées enceintes malgré l'utilisation d'un stérilet ou d'autres moyens de contraception dits sûrs. Cela est valable aussi pour les hommes qui, bien que pensant sûre l'utilisation du préservatif, sont confrontés à un désagréable accident de parcours.

Uranus, nous l'avons déjà dit, déplace les montagnes et ce n'est certes pas une fine protection de latex qui pourra arrêter sa volonté révolutionnaire qui dans certains cas semble être d'inspiration diabolique. Il faut donc que les femmes concernées par ce transit pensent aussi à un éventuel avortement. Il convient aussi de faire attention au risque d'infection vénérienne.

C'est une période qui est constellée d'une ou plusieurs ruptures sentimentales sérieuses. Il est plus que probable que des liens apparemment bien rôdés se déferont, que femmes et hommes tomberont amoureux d'une autre personne, que des personnes apparemment tranquilles de ce point de vue deviennent les protagonistes de petits scandales à l'intérieur de leur groupe d'amis et de connaissances. Premières expériences sentimentales et sexuelles, amours qui reviennent, relations qui finissent, sexualité qui se réveille, voilà quelques-unes des situations classiques accompagnées par le passage d'Uranus dans la Maison V radicale d'un homme ou d'une femme. Quelquefois, dans les cas très graves, si cela est confirmé par d'autres éléments de l'analyse astrologique, ce transit peut aussi indiquer la perte du compagnon, au sens de deuil. D'autres fois il indique de grosses pertes au jeu ou en Bourse (il s'agit de toute façon de jeu, de spéculation). Pathologies des organes reproductifs et / ou sexuels possibles.

Uranus en transit en Maison VI

Quand Uranus transite dans notre Maison VI radicale, souvent nous décidons d'entreprendre de nouvelles thérapies pour le bien-être de notre personne. C'est un tournant dans notre vie en ce qui concerne le temps que nous consacrons à notre personne tant pour l'esthétique que pour la santé.

Il arrive souvent que nous nous inscrivions dans une salle de gymnastique, que nous commencions à faire du sport, que nous commencions à faire de la musculation pour modeler nos muscles, que nous consacrions une heure par jour au footing. Quelquefois nous achetons un vélo d'appartement, d'autres fois nous nous inscrivons au club de tennis près de chez nous. Nous étudions des régimes appropriés, nous faisons des bains de boue, des traitements pour la peau, des massages relaxants, des séances de shiatsu ou de chiropractie, de l'acupuncture, des cures thermales... L'attention que nous portons à nous-mêmes change considérablement. Nous achetons les magazines qui traitent de la santé, nous suivons les émissions qui y sont consacrées, nous consultons plus le médecin et fréquentons plus les pharmacies. Nous portons un plus grand intérêt à notre santé et à notre hygiène de vie, quelles qu'en soient les causes. Une de ces causes pourrait être le fait qu'après environ sept ans d'Uranus en Maison V, sept ans de vices, nous ressentions le besoin de "réparer" notre corps. Mais il est aussi possible que, à l'immobilisme de tant d'années, par rapport à une maladie chronique que nous ne pensions pas guérir, succède le vent rénovateur d'Uranus qui nous pousse à prendre en mains la situation pour la résoudre. Et rien n'est plus résolutoire que la volonté d'Uranus. Nous nous informerons plus, demanderons, naviguerons sur Internet à la recherche de sites susceptibles de nous éclairer, nous ferons tant et tant jusqu'à ce que nous obtenions de précieuses informations.

Dans le domaine professionnel, ce passage peut indiquer un tournant important et décisif : enfin nous tentons, nous osons, nous prenons notre destin en mains. Nous sommes donc les acteurs d'importants changements de cap qui pourraient changer notre vie professionnelle de manière positive. Nous pourrions aussi recruter un collaborateur ou inaugurer de nouveaux rapports professionnels basés sur le dynamisme et la force. Si le transit s'exprime de manière négative, alors il peut être plutôt dangereux pour la santé et peut indiquer le début d'une pathologie plutôt importante. Dans ce cas, à différence du passage analogue de Saturne en Maison VI, il ne s'agira pas de pathologies chroniques, mais aiguës. Durant ces sept ans, si d'autres points de l'analyse astrologique le confirment, il faut s'attendre aussi à une ou plusieurs opérations chirurgicales. Recours à des traitements à base de radiations, plutôt destructeurs. Changement soudain et désagréable dans le travail. Danger de licenciement ou de mutation douloureux. Brusques interruptions dans les relations de travail. Litiges avec des collègues, des collaborateurs ou des supérieurs. Un collaborateur s'en va sans préavis. Nous sommes accusés par un de nos employés.

Uranus en transit en Maison VII

Quand Uranus passe dans notre Maison VII radicale, notre rapport avec les autres change considérablement. Si nous sommes célibataires, nous avons très envie de nous unir, de former un couple, d'établir des alliances, des sociétés, de promouvoir des initiatives en coopération. Dans de très nombreux cas, il s'agit d'un mariage ou du début d'une vie de couple ou de la naissance d'un amour important, à interpréter plus dans le sens institutionnel que dans le sens d'une aventure (territoire essentiellement lié à la Maison V). Même les célibataires endurcis peuvent se décider à changer d'opinion, à abdiquer pour une relation de couple stable, durant ce passage. D'autres fois l'attention se porte sur le travail et dans ce cas le transit peut indiquer la naissance d'une société. D'autres fois encore, il peut s'agir du début d'une carrière politique (en effet cette Maison est très liée à la politique). Il est aussi possible que durant ces années nous commencions un procès important, que nous cherchions à obtenir que justice soit faite sur un problème quelconque. En outre, ce transit peut indiquer une période de grands changements relatifs à notre partenaire. Ce sont des années qui marquent l'ascension de notre partenaire, une brillante affirmation, le fait qu'enfin il se débarrasse de comportements passifs et contemplatifs. Notre relation de couple marque un tournant et rajeunit. Si le passage doit être interprété de manière négative, alors nous pourrons constater une très grande fréquence de divorces ou de séparations. De ce point de vue, hélas ce transit possède un très haut degré de vérifiabilité. Uranus sait beaucoup mieux défaire que construire. Du reste, dans la nature comme dans les œuvres de l'homme, la destruction est beaucoup plus simple et rapide que la construction. Les forces centrifuges et dissociatives sont au maximum et nous rendent particulièrement intolérants à l'égard d'une erreur ou d'une erreur présumée de notre partenaire. Nous ne sommes plus disposés à encaisser et nous sommes plus agressifs. Uranus fait surtout cesser l'indécision, il charge le sujet d'une grande énergie qui tend aux décisions nettes, soudaines, unidirectionnelles, ciblées, synthétiques. C'est pourquoi dans cette même logique une séparation importante est fort possible, mais ce passage peut aussi indiquer que notre partenaire traverse des années houleuses, riches de coups de théâtre, deuils, épreuves, crises existentielles, professionnelles, de santé, etc. Les dissolutions de sociétés, démissions de coopératives, abandon de travail de groupe seront aussi fréquents. Notre volonté séparatiste, dans tous les sens du terme, s'accroît, surtout dans le domaine politique. Nous devons faire attention aux tracasseries administratives qui peuvent nous tomber dessus. Il s'agit souvent d'ennuis liés à la séparation dont nous avons déjà parlé, mais cela peut aussi concerner autre chose. Nous risquons des incriminations de la part du fisc ou d'une quelconque force de police. Les entrepreneurs et les hommes politiques en particulier doivent craindre les incriminations relatives à des délits de corruption, concussion, etc. Nous sommes mus par une volonté de justice et nous voudrions faire la guerre au monde entier. Nous devons aussi faire attention au risque d'attentats d'origine politique ou mafieuse.

Uranus en transit en Maison VIII

Quand Uranus passe dans notre Maison VIII, il se peut qu'à la suite d'un décès notre vie prenne un tournant plutôt positif. Il peut s'agir de la disparition d'un de nos ennemis, mais aussi de celle d'un de nos supérieurs qui, de cette manière nous laisse son poste. Dans les cas les meilleurs, il peut s'agir de la mort d'un parent éloigné qui nous laisse un héritage. D'autres fois, il peut s'agir de la mort d'un être cher, un parent, mais que nous interprétons comme une libération pour la personne que nous aimons après de longs mois ou des années de souffrance. Ces considérations font abstraction de toute logique éthique ou chrétienne et ne sont qu'une simple constatation sans hypocrisie. La disparition d'une personne met en œuvre un mécanisme de renouvellement qui nous conduira à un niveau de croissance interne et externe important. Il peut aussi arriver que nous gagnions à la loterie, au loto ou à d'autres jeux (si le thème de naissance et les autres transits et la Révolution solaire le justifient). Nous recevons de l'argent grâce à une donation, une pension, des arriérés professionnels ou à notre partenaire. Nous gagnons des sommes inattendues grâce à notre travail. Nous assistons à un réveil de notre sexualité ou à un changement complet de cette dernière qui s'exprime selon des canons très différents par rapport au passé. Nous nous intéressons soudain à la mort, nous commençons à y penser et à nous habituer à vivre avec cette idée. Nous faisons quelque chose pour le tombeau de famille ou pour le lieu ou nous voulons être ensevelis. Nous rédigeons un testament devant un notaire ou nous donnons des dispositions à nos proches sur les modalités de notre sépulture. Nous décidons de commencer des recherches d'une source ou de matériaux précieux dans un terrain qui nous appartient. Nous découvrons la passion de la littérature policière. Dans le cas de passage négatif nous pourrions être durement frappés par le deuil d'un être cher, deuil soudain et inattendu. La mort de quelqu'un provoque un malheur indirect pour nous, comme dans le cas de collaborateurs qui perdent leur poste avec la disparition de leur employeur. La Maison VIII n'est pas seulement la Maison de la mort, mais aussi de la fin des choses, c'est pourquoi nous pouvons nous attendre à l'interruption d'une relation qui durait depuis plusieurs années. Grand nombre d'amants se séparent avec ce passage planétaire. Nous subissons de soudaines et importantes pertes d'argent à cause de mauvaises spéculations, d'escroqueries, de prêts non remboursés, de taxes auxquelles nous ne nous attendions pas, de contraventions, de cambriolages. La tendance est à l'hémorragie d'argent, hémorragie qui peut provenir de l'achat d'un bien immobilier dont le montant est supérieur à nos moyens. Il est fort probable que nous nous endettions ou que nous demandions des financements aux banques dont les intérêts pèseront lourdement dans notre budget mensuel et annuel. Cela sera vraiment une mauvaise période pour les finances et nous devrons nous serrer la ceinture le plus possible, du moins pour tout ce qui est superflu ou qui peut être renvoyé. Nous découvrons que notre partenaire s'est endetté jusqu'au cou à notre insu. Nous faisons des folies et nous pouvons même commettre des délits pour nous procurer de l'argent. C'est une très mauvaise période pour le jeu. Durant des travaux de fouilles dans un de nos terrains, nous découvrons des réalités qui nous causeront beaucoup d'ennuis, sous tous les points de vue. Notre travail de psychanalyse est soudainement interrompu et nous l'interpréterons comme le signe d'un épanouissement manqué. Nous devons supporter des dépenses imprévues liées au tombeau de famille ou à la sépulture d'un être cher. Nous subissons des chocs nerveux à la suite de séances de spiritisme ou pour nous être occupés de sujets liés à la mort. Tant les hommes que les femmes vivent une période de blocage sexuel. Une pulsion sexuelle excessive nous conduit à pratiquer une sexualité mercenaire. Risque d'infections vénériennes. Risque de pathologies imprévues aux organes génitaux ou à l'anus (tout au plus hémorroïdes).

Uranus en transit en Maison IX

Quand Uranus passe dans notre Maison IX radicale, nos pensées sont tournées vers le lointain, tant au sens géographique qu'au sens métaphysique. Nous sommes soudain attirés par ce qui est lointain. Nous voudrions voyager, voyager loin et souvent cela arrive réellement, ce n'est pas seulement le fruit de notre imagination. Dans de nombreux cas, en effet, nous nous déplaçons, effectuons de grands voyages ou même des séjours à l'étranger. Lorsque nous parlons de la Maison IX, nous devons interpréter le lointain qui peut être identifié comme les pays ou les régions où l'on parle une langue ou un dialecte différent du nôtre. Donc il est possible qu'il ne s'agisse pas de véritables voyages lointains mais aussi par exemple d'un déplacement de deux ou trois cents kilomètres qui cependant modifie considérablement notre vie et nos habitudes. Il peut s'agir de voyages et déplacements de plaisir mais aussi de séjours loin du foyer pour études ou pour travail. Quelquefois le déplacement physique n'est pas nécessaire à l'expression du transit, la connexion avec des villes lointaines suffit. Par exemple un importateur qui ouvre un commerce avec une nation voisine sans pour autant aller habiter là-bas, ou un chercheur qui suit l'école d'un maître lointain en restant chez lui et en étudiant ses livres. Si l'intérêt pour le lointain est lié à des disciplines comme la philosophie, la théologie, le yoga, le bouddhisme, l'astrologie, la parapsychologie..., alors il s'agit d'exploration avec l'esprit et non avec le corps. Toutes les études universitaires ou post-scolaires sont favorisées et différentes personnes décident de s'inscrire à l'université, même à un âge avancé, justement au moment de ce passage planétaire. Ce transit peut aussi expliquer un intérêt soudain pour le sport. Si le transit s'exprime de manière négative alors nous devons craindre un éventuel accident : de voiture, de moto, en traversant la route ou même en courant d'une pièce à l'autre. La liste des cas pouvant le démontrer est vraiment très longue. Il peut aussi s'agir de mauvaises nouvelles qui nous arrivent de loin : un parent décédé à l'étranger, un maître spirituel qui ne va pas bien, dans une ville éloignée de la nôtre, un pays avec lequel nous sommes en affaires ferme ses frontières ou vit une guerre civile, etc. Il est aussi possible que nous soyons contraints à nous déplacer pour suivre des traitements médicaux importants ou une opération. Cela est valable aussi si nous devons accompagner un être cher pour les mêmes motifs. Il peut aussi se faire que nous découvrions la trahison de notre partenaire avec une personne éloignée. Nous pourrions avoir de mauvaises aventures durant un voyage : une arrestation pour un motif banal, le retrait du passeport à cause de formalités irrégulières, une maladie qui nous frappe durant une expédition, un incident dans lequel nous sommes impliqués durant une exploration. Si le passage est aussi accompagné de mauvais aspects entre Uranus et Mars et si ces mêmes astres sont dissonants entre eux à la naissance et si la Révolution solaire le justifie, un accident d'avion est possible, mais les probabilités d'une telle concomitance de situations sont extrêmement rares et il ne faut pas oublier que les accidents d'avion sont les plus rares. Alors que si c'est le sujet lui-même qui pilote un avion les probabilités augmentent considérablement.

Uranus en transit en Maison X

Quand Uranus passe dans notre Maison X de naissance, nous désirons nous renouveler dans le domaine social et professionnel. Presque tous les auteurs, en astrologie, omettent de souligner que cette Maison a un poids considérable dans le domaine social et ne se focalisent que sur l'aspect professionnel. Souvent l'interprétation va dans la première direction. Très souvent une femme et plus rarement un homme se marie et change de condition sociale surtout si le conjoint est une personne célèbre ou prestigieuse ou particulièrement riche. Souvent ce passage, ainsi interprété, correspond à la combinaison de celui-ci avec Jupiter qui passe en Maison VII ou avec Jupiter qui est en Maison VII de la Révolution solaire de cette année. D'autres fois il s'agit d'un changement de direction d'un point de vue professionnel : des personnes décident de changer radicalement de travail, d'autres modifient de manière substantielle leur façon de travailler bien qu'ils restent dans le même secteur, certains jettent les bases d'un nouveau travail, etc. Si ces changements sont favorisés, ils seront particulièrement positifs et productifs pour les intéressés. Cela sera moins facile pour les signes plus conservateurs comme le Taureau, le Capricorne, la Vierge, le Cancer. Dans certains cas ce passage concerne notre mère et nous signale de grandes nouveautés pour elle, comme un nouveau mariage, un nouveau travail, son départ dans une autre ville. Si le transit doit être interprété de manière négative alors le travail est en danger : des hommes politiques perdent la confiance de leurs électeurs, des entrepreneurs font faillite, des ouvriers sont licenciés, des personnes exerçant une profession libérale doivent interrompre leur activité à cause de normes plus sévères, etc. Il s'agit toujours de changements imprévus et dramatiques. Il peut aussi indiquer un divorce, une séparation entraînant pour le conjoint le plus faible la perte d'une bonne position sociale, d'un partenaire prestigieux, célèbre ou riche. Tout cela doit cependant être confirmé par d'autres éléments négatifs dans la Révolution solaire de cette année (dans les paragraphes relatifs à la Révolution solaire nous nous arrêterons plus longuement sur les dangers de la Maison X en relation aux passages de Saturne et d'Uranus). Ce même transit peut aussi indiquer un tournant dramatique dans la vie de notre mère : la perte de son second mari ou d'un compagnon, une maladie, la perte de travail et dans le pire des cas sa mort. On ne peut exclure enfin un changement radical, en négatif, de notre relation avec elle.

Uranus en transit en Maison XI

Quand Uranus passe dans notre Maison XI, c'est une floraison d'idées, de projets, de propositions pour l'avenir, de programmes à bref et à court terme. Notre imagination, alimentée par l'effervescence du passage uranien dans notre Maison, se déchaîne et peut accoucher des idées originales, peut-être un peu extravagantes et bizarres mais qui pourraient nous donner de nouvelles possibilités de travail, de nouveaux intérêts culturels, de nouvelles distractions, de nouvelles amours. Ce passage est particulièrement positif pour tous ceux qui font un travail créatif comme les architectes, les musiciens, les poètes, les écrivains, les artistes en général. Un intérêt musical inattendu nous pousse à étudier la musique ou à jouer d'un instrument en autodidacte. Parallèlement, notre désir d'amitié augmente, nous souhaitons agrandir le cercle de nos relations. Nous ferons donc certainement de nouvelles connaissances et pourrons les exploiter pour avoir une aide, une protection (au meilleur sens du terme et non dans le sens mafieux). Un personnage important qui nous avait promis son aide met enfin en pratique sa proposition. Il est possible que durant ces années nous subissions un ou plusieurs deuils, mais il s'agira de décès qui d'une certaine manière peuvent nous rendre service, même si nous ne le désirions pas du tout. Dans le cas d'un transit dissonant nous devons nous attendre à un ou plusieurs deuils douloureux et importants ou à un péril sérieux pour un être cher. Par ailleurs, nous pouvons très bien imaginer que des amitiés récentes ou anciennes cessent. Nous romprons des relations avec certaines personnes avec lesquelles nous partagions joies et souffrances, mais pas seulement avec des amis, aussi des parents (pas des parents proches comme notre père, notre mère, nos enfants, nos frères, nos sœurs, mais des oncles, des cousins...) Des projets auxquels nous pensions depuis longtemps s'interrompent brusquement ou bien un projet né durant ce passage sera source de problèmes en tout genre. Un ami est la cause d'un malheur soudain. Nous perdons une protection à cause de la mort d'une personne qui devait nous aider ou bien parce que cette personne est affectée à un autre service et ne peut plus nous aider. Nous sommes contraints à renoncer à jouer d'un instrument.

Uranus en transit en Maison XII

Quand Uranus passe dans notre Maison XII de naissance nous sommes soudain très attirés par le bénévolat, de quelque type que ce soit, nous souhaitons assister les nécessiteux, les pauvres, les malades. Nous nous sentons l'âme d'un infirmier ce qui peut correspondre à la maturation d'aspirations que nous avions déjà en nous et qu'à présent nous réussissons à reconnaître ou à solariser, mais il peut aussi s'agir d'une nouvelle orientation de notre personne à l'égard de la vie, du monde, des autres. Nous sentons que nous devons retrousser nos manches et participer activement, de manière constructive aux efforts de cet énorme groupe, silencieux, et de nous lancer noblement dans toutes les formes de volontariat. Nous fréquenterons donc les hôpitaux, les orphelinats, l'UNICEF, la Caritas, la Croix Rouge. Nous verrons croître en nous en sentiment mystique, religieux, que nous ne devons pas interpréter forcément au sens chrétien ou catholique mais qui peut concerner une "foi" politique, syndicale, écologiste... Durant ces années, fort probablement, nous fréquenterons des prêtres, des psychologues, des astrologues, des maîtres à penser. Cette période se prêtera à des recherches en tout genre. Des événements imprévus nous permettront de nous libérer d'un vieux poids, d'un esclavage qui empêchait notre développement. Si le passage est à interpréter de manière négative, il peut alors être très dangereux et accompagner une période d'environ sept ans d'épreuves importantes, de crises existentielles, de tuiles. Les maladies et les opérations sont surtout à craindre mais nous pourrions aussi être confrontés à des accidents, des crises professionnelles ou sentimentales, des problèmes avec la justice. Si le transit se combine à d'autres éléments préoccupants dans le ciel de naissance et à des transits et des Révolutions solaires mauvaises, alors il devient particulièrement dangereux et peut indiquer des tournants dramatiques dans notre vie. Nous vivons de mauvaises expériences avec la foi, notre équilibre psychophysique est compromis par de forts sentiments religieux ou par un fanatisme qui nous fait précipiter dans n'importe quel type de credo religieux, politique, syndical... Un prêtre, un psychologue, un astrologue, un sorcier, un maître spirituel nous pénalise considérablement en nous contraignant à subir leur "évangélisation". Des épreuves imprévues bouleversent notre vie. Nous faisons l'expérience de la drogue ou nous sommes intoxiqués par la consommation excessive de médicaments, café, alcool. Nous vivons une saison de névroses, d'angoisses, de peurs, de phobies. Des toxicomanes nous occasionnent une ou plusieurs épreuves importantes. L'hostilité soudaine des autres à notre égard nous surprend et nous sommes sans défense. De nouvelles inimitiés cachées appesantissent notre vie. Nous nous retrouvons avec une "croix" importante à porter : un parent qui tombe gravement malade, un autre qui perd son autonomie et nous contraint à une longue assistance, notre partenaire qui perd son travail, etc.

---

[1] Roman de G. T. di Lampedusa évoquant le déclin de l'aristocratie sicilienne à l'époque du Risorgimento.

10.
Transit de Neptune

Les transits de Neptune sont extrêmement lents et peuvent intéresser pour des lustres une Maison à la fois, et pendant plusieurs années de suite, les planètes interceptées avec les angles aussi bien harmoniques que dissonants. Les mots clés sont : fantaisie, inspiration, poésie, imagination, relaxation, mais aussi confusion, erreur, aveuglement, extrémisme, fanatisme, altération mentale, angoisse, névrose, phobie, peurs, panique. Les transits harmoniques sont particulièrement favorables aux artistes, aux musiciens, aux poètes et aux écrivains. Ils marquent les périodes où nous nous intéressons au ciel, que ce soit en un sens religieux ou parce que nous sommes attirés par le mystère. Ils indiquent combien notre libido a augmenté, quelle part de transcendance et de spiritualité sont en nous, et dans quelle mesure nous avons sublimé nos propres instincts. Ils nous correspondent quand nous sommes attirés par l'action sociale, le volontariat, l'aide aux plus pauvres et à ceux qui souffrent. Ils font de nous, pendant un certain temps, des médecins ou des infirmiers potentiels. Ils nous voient en première ligne de batailles religieuses, politiques, syndicales, écologistes… Ils enregistrent aussi notre intérêt temporaire pour l'exotisme, l'astrologie, la psychologie. Les mêmes transits cependant quand ils s'expriment négativement, représentent les états de conscience altérés, ceux qui correspondent aux toxicomanes, aux alcooliques, aux personnes qui abusent de médicaments, aux exaltés politiques, aux extrémistes de toutes tendances et disciplines, aux personnes perturbées mentalement, aux personnes atteintes d'une névrose importante, aux angoissés, aux déprimés, aux paranoïaques dans un sens névrotique voire psychotique. Ils peuvent aveugler les âmes, faire prendre les armes, pousser vers toutes formes d'extrémisme doctrinal, promouvoir des attitudes dictatoriales chez les hommes politiques au pouvoir. Il est à l'origine de toutes les guerres saintes, de même que l'extrémisme islamique actuel est certainement fils de Neptune. Nul ne peut être plus fanatique et aveugle que celui qui vit sous le transit dissonant de Neptune à son propre Soleil, à la Lune, à l'Ascendant ou à Mars. Dans d'autres cas ces passages planétaires doivent être compris comme interdiction pour le sujet, interdiction de faire quoi que ce soit, lié à une forte confusion que Neptune porte avec lui. Il peut s'agir alors d'années de grande indécision dans lesquelles peuvent être commises de graves erreurs, dans le travail ou en conduisant une voiture avec toutes les conséquences que cela peut comporter.

Neptune en aspect harmonique au Soleil

Quand Neptune transite en angle favorable par rapport à notre Soleil de naissance, nous profitons de l'irruption d'une forte inspiration qui est d'autant plus grande que la fantaisie dans notre travail est importante. Nous nous sentons traînés dans un courant d'oubli dans lequel notre perception inconsciente s'amplifie et nous offre des suggestions uniques. L'activité de l'inconscient est au maximum et celle de la rationalité au minimum ce qui favorise n'importe quelle activité créative. Nous pouvons en profiter pour écrire, pour peindre, pour composer des poésies, pour faire de la musique. Même si nous ne sommes pas particulièrement réceptifs et que nous n'avons pas de sixième sens comme les Poissons ou comme ceux qui ont, à leur naissance, le Soleil ou de fortes valeurs en Maison VIII, nous nous étonnerons de faire au cours de ces mois des rêves féconds en informations sur nous-mêmes et sur notre vie, et nous ressentons, de manière plus sensible, tout ce qui nous entoure et qui ne se manifeste pas avec des mots. Nous ressentons, en outre, un élan mystique et transcendant. Nous nous rapprochons du mystère sous toutes ses formes : la religion, la religion chrétienne, le bouddhisme, l'islamisme, ou encore l'ésotérisme, l'astrologie, la parapsychologie, la philosophie, le yoga et ainsi de suite. Nous nous étonnons de découvrir tant de sensibilité en ce sens par rapport à une vie vouée à l'efficacité rationnelle. En ce moment les questions de bilan familial et d'administration quotidienne de notre vie professionnelle ne nous intéressent guère et nous vivons la sublimation de nos pensées et de notre libido. Nous comprenons que l'homme n'est pas seulement le produit d'expériences du passé, mais aussi un être tendu vers le futur, transcendant. Un être qui aspire à gratifier son âme autant que son corps. Nous sentons que nous devons participer de manière adéquate à une semblable sollicitation interne et donc nous serons attirés par l'église ou par toute forme d'agrégation qui soit basée sur des arguments ci-dessus évoqués. Nous fréquenterons très probablement des prêtres, des religieux en général, qu'ils soient rabbins, moines bouddhistes ou simplement des personnes inspirées, mais aussi des philosophes, des astrologues, des maîtres de disciplines orientales. Probablement nous nous inscrirons à un mouvement qui pourrait être politique ou syndical parce que ces secteurs aussi peuvent être pratiqués avec "mysticisme", avec "foi". On peut avoir foi aussi en défendant des idées écologistes. Un drapeau ou une croix peuvent être portés avec la même sacralité. Nous nous sentons poussés vers l'assistance aux pauvres, aux malades, aux personnes qui ont besoin d'aide en général. Nous nous activons en ce sens soit à l'intérieur de notre famille soit dans des organisations comme la Croix Rouge, la Caritas ou l'UNICEF, pour offrir notre contribution à de nobles causes. Nous voudrions faire tant et plus encore, et nous employons tous nos efforts en ce sens. Notre aide pourra n'être que de nature économique mais cela aussi nous mettra en paix avec notre conscience. La lecture d'ouvrages aux thèmes conformes à notre état d'âme nous sera du plus grand profit et nous chercherons à nous informer au maximum concernant tout ce qui est fait dans le monde pour aider les besogneux. Il est très probable que nous pratiquions le volontariat au cours de ce passage planétaire. Une de nos névroses pourra être réduite grâce à des cures à base de médicaments, surtout avec des antidépresseurs naturels (comme la mélatonine, la tisane d'herbes, de médicaments homéopathiques) ou non. L'utilisation de petites "drogues" comme le café pourra nous aider à passer un moment difficile. Nous serons très attirés par la mer et nous pourrions tirer le plus grand profit d'une longue croisière en mer. Excellents mois aussi pour apprendre des sports nautiques comme le ski nautique, la voile, les immersions avec ou sans bouteille.

Neptune en aspect dissonant au Soleil

Quand Neptune se déplace en angle dissonant par rapport à notre Soleil de naissance, nous vivons une période très difficile. Qu'il s'agisse de transits de mois intercalés de périodes plus ou moins longues de trêves ou bien de transits d'années où l'aspect se présente sans interruption, nous sommes dans tous les cas en présence de sollicitations très dures et qui mettent à l'épreuve notre équilibre psychophysique. Le transit est mieux supporté par les signes de Feu et d'Air, moins bien par les autres. Ce sont surtout les Cancer, les Poissons et les Taureau qui le vivent très mal. Une série d'angoisses, de phobies, de peurs, de dépressions nous assaillent et nous font vivre très mal. Très souvent il s'agit de fantômes inexistants et improbables, mais qui dit que cela fait moins souffrir ? On peut être mortellement angoissé par le danger d'être enlevés par des extraterrestres et toutes les assurances de cette Terre ne suffiraient pas à nous faire sentir mieux. La panique et l'angoisse sont des états d'âme totalement subjectifs et personne n'est en mesure de nous enseigner quels sont les arguments dignes d'être notés et ceux qui ne le sont pas. Mais souvent les phobies que nous éprouvons sont dans tous les cas en rapport avec la réalité et peuvent être en relation avec une de nos maladies ou celle d'une personne aimée, avec des difficultés économiques, avec de l'argent que nous devons rembourser et que nous n'avons pas, avec un examen que nous devons passer à tout prix et pour lequel nous ne nous sentons pas suffisamment prêts. Il nous semble vivre un cauchemar et nous voudrions nous réveiller d'un moment à l'autre pour trouver quelqu'un qui nous jette les bras autour du cou. Malheureusement ce quelqu'un tarde à arriver et pour cela nous pouvons passer parmi les mois les plus affreux de notre vie. Nous sommes avant tout dans un état de totale confusion, nous ne réussissons pas à bien évaluer chaque question et nous nous comportons comme si nous conduisions une voiture en état d'ébriété. La confusion peut avoir sur nous de graves conséquences et nous risquons de nous tromper ce qui aura de graves retombées économiques, professionnelles, sentimentales. C'est dans des périodes comme celle-ci que nous pouvons commettre les erreurs les plus graves de notre vie. Même des situations extrêmement simples dont nous ne nous soucierions point en temps normal, deviennent maintenant incompréhensibles pour notre esprit. Mais qu'il s'agisse de confusion ou d'angoisses, le résultat ne change pas et les dommages sont en général importants. D'autres fois les pénalisations dérivent de la prise de médicaments surtout de psycholeptiques, de la consommation exagérée de café, de tabac, d'alcool, et aussi de drogues. Tant de jeunes avec un transfert de ce genre vont accroître le nombre des toxicomanes et auront ensuite d'énormes difficultés pour en sortir. La linéarité et l'aspect solaire qui généralement peuvent distinguer notre vie, enregistrent ici une inversion de route et nous tendons à nous comporter peu loyalement, peu sincèrement et de manière peu orthodoxe. Nous nous sentons poussés à dire des mensonges et à vivre dans des situations fort peu claires, aussi bien dans le travail que dans nos relations en général. Nous pouvons en outre être pénalisés par la fréquentation de prêtres, de magiciens, de mauvais astrologues ou d'extrémistes politiques, de supporters sportifs, de fanatiques de sectes, de psychopathes, de toxicomanes. Tout cela peut intéresser aussi une figure masculine proche du sujet comme son père, son compagnon, son frère, son fils. Au cours d'un tel passage planétaire, nous devons faire une très grande attention aux anesthésies et aux voyages en mer. Les immersions et les liquides en général sont dangereux. Relaxation excessive et tendance à prendre du poids surtout à travers la rétention d'eau. Dangers d'asphyxie ou d'intoxication par le gaz.

Neptune en aspect harmonique à la Lune

Quand Neptune se meut en angle positif (nous nous rendons compte que cette terminologie est mal vue de nombreuses personnes qui préféreraient un langage plus nuancé et hypocrite, mais nous pensons que celle-ci restitue avec plus de précision le sens du discours sans tourner autour de la question) par rapport à notre Lune de naissance, beaucoup plus que dans le cas d'angles Neptune-Soleil, nous vivons une période extrêmement fertile pour la création artistique, l'inspiration poétique et littéraire ou musicale, l'abandon au monde des rêves. Il s'agit d'un beau transit qui peut nous faire tomber amoureux, mais qui correspond à cette sphère de situations qui, malheureusement pendant quelques années ou quelques mois nous permet d'élargir les mailles du filet de la raison et du super-Moi pour nous permettre de regarder le monde et la vie sans les grilles de la censure. Les actions peuvent être censurées, pas les rêves. Et, au cours d'un tel passage, des rêves et des rêveries nous en faisons vraiment beaucoup. Ceux qui sont en analyse, réussirons au cours de ces mois à produire et à élaborer une quantité vraiment énorme de matériel onirique au plus grand bénéfice du travail de compréhension des forces inconscientes. Certainement les artistes, les écrivains et les musiciens seront les plus grands bénéficiaires du transit en question. Notre pulsion de base est celle d'élever l'esprit, de sublimer la libido. Nous regardons vers le haut, très haut. Nous sommes attirés par la pensée religieuse au sens large du terme. Nous sommes fascinés, peut-être pour la première fois, par les arguments sacrés, par le mystère de la vie et de la mort, par des disciplines comme le yoga. Nous désirons participer à des fonctions religieuses, à des rencontres de croyants, à des congrès sur les matières ci-dessus citées. Nous fréquenterons des prêtres, des astrologues, des psychologues. Nous serons fortement attirés par les foules et il est probable au cours de ces mois que nous nous inscrivions à un mouvement de n'importe quelle nature. Même la politique, l'engagement syndical ou écologiste, pour ne citer que quelques voies possibles, nous semblent dignes de capturer notre libido. Nous vivons une saison de grands idéaux et nos intentions, au cours de cette période, sont de bien agir, loyalement, suivant des principes sains, honnêtes et dignes de respect. Nous ressentons la nécessité d'agir pour le bien de l'humanité et nous proposons d'aider notre prochain. Nous voudrions montrer concrètement notre engagement et tout notre intérêt pour une aide matérielle et morale des nécessiteux. Il faut toutefois noter que par rapport au transit homologue Neptune/Soleil, le discours devient ici plus potentiel que pratique : la Lune représente ces eaux sur lesquelles nous voudrions naviguer et où nous ne naviguons pas souvent. Les transits du Soleil, au contraire, indiquent une réalisation pratique, objective. Dans tous les cas, il n'est pas exclu que dans une telle période on puisse aussi militer à l'intérieur d'une association de volontaires. Nombreux sont ceux qui sous l'influence de ce passage deviennent croyants, religieux. Naturellement, cela peut aussi concerner une figure féminine importante de notre vie, comme notre compagne, notre mère, notre sœur ou notre fille. Forte attraction pour la mer, pour les voyages en bateau, pour les sports aquatiques, pour les immersions sous-marines. Attraction aussi pour les sujets neptuniens ou avec de fortes valeurs Poisson.

Neptune en aspect dissonant à la Lune

Quand Neptune circule en angle dissonant par rapport à notre Lune de naissance, nous vivons, à un niveau supérieur les mêmes difficultés que celles relatives au passage Neptune-Soleil. Nous pouvons affirmer que c'est le plus difficile de tous les transits pour ce qui concerne les angoisses, les névroses, les phobies, les idées fixes. Y compris les personnes parfaitement équilibrées souffrent beaucoup sous l'effet d'un tel passage planétaire. Beaucoup de monstres surgissent dans notre conscience et viennent hanter notre vie quotidienne. Les peurs les plus invraisemblables peuvent nous assaillir et nous rendre la vie impossible. Comme dans le cas de l'aspect Neptune-Soleil, ici aussi il peut s'agir de phobies absolument injustifiées sur le plan logique, mais personne n'a le droit de sous-estimer les cauchemars de son prochain. Si notre compagnon ou notre compagne contrôle dix fois si le gaz est bien coupé avant d'aller dormir, nous n'avons aucun droit de censurer ou de condamner de telles névroses. Pour certains cette observation s'exprime par le besoin de se laver continuellement les mains, pour d'autres c'est la peur des voleurs, pour d'autres encore celle des maladies : il s'agit toujours d'angoisses appauvrissantes qui nous enlèvent tout enthousiasme et nous projettent dans un monde fait de panique et d'insécurité. Toute tentative de recourir au raisonnement dans le but de neutraliser de telles attitudes est absolument inutile. Les «monstres» en ce moment peuvent aussi être de nature endogène, générés à l'intérieur de nous et n'avoir aucun lien avec la réalité. Mais il existe souvent des motifs objectifs qui font que nous sommes dans de telles conditions et peuvent correspondre à d'éventuelles dettes contractées, la maladie réelle d'une personne chère, la mort d'une autre, un licenciement, la trahison de notre partenaire et ainsi de suite. Avec un tel poids (Neptune) au-dessus de notre tête, des pensées suicidaires peuvent aussi nous assaillir et, si l'ensemble des transits, du thème natal et de Révolution solaire le justifient, alors cela peut aussi arriver. Quelqu'un a dit que l'on recourt au suicide quand on est convaincu de ne pouvoir aller au-delà des cinquante prochaines minutes : sous les dissonances Neptune-Lune, nous pourrions être victime de telles pensées. Même les personnes solidement ancrées à la réalité, avec les pieds sur terre, vacillent quand se présente ce transit et ne se trouvent pas prêtes à l'affronter. Les personnes qui sont déjà gravement perturbées, d'un point de vue névrotique, peuvent vivre des chutes vertigineuses à ce moment-là et, dans les cas extrêmes et heureusement rares, donner aussi des signes de comportements psychotiques. Neptune est aussi confusion et maintenant nous sommes particulièrement confus. Nous ne réussissons pas à bien gérer la réalité, nous commettons des erreurs d'évaluation et d'action. Nous courons le risque de subir des pertes économiques ou de prestige à cause de la brume qui enveloppe nos pensées. Position dangereuse pour les pilotes d'avion, pour les chirurgiens, pour les contrôleurs de vol et pour tous ceux entre les mains desquels se trouve le destin de tant de monde. Parfois les angoisses sont produites par la consommation de drogues, de médicaments, d'une trop grande quantité de café ou d'alcool. Intoxication en tous genres. Peurs qui nous assaillent à la suite de discussions avec des prêtres, des psychologues, avec de mauvais astrologues, avec des magiciens. Dangers dérivant de la fréquentation de personnes liées à ces disciplines. Dangers venant de la mer. Les voyages en bateau sont déconseillés.

Neptune en aspect harmonique à Mercure

Quand Neptune transite en angle harmonique par rapport à notre Mercure de naissance, alors nos pensées, notre fantaisie et l'imagination réussissent à bien vivre ensemble et nous rendent en même temps fertiles, créatifs et rationnels. Il s'agit d'une période de grande lucidité mentale qui ne se présente cependant pas comme l'antithèse de notre capacité logique, mais s'ajoute à elle. Nous pouvons être aussi bien créatifs que de bons exécutants, sans qu'aucune de ces deux aptitudes ne prédomine sur l'autre. Dans nos discussions avec les autres nous nous en sortons plutôt bien parce que nous comprenons parfaitement ce que notre interlocuteur doit nous dire et réussissant à très bien formuler nos pensées, nous finissons aussi par mieux nous exprimer. Nous ressentons un plus grand besoin de communiquer, surtout avec nos frères, sœurs, beaux-frères, cousins et jeunes amis.

Nous désirons aussi voyager plus et il est probable qu'augmenteront nos allers et retours, surtout par mer ou sur un lac. Nous sommes attirés par l'eau et les voyages en même temps, mais il s'agira plus de déplacements fréquents et brefs que de longs voyages. Il est par contre probable que ce sera un membre de notre famille qui fera un long voyage en mer, une croisière, au cours de cette période. Nous serons attirés par les études ésotériques, par la lecture de livres traitant de philosophie, de psychologie, de théologie, d'astrologie, de yoga... Nous nous intéresserons aussi aux conférences, tables rondes, séminaires sur de tels arguments. Nous pourrons connaître des personnes jeunes et expertes dans ces matières. Etant donné notre extrême imagination et la capacité d'organiser de manière rationnelle nos idées, nous pourrons aussi écrire un roman. Nous achèterons probablement un ordinateur que nous utiliserons comme support à l'étude de l'astrologie et, si nous en possédons déjà un, il pourrait s'agir de l'achat d'une nouvelle imprimante pour obtenir de meilleures cartes astrales. Il est en outre probable que nous réussirons à faire de bonnes affaires au cours de ces mois, des affaires liées à la mer, aux liquides ou aux disciplines ci-dessus mentionnées. Un parent s'adonne à l'astrologie ou à la théologie, à la philosophie, etc.

Neptune en aspect dissonant à Mercure

Quand Neptune passe en angle dissonant par rapport à notre Mercure de naissance, nous enregistrons une baisse de lucidité mentale. Nos facultés intellectuelles fonctionnent au minimum ou mal. Nous avons tendance à nous embrouiller, à regarder la réalité sous un angle déformé. A l'intérieur de nous, déjà, nous ne réussissons pas à voir les choses de manière normale et, soit nous les exagérons, soit nous les sous-évaluons. Cela finit par pénaliser nos communications avec l'extérieur parce que nous comprenons moins tout ce que nous disent les autres et quant à nous, nous nous exprimons beaucoup moins bien que d'habitude. Même si nous sommes de braves orateurs, au cours de ces mois marqués par un tel passage planétaire nous éprouvons quelques difficultés à parler en public mais aussi à communiquer par téléphone ou par écrit. Nos relations avec nos frères, beaux-frères, cousins et jeunes amis, se développent dans le sens de la confusion et du manque de sincérité de leur part ou de notre part. Nous sommes amenés à mentir assez fréquemment même si généralement nous ne le faisons pas. C'est une mauvaise période pour les voyages en général parce que notre attention est au minimum et nous risquons de provoquer un accident que nous nous déplacions en voiture, à moto ou à bicyclette. Nous devons faire aussi attention aux voyages en mer. Nos études s'interrompront ou seront source d'angoisse, de cauchemars. Il en va de même pour les lectures concernant des matières comme l'astrologie, la psychologie, l'ésotérisme, la parapsychologie, le yoga, la théologie et ainsi de suite. Nous pouvons faire de mauvaises expériences en faisant la connaissance de jeunes psychologues ou de jeunes astrologues ou de magiciens. Un écrit en particulier (par exemple l'épreuve écrite d'un concours) nous procure des insomnies et ne nous laisse pas en paix. Un frère, un cousin, un beau-frère ou un jeune ami traverse une période de grandes névroses voire de déséquilibre mental. Nous vivons de mauvaises expériences avec des personnes fortement perturbées mentalement ou toxicomanes au cours de brefs voyages. Nous faisons une très mauvaise affaire en tentant de nous lancer dans des opérations commerciales. Dommages causés à nos moyens de transport causés par l'eau (inondation, disparition, pluies abondantes...). Nous vivons de mauvaises expériences en cherchant à fumer un «joint».

Neptune en aspect harmonique à Vénus

Quand Neptune voyage en angle harmonique par rapport à notre Vénus de naissance, la composante artistique qui est à l'extérieur de chacun de nous quelle qu'en soit l'intensité, se présente comme décuplée. Nous sommes fortement attirés par l'art, par la musique, par la poésie. Nous devenons nous-mêmes outre le contenu, plus attentifs à la forme des choses. Nous nous sentons poussés positivement vers les autres et tendons à nous comporter de manière «soft» avec l'extérieur. Nous finissons aussi par être plus attentifs aux soins esthétiques de notre personne : nous nous habillons mieux, nous choisissons avec plus d'attention les associations de couleurs et le style de nos vêtements, nous allons plus souvent chez le coiffeur ou dans un institut de beauté, nous prenons garde à notre poids et à la santé de notre peau. Nous consacrerons volontiers une partie de notre temps libre pour visiter des musées, des festivals cinématographiques, des galeries d'art, des sites archéologiques et ainsi de suite. Il est très probable, en outre, que nous tombions amoureux. Il est ici important de préciser que les transits de Neptune, de manière très semblable à ceux d'Uranus, produisent souvent des séparations ou d'autres événements déplaisants, même s'ils s'expriment à travers un trigone ou un sextile. Nous ne connaissons pas bien la logique qui est à la base de ce fait étrange, mais tous peuvent certainement constater combien ce que nous venons d'écrire est vrai. Un si grand nombre de personnes finissent par se quitter, même après des dizaines d'années de vie ensemble, lorsque survient un trigone Neptune-Vénus et cela est d'autant plus vrai lorsque la situation générale du ciel étudié est dissonante. En d'autres termes, nous pouvons dire que si les passages planétaires, sont concomitants à de mauvais aspects et aussi à une mauvaise Révolution solaire, alors les probabilités de rupture, plutôt que tomber amoureux, sont très élevées. Tout cela, toutefois, peut intéresser non seulement la personne examinée, mais aussi une figure féminine qui lui est proche : sa mère, sa fille, sa sœur, sa femme (dans ce cas cela peut vouloir dire que sa propre compagne tombe amoureuse de quelqu'un d'autre). Par rapport à la santé nous devons observer que ce transit peut aider dans le cas de convalescence, dans les séquelles d'une maladie ou d'une douleur, grâce surtout à des psycholeptiques ou même à des antidépresseurs naturels comme la mélatonine. Par rapport à l'argent, le passage en question peut signifier des rêves qui nous permettent de gagner au jeu, mais cela ne vaut que pour les sujets qui à la naissance ont des positions permettant de justifier un tel événement.

Neptune en aspect dissonant à Vénus

Quand Neptune circule en angle dissonant à notre Vénus radicale, dans la plupart des cas nous traversons une période plutôt dure du point de vue sentimental. Angoisses et confusion pourront être les mots clés pour identifier ce passage planétaire. Nous pourrons dire, comme cela arrive dans la réalité, que dans chaque couple il y a un bourreau et une victime, au cours de ce transit, si nous sommes du côté du bourreau cela signifie que nous vivons une relation clandestine, un adultère, que nous trahissons la personne aimée. Si, par contre, nous sommes victime, cela peut alors vouloir dire que nous souffrons, que nous sommes en train de souffrir énormément, à cause de la trahison de notre compagnon ou de notre compagne. Ce n'est que très rarement que le transit en question pourrait signifier que le partenaire nous trahit et que nous ne le savons pas. Vu la nature de la planète, il s'agira, dans le plus grand nombre des cas, d'une souffrance, de tourments, d'angoisses, précisément parce que l'objet de nos souffrances devient évident, elles se manifestent de manière dramatique. Il s'agit d'un transit vraiment très mauvais qui, quel que soit notre rôle, de victime ou de bourreau, fait que nous nous sentons mal, très mal. Les souffrances d'amour sont peut-être parmi les plus lourdes à supporter. Nous nous sentons comme si le monde nous tombait dessus, l'envie de vivre nous abandonne, nous éprouvons de grandes difficultés à nous lever le matin, nous ressentons le besoin de recourir à des antidépresseurs. Malheureusement, ce qui est pire, c'est que le transit dure longtemps et peut durer deux-trois ans de suite. Une période aussi longue semble même devenir éternelle si l'on souffre. Si c'est nous qui vivons un adultère, nous nous sentons confus et nous ne savons pas décider : rompre la vieille relation ? Aller vivre avec le nouveau partenaire ? Dans tous les cas nous serons sollicités, chaque jour, par des doutes et des préoccupations. Tout cela peut aussi se référer à notre sœur, à notre mère ou à notre fille. Du point de vue sexuel le passage peut correspondre à un contact avec la pornographie, avec le sexe mercenaire, avec un comportement peu orthodoxe. Par rapport à l'argent la période se présente dangereuse en raison de possibles pertes au jeu, à cause de mauvais investissements, à des vols subis etc. Il en va de même pour la santé qui, dans ce cas, doit être entendue surtout d'un point de vue mental, avec des crises existentielles, des dépressions. Le transit peut indiquer en outre, une période d'angoisse et de névroses pour une figure féminine qui nous est proche.

Neptune en aspect harmonique à Mars

Quand Neptune circule en angle positif par rapport à notre Mars de naissance, nos idées, nos passions, ce à quoi nous croyons, prennent une ampleur particulière.

Nous nous sentons transportés par le vent des croisades de tous les types. Notre état d'âme est secoué positivement. Ce que nous faisons et ce que nous voudrions faire nous procure des émotions. Nous sommes enthousiastes de nos idées et nous voudrions les prêcher aux autres, former des adeptes, convaincre les sceptiques. Nous sentons que nous allons dans la bonne direction et nous nous étonnons du fait que les autres, ou au moins certains, pensent différemment. Non seulement une croyance religieuse fait battre notre cœur, mais aussi la politique, l'engagement syndical, les revendications écologistes, l'affirmation d'une certaine expression professionnelle qui nous font vibrer intensément. Les défenseurs de la libéralisation de la drogue, les supporters d'une équipe de football, ou les passionnés d'échecs peuvent se réveiller au cours d'un tel passage. Dans cette période nous pouvons vraiment faire de grands pas en avant dans le secteur dans lequel nous sommes spécialisés et concrétiser des résultats importants. Ces derniers seront encore plus positifs si nous évoluons dans un domaine comme la philosophie, la théologie, la psychologie, l'astrologie, l'ésotérisme, la parapsychologie, etc. Nous avons très envie de participer à des groupes avec les autres, de faire partie d'associations, de groupes politiques, de coopératives, de mouvements, syndicats, paroisses etc. Nous voyons aussi croître notre humanité, notre sens plus ou moins grand pour l'aide sanitaire et l'assistanat que nous portons en nous. Nous sommes attirés par différentes formes d'actions volontaires et charitables. Nous sommes disposés à nous occuper de notre prochain non seulement avec les mots, mais aussi de manière militante, concrète. Nous sommes fascinés par l'action d'organismes comme la Croix Rouge, la Caritas, l'UNICEF. Nous tenons plus à la gratification spirituelle que peut nous donner ce passage et non aux acquisitions matérielles. Toutes nos initiatives qui se rapportent à la mer, aux lacs, aux fleuves, à l'eau en général comme le nouveau système de chauffage de notre maison, le branchement de notre atelier sur un puits artésien, la réfection de la plomberie de notre cuisine, la mise au point d'un bateau pour l'été, l'achat de matériels pour les sports aquatiques seront favorisées. C'est une période au cours de laquelle nous pourrons nous divertir énormément avec la pêche ou la pêche sous-marine. Ce seront des mois excellents pour commencer un commerce de liquides, d'alcools, de médicaments, d'herbes. Nous décidons de vaincre un problème pathologique en l'affrontant à l'aide de médicaments ou de psycholeptiques. Une action ciblée nous fait sortir d'une névrose, d'angoisses, de phobies. Notre force de volonté nous permet de nous libérer du vice de la cigarette ou de l'alcool.

Neptune en aspect dissonant à Mars

Quand Neptune transite en aspect dissonant par rapport à notre Mars de naissance, nous subissons des altérations au niveau de notre équilibre interne. Nous nous sentons perturbés, inquiets sans bien en comprendre le motif. Nous reconnaissons nous comporter de manière exagérée en tout, mais nous ne savons pas faire différemment. Au cours de ces mois, mais il peut s'agir aussi d'années, nous enregistrons une altération de notre conscience qui nous pousse à commettre aussi des actions que nous condamnons normalement, allant de l'extrémisme au radicalisme. Nous sommes comme sous l'effet d'une drogue, notre contrôle par le Moi rationnel des pulsions primitives est des plus bas. Notre état d'âme ébranlé nous projette surtout en direction des expressions les plus extrêmes de la politique, du mouvement syndical, religieux, écologiste et ainsi de suite. Au cours d'un tel passage planétaire, nous courons le risque d'être très perturbés par la fréquentation de prêtres, de maîtres de yoga, mauvais astrologues et magiciens, psychologues, philosophes. Notre système nerveux peut être fortement perturbé aussi par une simple prévision que l'on nous a faite et qui ouvre devant nous l'abîme de nombreux mois de peur, d'angoisse, phobies et névroses. Dans cette période nous devrons chercher à ne fréquenter que des gens allègres, sans grands problèmes, éventuellement un peu stupides mais surtout qui ne soient pas névrotiques parce que notre degré d'absorption par l'environnement est au maximum en ce moment. Le transit résulte être dangereux surtout pour les hommes politiques, pour ceux qui ont entre leurs mains les leviers d'organisations, de mouvements, d'armées. Un dictateur potentiel peut le devenir réellement sous l'effet de ce passage. Un commissaire de police qui ordonne à ses agents de tirer contre la foule des manifestants, un commandant des gardes frontière qui tire et fait tirer pour un rien, un politicien qui sort de son mouvement et provoque une crise gouvernementale, avec tout ce qui en découle, ne sont que quelques-uns des exemples qui montrent combien peut être négatif, mortel un tel transit. De nombreux dangers, à un niveau individuel, peuvent provenir de l'usage de médicaments et surtout de psycholeptiques, de toxines relatives au café, à l'alcool et surtout à la drogue. De ce point de vue, le passage est vraiment extrêmement dangereux parce qu'il pourrait amener, avec tout ce que cela comporte comme conséquence, des jeunes sur le seuil de la toxicomanie. D'autres dangers proviennent de la foule : il sera bon de demeurer loin des manifestations de rue, de l'occupation d'une université, des grèves en général, des rassemblements de nostalgiques, des exaspérations collectives dans le domaine sportif. De nombreux dangers, ensuite, nous attendent en mer ou en relation à l'eau. Ce transit est, en effet, très dangereux pour les plongeurs, les sportifs pratiquant une discipline aquatique, pour les travailleurs qui œuvrent en contact avec l'eau. Danger aussi lié aux fuites de gaz et aux incendies qu'elles peuvent entraîner. En outre, nous pouvons vivre des mois de grande névrose ou d'angoisse, même sans raison particulière.

Neptune en aspect harmonique à Jupiter

Quand Neptune voyage en angle favorable par rapport à notre Jupiter radical, nous tendons à nous relaxer énormément et à vivre un peu de nos rentes dans le sens de profiter des avantages précédemment acquis avec notre travail. Nous nous sentons plus en paix avec le monde et nous pensons de manière positive. Certainement nous sommes mus par un plus grand optimisme que d'habitude et nous voulons que les choses aillent pour le mieux. Notre meilleure condition mentale nous permet de résoudre en notre faveur des situations professionnelles potentiellement intéressantes. Notre équilibre est aussi perçu par les autres qui peuvent nous soutenir pour obtenir une promotion, pour un développement de notre carrière. Nos avantages matériels les plus importants tendent à provenir de disciplines intéressant tout le monde ésotérique, parapsychologique, astrologique, philosophique, religieux, orientaliste, etc. Cela peut signifier, par exemple, qu'après des années de pratique astrologique gratuite, nous commençons à faire payer nos consultations ou bien que nous investissions tout notre savoir-faire en matière de yoga en montant une salle de gymnastique et faisons fructifier en termes économiques une étude menée depuis de longues années. Des avantages considérables pourraient nous venir de la foule, de mouvements, d'organisations de travailleurs, de l'ensemble de personnes partageant un même credo, par exemple si notre exercice commercial se trouve en un endroit devenu récemment un lieu de culte. Nous pouvons tenter, à notre avantage, de faire des affaires avec des prêtres, des magiciens, des cartomanciens, mais aussi avec des musiciens et des artistes en général. Notre inspiration artistique, si nous travaillons dans ce domaine, atteint de très bons résultats et nous permet d'obtenir des résultats concrets pour notre carrière. Nous pouvons, en outre, faire d'excellentes affaires avec les voyages en mer ou relatifs à toutes les activités aquatiques ou en relation aux liquides, par exemple en créant une société de transport naval ou bien en ouvrant une brasserie ou une société d'assistance des systèmes de chauffage. Nous réussissons à commercialiser un parfum, une essence que nous avons inventée ou nous nous mettons à notre compte dans une activité de fourniture de gaz pour hôpitaux. Une longue croisière en mer nous redonne bien-être, y compris d'un point de vue psychologique. La meilleure connaissance de nous-mêmes, à travers la psychologie ou la lecture du ciel de naissance, fait que nous nous sentions mieux. Un prêtre ou un haut prélat ou un juge nous aide à résoudre une affaire qui nous est chère. Une heureuse intuition nous permet de résoudre de manière favorable une question légale. Période tout à fait excellente pour tous les types de voyage.

Neptune en aspect dissonant à Jupiter

Quand Neptune transite en angle dissonant par rapport à notre Jupiter de naissance, nous réussissons à avoir un faible contrôle sur nos actions qui se présentent souvent de manière exagérée. Notre manque de sens critique nous porte à suivre des situations peu claires, fumeuses, compliquées. Nous vivons dans un climat fait de tromperie, de fraudes, d'embrouilles que nous en soyons les instigateurs ou les victimes. Nous risquons de subir des revers économiques et les problèmes matériels en général causés par la foule, des manifestants, des groupes d'extrémistes, des fanatiques politiques, des groupes incontrôlés de supporters d'équipes sportives. Nous pouvons aussi être victimes d'individus comme des magiciens ou de mauvais astrologues qui peuvent nous demander des sommes exorbitantes, comptant sur nos angoisses, sur notre état d'âme altéré. Nous pouvons perdre de l'argent, en outre, à cause de prêtres, de psychologues, de juges qui nous sont hostiles ou être volés par des toxicomanes, des maniaques ou des personnes ayant des troubles mentaux. Une hospitalisation, pour motif de dépression et de troubles nerveux pourra nous causer d'importants problèmes économiques. Nous pourrons subir des dommages liés à l'eau, comme dans le cas d'inondations, du débordement de cours d'eau, de la rupture d'une chaudière. De grosses dépenses pour réparer la plomberie de notre maison ou du lieu où nous travaillons. Nous devrons aussi faire très attention à toutes les formes d'intoxication de la simple «cuite» à quelque chose de plus grave. Les dommages subis pourront être de nature économique, comme dans le cas où nous renversons quelqu'un en voiture, ou simplement physique par empoisonnement du sang. Des médicaments sur lesquels nous comptions finissent par nous nuire. Une explosion dans des locaux dont nous sommes propriétaires provoquent des dommages importants. De la nourriture avariée fait que nous avons des problèmes avec la justice. Nous devons payer une forte contravention pour avoir vendu des produits alimentaires périmés. Danger de prolifération cancéreuse dans notre organisme : dans ces périodes il est particulièrement dangereux de fumer, de manger de la charcuterie, de boire des alcools forts. Risque de subir le vol d'un bateau avec toutes les conséquences économiques.

Neptune en aspect harmonique à Saturne

Quand Neptune circule en angle harmonique par rapport à notre Saturne radical, les conditions sont les meilleures pour développer cette part de religiosité ou de mysticisme qui se trouve en nous. L'austérité de Saturne nous incite à la rigueur, à la frugalité, à l'essentiel, faisant que nous nous détachons des biens matériels, des tentations des sens, favorisant ainsi l'augmentation de notre libido. Nous sommes très attirés par tout ce qui va dans la direction de l'esprit, de la conscience entendue à un niveau supérieur, du contrôle de nos instincts par les sentiments les plus nobles. Nous sommes fortement attirés par le mystère en général et nous cherchons à trouver autour de nous toutes les traces d'une présence divine. Nous nous mettons en voyage pour scruter l'inconnu, pour chercher à créer une brèche dans le mur qui nous sépare de mystères comme la mort, l'au-delà, l'existence de Dieu. Nous tendons à nous occuper de religion, de philosophie, d'orientalisme, de yoga, de bouddhisme, d'astrologie, de parapsychologie, d'ésotérisme. De nombreuses vocations religieuses naissent durant le passage planétaire en question, pourvu qu'une telle tendance soit présente dans le thème natal. Dans tous les cas, même si ce transit ne modifie pas l'orientation de tout notre futur, il aura au moins pour effet de nous faire comprendre combien cette composante spirituelle plus ou moins grande qui est en nous est importante. Même les matérialistes les plus convaincus, sous ce transit, seront ébranlés dans leurs convictions et devront admettre de ressentir une forte attraction pour ce qui est mystique et transcendant. Parfois il s'agit d'une élévation spirituelle qui a lieu à travers une épreuve, un obstacle difficile à franchir représenté par le «Grand maléfique» de la Tradition. Nombreux sont ceux en effet, qui perdent une personne chère ou qui vivent dans le drame d'une maladie grave, et qui finissent par comprendre que la vie n'est pas faite seulement de biens et qu'il est tout aussi important d'être que d'avoir. Parfois le transit veut dire vocation qui s'exprime en retard, à un âge avancé : des sujets qui décident d'entrer dans les ordres à cinquante ans ou qui abandonnent leur profession pour partir comme missionnaire en Afrique. Mais sans arriver à des extrémités aussi pittoresques, le passage en question peut simplement signifier comprendre en retard une vocation comme infirmier et de se dédier à un âge mûr à des œuvres charitables par exemple en aidant la Croix Rouge, la Caritas ou l'UNICEF. Plus probablement, cependant, nous ressentirons le besoin d'apporter notre aide et notre soutien moral aux personnes âgées, aux personnes qui sont seules au monde. D'autres fois, le transit peut signifier que notre part mystique, religieuse ou transcendante, nous amène à assumer une charge à l'intérieur d'une organisation de ce type : par exemple un prêtre qui devient évêque, un maître de yoga qui cesse de s'occuper de Hatha-yoga (le premier niveau, niveau physique) pour passer à l'enseignement supérieur d'une telle doctrine. Un astrologue qui devient responsable d'une organisation nationale, régionale, citadine. Il peut se faire aussi que, dans le courant de ces mois, de ces années, notre spiritualité prenne une forme bien précise, cesse d'être un mouvement spontané et incontrôlé de l'âme et finisse par être organisée par les forces de la raison, encadrée à l'intérieur de canons précis, asservie à une discipline codifiée. Cela peut vouloir dire étudier avec rigueur et méthode pour donner une forme cohérente à des mouvements spontanés de notre inconscient. Nous décidons de vouloir atteindre des niveaux toujours plus élevés de spiritualité et nous nous engageons à fond en ce sens, renonçant aux choses éphémères de la vie. Des personnes âgées nous transmettent de manière très positive leur enseignement et nous permettent de croître. Nous nous découvrons à un âge avancé ou dans tous les cas en retard une passion pour la mer. Des médicaments nous permettent de mieux vivre notre vieillesse.

Neptune en aspect dissonant à Saturne

Quand Neptune passe en angle dissonant à notre Saturne de naissance, nous vivons un passage difficile sur le plan psychologique. L'anxiété ou la dépression, l'angoisse et les phobies en général, établissent les limites d'un territoire à l'intérieur duquel nous devons vivre. Il s'agit d'un transit vraiment difficile du point de vue de notre santé mentale. Nous ne nous sentons vraiment pas bien et cela n'a aucune importance que les monstres qui s'agitent à l'intérieur de nous soient réels ou subjectifs : les souffrances qu'ils produisent sont identiques. Les causes de tout cela peuvent être les plus variées, mais les résultats sont identiques. Une peur ou des peurs nous pénalisent et finissent par interdire la partie la plus vitale de notre personne. Nous nous trouvons dans une situation d'équilibre mental précaire. Mais souvent il s'agit de ce que l'on appelle une dépression nerveuse, mais nous pourrions parler plutôt de névroses qui proviennent d'une épreuve que le destin nous impose. La disparition d'une personne chère, une maladie qui nous frappe directement, une situation difficile à la suite d'un prêt que nous ne parvenons pas à restituer, font que nous nous sentons mal et nous font voir des spectres horribles devant nous. Une attitude paranoïaque s'empare de nous et nous fait penser que la vie est méchante, que le monde nous est hostile, que les autres nous veulent du mal. Notre équilibre mental est à zéro, notre tranquillité en miettes. Des cauchemars réels ou imaginaires nous projettent dans un monde d'angoisse et de phobies. Parfois ces cauchemars sont déterminés par un vieillissement aigu qui survient pour les causes les plus diverses ce qui nous fait penser, avec tristesse, à tout ce qui peut nous arriver avec le passage des années et la mort qui se rapproche. La vieillesse nous préoccupe, que ce soit la nôtre ou celle d'êtres chers. Des personnes âgées nous créeront des problèmes, nous devons nous occuper de la santé mentale de nos vieux parents qui souffrent. Notre spiritualité cherche à émerger, mais nous la vivons très mal et cela nous fait souffrir. Nous entrons en conflit avec la puissance mystique de notre personne parce que nous voudrions l'annihiler par la raison. Nous sommes contraints de vivre des épreuves comme conséquence de notre orientation mystique : nous nous privons de commodités, nous acceptons de vivre dans la solitude, loin des biens matériels de la vie moderne renonçant à toutes les formes de divertissement. Nous décidons, après une longue méditation, de vivre de manière militante, active, en nous sacrifiant énormément, le christianisme qui est en nous. Notre volontariat nous limite grandement dès lors que nous décidons d'en venir à une action concrète. Le vieillissement de notre système de chauffage, notre chaudière, la plomberie de notre appartement nous crée des problèmes. Un vieux bateau que nous possédons a besoin de réparations coûteuses ou fait naufrage. Nous subissons des traumatismes irréversibles à la suite de la prise prolongée de médicaments. Une situation peu claire nous fait souffrir. La trahison d'une personne chère nous jette dans un état de prostration. La fréquentation d'un magicien, d'un mauvais astrologue, d'un faux mystique est à l'origine du stress et du désespoir que nous vivons. Nous sommes obsédés par une prévision catastrophique qui nous est faite.

Neptune en aspect harmonique à Uranus

Quand Neptune circule en angle harmonique par rapport à notre Uranus radical, peuvent se réveiller à l'improviste ces forces internes qui nous portent à suivre une vie plus spirituelle, plus conforme aux modèles de croissance intérieure et d'abandon de l'éphémère au sens large du terme. Pour beaucoup ce transit signifie se mettre à l'improviste sur ce balcon incroyable qui se trouve au-dessus du monde ésotérique, mystique, paranormal. Nous avons vécu toute une vie en croyant pouvoir faire fi du surnaturel et en vivant dans l'illusion de pouvoir ne vivre que sous l'empire de la raison et, au contraire, nous découvrons que notre inconscient est à la raison ce que la partie immergée d'un iceberg est pour la partie visible. Comme le découvrit Carl Gustav Jung dans la seconde partie de sa vie, cette cave remplie de meubles anciens qui apparaissait dans ses rêves n'était autre que le contenant de son très grand intérêt pour le monde de l'alchimie, de l'astrologie, des religions orientales, nous aussi, éventuellement à travers la lecture de livres comme *Le matin des magiciens* de Pauwels et Bergier, nous pouvons découvrir qu'il existe un univers sans limites de connaissances, de savoir, que nous n'avons jamais exploré et que nous entendons maintenant approfondir le plus possible. Tant de personnes, y compris moi-même, sous un transit analogue découvrent pour la première fois le yoga, la médecine homéopathique, l'acupuncture, la macrobiotique, la psychologie analytique, l'astrologie, la philosophie. Tout cela peut vraiment révolutionner notre vie et lui donner une direction complètement différente. Souvent cela arrive à l'improviste, à cause d'un événement tout à fait occasionnel, mais les astrologues ne croient pas au hasard et savent que tout arrive à l'intérieur d'un plan complexe dans lequel nous devons nous mouvoir. Un rêve, la rencontre d'un prêtre, d'un psychologue, d'un ami qui s'occupe d'astrologie, d'un maître de yoga et de disciplines orientales, peut changer pour toujours notre vie. Il s'agit, presque toujours, de rencontres bouleversantes qui déterminent une inversion de route. La plupart des fois cela arrivera dans un contexte très agréable qui changera positivement notre vie, élargissant de beaucoup l'horizon qui est devant nous. Le passage planétaire en question pourra, en effet, nous ouvrir grand les portes d'une connaissance dont nous ne finirons jamais de nous délecter. Nous découvrons à l'improviste que ces intérêts étaient déjà en nous et que nous ne les avions jamais notés, mais nous entendons maintenant récupérer le temps perdu et nous nous employons à apprendre le plus possible et le plus rapidement possible. La prise d'un nouveau médicament réussit à nous faire sortir du tunnel fait de souffrances. Le début d'une analyse psychothérapique nous aide à nous sentir mieux. Nous achetons un ordinateur ou d'autres appareils informatiques qui facilitent notre étude et la pratique de l'astrologie. Nous cherchons à informatiser notre travail dans le domaine ésotérique.

Neptune en aspect dissonant à Uranus

Quand Neptune passe en angle dissonant par rapport à notre Uranus de naissance, nous risquons de prendre des décisions inconsidérées et paralysantes à cause de la confusion qui nous gouverne à ce moment-là. Nous ne sommes en rien lucides et nous pouvons subir de nombreux dommages à cause du manque de clarté qui nous caractérise. Surtout en ce qui concerne de possibles accidents, de tous types, nous devons faire preuve de beaucoup de prudence. Nous courons un risque en conduisant notre voiture, notre moto, en traversant la rue, en allant sur des patins, à bicyclette, en skiant et en pratiquant n'importe quel sport dangereux. Nous devrons éviter d'allumer des feux avec de l'essence, de manier des armes à feu, de nous trouver en compagnie d'amis qui jouent avec des armes, de travailler avec du courant électrique, de piloter un avion ou de conduire des voitures de compétition. Le plus grand risque de se tromper, et donc de causer des désastres individuels ou collectifs, intéresse surtout ces sujets entre les mains desquels est placé le destin d'une ou plusieurs personnes, comme dans le cas de chirurgiens, d'anesthésistes, de contrôleurs aériens... Des malheurs peuvent nous frapper à cause de notre état d'âme ébranlé, éventuellement à la suite d'une mauvaise prévision qui nous est faite par un astrologue, par un magicien, par une cartomancienne. Notre condition psychologique ébranlée par une peine qui nous a touchés récemment, nous fait commettre des erreurs qui entraîneront un malheur. Nous pouvons subir des dommages matériels et relatifs à notre personne aussi bien aux objets qui nous appartiennent, à cause du comportement d'une personne perturbée mentalement ou d'un toxicomane. Un drogué peut nous faire du mal ou peut nous voler. Nous subissons un empoisonnement par médicaments. Si nous sommes toxicomanes, nous risquons une overdose qui met en danger notre vie. L'alcool peut être à l'origine d'un accident. Des malheurs qui nous bouleversent et qui se réfèrent à la mer ou à l'eau en général. Danger durant les immersions sous-marines. Bouleversements sentimentaux à cause de malheurs qui nous touchent à l'improviste. Nous trouvons souvent le passage planétaire en question chez des personnes qui donnent des signes de déséquilibre mental à cause de la perte soudaine d'une personne chère. C'est l'élément déclencheur dans de nombreux cas de psychoses : cette goutte d'angoisse qui fait déborder le vase. Nous découvrons sans que nous nous y attendions et à nos frais, l'existence d'ennemis cachés ou la vie secrète de personnes chères et qui nous sont proches. Une trahison de notre partenaire nous jette dans un état de prostration et de dépression. Nous courons le risque de subir les torts d'un fou, de groupes politiques, de supporters fanatiques.

Neptune en aspect harmonique à Neptune

Quand Neptune passe en angle harmonique par rapport à notre Neptune radical, notre imagination et notre veine artistique quelle qu'en soit l'importance vivent une phase de développement. Nous nous sentons fortement inspirés, nous jouissons d'une plus grande fantaisie, nous sommes plus disposés à donner de l'espace à l'imagination et au rêve, nous tendons à l'abandon total, moins conditionnés par la rationalité et les forces de censure interne. Nous pouvons dire, certainement, que nous traversons un moment magique, unique en son genre. Nous sommes fatigués d'être toujours sur nos gardes et d'être conditionnés par la méfiance : nous désirons nous abandonner, pour une fois, et rêver, faire des projets, rêver librement. La période est vraiment extraordinaire si notre travail est de type créatif et artistique. Mais dans tous les cas des pauses de ce genre nous feront du bien si nous sommes toujours en état d'alerte. Le sentiment que nous portons aux autres, est, en ce moment, totalement positif et nous avons des élans chrétiens dans le meilleur sens du terme, Nous désirons secourir les plus faibles. Nous avons envie de nous consacrer aux malades et aux pauvres et pour ce faire nous nous tournons vers le volontariat et il n'est pas à exclure qu'en ces mois nous n'allions grandir la liste des membres de la Caritas, de la Croix Rouge, de l'UNICEF. Nous ressentons une grande pitié pour tous ceux qui souffrent et si ce n'est à l'extérieur, c'est certainement dans notre famille que nous irons secourir ceux qui en ont le plus besoin. Nous sentons grandir en nous un sentiment religieux qui n'est pas nécessairement de type chrétien ou catholique mais qui peut intéresser aussi le bouddhisme, l'islamisme ou simplement le mystère au sens large du terme. Nous sommes attirés par les disciplines qui étudient l'homme, le mystère de la vie et de la mort, l'orientalisme, la philosophie, la théologie, l'astrologie, la parapsychologie. Nous désirons fréquenter des lieux de culte et les personnages qui les représentent. Nous pourrions tirer profit de la proximité de prêtres, de maîtres de philosophie, d'astrologues. Nous serons attirés par les foules et nous fréquenterons les lieux de retraite collective et de prière, les assemblées d'hommes et de femmes inspirés sur le plan mystique, des assemblées et des congrès de spécialistes des disciplines ci-dessus indiquées. Avec un transit de ce genre peuvent naître de grands intérêts ésotériques et nombreux sont ceux qui pourraient découvrir, à l'intérieur d'eux-mêmes, des zones inexplorées dignes d'être mises en lumière. La période est vraiment excellente pour faire des voyages par mer ou bien des voyages dans des Pays où les disciplines ci-dessus indiquées représentent l'icône même de ce Pays, comme dans le cas de l'Inde. Une cure, même à base de psycholeptiques peut aider à surmonter un moment difficile. Une "drogue" légère comme le café, si nous n'en avons jamais pris, nous aide à soutenir des situations qui nous occupent beaucoup.

Neptune en aspect dissonant à Neptune

Quand Neptune circule en angle dissonant par rapport à sa position de naissance, nous traversons une période particulièrement difficile d'un point de vue psychologique. Comme dans le cas des dissonances Soleil-Neptune et Mars-Neptune, ici aussi nous vivons beaucoup d'angoisses, de peurs, de névroses, en rapport à un ou plusieurs événements déplaisants externes ou bien à classer comme endogènes, essentiels, sans cause apparente. Notre équilibre psychophysique s'en trouve altéré et la vie peut nous sembler extrêmement dure et parsemée de fantômes guère mieux identifiables. Dans le courant d'un tel passage planétaire nous nous rendons vraiment compte combien peut être subjectif le concept de souffrance. Les autres, ceux qui nous entourent, pourraient sourire de nos peurs, ne les prenant que pour des bêtises, mais à nos yeux elles prennent des dimensions gigantesques. Nous pouvons vivre dans l'angoisse pour des motifs apparemment plus futiles, invraisemblables, comme la peur d'un tremblement de terre ou de la mort de nos parents, dans une période où ceux-ci vont très bien. Nous souffrons, nous nous sentons mal, nous voyons tout en noir, nous nous sentons attaqués par la vie et par le destin, nous voyons la réalité comme un grand monstre la gueule ouverte et prête à nous dévorer. Au cours de ces mois nous vivons sous une chape de plomb et sommes amenés à penser que tout le monde est contre nous, nous est hostile, que nous n'avons pas de chance et que tout ne peut qu'aller de travers. Parfois cet état mental négatif est justifié par la prise de médicaments et de psycholeptiques en particulier. D'autres fois nous nous sentons mal parce que nous consommons des drogues au sens strict du terme. Nous devons faire très attention et demeurer loin de personnes liées aux caractéristiques les plus négatives de la planète Neptune : toxicomanes, psychotiques, exaltés, fanatiques politiques ou religieux, extrémistes de n'importe quelle secte ou groupe social, prédicateurs obsédés par la volonté d'évangéliser les masses et ainsi de suite. Une mauvaise prévision de la part d'un astrologue ou d'un magicien nous fait vivre des mois ou des années d'enfer. Si ce passage planétaire a lieu en coïncidence avec d'autres transits difficiles et mauvais ou à une Révolution solaire tout aussi négative, alors nous sommes vraiment dans un moment critique et nous devrons recourir à une aide pharmacologique adaptée ou à l'expérience d'un bon psychologue pour nous faire sortir d'une telle cage mentale. Nous devons faire attention aussi aux voyages en mer et à tous les dangers liés à l'eau et au gaz. Danger dérivant d'anesthésies : si possible, différer d'éventuelles opérations chirurgicales.

Neptune en aspect harmonique à Pluton

Quand Pluton passe en angle favorable par rapport à notre Pluton de naissance, notre inspiration artistique peut nous conduire à la création d'œuvres vraiment importantes, des œuvres pouvant laisser trace de notre passage dans cette vie. Il s'agit d'un transit vraiment puissant qui, s'il est flanqué d'autres passages harmoniques et d'une Révolution solaire particulièrement bénigne, il peut nous procurer des dons de grande valeur. Notre sentiment religieux qui peut-être jusque-là sommeillait, explose maintenant dans toute sa puissance et nous projette dans une dimension que nous n'avions jamais connue. Au même moment le contraire est aussi vrai et Neptune peut augmenter les effets de Pluton dans le sens où notre religiosité ou notre mysticisme ou notre tendance à aider autrui, peuvent nous amener à obtenir des charges de grande responsabilité à l'intérieur d'organisations, d'associations charitables, groupes de volontaires et ainsi de suite. Et cela même si nous n'avons pas recherché le pouvoir mais que nous avons obéi à un élan transcendant. Il est possible aussi que nous nous mettions en contact avec des personnages puissants de la hiérarchie du groupe auquel nous faisons référence. En somme, d'une certaine façon s'intensifiera de manière significative notre militantisme même si l'objectif premier n'est pas d'obtenir une "médaille" sur le terrain. D'un autre point de vue nous pouvons dire que notre intérêt pour l'assistance médicale croît énormément sous l'influence du transit en question. Notre façon de vivre la sexualité est influencée par des élans exotiques qui nous poussent vers de nouvelles expériences. Nous sommes tous attirés par le mystère de la mort et un deuil peut nous faire grandir spirituellement. De l'eau peut surgir au cours de travaux dans un terrain dont nous sommes propriétaires. Une inspiration particulière nous amène à un travail de recherche introspective et nous fait progresser dans un travail d'analyse sous la conduite d'un psychanalyste. Des rêves riches en signification peuvent nous inspirer et nous faire gagner à la loterie.

Neptune en aspect dissonant à Pluton

Quand Neptune circule en angle dissonant par rapport à notre Pluton de naissance, nous vivons de manière exacerbée les angoisses, les phobies, les névroses déjà typiques d'une dissonance Neptune-Neptune. Nous devons vraiment avoir recours à toute notre harmonie intérieure, à notre équilibre de fond, afin de ne pas glisser dans le précipice de la peur, des cauchemars les yeux ouverts, des phobies généralisées. Des monstres, réels ou pas, nés de la réalité crue qui nous entoure ou bien fruit de notre imagination, nous travaillent et nous font souffrir. Nous nous sentons mal, assaillis par des pensées paranoïaques, nous sommes convaincus que le monde et la vie nous sont hostiles, y compris les personnes qui nous sont chères. Toute tentative de raisonner et de redimensionner grâce à la logique de telles phobies est destinée à faire faillite et seule une aide pharmacologique ou celle d'un psychologue expert peut nous faire sortir de ces tourments. Si l'ensemble des transits et de la Révolution solaire est vraiment mauvais, en ces mois ou années, nous devons alors vraiment nous attendre à un vécu particulièrement difficile qui va influer sur notre vie professionnelle mais aussi et ce de manière très marquée sur notre vie sexuelle.

Des blocages partiels ou complets, chez les femmes comme chez les hommes, peuvent accompagner le passage planétaire en question. Il n'est pas possible, en effet, d'imaginer une vie sexuelle normale alors que de tels monstres habitent dans notre cœur ou dans notre esprit. Nous sommes perturbés par des figures liées à la religion ou à des sectes en tous genres, par de mauvais astrologues ou magiciens, par des exaltés de toutes disciplines, par des toxicomanes, des fanatiques politiques, des extrémistes de n'importe quel mouvement. Des aventures sexuelles avec des sujets décrits ci-dessus. Expériences sexuelles peu orthodoxes, recours à la pornographie, au sexe mercenaire, aux aventures occasionnelles au cours desquelles nous risquons, entre autres, d'être contaminés par des M.S.T.

Une angoisse ou une attitude névrotique nous crée des problèmes sur le plan professionnel et nous font perdre un poste prestigieux. Une confusion mentale peut nous être nuisible d'un point de vue économique, par exemple à travers une escroquerie dont nous sommes l'objet, un prêt que nous faisons à des personnes peu fiables. Nous demandons et obtenons un prêt, dans un moment de confusion, mais comprenons trop tard que nous ne serons jamais en mesure de le rembourser. Nous vivons une période d'angoisse craignant de perdre une personne chère, un parent, notre partenaire. Une mort nous jette dans un état de prostration. Nous faisons des expériences négatives en fréquentant des milieux où est pratiqué le "spiritisme". Notre patrimoine subi de graves dommages à cause d'inondations, de pertes occultes d'eau.

Neptune en aspect à l'Ascendant

Voir Neptune en Maison I

Neptune en aspect au Milieu du ciel

Voir Neptune en Maison X

Neptune en aspect au Descendant

Voir Neptune en Maison VII

Neptune en aspect au Fond du ciel

Voir Neptune en Maison IV

Neptune en Maison I

Quand Neptune passe par notre Maison I, nous nous sentons envahis par une inspiration de type transcendantal et religieux. Nous pouvons être poussés à nous intéresser à des questions relatives à la théologie, à l'orientalisme, au yoga, au bouddhisme, à la philosophie, à l'astrologie, à l'ésotérisme, à la parapsychologie. Naturellement comme toujours, il faut tenir compte de l'époque où cela arrive et de l'ensemble des autres transits ainsi que des Révolutions solaires en jeu, mais souvent le transit correspond à un changement radical de notre credo religieux. Par exemple, il nous est possible d'observer, plus d'une fois, des catholiques qui avec ce passage, très près de l'Ascendant, sont devenus bouddhistes ou bien des personnes modérément religieuses qui ont décidé d'entrer dans les ordres et de vivre dans un couvent. L'intérêt pour tout ce qui est spirituel est très fort et l'on tend à privilégier cela par rapport à tout le reste. Un fort courant humanitaire, chrétien au sens large du terme, charitable, peut nous pousser à nous occuper activement de ceux qui souffrent, de ceux qui ont le plus besoin d'aide. Il est probable que nous adhérerons à une forme de volontariat, que nous fréquenterons des institutions comme la Croix Rouge, la Caritas, l'UNICEF. Nous éprouverons une grande pitié pour les personnes âgées, pour les orphelins, pour les malades abandonnés, pour les sans logis, pour les extra communautaires sans droit ni protection. Nous nous emploierons activement et pas seulement en faisant la charité. Cette tendance au bénévolat qui est en chacun de nous s'exprime avec enthousiasme et nous fait nous sentir frères de l'humanité entière. Nous comprenons au cours d'un tel passage planétaire, que les biens éphémères de la vie ne peuvent complètement nous satisfaire et que l'on ne vit pas exclusivement pour posséder. D'autres fois, il ne s'agit pas d'une aide sanitaire mais d'un réveil du potentiel spirituel au sens large qui nous occupe, de manière assidue, d'arguments qui se détachent du quotidien. Nous serons fascinés par la fréquentation d'astrologues, de magiciens, de maîtres yoga, d'esprits illuminés, de maîtres de vie, de personnes sages et inspirées. Nous aurons tendance à nous relaxer, à nous abandonner. Nous éprouverons surtout des sentiments amoureux envers notre prochain. Les foules nous attireront et nous nous inscrirons probablement à des mouvements politiques, syndicaux, écologistes, d'inspirations diverses. Si le transit a lieu dans des conditions générales dissonantes, alors nous pourrons être perturbés par des angoisses, des phobies, des peurs, de petites et grandes névroses en tous genres. Si ces névroses sont endogènes, c'est-à-dire si elles ne sont pas motivées par d'évidents problèmes contingents, alors tout pourra évoluer sans heurts. Si, au contraire, elles se rapportent à un grave problème existentiel, comme la mort d'un conjoint ou une grave maladie ou très grave crise économique et professionnelle, alors il est possible aussi de glisser dans la psychose, mais dans ce cas nous devrons en trouver des signes évidents dans le ciel de naissance du sujet et des Révolutions solaires très difficiles (le transit peut durer plusieurs lustres). Dans le meilleurs des cas, il s'agira d'angoisses et de phobies transitoires. Dangers aussi liés à la prise de psycholeptiques, de toxines relatives au café, au tabac, à l'alcool, à des drogues. De nombreux jeunes deviendront toxicomanes au cours d'un tel transit. Dans tous les cas, ensuite, nous enregistrons une grande confusion mentale, un comportement peu décidé, une hésitation continue, un manque d'orientation précise. Dangers dérivant de la fréquentation d'astrologues, de magiciens, de prêtres, de fanatiques religieux ou politiques, extrémistes en tous genres, toxicomanes. Tendance au grossissement, au gonflement par la rétention de liquides. Proliférations dans l'univers mental. Attitudes exagérées, répétitives, tendance extrémiste. Etats de conscience altérés.

Neptune en Maison II

Quand Neptune passe par notre Maison II radicale, notre flair pour les affaires se développe. Nous nous sentons inspirés pour promouvoir plus d'initiatives commerciales. Notre sens des opportunités augmente et nous sommes en mesure de projeter des entreprises qui pourraient nous faire gagner de l'argent. Les affaires ne peuvent venir seulement d'un bon projet rationnel mais dépendent aussi d'un sixième sens qui en ce moment nous guide plutôt sagement. Nous serons surtout favorisés par de bonnes idées qui nous amènent à faire de bons investissements. Les initiatives liées d'une certaine façon à l'ésotérisme, à l'orientalisme, aux religions, à l'astrologie, à la parapsychologie, au yoga, à la macrobiotique, aux herbes médicinales, à l'acupuncture, à l'homéopathie, au shiatsu et ainsi de suite seront favorisées. En ce sens nous pourrons organiser des cours dans ces disciplines ou ouvrir une salle de gymnastique où ces activités sont pratiquées. Nous serons en mesure de mettre en pratique, en en tirant tous les avantages, nos connaissances sur les disciplines dites de frontière. Pour certains, ce transit signifie devenir astrologue professionnel ; pour d'autres il pourrait s'agir du début d'une activité d'import-export avec les Pays de l'Extrême Orient, pour d'autres, il s'agira d'investissements dans le secteur maritime. En cas de transit négatif, par contre, on enregistrera une grande confusion dans les affaires qui pourrait être responsable d'un véritable désastre de nos finances. Dommages à notre patrimoine dus à des erreurs grossières dans la gestion de celui-ci. Risque d'être trompés, roulés. Nous sommes dans les conditions idéales pour devenir la proie de spéculateurs sans scrupules. De temps à autre, dans les journaux, nous lisons que des personnes alléchées par l'idée de faire des gains fabuleux, ont confié toutes leurs épargnes à des personnes qui se sont ensuite enfuies. Que personne ne croie être à l'abri de ces mésaventures parce que le plus attentif et méfiant homme d'affaires peut tomber dans le piège de Neptune ! Les gains mirobolants sont souvent le fruit de trafics de drogue ou d'extorsions de fonds, c'est pourquoi faites attention, au cours de ces années, aux propositions trop avantageuses qui vous sont proposées. Neptune est des plus insidieux et peut embrumer votre esprit et votre lucidité en matière économique. Danger de recevoir des chèques en bois ou à découvert. Avec un Neptune dissonant qui circule dans notre Maison II nous pourrions être sollicités pour gagner de l'argent sale. Dépenses importantes à la suite d'escroqueries infligées par des magiciens, des pseudo sorciers et exorcistes, des personnages troubles, des individus qui spéculent sur la douleur d'autrui en promettant un amour qui ne saurait jamais revenir ou des maladies qui ne pourront passer avec un filtre magique. Argent dépensé pour le vice, de n'importe quel type, drogue comprise. Gains obtenus à travers la drogue ou une escroquerie. Pertes financières dues à des accidents en mer : naufrage d'un bateau qui nous appartient, détérioration d'une marchandise due à l'humidité, etc. De grosses sommes d'argent dépensées pour des médicaments. Période de grande préoccupation pour l'argent. Peur de rester pauvres et de ne pouvoir restituer l'argent d'un prêt.

Neptune en Maison III

Quand Neptune circule dans notre Maison III radicale, nous bénéficions d'une excellente inspiration pour écrire ou pour étudier. Ce sont vraiment les meilleures conditions pour entreprendre une activité intellectuelle aussi bien dans le domaine scolaire/universitaire que sur le plan de la créativité. Superbe transit pour les poètes et les artistes en général, y compris les musiciens qui cherchent leur inspiration pour composer leur musique. Excellent état d'âme pour communiquer avec notre prochain et pour intensifier les canaux de télécommunication. Les journalistes et les gens de la publicité seront plus communicatifs. De nombreux voyages de brève durée ou de simples déplacements pour motifs amoureux ou pour des intérêts religieux, astrologiques, philosophiques, ésotériques. Inspiration romantique pour travailler à un roman. Un frère ou un cousin ou un beau-frère ou un jeune ami se rapproche beaucoup de la religion ou bien devient astrologue, militant politique, membre d'une organisation humanitaire, volontaire ou missionnaire à l'étranger. Période au cours de laquelle nous nous intéressons à la mer et achetons un bateau pour de fréquentes promenades en mer ou sur un lac. Si le transit est dissonant, il est alors possible que l'un des parents ci-dessus devienne toxicomane ou ait de sérieux problèmes de névrose, d'angoisse, de dépression. Rapports peu clairs ou névrotiques entre conjoints. De fortes angoisses liées aux études, éventuellement en raison du fait que nous devions les interrompre. Les étudiants et tous ceux qui doivent passer un examen, peut-être pour s'inscrire à un ordre professionnel, peuvent vivre cette période dans la peur de ne pas y arriver. Etude de matières ésotériques qui peuvent troubler l'équilibre psychique d'une personne. Allers et retours excessifs ou de fréquents voyages pour motifs religieux, politiques, pour participer à des réunions ésotériques, astrologiques, philosophiques. Risques d'accidents relatifs à la circulation. La période est plutôt longue (peut durer aussi de nombreuses années) et donc un rappel à la prudence ne signifie pas grand chose, aussi sera-t-il préférable, dans un soucis de planification, de décider pour cette période de ne pas utiliser sa voiture mais d'effectuer ces déplacements par le train. Il sera bon de faire attention au cours de ce passage planétaire aux passages de propriété relatifs à l'achat d'une voiture d'occasion. Il est facile, en effet, de tomber dans le piège d'un véhicule volé qui nous est revenu avec de faux papiers. Voyages en mer fréquents et par obligation : par exemple pour les enseignants qui sont envoyés dans des écoles situées sur une île. Dangers dans les voyages en mer. Mauvaises expériences liées au tabac et aux drogues légères. Expériences négatives avec les activités commerciales dans lesquelles nous nous lançons sans avoir aucune expérience. Escroqueries commerciales que nous subissons ou que nous manigançons. Peur d'avoir son téléphone sur écoute. Nous découvrons après longtemps que notre téléphone a été cloné. Des coups de téléphone ou des lettres anonymes nous jettent dans un état de dépression.

Neptune en Maison IV

Quand Neptune circule dans notre Maison IV radicale, nous désirons aller vivre dans une maison au bord de la mer ou d'un lac. Nous vivons la vie à la maison dans sa dimension la plus positive : maison comme refuge, comme protection, comme utérus artificiel. Nous sentons qu'il nous est possible de vivre un rapport nouveau et romantique avec notre habitation que nous idéalisons volontiers. Il en va de même pour la famille que nous voyons, peut-être pour la première fois, avec des yeux romantiques et idéaux. Nous sommes attirés par le sens du privé et de concentration qu'elle peut nous offrir. Le mythe de la Grande Mère se manifeste maintenant dans toute sa puissance et sa suggestion. Nous ressentons le désir d'une introspection, nous donnons une plus grande importance à la sphère privée par rapport à la sphère publique et avons besoin de toute la chaleur familiale. Nous établissons de nouveaux et doux rapports avec nos parents. Ces derniers au cours d'un tel passage planétaire, pourraient être attirés par un culte religieux ou s'occuper de disciplines ésotériques, d'astrologie, de parapsychologie, de yoga et de tout ce qui pourrait être placé sous l'étiquette du *new age*. Si le transit se manifeste négativement, il est alors probable que nos parents sont en train de traverser une période de névroses, d'angoisses, de phobies, d'idées fixes en tous genres, de déséquilibre mental. Dans les cas les plus graves, il pourrait s'agir aussi de manifestations psychotiques. Dans d'autres cas, il est possible que nos parents recourent continuellement à des médicaments, à des psycholeptiques, à des toxines en tous genres, y compris l'alcool et la drogue. Celle-ci pourra être prise pour calmer des pathologies. Il est aussi possible que nous vivions de grandes angoisses liées à la préoccupation de perdre nos propres parents ou qu'il leur arrive quelque chose de déplaisant. Beaucoup de préoccupation pour la maison : peur de perdre la nôtre, qu'elle nous soit confisquée pour payer une vieille dette, crainte de ne pas réussir à rembourser un prêt, angoisse dérivant de la nécessité d'affronter des travaux de rénovation alors qu'on n'a pas les moyens économiques suffisants. Danger de recevoir une lettre de notre propriétaire nous signalant notre expulsion. Dégâts provoqués par une inondation ou par une fuite d'eau. De coûteux travaux pour refaire la plomberie et le chauffage de notre appartement ou de notre lieu de travail. Angoisses qui nous tenaillent après être allés habiter une maison où est morte une personne qui nous est chère. Situation confuse, peu claire, par rapport à une maison héritée avec d'autres membres de notre famille. Doutes sur une paternité. Peur de finir en prison ou à l'hôpital. Hospitalisation pour motifs de dépression et de troubles mentaux en général. Danger de perdre une maison pour vice de forme dans le contrat ou l'acte de propriété. Peur sans motif de rites de magie noire contre notre habitation. Crises de dépression qui peuvent entraîner notre refuge temporaire ou définitif dans un lieu de prière comme un monastère. Danger de perdre des archives informatiques importantes à cause d'un virus.

Neptune en Maison V

Quand Neptune transite dans notre Maison V nous nous exprimons de manière plus romantique que d'habitude. Nous nous sentons transportés par des sentiments d'amour, une forte attraction pour un partenaire probable ou notre partenaire déjà existant. Nous nous comportons différemment à son égard et sommes plus attentifs à ses exigences. Nous devenons plus disponibles et prêts à lui apporter nos soins quelle qu'en soit la nature. Nous consacrons aussi une plus grande attention à l'aspect ludique et récréatif de la vie. De nouveaux intérêts, relatifs aux disciplines ésotériques, à la parapsychologie, à l'astrologie, à la magie, à l'étude des extraterrestres et ainsi de suite, font que nous nous spécialisons dans ces domaines qui tendent à devenir nos hobbies. Des sports aquatiques comme la voile, la natation, la pêche sous-marine, les immersions, le ski nautique, les plongeons, deviennent notre passe-temps favori. Nous achetons un bateau pour passer agréablement nos fins de semaine. Nous percevons un désir très fort de maternité ou de paternité. Une personne que nous aimons ou un de nos enfants s'intéresse à la théologie, la philosophie, l'astrologie. Dans le cas de passages dissonants de l'astre dans notre Maison V, nous finissons par vivre une saison confuse ou mystérieuse d'un point de vue sentimental. Dans la plupart des cas, il s'agit de rapports extraconjugaux nouveaux que nous avons pendant une période assez longue, avec toutes les complications que cela comporte. Il en va de même dans le cas où nous découvririons que notre partenaire ou conjoint(e) a une relation sentimentale secrète. Beaucoup d'angoisse en amour. Des pensées obsessionnelles contaminent notre vie sentimentale : peur d'être laissé par notre partenaire, peur que notre compagnon ou notre compagne puisse mourir ou être malade, peur d'être trop impliqué dans une relation. Peur des maladies vénériennes. Préoccupation de tomber enceinte ou d'être responsable de la maternité d'une femme avec laquelle on a eu une relation. Grande confusion dans notre vie sentimentale, relative à ce que nous devrons faire dans le futur. Notre partenaire ou notre fils vit une période caractérisée par de fortes angoisses et dépressions. Dangers de drogues relatifs à ces mêmes personnes. Des expériences de drogue commencées comme passe-temps. Fréquentation de discothèques où circule de la drogue et où nous entrons en contact avec des toxicomanes. De grandes angoisses pour un enfant qui est malade ou qui nous crée de gros problèmes en général. Dangers liés à la mer pour un de nos enfants. Alcoolisme qui commence comme un jeu. Obsession pour le jeu. Liens sentimentaux avec des toxicomanes, des fanatiques politiques, des extrémistes en tous genres.

Neptune en Maison VI

Quand Neptune voyage dans notre Maison VI, l'environnement professionnel, ceux avec qui nous travaillons, nous sont salutaires sur le plan mental. Nous reprenons confiance en nous et éprouvons de vrais sentiments d'amitié pour nos collègues. Nous nous sentons poussés vers le bien et portés à le dispenser en aidant ceux avec qui nous partageons notre journée de travail. Nous réussissons à trouver les soins adaptés, des médicaments efficaces qui peuvent atténuer nos souffrances surtout celle du type mental. Nous recourons à l'homéopathie, à l'acupuncture, à la macrobiotique, au shiatsu et à d'autres formes de médecine alternative pour nous soigner et obtenons ainsi d'excellents résultats. Une plus grande connaissance de nous-mêmes obtenue à travers l'étude de l'astrologie et d'autres disciplines affines nous aide à surmonter des problèmes psychologiques. Nous faisons de grands pas en avant dans le domaine astrologique, à faire des cours de yoga, à pratiquer le shiatsu, à ouvrir des restaurants macrobiotiques, etc. Nous engageons un collaborateur expert dans une de ces disciplines. Si le passage est dissonant, il est probable que nous vivrons une période plutôt longue d'angoisse, de dépression, de peurs, de névroses en général. Notre santé mentale nous préoccupera beaucoup ou bien nous craindrons d'avoir une maladie grave. Des infections seront possibles. Recours aux psycholeptiques pour soigner une dépression. Empoisonnement par médicaments, alcool, drogues. Dangers dérivant de l'anesthésie, au cours d'interventions chirurgicales. Rapports tendus et angoissants dans notre travail. Notre supérieur, au cours de ce passage planétaire, se comporte de manière névrotique ou bien c'est nous qui nous comportons ainsi par rapport à un employé. Des idées obsessionnelles finissent par nous faire vivre très mal notre travail quotidien. Notre travail nous met dramatiquement en contact avec le monde de la drogue, celui des personnes ayant des troubles mentaux, des fanatiques et des extrémistes de toutes sortes et religions ou groupes politiques. Début d'un travail dangereux qui nous fait perdre notre sérénité. Grande confusion dans notre travail. Notre travail nous contraint à de longs voyages en mer. Préoccupation de subir des actions déloyales de la part d'anciens employés. Rapports cachés ou peu clairs dans notre travail. Double jeu dans notre travail qui nous amène à adopter une attitude peu loyale qui généralement ne nous appartient pas.

Neptune en Maison VII

Quand Neptune passe dans notre Maison VII, nous sommes attirés par les associations à vocation idéale dans le domaine politique, religieux, écologiste, syndical, humanitaire, d'aide en général. Il est probable que nous nous inscrivions à un parti ou bien à la Caritas, à la Croix Rouge, à l'UNICEF et à n'importe quelle organisation détachée de tout intérêt matériel et lucratif. Il s'agit d'un passage planétaire durant lequel nous croyons dans le mariage, le rapport de couple, la vie avec les autres s'opposant à l'égoïsme, au repli sur soi et à l'isolement. Nous projetons un grand nombre de pensées positives sur notre partenaire et sur ses possibilités. Nous croyons fermement en lui et si nous ne sommes pas mariés, nous pensons sérieusement au mariage et le voyons comme une noble fin dans notre vie. Au cours de ces années, nous pouvons aussi assister à une transformation de la vie de la personne aimée, s'orientant dans une direction mystique, initiatique, ésotérique en général. Notre compagnon ou notre compagne s'occupe sérieusement d'astrologie ou de yoga ou de religions orientales ou bien jouit d'un meilleur état de santé mentale à la suite des soins d'une médecine alternative. Une bonne intuition nous permet de résoudre en notre faveur un long différend de nature légale. Nous arrivons à la politique à travers les conseils ou l'appui d'un prélat important, d'un maître de vie, d'un astrologue. Si le transit est dissonant, éventuellement parce qu'il forme de mauvais aspects ou parce qu'il survient au même moment que d'autres passages négatifs, il est alors probable que nous vivrons une période de grande confusion dans notre relation de couple. Nous ne savons pas nous décider sur ce qu'il est opportun de faire dans notre relation sentimentale. Nous risquons de vivre pendant de longues années une situation faite d'ambiguïté de confusion et de troubles. Il est aussi possible que nous découvrions la trahison de la personne que nous aimons et ce choc aura pour conséquence plusieurs années d'angoisses et de névrose. Nous sommes épouvantés par le mariage ou par la possibilité de choisir la vie en commun. Notre partenaire traverse une période d'angoisse, de peur, de dépressions, de névroses ou, dans les cas les plus graves, de psychoses. Situation trouble du conjoint, un aspect de sa vie que tout le monde ignore. Début de relation avec des toxicomanes, des fanatiques politiques ou religieux, des exaltés en tous genres, de mauvais astrologues ou magiciens. La politique ou la société à laquelle nous appartenons est à l'origine de nos angoisses et de nos peurs. Notre adhésion, des plus délétères, à une secte secrète, dans l'espoir de pouvoir en tirer des profits pratiques, économiques. Période de grand stress pour un associé. Peur de la justice. Peur d'être arrêté. Peur de subir un attentat. Cette position nous la trouvons chez ceux qui défient la pègre, qui refuse de payer s'ils sont victimes d'un racket. Peur d'une réaction violente de la part de notre compagnon ou de notre compagne. Situation confuse d'un point de vue sociétaire. Comportement peu correct par rapport à des associés. L'utilisation de médicaments, de psycholeptiques, de substances toxiques comme le café ou la drogue, détériore notre relation de couple. Erreur d'un magistrat qui nous entraîne injustement dans un procès auquel nous sommes étrangers. Actions légales subies ou que nous intentons à la suite de dégâts des eaux. Retrait du permis pour conduite en état d'ivresse. Peur de recevoir un contrôle des Services du Fisc.

Neptune en Maison VIII

Quand Neptune transite dans notre Maison VIII, nous pouvons avoir d'excellentes intuitions au jeu. Des rêves particuliers peuvent nous suggérer des numéros gagnants. L'intuition nous guide pour de bons investissements économiques. Nous avons beaucoup plus de flair dans les affaires. Nous sommes en mesure de mettre sur pieds des entreprises dont le succès économique est assuré. De bons conseils de la part de religieux, de psychologues, de maîtres de vie, d'astrologues, nous permettent de réaliser des gains inattendus. Nous laissons plus d'espace aux sentiments et à la fantaisie et projetons de nouvelles modalités d'expression en la matière. Nous vivons de manière plus religieuse et dans le respect du mystère de la mort. La mort de notre conjoint ou d'un ami nous aide à grandir sur le plan spirituel. Nous nous rapprochons de Dieu à travers la douleur que nous procure un deuil. D'excellentes intuitions nous permettent de faire des pas importants en avant dans un travail d'analyse. Nous trouvons de l'eau ou d'autres liquides précieux au cours de fouilles. Si le passage s'exprime de manière essentiellement dissonante, nous risquons alors de vivre des crises profondes sur le plan de notre équilibre mental à la suite d'un décès. Nous perdons une personne chère, et à cause d'un traumatisme qui en dérive, nous devons recourir aux soins d'un psychiatre ou d'un neurologue. Thérapies à base de psycholeptiques suite à la mort d'une personne chère. Peur et phobie de perdre une personne qui nous est chère ou de mourir nous-mêmes. De mauvaises expériences dans le domaine du spiritisme. En nous, grandit la peur de la mort suite à la fréquentation et aux discours de prêtres, d'astrologues, de psychologues, de magiciens. Cauchemars nocturnes mais aussi les yeux ouverts qui nous font vivre dans la terreur la peur de la mort. Notre activité sexuelle est fortement perturbée par des angoisses, des phobies, des névroses en tous genres et de toutes origines. Déviations sexuelles. Sexualité malade. Recours à la pornographie pour réveiller notre désir sexuel. Relations sexuelles avec des drogués ou des sujets fortement perturbés sur le plan mental. Expériences sexuelles traumatisantes (chez les enfants). Confusion dans les affaires et de possibles pertes importantes dans nos investissements. Nous sommes l'objet d'escroqueries, de vols, de vols à main armée. Peurs et angoisses liées au manque d'argent. Préoccupations pour un prêt que nous devons restituer et que nous ne réussissons pas à finir de payer. L'argent nous obsède et nous pousse à commettre même des actions illégales. Situation confuse en relation à un héritage à partager avec des parents proches. Peur d'être exclus d'un héritage, Danger de mort par noyade. Dégâts causés par fuite d'eau ou inondation.

Neptune en Maison IX

Quand Neptune transite dans notre Maison IX, la libido qui nous appartient augmente et s'envole. Ce qui est lointain tant sur le plan géographique que philosophique nous pousse vers l'extérieur et nous projette dans un mouvement centrifuge. C'est le moment où nous désirons vraiment nous détacher de la terre et voler vers le ciel dans lequel nous plaçons toute notre énergie et notre sublimation. Nous sommes troublés par un sentiment religieux, par un besoin de surnaturel, par une envie de divin. Nous cherchons Dieu ou quelque chose de supérieur à l'homme dans toutes les directions, nous sommes fascinés par la philosophie, par la théologie, par l'étude de l'islamisme, du bouddhisme, de l'orientalisme en général. Nous sommes fascinés par toutes ces disciplines qui cherchent à pénétrer le mystère de la vie et de la mort. Nous voulons étudier beaucoup plus, faire des recherches, approfondir, pénétrer le mystère de sciences comme l'astrologie, la parapsychologie, l'interprétation des songes. Nous comprenons que la vie n'est pas faite seulement de matière et de matérialisme. Nous croyons en une transcendance de l'homme, dans son besoin de sublimer les désirs de la chair, d'aller vers quelque chose et pas seulement de provenir d'un passé fait d'expériences négatives. L'idée de destin, de Karma, de lois divines nous fascine. Nous voudrions dilater au maximum les territoires du possible. Nous nous rapprochons d'un passé plus profond, plus étranger aux matières qui représentent le quotidien, le banal qui nous entoure. Le moment est vraiment excellent pour étudier toutes les matières et les disciplines qui nous conduisent loin avec la foi ou par la pensée. Bonnes années aussi pour les études universitaires en général. Voyages importants pour motifs religieux ou longues croisières en mer. Pèlerinages dans des lieux de culte. Voyages qui nous troublent d'un point de vue religieux. Expériences mystiques au cours de voyages. Rencontre avec des prêtres, sorciers, prédicateurs, astrologues, mystiques, maîtres yoga durant un voyage. Etude de disciplines ésotériques au cours d'un séjour à l'étranger. Mauvaises expériences avec des toxicomanes, des sujets psychotiques, des fanatiques politiques ou religieux au cours d'un séjour loin de chez nous. Nous partons loin, pour un certain temps, afin de soigner notre dépression ou un état de santé mentale critique. Angoisses et peurs durant nos voyages ou bien une personne étrangère entre dans nos cauchemars (par exemple, en découvrant que notre partenaire a une relation avec quelqu'un qui est originaire d'un autre pays ou d'une autre région). Dangers d'accidents de la route. Dangers au cours de voyages en mer et aussi risque de naufrage. Dommages subis par l'action d'un fou ou par des groupes d'extrémistes au cours d'un séjour loin de chez nous. Voyages dans l'espoir de guérir une maladie qui nous atteint ou qui atteint une personne qui nous est chère. Notre santé mentale est ébranlée par la lecture ou par l'étude de disciplines ésotériques. Fanatisme religieux ou politique qui menace de ruiner notre équilibre psychologique.

Neptune en Maison X

Quand Neptune circule dans notre Maison X, nous pouvons être placés à un poste important, recevoir une promotion, une reconnaissance spéciale, notre valeur peut être reconnue. Transit extrêmement favorable surtout pour les hommes politiques et les personnages publics. Moment magique dans notre propre carrière surtout lorsque l'astre est très proche du Milieu du ciel. Des occasions inattendues se présentent à nous et nous font entrevoir un futur professionnel brillant. Excellentes intuitions qui réussiront à mettre en valeur notre travail. Excellents projets de développement professionnel. Notre activité pourrait tendre vers l'une des directions liées au symbolisme neptunien : psychanalyse, astrologie, magie, yoga, théologie, philosophie, médecines parallèles, etc. Inspiration profonde qui intensifie et améliore notre production, surtout dans le domaine artistique, littéraire, poétique musical. Période de très grande inspiration pour les metteurs en scène, les musiciens, les romanciers, les poètes. Déplacement de notre activité en relation à la mer ou à l'eau, par exemple investissement dans le domaine du transport maritime, de la pêche, dans le tourisme marin, et dans celui du commerce des vins, des médicaments, des épices, des drogues (entendues dans un sens médical et curatif), du gaz domestique et thérapeutique, des parfums. Le passage planétaire en question peut aussi intéresser une période de croissance mystique ou le fait qu'elle se reconnaisse des dons EPS, qu'elle se trouve une âme inattendue d'infirmière. Si le transit est caractérisé par des aspects plus dissonants qu'harmoniques, il est par contre possible que nous vivions une période de plusieurs années peut-être de préoccupations, de peurs, d'angoisses relatives à notre travail, à notre condition professionnelle mais aussi sociale (dans ce cas nous devons nous référer à un des deux sujets d'un couple qui est triste et préoccupé craignant les retombées d'une séparation de son compagnon ou de sa compagne qui est une personne importante, ce qui pourrait entraîner une descente dans l'échelle sociale). Un concours, un test professionnel, un projet ambitieux dans notre travail nous procurent angoisse et préoccupation. Situation professionnelle confuse. Manque de cohérence et de stratégie dans le développement de notre propre professionnalisme. Une grande erreur, due à la confusion, qui peut provoquer une perte de prestige ou aussi de sérieuses difficultés dans notre propre travail (comme dans le cas d'un chirurgien qui commet une erreur et cause la mort d'un patient). Activité professionnelle qui devient dangereuse et qui pour ce motif cause des cauchemars, comme lorsqu'un policier est muté dans une division luttant en première ligne contre la pègre. Dépression nerveuse et déséquilibre psychologique qui entraîne de grands problèmes dans notre carrière. Une prévision négative de la part d'un astrologue ou d'un magicien nous fait craindre le pire dans notre travail. Interférences de personnes de la pègre ou liées au trafic de drogue dans notre travail. Situation de névroses graves ou de psychose pour notre mère. Période de déséquilibre pour notre mère y compris dues à la consommation de substances toxiques, d'alcool ou de drogues. Abus de médicaments de la part de notre mère. Angoisses et préoccupations pour elle. Danger qu'elle se noie ou qu'elle tombe dans une grave crise religieuse.

Neptune en Maison XI

Quand Neptune circule dans notre Maison onze, nous pouvons rencontrer des personnes fascinantes et tout à fait spéciales. Artistes, poètes, écrivains, musiciens et personnes extraordinaires entreront dans le cercle de nos amis. Nous entrerons en contact avec des individus ayant un grand charisme, avec des prêtres, des mystiques, philosophes, maîtres de yoga, astrologues, psychanalystes, leaders, prophètes, des sujets au charme irrésistible. Ces mêmes personnages pourraient faire beaucoup pour nous, non seulement sur le plan des connaissances et de l'élargissement possible de nos horizons mentaux, mais aussi des appuis matériels qui nous soutiendraient pour améliorer notre travail et notre santé. Nous sommes dans la condition la meilleure pour reconnaître quelle est l'aide dont nous avons vraiment besoin. Nous percevons avec clarté de quel côté devrait nous arriver une aide. Nous dilatons nos projets au maximum et notre créativité se développe ultérieurement. Nous sommes en mesure de faire des projets gagnants dans le domaine ésotérique. Si le transit se présente en forme dissonante, nous devons alors craindre les mauvaises compagnies et surtout de nous lier avec des sujets perturbés mentalement, des fanatiques politiques et religieux, des possédés, des individus pris dans leur délire, à l'esprit troublé par l'alcool, la drogue, les médicaments. Des pseudo magiciens et des pseudo astrologues aussi dangereux qu'un psychopathe. Des sujets fort peu recommandables qui peuvent nous amener sur une mauvaise voie ou qui peuvent nous déséquilibrer mentalement. Nous sommes sujets à des crises existentielles et religieuses dues à l'influence négative d'amis qui, à l'improviste, se révèlent être dangereux. Une mauvaise expérience de deuil nous plonge dans un état de prostration. La perte d'un ami ou d'une personne chère nous jette dans le désespoir. Nous avons recours à des psycholeptiques ou à des substances toxiques pour sortir de l'angoisse d'une mort que nous ne parvenons pas à accepter. Nous vivons une profonde crise nerveuse à cause d'un danger. Nous sommes obsédés par l'idée de la mort. Danger de mort par noyade ou par drogue ou par empoisonnement médicamenteux. Tendances suicidaires.

Neptune en Maison XII

Quand Neptune circule dans notre Maison XII radicale, nous devrions dédier beaucoup de temps à la recherche en général. La période est en effet excellente pour nous concentrer ou pour explorer tous les territoires mystérieux qui appartiennent tant à l'ésotérisme qu'à la science. Nous ressentons une forte attraction pour les explorations aussi bien territoriales que mentales. Nous reconnaissons une exigence qui nous vient de l'intérieur et qui voudrait parcourir les territoires qui appartiennent par excellence à Neptune : l'histoire des religions, l'étude de l'Orient, la connaissance de la philosophie, de la théologie, de l'astrologie, du yoga, de la psychanalyse, de tout ce qui pourrait être placé sous l'étiquette de l'ésotérisme. Au cours d'un tel passage planétaire, nous exprimons ce qu'il y a de meilleur en nous, nous sommes prêts à aider les autres, surtout d'un point de vue spirituel. Nous voudrions nous occuper des autres, des personnes âgées, des enfants et des malades, des immigrés, des populations du sud du monde, de tous ceux qui souffrent. Nous voudrions faire quelque chose de concret, témoigner par des faits et non seulement par des mots notre christianisme militant. Nous ressentons comme nécessaire de faire du volontariat, de nous intéresser à des organisations comme la Caritas, la Croix Rouge, l'UNICEF. Nous participerons à des œuvres de bienfaisance, plus d'aumône dans la rue, nous nous emploierons à aider une personne âgée et malade de notre famille. Grâce à la foi, nous retrouvons un vieil équilibre et nous nous libérons des liens de dépendance à un médicament. Un psychologue ou un prêtre ou un astrologue nous aide à nous sentir mieux sur le plan mental. La résolution d'un vieux problème fait que nous retrouvons notre sérénité et chassons les cauchemars qui nous obsédaient ces dernières années. Nous nous sentons mieux en fréquentant des milieux religieux et ésotériques. Si le transit se manifeste en conditions dissonantes, nous devons craindre alors l'apparition ou l'accentuation de troubles mentaux, d'angoisses, de névroses. Dans le pire des cas, si l'ensemble des transits le justifie et si le passage planétaire en question se somme à plus d'une Révolution solaire particulièrement négative, nous pourrions alors connaître aussi des épisodes de psychoses. Fortes tendances à regarder le monde et la vie avec des yeux paranoïaques. Nous pourrions nous convaincre que les autres nous veulent du mal, que le destin nous est ennemi, que la vie nous est hostile. Nous risquons de tomber dans une forme profonde de dépression et de recourir à des psycholeptiques, voire à des drogues. Période de notre vie vraiment dangereuse et noire, au cours de laquelle nous courons le risque d'entrer dans un long tunnel. Problèmes existentiels qui nous ébranlent mentalement. Rencontre de toxicomanes, de maniaques religieux, d'exaltés politiques, d'extrémistes en tous genres qui nuisent lourdement à notre santé mentale. Panique liée aux prévisions catastrophiques d'astrologues ou de magiciens. Dégâts et épreuves importantes causés par la foule, des manifestants, des supporters extrémistes. Ennemis cachés qui trament contre nous. Dangers dérivant de l'eau, du gaz, des anesthésies. Peurs relatives à une invention chirurgicale que nous devrions subir. Scandales liés à un aspect secret de notre vie. De possibles emprisonnements et hospitalisations. Epreuves en tous genres.

11.
Transits de Pluton

Les transits de Pluton sont comme un rouleau compresseur qui peut tout détruire ou déplacer. Un cycle complet de la dernière planète connue de notre système solaire peut durer un quart de millénaire, environ deux cent cinquante ans et donc son passage sur un point précis du thème de naissance d'un sujet peut durer plusieurs années de suite, y accordant une orbite de quelques degrés avant et de quelques degrés après l'aspect précis individualisé. Ces effets sont véritablement dévastateurs, mais aussi positivement spectaculaires, si l'on réussit à les distinguer, dans leur lecture, de ceux concomitants de planètes plus rapides. Pluton est certainement en relation avec les forces les plus primitives de notre personne et marque des transformations incroyables qu'un homme ou une femme peuvent constater durant leur existence. S'il agit de manière positive, il peut représenter la métamorphose merveilleuse d'un être humain qui trouve en lui les énergies et les ressources suffisantes pour un changement complet et positif de sa propre vie. Si, au contraire, il agit de manière négative, il libère toute la puissance des forces primitives, animales et destructrices dont il dispose. Ils peuvent donc accompagner de véritables renaissances, résurrections. Mais ils peuvent aussi servir de toile de fond à la destruction totale d'un être humain. Comme les transits d'Uranus et de Pluton, un peu moins ceux de Saturne, si ses passages sont concomitants à des Révolutions solaires particulièrement négatives, ils peuvent vraiment représenter des moments dramatiques dans la vie d'un sujet. D'un point de vue psychique, ils peuvent même être plus à craindre que ceux de Neptune. Ces références générales doivent être mises en relation avec le signe du Scorpion et la Maison VIII.

Pluton en aspect harmonique au Soleil

Quand Pluton voyage en angle harmonique par rapport à notre Soleil radical, nous sommes portés à nous concentrer sur des problèmes fondamentaux de notre vie et à négliger ceux que nous pensons être secondaires. Cela est visible dans tous les secteurs et peut signifier, par exemple, essayer de mener à terme des affaires colossales, si nous sommes dans le commerce, en négligeant peut-être la vente de petits accessoires plus rentables. Notre attention se tourne vers tout ce qui est "grandiose", spectaculaire, éléphantesque. Cela est valable tant dans le commerce que dans l'industrie, tant dans la production artistique qu'artisanale. Des pulsions inflationnistes et hypertrophiques finissent par nous conditionner totalement et par nous diriger seulement vers des objectifs gigantesques. Nous ne réussissons pas à nous intéresser à des problèmes plus modestes et nous ne poursuivons que des objectifs superlatifs. Cela peut naturellement avoir des effets très positifs car cela nous permet d'obtenir des résultats que nous ne pourrions jamais atteindre autrement mais cela nous conditionne aussi en sens unique. Revenons à l'exemple commercial de tout à l'heure : le fournisseur d'équipements hospitaliers pourrait refuser de participer à l'appel d'offres relatif à la fourniture d'éprouvettes à usage unique où il pourrait gagner trente pour cent sur les ventes, et avoir pour objectif la fourniture d'un appareil sophistiqué de résonance magnétique où, si tout va bien, il pourra gagner un pour cent du montant du matériel. Tout compte fait, en supposant même que la seconde fourniture ait un prix avec un grand nombre de zéros, le bénéfice sera nettement inférieur à celui qu'il aurait obtenu avec la fourniture de matériel en plastique à usage unique. Mais c'est justement là le problème : la libido, l'attention se tournent vers tout ce qui peut être défini grandiose, prodigieux, éléphantesque. Si nous appliquons cela à tous les domaines, nous pouvons comprendre que le réalisateur cinématographique visera à la réalisation d'une superproduction, que l'écrivain voudra accoucher d'un autre *Guerre et paix*, que l'architecte voudra redessiner Manhattan, que... Bref, comme nous le disions, nous nous trouvons dans une période caractérisée par la mégalomanie qui, cependant, peut, exceptionnellement, nous soutenir pour atteindre des objectifs difficiles. Notre volonté, au cours de ce passage, est vraiment extraordinaire et nous permet d'exprimer le meilleur de nos forces et le maximum de notre talent. Nous pouvons extraire de nous un courage de lion et affronter avec la verve adéquate tous les obstacles qui se dressent entre nous et le succès de nos entreprises. C'est un magnifique transit pour nous relever après une chute, pour recommencer après une tragédie. Courage titanesque pour surmonter chaque problème.

Pluton en aspect dissonant au Soleil

Quand Pluton voyage en angle dissonant par rapport à notre Soleil de naissance, nous vivons une période au cours de laquelle nous pourrions représenter les dissonances Neptune-Soleil mais quelques octaves au-dessus. Il s'agit d'années durant lesquelles nous développons un terrain névrotique assez fort, avec des angoisses, des phobies, des peurs et des idées fixes en tout genre. Nous pourrions surtout avoir des idées paranoïaques qui nous font penser que le monde entier nous est hostile, que la vie est contre nous, que le destin nous a choisis comme cible de prédilection, que tout est destiné à mal aller. Nous vivons sous le poids de la dépression et tout nous semble sombre, noir, inéluctable. Ajoutons à tout cela un fort masochisme. Durant ce transit nous pouvons être tentés de nous faire du mal à travers des comportements excessifs et destructifs comme l'abus de tabac, d'alcools, l'absorption de boissons glacées, le fait de dormir peu, de mener une vie sexuelle excessive, etc. La pulsion sexuelle est certainement très forte, mais il s'agit plus d'érotisme que de sensualité ce qui signifie que notre activité sexuelle peut nettement s'améliorer, mais par ailleurs cela peut vouloir dire subir des blocages car nous utilisons trop notre cerveau et pour ces choses-là ce n'est pas forcément un bien. En outre nous pourrions être tentés de vivre des expériences sexuelles un peu retorses, rapports avec plusieurs partenaires, homosexuels, rapports peu orthodoxes. Nous pourrions aussi être attirés par la pornographie et par la prostitution. Bref, durant ces années, c'est notre côté le plus animal qui émerge, au sens négatif du terme et nous risquons de faire du mal à ceux qui nous sont proches et à nous-mêmes. Le risque d'être violent affleure fréquemment. Si une fois dans notre vie tout entière nous pouvons être des criminels, c'est à ce moment-là que cela peut se produire. Sexe et violence semblent faire la paire durant ces années. Des sentiments de haine et de vengeance s'emparent de nous et nous devrons faire appel à toute notre éducation si nous voulons éviter de devenir un instrument entre les méchantes mains de Pluton. Ce sont des années durant lesquelles nous risquons de tomber très bas, de faire les expériences les plus dramatiques de notre vie, de l'hôpital à la prison. Nous devons vraiment faire appel à toutes nos meilleures ressources si nous voulons sortir presque indemnes d'un tel transit. L'envie, la haine, la rancœur sont des sentiments qui pourraient nous appartenir et non pas sous une forme légère. Eventuelles grosses disputes avec la famille ou au travail. Tous les éléments énumérés peuvent ne pas nous concerner directement mais toucher notre partenaire, notre père, notre fils, notre frère.

Pluton en aspect harmonique à la Lune

Quand Pluton voyage en angle harmonique par rapport à notre Lune de naissance, nous nous sentons fortement attirés par tout ce qui peut être défini ésotérique, éloigné du quotidien. Nous sommes intéressés par l'Orient, les religions, la philosophie, l'astrologie, la parapsychologie, l'ufologie, mais surtout par le spiritisme, le monde des morts, la criminalité, la littérature et le cinéma noir, le sexe. Ces intérêts se présentent à nous de manière impérieuse, excessive pourrions-nous dire. Nous sommes en mesure, maintenant, d'approfondir de tels arguments et même de devenir des experts. Durant ce transit, nous sommes mus par de grandes passions qui peuvent être d'amour ou simplement d'attraction physique. Pour certaines femmes en particulier, ce transit peut représenter un véritable tournant dans leur vie sentimentale et, dans de nombreux cas, une maternité. De ce point de vue nous pouvons assister aux effets les plus spectaculaires de ce passage et même des femmes qui pensaient être stériles peuvent vivre l'expérience extraordinaire de la maternité. C'est aussi possible pour un homme, mais à quelques octaves plus basses. Ce passage peut aussi véhiculer des sentiments forts et opposés à l'égard d'une femme qui nous est proche, comme notre mère, une sœur, une fille, une amie très chère. Ces mêmes sujets peuvent être protagonistes des effets décrits ci-dessus et il peut se faire, par exemple, que notre mère se remarie ou ait un enfant sur le tard. Il s'agit en général d'un véritable cyclone dans le domaine des sentiments, mais il est en général plutôt positif. Nous pouvons, en outre, parler de passions qui naissent et meurent dans des domaines les plus variés qui peuvent concerner les loisirs, les intérêts culturels, etc. Notre force d'âme est plus grande et nous sommes en mesure de mettre notre passion au service de causes nobles, de différentes croisades positives. Des projets importants relatifs au logement : achat, vente, déménagement, travaux. Des travaux de creusement dans nos terrains ou d'exploration dans notre inconscient avec l'aide d'un psychanalyste. Approche mentale, plus mûre, du mystère de la mort.

Pluton en aspect dissonant à la Lune

Quand Pluton circule en aspect dissonant par rapport à notre Lune de naissance, nous sommes mus par de fortes pulsions destructrices et autodestructrices. Nous sommes dans une période caractérisée par d'importants problèmes psychiques, avec une tendance à la dépression, aux angoisses, aux idées noires. L'envie de vivre nous passe et nous avons du mal à nous lever le matin. Nous voyons tout en noir et nous sommes convaincus que cela sera toujours ainsi. Un pessimisme chronique s'empare de nous et nous fait avoir un comportement de perdant ; il nous fait jeter l'éponge avant l'heure. Nous sommes assaillis par un manque de confiance en nous et en les autres. Nous n'avons pas envie de créer quoi que ce soit ni de nous engager en quoi que ce soit. Une mort nous met KO, mais aussi une peur immotivée de la mort. Une véritable phobie à ce propos peut nous conditionner fortement et nous faire croire que nous sommes proches de la fin. Souvent ce passage peut aussi être responsable d'envies suicidaires. La fréquentation de milieux où l'on pratique ou étudie le spiritisme peut nous nuire considérablement. Il conviendra que nous nous tenions à distance de la magie, de l'astrologie, de la théologie, de l'ésotérisme et de la parapsychologie en général. Nous devrons aussi faire très attention aux amitiés que nous entretiendrons car nous pourrions entrer en contact, peut-être même intime, avec des mafieux, des criminels, des toxicomanes, des fanatiques en tout genre. Notre façon de vivre la sexualité aussi pourrait être perturbée et nous causer des blocages. Dans d'autres cas il peut s'agir d'excessives pulsions sexuelles qui pourraient nous pousser vers la prostitution ou vers des expériences peu orthodoxes qui finiraient par aggraver notre équilibre mental déjà ébranlé. Tout cela pourrait nous concerner ou concerner aussi une femme qui nous est très proche : notre mère, notre compagne, notre fille, notre sœur, ou une amie très chère. Durant ces années notre logement pourrait subir d'importants dommages ou il se pourrait que nous commettions nous-mêmes une grosse bêtise par rapport à notre patrimoine immobilier, comme une vente hasardeuse à des personnes ne donnant aucune garantie de solvabilité. La chose la plus sage serait d'éviter toute opération immobilière. Maladies à l'estomac et au sein possibles. Perte accidentelle du contenu de tout le disque dur de notre ordinateur.

Pluton en aspect harmonique à Mercure

Quand Pluton passe en angle harmonique à notre Mercure de naissance, toutes nos facultés mentales sont potentialisées. Nous sommes extrêmement lucides et capables d'exploiter au mieux notre esprit. Nos pensées sont claires et nous réussissons à nous faire comprendre parfaitement. Parallèlement, nous comprenons aussi très bien nos interlocuteurs. Nous désirons augmenter nos communications et nos télécommunications. Nous ferons donc des achats destinés à nous permettre d'effectuer des communications au niveau le plus haut que nous permet la technologie : nous nous procurerons les derniers modèles de téléphones mobiles, de lignes à fibre optique, d'antennes paraboliques... Il est aussi possible que nous achetions une voiture très puissante ou prestigieuse, une moto, un camping-car, un avion personnel (si nous appartenons au petit cercle de personnes qui peuvent se le permettre). Nos déplacements quotidiens, hebdomadaires, mensuels, augmenteront. Si nous n'avons pas le permis de conduire auto, nous le passerons, idem pour le permis moto, bateau ou pour le brevet de pilotage. C'est vraiment une excellente période pour étudier, faire de la recherche, lire et écrire. Si nous fréquentons l'université, nous réussirons certainement à passer un grand nombre d'examens. Nous serons fascinés par les études, les romans policiers, l'occultisme. A ce propos, nous participerons à des congrès, séminaires et conférences. Au cours de ces années, il est fort probable qu'un de nos frères ou un cousin, un beau-frère, un jeune ami vivent un grand succès ou accèdent à des positions de direction, de prestige. Nos rapports avec eux se resserreront. Si nous sommes écrivains, nous écrirons un livre extraordinaire, très important, qui pourra nous rendre célèbres. Cela est aussi valable si nous sommes journalistes. D'un autre point de vue, nous serons en mesure de nous essayer au commerce et de faire d'excellentes affaires, même si cela n'est pas notre métier. Nous pourrons faire d'importants pas en avant dans la lutte contre une maladie respiratoire. Si nous nous engageons vraiment, nous serons même en mesure d'en finir avec la cigarette.

Pluton en aspect dissonant à Mercure

Quand Pluton circule en angle dissonant par rapport à notre Mercure de naissance, nous vivons des années de confusion mentale. Nous avons du mal à mettre de l'ordre dans notre tête et nous ne sommes pas en mesure de faire des programmes lucides et crédibles. Nous nous exprimons avec beaucoup de difficultés et nous avons du mal à comprendre ce que disent les autres. Autour de nous règne, dans le meilleur des cas, un climat de confusion, voire d'intrigues, de suspicion, de machinations secrètes. La calomnie, la médisance, l'intrigue sont les ingrédients de ce passage durant lequel nous sommes victimes ou bourreaux. Nous ne sommes pas du tout poussés à la loyauté et nous pouvons subir aussi le manque de loyauté de la part de quelqu'un qui nous est proche. Lettres et coups de fils anonymes peuvent nous toucher de près. Le mensonge semble être le dénominateur commun des personnes qui traversent cette période. Notre téléphone pourrait être sur écoute et nous ne pouvons pas nier la possibilité que nous-mêmes tentions de mettre sur écoute le téléphone d'une personne qui nous est chère. Si d'autres transits négatifs importants, la Révolution solaire et le thème de naissance le justifient, nous pourrions subir un grave accident de la route. Une de nos voitures coûteuses est dérobée ou est démolie dans un accident de la route, indépendamment du fait que nous soyons blessés ou pas. Nous découvrons que notre téléphone satellitaire a été cloné et que nous devons payer des factures astronomiques. Lettres, télégrammes ou coups de fil qui nous changeront la vie. Un de nos frères, un cousin, un beau-frère ou un jeune ami sont au centre d'un gros scandale, un gros procès ou ils sont protagonistes d'actes de criminalité, subis ou infligés. Le lien de parenté avec l'une des personnes citées est rompu. Nous sommes contraints à nous mobiliser pour les secourir ou bien un rapport s'établira qui ne pourra être vécu à la lumière du jour. Le transfert à une autre fonction nous oblige pendant des années à des va-et-vient quotidiens gênants. Le désagrément de cette situation est aggravé par la suppression d'une partie de la ligne sur notre trajet. Une tentative commerciale nous procure de grosses pertes économiques. A tout cela s'ajoute une grave maladie pulmonaire ou alors nous augmentons considérablement notre consommation quotidienne de tabac.

Pluton en aspect harmonique à Vénus

Quand Pluton passe en angle harmonique par rapport à notre Vénus de naissance, nous sommes agréablement bouleversés par une grosse passion amoureuse. Il est plus que probable que nous tomberons follement amoureux. Même si nous sommes des personnes tranquilles d'âge mûr, nous serons attirés comme Ulysse par les sirènes et nous faire ligoter au mât du bateau qui nous transporte ne suffira pas : il s'agira d'une passion qui pourra durer plusieurs années et qui tôt ou tard nous fera accomplir un geste éclatant. Ces personnes tranquilles, aux cheveux grisonnants qui quittent famille et travail et s'enfuient au Brésil avec la domestique ou la secrétaire, pourraient être les victimes (heureux élus) de ce passage planétaire. Cela est valable aussi pour les femmes. En tout cas il s'agira d'un amour aveugle, fou, sans condition, supérieur à ceux des transits d'Uranus. Si nous ne sommes pas mariés, ce transit peut justement nous conduire au mariage. Une maternité ou une paternité sont aussi possibles. Nous pourrions aussi vivre une grande passion artistique : la poésie, le théâtre, le chant, la musique en général, la peinture, la photographie. Un grand nombre de personnes deviennent collectionneurs d'objets d'art. Pour la première fois peut-être, nous fréquenterons les musées, les galeries d'art, les expositions photographiques, les fouilles archéologiques. Nous étudierons l'histoire de l'art, achèterons des CD ROM des grandes collections de différents musées. Nous deviendrons donc collectionneurs d'art ou simplement d'ameublement, d'objets antiques, de tapis, de porcelaines. Nous fréquenterons les ventes aux enchères, les antiquaires, achèterons des journaux spécialisés. Il est aussi probable que nous commencions à nous occuper sérieusement de notre aspect physique, nous soignerons particulièrement l'habillement, les bijoux, le maquillage, la coiffure. Nous fréquenterons les instituts de beauté, les centres de cures thermales, les masseurs, les visagistes, etc. Souvent les personnes intéressées décideront de se faire pratiquer des interventions de chirurgie esthétique ou se soumettront à des régimes sévères pour maigrir. Il est rare que notre aspect esthétique reste le même après un tel passage. Il peut aussi se faire que notre mère, notre sœur, notre compagne ou une amie très chère vivent un moment de grande popularité, de succès personnel, de prestige reconnu de tous. Si les rapports sont quelque peu tendus, nous pourrons soigner les vieilles blessures et oublier les rancœurs. Entrées d'argent inattendues. Gain au jeu. Assainissement de notre situation économique. Obtention d'un prêt important, d'un crédit que l'on n'espérait plus. Rétablissement de la santé. Traitement très efficace qui nous fait sortir d'un long tunnel de maladie.

Pluton en aspect dissonant à Vénus

Quand Pluton voyage en angle dissonant par rapport à notre Vénus de naissance, des passions malsaines risquent de nous emporter et de nous pousser vers des relations peu recommandables. Nous pourrions être obsédés par un amour impossible ou qui ne pourrait être vécu à la lumière du jour. Début de relations extraconjugales, de relations avec des individus liés à la criminalité ou trop jeunes ou trop vieux. Attirance pour des formes de sexualité peu orthodoxes. Début de relations homosexuelles. Risque de danger en relation à notre vie sentimentale. Recherche d'amour mercenaire. Gros danger de maladies vénériennes. Nous tombons dans la pornographie ou dans des relations inavouables. Pratiques sexuelles particulières, période d'impuissance ou de frigidité. Problèmes sexuels en général. Opérations chirurgicales touchant les organes ou les fonctions sexuelles. Maternité ou paternité qui auraient absolument dues être évitées. Risque de naissance d'enfants malades, handicapés. La passion l'emporte sur la raison. Drames sentimentaux. Actions criminelles dictées par la "raison d'honneur". Homicides et blessures liés à la passion. Jalousie obsessionnelle qui nous pousse à mettre sous écoute le téléphone de notre domicile ou à faire suivre notre partenaire. Découverte de la double vie de notre partenaire. Situation scandaleuse concernant notre mère, notre sœur, notre compagne ou une jeune amie. Eventuelles actions criminelles de la part d'une de ces femmes. Problèmes psychiques pour une parente. Passion sentimentale entraînant de grosses névroses ou même un état psychotique. Danger de perdre de grosses sommes d'argent, surtout pour des raisons sentimentales, mais aussi à cause du jeu, du vice en général. Endettement à cause d'un homme ou d'une femme. Maladies du sang ou intoxications dues à des abus en tout genre. Frais excessifs pour l'achat d'objets d'art. Escroquerie subie dans l'achat d'un tableau, d'un bijou, d'un tapis, de pièces d'antiquité. Cambriolages concernant des tableaux de valeur, des porcelaines précieuses, des objets d'art en général. Procès pour détention de matériel archéologique.

Pluton en aspect harmonique à Mars

Quand Pluton circule en angle harmonique par rapport à notre Mars de naissance, nous nous sentons très en forme et capables d'affronter les entreprises les plus difficiles. Le dicton *mens sana in corpore sano* est on ne peut plus actuel. Nous tournons à plein régime et nous pouvons demander le maximum à notre organisme. Notre volonté voyage à des latitudes inhabituelles et cela nous permet d'être plus ambitieux, de demander plus, d'oser plus. Ce surplus de volonté dont nous disposons durant ce passage planétaire ne nous rend pas arrogant, il fait simplement en sorte que l'on ne permette à personne de nous ignorer. Nous avons cette légère insolence qui provient de notre confiance en nous, du fait que nous sommes conscients que nous pouvons travailler au mieux et raisonner avec lucidité. L'esprit éveillé et le corps en forme, nous pouvons vraiment parcourir de longues routes et nous acheminer vers des objectifs ambitieux. Nous sommes conscients de tout cela, c'est pourquoi nous osons plus que de coutume. D'un point de vue physique les choses ne pourraient pas aller mieux et si nous sommes des sportifs, c'est le bon moment pour tenter d'établir un record. Si, au contraire, nous ne faisons pas de sport, alors ce serait le moment de commencer. Du point de vue sexuel aussi notre rendement est meilleur, en ce qui concerne les hommes. Ce sont les hommes, en effet qui, de ce point de vue, pourront obtenir les meilleurs résultats. Pour ce qui est du domaine mental et intellectuel, nous constaterons un plus grand intérêt pour ce qui est inhérent aux deux astres en question : littérature et cinéma policiers et occultes, curiosité à l'égard du milieu criminel et à l'égard du thème de la mort en général, fréquentation de cercles ou de milieu où l'on pratique le spiritisme ou quelque chose de similaire, expéditions spéléologiques, fouilles archéologiques, recherche de liquides ou de minéraux souterrains. Les jeunes sujets pourraient être attirés par l'activité de notaire, géologue, psychologue, psychanalyste, médecin légiste. Eventuels travaux au tombeau de famille, au cimetière. Grâce à une plus grande confiance en nous, nous réussissons à avoir le dessus dans des questions d'héritage, de pension, de prime de production.

Pluton en aspect dissonant à Mars

Quand Pluton voyage en angle dissonant par rapport à notre Mars de naissance, c'est notre côté primitif qui fait surface, au pire sens du terme. Notre côté sauvage, celui qui fait dire comme l'ancien proverbe, *homo homini lupus* (l'homme est un loup pour l'homme). Il s'agit d'énergies primitives, de pulsions qui remontent à la nuit des temps, quand l'homme ressemblait un peu aux fauves qui voulaient le dévorer. Nos instincts les plus inavouables, le côté le moins noble qui nous caractérise, cette part de bestialité que, par le phénomène de protection psychologique, nous avons toujours attribué aux autres qui, au cours du temps, étaient tantôt les infidèles aux temps des croisades, tantôt les peaux-rouges au siècle dernier, les nazis dernièrement, est une composante réelle de notre personne qui émerge durant de tels passages planétaires et nous porte sur le bord d'un précipice où nous pourrions même découvrir des instincts criminels que nous n'aurions jamais suspectés. Bien sûr, pour jeter l'éponge face à un comportement civique, il doit y avoir aussi une trace de cela dans notre thème natal, mais il est vrai que c'est avec de tels transits que peut se manifester le mister Hyde qui est en nous. Nous pourrions dire, sans trop exagérer, que ce transit pourrait être la manifestation de l'existence du diable, tant les forces en jeu sont négatives. Nous pourrions être conduits à commettre des scélératesses, des actes criminels de la pire espèce et à n'importe quelle fin. Un des principaux moteurs peut être le sexe, vu ici comme amalgame entre la pulsion destructrice, de mort et celle de forniquer, la pire représentation de l'activité sexuelle qui soit. Il est inutile de dire, entre autres, qu'elle tend à se manifester presque exclusivement chez les hommes, comme nous l'enseigne l'histoire des viols, depuis l'aube de la civilisation jusqu'à aujourd'hui. Aucun terme mieux que le viol ne pourrait mieux décrire l'état d'âme qui guide les êtres humains en proie à un tel transit. C'est certainement un des ressorts les plus utilisés dans la liste des actes les plus scélérats de l'humanité. Parallèlement nous trouvons l'argent, la possession, le pouvoir, mais nous ne sommes pas loin de la bestialité précédemment décrite. Ainsi, les "êtres humains" se sont tachés, se tachent et se tacheront des pires crimes. Mais nous sommes en train d'examiner la chose du point de vue le plus laïque possible, sans nous laisser prendre par un quelconque sentiment moraliste et en nous efforçant de décrire le transit, un point c'est tout. Ce dernier reste ce qu'il est : une manifestation barbare de ce que l'homme peut faire de pire aux autres hommes, aux animaux, aux choses. Pluton en mauvais aspect à Mars est destructivité, mais aussi auto-destructivité et nous pouvons compter, dans les cas limites et plus dramatiques, si de nombreux autres aspects du thème natal et de la Révolution solaire le justifient, autant de suicides que d'homicides. Dans les cas moins limites, nous trouverons plus simplement des comportements qui par leur agressivité ou leur violence ne nous font pas honneur et que nous voudrions oublier le plus rapidement possible, une fois le transit passé. A l'opposé d'une fureur sexuelle proche du viol, nous pouvons aussi trouver des états d'impuissance momentanée ou des blocages sexuels pour les femmes. Risque d'infections vénériennes et d'avortements ou de maladies gynécologiques et d'opérations chirurgicales aux organes génitaux. Phobies, obsessions, angoisses, idées fixes et névroses relatives à la mort. Peur de la mort. Deuil important qui nous plonge dans une crise profonde. Danger de mort pour nous-mêmes ou pour une personne chère. Risque d'importantes pertes d'argent à cause de mauvais investissements, d'escroqueries, hold-up, cambriolages, argent prêté jamais récupéré, jeux de hasard, spéculation en Bourse. Perte d'héritage. Situation patrimoniale du conjoint qui s'effondre. Dettes importantes contractées par le partenaire. Attirance maladive pour les arguments criminels et pour le roman noir en général. Accidents ou danger de mort au cours d'expéditions souterraines ou de fouilles.

Pluton en aspect harmonique à Jupiter

Quand Pluton circule en angle favorable par rapport à notre Jupiter de naissance, un fort optimisme nous envahit et nous sommes confiants en l'avenir, en nos propres forces. Nous sommes certainement dans une phase positive de notre vie. Nous désirons construire, aller de l'avant, réaliser de grandes entreprises. Sous ce ciel d'importantes entreprises peuvent naître tant au sens commercial, qu'industriel ou artisanal. Un brin de chance, et même un peu plus qu'un brin, est de notre côté et nous sommes en mesure de relever les défis qu'ils soient lancés par les autres ou par nous-mêmes. Eventuelle évolution de notre carrière, augmentations de salaire, gratifications professionnelles diverses. Eventuelle affirmation sociale ou purement professionnelle. Evolution possible grâce à une union, un mariage, une association. Obtention de record sur le plan athlétique ou de prix de tout type : littéraire, scientifique, artistique. Période de popularité pouvant être exploitée surtout dans le domaine politique. Une épreuve importante est surmontée avec brio. Nous nous relevons d'un échec économique, professionnel, etc. Solution diplomatique après une longue "guerre". Issue positive d'un long contentieux. Aides en tout genre dans les querelles juridiques. Absolution dans un procès. Une nouvelle loi nous tire du pétrin. Une éventuelle amnistie nous permet d'assainir une délicate situation. Un personnage politique ou juridique de renom intervient pour nous aider. Voyages extraordinairement importants. Long séjour, positif, à l'étranger. Solution d'un de nos problèmes à l'étranger ou loin de chez nous (par exemple dans une autre ville de notre pays). Apprentissage facilité d'une langue étrangère, d'un langage informatique ou d'un nouveau logiciel. Mariage ou lien sentimental avec un étranger ou une personne d'une autre ville. Approche facilitée des disciplines ésotériques, de la théologie, de la psychologie, de la philosophie, de l'astrologie, du yoga, de l'orientalisme. Explorations de domaines méconnus entendu au sens transcendantal et métaphysique.

Pluton en aspect dissonant à Jupiter

Quand Pluton circule en angle dissonant à Jupiter, nous sommes portés à exagérer un peu tout, tant au sens mental que physique. Hypertrophie de la pensée ou excessive légèreté. Baisse sévère du sens critique. Confiance excessive dans le monde, la vie, les autres. Risque d'être très pénalisés à cause d'une "candeur" excessive. La confiance augmente comme jamais et nous expose à différents types de risques en rapport avec l'entreprise. Sous-évaluation des problèmes qui peut nous conduire à nous lancer dans une entreprise de type commercial, industriel ou artisanal, sans que nous ayons suffisamment de garanties. Nous partons du mauvais pied. Endettement excessif à cause d'une trop grande confiance dans nos moyens et dans la chance. Nous comptons trop sur l'aide que peuvent nous fournir nos parents, nos amis, nos connaissances, un sponsor. Mégalomanie non justifiée par les réelles conditions dans lesquelles nous évoluons. L'hypertrophie peut aussi concerner l'aspect physique de notre personne et se manifester par une prise de poids rapide et excessive ou bien la croissance anormale d'un organe ou, dans le pire des cas, par une prolifération tumorale. Risque d'intoxication du sang ou du foie. Exposition excessive à des toxines qui pourraient faire être à l'origine d'une mauvaise pathologie. Ennuis avec la justice. Eventuelles sentences défavorables. Perte d'un procès important. Magistrat ou avocat ayant un comportement négatif à notre égard. Eventuelles pertes d'argent importantes dues à des escroqueries, cambriolages, hold-up, argent prêté jamais remboursé, spéculations hasardeuses, jeux de hasard, endettement du conjoint, etc. Mauvaise administration des biens. Dommages concernant notre patrimoine. Nous sommes pénalisés dans un partage d'héritage. Problèmes légaux pour un paiement, une pension, le paiement d'un travail. Obtention d'un prêt que nous aurons du mal à rembourser. Une taxe très lourde nous tombe dessus à l'improviste. Héritage négatif. Problèmes judiciaires à la suite d'une mort. Risque d'infections vénériennes. Dépenses excessives pour des funérailles ou des travaux de fouilles dans notre propriété.

Pluton en aspect harmonique à Saturne

Quand Pluton se déplace en angle harmonique par rapport à notre Saturne de naissance, nous sommes en mesure de mieux contrôler notre énergie. Nous sommes aux antipodes des conditions créées par les dissonances Pluton-Mars où nous ne sommes pas en mesure de gérer les forces les plus instinctives et brutales de notre personne. Ici, au contraire, le contrôle rationnel des instincts est vraiment au plus haut degré. La sagesse, l'expérience, la maturité concourent pour nous permettre d'être surtout des êtres pensants et non des animaux à l'apparence civile. Sur un plan externe et objectif nous pouvons dire que les astres nous aident à sortir brillamment d'une grosse épreuve, que Pluton en angle harmonique à Saturne nous permet de nous débarrasser d'un vieux et difficile problème. Il peut s'agir d'un problème de travail, de santé ou sentimental. Des forces exceptionnelles viennent à notre secours et nous permettent de sortir d'une mauvaise contingence. Ces forces sont en nous parce que nous réagissons mieux aux difficultés quotidiennes mais aussi autour de nous, sur le ciel qui nous gouverne durant ce passage planétaire. La chance est un peu avec nous : pas une grande chance aux caractéristiques "pyrotechniques", mais une petite chance en sourdine, lente, mais tout de même positive. Elle peut se présenter sous l'aspect grave d'une personne âgée, d'un personnage important et beaucoup plus mûr que nous. Possibilités de bons résultats dans le traitement de nos maladies osseuses et dentaires. Traitement propice à l'amélioration de notre peau. Grâce à différents moyens nous résolvons notre problème de calvitie. Nous nous faisons faire des prothèses dentaires qui nous rajeunissent. Un pas en avant dans la carrière. On nous attribue une fonction professionnelle spéciale, une reconnaissance dans le domaine artistique, littéraire, poétique, etc. Une de nos œuvres gagne un prix historique, permanent et définitif. Une relation très importante s'établit entre nous et une personne âgée. Un parent âgé ou un de nos amis vit un moment de grande popularité ou se voit attribuée une fonction importante.

Pluton en aspect dissonant à Saturne

Quand Pluton circule en angle dissonant par rapport à notre Saturne de naissance, nous sommes très découragés et même déprimés. Il semble que tout doive aller de travers, que le destin nous soit hostile, la vie ennemie, que les autres nous veuillent du mal. C'est une tentation de défaite, une tendance à jeter l'éponge, un moment vraiment difficile. Moment qui, bien sûr, peut durer plusieurs années. Nous n'avons pas envie de nous lancer sur de nouvelles voies et nous craignons particulièrement ce qui peut nous arriver à court terme. Avec un tel pessimisme, nous pourrons difficilement aller dans la direction d'un investissement, de forces et de capitaux, pour une entreprise commerciale, industrielle, artisanale. Et effectivement cette voix intérieure qui nous suggère d'abandonner vise juste dans la mesure où une part de "malchance objective" nous touche d'assez près. Les épreuves, amplifiées par le gigantisme maléfique de Pluton, tendent à être décuplées, dans tous les sens. Si le destin nous fait tomber une tuile sur la tête, il s'agira d'une grosse tuile. Hélas ce type de passage planétaire ne concerne jamais des aspects secondaires et insignifiants de notre vie.

Si le transit est concomitant à d'autres passages négatifs ainsi qu'à une ou plusieurs Révolutions solaires critiques, alors nous risquons de nous effondrer. Il s'agira surtout de problèmes économiques, mais pas seulement. Eventuelles pertes d'argent dues à des cambriolages, des hold-up, de l'argent prêté non récupéré, une perte d'héritage, des héritages négatifs, des taxes imprévues, des ennuis économiques provoqués par le conjoint, par le jeu de hasard, par de mauvaises spéculations en Bourse, etc. Nous pourrions aussi obtenir un important financement que nous ne serons pas en mesure de rembourser. Du point de vue de la santé, nous pourrions avoir des problèmes psychiques et physiques : névroses et angoisses, phobies, idées fixes. Problèmes psycho-sexuels, état d'impuissance temporaire, frigidité, maladies vénériennes, opérations aux organes génitaux ou des hémorroïdes. Danger de développement tumoral. Crise existentielle due à une mort. Importants problèmes, même économiques, consécutifs à un deuil. Obsessions concernant l'idée de la mort. Mauvaises expériences d'occultisme ou de spiritisme. Attirance maladive pour les faits divers et la criminalité. Dommages patrimoniaux à la suite de travaux de fouilles.

Pluton en aspect harmonique à Uranus

Quand Pluton circule en angle harmonique par rapport à notre Uranus de naissance, nous sentons en nous un courant régénérateur et nous regardons devant nous pour réaliser d'importants changements dans notre vie. L'esprit de renouvellement nous envahit complètement et nous conduit à une profonde transformation, d'abord mentale et puis matérielle, du destin. Nous regardons devant nous avec optimisme et nous sommes conscients que la solution à nos problèmes est dans le renouvellement de tout ce qui nous appartient. Mais renouvellement n'est pas synonyme de destruction et donc nous ne devons pas lire la chose comme le préambule de jours sombres durant lesquels nous perdrons des réalités auxquelles nous tenons. Il s'agira surtout de redéfinir l'avenir dans ses formes si ce n'est dans sa substance. Tout cela se conjugue inévitablement avec le futur, la haute technologie, les dernières découvertes de la science. Les solutions à nos problèmes, surtout à nos gros problèmes viendront des nouveautés, des changements brusques, des virements de bord à 90°, des coups de tonnerre. Nous devons nous équiper et gérer l'avenir de manière très dynamique et surtout ouverte, sans bouclier de protection, en évitant de nous réfugier dans la forteresse de nos angoisses. Nous devons oser, oser vraiment. Les solutions à nos plus importants problèmes peuvent venir de personnes uraniennes, par exemple des Verseaux, des artistes, de personnages originaux et même excentriques. Un événement immédiat et inattendu vient à notre secours et nous aide à résoudre une situation difficile. Une nouvelle thérapie à base d'ondes électromagnétiques ou de radiations en général, nous aide à surmonter une maladie qui nous affligeait depuis longtemps. Nous devons saisir les situations au vol, avoir de bons réflexes car la chance ne ralentira pas lorsqu'elle passera près de nous. Durant ce passage nous pourrons nouer de grandes amitiés, significatives et précieuses, connaître des personnages célèbres ou puissants qui pourront nous sponsoriser un peut partout. C'est une période durant laquelle nous rechercherons davantage l'amitié. De nombreux projets ambitieux pourront se réaliser au même titre que ceux moins importants. Ce sont des mois ou des années d'effervescence mentale, de lucidité dans les idées et les projets, de puissance dans l'apprentissage de nouvelles techniques, dans toutes les disciplines. Aide importante grâce à des équipements informatiques utilisés pour notre travail. Vision émancipée et non douloureuse de la mort. Deuil soudain qui nous favorise. Héritage inattendu. Possibilités de gain au jeu ou grâce à la spéculation en Bourse. Situation financière du conjoint qui change de manière positive. Nous-mêmes ou l'un de nos proches sommes subitement tirés d'une situation de danger de mort. Importantes acquisitions obtenues grâce à des travaux d'excavation. Voyages fructueux dans notre inconscient. Intérêt soudain pour l'occultisme ou le spiritisme et pour le roman noir.

Pluton en aspect dissonant à Uranus

Quand Pluton voyage en angle dissonant à notre Uranus de naissance, nous nous sentons très agités et désirons à tout prix renouveler notre vie. Il s'agit cependant plus d'un sentiment d'insatisfaction à tendance destructrice que de volonté d'amélioration dans le sens d'une régénération. Démolir pourrait être le verbe adapté à la description de notre état d'âme de cette période. Au cours de ce passage planétaire nous sommes très intolérants à l'égard de tout ce qui menace de bloquer notre vie, de nous faire stagner, aux dépens des nouveautés que nous sentons porteuses de réalités positives, mais dont il n'est pas sûr qu'elles soient réellement ainsi. Au contraire dans la majorité des cas, les nouveautés de ces années risquent de nous apporter de grosses tuiles, de nous conduire à de véritables crises existentielles, de grande ampleur. De véritables orages peuvent s'abattre sur nous et nous procurer des épreuves existentielles de première importance. Certaines d'entre elles nous frappent soudainement. De possibles pertes économiques imprévues, à cause de cambriolages, hold-up, escroquerie, manigances, héritage perdu, héritage négatif, mauvaises aventures de jeu de hasard, mauvaises spéculations en bourse, endettement soudain du partenaire, etc. Une mort soudaine nous projette dans une réalité très négative. Perte inattendue d'un point de référence important de notre existence soit sur le plan économique soit sur le plan affectif. Risque de maladies graves. Bizarreries ou problèmes sexuels. Eventuelles opérations aux organes génitaux ou des hémorroïdes. Crises psychologiques de différente nature. Préoccupation pour notre mort ou pour celle de nos parents. Risque de deuil. Choc psychique causé par la fréquentation de cercles occultes ou de spiritisme. Mésaventures avec des criminels. Intérêt maladif pour la criminalité et la littérature policière en général. Dommages patrimoniaux à la suite de fouilles. Mort violente d'une personne chère. Risque de mort violente pour nous aussi si tous les transits et les Révolutions solaires respectives vont dans cette direction. Risque d'arrestation ou d'incarcération.

Pluton en aspect harmonique à Neptune

Quand Pluton circule en aspect harmonique par rapport à notre Neptune de naissance, nous assistons à un réveil de notre spiritualité, si elle existe, dans le cas contraire, à l'éclosion de sentiments qui lui sont liés. Il s'agira difficilement d'états d'âme subreptices à ceux témoignant d'une réelle inspiration mystique, un besoin de surnaturel, un désir de vivre le mystère du surnaturel. Tout au plus, si nous ne sommes pas du tout croyants et si nous restons tels avec ce passage planétaire, alors il s'agira de toute façon d'une grosse inspiration poétique, artistique, de rêve. Nous enregistrerons certainement une dilatation positive de l'inconscient qui tendra à prévaloir sur les forces du Moi, à mettre un peu de côté la raison omniprésente pour donner plus d'espace aux forces de l'intérieur. C'est une magnifique période pour les compositeurs, les artistes en général, les écrivains et les poètes. Grande reprise à la suite d'une épreuve de drogue ou d'un état psychique critique, d'une névrose ou de petites formes de psychoses. Si nous avons traversé une période durant laquelle les fantômes nocturnes de notre conscience ont pris le dessus sur les forces de la raison, maintenant nous avons tous les instruments pour pouvoir remonter la pente et revivre à peu près normalement. Dans d'autres cas, nous pouvons avoir exactement le contraire, à savoir qu'à travers une crise religieuse, une période de grande inspiration mystique, nous réussissons à surmonter une épreuve importante du destin comme la perte d'une personne chère, un grave problème de travail ou d'argent, une maladie. Les possibilités que nous avons de nous consacrer, avec passion ou fanatisme, à un mouvement, à une cause que nous pensons juste, sont au maximum et nous pouvons vraiment profiter du vent en poupe qui nous porte pour atteindre des objectifs importants. Nous sommes en mesure, durant ces mois ou ces années, de nous consacrer complètement à un idéal, politique, religieux, syndical, écologiste, professionnel, etc. Notre attirance pour tout ce que nous pouvons définir d'ésotérique est très élevée et nous pouvons vraiment nous plonger dans des disciplines comme l'astrologie, la philosophie, la théologie, le yoga, le bouddhisme, etc. L'agrégation à une foule, à des masses, à des mouvements collectifs fait émerger notre personnalité et peut nous conduire à des fonctions publiques, à hautes responsabilités. La proximité d'un prélat puissant, d'un astrologue célèbre, d'un psychologue important, nous favorise beaucoup et nous permet d'extraordinaires avancées. De grands voyages avec la pensée, mais aussi au sens propre, surtout de longs voyages en mer. Excellente reprise après des épreuves grâce à l'absorption de psycholeptiques. Consommation d'alcool et de café, en doses modérées, pour favoriser la fin d'une crise.

Pluton en aspect dissonant à Neptune

Quand Pluton circule en angle dissonant par rapport à notre Neptune de naissance, nous vivons des états de conscience altérés qui peuvent nous conduire vers des épreuves importantes. Nous nous sentons intimement ébranlés et constatons un état d'agitation interne permanent. Nous pourrons nous efforcer de nous convaincre qu'il s'agit seulement de fantômes internes et non de véritables spectres : la réalité est, avant toute chose, subjective et ensuite objective et donc les monstres que nous voyons sont des monstres en "chair et en os" et les conseils d'un psychologue ne pourront nous tranquilliser. Une accumulation d'angoisses, de peurs, d'idées fixes, nous conditionne et érige un mur de névroses devant nous, mur qu'il est difficile d'abattre. Nous n'avons jamais autant eu besoin d'une aide pharmacologique et humaine. Nous passons nos journées comme sous l'effet d'une drogue, avec quantité de spectres qui s'agitent en nous et en dehors de nous. Nous ne réussissons pas à avoir une vision sereine de la réalité et les événements de la vie finissent par amplifier cet état d'énorme tension psychologique. Dans certains cas, il faut vraiment le relier à l'absorption de toxines, comme l'excès de café, de tabac ou d'alcool ou dans le pire des cas à l'usage de stupéfiants. Durant les années accompagnant ce passage planétaire nous courons le risque de nous approcher de près du monde de la drogue et de la toxicomanie en général. Autrement il peut s'agir des conséquences d'une longue auto-administration de médicaments et de psycholeptiques : durant ce passage, la chimie joue un rôle décisif sur notre destin. Nous pouvons aussi constater des déséquilibres mentaux liés à une peur qui peut être causée par la fréquentation d'un prêtre, d'un astrologue, d'un mage, d'un psychologue. Ou bien c'est la matière même dont nous nous occupons qui fait croître en nous la peur et l'angoisse. Par exemple, différentes personnes qui apprennent à lire les éphémérides, au cours de ces années, finissent par vivre des états de conscience altérés dus aux peurs qui peuvent naître par l'examen des transits à venir sur un esprit déjà peu équilibré. Il en va de même pour des cauchemars ou des émissions télévisées terrifiantes. Il est évident que tout cela, chez des sujets sains et non soumis à ce type de transit, ne produirait aucun effet, dans le cas contraire, ils finissent par être funestes. Dans le pire des cas, nous pouvons même avoir des épisodes psychotiques. Danger provenant des foules, des mouvements, des manifestations, des grèves... Danger en mer, risque de naufrage. Fortes angoisses et peurs relatives à la mort : causées par un deuil ou simplement par la pensée récurrente de notre fin ou de celle de personnes qui nous sont chères. Inondation des pièces souterraines d'une de nos propriétés. Angoisses à cause du manque d'argent ou pour de l'argent perdu au jeu, en Bourse, à la suite d'un cambriolage, d'un hold-up.

Pluton en aspect harmonique à Pluton

Quand Pluton circule en angle harmonique à notre Pluton de naissance, nous nous étonnons nous-mêmes de l'excellent état de grâce qui nous caractérise par rapport à la volonté de vivre, de construire des choses importantes, de lancer de nouveaux projets, de gagner à tout prix. On notera certainement aussi la présence d'un peu d'agressivité et de présomption, mais il s'agit des ingrédients de base qui forment un entrepreneur, par exemple. En effet, si ce dernier ne pensait pas être au moins un peu spécial, comment pourrait-il affronter tous les problèmes qui s'interposent à un projet commercial, industriel, artisanal ? Notre volonté accrue nous permet de surmonter de vieux obstacles dont une partie n'a jamais été affrontée par manque de volonté de notre part. Maintenant, par contre, nous disposons de toutes les ressources pour les affronter et les éliminer. Mais il ne s'agit pas seulement d'une plus grande volonté, mais aussi d'une aide, non pondérable qui nous vient du ciel, que nous voulions le comprendre au sens mystique ou laïque (astrologique). Probablement durant ces mois, ou années, nous recevrons des reconnaissances significatives de notre travail ; une augmentation, une promotion, une fonction spéciale, un prix, des témoignages de confiance. Ce passage planétaire pourrait correspondre à un des moments les plus importants de notre vie quant à notre croissance professionnelle ou de prestige. La puissance de Pluton comme rouleau compresseur, nous devons l'entendre en positif et en négatif. La dernière planète connue du système solaire peut être l'icône d'objectifs importants que nous réussissons à atteindre. Ces objectifs peuvent aussi être affectifs ou relatifs à la guérison d'une maladie et pour cela les autres transits sur le thème natal et l'examen des Révolutions solaires pourront nous éclairer sur les secteurs concernés par ces satisfactions. Amélioration de notre condition physique et de la puissance à exploiter d'un point de vue athlétique et sportif en général. Excellent transit pour les sportifs qui pourraient battre des records. Excellent passage aussi d'un point de vue sexuel, se manifestant par un grand regain d'intérêt à cet égard (plus au masculin qu'au féminin). Aides de la part de personnages célèbres. Eventuelles acquisitions patrimoniales, par exemple grâce à un héritage, un gain au jeu, un enrichissement du conjoint, etc. Grand intérêt pour les thèmes policiers, pour la criminalité, pour la littérature en général. Deuil qui change la vie de manière positive. Gros travail de recherche introspective au cours d'une analyse. Travaux de fouilles qui pourraient nous enrichir.

Pluton en aspect dissonant à Pluton

Quand Pluton passe en angle dissonant à notre Pluton de naissance, nous traversons un moment difficile pendant lequel nous essayons d'endiguer, avec les forces de la raison, de l'éducation et de l'esprit civique, notre côté le plus primitif, le plus animal. Les forces primitives qui sont en nous, héritage ancestral de très lointains instincts bestiaux qui nous concernaient en tant que mammifères à la recherche d'alimentation, voudraient émerger et nous devons avoir recours à tout le contrôle dont nous disposons pour pouvoir les bloquer. Il s'agit surtout d'instincts destructeurs et autodestructeurs, d'expressions sadiques et masochistes de notre personne. Le loup qui est en nous se réveille et veut être loup pour nos semblables. Si au cours de notre vie nous devons accomplir des actes criminels, il est fort probable que cela adviendra au cours d'un passage de ce genre ou de celui, très semblable, Pluton-Mars. Le mister Hyde qui est en nous et qui d'ordinaire sommeille, ici, comme le réveil d'un lycanthrope, se manifeste dans tout son aspect dramatique et peut nous conduire, si d'autres éléments des transits et des Révolutions solaires le justifient, à commettre des actions que nous regretterions ou dont nous aurions honte. Durant ces mois ou ces années, c'est notre côté le moins noble qui affleure et presque tous nos comportements s'inspirent de la haine, de l'agressivité, de l'opposition aux autres. Notre sens chrétien ne sera en rien sollicité et nous ne penserons pas le moins du monde à nous orienter vers des activités de volontariat. De très fortes pulsions sexuelles nous conditionneront et nous conduiront à voir le sexe plus sous la forme d'érotisme, pornographie, déviation que du point de vue de la complémentarité de l'amour. Bref nous serons plus attirés par le stupre que par la tendresse. Pour les femmes, bien sûr, c'est différent et le passage pourrait simplement vouloir dire fortes curiosités dans le domaine sexuel, désir de transgression, recherche d'aventures sexuelles. Il est aussi possible que ce transit provoque des périodes d'impuissance pour les hommes et de blocage pour les femmes. Risque de maladies sexuelles ou d'opérations aux organes de reproduction ou à l'anus (par exemple hémorroïdes). Expériences de prostitution ou avec des personnes peu recommandables. Fréquentation de milieux criminels. Importantes phobies relatives à la mort ou à l'idée de la mort. Deuils qui nous abattent ou qui nous causent des problèmes. Héritage négatif (une personne chère meurt et nous laisse de grosses dettes). Pertes au jeu ou en Bourse, risque de cambriolage, hold-up, machinations. Paiement de taxes élevées. Prêts d'argent que nous ne pourrons pas récupérer. Endettement de notre partenaire que nous découvrons en ce moment. Disputes pour des problèmes d'héritage. Névroses à cause de la fréquentation de milieux relatifs à l'occultisme ou au spiritisme. Dommages dus à des travaux d'excavation (par exemple, écroulement d'une bâtisse durant des travaux de rénovation de la cave).

Pluton en aspect à l'Ascendant

Voir Pluton en Maison I

Pluton en aspect au Milieu du Ciel

Voir Pluton en Maison X

Pluton en aspect au Descendant

Voir Pluton en Maison VII

Pluton en aspect au Fond du Ciel

Voir Pluton en Maison IV

Pluton en transit en Maison I

Quand Pluton voyage dans notre Maison I, nous sommes emportés par le vent des passions. Une vague d'énergie nous transporte vers de nouvelles expériences de vie très intenses. Nous nous sentons plus forts et plus déterminés, nous voulons tenter, risquer, faire plus. Nous nous débarrassons de cette partie, petite ou grande, d'impasse qui nous caractérisait jusqu'alors et décidons que nous devons réaliser des choses importantes, dans notre travail ou dans notre vie sentimentale ou pour notre état de santé. Une telle énergie peut nous être très utile surtout pour les activités qui demandent un risque entrepreneurial pour créer, ex nihilo, des entreprises commerciales, industrielles, artisanales. Pour faire cela nous devons être convaincus de posséder quelque chose de plus et, en effet, durant ce passage planétaire nous sommes un peu présomptueux, ce qui dans ces cas-là ne gâche rien. Notre énergie aussi s'accroît durant ces années et nous pouvons tenter de battre des records si nous sommes des sportifs professionnels. Parallèlement nous exprimerons une plus grande puissance sexuelle (pour les hommes) ou un désir sexuel plus fort (pour les femmes). Naturellement ce transit doit être lu en fonction de l'âge du sujet, sans oublier qu'un transit de ce genre peut durer trente ou quarante ans, voire plus et s'il arrive à un âge mûr, les références citées doivent être revues et adaptées à l'âge du sujet. Indépendamment de l'âge, le transit peut accompagner des périodes durant lesquelles nous serons très attirés par toutes les matières relatives à l'occulte, au spiritisme, à la criminalité, au roman noir. Expériences extrasensorielles possibles chez les sujets les plus sensibles : prémonitions, télépathie, visions... Si le passage a des modalités dissonantes ou négatives (nous ne devons pas craindre d'écrire ou de prononcer ce mot, même si la démagogie moderne voudrait nous obliger à appeler les aveugles non voyants, les handicapés porteurs de handicap, les voleurs personnes peu honnêtes, etc.) alors nous risquons de devoir affronter un cycle d'années difficiles, caractérisées par des angoisses, des obsessions, des peurs, des névroses en tout genre, automutilation, masochisme, destructivité et auto-destructivité. Les pensées les plus sombres peuvent s'emparer de nous et nous conduire à la destruction de nous-mêmes. Idées suicidaires, au sens large, plus ou moins conscientes. Anéantissement de notre vie sentimentale. Rupture avec des parents, des amis, des personnes chères. Nous sombrons dans un tunnel sans issue en ce qui concerne la drogue, le sexe, la criminalité. Nous nous orientons vers la prostitution, la pornographie, les déviations sexuelles, les dépravations diverses. Danger pour l'état de santé mentale. Fréquentation de personnes peu recommandables. Angoisses relatives à la mort : dues à un deuil ou à l'idée de la mort en général. Equilibre personnel mis en danger à cause de la fréquentation de milieux où l'on pratique le spiritisme, l'occultisme, la magie noire, la démonologie, etc. Attirance malsaine pour les sujets criminels. Explorations souterraines (dans le sens psychologique aussi) très dangereuses. Sentiments de haine, de vengeance, de guerre.

Pluton en transit en Maison II

Quand Pluton circule dans notre Maison II de naissance, nous faisons de grands projets, d'un point de vue financier. Nous ne sommes attirés que par les grandes entreprises, d'un point de vue économique, et nous avons tendance à écarter les plus modestes. Les capacités d'entreprendre, plus ou moins développées, qui sont en chacun de nous, s'accroissent. Nous commençons à nous occuper sérieusement de problèmes financiers et nous lisons la presse spécialisée, suivons les cours de la Bourse, écoutons les experts, nous nous connectons aux sites spécialisés d'Internet, nous nous documentons le plus possible. Même si nous n'avons que de petites sommes à investir, nous affronterons la chose avec l'esprit des magnats de Wall Street. Notre attention est capturée, saturée par le thème argent et il est peu probable que nous nous y intéressions autant dans d'autres périodes de notre vie. Si le thème de naissance est bon, alors nous pourrons construire des fortunes. Quel que soit notre travail, nous opérerons un virement de bord et nous nous orienterons vers l'entrepreunariat, partant de rien pour arriver très loin. Dans d'autres cas, il peut se faire qu'une somme importante d'argent nous parvienne indépendamment de nos efforts pour l'avoir, comme dans le cas d'un héritage qui nous change la vie. Dans un autre domaine, nous pourrions être sollicités pour une activité quelconque en rapport avec le théâtre, le cinéma, la télévision, la photographie, le dessin, le graphisme publicitaire, le graphisme à l'ordinateur, etc. De nombreux acteurs commencent ainsi leur carrière artistique. Il en va de même pour les réalisateurs, metteurs en scène, scénaristes, etc. Il est aussi possible que, quel que soit notre travail, nous acquérions une certaine visibilité, en participant à des émissions télévisées, des manifestations publiques, des tables rondes, des conférences... Dans d'autres cas, nous pourrions éprouver le besoin de changer complètement de look, alors nous commençons un régime sévère, nous faisons du sport pour maigrir, nous nous faisons faire une opération de chirurgie esthétique, nous changeons de coupe et de couleur de cheveux, nous commençons à nous habiller de manière très différente (par exemple, costume cravate, si jusqu'à présent nous étions plutôt sport).

Si le transit s'exprime de manière dissonante, alors nous courons de gros risques d'effondrement d'un point de vue économique ou de toute façon des pertes très importantes dans le domaine financier. Mais une telle éventualité doit déjà être inscrite dans le ciel de naissance et devra être accompagnée d'autres transits éloquents à ce propos ainsi que de mauvaises Révolutions solaires. Il est aussi possible que nous soyons poussés à commettre des actions délictueuses ou peu orthodoxes pour gagner plus d'argent. Rapports possibles avec la criminalité pour de l'argent. Durant un tel passage, les binômes possibles peuvent être argent-sexe, argent-criminalité, argent-drogue, argent-mort (homicide, mais aussi suicide), argent-prostitution, argent-pornographie, etc. Un problème d'argent peut nous plonger dans la dépression. Fort endettement avec les banques ou avec des usuriers. Danger de mort à cause d'une dette que l'on ne peut honorer. Dettes de jeu. Mauvaises spéculations.

Pertes dues à des illusions de puissance dans le domaine économique. Mégalomanie qui nous porte à la destruction. Nous ne devons pas oublier que tout est subjectif et donc un modeste artisan ayant une dette relativement petite pourrait l'aggraver et choisir le suicide pensant que c'est la seule solution à ses problèmes. A un autre niveau, ce passage planétaire peut signifier que nous obtenons une notoriété désagréable (à cause d'un scandale nous concernant) ou que notre look se dégrade considérablement à cause d'une prise de poids ou à la suite d'une blessure, d'une opération, d'une maladie. Nous sommes attirés par le cinéma porno. Nous sommes impliqués dans des films pornos. Du matériel important concernant la photographie, le cinéma, le graphisme à l'ordinateur, etc. nous est dérobé.

Pluton en transit en Maison III

Quand Pluton circule dans notre Maison III de naissance, nous vivons des années durant lesquelles nous avons la possibilité d'effectuer d'importantes études de différents types. Qu'il s'agisse d'examens universitaires ou d'études pour notre propre compte, nous réussirons à obtenir d'excellents résultats grâce à notre concentration qui, durant ce passage, est vraiment à un niveau optimum. Notre esprit est lucide, éveillé, prêt à échanger rapidement des informations dans le sens input/output. Nous pouvons nous essayer à de simples cours de langue comme à des études vraiment particulières qui peuvent enrichir notre patrimoine culturel, relativement à notre profession. Il en va de même pour des textes écrits qui, durant ces années, pourraient se matérialiser en un livre susceptible de nous apporter la célébrité. Ceux qui sont plus sensibles au concept de communication, à travers la voiture et non les livres, alors l'achat d'une voiture prestigieuse, coûteuse, rapide, puissante est à envisager. Il en va de même pour une moto ou pour un fourgon, un camion, un autobus. En outre ce transit peut indiquer un moment de grande affirmation sociale, professionnelle, sentimentale pour notre frère, notre cousin, un beau-frère, un jeune ami. Même si notre travail n'a rien à voir avec le commerce, nos capacités dans les affaires seront potentialisées. Si le passage s'exprime de manière négative, alors il est probable qu'une épreuve importante comme un deuil pourra nous faire abandonner nos études ou les ralentir considérablement. Névroses, angoisses, phobies pour un examen que nous devons passer ou pour un concours auquel nous devons participer, une conférence que nous devons tenir, un livre que nous nous sommes engagés à écrire dans des délais très brefs. L'étude des sciences occultes, du spiritisme, de la magie noire compromettent notre équilibre psychophysique. Un frère ou un cousin ou un beau-frère ou un jeune ami deviennent protagonistes d'un fait criminel ou d'un scandale sexuel ou sont frappés d'une grave crise nerveuse. Dégradation importante de nos relations avec les membres de notre famille cités ci-dessus. Grave accident de voiture ou de moto ou en traversant une route, accident qui touche ces personnes-là ou nous-mêmes. Vol d'une voiture coûteuse. Deuil d'un de nos proches à cause d'un accident de la route. Nous sommes attaqués par la presse. Publication d'un pamphlet nous concernant. Un de nos livres est objet de scandale ou d'attaques de la part de nos ennemis. Nous risquons de subir des escroqueries ou d'avoir un comportement malhonnête. Risque de graves maladies pulmonaires ou respiratoires à cause d'une consommation excessive de tabac. Panne importante de nos imprimantes.

Pluton en transit en Maison IV

Quand Pluton transite dans notre Maison IV radicale, nous pensons à l'achat d'une grande maison. Si en d'autres temps nous avons fait des projets concernant une acquisition immobilière, en cette période nous ferons la même chose, mais en pensant à une demeure très particulière, par ses dimensions, son importance, le luxe, le lieu, l'exposition. Nos projets seront orientés vers le grandiose, presque toujours au-delà de nos possibilités, mais pas au point de rendre le projet irréalisable : avec ce passage planétaire, en effet, il est presque sûr que le rêve deviendra réalité. Lorsque nous parlons de maison, cependant, nous devons aussi inclure, éventuellement, le lieu où nous travaillons ou la résidence secondaire, une multipropriété, un camping-car. Si, par contre, notre intention n'est pas celle de procéder à une acquisition immobilière, alors il pourra s'agir de travaux de rénovation, d'importants travaux d'entretien ou de changement de notre logement habituel. Dans ce cas aussi nous aurons tendance à penser en grand et nos intentions ne seront pas inspirées par l'économie. Ce transit, comme chacun sait, dure plusieurs années et donc au cours de cette période nous pourrons procéder à des travaux par étapes avec des intervalles plus ou moins longs, mais le résultat final sera une maison neuve, plus belle, plus accueillante, qui nous satisfera pleinement. Il est en outre possible qu'il s'agisse seulement d'un déménagement et non d'un achat ni de travaux. Dans ce cas aussi nous prévoirons une opération plutôt peu indolore, d'un point de vue économique. A côté de tout cela, l'on peut prévoir une période de grande célébrité ou prestige ou succès professionnel pour nos parents et en particulier pour notre père qui se voit attribuer une fonction à responsabilité, qui produit une œuvre significative, qui devient célèbre ou, plus simplement, qui obtient un succès privé dans le domaine sentimental ou un très bon rétablissement après une maladie. Nos rapports avec nos parents deviennent plus assidus et significatifs. Très souvent cette Maison se réfère aussi aux beaux-parents et donc les considérations précédentes sont aussi valables pour eux. Si ce transit revêt un aspect dissonant, alors nous devons craindre de gros problèmes relatifs à notre habitat, des problèmes qui vont de l'expulsion, pour des motifs différents, à sa destruction, à cause d'un tremblement de terre, d'un incendie, d'une inondation, d'une explosion, d'une fuite de gaz, etc. Nous pouvons aussi perdre notre logement pour des raisons légales, à cause d'un vice de procédure au moment de l'achat, parce que nous découvrons, avec retard, que la maison que nous avons achetée était hypothéquée ou parce que nous découvrons l'existence d'un nouvel héritier. La maison nous est retirée parce que nous ne pouvons pas payer les crédits ou parce que notre conjoint l'a jouée aux cartes. L'achat d'une maison nous laisse sur le pavé, sur le plan économique. De nombreuses dettes importantes pour l'achat d'une maison. Actions illégales voire délictueuses pour entrer en possession d'une maison. Le problème de la maison que nous n'avons pas nous conduit à une forte dépression nerveuse. Nous achetons la maison d'un malfaiteur. L'immeuble où nous habitons est le théâtre de trafics illicites dans lesquels nous risquons d'être impliqués. Mauvaise influence d'une maison qui nous porte au bord d'une grosse névrose ou d'une psychose. De nombreuses phobies, peurs, angoisses relatives à l'habitat, tant domestique que professionnel. Nous faisons une grosse erreur dans une opération de vente ou d'achat immobilier, avec de grosses conséquences économiques. Nous sommes escroqués dans l'achat d'un appartement ou c'est nous qui tentons d'escroquer quelqu'un. Nous nous disputons violemment avec nos parents ou nos beaux-parents pour la possession d'une maison. Nous sommes exclus d'un héritage immobilier alors que nous pensions qu'il nous revenait de droit. Une découverte au cours de travaux de fouilles dans notre terrain nous met face à une évidence dramatique, criminelle, épouvantable. Un de nos parents, en particulier notre père, commet un grave délit ou traverse une période caractérisée par des troubles mentaux, de très grosses angoisses, des peurs, des névroses, des comportements à la limite de la psychose. Scandale sexuel concernant un de nos parents. Mort d'un de nos parents qui nous plonge dans l'angoisse et dans une crise difficile à surmonter. Mort violente de notre père ou de notre mère.

Pluton en transit en Maison V

Quand Pluton transite dans notre Maison V, nous ressentons un grand élan créatif, au sens large. Si nous sommes artistes, nous vivrons une période de grande production avec la possibilité de donner naissance à des œuvres qui nous feront entrer dans l'histoire et cela est valable tant pour la peinture que pour le cinéma, la musique, la littérature... Mais même si nous ne sommes pas des artistes nous nous sentirons très créatifs et nous pourrons commencer à cultiver un nouveau passe-temps qu'il soit de nature artistique ou pas. Quelquefois ce désir de créativité se dirige vers son expression la plus naturelle et se matérialise à travers une maternité ou une paternité. Etant donné le caractère spécial de cette planète, nous devons penser qu'il s'agira d'une conception destinée à marquer un moment important de notre vie, comme dans le cas de l'arrivée d'un héritier qui perpétuera notre nom, qui régénèrera notre relation de couple, qui inaugurera une phase nouvelle de grande responsabilité grâce à laquelle nous affronterons la vie. En outre, au cours de ce passage planétaire, il est aussi possible que nous orientions une grande partie de notre énergie vers l'amour et ces années-là nous verront protagonistes d'une longue saison d'aventures, d'amours occasionnelles, mais aussi d'amours très intenses avec le même partenaire, tant au niveau des sentiments qu'au niveau sexuel. Explosion des sens et grande attraction pour le sexe. Période ludique et récréative de la libido. Naissance d'une passion importante en ce qui concerne les hobbys. Beaucoup de temps consacré aux loisirs, au sport, au cinéma, au théâtre, aux concerts, à la musique en général, à la danse, au jeu de cartes, au casino, aux spéculations en Bourse, aux courses de chiens et de chevaux, aux paris, à des choses nouvelles et enthousiasmantes allant de l'ordinateur à l'étude des auteurs grecs classiques, passant par la cuisine et le jardinage. Il est aussi possible que se renforce notre relation avec un fils ou une fille ou que ces derniers se distinguent par un record battu, un prix reçu, une fonction à responsabilité et de prestige, la guérison d'une maladie grave, un mariage ou le début d'une vie en commun. La Maison V veut dire aussi enseignement et ce passage planétaire peut signifier le début, pour nous, de l'activité d'enseignement. Si le transit se manifeste de manière dissonante, alors nous devons craindre la possibilité de sombrer dans un vice nuisible pour notre santé, pour notre image ou pour notre portefeuille. Risque de devenir des esclaves du jeu de cartes ou des acharnés du casino. Importantes sommes d'argent perdues au tapis vert, spéculations en Bourse, aux courses hippiques. Sexe débridé. Risque d'infections sexuelles ou de naissances illégitimes. Scandales relatifs au sexe ou à une paternité ou une maternité illégitime. Attirance pour le monde de la pornographie, de la prostitution, du sexe dans ses formes les plus délétères et destructrices. Crimes ou délits commis pour le sexe ou le vice en général. Rapports intimes avec des malfaiteurs ou des personnes dangereuses. Périodes d'impuissance pour les hommes ou de blocage sexuel pour les femmes. Risque d'avortement ou de naissances d'enfants handicapés ou gravement mal formés. Enfants impliqués dans un scandale ou commettant un crime ou commençant à fréquenter des milieux criminels. Rapports agressifs et de rupture avec l'un de nos enfants. Mort ou danger de mort violente d'un de nos fils. Etats de grosses névroses qui nous frappent à la suite de préoccupations pour un de nos enfants. Enfants qui nous inspirent une peur excessive.

Pluton en transit en Maison VI

Quand Pluton circule dans notre Maison VI, nous pensons "en grand" pour tout ce qui concerne notre travail. Nous faisons des projets de développement, de croissance, de révision positive de notre activité professionnelle et il existe de réelles possibilités pour qu'elle s'accroisse considérablement. Il peut aussi s'agir du recrutement d'une collaboratrice ou d'un collaborateur important de par ses fonctions ou de par son rôle ou parce qu'ils nous seront très utiles même si leurs fonctions restent humbles. En effet, il pourra s'agir tant d'une personne spécialisée, experte, cultivée, que d'un domestique avec des tâches simples relatives à l'entretien de la maison, rôle qui, cependant, nous permettra de nous émanciper grâce à un accroissement de notre temps libre. Nous aurons donc, durant ce passage, la possibilité de recruter une personne qui se révèlera être précieuse, fiable, utile, fidèle, pour longtemps. Il est aussi possible qu'un de nos employés ou un de nos collègues ou un de nos supérieurs accède à une condition prestigieuse, importante, de grande notoriété ou célébrité. Il est aussi possible que ce transit concerne notre santé et dans ce cas, il établit l'arrivée d'une guérison considérée difficile, le rétablissement après une grave maladie, la solution d'un problème de santé considéré sans issue. Dans ce sens, nous pourrons mobiliser toutes nos forces, nos potentialités les meilleures pour nous diriger vers la santé, la poursuivre en faisant un régime sévère et désintoxiquant, en ayant une activité physique, en faisant des cures thermales, des massages traditionnels et shiatsu, de l'acupuncture, avec la médecine homéopathique, avec les bains de boue, avec les ondes électromagnétiques et tout ce qui est bon pour notre bien-être. Dans ce cas, plus que d'un médicament miraculeux, il s'agira surtout de l'action conjuguée de plusieurs thérapies qui pourront nous ramener à un état de santé qui semblait compromis. Si, au contraire, ce passage s'exprime de manière négative, alors nous devons craindre une maladie non secondaire ou marginale, une pathologie qui pourrait même être grave ou gravissime, sans rien exclure. Cela doit être entendu au sens strictement somatique et psychique et pourrait concerner un état de grande prostration psychologique, d'angoisses, de dépressions, de névroses plus ou moins graves, éventuellement consécutives à une mort. D'un point de vue professionnel, au contraire, le transit peut signifier un crime, de quelque type que ce soit, commis par un de nos collaborateurs ; un scandale, peut-être de type sexuel, qui implique l'un de nos employés. Fait criminel ou scandale sexuel qui nous voit protagonistes ainsi qu'un de nos employés ou collaborateurs. Un employé tombe gravement malade. Nous perdons un travail important. Nous sommes licenciés. Obsessions qui nous mettent dans un état de prostration par peur de perdre de notre travail. Licenciement à cause d'une mort. Graves accidents de travail. La loi se chargera de notre travail.

Pluton en transit en Maison VII

Quand Pluton transite dans notre Maison VII, il est fort possible que nous ayons très envie de nous marier, mais - comme tous les transits de Pluton - il ne s'agira pas d'une vocation abstraite mais bien d'une réalité objective et si nous ne sommes pas encore mariés ou si nous ne le sommes plus, il est vraiment très probable que cela adviendra. Même les célibataires endurcis, au cours de ce passage planétaire peuvent décider de changer de route et d'initier une vie de couple, avec ou sans le viatique de la mairie ou de l'église. Donc ce transit peut aussi simplement indiquer le début d'une cohabitation. Durant ces années, nous sommes portés à penser qu'il est utile pour nous de nous unir, tant au sens sentimental qu'associatif en général, pour le travail, pour des faits culturels, à des fins commerciales, politiques, religieuses, idéalistes. De nombreuses personnes entreprennent ainsi un parcours politique. Sous d'autres aspects, ce passage peut indiquer, au contraire, un moment de grand prestige, célébrité, affirmation de notre partenaire, d'un associé ou de notre référence culturelle majeure. Il est vrai que, souvent, durant le transit Pluton/Maison VII, nous réussissons à résoudre une affaire importante, à être relaxés dans un procès important qui durait depuis des années ou qui nous avait exposés à l'attention publique de manière peu agréable. Si, au contraire, ce transit se manifeste surtout avec des aspects dissonants, alors il peut accompagner un divorce, la séparation définitive d'avec notre partenaire, l'interruption d'une relation qui durait depuis de nombreuses années. Avec un tel transit, des sociétés qui semblaient indestructibles se dissolvent ainsi que des associations politiques, culturelles. En même temps, nous devons craindre de sérieux problèmes avec la justice, des contrôles fiscaux, des contrôles de police, ou de graves procès. Incarcération possible. Incrimination pour des délits importants, contre le patrimoine ou contre des tiers. Gros scandale qui nous fait paraître dans les faits divers. Scandale qui concerne notre conjoint ou notre associé. Ils sont incriminés pour de graves délits. Risque d'attentats physiques ou de pamphlets publiés contre nous ou notre partenaire. Attentats de la mafia contre nos propriétés. Importantes attaques politiques dirigées contre nous.

Pluton en transit en Maison VIII

Quand Pluton transite dans notre Maison VIII, nous pouvons réaliser des gains hors du commun. Nous sommes en mesure d'exploiter un transit unique en son genre, un passage planétaire qui pourrait d'un seul coup nous rendre riches et ce grâce à une négociation importante, par exemple en servant de médiateur dans une affaire colossale, ou en gagnant une compétition de portée mondiale ou même en réussissant à valoriser un de nos biens qui ne semblait pas destiné à transformer notre vie, comme dans le cas d'un terrain qui prend une valeur dix fois supérieure grâce à l'heureuse modification d'un projet d'urbanisme. Il peut aussi s'agir de gains dus au travail, mais plus rarement car, il s'agit d'argent qui, de façon inaccoutumée, nous tombe en quelque sorte du ciel, comme dans le cas d'une somme de plusieurs milliards gagnés au jeu, d'un héritage plus ou moins imprévu, d'une acquisition patrimoniale grâce à un mariage ou d'une somme d'argent, fruit d'un heureux destin. Une importante réalisation financière peut aussi nous provenir de la vente d'un immeuble ou d'un bien tout aussi précieux. Ce transit peut aussi signifier l'enrichissement imprévu et spectaculaire, sous certains aspects, de notre partenaire. Grand réveil de l'activité sexuelle. Augmentation importante de la libido. Ascension sociale possible due à une mort. Un deuil nous ouvre la voie à une grande affirmation professionnelle ou bien nous offre un rôle de prestige qui jusqu'alors nous était nié. Grand héritage spirituel. Approche du mystère de la mort. Catharsis à cause d'un deuil. Passion pour l'occultisme, la magie, le spiritisme. Des dons médiumniques se révèlent pour la première fois en nous. Fantastiques expériences de télépathie, voyance, phénomène extrasensoriel. Grandes explorations souterraines, fouilles fructueuses dans notre propriété. Explorations importantes dans notre inconscient avec l'aide d'un analyste. D'un point de vue négatif, par contre, ce passage planétaire peut indiquer de grosses pertes économiques, de véritables hémorragies d'argent dues à des cambriolages, des hold-up, des escroqueries, des prêts jamais remboursés, des dévaluations de titres, des entreprises commerciales ou industrielles ou artisanales qui sombrent misérablement, des aides substantielles que nous devons donner à notre partenaire, des frais énormes pour sauver un parent, endettement de tout type. Avec ce transit, il est presque plus dangereux de recevoir de l'argent que de le restituer car il pourrait s'agir, par exemple, de gros financements que nous réussissons à obtenir et qui déterminent, ensuite, notre ruine économique car nous ne réussirons jamais à nous défaire de cette dette. Dangereux endettement avec des usuriers, liés ou non à la mafia. Eventuelle usure de notre part si nous avons déjà de telles tendances criminelles dans notre ciel de naissance. Gains liés à des actions criminelles. Enrichissement par la prostitution ou d'autres activités illicites. Crimes commis pour des motifs économiques. Actions méprisables à l'égard d'un parent pour réaliser un profit. Mort d'un parent qui nous précipite dans un drame financier. Héritage négatif. Mort du partenaire qui révèle un nombre infini de dettes. Idées homicides ou suicidaires à cause de problèmes financiers. Relations sexuelles avec des prostituées. Déviations sexuelles de tout type. Crimes sexuels. Tentative de viol subi ou exercé. Période d'impuissance pour les hommes ou de blocage sexuel, de frigidité, pour les femmes. Mariage entre le sexe et la mort. Tendances nécrophiles. Grand déséquilibre mental à cause d'un décès ou à cause de la peur de la mort. Mauvaises expériences d'occultisme, spiritisme, magie noire générant des névroses. Peur du démon. Obsessions relatives à des mauvais sorts présumés. Fréquentation de milieux ou de personnes liées à la criminalité. Risque de maladies vénériennes ou d'opérations aux organes sexuels et à l'anus. Découvertes effroyables durant des travaux de fouilles. Découverte de zones dangereuses de notre inconscient. Mauvaises expériences de psychanalyse. Mort d'un parent qui nous plonge dans la panique. Dommages au tombeau de famille. Grosses dépenses pour des funérailles.

Pluton en transit en Maison IX

Quand Pluton transite dans notre Maison IX, notre libido nous projette fortement vers le lointain, entendu dans le sens géographique et métaphysique. Si, précédemment, nous avons déjà envisagé d'aller vivre loin, à l'étranger ou dans une autre ville ou une autre région, maintenant notre détermination à ce sujet devient concrète, finale, inéluctable. Nous ne pouvons plus attendre et passons certainement à la phase exécutive du projet, coûte que coûte. D'ordinaire, il s'agit de quelque chose qui nous enrichira, qui nous permettra de nous améliorer et d'évoluer de différents points de vue, y compris en ce qui concerne le pouvoir et l'argent. Notre situation socioprofessionnelle, notre prestige, l'image que les autres ont de nous, tout peut évoluer positivement, en fonction d'un déplacement, d'une immigration. D'autres fois ce passage planétaire peut signifier que notre succès ou notre popularité dépend d'un long voyage que nous décidons d'effectuer, peut-être par opposition à des années d'immobilisme. Avec l'éloignement, de nouveaux horizons s'ouvrent à nous. Mais le lointain doit être compris aussi dans le sens métaphorique et peut vouloir dire naviguer sur ces eaux dont nous avons toujours rêvé et que nous n'avons jamais parcourues, comme dans le cas des explorations dans les territoires infinis de la philosophie, de la théologie, de l'ésotérisme, de la parapsychologie, de l'astrologie, du yoga, de l'orientalisme, du new age au sens large. Une nouvelle et très importante phase de notre vie commence avec le début d'un cours universitaire, l'étude d'une langue (y compris le langage informatique), la participation à un stage, à un séminaire de préparation post-maîtrise, etc. Un prix ou encore une reconnaissance de notre travail ou une occasion brillante d'évolution nous sont offerts de l'étranger ou par un étranger. De l'argent nous provient d'un parent qui vit loin, peut-être grâce à un héritage. Forte passion sexuelle avec une personne vivant à l'étranger ou avec notre partenaire au cours d'un voyage ou d'un séjour loin de chez nous. Si le transit se manifeste de manière négative, alors nous courons le risque de vivre une très mauvaise aventure à l'étranger, comme une arrestation, une incrimination, un scandale, un grave accident, un danger de mort. La mort d'un de nos parents qui vit loin nous plonge dans une profonde crise psychologique. Nous sommes atteints d'une grosse dépression alors que nous vivons loin de chez nous. Grosses phobies, angoisses, dépressions au cours d'un voyage. Voyages pénibles et dramatiques pour des raisons de santé concernant un de nos parents ou nous-mêmes. Très mauvaises expériences avec des personnes peu recommandables que nous rencontrons durant des vacances. Crises psychologiques à la suite de l'étude de matières comme l'astrologie, la magie noire, l'occultisme, le spiritisme. Mauvaises influences sur le système nerveux à cause de la fréquentation de personnages venus de loin. Graves problèmes avec la justice.

Pluton en transit en Maison X

Quand Pluton transite dans notre Maison X, toutes nos énergies se mobilisent pour soutenir notre ambition. Nous voulons faire plus, compter plus, augmenter notre pouvoir dans la société, que nous appartenions à la catégorie des personnages publics ou que nous fassions partie de la majorité silencieuse. Mais il ne s'agit pas tant d'une ambition reposant seulement sur la vanité que d'une évaluation juste de nos réelles possibilités du moment. Les autres aussi s'en rendent compte et il n'est pas rare que nous réussissions à marquer des points importants pour notre évolution professionnelle, dans cette période. Nous pourrons nous voir attribuer des fonctions de prestige, des promotions, des fonctions honorifiques ou concrètes, des gratifications professionnelles de tout type. Il en va de même pour notre mère : les astres nous signalent à son sujet une reprise d'un point de vue professionnel ou sentimental ou après une maladie. Il est aussi possible que nous ayons une relation nouvelle et très importante avec la personne qui nous a mis au monde. Mais si le transit s'exprime de manière négative, alors nous devons craindre des revers professionnels et cela est d'autant plus vrai que notre situation professionnelle est instable. Nous devons cela dit faire la distinction entre un fonctionnaire, qui court rarement le risque d'être licencié, et un entrepreneur, une personne exerçant une profession libérale, un artisan, un homme politique, un acteur, un artiste, un musicien, un écrivain, bref toutes les professions dont la situation peut se détériorer d'un moment à l'autre. Le médecin devra faire attention à ne pas commettre des erreurs qui pourraient lui coûter la prison, les hommes politiques devront faire attention aux risques de corruption et les ingénieurs ne devront pas signer de projets audacieux ou peu crédibles. Nous courons tous, ou presque tous, en dehors des catégories précédemment citées, de gros risques professionnels dans cette période, et même ceux qui ne courent pas directement de risque pour leur emploi, doivent craindre un éventuel ternissement de leur image par les médias ou simplement dans le milieu restreint de leur lieu de travail. Scandale qui nous nuit considérablement sur notre lieu de travail. Eventuelle déviation criminelle de notre activité. Contacts de travail possibles avec des malfaiteurs, des prostituées, des personnes fort peu recommandables. Actions criminelles pour améliorer notre propre condition sociale. Une mort nous nuit professionnellement. Scandale qui concerne notre mère ou son état psychologique plutôt grave : dans le pire des cas, si de nombreux autres aspects du thème natal et des Révolutions solaires le justifient, danger de mort ou de suicide.

Pluton en transit en Maison XI

Quand Pluton voyage dans notre Maison XI, nous faisons des projets grandioses. Ils ressemblent, par leur grandeur, à ceux qui inspiraient Louis XIV, le Roi Soleil, lorsqu'il indiquait à ses architectes de quelle manière il voulait que soient réalisés les jardins et les fontaines de son palais. Nous ne réussissons pas à penser petit et une hypertrophie, proche de la mégalomanie, nous ôte tout sens critique et nous projette en direction d'entreprises avec un E majuscule. Naturellement, ce n'est pas un mal en soi, au contraire, cela pourrait être un avantage. L'ingénieur voudra projeter un nouveau pont de Brooklyn, l'artiste une nouvelle Chapelle Sixtine et l'écrivain une nouvelle *Divina Commedia* : aucun d'eux ne s'intéressera au projet du nouvel édifice du cadastre, au système des feux de circulation d'un quartier de banlieue, à la réalisation graphique de l'affiche d'une rencontre littéraire. A la différence du transit décrit précédemment, celui-ci ne prévoit pas obligatoirement la réalisation ou la réalisation immédiate des idées, mais peut jeter les bases de quelque chose de très important que nous réaliserons peut-être dans vingt ou trente ans. Durant ce passage, nous pourrions être sponsorisés par des personnages influents, des amis importants, des relations puissantes. Différentes portes peuvent s'ouvrir, mais seulement des portes importantes et plus rarement celles de simples secrétaires (ce qui pourrait arriver avec des transits mineurs, par exemple avec un passage rapide de Jupiter). Nous avons aussi la possibilité de faire de très intéressantes et très utiles connaissances qui deviendront ensuite des amis. Un ami ou une amie devient célèbre, se voit attribuer une fonction prestigieuse, obtient un succès sans égal. Si le passage est dissonant, alors il est possible qu'un de nos amis soit impliqué dans un scandale ou même qu'il soit incriminé ou arrêté ou qu'il soit en danger de mort. Nous retrouvons souvent un tel transit, beaucoup plus souvent que la Maison VIII, à l'occasion de deuils et surtout de deuils importants, dévastateurs d'un point de vue psychologique, funestes en ce qui concerne les conséquences matérielles, dramatiques en raison des circonstances dans lesquelles ils se déroulent. Eventuel suicide ou homicide dans lequel est impliqué un ami. Amis qui sombrent dans le vice, qui fréquentent des malfaiteurs, des prostituées, des transsexuels, des pédophiles. Grave crise psychologique de personnes que nous aimons, bien qu'il ne s'agisse pas de notre partenaire. Projets criminels. Protection de la part de malfaiteurs dont nous ne réussirons pas à nous libérer. Protection qui nous procure des prêts de la part d'usuriers, prêts qui nous ruineront économiquement.

Pluton en transit en Maison XII

Quand Pluton transite dans notre Maison XII, des territoires infinis de recherche comme ceux explorés par *Le matin des magiciens*, de Pauwels et Bergier pourraient s'ouvrir à nous. Puissant intérêt pour l'ésotérisme, la parapsychologie, l'occultisme, l'astrologie, la théologie, la philosophie. Le sentiment d'humanité et l'esprit d'assistance qui sont en nous, à l'état potentiel, pour ceux qui les possèdent, explosent dans toute leur puissance et se manifestent par des actions et pas seulement par des mots. De grandes actions de volontariat exaltent la spiritualité qui est en nous. Aide aux pauvres, aux vieillards, aux malades, aux émigrés de tous les sud du monde. Explosion d'un fort mysticisme qui peut conduire à des choix définitifs et absolus comme entrer dans un ordre religieux ou partir comme missionnaire dans les continents les plus pauvres de la Terre. Rencontre extraordinaire avec un maître de vie, un prêtre charismatique, un saint, un apôtre, un astrologue, un voyant. Choix erémitique, de pauvreté, de retraite en méditation. Triomphe des recherches occultes de tout type, succès inespéré dans des enquêtes de police. Reconnaissance libératoire de l'existence d'ennemis secrets. Si le passage s'exprime de manière négative alors la descente dans les pires enfers possibles est envisageable : le vice, la drogue, la criminalité, les aberrations sexuelles comme la pédophilie, des névroses dévastatrices et même des psychoses. Selon la gravité du transit et des autres passages planétaires concomitants mais aussi des Révolutions solaires, nous risquons une chute vertigineuse avec peu de probabilités de remonter la pente. Ceux qui y parviennent pourront vraiment dire qu'ils sont allés en enfer et sont revenus à la lumière, qu'ils ont vécu une catharsis, une résurrection, qu'ils ont vécu la transformation de serpent en aigle. Les scènes terrifiantes décrites par Victor Hugo dans *Les misérables* (la prison, les hôpitaux, les égouts, la misère, les maladies, la haine fratricide, le mal dans toutes ses manifestations) pourront servir de toile de fond à ce transit qui est peut-être le pire ou l'un des pires. Les destructions causées par Pluton qui, tel un rouleau compresseur, écrase tout sur son passage, avec des répercussions sur les décennies suivantes, est difficilement comparable aux dégâts provoqués par n'importe quel autre transit. Le suicide et l'homicide peuvent être deux autres ingrédients importants de ce transit et accompagner dignement les territoires de romans comme *Crime et Châtiment* ou d'autres romans du même type de la littérature russe. De grands ennemis secrets se déchaînent en nous. Dans le meilleur des cas il s'agira de lettres anonymes qui provoqueront un scandale dans lequel nous serons impliqués. Incriminations ou incarcérations possibles. Hospitalisation. Séjours en maison de repos pour de graves troubles nerveux. Fortes névroses ou psychoses. Chocs à cause de deuils. Episodes psychotiques à la suite de la fréquentation de mages, de mauvais astrologues, d'adeptes de Satan. Obsessions de mort. Dépressions très profondes.

12.
Les Maisons de Révolution

Ascendant de Révolution en Maison I radicale ou stellium ou Soleil en Maison I de Révolution.

Il faut ici être clair. Déjà dans d'autres de mes publications, et surtout dans *Trattato pratico di Rivoluzioni solari*, j'ai tenté de m'expliquer le mieux possible, mais soit je n'ai pas été assez clair, soit mes lecteurs ne m'ont pas bien compris. C'est pourquoi je tenterai de nouveau ici de montrer les significations de cette position, en espérant, cette fois, être compris et écouté. L'expérience m'enseigne que les Maisons XII, I et VI sont trois secteurs très particuliers dans la Révolution solaire, extrêmement négatifs et presque de même niveau. C'est-à-dire que si la Maison XII vaut cent points de négativité, la I et la VI en valent quatre-vingt-dix-neuf. Telle est la situation. Par contre, je n'ai pas du tout été compris lorsque mes élèves ou lecteurs m'ont signalé être contents d'avoir évité un Ascendant en Maison XII qui, par contre, serait arrivé en Maison I : je vous assure qu'il n'y a dans la pratique aucune différence entre la méchanceté d'une Maison XII et celle d'une Maison I ou VI. Toutes les trois sont mortelles, terribles, très négatives. Je ne m'étendrai pas sur la question de la croissance présumée dont nous tirerions profit et donc sur la bonté de ces secteurs pour en avoir déjà parlé dans d'autres parties de ce livre ou dans d'autres écrits. Je m'arrêterai, par contre, sur les significations d'une telle méchanceté. Alors, considérant comme acquis la portée négative et dangereuse de telles Maisons et espérant cette fois avoir été plus clair, je chercherai à éliminer une autre équivoque importante. La plupart des fois, en effet, j'ai expliqué que les effets délétères de ce secteur intercepté soit par l'Ascendant soit par le Stellium ou par le Soleil de Révolution, doivent être enregistrés surtout par rapport à la santé. Mais ici aussi je n'ai pas été compris. Très souvent, en effet, il m'est arrivé qu'un consultant se soit émerveillé en constatant qu'à une année exactement de mes prévisions, il a rencontré non pas un problème de santé, mais qu'il a été quitté ou trahi par sa femme. Mais de quoi s'agit-il sinon d'un problème de santé ? Comment pensez-vous que se sente un homme ou une femme qui a été quitté par la personne aimée ? Comme s'ils vivaient dans les flammes de l'Enfer ! Et c'est exactement ce que l'on vit dans cette Maison : qu'il s'agisse de personnes laissées par leur partenaire, d'hommes politiques qui perdent leur pouvoir, de chefs d'entreprise qui ont des problèmes économiques, d'élèves qui redoublent, de sportifs qui sont blessés dans un accident ou de personnes qui sont atteintes par une tumeur ou un infarctus : qu'y a-t-il de différent ? En fin de parcours on trouve toujours la souffrance, beaucoup de souffrance. Alors je désire le répéter encore une fois, en espérant que ce soit la bonne : la Maison I, ainsi que la XII et la VI, représentent le caléidoscope de toutes les possibilités de malheurs qui peuvent arriver à une personne, sans aucune exception, des problèmes d'amour, aux problèmes économiques, juridiques, judiciaires, aux scandales, aux maladies, aux plus graves dépressions. On doit entendre par santé aussi bien la santé physique que la santé psychique et une dépression ne fait pas moins mal qu'un carcinome. Les motifs de souffrance peuvent être les plus divers et tendent à embrasser tout l'univers de la souffrance humaine, sans éviter aucun problème, des rhumatismes au désespoir qui mène au suicide. Voilà pourquoi personne ne peut dire : "Cela ne me préoccupe pas car je suis en bonne santé !" Ici la santé ne vaut que jusqu'à un certain point parce qu'en cas de grand déplaisir, même s'il ne s'agit pas de glycémie ni de cholestérol, le désespoir peut causer des dégâts bien plus graves. Cela étant dit, il est pourtant vrai que dans la plupart des cas il peut s'agir d'un problème physique et il suffit, comme une arthrose qui progresse, d'un mal aux dents, d'un calcul rénal, d'une hépatite virale, d'un souffle au cœur ou de n'importe quel autre problème de santé. Parfois, et pas rarement, une telle position se réfère à une intervention chirurgicale à affronter d'un anniversaire à l'autre, intervention qui peut être banale, comme l'opération de la cloison nasale déviée, ou importante comme un by-pass au cœur, une greffe du foie ou du rein, l'éradication d'un carcinome. Même les longues convalescences sont interceptées dans ce territoire, comme après une chimiothérapie qui a duré de longues semaines. Quand la Maison I s'exprime de manière positive, mais ce sont des cas très rares, elle peut indiquer une grossesse qui modifie fortement le corps. Il en va de même pour un important changement de poids du sujet, pour une transformation substantielle de son aspect physique à la suite d'une opération de chirurgie esthétique ou d'une grande transformation de son style obtenu en agissant sur la barbe, sur la coupe ou la couleur des cheveux, sur les moustaches, sur le bronzage. Enfin, parlant de santé, nous devons envisager de manière impropre l'aspect caractériel d'un sujet : être plus ou moins introverti, devenir plus ouvert ou bien bourru, enregistrer un pessimisme plus marqué ou une hypocondrie qui n'existait pas, se montrer plus ou moins agressif et ainsi de suite. Mais, j'insiste, toutes ces formes "absolues" d'expression de la Maison I que je viens de citer rapidement, ne peuvent fournir aucun alibi plausible : la Maison I est essentiellement négative et dangereuse. Naturellement, ici comme ailleurs, une règle fondamentale doit être respectée : si le sujet a quinze ans, la probabilité d'une tumeur ou d'un infarctus seront très faibles, mais si ce dernier a quarante ans et plus, les probabilités augmentent de manière exponentielle de même que les dangers. De cela je ferai dériver la règle selon laquelle lorsqu'on n'est plus un enfant ni assez jeune, plus on vieillit et plus un Ascendant ou un stellium ou un

Soleil en Maison I, dans la Révolution solaire, sont vraiment mortels.

Ascendant de Révolution en Maison II radicale ou stellium ou Soleil en Maison II de Révolution

Les significations sont essentiellement de nature économique. Une telle position, traduite en quelques mots, signifie une circulation majeure d'argent, aussi bien en entrée qu'en sortie. Cela veut dire que le sujet pourra gagner beaucoup plus, avoir plus de biens à disposition, accéder à de plus grandes ressources économiques ou bien enregistrer une véritable hémorragie d'argent. En général c'est le second cas qui est le plus fréquent et là encore, je m'attends à une levée de boucliers de la part de nombreux lecteurs qui protesteront : "Mais pourquoi doit-il y avoir ou doit-on supposer plus d'aspects négatifs que d'aspects positifs ?" Je ne suis pas responsable ; essayez de faire des mini-statistiques : pour chaque sujet qui gagne au loto, combien de personnes s'endettent avec les banques, avec leurs parents, leurs amis ? Est-ce moi qui affabule lorsque j'affirme qu'en matière d'argent, comme dans tous les autres secteurs de la vie, pour une personne qui jouit de quelque chose il y en a au moins mille qui pleurent pour le même motif ? Voulons-nous faire de la démagogie en disant à l'unisson, comme dans un film de Franck Capra, que la vie est belle et merveilleuse ? Oui, nous pouvons aussi le dire, mais n'oublions pas de dire que le nombre de malheurs auxquels nous sommes exposés chaque jour et chaque année est de beaucoup supérieur à celui des choses positives qui peuvent nous arriver. Peu m'importe qu'on le définisse pessimisme ou simplement réalisme : je suis en train de chercher ici à ne pas tricher avec mes lecteurs et toutes les éventuelles accusations de pessimisme ne me touchent pas plus que cela. Alors, disais-je certainement beaucoup plus de sorties que d'entrées mises à part les exceptions. Quelles sont ces exceptions ? Eh bien, avant tout, les ciels de naissance de ces sujets qui, comme le Roi Midas, réussissent à transformer en argent tout ce qu'ils touchent, des personnes qui réussissent même à vendre des sauterelles en Afrique ou des réfrigérateurs en Alaska et à faire des milliards indépendamment de leur valeur. Pour ces personnes qui ont démontré dans le passé avoir une chance incroyable, à l'épreuve de n'importe quelle crise économique nationale ou mondiale, une Maison II importante dans la Révolution solaire peut signifier certainement une rentrée de beaucoup d'argent. Mais aussi pour ceux qui reçoivent d'excellents transits contemporains et un ensemble tout aussi positif de valeurs générales de la Révolution solaire. Ou bien pour ceux qui savent, pour des motifs certains, devoir encaisser de l'argent, par exemple ceux qui ont mis en vente un appartement et qui, même s'ils en tirent moins que prévu, recevront dans tous les cas une pluie de millions. Il en va de même pour ceux qui doivent toucher des arriérés, ou sont dans l'attente d'un héritage, ou qui savent être les bénéficiaires d'une donation, etc. Dans les autres cas, la prudence ne sera jamais trop grande : avec une semblable position, par exemple, si vous commencez des travaux à la maison et pensez dépenser dix, vous dépenserez facilement cinquante ou cent. Le seul moyen pour se défendre par rapport à ce transit, quand il y a des raisons objectives de crainte, est celui de fermer complètement les robinets en sortie de toute dépense superflue. Mais l'antagonisme des transits et des positions de Révolution solaire ne représente pas l'objet de ce livre qui s'adresse à tous et pas seulement à ceux qui me suivent par rapport à *l'Astrologia attiva*. Ces derniers pourront trouver de plus importantes informations dans d'autres de mes livres, comme *Il sale dell'astrologia* et *Il trattato pratico di Rivoluzione solari* et *Esercizi sulle Rivoluzioni solari mirate*. Dans d'autres cas un tel secteur peut fonctionner beaucoup sur l'aspect, sur l'image relation au sujet. Par exemple, le sujet pourra acquérir une visibilité inattendue pour avoir participé à une ou plusieurs émissions télé ou bien parce que sa photo est apparue dans le journal. D'autres fois, il change de style et commence à s'habiller de manière classique et non plus sportive ou le contraire. Ou bien il se laisse pousser la barbe, il se rase les moustaches, éclaircit la couleur de ses cheveux ou bien les coupe, subit une opération de chirurgie faciale, maigrit ou grossit beaucoup, fait de la gymnastique et augmente sa masse musculaire, ne met plus ou met des lunettes ou des lentilles de contact et ainsi de suite. D'autres fois il s'agit du début d'une passion pour la photographie ou pour le cinéma, de l'achat d'un nouveau téléviseur, d'un écran à haute définition pour l'ordinateur, d'un magnétoscope coûteux, de matériel pour le chambre noire, du matériel informatique pour le graphisme. Le sujet fait un cours de CAD (graphisme assisté par ordinateur) ou bien de dessin et de graphisme publicitaire, de stylisme, etc. D'autres fois, enfin, le sujet s'intéresse au théâtre, au cinéma, à la régie, à la scénographie, commence une collection de cassettes vidéo, s'inscrit à un ciné club, achète toutes les revues sur le cinéma, lit la biographie des acteurs. Attention aussi aux vols, aux escroqueries, aux chèques sans provision, à l'argent prêté qui ne revient pas, aux prêts que nous ne serons pas en mesure de rembourser.

Ascendant de Révolution en Maison III radicale ou stellium ou Soleil en Maison III de Révolution.

Cela pourra sembler banal, mais la chose la plus banale qui puisse arriver d'un anniversaire à l'autre interceptés par de telles positions, c'est l'achat ou le vol d'une voiture, d'une moto, d'un fourgon, d'un camion, d'un autobus. Il pourra s'agir aussi d'importants travaux de réparation, de pannes au cours d'un voyage, de tamponnements possibles et, dans les cas les plus graves, quand d'autres éléments le justifient, aussi d'accidents assez sérieux. Presque toujours nous ferons beaucoup de voyages ou simplement de petits et continuels allers et retours au cours de cette année, pour les motifs les plus variés : pour nos études, pour notre travail, pour des cures médicales, par amour, etc. Nous suivrons très vraisemblablement des cours ou bien nous nous mettrons à étudier ou bien encore nous serons nous-mêmes l'enseignant : cours de langue, examens universitaires, séminaires, stages commerciaux, cours pour le permis de conduire, pour apprendre à utiliser l'ordinateur, etc. En outre, presque certainement le titre à neuf colonnes de notre journal de bord d'un anniversaire à l'autre sera : frères, sœurs, cousins et beaux-frères. Ces derniers pourront être les protagonistes de l'année et pourront l'être en positif ou en négatif. Tout dépendra, bien sûr, des transits de base et de l'ensemble de la Révolution solaire. Si, par exemple, l'Ascendant de Révolution tombe en Maison trois et le Soleil en douze, alors nous devrons craindre des désagréments relatifs à un tel argument, des désagréments qui peuvent être en rapport à la maladie d'un parent, à leur crise financière ou sentimentale, mais aussi à un litige entre eux et nous. Dans tous les cas, ils seront protagonistes, en bien comme en mal. Il en va de même pour les beaux-frères et les cousins. Si, par contre, nous avons par exemple un Soleil en Maison III de Révolution et un Ascendant en Maison V radicale, il pourrait alors s'agir d'une maternité ou d'une paternité d'un proche. Et ainsi de suite pour toutes les autres combinaisons possibles entre transits et Révolution solaire. N'oublions pas, toutefois, que les simples positions du thème natal peuvent nous donner d'amples éclaircissements sur les étapes les plus importantes de notre vie et nous éclairer aussi pour une seule Révolution solaire (si vous pensez que ma méthode est efficace et digne d'être étudiée, je vous conseille alors de lire mon livre intitulé *Guida all'astrologia* qui, après plusieurs rééditions et mises à jour, pourrait aussi aider les astrologues experts à mieux réfléchir sur les positions du ciel de naissance et sur tous les sujets qu'ils pensent, à raison, bien connaître. Ils ne pourraient que tirer profit d'un approfondissement de ces questions à la lumière de ce que nous pourrions appeler mon école, école qui se fonde sur l'importance de la Maison XI dans les deuils, le rapport entre Maison XII, Maison VI et cécité, le binôme Cancer/informatique, le discours sur la libido, l'importance de la dominante, etc.). Au cours de l'année en question, il est aussi possible que nous écrivions quelque chose, que nous recevions une offre de collaboration journalistique. Nous pourrons nous lancer dans la poésie ou la prose, mais aussi dans un essai relatif aux matières qui nous appartiennent. Il est aussi possible que nous fassions un achat important dans le domaine des télécommunications, d'un téléphone mobile ou sans fil, d'un fax, d'appareils nécessaires pour naviguer sur Internet, d'une antenne parabolique. Dans le pire des cas, il est aussi possible qu'au cours de ces douze mois la presse s'occupe de nous, en nous présentant de manière négative : nous sommes impliqués dans un scandale, un journal nous attaque, un network montera une campagne de dénigrement contre nous... De possibles achats ou dommages relatifs à une imprimante. Nouveaux programmes de wordprocessor...

Ascendant de Révolution en Maison IV radicale ou stellium ou Soleil en Maison IV de Révolution

Un des événements les plus probables au cours de ces douze mois est une opération importante d'un point de vue immobilier, celle-ci pourra essentiellement se concrétiser en un des moyens suivants : transaction immobilière, déménagement d'une maison à une autre et travaux de restructuration d'un intérieur. Ce dernier pourra se référer aussi bien à l'environnement domestique où l'on dort, qu'à l'environnement professionnel, le bureau, le laboratoire, l'atelier, qu'il s'agisse d'une propriété qui nous appartient ou d'un bureau public : par exemple, pour certains cela peut signifier être transférés dans un autre bureau de poste, dans une autre agence bancaire, etc. Il est vraiment improbable qu'aucune de ces trois possibilités ne se vérifie pas, même si elles ne sont absolument pas prévues. Il en va de même pour les multipropriétés ou pour un camping-car, une roulotte, une maison de campagne, un garage et n'importe quoi qui puisse directement ou indirectement être associé au concept de maison. Dans les cas les plus banals il pourra s'agir simplement de la peinture dans la cuisine ou la salle de bain ou de la substitution des persiennes, d'une nouvelle installation de chauffage, de la construction d'une mezzanine, d'un nouvel ameublement pour le salon et ainsi de suite. Si tout cela n'a pas lieu, il est alors possible que nous recevions une lettre d'expulsion du propriétaire de notre appartement ou bien un de nos locataires nous créera de gros problèmes. En outre, il pourrait s'agir de travaux dans l'immeuble où nous habitons ou bien de taxes à payer pour la maison ou, encore, de dégâts subis par notre habitation à la suite d'un tremblement de terre, d'un incendie et autres calamités naturelles ou non. Problèmes avec les autres copropriétaires. Querelles avec le concierge ou avec un voisin. Un nouveau voisin nous dérange. Quand l'ensemble des transits et de la Révolution solaire sont très mauvais, il s'agit alors d'une position plutôt dangereuse parce qu'elle pourrait indiquer notre hospitalisation voire notre incarcération (mais pour cette dernière il est probable que sera interceptée une Maison VIII ou XII). Si ladite position est accompagnée de valeurs de Maison III et surtout de Maison IX, il est alors probable que nous changions aussi de ville, pour les enseignants, les employés de banque, etc., ladite position peut nous informer, indirectement, d'un avancement de carrière. Achat possible d'un important disque dur ou d'une autre unité de mémoire de grosses dimensions pour notre ordinateur. Risque de panne de ces derniers et perte des données conservées. La première page des journaux pourra être consacrée à nos parents en général et à notre père en particulier. Si l'ensemble de la situation est favorable, il pourra alors s'agir d'un moment magique pour eux, d'un amour, d'une guérison d'une maladie, d'un succès professionnel, etc. Dans un cas contraire, par contre, surtout si nos parents sont âgés, nous devrons alors craindre qu'ils soient très malades, voire, dans les cas les plus graves, qu'ils meurent. Parfois ladite position indique aussi un litige ou des rapports tendus entre nous et nos parents. Toutes ces dernières considérations sont aussi valables pour nos beaux-parents. Toutes les références relatives aux opérations immobilières, peuvent intéresser aussi nos parents. Il est enfin possible que nous recevions un bien immobilier en héritage dans le courant de l'année.

Ascendant de Révolution en Maison V radicale ou stellium ou Soleil en Maison V de Révolution

Très souvent il s'agit du début ou de la fin d'un amour. Une année où l'aspect prédominant sera sentimental en positif ou en négatif et, comme toujours, seul l'ensemble des transits de la Révolution solaire pourra nous éclaircir si la chose est lue positivement ou négativement, mais cela ne doit pas nous faire penser à une extrême relativisation du problème qui finit par interdire toute possibilité de solution : les choses sont assez claires parce que si nous trouvons aussi des valeurs de Maison I, XII, VI, et ici aussi de Maison VIII, cela veut dire alors que nous souffrirons pour un amour, que notre partenaire nous laissera ou nous trahira. Dans le cas contraire, il s'agira d'événements très agréables et gratifiants du point de vue sentimental, comme tomber amoureux, un amour, un nouvel amour, une situation de plusieurs amours concomitants, etc. Dans les cas les plus graves, nous pouvons trouver aussi la mort du conjoint. En général, la Maison nous parle d'une plus grande activité ludique et récréative, ce qui signifie plus de théâtres, plus de concerts, plus de discothèques, plus de repas à l'extérieur, plus de week-ends, plus de sexe, plus de voyages, plus de jeu de cartes, roulette, bourse. Selon l'âge du sujet, et de son niveau culturel, du milieu social, des possibilités économiques et autre, nous pourrons chercher à comprendre dans quelle direction s'exprimera l'activité ludique et récréative, laquelle n'a pratiquement aucune limite, comme l'enseignent ceux qui ont théorisé sur la "philosophie du plaisir" : on peut trouver du plaisir en transperçant une citrouille avec un couteau ou en étudiant la philosophie grecque, en passant par les jeux vidéo, les écoutes téléphoniques, l'utilisation de l'ordinateur, les voitures de course, les échecs, l'équitation, les sports en général et même en jetant des pierres sur des voitures qui passent sur l'autoroute. Il n'y a pratiquement aucune limite et la seule que nous réussissions à nous donner est celle du plaisir : tous les goûts sont bons. Les considérations que nous avons déjà faites sur l'amour ont ici une valeur identique, par exemple, que s'il y a une Maison II évidente, ou même une Maison VIII, il est probable que le sujet dépensera beaucoup d'argent pour se divertir ou en perdra beaucoup dans de mauvaises spéculations boursières. L'aspect peut aussi correspondre à une naissance : nous pouvons devenir mère ou père sous ces étoiles ou nous pouvons le devenir de nouveau. Et cela aussi peut être lu de manière positive ou négative selon que nous le désirons ou pas, s'il s'agit d'un "accident de parcours", si la chose peut comporter des problèmes physiques et ainsi de suite. Il est aussi possible que la Révolution solaire ainsi conçue indique un avortement ou un problème, plus ou moins sérieux, pour notre fils ou notre fille. Du redoublement à l'école à une maladie, en passant par un amour heureux ou malheureux, pour d'éventuels problèmes de mauvaise compagnie, pour la découverte de joints fumés, pour des problèmes économiques que nos enfants peuvent nous poser, pour un problème d'éducation que nous devons affronter, etc.

De nombreux parents tremblent quand cette Maison est interceptée dans la Révolution solaire, ou par l'Ascendant, ou par le Soleil ou par le stellium. En effet les choses ne sont jamais aussi dramatiques, considérant que les ressources des enfants sont vraiment grandes et que les dangers, en ce qui concerne leur santé, ne sont pas si grands. Dans la plupart des cas, il peut s'agir de légères maladies, de chutes ou d'accident, parfois, mais presque jamais de faits gravissimes. La Maison

V, pour un homme politique, peut aussi indiquer la naissance d'une nouvelle formation, d'une association, d'une inauguration.

Ascendant de Révolution en Maison VI radicale ou stellium ou Soleil en Maison VI de Révolution

Ce qui a été dit pour la Maison I, vaut aussi pour la Maison VI. Oubliez qu'il s'agit de la Maison de la santé, c'est-à-dire oubliez le fait qu'elle puisse vous procurer seulement des problèmes de santé. Certainement à la fin d'une année de problèmes en tous genres vous trouverez aussi bien la santé, mais pas seulement. Le concept est celui que nous avons déjà exprimé : une Maison VI annonce problèmes et malheurs en tous genres, une Maison s'associant à la Maison I et XII presque parfaitement alignées entre elles, produit de nombreux problèmes. Quand vous avez un Ascendant en Maison VI radicale, ou un Soleil ou un stellium dans ce secteur, vous devrez vous attendre à une année très dure à tous les points de vue : vous vous séparerez de votre partenaire, vous serez licencié, vous aurez des problèmes avec la loi et peut-être connaîtrez-vous la prison, un parent proche mourra, vous serez au centre d'un scandale, vous tomberez malade plus ou moins gravement, vous subirez un accident ou une opération chirurgicale etc. A la fin, nous aurons des problèmes de santé que nous devrons considérer au sens strictement physique et psychologique : états dépressifs graves, angoisses, phobies, peurs en tous genres, états d'abattement difficiles à résoudre et quel qu'en soit le motif qui, comme je l'écrivais ci-dessus, peut n'avoir aucun rapport direct avec la santé et peut par contre être en relation avec le travail, l'amour, la loi et ainsi de suite. En somme, je voudrais répéter une fois pour toutes : une Maison VI présente dans la Révolution solaire, comme pour la Maison I ou la Maison XII, d'une valeur presque identique, signifie épreuve, problèmes, malheurs en tous genres. Sans entrer dans les détails, il s'agit d'une Maison maléfique un point c'est tout. Ce n'est que très rarement qu'elle se manifestera pour les valeurs spécifiques auxquelles elle est associée : problèmes dans les rapports de travail, frictions avec les collègues, les supérieurs ou les collaborateurs. Evidemment il peut s'agir d'un passage à un niveau hiérarchique supérieur, d'un transfert dans un autre bureau, d'un turn over entre collègues, mais ce n'est que dans des cas très rares et même dans ces cas-là l'effet final sera toujours le même : tant d'agitation, de souffrances en tous genres. Naturellement il pourra indiquer une maladie même légère qui se manifeste éventuellement pour la première fois et seulement en ce cas nous pouvons dire qu'elle est de quelque utilité parce qu'elle signale au sujet l'existence d'une pathologie qui était souterraine et qui, par contre, à partir de maintenant se manifeste et permet de courir dans les refuges. Chez les jeunes elle n'est pas particulièrement dangereuse, mais dans tous les cas, elle indique un redoublement à l'école, une crise amoureuse, deuils, et ainsi de suite. Cependant, comme nous l'avons déjà expliqué dans d'autres parties de ce texte, pour les jeunes il est difficile qu'une telle position puisse indiquer de graves maladies, surtout des tumeurs, alors que pour ceux qui ont passé les quarante ans, elle devient vraiment mortelle ou très dangereuse. D'autres fois ce secteur peut être "gonflé" simplement à travers une opération même banale comme l'opération des amygdales ou de l'appendicite, l'élimination d'un calcul, un léger lifting, un détartrage. Au cours de cette année, il est aussi possible d'engager un employé ou d'en perdre un, de recevoir une citation pour une affaire de travail de la part d'un ancien employé, d'avoir de gros problèmes à cause de l'un d'eux.

Ascendant de Révolution en Maison VII radicale ou stellium ou soleil en Maison VII de Révolution

Presque toujours, il s'agit de la réception de papiers officiels en tous genres. Cela va du litige avec son propre partenaire au moment de la séparation ou du divorce, pour finir à n'importe quel type de problème avec la justice. Des personnes qui n'auraient jamais imaginé avoir un jour affaire avec un juge ou avec les tribunaux, se retrouvent face à des avocats. A mon avis, les Maisons les plus négatives sont les Maisons XII, VI et I et puis, presque au même niveau la Maison VIII qui, cependant, en général ne m'effraie pas mais qui pourrait causer des problèmes aussi bien économiques que de fin de rapports. Immédiatement après la Maison VIII, mais presque au même niveau, je mettrais la Maison VII, pour sa virulence qui peut aller du simple litige en famille aux attentats de la part de la pègre. La Maison VII, en effet, est aussi celle des ennemis déclarés qui peuvent être aussi bien la loi et l'un de ses représentants, que la pègre et ses émissaires qui sont habitués à s'exprimer avec les bombes, les incendies volontaires, les attentats, et jusqu'aux homicides. Donc, si entre deux anniversaires se place une Maison VII, nous pouvons être alors certains que nous devrons avoir affaire à des hostilités. Comme je le disais, la chose la plus probable, dans tous les cas, est un litige avec notre partenaire, même une séparation ou un divorce, mais il peut s'agir aussi de l'arrivée des services du fisc pour un contrôle, du retrait du permis de conduire pour de graves infractions au code de la route, d'une mise en demeure de la part d'une administration publique d'avoir notre téléphone sur écoute parce que notre numéro a été trouvé dans l'agenda d'un criminel et ainsi de suite. Dans de nombreux cas toutefois, c'est nous qui entreprendrons une action légale sous l'effet d'un tel secteur qui correspondra à l'augmentation de notre agressivité. Indépendamment du fait que nous soyons de nature pacifique ou pas. Nous serons plus attirés par la politique, par l'engagement militant dans une association, un parti, un mouvement écologique, un groupe religieux, etc. Nous aurons aussi plus envie de nous associer, par exemple, avec un partenaire commercial pour fonder une société.

Avec ce type de ciel peuvent se former ou se dissoudre tant de sociétés, d'affaires, d'entreprises industrielles ou artisanales, de bureaux d'étude, d'alliances politiques, etc. Il est aussi possible de découvrir la trahison de notre partenaire ou, au contraire, décider de nous déplacer ou de commencer une nouvelle relation sentimentale, une vie en commun, une relation secrète.

Ascendant de Révolution en Maison VIII radicale ou stellium ou Soleil en Maison VIII de Révolution

Cette position signifie, avant tout, une plus grande circulation d'argent qui, à son tour, doit être entendue comme une plus grande quantité d'argent en entrée et en sortie. Comme pour la Maison II, ici aussi, l'ensemble des transits nous fera comprendre dans quelle direction ira le flux d'argent. Si, par exemple, l'Ascendant de Révolution tombe dans la Maison IV et un stellium en Maison VIII, alors de deux choses l'une : soit le sujet vend une maison, et dans ces circonstances l'argent est en entrée, ou bien celui-ci achète un bien immobilier, change de domicile, effectue des travaux domestiques et alors l'argent sera en sortie. En général, dans la plupart des cas, pour les motifs déjà exposés et non par pessimisme, il s'agira d'importantes (proportionnelles aux revenus du sujet) sorties sinon d'une véritable hémorragie d'argent. Les motifs peuvent être les plus divers, de l'achat ou de la location ou de la restructuration d'un bien immobilier au paiement de taxes, au remboursement d'un prêt, à l'achat d'une voiture et ainsi de suite. L'argent en entrée, à son tour, peut correspondre à un héritage, à un gain au jeu, à des arriérés, à une pension, à une augmentation de salaire, à une donation que nous recevons ou que reçoit notre partenaire et ainsi de suite. Ceux qui craignent, parfois avec terreur, une telle Maison, sont très nombreux. Je ne peux être absolument d'accord, avant tout parce que, par rapport aux deuils, la Maison XI est beaucoup plus dangereuse que la huit et ensuite parce que dans 99% des cas, il s'agit de références économiques et financières et seulement dans 1% des cas, il peut s'agir de deuils. Mais même dans cette dernière éventualité, dans la plupart des situations, nous pourrons avoir un deuil non direct (un ami, un cousin, un beau-frère) et seulement dans un pourcentage limité d'événements, il s'agira d'un deuil important ou, dans de très rares cas, de notre propre mort, si d'autres éléments de l'analyse le font suspecter (surtout l'examen de tous les ciels de naissance et de Révolution solaire des parents proches). Nous pouvons dire, par contre, que certainement la Maison VIII est celle de la fin des choses, aussi témoigne-t-elle souvent de la fin d'un amour, de fiançailles, d'une vie en commun, d'une relation extraconjugale, d'un mariage. En ce sens la Maison peut être difficile, mais, à mon avis, beaucoup moins que les Maisons déjà citées et qui devraient induire à la crainte, pour la recherche de solutions possibles. D'autres fois la Maison VIII peut correspondre aussi à la prison, mais ici aussi nous nous trouvons dans un nombre fort limité de cas. Par contre, les maladies de nature sexuelle et/ou gynécologiques sont possibles. Danger de mort pour nous ou pour un parent (un danger qui peut demeurer à un stade potentiel et ne pas se réaliser). Année importante du point de vue sexuel, soit pour majeure activité, soit pour son interruption (une telle éventualité nous informe, souvent, sur la "réouverture" d'un rapport ou sur sa fin). Des peurs et des phobies possibles relatives au discours sur la mort. Intérêts pour la criminalité, pour l'occultisme, pour la magie, pour le spiritisme. Possibilité d'obtenir un prêt, un financement. Difficultés pour rembourser un prêt. Dommages à notre patrimoine immobilier, actionnaire, etc. Dangers de vols, rapine.

Ascendant de Révolution en Maison IX radicale ou stellium ou Soleil en Maison IX de Révolution

Presque toujours il indique un ou plusieurs voyages importants durant l'année. A notre époque où les voyages intercontinentaux n'effraient plus, il s'agira surtout de voyages longs, aussi bien pour les vacances que pour travail, santé, étude, etc. Il est aussi possible que nous ayons des rapports importants, dans le courant de l'année avec des étrangers ou des sujets nés dans d'autres villes, d'autres régions. Une de nos œuvres (littéraire, journalistique, musicale, professionnelle) sera particulièrement bien accueillie en dehors de notre milieu habituel. Il est possible, en outre, que nous soyons attirés par le lointain, à entendre non pas dans un sens géographique et territorial, mais dans un sens métaphysique, transcendantal, culturel. En ce sens il est assez probable que dans les douze mois interceptés par une telle Révolution solaire, nous ferons des études approfondies, éventuellement de matières comme l'astrologie ou la philosophie ou l'histoire des religions ; explorations dans l'univers du yoga, de l'orientalisme, de l'ésotérisme et de la parapsychologie. D'autres fois il s'agira, simplement, d'études universitaires, de cours post-universitaires, de stages de formation pour employés, de séminaires intensifs, de cours de langue étrangère, de cours pour l'utilisation de l'ordinateur. Nous aurons certainement accès à des connaissances supérieures, même par rapport à la matière dont nous nous occupons habituellement. Par exemple, si nous nous occupons, en général, d'astrologie cela voudra dire que si l'Ascendant ou un stellium ou le Soleil tombent en Maison IX, nous passerons cette année à l'étude des Révolutions solaires ou des Directions primaires ou des harmonies et autres techniques plus difficiles à la base de cette matière. D'autres fois, la Maison en objet pourrait se manifester dans le sens d'un fort attrait pour la religion, en positif et en négatif, par exemple à travers une crise véritable, et assez souvent, des sujets embrasser le bouddhisme avec cette position ou bien perdre la foi en Dieu, à cause d'un malheur subi. D'autres fois, il est possible d'enregistrer un accident dans le courant de l'année (entendu toujours d'un anniversaire à l'autre) : il s'agit surtout d'accidents de transports, en voiture, à moto, à bicyclette, en traversant la rue. Mais d'autres fois, celui-ci peut aussi se référer, banalement, à une chute, avec des conséquences plus ou moins graves, en courant d'une pièce à l'autre ou en montant sur une échelle. Il est possible encore que la Maison se manifeste comme début ou comme intensification d'une activité sportive ou comme rapport un peu spécial avec les animaux.

Ascendant de Révolution en Maison X radicale ou stellium ou Soleil en Maison X de Révolution

C'est certainement la plus belle Maison. Quand une telle position est interceptée, nous aurons une ou plusieurs émancipations, prix, satisfactions, croissances, amélioration de notre vie. Certaines parmi les meilleures choses qui puissent nous arriver au cours de toute notre vie, sont certainement liées à de telles positions. La sensibilité de chacun de nous doit être mesurée dans le temps, au sens où, au-delà de l'interprétation subjective elle a une valeur différente d'un individu à un autre, et seul l'examen direct sur un sujet pourra nous dire ce que celui-ci est en mesure d'obtenir, en termes positifs, d'une telle situation. Pour certains, les effets sont spectaculaires, en mesure de nous faire croire au miracle. Pour d'autres, il s'agira d'avantages moins éclatants mais également positifs. Cependant tout le monde n'est pas en mesure de reconnaître les avantages qu'offre une telle Maison et cela parce que très souvent, on a des attentes dans une seule direction qui ne nous consentent pas de lire, de manière transparente, la grande positivité de l'action de la Maison X au cours des douze mois suivants. Par exemple, un intellectuel qui obtient des reconnaissances prestigieuses pour son travail, ne les évaluera pas de manière positive parce qu'il s'attendait par contre à recevoir de l'argent. Une femme qui pensait obtenir des avantages professionnels et sentimentaux, sous-estime énormément le fait d'avoir réussi à maigrir de trente kilos et d'être passé de l'obésité à un poids normal. Quelqu'un qui s'attend à faire des affaires des affaires importantes et qui ne se rend pas compte d'avoir réussi pour la première fois dans sa vie, à utiliser l'ordinateur ce qui lui permet d'accéder à un monde beaucoup plus libre que le sien. Une femme qui est fâchée avec ses enfants et qui espérait un rapprochement, apprend à nager à cinquante ans ou prend l'avion pour la première fois, se libérant ainsi des boulets qui l'empêchaient de marcher. Un sujet réussit à comprendre l'origine de sa maladie et se libère après plusieurs dizaines d'années de l'utilisation d'un médicament même s'il s'attendait, par contre, à d'excellents résultats sur le plan financier. Une femme, en général déprimée et angoissée, interrompt son analyse après de nombreuses années et ne comprend pas complètement la valeur d'une telle émancipation. Une vielle femme qui s'occupe depuis trente ans d'un parent immobilisé sur une chaise roulante, voit mourir ce parent. Une personne dont les parents très âgés et malades qui s'obstinent à vouloir vivre seuls, apprend que ces derniers décident d'aller vivre dans un hospice entourés de médecins. Le propriétaire d'un ordinateur passe d'un système aux applications limitées, à un système à large diffusion avec la possibilité d'utiliser des milliers de programmes. La liste pourrait continuer à l'infini et si j'ai un peu insisté c'est parce que je me rends compte, très souvent, que la plupart des personnes ne reconnaissent pas les excellents résultats de cette Maison. D'autres fois, l'équivoque entre attentes et résultats réels obtenus, est due au fait que l'intéressé s'attend à toute une série de faits merveilleux et, par contre, au cours de l'année, il ne s'en vérifie qu'un seulement du type de ceux qui sont décrits qui, si le sujet était une personne objective, devrait dans tous les cas se reconnaître comme porteur de résultats exceptionnels et positifs. Pour tant de personnes, surtout pour les femmes, cette Maison peut amener un amour important voire un mariage, le début d'une vie à deux. Ici aussi il m'est arrivé de parler avec diverses personnes qui n'avaient pas du tout reconnu la positivité de l'événement (ce qui ne veut pas dire, naturellement, que le mariage durera pour l'éternité. L'aspect astrologique considéré ici ne parle que pour cette année seulement et ce qui est important est qu'il ait duré tout au long de ces douze mois). Les positions décrites ci-dessus seront plus marquées si le sujet reçoit, au cours de l'année en question, aussi un excellent transit, par exemple Jupiter sur le Soleil ou en bon aspect au Milieu du Ciel. Dans ce cas, la valeur de la Maison X augmentera énormément et nous pouvons avoir ce que j'appelle la *Révolution solaire bombe*. Dans ces cas, les résultats sont encore plus spectaculaires, mais ici aussi, il ne faut pas laisser libre cours aux fantaisies de puissances où l'on pense au billet milliardaire de la loterie ou à la charge de député. Parfois cela pourra signifier simplement, l'acquisition d'un nouveau et important client qui avec le temps se révèlera une véritable mine d'or. Au contraire, si au cours de l'année il y a des transits négatifs, surtout de Saturne et d'Uranus par rapport au Soleil, à la Lune, à l'Ascendant et au Milieu du Ciel, alors les choses doivent être lues d'une toute autre façon. Nous pouvons avoir, dans ces cas, un véritable écroulement pour le sujet, sur le plan économique, professionnel, politique, physique, psychologique, du prestige et ainsi de suite. Certainement, comme vous pouvez le voir dans les exemples rapportés dans ce livre et dans d'autres de mes livres, la combinaison transits négatifs plus Maison X peut être même plus négative qu'une Maison XII. Un troisième cas de figure se présente quand aux valeurs de la Maison X nous trouvons en concomitance des transits positifs et négatifs. Dans ces circonstances nous devons évaluer, avant tout, le travail du sujet parce que si celui-ci est un homme politique et que le transit négatif est de Saturne lié à la Lune, il sera alors extrêmement dangereux parce qu'il signifie forte impopularité et perte du pouvoir. Avec le même transit, par contre, si le sujet est architecte j'aurai sans aucun doute confiance en une situation où pareillement à la Maison X nous avons ledit transit dissonant, mais en concomitance à un transit excellent comme Jupiter en Milieu du Ciel. Il ne saurait y avoir de règle précise et univoque et ici, bien sûr, ce qui compte c'est l'expérience de l'astrologue. Si ce dernier a accumulé une puissante expérience en ce domaine, il pourra alors comprendre avec une relative facilité dans quelle direction évoluera la situation.

Ascendant de Révolution en Maison XI radicale ou stellium ou Soleil en Maison XI de Révolution

Très souvent, beaucoup plus souvent que l'on ne croit, cette Maison interceptée par l'Ascendant ou par le Soleil ou par un stellium, annonce un deuil dans le courant de l'année, beaucoup plus que ne peut le faire la Maison VIII. Ce deuil peut intéresser aussi bien les parents proches du sujet que ses amis, connaissances, personnes qui lui sont proches même si ce ne sont pas des personnes de sa famille. D'autres fois, il peut s'agir d'un danger de mort, pour les parents et pour les amis. Comme démonstration, il est suffisant d'examiner dans l'horoscope des parents et non celui des victimes combien de fois est présent la Maison XI dans les morts et combien de fois par contre est présente la Maison VIII. On se rendra compte de l'énorme incidence de la première par rapport à la seconde et ce que j'ai écrit dans ce livre comme dans d'autres de mes textes apparaîtra évident : je ne parviens pas à expliquer comment aucun de mes collègues ne se soit rendu compte, avant moi, d'une telle écrasante évidence. Quand cette Maison ne nous parle pas d'un deuil au cours des douze mois interceptés, elle veut alors dire qu'il y aura un important changement d'amitiés, dans le sens d'amis qui s'éloigneront et de nouveaux qui arriveront. Certainement, du point de vue des amitiés, l'année ne pourra être banale. Il peut aussi se faire que cette Maison s'exprime dans le sens d'appui obtenus par des connaissances ou des personnes influentes pour accéder à un travail, à une occasion de travail saisonnier, à une promotion pour notre entreprise et ainsi de suite. Il s'agit aussi de la Maison des projets et il est donc certain qu'il en fera beaucoup dans le courant de l'année. Bien que ce secteur évoque la mort, à mon avis, il ne faut absolument pas le considérer comme un événement inéluctable et donc non catastrophique. Ensuite parce que si l'Ascendant ou le Soleil ou un stellium tombait dans une autre Maison, cela ne voudrait pas dire que le deuil n'aurait pas lieu, mais seulement qu'il serait vécu moins dramatiquement par le sujet. Un Ascendant en Maison XII ou I ou VI, par contre, pourrait aussi nous parler d'un intérêt momentané ou définitif pour la musique.

Ascendant en Maison XII radicale ou stellium ou Soleil en Maison XII de Révolution

Cette Maison, quand elle est fortement interceptée, nous fait comprendre combien sonnent faux ces considérations apparemment sages mais, en effet, pharisiennes, de ces auteurs qui font semblant de s'efforcer de convaincre leurs propres lecteurs ou leurs propres élèves que cette Maison n'est pas négative et qui au contraire promeut l'évidence et la sagesse chez les sujets qui vivent intensément. Je répéterai une fois de plus que je ne doute pas du fait qu'elle fera évoluer l'intéressé et en améliore ses capacités sur le plan spirituel, mais la question est de savoir si le sujet préfère avoir un cancer, être emprisonné ou s'il préfère par contre ne pas évoluer du tout et éviter tout cela. Il semble, dans ces cas, que les auteurs cités n'ont pas à affronter des clients terrestres mais des interlocuteurs provenant d'une autre planète. Vous pensez que les personnes qui viennent vous consulter accepteraient la théorie que cette Maison n'est pas négative si, un an plus tard, elles revenaient chez vous pour vous dire qu'elles ont perdu leur travail, qu'elles sont harcelées par des créditeurs, qu'elles sont en train de faire une radiothérapie ou qu'elles ont découvert que leur enfant se drogue ? Je pense précisément qu'elles ne l'accepteraient pas et que cette Maison est la plus négative de toutes, mais seulement de très peu et de manière imperceptible par rapport à la Maison I et la Maison VI. Si vous permettez, c'est là que vous devrez évaluer l'originalité de mon école par rapport à celle des autres auteurs à commencer par Volguine. En effet, il n'est pas suffisant, à mon avis, de parler en termes alarmants de chaque Maison pour arriver à la conclusion que tout et partout n'est que terreur. Non, à mon avis, il est beaucoup plus honnête de procéder sans filets, d'assumer des responsabilités précises, effectuer un classement. Essayer d'interpréter à la fois les transits et les Révolutions solaires, selon l'école de Volguine ou d'autres chefs d'école, et ensuite essayer de faire de même selon mes conseils et faites-moi savoir quel pourcentage d'exactitude dans les prévisions vous obtiendrez avec les deux méthodes. Je ne diabolise pas cette Maison parce que je suis pessimiste, mais au contraire parce que c'est le caractère maléfique de ce secteur qui me rend pessimiste et sa virulence je la mesure sur le terrain et non pas sur un seul plan théorique. Si je voulais faire la liste des choses survenues à des milliers de mes consultants en présence de cette Maison, tout un livre ne suffirait pas et serait interdit aux mineurs de moins de dix-huit ans parce qu'il serait plus terrifiant qu'un livre d'horreurs. La Maison XII vous la retrouverez dans les moments de plus grands malheurs de votre vie. Faire des prévisions en présence d'une Maison XII forte est un jeu d'enfants : il suffira de dire que l'on y rencontre tous les problèmes de ce monde, des problèmes amoureux aux problèmes avec la loi, aux maladies, aux opérations chirurgicales, aux énormes difficultés économiques, aux deuils, etc. Il est naturel que cela demeure entre nous et que vous ne deviez pas l'exprimer ainsi à vos consultants. Vous devrez utiliser tous les systèmes valables pour les rassurer, et surtout, pour les aider à affronter ou à neutraliser une semblable contingence, mais cela n'est pas le propos de ce livre et seuls ceux qui me suivent dans le discours de *l'Astrologia attiva*, liront des choses à ce propos dans d'autres de mes livres, comme *Il trattato pratico di Rivoluzioni solari*. Ici je dois vous mettre en garde et vous faire savoir que si un sujet tombe sur une Maison XII, il subira toute une série d'épreuves difficiles, comme l'échec à un examen important, comme la maladie grave d'un parent proche, en ne pouvant rien exclure du panorama de tous les malheurs qui peuvent arriver au commun des mortels. Il est inutile de chercher à établir de quoi il s'agira : dans la plupart des cas, ainsi que je l'ai dit, il s'agira d'épreuves dans tous les domaines ou bien d'une épreuve précise mais extrêmement dure. Dans ce second cas, les choses sont pires parce que la dangerosité de la Maison ne se dilue pas en doses homéopathiques, mais a un impact concentré et très dur. Si vous avez l'occasion de la connaître, vous saurez qu'elle n'est à souhaiter à personne, pas même à vos propres ennemis. Quand un Ascendant est placé dans des signes de longue ou très longue ascension, comme le Cancer, le Lion, la Vierge, la Balance, elle peut durer de nombreuses années, tous les quatre ans, et devient vraiment difficile à supporter. Ici, comme pour les autres cas, il n'y a pas autant de différence entre l'Ascendant qui tombe dans un tel secteur et le Soleil ou un stellium intercepté par lui. Parfois, le Soleil se trouve deux-trois degrés au-dessus de la cuspide qui sépare la Maison XII de la Maison XI, et cela est particulièrement risqué parce que beaucoup de naissances sont calculées par excès et le sujet se trouve né dix-quinze minutes avant, avec comme résultat que bon nombre de personnes ont un Soleil en Maison XII pensant l'avoir en Maison XI, mais, ensuite, la méchanceté des événements de l'année le convaincront de ce qui s'est passé à son insu. Toutefois, cela servira pour l'avenir.

13.
Les astres dans les Maisons de Révolution

Il faut ici répéter ce qui a déjà été expliqué à savoir que l' "avidité" dans la tentative d'expliquer le moindre détail de la Révolution solaire, non seulement ne sert pas à éclaircir les choses, mais finit certainement par les compliquer et les rendre beaucoup moins transparentes. Souvenez-vous : seulement trois choses doivent être examinées à savoir, où tombe l'Ascendant de Révolution par rapport à la Maison de naissance, puis où tombe un stellium par rapport aux Maisons de Révolution et ensuite où tombe le Soleil par rapport aux Maisons de Révolution. Il me faut ici ajouter les indications dérivants de la position des maléfiques dans les Maisons de Révolution, surtout Mars, et la position de Jupiter et de Vénus dans les Maisons de Révolution. Je vous déconseille de tenter de forcer les informations très précieuses et exactes en votre possession : si vous commencez à vouloir établir qu'une planète est rétrograde, qu'elle est en mauvais aspect à cette autre, qu'elle est maîtresse de telle Maison et ainsi de suite, vous finissez par emmagasiner un nombre tel de variables que l'effet est celui comparable à une réalité de ces dernières années : les satellites artificiels lancés par les organismes spatiaux nous ont envoyé une telle masse d'informations que, même si cela s'arrêtait aujourd'hui, les deux ou trois cents ans à venir ne suffiraient pas à tous les interpréter et il n'est pas dit qu'une telle somme d'informations puisse mieux clarifier la situation céleste. Bref, je ne veux pas dire que savoir si une planète est bien ou mal aspectée ne sert à rien mais je voudrais souligner que sa valeur est minime : par exemple si l'on veut quantifier la chose, sans être trop attentif à sa valeur exacte, nous pourrions dire que sa valeur est égale à 0,1 par rapport aux autres positions principales qui vaudront 70 ou 85 ou 92, etc. Si vous tenez compte de ce type d'échelle, vous vous rendrez compte qu'il est parfaitement inutile d'établir, par exemple, si Mars est bien mis ou mal mis dans la Maison I d'un septuagénaire : les effets seront toujours mortels, dans tous les cas.

14.
Lune de Révolution dans les Maisons

En ce qui concerne la Lune, en particulier, nous devons observer que son importance est vraiment minime dans l'économie d'une Révolution solaire et, tout au plus, elle nous informe sur des états d'âme, des tendances particulières, quelque chose que nous voudrions faire et ne ferons pas... Dans une échelle globale des valeurs, je la mettrais, si ce n'est à la dernière place, par importance, à une des dernières à la différence de ce que je ferais dans un thème natal.

En Maison I elle établit des humeurs variables durant l'année, une incessante hésitation de la volonté allant de la proposition à la fuite. Idées qui changent souvent au cours des douze mois interceptés par la Révolution solaire. Attitude plus passive, moins ferme, plus influençable, plus perceptive. Plus grande sensibilité générale. Comportements capricieux et indécis. Manque de fiabilité en ce qui concerne le contrôle des projets importants.

En Maison II cela nous fait certainement penser à une situation économique à cycles alternés : positive et négative, à intervalles différents, au cours de l'année. Emotivité qui conditionnera les choix dans le domaine financier. Risque d'être influencé dans ce secteur, surtout à l'égard des personnes chères. Manque d'imagination dans les projets de gain. Manque d'attention à l'égard des problèmes financiers. Durant les douze mois ainsi interceptés, tendance à s'occuper de photographie, de cinéma, de théâtre, d'image, de son propre style, de graphique à l'ordinateur, etc.

En Maison III cela peut signifier une dépendance psychologique de frères, sœurs, cousins et beaux-frères ou des relations oscillantes avec ces derniers. Inclination aux voyages qui ne se réalisera pas forcément. Intérêt pour les communications et les télécommunications. Etudes au rendement alterné : bon certains mois d'autres non. Projets dans le domaine automobile ou relatifs à l'achat d'une moto.

En Maison IV cela peut indiquer des rêves, les yeux ouverts aussi, relatifs à l'achat d'une maison, à un déménagement ou à des travaux. Situation très instable relative à la santé de nos parents ou aux rapports entre le sujet et ces derniers. Envie d'intimité, de passer plusieurs heures chez soi. Cela pourrait être un désir plutôt réalisable.

En Maison V cela signifie, presque certainement, la rencontre de l'amour durant l'année. Pour les personnes tombant facilement amoureuses, cela peut même indiquer plusieurs rencontres durant l'année. Rapports instables avec le partenaire ou les enfants. Situation scolaire, sentimentale ou de santé des enfants, instable. Nouveaux loisirs. Envie d'aller plus souvent au cinéma, au théâtre, danser. Désir d'augmenter la part de divertissement durant l'année (cela est valable pour la période d'anniversaire à anniversaire).

En Maison VI cela représente d'ordinaire un plus grand intérêt, en tout cas en ce qui concerne les intentions déclarées, pour la santé ou pour notre propre aspect esthétique ou celui des autres. Intérêts dans le domaine médical. Lecture de revue médicale de vulgarisation. Intention de participer à des cours de shiatsu, de magnétiseur, de macrobiotique, etc. Relations professionnelles subissant des hauts et des bas. Il en va de même pour les rapports avec son propre personnel, domestiques, secrétaires, etc.

En Maison VII cela veut dire que les rapports de couple sont instables. Alternance de périodes d'attraction et de répulsion pour la vie matrimoniale. Intentions dans le domaine sociétaire. Désir de s'allier à quelqu'un. Alternances de préoccupations et de certitudes dans le domaine légal.

En Maison VIII ce transit veut dire, un peu comme la situation homologue de la Maison II, des cycles alternés concernant l'argent : désir de gagner plus d'argent mais aussi danger d'en perdre. Attentes d'héritages. Arrivée possible d'un prêt qui ne se réalise pas. Plus grande attraction sexuelle.

En Maison IX cela signifie certainement un plus grand désir de voyager, de se déplacer, d'aller habiter ailleurs. Il s'agit presque toujours d'un simple désir, sans effet sur le plan pratique. Xénophilie. Attraction pour tout ce qui est exotique, lointain, même en ce qui concerne la pensée. Attraction pour la philosophie, la théologie, l'astrologie, l'ésotérisme, l'orientalisme, le yoga, etc.

En Maison X cette position signifie un peu plus d'ambition, mais non appuyée par des actions convaincantes. Nous voudrions monter plus haut mais ne pas monter l'escalier à pied. Des hauts et des bas en ce qui concerne le prestige, durant toute l'année. Rapports fluctuants avec notre mère. Notre mère passe d'états positifs à d'autres moins bons, surtout en ce qui concerne la santé.

En Maison XI de Révolution, la Lune signifie une grande envie d'amitié et de nouvelles amitiés. Rapports caractérisés par des hauts et des bas avec les amis. Extrême versatilité dans les projets. Projets infantiles. Tentatives, sans conviction, de demander de l'aide à des personnes influentes. Eventuels états dépressifs à la suite d'une mort.

En Maison XII cette position signifie désir d'isolement, de fermeture. Favorable aux retraites spirituelles ou de méditation. Instabilité mentale. Crises nerveuses. Quelques angoisses et quelques phobies. Actions négatives reçues de la part de femmes. Petits chagrins relatifs à des personnes chères du sexe féminin. Attitudes fluctuantes concernant l'assistance portée aux autres, surtout en ce qui concerne nos propres parents.

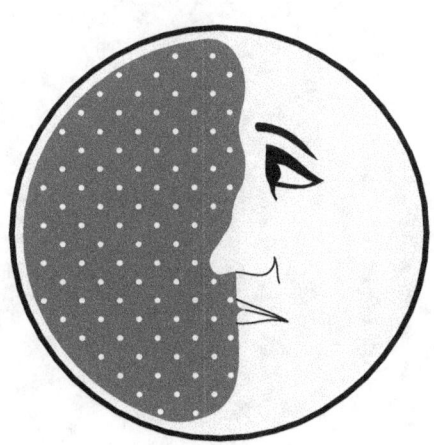

15.
Mercure de Révolution dans les Maisons

En ce qui concerne la position de Mercure dans les Maisons de Révolution solaire, presque tout ce que nous avons déjà dit pour la Lune est valable: son importance est vraiment faible, bien qu'elle ne soit pas complètement nulle. Mercure nous suggère nos dépenses, nos investissements, nos plus grandes énergies et ressources mentales, où l'on enregistrera une plus grande mobilité mentale de notre part.

En Maison I, Mercure nous signale une année de plus grande mobilité physique et mentale. Nous serons plus actifs, plus dynamiques, plus électriques. Cela ne signifie pas plus forts, mais certainement plus rapides, du moins dans les apparences. Un critique pourrait nous faire observer qu'il s'agit plus de mouvements d'air que de véritables actions et c'est en partie vrai. Aux yeux des autres nous apparaîtrons plus jeunes et frais, même mentalement et nous favoriserons une participation estudiantine et de camaraderie de notre personne à la vie des autres, dans le bon sens.

En Maison II, Mercure tendra à favoriser le bourgeonnement d'idées, de petites inventions, de ruses qui nous aideront dans les affaires et, de manière plus générale, pour la circulation d'argent dans nos caisses. Cela pourra aussi être lié à de petites activités commerciales, indépendamment du fait que nous travaillions ou non dans ce secteur. Nos commerces pourraient être liés aux communications et aux télécommunications. Dépenses pour l'achat d'une voiture ou d'une moto.

En Maison III, Mercure favorise les communications et les télécommunications. Cela nous poussera à l'achat d'appareils pouvant satisfaire ces exigences-là comme un fax, un téléphone mobile, un téléphone sans fil, une antenne parabolique, un appareil nous permettant de naviguer sur Internet. Plus de déplacements ou de voyages brefs, surtout pour études ou pour rendre visite à un frère, un cousin, un beau-frère, de jeunes amis. Toutes les activités intellectuelles sont favorisées. Possibilité d'étudier, de suivre des cours, des séminaires, de participer à des congrès, d'écrire.

Dans la Maison IV cela peut indiquer une activité commerciale commencée par nos parents ou même une transaction commerciale concernant une maison, un bureau, un atelier. Des affaires immobilières nous mettent en relation avec un frère, un cousin, un beau-frère. De fréquents déplacements ou des va-et-vient entre une maison et une autre.

En Maison V il peut établir un nouvel intérêt pour le jeu au sens large, pour toutes les activités ludiques et récréatives, surtout celles de type estudiantin, un peu infantiles. Un enfant qui part, qui se déplace souvent ou qui est engagé dans des activités intellectuelles. Rapports de jeu avec des jeunes gens ou des personnes plus jeunes. Début d'un passe-temps particulièrement mercuriale comme le bridge, les mots croisés, les rébus, etc.

En Maison VI, Mercure peut indiquer de petites pathologies à caractère nerveux au cours de l'année ou des allergies et des rhumes. Problèmes dus au tabac. Déplacements incessants pouvant nuire à notre santé. Recrutement d'une personne jeune dans notre entreprise ou comme domestique. Traitements à base d'inhalations.

En Maison VII de Révolution, Mercure favorise la tendance à l'union surtout dans les activités commerciales ou alors il peut indiquer une activité commerciale du partenaire ou alors de fréquents déplacements le concernant. Possibilités de rencontres sentimentales avec des personnes plus jeunes. Voyages avec notre partenaire.

En Maison VIII, la troisième planète du système solaire peut favoriser une plus grande circulation d'argent, mais il peut tout aussi bien s'agir de recettes que de dépenses dépendant de petits gains au jeu, au loto ou de pertes dues à des vols, des manigances, des chèques sans provision, etc. Dépenses d'argent pour des voyages ou pour l'achat d'un moyen de transport. Danger de mort pour un membre de la famille ou un jeune ami.

En Maison IX, comme dans la troisième, mais à un octave au-dessus, Mercure favorise de nombreux déplacements et des voyages importants. Désir de mouvement tant au sens physique que mental. Intérêt pour une langue étrangère ou pour la philosophie, la théologie, l'astrologie, l'ésotérisme, le yoga, etc. Voyage important d'un frère, d'un cousin, d'un beau-frère, d'un jeune ami. Eventuel lien d'amitié ou d'amour avec une jeune personne étrangère ou habitant dans une autre région.

En Maison X cela peut signifier pour notre mère des voyages ou des déplacements plus nombreux ou le début d'une activité commerciale. Déplacements plus nombreux de notre part pour rendre visite à notre mère. Idées brillantes favorisants notre évolution professionnelle. Activité commerciale qui nous fait progresser dans l'échelle sociale. Travail relatif aux moyens de transport, aux communications et aux télécommunications, comme l'ouverture d'une agence de voyages.

En Maison XI, Mercure bouscule considérablement le chapitre des amitiés. Possibilités de nouvelles amitiés, plutôt jeunes, au cours des douze mois interceptés par la Révolution solaire, toujours d'un anniversaire à l'autre. Soutien de la part de jeunes amis. Projets commerciaux de tout type.

En Maison XII, Mercure favorise les activités de recherche, surtout dans les secteurs de l'ésotérisme, de l'astrologie, de la philosophie, de la théologie, du yoga, de la parapsychologie, etc. Epreuves légères concernant un enfant jeune, un cousin, un frère, un beau-frère. Epreuves relatives à des manigances ou des vols. Léger risque d'accident de la route. Flux de correspondance anonyme ou calomnieuse.

16.
Vénus de Révolution dans les Maisons

C'est une pièce non négligeable sur l'échiquier des événements de l'année et elle ne doit pas être sous-estimée. Vénus ne peut pas nous offrir de solutions miraculeuses, mais assez valables et, surtout, à la différence de Jupiter, elle n'a pas l'effet d' "oscillateur bistable" dont on a déjà parlé dans ce livre. Nous n'en connaissons pas la raison et cela, peut-être, horrifiera certains chercheurs qui ne sont fascinés que par les certitudes absolues. Mais croyez-moi, le monde est plein de pseudo certitudes, comme il est plein de personnes qui vendent du vent. Il me semble qu'une déclaration d'humilité face à des mystères de ce genre, loin de devoir effrayer un chercheur, doit l'encourager dans la mesure où de telles incertitudes nées d'une longue pratique, sont vérifiées "sur le terrain" et font abstraction d'une quelconque théorisation qui voudrait nous faire croire que tout doit nécessairement être expliqué à l'intérieur d'un algorithme qu'il soit simple ou complexe. A mon avis, la tentative forcée de trouver obligatoirement la quadrature du cercle ne devrait pas fasciner mais éveiller les soupçons.

Vénus en Maison I de Révolution nous fait être plus bienveillants envers les autres. Nous sommes plus indulgents et auto-indulgents. Nous nous projetons à l'extérieur de manière centrifuge et nous croyons plus en l'être humain. Mais il est vrai aussi qu'une telle position fait croître la part de narcissisme qui est en nous. Nous ne devrons donc pas nous étonner si cette année nous commençons à porter un bracelet en or (les hommes), une boucle d'oreille, à nous teindre les cheveux, à soigner particulièrement notre apparence physique. Cette position peut aussi représenter une protection pour la santé et en général une protection contre toutes les adversités de l'année. Si l'astre est présent avec un ou plusieurs maléfiques, son action peut être bénéfique à l'économie de l'année tout entière.

En Maison II, comme je le disais précédemment, nous ne trouvons pas un effet "oscillateur bistable". Avec Jupiter, en effet, comme je l'ai dit dans les chapitres précédents, nous pouvons avoir de véritables hémorragies d'argent, outre à d'importantes entrées d'argent. Avec la quatrième planète du système solaire, au contraire, les effets positifs pourront être lus à un, voire plus, octaves plus bas, mais presque toujours de signe positif. C'est une aide non négligeable qui vaut plus qu'un simple "reconstituant". Quelquefois Vénus aide vraiment à sortir d'une sérieuse contingence. Elle peut représenter une petite chance qui vient à notre secours, de l'argent en plus qui nous aidera à résoudre une urgence, un prêt de la part d'un parent ou d'un ami, une ressource imprévue, plus de tolérance de la part de nos créditeurs, la possibilité d'une nouvelle source de revenus. Effets possibles en ce qui concerne l'amour pour la photographie, le cinéma, le théâtre, l'image au sens large. Fort probablement nous achèterons des caméras, des téléviseurs grand format, des écrans à haute résolution pour l'ordinateur, des fiches graphiques très rapides, des appareils pour le CAD ou pour le graphisme à l'ordinateur en général, des magnétoscopes, etc. Plus grande visibilité grâce à une émission de télévision, des photos dans un journal, une mention dans un livre, etc. Nouveau style intéressant. Embellissement physique grâce à une opération de chirurgie esthétique. Argent dépensé pour des objets d'art ou pour l'amour ou pour la personne aimée. Argent obtenu grâce à l'intervention de notre partenaire.

En Maison III cela peut indiquer l'achat d'une voiture neuve ou, l'influence de Vénus étant inférieure à celle de Jupiter, ou simplement des travaux. Possibilités de brefs voyages, surtout des voyages d'agrément, déplacements agréables. Voyages et déplacements pour des raisons sentimentales. Rapports meilleurs avec nos frères, nos sœurs, nos cousins et nos beaux-frères. Année positive pour l'un de ces derniers. Bonnes possibilités d'études de tout type et de degrés différents. Capacité de suivre profitablement des cours de tout type, qu'il s'agisse de cours pour le permis de conduire, de cours d'informatique ou de cours de langues étrangères. Potentialisation des instruments de communication et de télécommunication. Excellente année pour acheter un téléphone mobile, un téléphone sans fil, un fax, un standard téléphonique, une antenne parabolique, une imprimante. Apprentissage d'un logiciel d'écriture vidéo. Bonnes possibilités pour écrire, de simples articles ou des livres. Cela est aussi valable pour les compositeurs. Parenthèse sentimentale pour un parent proche. La presse pourrait s'occuper, de manière positive, de nous.

En Maison IV, nous trouvons souvent Vénus quand au cours de l'année nous réussissons finalement à profiter d'une maison après de longs travaux. Cette même position peut aussi annoncer un changement de résidence, l'amélioration du logement qui change au cas par cas en fonction de l'âge. Par exemple pour des jeunes cela peut signifier pouvoir disposer d'une chambre plus grande après le mariage d'un frère ou d'une sœur. Pour une femme ou un mari, nous avons souvent le retour chez soi après une séparation. Un parent longtemps ballotté d'une maison à l'autre, trouve enfin une maison agréable ou est accueilli chez un de ses enfants. Cette position peut aussi indiquer des travaux destinés à rendre plus joli et plus accueillant l'appartement dans lequel on vit, mais c'est moins fréquent par rapport à Mars dans la même position : la planète ignée illustre mieux le tourment des ouvriers dans la maison, les semaines de poussière, les locaux impraticables... En tout cas il s'agit presque toujours d'avantages immobiliers, moins puissants que ceux illustrés par Jupiter, mais non négligeables. Amélioration de l'état de santé d'un parent ou de nos relations avec eux.

En Maison V les probabilités de voir naître un nouvel amour ou de voir se consolider un amour précédent sont très fortes. C'est vraiment une bonne position et il est rare qu'elle n'ait pas répondu aux attentes de son hôte. Je ne veux pas dire qu'elle génère des miracles d'un point de vue sentimental : certainement pas de miracles, mais des effets positifs oui. S'il ne s'agit pas d'une amélioration de la vie sentimentale, il pourra s'agir d'une année vécue agréablement d'un point de vue ludique et récréatif. Plus de cinéma, de théâtre, de discothèque, de dîners en ville, de voyages, de jeux. Il peut s'agir de jeux de cartes ou de n'importe quel autre type de jeu selon l'ancien dicton "où il y a de la gêne, il n'y a pas de plaisir...". On peut se divertir de différentes façons, il est donc inutile d'essayer de comprendre quel sera le secteur intercepté. Bonnes nouvelles des enfants en ce qui concerne leurs études, leur vie sentimentale ou leur santé. Amélioration des rapports avec ces derniers. Période favorable à l'enseignement ou à la mise au monde d'enfants. Naissances pas seulement dans le sens génétique. Nouveaux passe-temps. Amélioration de notre état de santé grâce à une vie faite de plus de distractions. Vie sexuelle plus intense.

En Maison VI, Vénus de Révolution aide à résoudre des problèmes de santé. Dans les convalescences, les suites opératoires, après un accident, cette position est l'une des meilleures pour retrouver santé et bien-être. Excellente année pour commencer un traitement, une nouvelle thérapie, de la gymnastique, des massages, des bains de boue, des cures thermales, des régimes désintoxiquant ou amaigrissant, des interventions de chirurgie esthétique de différentes natures. Il est rare qu'une telle position s'exprime de manière négative. C'est la raison pour laquelle je ne m'inquiète pas si je vois des planètes bien ou mal aspectées dans les Maisons de Révolution : j'attends toujours de voir le cas d'un sujet qui avait un très beau Soleil de Révolution en Maison XII et à qui il n'est rien arrivé de dramatique, de grandement négatif. Inversement il ne m'est arrivé que très rarement, ou peut-être jamais, de lire une Vénus en Maison VI qui agisse mal pour la santé. Avec cette position astrale il est aussi possible de trouver du travail ou un nouveau travail. Amélioration des rapports au sein du milieu professionnel. Amour possible avec un collègue, un supérieur ou un collaborateur. Dépenses d'argent pour la santé.

En Maison VII, en ce qui concerne Vénus nous sommes assez distants de la condition expliquée à propos de la position homologue de Jupiter de transit.: sa position, dans la presque totalité des cas, est propice au mariage, à la cohabitation, à la santé de n'importe quel type de rapport. Cela suggère une éventuelle réconciliation, pour les couples en crise, ou le début d'un nouveau lien, d'une co-habitation, d'un mariage. Les rapports de société avec des tiers dans le domaine commercial, artisanal, politique, d'études, etc. sont également favorisés. La résolution d'affaires légales est favorisée et les nouvelles partiront positivement. Amélioration professionnelle ou de santé possible pour le conjoint. Début d'une activité politique. Amour pour le partenaire.

En Maison VIII, Vénus facilite les acquisitions d'argent relatives au travail ou, plus probablement, dérivant de gains au jeu, donations, héritages, augmentation de capital du conjoint, etc. Avec une telle position astrale il est possible d'obtenir, assez facilement, des prêts, des subventions, des financements, à condition bien sûr qu'ils soient proportionnels à nos moyens réels. En d'autres termes, si le sujet ne possède aucun bien immobilier, il est peu probable qu'on lui accorde un financement important, avec ou sans Vénus de Révolution en Maison VIII. Cela pourrait sembler évident mais nous continuons à enregistrer d'importantes attentes de la part des bénéficiaires des informations astrologiques qui, souvent, font croître de manière excessive leur espoir d'obtenir des passe-partout pour la richesse ou le bonheur. Cette même position nous informe souvent d'une agréable activité sexuelle du sujet. Avantages grâce à une mort ou à des fouilles de tout type, y compris celles dans le Moi profond.

En Maison IX, Vénus nous offre très souvent des voyages très agréables ou un amour avec un étranger. Ce dernier pourra aussi être simplement d'une ville différente. Eventuel amour durant un voyage. Voyage avec notre partenaire nous procurant une agréable parenthèse sentimentale. Excellente période pour les croisières. Les études supérieures sont favorisées ainsi que les matières peu conventionnelles comme la philosophie, la théologie, l'astrologie, la parapsychologie, l'ésotérisme, le yoga, l'orientalisme, etc. Dans le domaine professionnel, mutation avantageuse. Résolution d'un problème de santé nous concernant ou concernant une femme qui nous est proche, dans un hôpital à l'étranger ou dans une autre région. Chance économique à l'extérieur. Amélioration de notre condition économique grâce à des activités commerciales avec des personnes ou des pays étrangers.

En Maison X, c'est certainement une bonne position pour notre travail, pour obtenir des gratifications de prestige ou économiques. La carrière, les avancements, l'obtention d'une fonction à plus grande responsabilité sont favorisés. Attribution d'un prix sous la forme d'un titre académique ou d'une somme d'argent. Affirmation d'une œuvre de notre talent, de notre génie, de notre persévérance. Période d'épanouissement professionnel. Bonnes conditions pour commencer un nouveau travail. Situation sentimentale satisfaisante pour notre mère ou amélioration de notre relation avec elle. Affirmation professionnelle ou amélioration de l'état de santé psychophysique de notre mère.

En Maison XI, Vénus nous offre en général de bonnes et de nouvelles amitiés ou bien elle améliore des relations d'amitié qui s'étaient dégradées. Il est possible que des amis nous apportent une aide économique. Durant ces douze mois nous pourrons vraiment voir ce que veut dire la solidarité des amis, quand les conditions de notre ciel de naissance le suggèrent (cela sera difficile avec un mauvais Saturne de naissance en Maison XI). Eventuelles aides de la part de personnes influentes, même si ces personnes ne peuvent se considérer nos amis. Excellents projets d'avenir. Aide pour éviter un danger de mort nous concernant ou concernant un être cher.

En Maison XII, Vénus agit exactement comme Jupiter, mais à un octave plus bas. Elle nous aide à surmonter les épreuves comme la maladie, les conflits relationnels, les problèmes légaux ou économiques, les chagrins concernant les enfants, les conjoints, etc. Son action est particulièrement utile quand dans la même Maison de Révolution tombent aussi des maléfiques : dans ce cas, Vénus a une action calmante, protectrice à 360 degrés. Bonne position aussi pour toutes les activités de recherche ou pour les satisfactions que nous pourrions recevoir du volontariat, de l'assistance aux pauvres, aux personnes âgées, aux malades, à toutes les personnes qui souffrent. Rétablissement après une maladie. Un petit ange gardien descend du ciel pour nous aider. Il est cependant vrai que cette même position se réfère souvent à des épreuves d'amour au cours de l'année.

17.
Mars de Révolution dans les Maisons

C'est une position vraiment redoutable, beaucoup plus que celle de Saturne, Uranus, Neptune et Pluton. La raison je ne la connais pas, mais c'est ainsi. Après la présence d'Ascendant, stellium et Soleil de Révolution dans les Maisons XII, I et VI, celle de Mars dans ces trois Maisons est vraiment une condition très dangereuse. Mais la présence de Mars se fait aussi particulièrement sentir dans les neuf Maisons restant et il s'agit presque toujours de souffrances. Etudiez attentivement les notes qui suivent et vérifiez.

En Maison I, Mars est vraiment très mauvais. Comme toujours cependant, il faut voir si le sujet est une jeune personne, un adulte ou une personne âgée. Dans ce dernier cas les conséquences peuvent vraiment être très graves. Les jeunes peuvent s'en tirer avec une opération aux amygdales ou à l'appendice ou bien avec une extraction de dent, une chute, une fracture. Pour les adultes, les choses sont beaucoup graves et une telle position peut indiquer des maladies ou des opérations importantes qui peuvent aller de l'éradication de calculs à la vésicule, à la tumeur ; de la greffe à l'infarctus. Il s'agit certainement d'une des positions les plus graves dans une Révolution solaire. Il convient de dire que si, dans la très grande majorité des cas, elle se réfère à une opération, un accident ou une maladie physique grave, d'autres fois, et cela n'est pas rare, elle peut indiquer un grave état de préoccupation du sujet, une prostration psychique, une crise nerveuse, une forte dépression, des angoisses. Toutes ces choses peuvent être produites par de gros chagrins sentimentaux (comme le fait d'être abandonné), par une situation économique qui s'écroule, par la situation professionnelle (le déclin de politiciens après un scandale, une incrimination pour corruption, etc.), par la situation affective (à la suite du décès d'un être cher), etc. Donc, quelquefois ce transit concerne plus l'aspect psychologique que physique, mais pas d'une manière plus légère l'un par rapport à l'autre. Dans un seul cas nous pouvons parler de transit non mauvais : pour les personnes qui ont un Mars assez faible de naissance, par exemple en Balance ou en Cancer, la présence de Mars de Révolution en Maison I peut indiquer une année exceptionnelle à l'enseigne de décisions prises avec fermeté, d'actions concrètes et immédiates, avec un activisme qui provoque des plaisirs jamais éprouvés par le sujet. Mais même dans ces cas, à côté de ces aspects positifs de la chose, nous devons toujours enregistrer le risque d'accident de moto, de chute dans l'escalier, etc.

En Maison II, Mars est presque toujours responsable d'une hémorragie d'argent. On se laisse prendre la main et on dépense beaucoup, trop, plus qu'on ne le peut, avec pour conséquence un endettement ou le tarissement de toutes nos ressources. Il peut aussi s'agir de cambriolages, hold-up, escroqueries, mais il faut aussi inclure les prêts accordés et jamais récupérés et surtout les dépenses excessives. Nous trouvons cette position très souvent lorsqu'il y a aussi des valeurs en Maison IV : nous pensons dépenser dix pour des travaux et nous dépensons cinquante ou cent. Quelquefois nous prévoyons seulement une dépense importante, comme l'ordinateur ou une voiture neuve et puis nous recevons un rappel d'impôts, des travaux de copropriété, des voyages que nous n'avions pas prévus, des maladies et des traitements coûteux, des aides pour des membres de la famille qui ont des problèmes, et c'est la catastrophe. Dans certains cas, mais c'est la minorité, cette position peut être positive car le sujet engage une grande énergie pour gagner plus d'argent. D'autres fois cette position nous informe d'une plus grande attention du sujet vers des sujets liés à l'image, comme la photographie, le cinéma, le théâtre, le graphisme, le graphisme à l'ordinateur, le graphisme publicitaire, les présences à la télévision, une plus grande visibilité souvent conquise à force d'insistance. Pour réaliser tout cela nous devrons aussi affronter des dépenses importantes pour l'achat d'instruments techniques, du software à l'hardware. Plus de soins dans le choix des vêtements. Mouvements d'énergie pour améliorer notre aspect physique.

En Maison III, même si cela peut paraître très banal, Mars annonce presque toujours un accident de voiture, de moto, de bicyclette, en montant dans le bus ou en traversant la rue. L'accident sera plus ou moins grave selon les autres positions de la Révolution solaire et l'ensemble des transits en jeu. D'autres fois cela peut signifier le vol de la voiture ou de la moto ou des dommages sur ces dernières. Il se peut aussi que durant les douze mois interceptés par la Révolution solaire nous ayons de mauvaises nouvelles, des chagrins ou des litiges avec nos frères, nos sœurs, nos cousins et nos beaux-frères. Il peut s'agir de faits graves si la Révolution solaire présente aussi des valeurs en Maison XII, I et VI. Par ailleurs nous pourrions devoir faire de fastidieux va-et-vient ou de nombreux déplacements désagréables. Crise dans les études ou grosses difficultés, échecs aux examens et aux concours. Pannes importantes des appareils de télécommunications comme le fax, le téléphone mobile, le téléphone sans fil, l'antenne parabolique, l'imprimante, le modem, etc. Problèmes avec la presse, attaques des journaux ou de la télévision, polémiques écrites. Plus grande agressivité à l'égard des autres ou de la part des autres, qu'il s'agisse de notre entourage habituel ou de rapports imprévus et peu importants : avec un employé à un guichet, le contrôleur du tram, une vendeuse, etc. Problèmes avec les expéditions : paquets que nous envoyons et qui n'arrivent jamais à destination, lettres qui nous parviennent ouvertes, colis endommagés durant le transport. Ennuis à cause du tabac ou problèmes aux voies respiratoires en général.

En Maison IV il s'agira presque toujours de travaux à effectuer à la maison, au bureau, au laboratoire, à l'atelier. C'est une des positions les moins "mauvaises" de la planète ignée, mais nous ne devons pas la sous-estimer. Quelquefois les dommages au logement peuvent être importants, comme un effondrement, un incendie, un affaissement du plancher. D'autres fois il s'agira de problèmes économiques : taxe à payer, crédits qu'on ne peut plus payer, grosses dépenses pour des travaux de rénovation. Cette position peut aussi signifier la réception de lettres d'expulsion, de contentieux avec un locataire, avec l'administration de l'immeuble, avec un voisin, avec le concierge. Cet aspect peut aussi indiquer des problèmes de santé pour nos parents ou des litiges avec eux. Hospitalisations possibles pour nos parents ou pour nous-mêmes. Attention à la chaudière, à la bonbonne de gaz, aux courts-circuits. Mieux vaudra avoir un extincteur chez soi. Bien faire garder notre maison durant notre absence car elle pourrait être visitée par les voleurs. Dommages à la mémoire de l'ordinateur et risque de perdre des données de nos fichiers.

En Maison V, Mars accompagne, presque toujours une plus grande conflictualité dans la relation sentimentale. Cependant cela ne veut pas dire obligatoirement la fin d'un rapport d'un couple. Dans la plupart des cas, il s'agit seulement d'un climat plus tendu, de discussions, de divergences. Seulement dans la minorité des cas, si le reste de la Révolution solaire et des transits est mauvais on pourra craindre une séparation ou une séparation définitive. Seulement dans des cas très rares, lorsque l'ensemble du cadre est vraiment funeste, on pourra signaler une grave maladie ou la mort du partenaire. Eventuels conflits avec nos enfants ou préoccupations, fondées ou pas, les concernant. Cet aspect peut indiquer des maladies pour nos enfants, des échecs scolaires, des crises sentimentales qui les jettent dans la dépression, les problèmes de drogue, les mauvaises fréquentations, les accidents de moto. D'autres fois, Mars en Maison V nous parle d'un avortement au cours des douze mois interceptés par la Révolution solaire ou d'une grossesse difficile, d'une césarienne, de problèmes après l'accouchement. Dans sa meilleure expression, au contraire, ce seul item zodiacal indique une grande quantité d'énergie dépensée pour le divertissement, des pulsions ludiques et récréatives, des distractions sportives, une activité sexuelle intense, la pratique des arts martiaux, le record sportif d'un de nos enfants, un moment de grande énergie pour un de nos enfants.

Mars en Maison VI, est une des trois positions très dangereuses, avec la Maison I et la Maison XII. Pour les adultes, les personnes d'âge mûr ou les personnes âgées, il établit un danger de maladie importante durant l'année, d'une opération ou d'un accident avec des conséquences sur le physique. On va des pathologies les plus légères, comme une gastrite ou une bronchite, jusqu'aux maladies très graves, aux infarctus, aux greffes, à la réanimation en cas d'accidents de la route. Comme toujours pour comprendre le niveau de dangerosité d'une telle position, il faut considérer l'ensemble du ciel de Révolution et du ciel de naissance. Le programme *Scanner*, de *Astral*, avec son indice de dangerosité de l'année, peut aider à comprendre le niveau de gravité de la chose, mais, en suivant les règles exposées dans ce livre, vous pourrez vous en dispenser et décider tout seul. L'âge, je le répète, est fondamental, par conséquent une personne jeune ne court pas de graves dangers. Expliquons mieux ce concept. Je ne veux pas théoriser que les jeunes ne peuvent pas souffrir de tumeurs malignes ou subir des infarctus. Je dis simplement que pour eux les probabilités sont vraiment minimes. Je cite un nombre au hasard qui sera certainement faux, mais qui peut rendre l'idée : disons qu'un jeune sur trois mille souffre d'un cancer. Donc, c'est comme si, à cette jeune personne, nous donnions un pistolet avec un barillet pouvant contenir trois mille balles, que nous n'introduisions qu'un seul projectile et qu'après avoir fait tourner plusieurs fois le barillet, nous suggérions à cette jeune personne de jouer à la roulette russe, nous pourrions parier tout ce que nous avons qu'il ne se tuera pas : le calcul des probabilités est absolument en notre faveur. Dans le cas d'un quinquagénaire, par contre, nous ne sommes pas dans un rapport de probabilité de un à un, mais certainement pas de un contre trois mille. Donc, je veux dire par là que pour une jeune personne un Mars en Maison VI, comme en Maison I ou XII ne doit pas effrayer outre mesure. Tant pour les jeunes que pour les adultes, cela peut concerner aussi un problème psychologique et non somatique. Par exemple si nous vivons un chagrin, une déception, une trahison, une crise économique, un grave deuil, alors Mars en Maison VI indique une période de grande souffrance et pas obligatoirement une pneumonie ou un avortement. Parmi les plus grandes probabilités de malheur qui, je le répète, ne sont pas forcément liés à la santé (j'espère que cette fois j'ai été suffisamment clair car je l'ai écrit d'autres fois et rares sont ceux qui l'ont compris), il y a ceux relatifs au travail, aux affaires légales conduites par des employés ou des ex-employés, des accidents de travail, de grosses querelles dans le milieu professionnel. Presque jamais, pour ne pas dire jamais, je n'ai vécu une expression positive d'une telle position, même si elle est appuyée par des trigones ou des sextiles.

En Maison VII, Mars me fait un peu plus peur que lorsqu'il est en Maison VIII, c'est pourquoi si je devais indiquer (mais je ne le fais pas) une quatrième Maison très mauvaise après la première, la sixième et la douzième, je dirais la septième. Il s'agit dans 99 % des cas de tracasseries administratives. Cela peut signifier discussions avec le partenaire, séparations, divorces, contentieux avec ou sans la présence d'un avocat. Mais il peut aussi s'agir d'ennuis non liés au couple. Nous pouvons avoir des ennuis avec la justice, subir un procès, de graves sanctions disciplinaires, des amendes importantes, des contrôles fiscaux, des accusations plus ou moins violentes par la presse, la télévision, des lettres plus ou moins intimidatrices. Avec Mars en Maison VII nous pourrons subir des attentats mafieux sur nos biens ou notre propre personne. Risque d'être blessé. Dans les cas les plus graves risque d'être assassiné, mais toujours si nous trouvons des justifications valables pour une hypothèse aussi grave (le ciel de tous les membres de la famille devrait le laisser apparaître). Les querelles peuvent aussi concerner un voisin, le concierge, un collègue, un adversaire politique. Nous pourrions aussi être à l'origine de ces ennuis administratifs, pour revendiquer un crédit, pour obtenir réparation d'un tort, pour nous défendre d'une calomnie. C'est une année durant laquelle notre belligérance augmentera, comme militantisme actif dans un parti politique, guerres ou croisades en faveur des faibles, des opprimés, des minorités de tout type. Marche pour l'écologie, contre le racisme, pour le travail. Saison de grands idéaux et de ferveur politique et religieuse. Tentatives pour entrer dans la police, la gendarmerie, l'armée.

En Maison VIII, Mars, comme pour la deuxième, annonce presque toujours des hémorragies d'argent. Il est difficile de se tromper à cet égard et cette position a un très haut degré de vérifiabilité : même un aveugle ou un représentant du CICAP pourrait s'en apercevoir. Il s'agira de dépenses de tout type mais en particulier pour la maison ou pour la voiture, mais on parle aussi de cambriolages, hold-up, escroqueries, prêts jamais récupérés, taxes, remboursements de crédits, dettes de notre partenaire, etc. Nous devrons aussi faire attention à d'éventuelles pertes au jeu. D'autres fois il s'agit de d'affaires légales inhérentes à un héritage, des legs, des donations, des pensions. Litiges avec des parents pour des problèmes d'héritage. Dans des cas beaucoup plus rares, il pourra s'agir de gros chagrins relatifs à des deuils ou d'un danger de mort pour un membre de notre famille. Plus grande activité sexuelle. Risque de stress ou de peurs relatifs au spiritisme, à la magie, à l'occultisme. Peur de la mort. Problèmes à caractère sexuel.

En Maison IX, Mars nous parle très souvent d'accidents de la route : en voiture, en moto, à bicyclette ou simplement en traversant la rue. Mais je dois dire que lorsque j'ai été confronté à l'accident d'un de mes consultants, j'ai souvent rencontré des accidents complètement étrangers à la circulation, comme la chute d'une échelle, une blessure accidentelle, la rupture du fémur, un accident durant la pratique d'un sport, etc. Donc une position plutôt insidieuse, mais pas parmi les plus dangereuses. Souvent il s'agit simplement de contretemps au cours de voyages, comme quand la compagnie aérienne expédie notre valise à Hong Kong alors que nous nous rendons à Paris, ou bien nous descendons dans un hôtel et, durant la nuit, nous découvrons avec terreur qu'il y a des cafards. Nous pouvons avoir des problèmes légaux à l'étranger, des ennuis avec la police d'un pays qui n'est pas le nôtre, des agressions dans une autre ville, des mésaventures loin de chez nous. Quelquefois cette position suggère l'idée de soins médicaux ou d'opérations chirurgicales dans un hôpital étranger. Problèmes universitaires possibles. Un de nos parents ne va pas bien et nous oblige à partir. Dommages à des moyens de transport. Discussion avec un de nos référents culturels étrangers. Emploi d'une grande quantité d'énergie pour l'apprentissage d'une langue étrangère, y compris le langage informatique. Crises religieuses et problèmes dérivant de l'étude de la philosophie, de l'astrologie, de l'ésotérisme, de la parapsychologie, etc.

En Maison X, Mars a presque le même nombre de significations positives et négatives. Emploi d'une grande quantité d'énergie pour évoluer professionnellement. Difficultés pour l'amélioration de notre situation professionnelle. Beaucoup d'énergie pour l'émancipation par rapport à n'importe quel type de problèmes. D'un point de vue négatif cette position suggère des difficultés professionnelles, risque de perdre son emploi, scandales qui nous nuisent professionnellement, guerres pour des raisons professionnelles, divergences avec des adversaires professionnels, éventuels dommages à nos entreprises, accidents de type professionnel (par exemple un médecin provoquant accidentellement la mort d'un patient). Mauvais état de santé de notre mère ou situation conflictuelle entre elle et nous. Dans les cas très graves, si d'autres positions du thème et de la Révolution solaire le confirment, décès de celle qui nous a mis au monde.

En Maison XI, Mars signifie dans la très grande majorité des cas, dispute avec un ami ou un parent éloigné. Deuils éventuels si d'autres éléments de la Révolution solaire et des transits le confirment. Danger de mort pour des amis ou des parents. Discussions avec un personnage puissant qui nous appuyait. Grande énergie employée pour l'amitié et pour les amis. Nous nous faisons en quatre pour soutenir les personnes que nous aimons. Beaucoup d'énergie pour faire des projets, dans tous les secteurs. Engagement dans le domaine musical.

En Maison XII, Mars amène en général une grande quantité d'ennuis ou bien un seul problème mais très grave. Toutes les considérations déjà faites pour Mars en Maison I et VI sont ici valables, il est donc inutile de les répéter. Position très dangereuse pour la santé au sens physique et mental. Graves crises nerveuses, angoisses, dépression, à cause d'un chagrin sentimental, d'un problème économique, professionnel, politique, à cause d'un scandale, de la perte d'un être cher, parce que nous avons été abandonnés ou trompés par notre partenaire, à cause d'un échec scolaire, à cause de sérieux problèmes de santé, de calculs à la vésicule, d'une tumeur, du SIDA, d'un infarctus, d'une greffe. Incarcération ou hospitalisation possibles. Incrimination de la part de la magistrature. Citations. Scandales nous concernant ou concernant un être cher. Etats de grave agitation mentale pouvant être dus à des prévisions de pseudo mages ou guérisseurs. Peur à cause d'une grave maladie présumée. Ennemis secrets qui nous nuisent. Risques de perte d'emploi, de licenciement. Problèmes à 360 degrés.

18.
Jupiter de Révolution dans les Maisons

C'est une position plutôt importante car elle nous dit où seront nos ressources les plus importantes durant les douze mois interceptés par la Révolution solaire. L'aide de Jupiter se révèlera indispensable pour le résultat global de l'année interceptée par la Révolution solaire. Jupiter peut nous aider tant dans un sens propulsif, en nous offrant un atout dans une direction bien précise, tant comme ange gardien, en limitant les dégâts d'une situation particulière. Il faut cependant faire attention à son "fonctionnement" en particulier dans trois Maisons : la deuxième, la septième et la huitième. Dans ces trois secteurs le maître du Sagittaire se manifeste souvent à l'inverse de celui que devrait être son comportement habituel. Il convient donc de lire à ce sujet ce qui a été décrit à propos du transit de Jupiter dans ces trois Maisons.

En Maison I, Jupiter a d'habitude un effet très positif en ce qui concerne le rétablissement après des états dépressifs, des abattements physiques et mentaux, des convalescences post-opératoires, des sorties d'argent importantes, professionnelles, sentimentales, familiales, effondrements dus à des deuils, des chagrins. Ceux qui, d'ordinaire, sont plutôt méfiants abaisseront la garde, feront plus confiance aux autres, seront plus ingénus et moins critiques. Favorable aux contacts sociaux, aux ouvertures en général, mais nuisible en ce qui concerne les éventuelles duperies que le sujet pourra subir. Il faut faire particulièrement attention car cette position favorise la prise de poids dans la mesure où elle nous fait nous relaxer et "ouvrir" notre cœur. Dans les cas les plus négatifs, il peut favoriser les proliférations en tout genre, y compris celles pathologiques. Hypertrophie en général, excès, exagération des appréciations.

En Maison II nous nous trouvons dans une des trois positions où il faut faire particulièrement attention. Il convient de lire dans le chapitre relatif aux transits de Jupiter, ce qui concerne l'oscillateur bistable. Je le répète brièvement. En électronique un oscillateur bistable est un circuit qui détermine, pour chaque impulsion en entrée, l'inversion du signal en sortie. Par exemple, à la première impulsion, l'oscillateur fait s'éclairer une ampoule électrique, à la deuxième il la fait s'éteindre, à la troisième il la fait s'allumer et ainsi de suite. Cela veut dire que sa position dans les trois Maisons citées détermine habituellement une inversion de l'état précédent. En Maison II, Jupiter de Révolution signifie certainement une plus grande circulation d'argent, mais cela peut être tant en entrée qu'en sortie. Pour comprendre laquelle des deux directions il prendra, il faut examiner la situation d'ensemble. Faisons quelques exemples. Si cette position s'associe à des Maisons importantes interceptées cette année-là, comme la Maison XII, I ou VI, alors il s'agira presque certainement d'argent qui sort. S'il s'agit de commerçants ou d'entrepreneurs pour qui Saturne transite en deuxième ou en huitième, alors il s'agira presque certainement d'argent qui sort. Si le sujet fait des travaux chez lui ou est en train d'acheter un appartement, avec des valeurs en Maison IV de Révolution solaire, ici aussi on parle de grosses sommes qui sortent, une véritable hémorragie d'argent. Si au contraire il y a des valeurs en Maison IV et l'intéressé est en train de vendre un appartement, alors cette position indiquera de grosses rentrées d'argent. En raisonnant de cette manière, il est presque toujours possible d'établir la direction du flux d'argent. Si un ouvrier est au chômage et a de mauvais transits, avec Jupiter en Maison II de Révolution, il pourra même finir sur le pavé. Il faut aussi considérer, et cela ne sera pas un élément secondaire de l'analyse tout entière, la situation de naissance du sujet : les personnes capables de vendre des sauterelles en Afrique ou des réfrigérateurs en Alaska, augmentera ses entrées même avec ce transit. Celui qui au contraire a une malchance économique atavique aura de nouveau des ennuis dans ce secteur. Cette position peut aussi signaler une augmentation de la "visibilité" du sujet qui, probablement, au cours de l'année participera à des émissions télévisées ou présidera des cérémonies publiques, sera photographié, apparaîtra dans les journaux télévisés, etc. De probables intérêts, gratifiants, dans le secteur de la photographie, du cinéma, du théâtre, du graphisme, du graphisme publicitaire, du design, du graphisme à l'ordinateur. Achat d'appareils relatifs aux secteurs à peine décrits. Embellissement du sujet grâce à un régime, un nouveau style, une coupe de cheveux différente, des moustaches, la barbe, une nouvelle prothèse dentaire, une intervention de chirurgie plastique, etc. Grand soin dans le choix des vêtements.

En Maison III, très banalement mais très fréquemment, Jupiter accompagne l'achat d'une voiture neuve ou d'une moto, d'une bicyclette, d'un fourgon, d'un moyen de transport quelconque. Voyages d'agrément et de nombreux déplacements possibles. Va-et-vient agréables pour un nouveau travail, un nouvel amour, une amélioration de l'état de santé. De nombreuses communications ou télécommunications. Eventuel achat d'un téléphone mobile, d'un téléphone sans fil ou d'un fax, d'un standard téléphonique, d'une antenne parabolique, d'un modem, d'un appareil pour naviguer sur Internet, d'une imprimante, d'un nouveau programme d'écriture. D'excellentes nouvelles nous parviennent par lettre, télégramme, fax ou téléphone. D'excellentes choses dans les études. Différents examens universitaires réussis brillamment. De bonnes possibilités de réussir des concours. Inscriptions fructueuses à des cours de langue, d'informatique de spécialisation post maîtrise, des stages, des séminaires intensifs, des participations à des conférences, des tables rondes, des débats. Bonne période pour écrire. La presse nous traite bien. Excellentes choses de la part de frères, sœurs, cousins et beaux-frères. Amélioration des pathologies pulmonaires. Bonnes entrées au sens commercial.

En Maison IV, Jupiter accompagne presque immanquablement, des avantages immobiliers. Ces derniers peuvent consister en une bonne opération d'achat ou de vente, en la réalisation d'une importante affaire immobilière ou en un déménagement ou même en des travaux de rénovation du logement ou du bureau. Cela vaut tant pour nos propriétés que pour les lieux où nous opérons. Par exemple, pour un employé de banque cette position peut correspondre à une mutation dans une nouvelle agence plus confortable. Ceux qui ont l'intention d'acheter une maison ne doive pas laisser passer cette position. D'excellentes choses aussi pour ceux qui ont, pendant des années, subis des désagréments et peuvent enfin entrer en possession de leur maison. Jupiter en Maison IV peut aussi concerner ceux qui, après avoir beaucoup voyager, réussissent, pendant une certaine période, à profiter de leur habitation. Eventuel héritage immobilier. D'un autre point de vue cette condition peut illustrer une meilleure condition de nos parents et de notre père en particulier : d'un point de vue économique, professionnel, sentimental ou en ce qui concerne la santé. De meilleurs rapports avec nos parents. Achat éventuel d'un camping-car ou d'une multipropriété. Location d'un nouveau bureau ou d'une garçonnière. Achat de nouvelles et importantes unités de mémoire pour notre ordinateur.

En Maison V, d'ordinaire, Jupiter est assez spectaculaire et facilite assez les rencontres sentimentales et les nouvelles amours, à moins que le sujet n'ait une malchance atavique dans ce domaine. Il faut ici faire une réflexion. De nombreux usagers de l'astrologie qui n'y connaissent pas grand chose, pensent qu'une position de ce genre devrait leur donner droit à l'amour. En fait il n'en est pas ainsi et cela est valable aussi par exemple pour les inaugurations. Il m'est souvent arrivé que quelqu'un s'adresse à moi pour avoir la bonne date pour l'inauguration d'une activité commerciale et puis, des années plus tard, cette personne s'est plainte que, d'un point de vue économique, les choses soient allées très mal. Mais cela est assez logique dans la mesure où les variables en jeu ne sont pas seulement astrologiques, mais tiennent compte aussi des conditions du marché, donc si quelqu'un tente de vendre des fourrures sous les Tropiques, même si l'inauguration a eu lieu sous un ciel extraordinaire, il crèvera de faim. De la même manière si un homme vraiment laid et peu attirant décide de conquérir une femme au cours d'une réception où sont présents de nombreux cadets brillants et fascinants d'une prestigieuse école navale, il y parviendra difficilement. Donc cette position astrale, d'anniversaire à anniversaire, pourra apporter un amour nouveau et très beau ou un retour de la personne aimée, mais à condition que les conditions objectives décrites existent. En tout cas, le sujet se divertira plus au cours de cette année. Cela pourra lui venir du jeu de cartes, des jeux vidéo, de la musique, de l'ordinateur, mais aussi de la lecture des textes de Tolstoï et de Verga : chacun trouve son plaisir où il peut. Il m'est arrivé d'écouter des personnes qui, la Révolution solaire terminée, ont reconnu qu'ils se sont effectivement divertis et qu'ils l'ont fait simplement en redécouvrant le plaisir de communiquer après une période de fermeture. Eventuelles activités sportives, plus de cinéma, plus de théâtre, plus de dîners au restaurant, plus de week-end, plus de sexe, plus de discothèque, plus de concerts. Une ou plusieurs bonnes nouvelles des enfants. Un problème lié aux enfants est surmonté. Possibilités de faire un enfant même quand on ne le désire pas : avec cette position, la fertilité du sujet augmente considérablement, tant pour les hommes que pour les femmes. Seulement dans des cas très rares cette position doit être interprétée de manière négative et peut indiquer par exemple des ennuis pour les enfants.

En Maison VI, le maître du Sagittaire réussit assez bien à assainir les situations en ce qui concerne la santé. C'est en effet une aide certaine pour la guérison des maladies qui nous offre des ressources, quelquefois inattendues, venant en aide à notre bien-être psychophysique. Il agit très bien dans les convalescences et pour se reprendre de chagrins sentimentaux, de problèmes économiques, professionnels, après des deuils importants. Les soins que nous commençons durant une telle Révolution solaire ont beaucoup plus de probabilité de produire des effets positifs, concrets. Période favorable aux interventions chirurgicales, surtout à caractère esthétique. Eventuelle amélioration de la situation professionnelle ou des relations professionnelles. Excellentes possibilités en ce qui concerne le recrutement de nouveaux employés, collaborateurs, domestiques, collaborateurs à temps partiel. Une vieille rancœur professionnelle est sur le point de se résoudre. Un de nos employés vit un excellent moment, de différents points de vue. Le travail qu'auparavant nous vivions difficilement nous apparaît aujourd'hui agréable ou facile. Bénéfices en ce qui concerne tous les types de thérapie, qu'il s'agisse de bains de boue, de cures thermales, de shiatsu, de kinésithérapie, de régimes amaigrissants ou désintoxiquant, de gymnastique. Joies procurées par un animal domestique.

En Maison VII, Jupiter se comporte plus ou moins comme quand il est en transit dans cette Maison. D'habitude, grâce à l'effet "bistable" dont nous avons déjà parlé, il nous aide à résoudre les problèmes concernant notre relation sentimentale et les tracasseries administratives. Si nous n'avons pas de lien sentimental et le désirons fortement, si les bases théoriques pour que cela puisse arriver existent, alors nous pouvons certainement espérer en une rencontre intéressante durant les douze mois suivants, rencontre importante qui pourrait même devenir assez stable. Même si notre vie de couple a été récemment troublée par une crise, une séparation momentanée, une agressivité diffuse, avec le début de la nouvelle Révolution solaire qui contient Jupiter en septième, il y a vraiment de très nombreuses probabilités que la relation se recompose, que nous réussissions à rétablir un climat pacifique et beau dans notre couple. Cela est également valable pour les affaires légales, les procès, pour les affaires en suspens avec la justice : si nous sommes sous enquête, sous procès, si nous sommes engagés dans un procès qui nous use, alors il est fort probable que nous trouverons une ressource importante, une aide inespérée, un appui miraculeux qui nous sortiront du pétrin ou qui feront prononcer une sentence favorable ou le moins défavorable possible. Inversement si notre relation de couple se porte bien et que nous n'avons aucun problème avec la loi, alors Jupiter en Maison VII peut nous amener de gros litiges, séparations, voire un divorce, ennuis administratifs de tout type, ennuis avec la justice, attaques de la part des institutions ou des particuliers, ennemis déclarés, attentats, agressions, etc. Le mécanisme, comme je l'ai déjà dit, nous est inconnu, mais il n'empêche que sur la base de milliers de Révolutions solaires observées et étudiées, je peux affirmer tout cela avec la certitude que cette règle est valable dans la très grande majorité des cas, pour ne pas dire à cent pour cent. Cela est aussi valable pour le conjoint, le compagnon, la compagne, un éventuel associé, dans les affaires, les études, la politique, etc.

En Maison VIII, comme dans la deuxième, Jupiter signifie certainement un flux d'argent considérablement plus important, en proportion du budget de la personne intéressée (quelques millions pour certains et des milliards pour d'autres), ce flux peut être tant en entrée qu'en sortie et peut dépendre d'un héritage, d'une donation, de gains au jeu, de pensions, d'arriérés, d'extra, d'affaires, de négociations, mais aussi de pertes au jeu, de vols, de grosses dépenses pour la maison, de dettes du partenaire, d'escroqueries, de prêts jamais récupérés, etc. Si nous ne faisons pas attention, avec cette position nous risquons d'avoir de véritables hémorragies d'argent. Quelquefois ses effets sont trompeurs car, par exemple, nous sommes favorisés dans l'obtention d'un prêt, d'une subvention, d'un financement et nous réussissons même à obtenir de grosses sommes, mais ensuite nous ne serons plus en mesure de restituer ces sommes et donc sa position en Maison VIII se révèlera terrible. Nous pourrons tirer profit d'une mort, pas seulement d'un point de vue économique. Bonnes possibilités dans les recherches souterraines, profondes, y compris celles qui se réfèrent à notre psyché. Amélioration de notre vie sexuelle. Ce dernier point ne se prête pas à une double interprétation et souvent il nous informe indirectement de l'arrivée d'un amour ou de la résolution positive d'un conflit avec notre partenaire. Amplification de nos dons médiumniques.

En Maison IX, Jupiter signifie presque toujours de longs et magnifiques voyages, lointains voyages, longs séjours loin du domicile, avantages obtenus de l'étranger ou grâce à des personnes étrangères relatives à d'autres régions ou villes. L'étranger, le lointain, sous tous les points de vue nous sont favorables, nous font du bien, nous aident considérablement, pour le travail, l'argent, la santé, l'amour, la célébrité. Hôpitaux et médecins étrangers réussissent à nous guérir. Du travail nous est offert dans d'autres villes. Possibilités de fréquenter des universités ou des cours étrangers. Spécialisations à l'étranger. Etudes supérieures favorisées, qu'il s'agisse des études universitaires ou de celles qui se réfèrent à des matières éloignées du quotidien, des matières comme la philosophie, l'astrologie, la parapsychologie, la théologie, le yoga, etc. Apprentissage d'une langue étrangère ou d'un langage informatique.

En Maison X, le stationnement de Jupiter au cours d'une Révolution solaire est presque toujours positif et concerne une évolution qui est souvent de type professionnel, mais qui pourrait aussi concerner n'importe quel type d'émancipation, comme apprendre à nager ou à avaler des comprimés (il y a des adultes qui ne réussissent pas à le faire), se libérer d'une personne désagréable, réussir à voler pour la première fois et ainsi de suite. Il faut préciser cependant qu'une telle position est beaucoup moins puissante que l'Ascendant en Maison X radicale. Je n'en connais pas la raison mais je l'ai expérimenté des milliers de fois. Dans d'autres cas cette position nous parle d'une excellente période pour notre mère, d'un nouvel élan professionnel, d'une saison de célébrité, d'avantages économiques, de santé ou sentimentaux la concernant ou bien l'amélioration de nos rapports avec elle.

En Maison XI, Jupiter nous aide considérablement, grâce à des amis influents, des connaissances importantes, des appuis puissants, des hommes politiques, des magistrats, de hauts fonctionnaires, des personnages qui peuvent nous donner du travail, des fonctions de responsabilité, des expertises à faire, des travaux en appel d'offres, mais aussi plus simplement des raccourcis pour être opérés par un ponte ou pour être visités par d'importants spécialistes, des recommandations pour nous faire entrer dans un cours ou un club exclusif, des appuis à 360 degrés, sans exclusion, en passant même par le coup de fil au mécanicien de confiance pour qu'il s'occupe mieux de notre voiture. Durant les douze mois ainsi interceptés nous pourrons avoir plus de facilités et ressentir le souffle chaud de l'amitié, les expressions meilleures de l'amitié. D'excellents projets. Projets d'évolution professionnelle. Projets qui fonctionnent. Avantages possibles liés à une mort. Un danger de mort pour nous ou pour un être cher est très bien surmonté. Année durant laquelle nous ferons de nouvelles et excellentes amitiés.

En Maison XII, Jupiter vit peut être sa meilleure condition dans la mesure où, bien qu'il ne favorise rien en particulier, il fait fonction de joker, comme un ange gardien qui nous aide à sortir de toutes les situations négatives ou de danger, il nous aide à récupérer, à sortir du pétrin. C'est une panacée pour se rétablir après une maladie, pour sortir des problèmes judiciaires, pour surmonter une tragédie économique, pour se reprendre de la douleur d'une séparation ou d'un deuil. Ses effets ne sont jamais spectaculaires mais si l'on est honnête avec soi-même, ils sont évidents. Sa présence dans une Révolution solaire nous garantit, suffisamment, de ne pas vivre une année dramatique, d'aucun point de vue : même si nous marchons sur un fil suspendu entre deux gratte-ciel, nous aurons toujours un "filet" au-dessous de nous. C'est cette position plus que les autres qui doit nous faire apprécier une planète très bonne, si elle veut l'être.

19.
Saturne de Révolution dans les Maisons

Saturne de Révolution est beaucoup, beaucoup moins redoutable que Mars de Révolution solaire. Cette règle aussi est née d'une très longue observation "sur le terrain", d'une expérience de presque trente ans sur des milliers et des milliers de Révolutions solaires, ciblées ou non. Je n'en connais pas la raison, mais il en est certainement ainsi. Probablement la raison de la moins grande virulence de l'astre est due au fait que son expression, plutôt chronique, s'adapte peu à la périodicité d'une Révolution solaire qui embrasse seulement douze mois. Mais je ne le jurerais pas. Le fait est, cependant, que je l'ai trouvé très souvent en Maison XII, I et VI où il n'a pas produit de gros dégâts, à différence du maître du Bélier et du Scorpion qui, dans les mêmes positions, peut même avoir des effets dévastateurs. C'est certainement un secteur où nous devrons faire beaucoup d'efforts durant l'année, mais pas forcément avec des résultats négatifs. Souvent, en effet, cela annonce aussi le secteur où nous recevrons des gratifications, mais au prix de sacrifices.

En Maison I, Saturne établit le climat, au sens psychologique, d'une année.: un panorama de fond, un desk top de mélancolie, tristesse, dépression, découragement, perte d'enthousiasme, mais pas forcément à la puissance maximale. Cela sera plutôt le signe d'une croissance intérieure qui se manifestera à travers un comportement mesuré, de la part du sujet, des manières plus sobres, une meilleure gestion des mimiques, de la gestuelle, de la position de tout le corps. Cet item dénonce l'absence presque totale, au cours de la période interceptée, de toute forme d'enthousiasme. L'année pourra être assez apathique, difficile, avec peu de divertissements, mais constructive, positive pour l'évolution psychologique. Un plus grand isolement au cours de l'année (toujours d'anniversaire à anniversaire) est possible. Tendance à la sobriété, peu d'attention aux plaisirs de la chair, intérêt sexuel mineur, tant pour la femme que pour l'homme. Perte de poids possible. Problèmes aux os et aux dents possibles.

En Maison II, Saturne indique une contraction des entrées économiques ou bien des problèmes économiques dus à des sorties d'argent plus importantes, des dépenses imprévues, des taxes à payer, des travaux à la maison ou au bureau qui tendent à épuiser nos réserves, petites ou grandes. Période un peu difficile pour l'argent en général. L'ensemble de la Révolution solaire et des transits pourra éclaircir presque toujours la raison de telles hémorragies ou absences de rentrées d'argent : opérations immobilières, frais médicaux, rénovation de locaux, voyages, pertes au jeu, etc. Eventuelle diminution de la visibilité pour un personnage public (peut-être parce que sa présence à la télévision ou dans les journaux diminue). Quelquefois cette position peut indiquer un changement dans la façon de s'habiller ou de se présenter : choix d'un style plutôt classique si jusqu'à présent le sujet était plutôt sportif, suppression de la barbe ou des moustaches ou le contraire. Eventuelle interruption d'un passe-temps photographique, cinématographique, théâtral ou bien au contraire grand engagement pour apprendre l'utilisation d'un logiciel graphique, pour acheter un écran à haute résolution, du matériel professionnel pour filmer ou enregistrer.

En Maison III, Saturne peut indiquer de nombreuses dépenses pour l'achat d'une voiture neuve mais quelquefois il accompagne aussi le vol du véhicule ou des réparations coûteuses, avec ou sans accident de la route. La plupart du temps il représente des problèmes dans les relations avec nos frères, nos sœurs, nos beaux-frères ou bien des crises existentielles de ces derniers. Si cette position concerne des jeunes et des moins jeunes engagés dans des études, alors c'est presque toujours l'indice d'une interruption, temporaire ou définitive. Position particulièrement nuisible aux écrivains qui connaîtront une période de disette presque totale. Eventuelles contrariétés relatives à la presse : par exemple, les journaux ou la télévision s'occupent vilainement de nous. D'autres fois cette position astrologique se réfère à un plus grand nombre de va-et-vient pour des raisons différentes : enseignants qui sont affectés loin de chez eux, étudiants qui doivent fréquenter une université dans une autre ville, hommes et femmes voyageant sans cesse pour rencontrer la personne qu'ils aiment, soins médicaux requérant des déplacements, etc.

En Maison IV, Saturne se réfère dans la très grande majorité des cas, à des problèmes avec les parents. Nous trouvons cette position dans les cas de maladie et d'hospitalisation avec ou sans opération, pour nos parents. Dans les cas les plus négatifs, mais seulement si l'ensemble des transits et de la Révolution solaire et l'examen des cartes astrales de tous les membres de la famille le confirment, il peut s'agir de la perte de l'un des deux parents (souvent le père, mais ce n'est pas une règle absolue). D'autres fois, il s'agit de fortes dépenses ou d'importants sacrifices pour l'achat ou pour la rénovation d'une maison ou pour un déménagement. Importantes dépenses de copropriété ou bien pour rénover une partie de l'ameublement. Arriérés de taxes patrimoniales ou relatives à un passage de propriété, à une succession immobilière. Importants sacrifices pour payer un crédit souscrit précédemment. Importants travaux d'entretien. Abandon forcé du propre domicile (pour les couples qui se séparent) ou bien changement forcé de domicile dû à une hospitalisation, ou dans le pire des cas, à l'arrestation du sujet. Notre logement pourrait subir des dégâts causés par des catastrophes naturelles comme un tremblement de terre, une inondation, un incendie, etc. Humidité qui commence à pénaliser notre habitat. Problèmes à l'estomac ou avec la mémoire de notre ordinateur.

En Maison V, Saturne annonce sans équivoque une interruption de toute activité ludique ou récréative. Très peu de divertissements durant l'année ou distraction plutôt "lourde" comme l'étude de matières classiques, de l'histoire antique, de la numismatique, etc. Très souvent nous trouvons cette position dans les Révolutions solaires des sujets qui se séparent de leur partenaire ou qui interrompent pour quelque temps une relation extraconjugale. Durant cette période, notre activité sexuelle sera certainement réduite. Problèmes possibles pour nos enfants : scolaires, mauvaises fréquentations, drogue, etc. Grossesse non désirée, avortement, grossesse difficile et césarienne possibles. Dans d'autres cas, nous avons exactement le contraire : un couple décide, après plusieurs années de mariage, d'avoir des enfants et se rend compte de ne pas pouvoir en avoir ; cela donne lieu à une double névrose qui pousse les deux conjoints à tout tenter pour avoir un enfant et c'est le début d'un calvaire chez les médecins et les spécialistes à la poursuite d'un petit miracle. Chagrin éventuel dû à la découverte d'une trahison de la part du partenaire. Perte au jeu.

En Maison VI, Saturne, au contraire de Mars, dans la majorité des cas ne devrait pas générer de panique ou de craintes incontrôlées : c'est presque toujours le témoin de troubles, le plus souvent physiques, qui deviennent chroniques. Souvent il s'agit de l'apparition de problèmes aux os ou aux dents, arthrose, rhumatismes, rhumes, etc. Seulement si l'ensemble, Révolution solaire et transits, est très mauvais il faudra se préparer à affronter de sérieux problèmes de santé. Ces derniers pourront aussi concerner la santé mentale et pourraient se référer à des crises dépressives ou d'angoisses consécutives à des chagrins subis durant les douze mois interceptés par la Révolution solaire. D'autres fois, il s'agira de problèmes professionnels : un nouveau proviseur qui rend la vie difficile, l'arrivée d'un nouveau collègue au caractère impossible, un climat hostile déterminé par différents éléments, l'absence d'un collègue qui augmente notre charge de travail... Mutations possibles. Sacrifices pour la santé : régime amaigrissant et désintoxiquant, fréquentation assidue de termes, d'instituts de kinésithérapie, de centres de massages shiatsu et d'acupuncture, etc. Un collaborateur ou un domestique, une secrétaire, une vendeuse nous quitte. Début d'un traitement pharmacologique lourd. Maladie ou mort d'un animal domestique.

En Maison VII, Saturne annonce l'arrivée de problèmes dans la relation de couple. Souvent cela signifie des séparations, temporaires ou définitives. D'autres fois, cette position peut signifier une crise du partenaire, une mauvaise période pour lui pour des raisons différentes. Il est possible que l'on se sépare d'un associé.

Tracasseries administratives ou détérioration d'affaires légales. Risque d'incrimination de la part de la magistrature, contrôles fiscaux, inspections de police, implication dans des procès, convocations pour témoignages, début de procédures judiciaires à notre charge, perte de procès, condamnations, amendes à payer, retrait du permis de conduire, attaques de différentes natures, y compris de la part de particuliers, état de guerre général. Dans les cas les plus graves, mais beaucoup moins souvent par rapport à la position analogue de Mars, Saturne en Maison VII peut accompagner des attentats à notre personne ou à nos biens. Dans les cas les meilleurs, il s'agit d'une "croissance", surtout au niveau professionnel, de notre partenaire et aussi d'une augmentation de l'orgueil, d'un détachement à notre égard. Position particulièrement défavorable aux hommes politiques. Dans d'autres cas, nous pouvons avoir une condition apparemment opposée et relative au début d'une cohabitation ou d'un mariage : en effet, il s'agira d'un mariage "la mort dans l'âme".

En Maison VIII, la présence de Saturne dans le ciel de Révolution solaire témoigne de l'arrivée d'une situation économique difficile ou sa nette détérioration si elle est déjà compromise. Il s'agira d'entrées d'argent inférieures ou de plus importantes sorties. Nous retrouvons souvent un tel item dans le ciel des industriels et des entrepreneurs qui se trouvent dans une situation d'étranglement financier, peut-être parce qu'un organisme public ne leur a pas payé un travail terminé depuis longtemps. D'autres fois il s'agit des conséquences d'un fort endettement que nous devons solder. De nombreuses personnes prises dans les filets des usuriers se trouvent dans de telles conditions, ou bien, à l'opposé, ce sont justement de telles situations qui finissent par jeter le sujet dans les filets des usuriers. De fortes taxes à payer, des pertes au jeu, d'éventuels vols ou d'importantes pertes relatives à l'acceptation d'un chèque sans provision. Perte d'un héritage ou grosses batailles pour l'acquisition d'un bien hérité. Problèmes relatifs aux pensions. Eventuelles dettes contractées par le conjoint. Nous réussissons à obtenir un financement, un prêt qui nous contraindra à payer de gros intérêts et d'importantes mensualités. Eventuelle diminution ou interruption de l'activité sexuelle. Problèmes temporaires d'ordre sexuel, comme la frigidité ou l'impuissance. Problèmes d'hémorroïdes (surtout pour le Scorpion). Peur de la mort. Expériences négatives relatives à des séances de spiritisme, fréquentation de sectes, de mages. Eventuel deuil familial ou relatif à un ami.

En Maison IX, Saturne de Révolution déconseille fortement de faire des voyages durant l'année, dans le cas contraire, on enregistrera plutôt des ennuis que de sérieux problèmes. Souvent nous sommes contraints à partir pour des problèmes de santé nous concernant ou concernant un membre de la famille. D'autres fois cette position indique un éloignement forcé de chez soi, pour raison d'études, de travail, de justice. Risques d'accidents relatifs à des voyages, mais beaucoup moins probables par rapport à la même position de Mars. L'étranger ou les étrangers nous sont hostiles et par étranger, je le répète, il faut comprendre n'importe quel lieu où l'on parle une langue ou un dialecte différent du nôtre. Un de nos parents qui vit loin ne va pas bien ou vit une période difficile ou bien un être cher est loin de nous et cela nous fait souffrir. Eloignement de la personne que l'on aime. Une entreprise étrangère ou d'une autre région nous ôte une représentation vitale. Un de nos points de référence culturelle qui vit loin nous abandonne ou meurt. Interruption, temporaire ou définitive, de nos rapports culturels avec une université étrangère, un groupe de recherche d'une autre ville, un éditeur d'une autre région. Nos œuvres sont achetées loin du lieu où nous vivons. Nous traversons une crise religieuse ou relative à l'étude de matières comme la philosophie, la théologie, l'astrologie, l'ésotérisme, etc. Voyages auxquels nous devons renoncer. Nostalgie de notre maison.

En Maison X, Saturne témoigne d'un moment difficile ou très difficile sur le plan professionnel ou simplement pour notre prestige personnel. Moment d'impopularité pour un personnage public, pour un homme politique, pour un homme de spectacle. Risque de perte d'emploi. Renoncement au travail. Préretraite ou retraite non souhaitée. Démission à contre cœur. Départ douloureux du monde du travail. Maladie ou accident qui nous contraint à abandonner, temporairement ou définitivement, le travail. Régression dans l'émancipation : par exemple un privilège qui nous permettait de nous absenter souvent de notre poste de travail nous est retiré. Nous pouvions utiliser la photocopieuse ou le fax d'un membre de la famille qui est parti et a emporté les appareils (ce ne sont que quelques exemples parmi tant d'autres pour clarifier le concept d'émancipation niée ou perdue). Notre mère ne va pas bien ou bien notre relation avec elle se détériore. Dans les cas limites, si l'ensemble des transits et de la Révolution solaire le justifie, son décès est possible.

En Maison XI, Saturne de Révolution solaire signifie, dans la très grande majorité des cas, la perte pour mort ou éloignement d'un ami ou d'un être cher ou bien un danger de mort les concernant. D'autres fois, cela peut indiquer, plus modestement, la fin d'une amitié ou d'un litige important avec des amis ou des membres de la famille. Un projet est interrompu ou la protection d'une personne influente nous fait défaut. Les rencontres avec nos amis se font plus rares. Peu de nouvelles amitiés au cours de l'année. La musique nous manque. Problèmes d'ouïe. Nous constatons moins de chaleur autour de nous.

En Maison XII, Saturne est l'indice généralisé d'épreuves qui peuvent nous toucher tous azimuts, mais d'une amplitude maléfique nettement inférieure à celle que pourrait avoir Mars en Maison XII. Il pourra tout autant s'agir de problèmes d'argent, d'amour, de justice ou de santé. L'ensemble des transits et de la Révolution solaire pourra nous en dire plus. Dans la plupart des cas, cependant, si la Révolution solaire, en dehors de cette position, est assez bonne, alors nous ne devons rien craindre de grave et il s'agira plus de tracasseries que de problèmes graves. Problèmes éventuels relatifs à un enfermement forcé, une hospitalisation ou dans le pire des cas, une incarcération. Dépression, découragement, abattement psychique. Hostilité autour de nous, presque jamais manifeste.

20.
Uranus de Révolution dans les Maisons

Uranus de Révolution, comme pour Saturne, Neptune et Pluton s'exprime de manière beaucoup moins lourde que Mars et, au contraire, a souvent les caractéristiques d'un renouvellement relatif au secteur intercepté. Dans la période comprise entre la fin des années 80 et les années 90, je l'ai très souvent observé en compagnie de Neptune, même en Maison I, VI et XII et ses effets n'ont presque jamais été graves pour le sujet intéressé.

En Maison I, Uranus, plus que produire des changements importants, agit, pourrions-nous dire, de manière "nerveuse", c'est-à-dire que d'habitude il est le témoin d'une plus grande anxiété, agitation, insomnie, panique, troubles généraux, mais presque jamais de quelque chose de très négatif. Des changements de comportement du sujet sont cependant possibles si cela est confirmé par d'autres éléments du ciel de naissance et de Révolution. En général, il accompagne une plus grande ouverture vers l'extérieur.

En Maison II, il faut le mettre en relation à des nouveautés financières, pas obligatoirement négatives. Il est certainement présent dans les situations où le sujet gagne ou dépense beaucoup, où le sujet fait quelque chose pour modifier son train de vie, il s'invente un nouveau travail, reçoit un prix ou un héritage, une pension, des arriérés. Le flux d'argent plus important peut aussi dépendre de la vente d'un bien immobilier ou de dépenses excessives pour rénover une maison. De toute façon sa présence nous prévient que du point de vue financier la vie de la personne concernée, du moins pour cette année, ne sera pas du tout tranquille et l'on constatera plus d'un coup de théâtre.

En Maison III, Uranus peut signaler un changement de véhicule, mais aussi son vol ou un accrochage, un accident dans lequel nous serons impliqués. Une interruption possible des rapports avec nos frères, nos sœurs, nos cousins, nos beaux-frères est possible ou encore un changement radical de leur vie. Brusque inversion de route dans les études. Etudes qui s'interrompent brusquement ou, au contraire, qui commencent de manière inattendue. Etudes de disciplines novatrices, étude de l'électronique, de l'informatique, de la photographie, de l'astrologie. Va-et-vient imprévus durant l'année. Soudainement nous nous mettons à écrire ou bien la presse s'occupe de nous. Eventuelles pannes des appareils de communications et télécommunications. Risque d'accident pour un conjoint. Réception de lettres, télégrammes, coups de fil, imprévus et dramatiques.

En Maison IV, Uranus indique très souvent un changement soudain de domicile pour les motifs les plus variés qui peuvent être un travail, une mutation, une expulsion, une séparation, la nécessité de réduire les frais et l'obligation de s'installer chez des parents, etc. Attention aux courts-circuits et aux incendies accidentels. Risques de dégâts provoqués par des catastrophes naturelles comme la foudre. Possibilité inattendue de recevoir une maison en donation ou en héritage. Perte accidentelle d'un bien immobilier, au jeu ou à cause de l'impossibilité de payer un crédit. Travaux au domicile ou au bureau décidés à la dernière minute. Un parent tombe malade ou meurt soudainement.

En Maison V, Uranus pourrait s'appeler "rupture de préservatif". Maternité et paternité inattendues. Risques de grossesse non programmée. Interruption accidentelle de grossesse. Accouchement prématuré. Risques de complications imprévues au cours d'un accouchement ou d'une césarienne. Début d'un nouvel amour qui nous prend par surprise. Interruption immédiate d'un amour. Coups de théâtre dans notre relation sentimentale. Nous apprenons soudain que notre partenaire aime une autre personne. Risques d'accidents pour nos enfants. Changement de vie imprévu pour un de nos enfants ou changement de nos rapports avec lui. Nouveau passe-temps de type uranien (par exemple musique, informatique, électronique).

En Maison VI, le discours fait pour la maison I est ici plus ou moins le même. Je l'ai vu très souvent dans cette Maison et très rarement, en union avec d'autres positions négatives, j'ai pu le lire avec des peines significatives. Dans la plupart des cas cela peut concerner des problèmes d'angoisse, d'agitation, d'insomnie et la diminution de la consommation de café ou l'absorption de légers sédatifs, même naturels, suffira à atténuer les effets de sa présence dans la Maison attribuée à la santé. Importantes nouveautés dans le travail : de nouvelles fonctions nous conduisent à changer de siège ou de milieu. Nouveaux collègues de travail, supérieurs ou collaborateurs différents. Un de nos collaborateurs nous quitte sans préavis. Traitement à base de rayons. Utilisation de nouveaux appareils, le dernier cri de la science et de la technique pour nous soigner.

En Maison VII Uranus est plutôt incisif. Souvent, très souvent, il est l'indice d'un changement sévère dans la situation matrimoniale ou dans le rapport de couple quel qu'il soit, sentimental, sexuel, commercial, politique, d'études, etc. Notre partenaire change soudain de vie à cause d'un nouveau travail, d'un deuil, d'une nouvelle fonction prestigieuse... Tracasseries administratives inattendues ou la fin de ces ennuis. Affaires légales dont nous devrons nous occuper au cours de l'année. Coups de théâtre au tribunal.

En Maison VIII cela peut déterminer une perte consistante et imprévue d'argent. Taxes imprévues, paiements à effectuer que nous ignorons, endettement de notre partenaire à notre insu, vol, hold-up, escroquerie, malchance au jeu qui nous met dans le pétrin. Mais c'est aussi l'arrivée inattendue d'un héritage, d'un gain au jeu, d'une donation, d'un partenaire riche, etc. Eventuels problèmes sexuels dus à l'anxiété, à l'énervement. Deuil imprévu ou danger de mort pour un parent ou un ami. Surprise durant des travaux d'excavation. Floraison de nouveaux intérêts dans le domaine de l'occultisme, du spiritisme, de la magie. Du renouveau dans notre sexualité qui nous permet de rafraîchir notre rapport de couple.

En Maison IX, Uranus de Révolution signifie assez fréquemment un voyage non programmé et qui devient nécessaire pour des raisons différentes, tant positives que négatives : un cours, une spécialisation, un stage, un congrès, un cycle de conférences, des vacances, une visite à un parent, la nécessité d'être soigné dans un hôpital étranger ou d'accompagner un parent malade, la recherche d'un travail, un entretien avec un éditeur, un sponsor, un network. Risque d'accident durant le voyage ou d'événements imprévus qui le rendent problématiques. Nombreux sont ceux qui se demandent s'ils courent des risques en avion et il convient d'ouvrir une parenthèse. Il faut d'abord rappeler, même si c'est évident, que l'avion est un des moyens de transport les plus sûrs, voire le plus sûr. Les risques d'accident d'avion sont nettement inférieurs aux risques d'accident de la route. Un Uranus en Maison IX de Révolution, d'un point de vue théorique, pourrait indiquer un accident d'avion, mais seulement si le sujet a déjà cette information dangereuse dans son ciel de naissance, par exemple une conjonction Mars-Uranus en Maison IX, et seulement si l'ensemble des transits et des Révolutions solaires le confirment. Avec une Révolution solaire correcte, en l'absence, par exemple d'une double conjonction Saturne-Mars sur la conjonction de naissance Mars-Uranus de naissance en Maison IX, nous pouvons vraiment dormir tranquilles à ce sujet. Il n'en va pas de même bien sûr si c'est nous qui pilotons l'avion et s'il s'agit d'un "piper".

En Maison X, Uranus annonce souvent des changements professionnels voire même un nouveau travail. Notre activité professionnelle se déroule selon de nouvelles modalités. Nous nous équipons de matériel moderne et technologiquement avancé, par exemple nous procédons à une informatisation complète de nos services. Notre profession peut nous offrir de nouveaux débouchés. Les grosses nouveautés, professionnelles ou sentimentales ou relatives à la santé, pourraient concerner notre mère et la relation que nous avons avec elle.

En Maison XI, Uranus signale, dans de nombreux cas un deuil qui ne concerne pas obligatoirement un parent mais qui pourrait se référer à un ami, une connaissance, une personne influente qui nous appuyait. Au lieu d'une mort, il pourrait s'agir d'un danger couru par un parent ou une personne qui nous est chère. Rupture d'amitié soudaine. Amis nouveaux et intéressants. Renouvellement des amitiés. Une personne qui pourrait nous aider se présente à nous. Des projets nouveaux et intéressants. Nouvel intérêt pour la musique possible.

En Maison XII de Révolution, Uranus signale presque toujours l'arrivée d'une épreuve qui arrive comme un orage. Mauvaise nouvelle imprévue relative au travail, à l'argent, à la santé, à la vie sentimentale ou familiale. Ce n'est pas une position agréable, mais elle n'est pas non plus très dangereuse. Elle est certainement et de loin beaucoup moins grave que l'homologue de Mars. Je l'ai retrouvée, durant le début des années 90, très souvent avec Neptune et cela ne correspondait presque jamais à des tragédies dans la vie des personnes examinées. Les épreuves pourraient être en relation aux nouveautés, mais aussi à la technique, aux dernières découvertes de la science et cela pourrait signifier, par exemple, que nous souffrirons durant l'année, parce que nous installons un nouveau système opérationnel qui bloque notre ordinateur et nous fait perdre des données importantes et donc du temps et de l'argent.

21.
Neptune de Révolution dans les Maisons

Neptune de Révolution, comme Saturne, Uranus et Pluton, n'a pas un grand poids dans la Révolution solaire et n'a surtout pas une grosse incidence négative. Il nous informe surtout sur la direction que prendront nos peurs, nos phobies de l'année, quel type de névrose nous aurons tendance à développer.

En Maison I, Neptune nous parle de tendances névrotiques "essentielles", pourrions-nous dire, à savoir sans un motif bien précis. Nous nous sentons agités, apeurés et quelquefois nous ne réussissons même pas à définir nos angoisses. Nous nous trouvons certainement dans une période de contingence d'un point de vue psychologique. C'est une période de confusion et nous avons tendance à être plus intoxiqués qu'il s'agisse de café, d'alcool, de tabac, de psycholeptiques, de drogue. Forte spiritualité et intérêt dans le domaine ésotérique, astrologique, parapsychologique, théologique. Transcendance et émergence de notre côté bon samaritain.

En Maison II, Neptune nous fait vivre douze mois à l'enseigne des peurs économiques : nous pensons ne pas arriver à joindre les deux bouts, succomber à cause des dettes contractées précédemment, finir dans la misère, surtout dans notre vieillesse. Nous avons besoin de nous intoxiquer de café, d'alcool ou de médicaments pour surmonter ce mauvais moment qui concerne presque exclusivement les préoccupations financières. Gains possibles provenant de liquides, des activités marines, de l'art, de la musique, de l'astrologie, de la magie, de la cartomancie. Situations peu claires dans nos affaires.

En Maison III, Neptune finit par nous brouiller le cerveau et par faire baisser considérablement notre lucidité mentale. Nous avons des difficultés à formuler nos idées de manière cohérente et logique. Nous avons du mal à nous faire comprendre et à comprendre les autres. Nous aurons une correspondance viciée par les préoccupations ou des coups de fil angoissants. Nous pourrions avoir à effectuer des va-et-vient maritimes (par exemple les personnes qui enseignent sur une île et doivent faire les trajets chaque jour). Eventuelle période de grosses névroses pour un frère, un cousin, un beau-frère ou bien rapports faussés et confus avec eux. Grosses préoccupations pour les études. Grand énervement pour un concours. Nous ne savons pas très bien dans quelle direction continuer nos études. Confusion dans les écrits. Correspondance névrotique sur Internet.

En Maison IV, Neptune signifie avant tout, beaucoup de préoccupations, de peurs, d'angoisses pour la maison. Peur de ne pas réussir à payer le loyer, les crédits, peur de perdre la maison, d'être expulsé. Préoccupations à cause de travaux entrepris dont l'importance n'a pas été bien évaluée. Dangers provenant de l'eau : inondation, dégâts dus à des problèmes de plomberie, etc. Eventuelles angoisses pour la santé de nos parents ou rapports névrotiques entre nous et eux. Climat plutôt confus dans la famille. Doute à propos d'une paternité. Nous perdons, de manière curieuse, des données sur le disque dur de l'ordinateur, peut-être à cause de fausses manœuvres.

En Maison V, Neptune indique surtout de nombreuses angoisses et peurs pour nos enfants ou bien des névroses qui nous assaillent parce que nous ne réussissons pas à avoir d'enfant. Fortes jalousies et craintes dans notre relation sentimentale. Vice et "déviances" dans nos passe-temps (par exemple, pornographie). Notre fils ne se porte pas bien d'un point de vue mental, peut-être parce qu'il est obsédé par un examen qu'il doit passer ou à cause de problèmes sentimentaux ou de santé. Notre fils court des risques en mer ou à l'égard de la drogue. Situation confuse dans notre vie sentimentale. Eventuelle liaison extraconjugale ou découverte d'une trahison de la part de notre partenaire.

En Maison VI, Neptune agit essentiellement en direction des angoisses, des névroses, des phobies de tout type, souvent sans une cause précise. Nous avons peur des maladies ou de perdre notre travail ou d'entrer en conflit avec nos collègues de travail. Préoccupations en général dans le milieu professionnel. Confusion dans les rapports avec les collaborateurs ou les supérieurs. Un domestique inquiète. Comportement ambigu d'un collaborateur. Double jeu dans notre activité professionnelle.

En Maison VII, Neptune met l'accent sur nos peurs relatives au rapport de couple, à notre ménage. Risques de névroses pour le partenaire. Peur du mariage ou peur générée par une société. Préoccupations d'ordre judiciaire. Angoisses dues à la réception d'une citation. Relation de couple ou avec un associé peu claire. Trahisons infligées ou subies. Problèmes avec la justice pour avoir milité avec des partis politiques extrémistes ou des fanatiques religieux.

En Maison VIII, Neptune peut signifier que nous nous angoissons à cause d'un deuil ou de la peur d'une mort générée par une grave maladie touchant un être cher. Névroses et phobies générées par la fréquentation de cercles ou associations pratiquant le spiritisme, l'occultisme, la magie noire, etc. Grosses préoccupations à caractère économique. Angoisses à cause d'une dette importante que nous avons contractée. Un financement obtenu perturbe notre sommeil. Nous ne savons pas comment payer nos crédits ou une grosse taxe nous tombe dessus. Les phobies et les peurs perturbent notre vie sexuelle. Eventuelles inondations durant des travaux d'excavation dans une de nos propriétés.

En Maison IX, Neptune favorise de nombreux et très beaux voyages dans le lointain, à interpréter tant dans le sens géographico-territorial que dans le sens métaphysico-transcendantal. Grande attraction pour l'étranger, pour les croisières. Désir d'orienter sa libido le plus haut possible. Sentiments religieux, transcendance, attirance pour la spiritualité sous toutes ses formes. Pratique de la philosophie, la théologie, le yoga, l'orientalisme, l'astrologie, l'ésotérisme. Des névroses nous frappent durant un séjour loin de chez nous ou au cours d'un voyage. Risques de naufrage. Mésaventures marines. Préoccupations pour les études universitaires. Confusion provoquant des accidents.

En Maison X, Neptune représente les angoisses professionnelles qui nous assaillent. La peur de perdre notre travail, d'être licencié, de rétrograder dans l'échelle sociale. Nous commençons à nous occuper pour notre travail de liquides, d'alcool, de médicaments, de drogues (dans le sens thérapeutique aussi), de magie, d'astrologie, de cartomancie, de chiromancie, de parapsychologie, d'ésotérisme. Nous établissons un commerce avec la curie. Notre mère traverse une période de grosses tensions mentales, d'angoisses, de dépression ou alors ce sont nos rapports avec elle qui deviennent angoissants. Risques marins pour notre mère.

En Maison XI, Neptune peut signifier des dangers en mer pour nos amis voire une mort par noyade pour des amis ou des parents (si toutes les autres indications de la Révolution solaire et des transits justifient une prévision aussi grave). Amis qui font une dépression ou qui s'intoxiquent avec le café, le tabac, l'alcool, la drogue. Rapports angoissants avec les amis. Nous craignons fortement qu'une personne influente cesse de nous assister. Projets bloqués par les peurs. Connaissance de nouveaux amis parmi les artistes et les musiciens.

En Maison XII, Neptune nous dit que les plus grandes épreuves de l'année, seront très probablement relatives à un état de santé mentale précaire, à des angoisses, des peurs, des craintes en tout genre. Conséquences fâcheuses liées à la fréquentation de prêtres, de faux mages ou astrologues, philosophes, occultistes, etc. Danger en relation à la drogue ou toxicomanes. De nombreux dangers en mer. Hospitalisation, surtout pour problèmes nerveux. Angoisses tous azimuts.

22.
Pluton de Révolution dans les Maisons

Pluton de Révolution, comme nous l'avons déjà dit, ne représente pas une position dangereuse ou particulièrement hostile pour le sujet qui l'accueille dans son ciel annuel. Très souvent, même un Pluton en Maison XII, parmi le grand nombre de cas étudiés, n'a rien produit de grave. Exception faite, évidemment, des cas où nous avons en même temps un Ascendant en Maison I, mais ici, le fait accompli, qui de Pluton ou de l'Ascendant aura produit toute une série de dégâts ? Je penche pour la seconde hypothèse. Pluton semble s'exprimer plus à un niveau psychologique que sur des faits tangibles.

En Maison I, Pluton augmente la volonté du sujet et dans certains cas le conduit à dominer de manière tyrannique. Arrogance, agressivité et violence pourraient être les limites extrêmes de cette position si l'ensemble du thème de Révolution solaire le justifie. Tendance à exagérer. Folie des grandeurs.

En Maison II notre attention économique se déplace au profit de gros objectifs, nous faisant ainsi perdre des occasions. Nous sommes portés à poursuivre de gros objectifs et à négliger les petites choses qui pourraient être plus rentables. Dépenses excessives ou importantes difficultés économiques. Affaires et dettes importantes.

En Maison III, Pluton peut annoncer une année extraordinaire pour un frère, un cousin, un beau-frère, année durant laquelle ils pourraient atteindre les sommets de la scène publique, devenir célèbres, obtenir un excellent travail, réaliser un projet important. En négatif, cela signifie une grosse épreuve pour un parent ou un parent impliqué dans un scandale, surtout sexuel, incriminé par la loi, avec de gros problèmes psychologiques. Nous achetons une voiture prestigieuse ou nous risquons un accident ou le vol de notre automobile.

En Maison IV, Pluton peut accompagner l'arrivée d'une donation, d'un héritage ou l'acquisition d'un bien immobilier. Gros travaux de rénovation chez nous, au bureau ou à l'atelier. Risque de perte de notre maison ou d'expulsion. Problèmes pour le paiement de crédits. Dégâts causés par des catastrophes naturelles. Grande affirmation d'un de nos parents, surtout notre père ou maladie importante les concernant. Nos rapports avec eux deviennent agressifs.

En Maison V la présence de Pluton dans la Révolution solaire pourrait nous voir tomber amoureux, une passion violente qui nous tourmente. Amours avec des personnes plutoniennes, d'éventuels criminels. Forte passion sexuelle. Pratique d'une sexualité peu orthodoxe. Grande affirmation d'un enfant, à l'école, dans le sport, au travail. Dangers et peines le concernant. Une épreuve importante pour un de nos fils. Passe-temps peu licites.

En Maison VI, Pluton peut signifier une pathologie d'une certaine importance mais comme nous l'avons déjà expliqué, j'ai rarement trouvé cette position vraiment dangereuse et son incidence négative est cent fois moins grave que celle de Mars dans les Maisons maléfiques, maléfiques avec ou sans guillemets. Guérison "miraculeuse" possible. Gros problèmes causés par un employé. Un employé se révèle un criminel, un obsédé sexuel, un déséquilibré mental, un névrosé, un possédé. Un poste de travail important.

En Maison VII, Pluton pourrait annoncer un mariage, mais mon expérience par rapport à cet astre dans les Maisons de Révolution, me dit que seul il ne signifie presque rien, alors que couplé à d'autres valeurs puissantes, il contribue à transformer en spectacle une année. Risques de séparation ou de divorce. Rupture dans une société. Conjoint ou associé qui ont des problèmes avec la justice, y compris pour des problèmes criminels. Nous sommes attirés par des personnes plutoniennes. Ennuis avec la justice. Un gros procès.

En Maison VIII, Pluton pourrait accompagner un deuil important, une crise psychologique à la suite d'un deuil nous terrasse, une grande peur de la mort, pour nous ou pour un être cher. Pulsions sexuelles malsaines ou fortes pulsions sexuelles. Dans les cas négatifs, nous avons une signification opposée : état d'impuissance ou de frigidité temporaire. Grosses sommes perdues au jeu ou vols. Vols, escroqueries ou prêts jamais récupérés. Problèmes à caractère économique de différente nature. Eventuel gain au jeu ou héritage important.

En Maison IX, Pluton nous prévient que des voyages longs ou de longs séjours à l'étranger ou loin de chez nous sont possibles. Un étranger aura une importance déterminante au cours de l'année. Nous avons des nouvelles d'un parent vivant loin ou nous nous déplaçons pour une intervention chirurgicale nous concernant ou concernant un être cher. Etudes universitaires importantes ou explorations culturelles dans le monde de la philosophie, de la théologie, de l'ésotérisme, de l'orientalisme, de l'astrologie, etc. Risque d'accident durant un voyage.

En Maison X, Pluton peut accompagner une fonction prestigieuse, un travail important, une augmentation de salaire ou une promotion hiérarchique. Un tournant professionnel important et décisif ou bien grave crise professionnelle. Perte de prestige ou de popularité. Notre mère a de graves problèmes de névroses et d'obsessions. Maladie grave de notre mère ou rupture de nos rapports avec elle.

En Maison XI, Pluton peut être l'icône d'un grave deuil que nous subirons durant l'année, mais pas forcément d'un parent. Un personnage prestigieux et influent nous aide considérablement à améliorer notre situation sociale et professionnelle. Perte d'un précieux sponsor. Nouvelles amitiés importantes. Rupture retentissante avec un ami. Projets démesurés.

En Maison XII nous devrions nous attendre à des épreuves d'une amplitude presque infinie et, au contraire, les conséquences ne sont pas de beaucoup supérieures à celles produites dans les onze autres secteurs. Risque d'épreuve importante au cours de l'année. Essentiellement des problèmes psychiques, névrotiques, sexuels, d'agressivité. Pulsions destructrices et autodestructrices. Violence infligée ou subie. Epreuves liées à la religion, à la magie, à l'astrologie, à l'occultisme.

23.
Indice de Dangerosité de l'année

Qu'est l'*Indice de dangerosité de l'année* et comment le lit-on ? Disons tout de suite que cela n'est pas indispensable dans la lecture conjointe des transits et des Révolutions solaires pour définir combien une année peut être dangereuse pour une personne. Ce n'est pas indispensable, mais utile. Luigi Miele et moi-même avons mis au point un programme (*Scanner*), qui fait partie du groupe des programmes *Astral*, pour aider les chercheurs qui voudraient être confortés, dans le travail d'analyse que je propose dans ce livre et dans d'autres publications, par un facteur absolument objectif qui puisse être un point de référence sûr dans une évaluation qui se ressent d'éléments d'analyse subjectifs. En d'autres mots, nous avons mis à disposition de tous les chercheurs un nombre qui correspond à l'indice de dangerosité de l'année. Donc, je le répète, cela n'est pas indispensable mais cela complète les règles reportées dans ce texte pour favoriser un travail de déchiffrage des principaux événements de l'année. Ce chiffre tend à établir le degré de dangerosité de l'année et non sa valeur de positivité. Je tiens à souligner ce point pour faire remarquer que la valeur positive indiquée pour chaque année (dans les exemples qui suivent), immédiatement après celle négative, n'a qu'un but explicatif, de référence, et n'a pas la prétention de signifier quelque chose comme le score négatif qui, au contraire, avec un taux de vérifiabilité très élevé, a un sens. En d'autres termes, je veux dire que l'indice positif ne fonctionne pas (il serait trop long d'en expliquer les raisons, mais je peux affirmer que le but de ce livre, comme je l'ai déjà dit dans l'introduction, était et est toujours celui d'illustrer les éléments les plus dangereux et non les éléments positifs).

Cela étant dit, il faut ajouter que l'Indice de dangerosité de l'année, construit en englobant dans un algorithme toutes les règles exposées dans le premier chapitre, n'a pas la prétention d'être parole d'évangile mais se propose de représenter, avec une très grande précision, le paramètre d'avertissement quand une année est très dangereuse pour un sujet. Pour pouvoir le comprendre, il faut diviser ledit résultat en trois :

A) **Entre 60 et 100** l'indice est très élevé et correspond, immanquablement, à des années dramatiques pour le sujet. Comme vous le verrez dans les exemples qui suivent, cela ne fait aucun doute et les personnes en possession dudit logiciel peuvent, sans trop y réfléchir, si elles le trouvent dans le thème des sujets étudiés, l'utiliser comme un compteur Geiger qui donne l'alarme dès que le chiffre est trop élevé. Dans la série d'exemples qui suivent vous pourrez lire et évaluer des faits dramatiques de tout type, faits qui ne devraient pas laisser le moindre doute sur la lecture des événements proposés dans ce livre selon ma méthode. Parmi ceux-là nous remarquons l'arrestation de Benito Mussolini (84), l'accusation de pédophilie de Woody Allen (74), la très mauvaise coupe du monde de Diego Armando Maradona (84), l'arrestation de Indira Gandhi (62), l'infarctus de Gianni Agnelli (70). Excusez du peu.

B) **Entre 40 et 60** le résultat reste de toute façon élevé et reflète des années tout autant difficiles même si c'est à un octave plus bas. Par exemple la fracture de la jambe de Gianni Agnelli (50), l'attentat à Ronald Reagan (42), le deuil de Vittorio Emanuele (52), l'opération au cœur de Gianni Agnelli (52), l'arrestation de Vittorio Emanuele de Savoie (42).

C) **Entre 20 et 40** il faut faire attention. L'indice de dangerosité de l'année signale quand même des faits importants et graves, mais à une seule condition et donc nous distinguons deux situations différentes. Si, à l'intérieur de ce résultat, les transits sont graves et la Révolution solaire ne présente pas d'éléments de danger (en fonction de tout ce qui a été dit dans ce livre), alors nous pouvons être sûrs à cent pour cent que le sujet ne vivra rien de dramatique. Au contraire, si les transits sont insignifiants ou peu "mauvais", alors que la Révolution solaire présente ne serait-ce qu'un seul élément préoccupant (par exemple un Ascendant de Révolution en Maison I, VI ou XII radicale), alors la situation est de toute façon dangereuse. Pour preuve les exemples relatifs à l'enlèvement d'Aldo Moro (32), au divorce de Caroline de Monaco (36), à l'arrestation de Mario Moretti.

A tout cela je voudrais ajouter que si l'indice de dangerosité de l'année est compris dans les intervalles ci-dessus, il n'est pas dit que dans le courant de l'année anniversaire/ anniversaire on vive obligatoirement un événement dramatique, mais il est sûr, j'ose dire à cent pour cent, que si un événement dramatique a lieu, nous trouvons certainement un indice de dangerosité élevé. Ici comme ailleurs, en astrologie nous ne sommes pas en mesure d'expliquer à cent pour cent le fonctionnement de cette "étrange machine", mais avec les règles exposées dans le présent volume, il me semble que j'ai réussi à fournir des indicateurs plutôt dignes de foi des faits importants d'une année. Mon travail ainsi que celui de mes élèves ou de mes lecteurs durant plusieurs années m'a conforté dans cette idée et j'espère recevoir toujours de nouvelles confirmations. Ma plus grande ambition, comme je l'ai déclaré à plusieurs reprises, n'est pas celle de réussir à fournir des clés absolues de lecture de l'astrologie, mais d'établir les règles principales d'une lecture technique, en mesure d'orienter de manière suffisamment exhaustive le travail des astrologues.

24.
Préface aux graphiques

Les trente exemples qui suivent ont été volontairement choisis parmi les cas que l'histoire nous a offerts et non dans nos fichiers personnels, afin d'éviter une critique qui nous aurait facilement frappés : tu as inventé des cas pour lesquels aucune vérification n'est possible.

L'ordre a été déterminé de la façon suivante. Dans un premier temps nous avions pensé produire un nombre très élevé d'exemples (trois ou quatre cents?), mais ensuite nous nous sommes rendu compte que cela aurait donné un ouvrage difficilement commercialisable, c'est donc pourquoi, dans l'édition "réduite" seulement une partie des exemples a été exploitée et beaucoup d'autres ont été laissés de côté. Notre plus grande source d'information a été constituée des annales de *Storia Illustrata*, véritable trésor de faits et de dates. Nous y avons ajouté les données relatives aux fichiers Bordoni, Rodden et aux nôtres.

Etant données les clarifications apportées dans la préface de ce livre, nous nous sommes limités aux cas "négatifs" et avons négligé les autres pour n'insérer qu'un seul cas d'événement agréable dans le seul but de maintenir une certaine partialité.

Vous remarquerez en outre, que les cas de mort proposés sont très peu nombreux et ce parce que nous sommes convaincus que la mort d'une personne et très peu prévisible, alors que le deuil d'un conjoint l'est beaucoup plus (et vous en trouverez quelques exemples).

La grande précision des calculs et l'excellente clarté des graphiques nous a été assurée par les programmes *ASTRAL*.

L'ARRESTATION DE MUSSOLINI

En 1943, après l'hiver, Benito Mussolini vit de grosses ombres s'amonceler sur sa tête. Ombres qui allaient se matérialiser le 25 juillet, lorsqu'il fut destitué par le roi, arrêté et déporté sur le Gran Sasso. Il est à noter que le 1er août 1943, à 4 h 06 GMT, dans le ciel de Rome se produisit une éclipse de Soleil, éclipse que la Tradition attribue très négativement aux événements des monarques et des gouvernants en général. Voyons maintenant les transits. Pluton à environ 6° dans le signe du Lion était pratiquement superposé au Soleil et à Mercure de naissance. Neptune formait un sesqui-carré avec Mars radix. Uranus se trouvant à environ 8 degrés dans le signe des Gémeaux survolait la conjonction de naissance Lune-Mars-Saturne. Saturne était à environ 22° en Gémeaux et à notre avis, il n'était pas tant important en fonction du carré avec Uranus radix que parce qu'il entrait dans la huitième Maison, la Maison de la fin des choses. Jupiter était lui aussi en conjonction presque parfaite au Soleil de naissance. Quel astrologue, alors, n'ayant pas lu les RS selon notre méthode, aurait pu déterminer ce qui était sur le point de se passer.? La RS relative à la période citée nous donnait un Soleil en Maison VI, très mauvais, funeste et un tout autant mauvais, surtout pour un homme politique, Mars en Maison VII. En outre nous étions à quelques jours de l'anniversaire et ceux qui me suivent à travers d'autres livres savent l'importance que ce facteur a pour moi. Enfin le point négatif obtenu grâce à la méthode Discepolo-Miele est 84, avec un score positif de 32. Le cas dans son ensemble nous semble plutôt limpide et digne d'attention d'un point de vue astrologique.

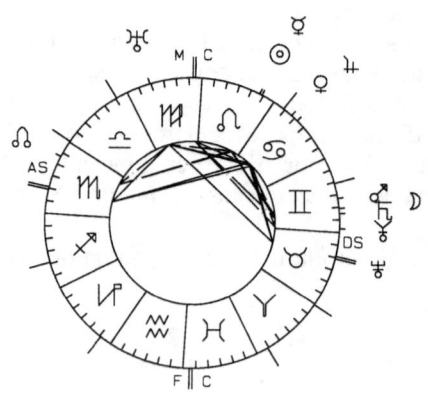

TN de Benito Mussolini né à Predappio le 29/07/1883 à 13 h 54

RS 1942 pour Rome

LA MORT DE MUSSOLINI

Nous allons nous occuper maintenant de la fin tragique du dictateur romagnol, fusillé le 28 avril 1945 à Dongo après avoir été arrêté le 27 du même mois. Pluton ne se signalait pas comme transit. Neptune était sextile au Soleil radicale et à ce propos, il est intéressant de rappeler qu'il arrive quelquefois que le transit harmonique d'une planète lente par rapport à un luminaire porte avec lui un événement grave. Uranus, à environ 11° en Gémeaux, campait encore depuis environ deux ans, sur cette mortelle conjonction de naissance Lune-Mars-Saturne. Presque rien d'autre à signaler. Observons maintenant la RS. Nous pouvons constater que la nôtre, (pour 1944 et qui embrasse donc la période prise en considération), nous donne un AS à environ 8° en Vierge, en Maison X : quand l'AS tombe en Maison X mais que les transits sont négatifs, le tout est plutôt dangereux et Mars en conjonction à l'AS de RS et le stellium de quatre astres entre la douzième et la première Maison, l'était encore bien plus. La preuve "objective" de ce que nous sommes en train de dire est que le score négatif Discepolo-Miele est plutôt élevé : 64 (avec un 40 positif).

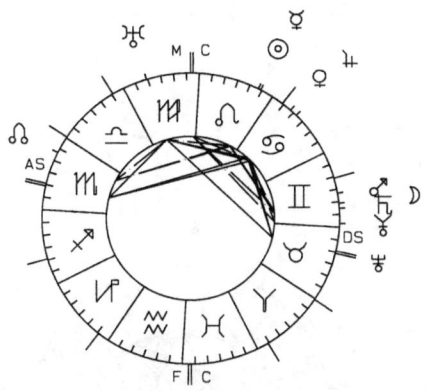

TN de Benito Mussolini né à Predappio le 29/07/1883 à 13 h 54

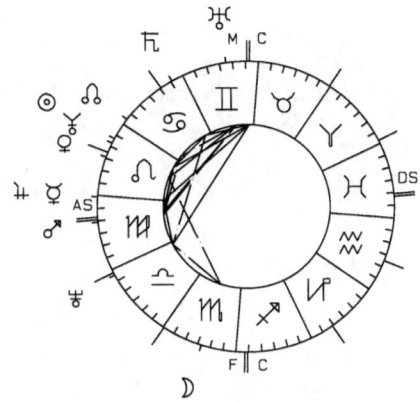

RS 1944 pour Côme (le fait qu'il puisse se trouver à Côme, à Salò ou dans les parages, n'a pas grande importance)

LA MÊME TRAGÉDIE VUE PAR CLARETTA

La même tragédie que dans les pages précédentes vue par l'autre protagoniste : Claretta Petacci qui projeta la dévotion pour l'homme qu'elle aimait jusqu'à l'holocauste. A la fin du mois de juillet 1943 Pluton en transit était parfaitement à l'opposé de sa Vénus et de son Milieu du Ciel. Neptune était en trigone avec l'Ascendant (les angoisses peuvent aussi être présentes avec les trigones) et Uranus se trouvait à environ 8° en Gémeaux, conjoint à son Mars en Maison I et carré au Soleil radicale. La RS correspondante nous donnait un AS en Maison VI. Enfin le point négatif était de 48, sur celui positif de 22.

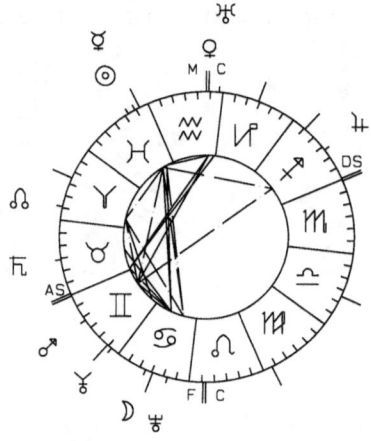

TN de Claretta Petacci née à Rome
Le 28/02/1912 à 10 h 15

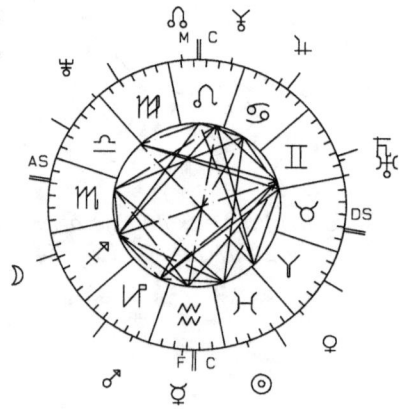

RS 1943 pour Rome

TOUTES LES LUMIÈRES S'ÉTEIGNENT

Les partisans faisaient pression et Claretta savait que si elle était restée auprès de son compagnon vieux et malade, elle aurait couru les mêmes risques. Mais en parfait Poissons elle voulut s'en occuper jusqu'à son dernier souffle, quand durant les derniers jours de froid du mois d'avril 1945, tous deux furent capturés à Dongo (Côme) et exécutés sur place. Uranus était exactement à 11° en Gémeaux, à côté de son Mars de naissance en Maison I.! Nous savons tous que Mars en I, dans certaines circonstances peut être signe de mort violente et ici ce fut le cas. Uranus était, évidemment, carré au Soleil. Saturne, à 7° en Cancer, était en large conjonction à la Lune (mais feriez-vous comme certains astrologues allemands qui écartent les orbes de 5° ?). La RS fut un "chef d'œuvre" : l'As en Maison I, le Soleil en XI (deuils et morts) et Uranus et Mars aux angles du ciel. L'indice de dangerosité de l'année était autour de 46, par rapport à un point positif de 26.

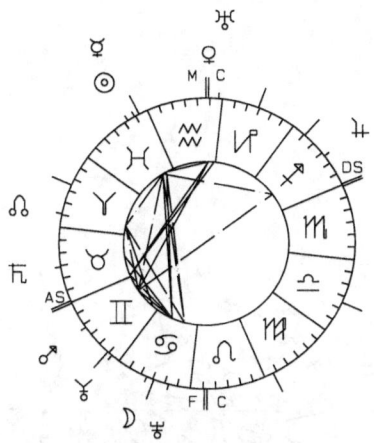

*TN de Claretta Petacci née à Rome
Le 28/02/1912 à 10 h 15*

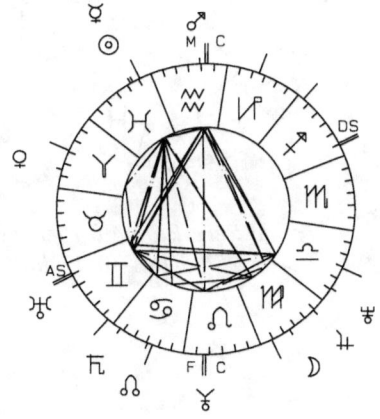

RS 1945 pour Rome

LES STIGMATES DE PÈRE PIO

Père Pio, l'un des personnages les plus fascinants qui m'ait été donné d'étudier d'un point de vue astrologique (*Portrait de célébrité*, Recherche '90). Le 20 septembre 1918 l'humble frère de Pietrelcina a reçu les stigmates. L'événement peut être vu de différentes façons, y compris avec un grand éclat de rire comme le ferait ces messieurs du CICAP (Piero Angela et sa clique) si on leur posait la question. Pour ce qui me concerne, bien que n'ayant pas de convictions infaillibles en matière de foi, j'interprète la chose avec le plus grand respect et je remarque que ce très grand homme fruste l'a vécue avec un tourment intérieur d'une ampleur exceptionnelle. Ce jour-là, Pluton à 7° en Cancer était exactement sur la Lune radicale du sujet. Neptune à 9° en Lion formait un carré à l'Ascendant. Uranus à 25° en Verseau envoyait un carré à cette étroite et fantastique conjonction de naissance Mars-Neptune qui explique une partie du mystère Père Pio. Saturne à 23° en Lion carré de l'autre côté et Mars s'y opposait de la Maison I. Dans la RS nous trouvons le Soleil en Maison XII. L'indice de "dangerosité" de l'année était très élevé : 68 sur 32.

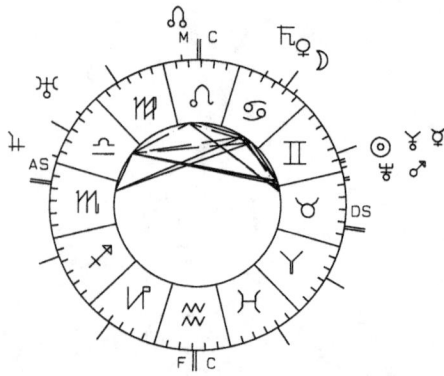

TN de Père Pio né à Pietralcina
Le 25/05/1887 à 17 h 00

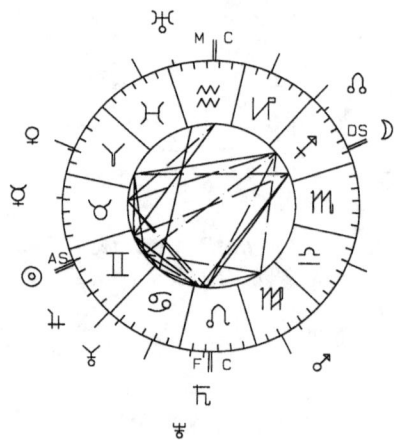

RS 1918 pour Pietralcina

LA CLARINETTE DE WOODY ALLEN PERD LE SOUFFLE

Le 7 juin 1993 Woody Allen est dénoncé par sa femme Mia Farrow pour harcèlement sexuel sur une de leur fille. C'est un moment terrible pour le réalisateur aimé du monde entier. Il semble perdre pied. Pluton à 24° en Scorpion était en carré parfait à la Lune radix. Uranus et Neptune à environ 21° en Capricorne sont carrés à Vénus et conjoints à Mars de naissance. Saturne à 1° en Poissons est sur le Descendant. Jupiter est trigone au Milieu du Ciel (la grande "popularité" de ce moment-là...), Mars à 21° en Lion s'oppose à la Lune. Il y en a suffisamment pour se dispenser de regarder la RS, mais si nous le faisons nous retrouvons une "carte familière" : le Soleil de Révolution est en Maison VI. L'indice de "dangerosité est de 74 sur 12.

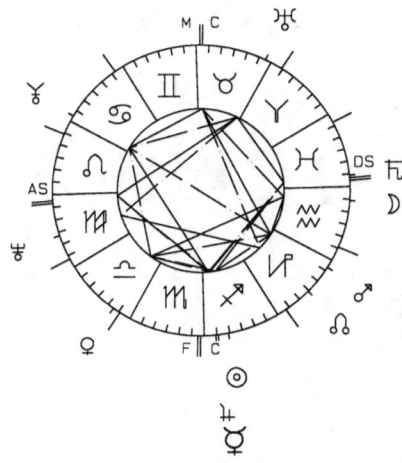

*TN de woody Allen né à New York
Le 1er décembre 1935, à 22 h 55*

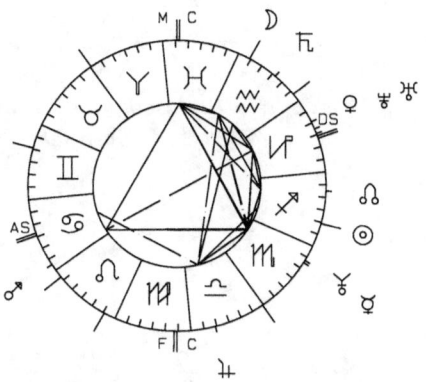

RS 1992/1993 pour New York

LA VICTOIRE ÉLECTORALE DE BERLUSCONI

Le 28 février 1994 Silvio Berlusconi gagne les élections législatives et obtient le fauteuil de Premier Ministre. Pluton à 29° en Scorpion forme un trigone parfait avec lui-même. Saturne à 4° en Poisson est trigone au Milieu du Ciel et à Vénus. Jupiter à 15° en Scorpion est trigone à la Lune. L'Ascendant de RS est en Maison X ! L'indice de dangerosité est 16 sur 26, donc le point positif est supérieur au point négatif qui est nettement au-dessous du seuil représenté par le nombre 20, seuil autour duquel Luigi Miele et moi-même avons établi la limite à ne pas dépasser si l'on veut être tranquille pour l'année à venir. Naturellement comme vous le voyez à travers ces exemples, un 25, 26 ou 27 ne sont pas terribles, mais un 40, un 60 ou un 80 sont au contraire, presque toujours fatals. Un des avantages du programme *Scanner* de *ASTRAL* est que vous pouvez immédiatement remesurer l'indice de dangerosité de l'année, après que vous aurez fait une hypothèse de RS ciblée et voir si vous avez su esquiver les coups.

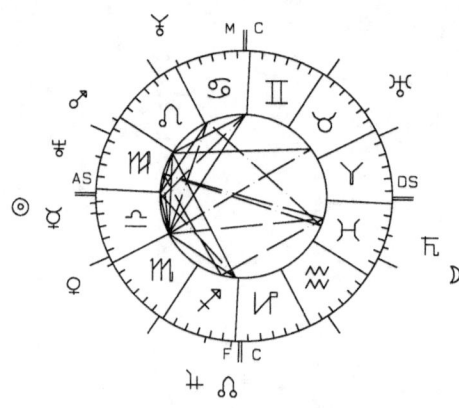

TN de Silvio Berlusconi né à Milan
Le 29/09/1936 à 6 h 00

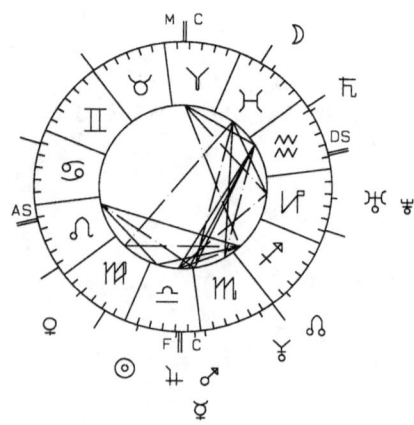

RS 1993/1994 pour Rome

LA TRÈS MAUVAISE COUPE DU MONDE DE MARADONA

Le 30 juin 1994 Diego Armando Maradona est expulsé de la coupe du Monde de football. Les résultats du contrôle antidoping suivant le match contre le Nigeria se sont révélés positifs. C'est une des pages les plus tristes de l'histoire du champion argentin. Pluton était conjoint à l'Ascendant, Saturne à la Lune (c'est là un des transits que, personnellement, je crains le plus), Jupiter au Soleil et Mars au Descendant (la loi, les tracasseries administratives). Ainsi, le couplé Saturne-Lune et Jupiter-Soleil peut donner une popularité négative qui ne saurait être pire. La Révolution solaire est même désastreuse : Ascendant en 12e, Soleil en 12e, stellium en 12e, Mars à l'Ascendant (cette position est vraiment néfaste et peut correspondre non seulement à des incidents et des opérations chirurgicales, mais aussi à de terribles états de dépression et d'angoisse). Le point d'indice de dangerosité ne pourrait être plus explicite : 84 sur 20.

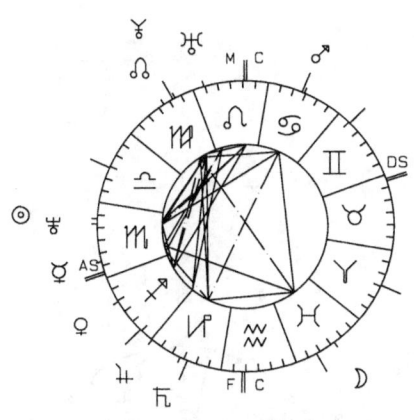

TN fait pour Buenos Aires
Le 30/10/1960 à 6 h 05

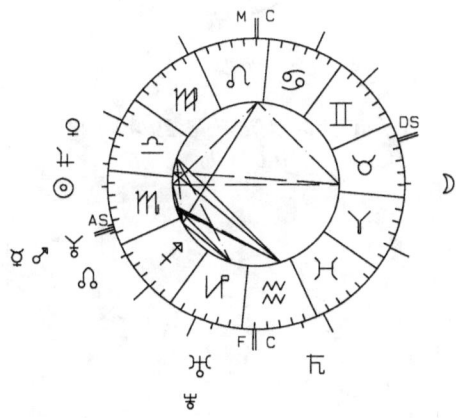

RS 1993/1994 pour Buenos Aires

LA DÉMISSION DE SILVIO BERLUSCONI

Le 22 décembre 1994 Silvio Berlusconi démissionne de sa charge de Premier Ministre. C'est un moment très difficile de sa nouvelle carrière politique, après le succès obtenu quelques mois plus tôt (mais avec une Révolution solaire complètement différente !). Pluton était en Trigone à lui-même, Uranus en semi-carré à la Lune, Saturne conjoint à la Lune (à 5 degrés), était opposé à Mars, trigone au Milieu du Ciel et sextile à Uranus ; Jupiter formait un carré à Mars et donnait un trigone à Pluton. Enfin Mars était sur lui-même à 0 degré. La Révolution solaire nous donne un Ascendant en I et un Soleil en XII. Le point était de 40 sur 12.

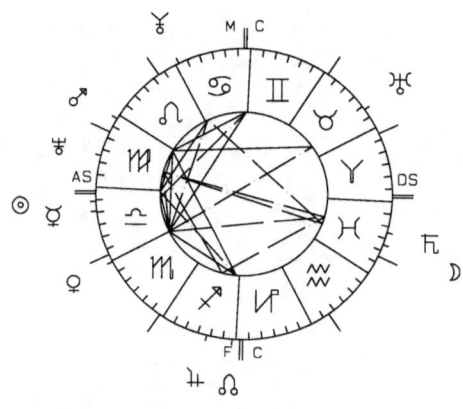

TN fait pour Milan le 29/09/1936 à 6 h 00

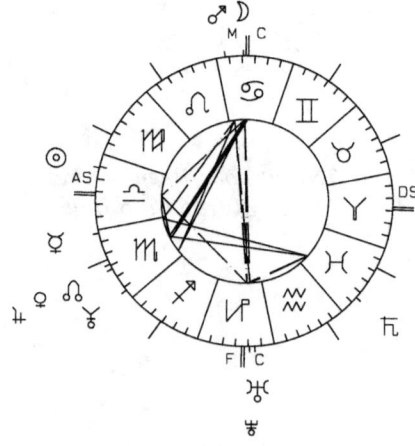

RS 1994 pour Rome

LA TENTATIVE DE SUICIDE DE BRIGITTE BARDOT

Le 15 novembre 1992 Brigitte Bardot fait une nouvelle tentative de suicide. Elle est sauvée in extremis. Voilà un cas vraiment intéressant pour notre recherche. Les transits n'étaient absolument pas graves et je mets au défi n'importe quel astrologue n'utilisant pas les Révolutions solaires de nous dire comment il aurait pu prévoir une année aussi grave pour la star française. Jupiter était même conjoint à 2° au Soleil et en trigone à la Lune. Les mauvais transits de Mars ne peuvent à eux seuls être une explication suffisante. Alors que la Révolution solaire présente un très éloquent Ascendant en Maison I qui est tout un programme. A ce propos je dois faire une remarque. Il m'arrive encore aujourd'hui, longtemps après la parution de mes livres les plus importants sur les Révolutions solaires, que des élèves qui se disent fidèles, qui ont l'intention de suivre avec attention mes conseils, se déplacent pour éviter des valeurs de Maison XII et finissent par les placer en Maison I, ce qui peut être lu comme équivalent presque à cent pour cent. Comment est-il possible que durant toutes ces années je n'aie pas réussi à faire comprendre que la Maison I est extrêmement dangereuse, presque autant que la XII. J'espère qu'avec la grande quantité d'exemples proposés dans ce livre, les lecteurs pourront se convaincre de cette vérité qu'ils ne trouveront jamais ailleurs que dans mes livres. Voyons maintenant les transits. Pluton sextile à Vénus et carré à Saturne ; Neptune sextile à l'Ascendant ; Uranus semi-sextile à l'Ascendant, carré au Milieu du Ciel et trigone à Neptune ; Saturne trigone à la Lune, sextile à l'Ascendant et trigone au Milieu du Ciel ; Jupiter conjoint au Soleil et trigone à la Lune ; Mars semi-carré à la Lune et à Neptune, carré à Mercure, Jupiter et Uranus, conjoint à Pluton. L'indice de dangerosité est de 52 sur 24.

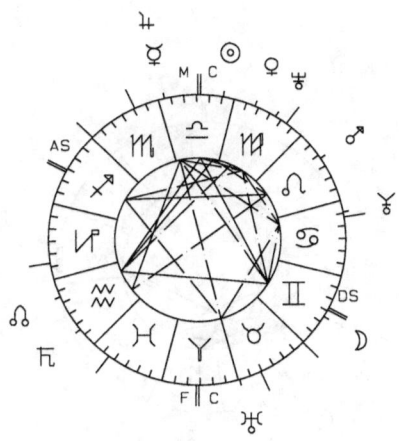

TN de BB née à Paris le 28/ 09/1934 à 12h 15

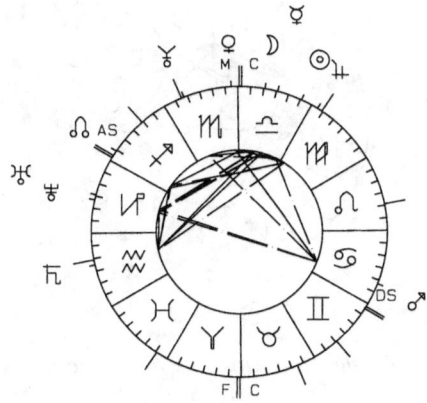

RS 1992 pour Paris

L'ENLÈVEMENT D'ALDO MORO

Le 16 mars 1978, rue Fani à Rome, Aldo Moro est enlevé, son escorte massacrée. Le 9 mai, le leader de la Démocratie Chrétienne sera exécuté. L'acte terroriste des Brigades Rouges suscitera indignation et colère de la conscience civile et sera à l'origine d'une énorme campagne stratégique et politique grâce à laquelle l'Etat italien viendra à bout, du moins pour la partie la plus importante, du phénomène terroriste dans notre pays. Les aspects sont vraiment néfastes : Pluton formait un sextile avec la Lune et Vénus et trigone avec Uranus ; Neptune était en sesqui-carré avec le Milieu du Ciel et avec lui-même ; Uranus était carré à la Lune, à Vénus et à lui-même, semi-carré au Soleil et conjoint à Mars (il s'agit ici d'une large conjonction, de 6°, mais j'expliquerai plus tard pourquoi c'était important) ; Saturne était en sextile à l'Ascendant ; Jupiter carré au Soleil, semi-carré à la Lune, trigone à l'Ascendant et semi-sextile à Saturne ; enfin Mars se trouvait en conjonction à Saturne et en carré à Mercure et à l'Ascendant. La Révolution solaire nous donne un Ascendant de Révolution solaire en Maison X et j'ai à plusieurs reprises rappelé que cette position est très dangereuse lorsqu'elle se manifeste en concomitance à de mauvais transits, surtout à ceux de Saturne et Uranus. Dans ce cas, durant l'année citée, nous avions un très dangereux transit d'Uranus sur Mars de naissance en Maison I, et c'est le "piège" ! Mars de Révolution solaire en Maison XI nous parle de la mort violente survenue cette année-là ; Saturne en Maison I en fait autant par son désespoir. L'indice de dangerosité est de 32 sur 32.

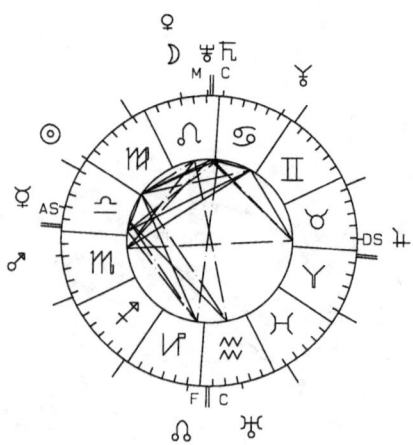

TN de Aldo Moro né à Maglie le 23/09/1916 à 9 h 00

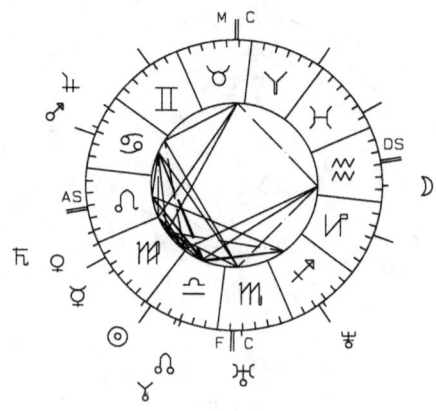

RS 1977/1978 pour Rome

SOFIA LOREN SOUS ENQUÊTE

Le 15 avril 1978 Sofia Loren est impliquée dans une affaire fiscale pour exportation présumée de capitaux. La chose, à l'époque, fit beaucoup de bruit et fut très mal vécue par la protagoniste. Les transits de ce jour-là : Pluton se trouvait en conjonction à Mercure et en sextile à Mars ; Neptune en sextile à la Lune et à Mercure et en semi-carré au Milieu du Ciel; Uranus en carré à Mars et en sextile à Neptune ; Saturne en opposition à la Lune et à lui-même et en sextile à Jupiter ; Jupiter en carré au Soleil, en conjonction au Descendant (cette position indique presque toujours l'arrivée de problèmes administratifs), en trigone au Milieu du Ciel et en sextile à Uranus ; Mars en carré au Milieu du Ciel et à Uranus et en conjonction à Pluton. La Révolution Solaire est un cas d'école, avec un Ascendant en Maison VII (la loi, les procès) et un Mars en Maison XII qui indique souvent un accident ou une opération chirurgicale, mais qui quelquefois signifie aussi une situation de forte anxiété, de fortes préoccupations. L'indice de dangerosité était de 52 sur 34.

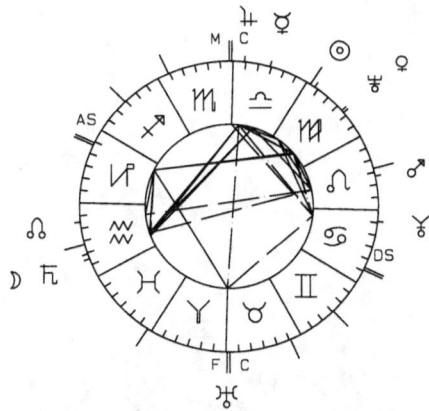

TN de Sofia Loren née à Rome
le 20/09/1934 à 14 h 10

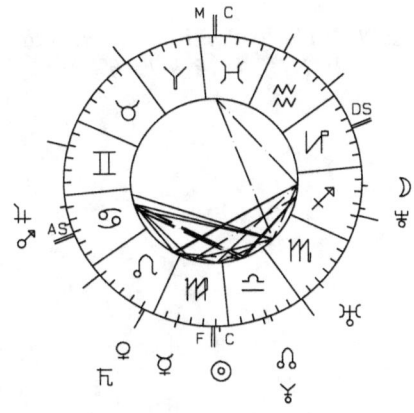

RS 1977/1978 pour Rome

CARLO PONTI SOUS ENQUÊTE LUI AUSSI

Même sort que Sofia Loren pour Carlo Ponti son mari. Les transits de ce jour-là étaient : Pluton sextile à Mercure et sesqui-carré à Saturne ; Neptune conjoint au Soleil et semi-sextile à la Lune ; Uranus semi-carré au Milieu du Ciel et sesqui-carré à Pluton ; Saturne trigone au Milieu du Ciel et Jupiter et semi-sextile à Neptune ; Jupiter carré à l'Ascendant, semi-sextile à Saturne et conjoint à Pluton ; Mars sesqui-carré au Soleil, opposé à Vénus et à Uranus, trigone à l'Ascendant, sextile à Saturne et semi-sextile à Pluton. En effet il ne s'agit pas de transits très mauvais, mais regardons la Révolution solaire : Jupiter en Maison VII (les ennuis administratifs) et un stellium, dont le Soleil, entre la Maison XII et la Maison I. L'indice de dangerosité était de 58 sur 18.

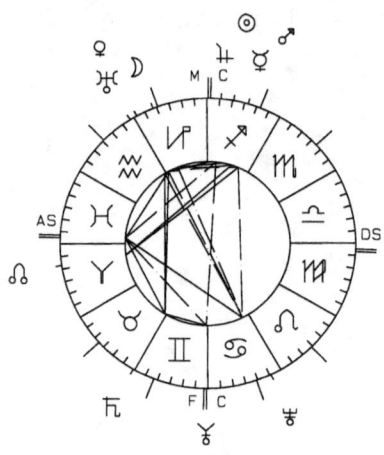

TN de Carlo Ponti né à Magenta le 11/12/1912 à 13 h 00

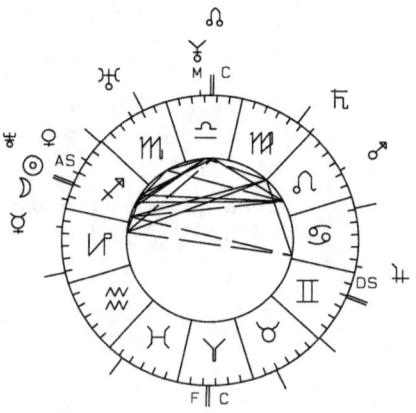

RS 1977/1978 pour Rome

VICTOR EMMANUEL DE SAVOIE TIRE SUR UN TOURISTE

Le 18 août 1978, Victor Emmanuel de Savoie, en vacances en Corse, tire sur un jeune allemand, pour des raisons futiles, et se retrouve en prison. Le jeune homme, touché aux testicules, après de nombreuses opérations et des mois de terribles souffrances, meurt dans un hôpital de son pays. Les transits sont les suivants : Pluton carré à Jupiter ; Neptune semi-sextile à Jupiter ; Uranus semi-carré au Milieu du Ciel ; Saturne opposé à la Lune, semi-carré à l'Ascendant et sesqui-carré à Jupiter ; Jupiter sesqui-carré à la Lune opposé à Mercure, trigone au Milieu du Ciel, conjoint à Pluton ; Mars sesqui-carré au Soleil et opposé à Vénus. Où pensez-vous que se trouvait l'Ascendant de Révolution solaire ? En maison XII bien sûr. L'indice de dangerosité était de 42 sur 26.

TN de Vittorio Emanuele de Savoie né à Naples le 12/02/1937 à 14 h 25

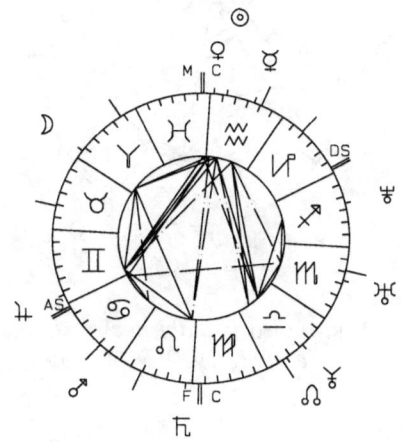

RS 1978 pour Genève

INDIRA GANDHI EST ARRÊTÉE

Le 19 décembre 1978 Indira Gandhi est expulsée du parlement indien et incarcérée. Les transits sont les suivants : Pluton semi-carré à Mercure et trigone à Uranus ; Neptune sextile à Uranus ; Uranus carré à l'Ascendant et à lui-même et sesqui-carré à Pluton ; Saturne sesqui-carré à la Lune, trigone à Vénus, conjoint à Mars et semi-sextile à Saturne ; Jupiter trigone à Mercure, semi-sextile à Mars et à Pluton et conjoint à Neptune ; mars semi-sextile à Mercure, trigone à lui-même, sesqui-carré à l'Ascendant et au Milieu du Ciel, semi-carré à Uranus et opposé à Pluton. La Révolution solaire nous donne un Ascendant en Maison X et un stellium de cinq astres, parmi lesquels le Soleil en Maison VI. Cela aurait été suffisant pour faire fonctionner l'Ascendant en Maison X à l'inverse de ses caractéristiques de base, mais rappelons qu'il y avait aussi un carré d'Uranus à l'Ascendant qui n'est pas rien. L'indice de dangerosité est de 62 sur 14

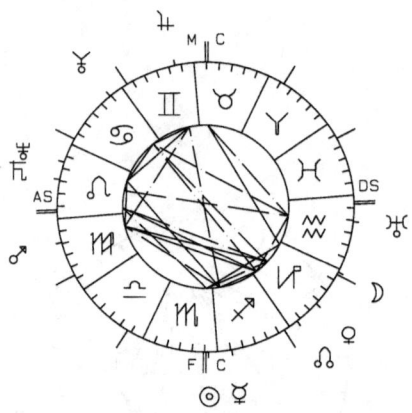

TN de Indira Gandhi née à Allahabad le 19/11/1917 à 23 h 39

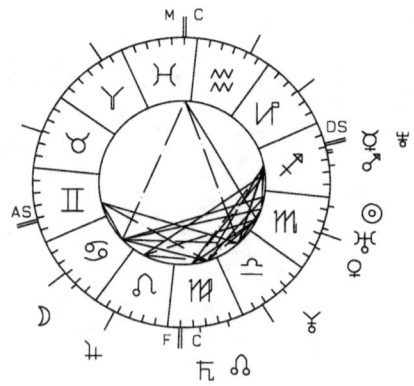

RS 1978 pour Delhi

SCANDALE POUR LA MÉMOIRE DE LA REINE VICTORIA

Le 21 mai 1979, le *Daily Telegraph* déclare que la Reine Victoria aurait épousé en secret John Brown, son domestique et garçon d'écurie, dont elle aurait même eu un enfant. Les transits du moment étaient : Pluton sesqui-carré au Soleil et à la Lune, opposé à Mars et trigone à Jupiter ; Uranus carré à Jupiter ; Saturne carré à la Lune (transit qui procure une grande impopularité) et à l'Ascendant et trigone à Mercure ; Jupiter sextile au Soleil, à la Lune et à l'Ascendant ; Mars semi-sextile au Soleil, à la Lune et à l'Ascendant, conjoint à Mercure et carré au Milieu du Ciel. La révolution solaire voit un Ascendant en Maison VI (présent dans toutes les années contenant une disgrâce importante), un Soleil en Maison VII et la conjonction Mars-Saturne à cheval de la cuspide de la Maison X. Ce cas nous permet de rappeler deux aspects importants de l'astrologie : qu'un horoscope fonctionne même après la mort du sujet et que les jours autour de l'anniversaire sont très critiques.

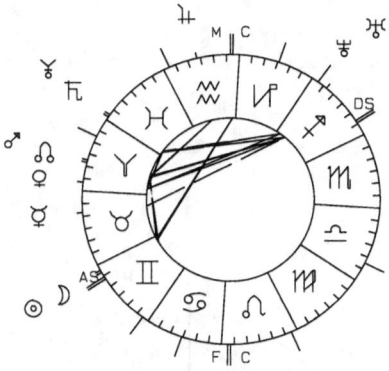

TN de la Reine Victoria née à Londres
le 24/05/1819 à 4 h 15

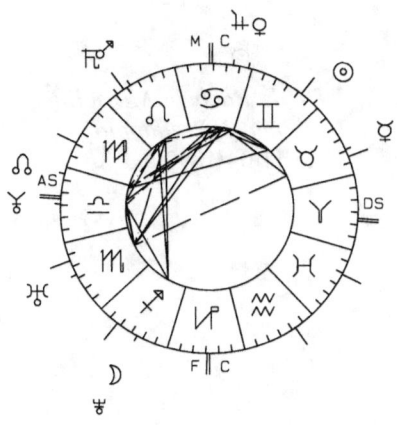

RS 1978 pour Londres

LA COUR DE CASSATION CONTRE RACHELE MUSSOLINI

Le 11 mai 1977, la Cour de Cassation refuse à la veuve du Duce les biens qui lui ont été confisqués après la guerre. Les transits sont les suivants : Pluton sextile à Mars et carré à Saturne : Neptune conjoint à Mars ; Uranus sextile à l'Ascendant, conjoint au Milieu du Ciel et carré à Jupiter ; Saturne trigone à Mars et opposé à Jupiter ; Jupiter semi-carré au Soleil et à Mercure, opposé à Mars conjoint à Pluton ; Mars trigone à Mars, carré à l'Ascendant, sextile à Jupiter et sesqui-carré à Saturne. Certainement le passage d'Uranus au Milieu du Ciel en dissonance à Jupiter et ce dernier en mauvais aspect au Soleil apparaissent comme les plus significatifs par rapport à une sentence défavorable du tribunal. La Révolution solaire est tout aussi claire : un Ascendant en Maison I, un Mars dans le même secteur et Saturne conjoint au Descendant (le manque de chance dans les procès). Comme on peut le remarquer, très souvent la Révolution solaire peut nous donner des indications très claires sur l'issue d'une affaire légale. L'indice de dangerosité est de 52 sur 28.

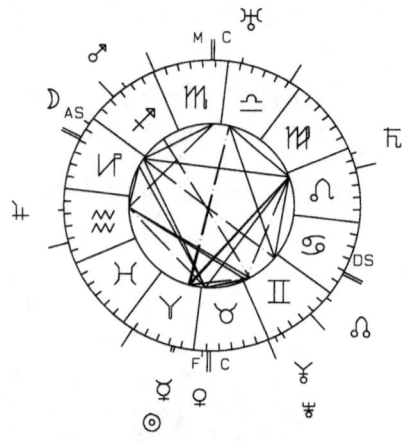

*TN de Rachele Mussolini
née à Predappio
le 11/04/1899 à 1 h 00*

RS 1977 pour Forli'

INDIRA GANDHI PERD LE POUVOIR

Le 21 mars 1977, le Premier ministre indien Indira Gandhi démissionne après 11 ans de pouvoir incontesté. Voilà les transits relatifs à cet évènement : Pluton semi-carré au Soleil, carré à Vénus et sextile à Saturne ; Neptune opposé à Jupiter (c'est un passage insidieux pour les politiciens) ; Uranus sextile à Vénus et à Mars ; Saturne semi-sextile à Mars, sextile à Jupiter et conjoint à Neptune ; Jupiter opposé à Mercure et sesqui-carré à Vénus ; Mars carré au Soleil, semi-sextile à la Lune, semi-carré à Vénus et trigone à Pluton. La Révolution solaire nous donne le Soleil conjoint à Mars en Maison XII et un stellium entre la Maison XII et la Maison I. L'indice de dangerosité est de 70 sur 22.

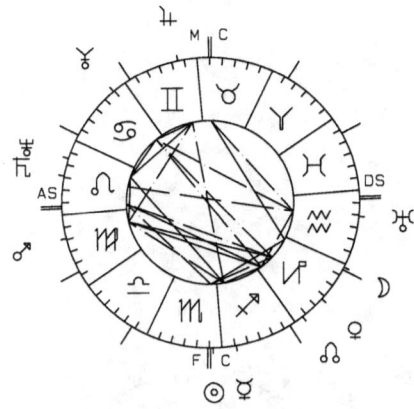

TN de Indira Gandhi née à Allahabad le 19/11/1917

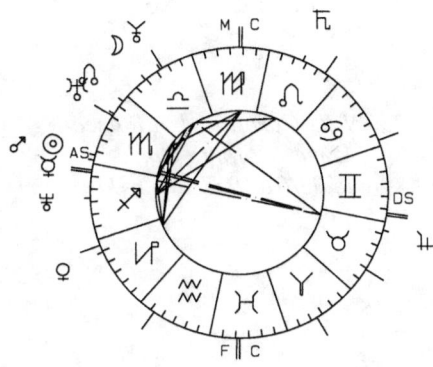

RS 1976/1977 pour Delhi

LE DIVORCE DE CAROLINE DE MONACO ET PHILIPPE JUNOT

Le 5 octobre 1980, Caroline de Monaco demande le divorce de son mari Philippe Junot qu'elle a épousé le 28 juin 1978. Les transits de la belle et malchanceuse princesse était : Pluton sesqui-carré à l'Ascendant, Neptune conjoint au Milieu de Ciel (ce passage annonçait, souvent, des changements de condition sociale, positifs ou négatifs), sesqui-carré à Uranus et semi-carré à Mercure et Vénus et carré à Pluton. La Révolution solaire, élément plus significatif, nous montre un Ascendant en Maison VII. Comme je l'ai dit ailleurs dans ce livre et dans d'autres publications, cette position fonctionne comme un relais bistable car il tend à faire changer de condition : il fait passer du célibat à l'union ou bien il provoque la rupture, si les conditions astrales sont réunies. L'indice de dangerosité de l'année était de 36 sur 34.

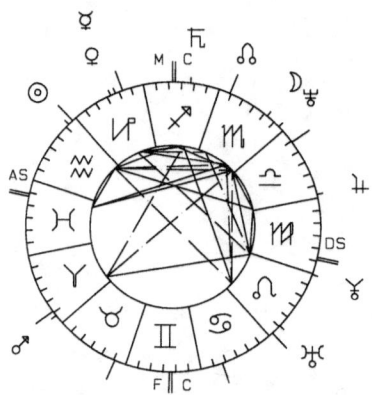

*TN de Caroline de Monaco
née à Monte-Carlo
le 23/01/1957 à 9 h 27*

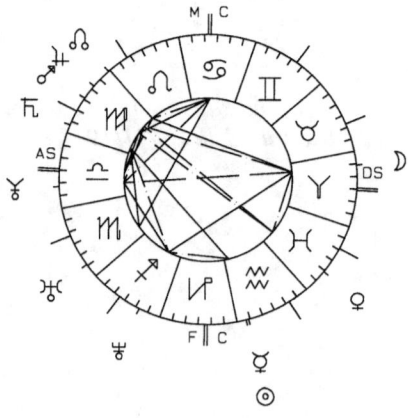

RS 1980 pour Monte-Carlo

JOHN LENNON EST ASSASSINÉ PAR UN DE SES FANS

Le 9 décembre 1980, le grand John Lennon est assassiné à New York par un de ses fans déséquilibré qui n'a jamais vraiment été en mesure d'expliquer les raisons de son geste. Dans presque tous les cas de décès, il est toujours plus intéressant d'observer la situation du côté des conjoints que de l'intéressé lui-même. En effet, la mort n'est pas toujours claire dans l'analyse de l'astrologue mais elle le devient beaucoup plus dans l'examen du thème des parents. Plus on a de thèmes de naissance et de Révolutions solaires de conjoints, plus la mort est prévisible. Les transits de Yoko Ono, femme du chanteur des Beatles, étaient : Pluton semi-carré à la Lune et à Neptune, sesqui-carré à Mercure, semi-sextile à Jupiter et carré à lui-même ; Neptune carré à Jupiter, semi-carré à Saturne et trigone à Uranus ; Uranus carré au Soleil et carré au Milieu du Ciel (ces deux passages, avec la conjonction de Saturne à l'Ascendant, sont les deux plus importants indices de cet événement) ; Saturne sextile à la Lune, conjoint à l'Ascendant, carré au Milieu du Ciel, trigone à Saturne et semi-sextile à Neptune ; Jupiter conjoint à l'Ascendant, carré au Milieu du Ciel trigone à Saturne et semi-sextile à Neptune ; Mars semi-carré au Soleil, semi-sextile à la Lune et à Vénus, trigone à Mars, carré à l'Ascendant et trigone à Neptune. La Révolution solaire nous donne un Ascendant en Maison XI (les deuils) et un Soleil en Maison VII (l'événement le plus important de l'année est relatif au mari). En outre, nous pourrions même faire l'hypothèse, et nous en aurions toutes les raisons, que Yoko Ono est née quelques minutes plus tard, on trouverait alors dans sa Révolution solaire Mars en Maison I opposé au Soleil. L'indice de dangerosité, sans considérer cette dernière position est de 28 sur 24.

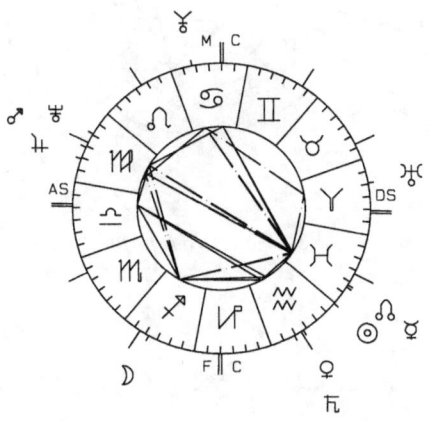

TN de Yoko Ono née à Tokyo le 18/02/1933 à 20 h 30

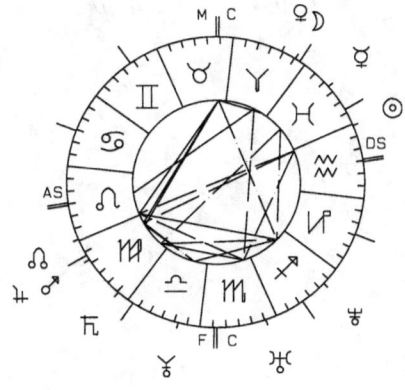

RS 1980 pour New York

GIANNI AGNELLI SE CASSE UNE JAMBE

Le 1er février 1981, Gianni Agnelli, immobile devant les remontées mécaniques, à Saint Moritz, est renversé par deux skieurs sortis de piste et se retrouve avec une fracture multiple décomposée à la jambe gauche. Les transits du jour sont : Pluton sextile à l'Ascendant ; Neptune conjoint à 0° à l'Ascendant (c'est surtout ce transit qui est responsable de l'événement) et carré à Saturne ; Saturne sextile à Neptune et carré à Pluton ; Jupiter sextile à Neptune et carré à Pluton ; Mars sextile à l'Ascendant. La seule chose marquante dans la Révolution solaire, c'est un Ascendant en Maison VI, mais cela suffit largement. L'indice de dangerosité est de 50 sur 26.

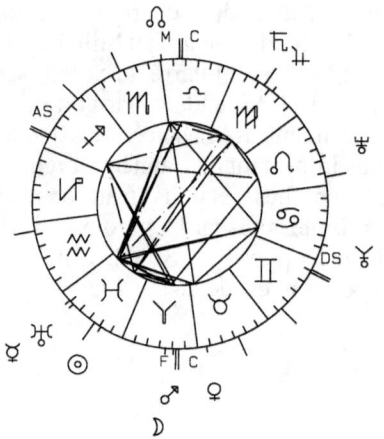

TN de Gianni Agnelli né à Turin le 12/03/1321 à 2 h 30

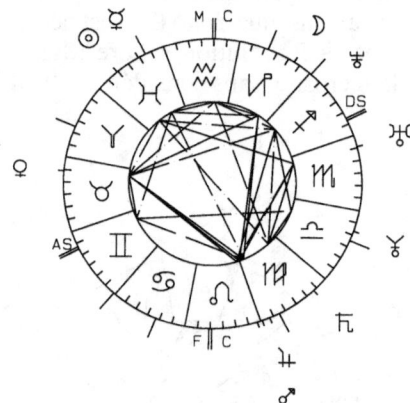

RS 1980/1981 pour Turin

RONALD REAGAN BLESSÉ AU COURS D'UN ATTENTAT

Le 30 mars 1981, le président des Etats-Unis d'Amérique, Ronald Reagan, est blessé aux poumons durant un attentat perpétré à Washington par un jeune néonazi. Au début le président ne se rend pas compte de la gravité de la blessure et lorsqu'il entre à l'hôpital, il plaisante avec les médecins, leur demande s'ils sont républicains ou démocrates. On se rendra compte que la blessure est plutôt sérieuse car la balle a perforé le poumon. Les transits de ce jour-là sont : Pluton semi-sextile à l'Ascendant et sextile au Milieu du Ciel, Neptune semi-carré à la Lune, semi-sextile à l'Ascendant et à Uranus et trigone au Milieu du Ciel ; Saturne carré à Mars et semi-carré à l'Ascendant (ce sont les deux seuls transits dignes d'intérêt dans un épisode qui, comme nous le verrons dans un moment, s'explique beaucoup plus avec la Révolution solaire qu'avec les passages planétaires) ; Mars semi-sextile à la Lune et sesqui-carré au Milieu du Ciel. La Révolution solaire présente un éloquent Ascendant en Maison I. L'indice de dangerosité de l'année, basé presque exclusivement sur ce dernier point, est de 42 sur 36.

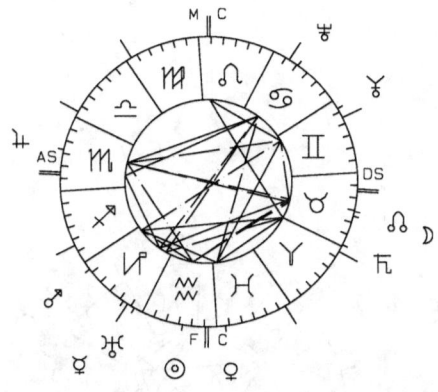

*TN de Ronald Reagan né à Tampico
Le 06/02/1911 à 1 h 20*

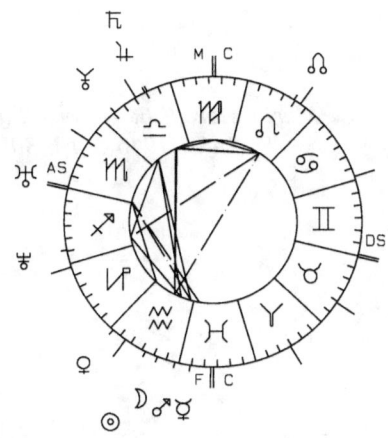

RS 1981 pour Washington

ARRESTATION DU TERRORISTE MARIO MORETTI

Le 4 avril 1981, le terroriste Mario Moretti, recherché depuis deux ans, est arrêté à Milan. Voyons les transits : Pluton carré au Soleil, à Vénus à Mars et à Saturne (ce quadruple passage dissonant est le plus grand responsable de l'événement) et semi-carré à l'Ascendant ; Neptune semi-sextile au Soleil, sextile à Jupiter et sesqui-carré à Pluton ; Uranus sextile au Milieu du Ciel ; Saturne carré à la Lune (ce transit aussi est très mauvais) et à Mercure et conjoint à Neptune ; Jupiter carré à la Lune et conjoint au Milieu du Ciel (souvent la popularité arrive à cause de faits négatifs) ; Mars carré à Mercure (la rencontre avec les forces de l'ordre), trigone à l'Ascendant et à Pluton, sextile à Uranus et opposé à Neptune. La Révolution solaire nous donne un Ascendant en Maison VIII (la prison) et un Soleil en Maison VII (problèmes avec la justice). L'indice de dangerosité de l'année est de 30 sur 36.

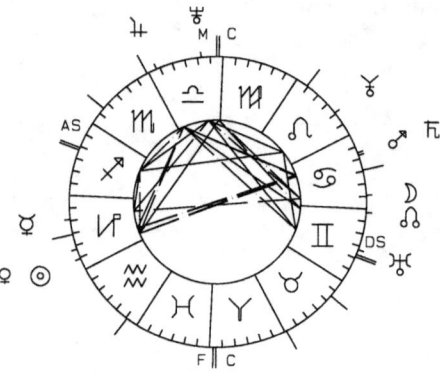

TN de Mario Moretti né à Porto San Giorgio
Le 16/01/1946 à 4 h 30

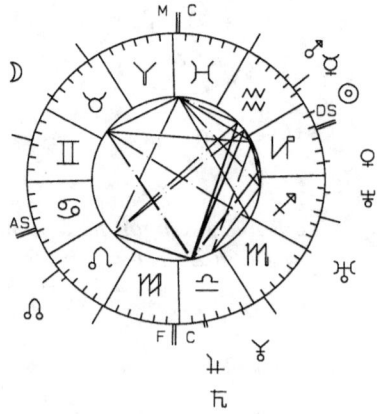

RS 1981 pour Rome

GIANNI AGNELLI A UN INFARCTUS

Le 23 mars 1982, quelques jours après son anniversaire et tout de suite après avoir parlé avec l'entraîneur de la Juventus, Gianni Agnelli est frappé d'un infarctus du myocarde et hospitalisé à Turin à l'hôpital des Molinette. Les transits sont véritablement néfastes : Pluton semi-sextile à l'Ascendant et semi-carré à Jupiter ; Neptune conjoint à l'Ascendant (c'est un des plus lourds, mais ce n'est pas le seul) et sesqui-carré à lui-même, Uranus sesqui-carré à la Lune et à Mars, carré à Vénus et à lui-même, sesqui-carré à Mercure et à Uranus, conjoint au Milieu du Ciel (ce passage est souvent un indicateur indirect de maladie ou d'accidents car il génère un ralentissement de l'activité professionnelle) et semi-sextile à Saturne ; Jupiter semi-carré à l'Ascendant et à Saturne et trigone à Pluton ; Mars opposé à la Lune, semi-sextile à Jupiter et sextile à Neptune. La Révolution solaire n'est pas en reste : un important stellium, avec la conjonction Mars-Saturne, en Maison XII. L'indice de dangerosité de l'année est de 70 sur 30.

*TN de Gianni Agnelli né à Turin
Le 12/03/1921 à 2 h 30*

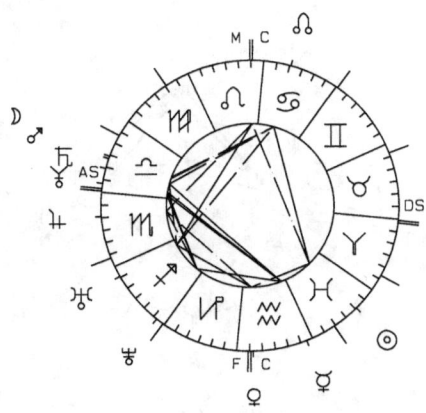

RS 1982 pour Turin

SOFIA LOREN CHOISIT LA PRISON

Le 19 mai 1982, Sofia Loren, ne voulant pas perdre la possibilité de revenir en Italie chaque fois qu'elle le voudra, choisit de retourner à Rome et de se constituer pour purger la peine de 30 jours de prison qui lui a été infligée en 1977 pour évasion fiscale. Elle passera seulement 16 jours dans la prison de Caserte, elle sera assignée à domicile pour les 14 jours restant. Ses transits étaient les suivants : Pluton semi-carré à Vénus, conjoint à Jupiter et carré à Neptune ; Neptune carré au Soleil, sesqui-carré à Mars et sextile à Jupiter ; Uranus semi-carré à Mercure et semi-sextile à l'Ascendant et au Milieu du Ciel ; Saturne conjoint à Mercure et sextile à Mars ; Jupiter sextile à l'Ascendant, conjoint au Milieu du Ciel (souvent ce transit est porteur de popularité négative, mais il convient de souligner que peut-être dans ce cas il a été favorable à l'actrice car à son arrivée à Rome elle a été accueillie par les flash des photographes et de nombreux bouquets de fleurs) et opposé à Uranus ; Mars conjoint au Soleil, semi-carré à Mars, carré à l'Ascendant et semi-sextile au Milieu du Ciel. La Révolution solaire révèle un stellium très fort, avec Soleil et Saturne, en Maison VII (les problèmes avec la justice) et Mars en Maison VI qui est un indicateur générique, mais important, de malheurs. L'indice de dangerosité est de 36 points sur 12.

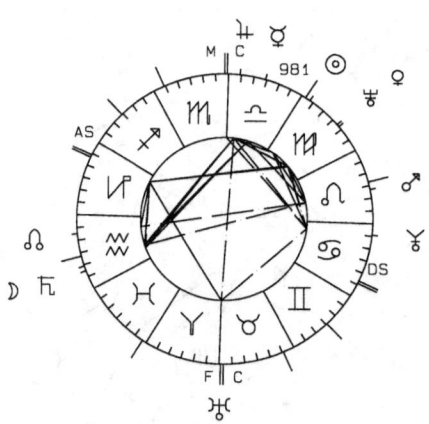

TN de Sofia Loren née à Rome
Le 20/09/1934 à 14 h 10

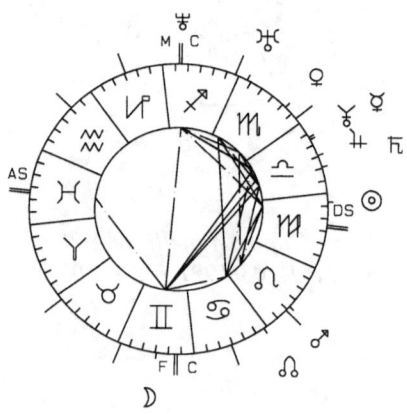

RS 1981/1982 pour
New York

L'ACCIDENT DE LA ROUTE DE STÉPHANIE DE MONACO

Le 15 septembre 1982 Stéphanie de Monaco, en voiture avec sa mère, Grace Kelly, quitte la route et tombe dans un ravin sur une des routes de la Principauté. Sa mère meurt et elle est blessée. Tout de suite après nous assisterons à des polémiques parce que quelqu'un insinuera que c'est Stéphanie qui est à l'origine de l'accident car elle aurait été au volant alors qu'elle n'était pas encore titulaire de son permis de conduire. Les transits de ce jour-là étaient les suivants : Pluton carré à Mercure et à Vénus (c'est probablement là le point chaud des transits) ; Neptune semi-sextile à Vénus et trigone à l'Ascendant, sesqui-carré à lui-même et semi-sextile à Neptune ; Jupiter carré au Soleil et à la Lune ; Mars sextile à Mercure, à Vénus et à lui-même et carré à l'Ascendant. La Révolution solaire montre une très mauvaise conjonction Mars-Saturne en Maison I, une Lune en Maison VIII et un Uranus en Maison III. L'indice de dangerosité de l'année vaut 40 sur 8.

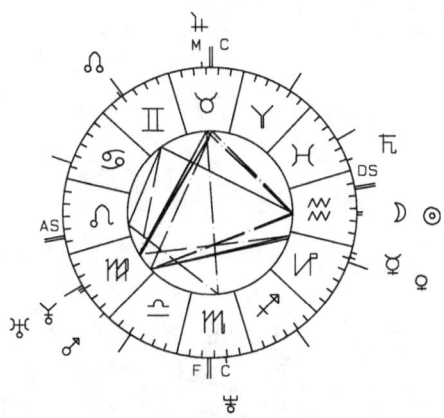

TN de Stéphanie de Monaco née à Monte-Carlo Le 1/02/1965 à 18 h 25

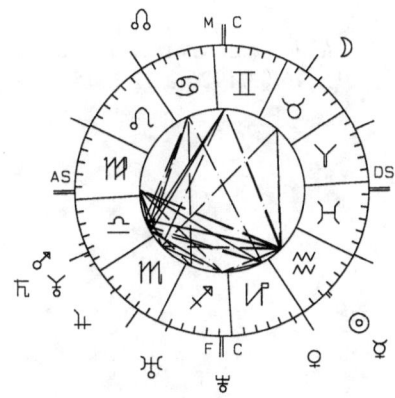

RS 1982 pour Monte-Carlo

OPÉRATION À COEUR OUVERT POUR JERRY LEWIS

Le 21 décembre 1982, le célèbre comique américain Jerry Lewis est opéré à New York, pour un pontage coronarien et l'intervention dure cinq heures. Les transits pour ce jour-là sont : Pluton opposé à la Lune (ce dernier et la dissonance Neptune-Soleil apparaissent comme les deux passages les plus responsables de l'incident) ; Neptune carré au Soleil, au Milieu du Ciel et à Uranus, semi-sextile à Mars et à Saturne ; Saturne opposé à la Lune (mais celui-ci n'est pas en reste non plus) ; Jupiter sesqui-carré à Mercure et à Pluton, trigone au Milieu du Ciel et conjoint à Saturne ; Mars carré à Mercure, semi-carré à Saturne et opposé à Pluton. La Révolution solaire nous donne un éloquent Ascendant en Maison VI. L'indice de dangerosité vaut 54 points sur 28.

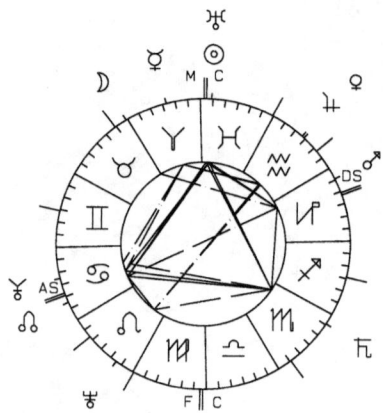

TN de Jerry Lewis né à Newark
Le 16/03/1926 à 12 h 15

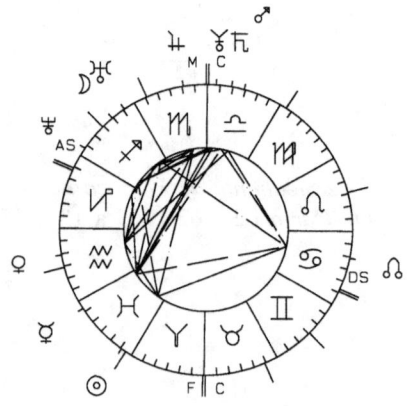

RS 1982 pour New York

GRAVE DEUIL POUR VITTORIO EMANUELE

Le 18 mars 1983, à Genève, Umberto de Savoie meurt d'un cancer aux os. Examinons l'événement du côté du fils : Pluton carré à Mercure et à lui-même ; Neptune semi-sextile à Mercure et carré au Milieu du Ciel ; Uranus carré à la Lune (c'est le passage le plus important) et au Milieu du Ciel et trigone à Vénus ; Saturne sesqui-carré à lui-même et semi-carré à Neptune ; Jupiter carré à la Lune, semi-carré à Mercure, trigone à Vénus et sesqui-carré à Pluton ; Mars carré à l'Ascendant et à Jupiter. La Révolution solaire nous montre le Soleil et la Lune en Maison VI et un stellium en Maison IV. L'indice de dangerosité est de 52 sur 24.

*TN de Vittorio Emanuele de
Savoie né à Naples*
Le 12/02/1937 à 14 h 25

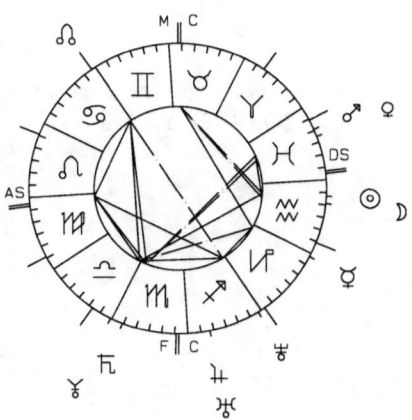

RS 1983 pour Genève

OPÉRATION AU COEUR POUR GIANNI AGNELLI

Le 11 mars 1983, la veille de son anniversaire, le sénateur Agnelli est soumis à une délicate intervention cardiaque à New York, un pontage aorto-coronarien. Ses transits sont : Pluton semi-carré à Jupiter ; Neptune sesqui-carré à lui-même ; Saturne sesqui-carré au Soleil, trigone à Mercure et à Uranus et opposé à Vénus ; Jupiter carré à lui-même et trigone à Neptune ; Mars trigone à Neptune et carré à Pluton. Comme on peut le remarquer, ces transits sont loin d'être graves, exception faite de la dissonance Saturne-Soleil, mais si l'on regarde la Révolution solaire on remarque un redoutable stellium en Maison XII. L'indice de dangerosité vaut 52 points sur 14.

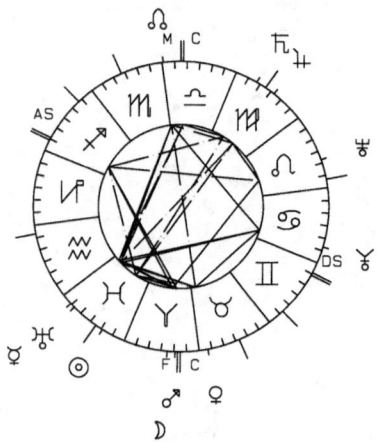

TN de Gianni Agnelli né à Turin
Le 12/03/1921 à 2 h 30

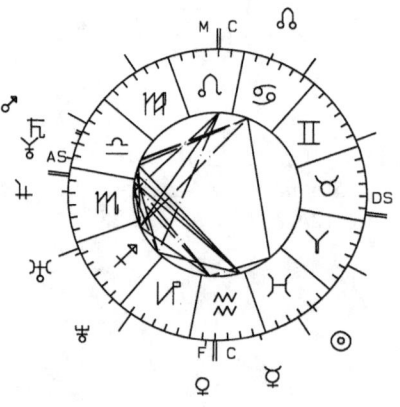

RS 1982 pour Rome

DROGUE FATALE POUR DAVID KENNEDY

Le 24 avril 1984, à Palm Beach, David Kennedy, quatrième enfant du sénateur Robert assassiné en 1968 à Los Angeles, est trouvé mort dans sa chambre d'hôtel : s'adonnant à la drogue depuis des années, il est emporté par une dose de cocaïne. Voyons l'événement depuis l'observatoire astral du père défunt : Uranus en Maison VIII, sesqui-carré à la Lune (c'est le passage le plus significatif) et semi-sextile à Vénus ; Saturne sextile à Vénus et trigone à Pluton ; Jupiter semi-carré au Soleil, conjoint à Vénus et opposé à Pluton ; Mars conjoint au Soleil, sextile à la Lune, trigone à Uranus et carré à Neptune. La Révolution solaire montre un Ascendant en Maison I, un Soleil à la limite entre la Maison VI et la Maison VII et Mars en Maison V. L'indice de dangerosité vaut 64 sur 8.

TN de Robert Kennedy né à Boston
Le 20/11/1925 à 15 h 10

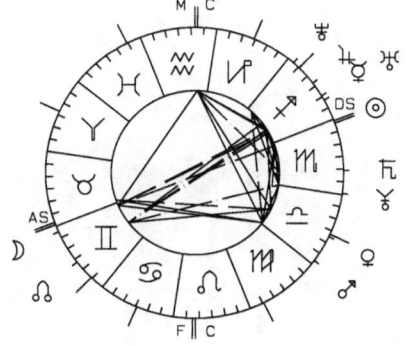

RS 1983/1984 pour Washington

25.
Préface à la deuxième édition française

Ce livre a eu un grand succès. Bien qu'il s'agisse d'un gros volume de plus de 500 pages, il a été réimprimé trois fois en quelques années et en est à sa deuxième édition italienne. La version française, publiée par les prestigieuses *Editions Traditionnelles* (celles qui nous ont offert les meilleures œuvres de l'astrologie mondiale, à commencer par les livres d'André Barbault et Henri J. Gouchon) a été épuisée en quelques mois (vous pourrez lire un peu plus loin deux courriels français à ce sujet).

L'édition française que vous êtes en train de lire a été revue et développée par rapport à la précédente. Elle est publiée par *Edizioni Ricerca '90* selon la méthode "print on demand" afin que ce livre, très demandé, ne manque pas en France. Une édition américaine a aussi été publiée (www.solarreturns.com), elle connaît un grand succès auprès de nos collègues d'outre-atlantique.

J'ai écrit d'autres livres, toujours sur les Révolutions Solaires Ciblées, qui ont été publiés en Hongrie, Slovénie et bientôt peut-être aussi en Russie et en Espagne ;

Une fois de plus le public a voulu récompenser la *Vérité*. Pas la vérité absolue, mais celle d'un chercheur qui ne dit que ce qu'il a expérimenté des milliers de fois et qui ne parle jamais de manière théorique ou en feignant de connaître des sujets qu'il ignore.

Le rapport, quand bien même souvent silencieux, avec des milliers et des milliers de lecteurs fait partie des choses les plus gratifiantes de mon existence. J'écris pour mes lecteurs et ils me le rendent en achetant de nombreuses copies de mes livres. Je ne me préoccupe pas de l'absence de recension de mes livres de la part de collègues médiocres, ni du fait que dans certaines bibliographies, rédigées par des experts de fortune, ces livres se trouvent relégués à la fin d'une liste concoctée pour mettre en avant les personnes appartenant à telle ou telle école (par envie, c'est évident : vous ne saviez pas que ce sentiment existait ?)…

Bénéficier de la plus haute estime du plus grand astrologue du monde entier des deux derniers siècles (André Barbault, *NdA*) me suffit largement pour toute la vie, mais ce qui me gratifie encore plus c'est le consensus de milliers de lecteurs qui réservent mes nouveaux livres, avec des mois d'avance.

En octobre dernier (l'auteur fait ici référence au moment où la première édition italienne de son livre a été subitement épuisée, *NdT*) Giovanni Armenia et moi-même avons été extrêmement surpris, lorsque nous nous sommes rendus compte que le livre était, soudainement, épuisé. Nous avions déjà projeté une nouvelle édition pour le mois d'octobre 2004 et donc ce livre a été absent des librairies italiennes pendant environ un an.

Lors de la préparation de la nouvelle édition, je pensais revoir toute une série de choses et ajouter aussi une centaine de pages. Mais en relisant tout le texte, je me suis rendu compte qu'il n'avait besoin que d'un léger lifting, que j'ai effectué comme postface, en insérant quelques chapitres seulement, mais tout à fait significatifs.

Je voudrais ajouter encore une chose à l'attention de mes "cousins" français. En septembre 2008 sera publié en Italie par l'éditeur Armenia de Milan un nouveau livre : "Nuove ricerche relative alle Rivoluzioni solari e alle Rivoluzioni lunari" (Nouvelles recherches relatives aux Révolutions solaires et aux Révolutions lunaires"). Dans ce livre, il y aura aussi ce que je me permets d'appeler un probable nouveau passage à Nord-Ouest en astrologie, à savoir une intuition que j'ai développée à travers différents exemples qui pourraient nous faire atteindre des objectifs nouveaux et intéressants dans le cadre de l'*Astrologie Prévisionnelle*. Si ce livre devait intéresser un éditeur français, il pourra contacter directement l'éditeur Armenia (www.armenia.it).

Il ne me reste qu'à prendre congé en vous souhaitant bon travail, mais je souhaite d'abord remercier sincèrement mes amis Mariagrazia Pelaia, Pino Valente et Lorenzo Vancheri pour l'aide qu'ils m'ont apportée dans la réalisation de la nouvelle version de *Transits et Révolutions solaires*.
Naples, le 27 mars 2004, 10h25 (par une superbe matinée de printemps, en dépit des très mauvaises prévisions météo).

Voici deux courriels reçus de France

Cher Monsieur,

Je recherche désespérément votre livre en français " Traité complet d'interprétation des transits et des R.S. en Astrologie. Hélas, en France, il est épuisé, impossible de m'en procurer. Peut-être en avez-vous encore.
Faites-le moi savoir par e-mail, je vous enverrai un chèque en Euros et dès réception, vous pourriez me l'envoyer. Merci beaucoup. Meilleurs voeux pour 2004. Astrologiquement vôtre.

....
Paris

PRÉFACE À LA DEUXIÈME ÉDITION FRANÇAISE

Cher Monsieur,

Merci de m'avoir répondu si rapidement. Bien sûr que j'ai contacté les Editions Traditionnelles et toutes les librairies Astrologiques. Mais tous m'ont répondu que votre livre était épuisé. Je vous informe que j'ai appris tout récemment son existence sur le site d'Astrologie libre où on ne fait que des éloges de votre livre. Et comme je suis moi-même astrologue, j'ai tenu absolument à le posséder.

J'ai encore une petite chance de le trouver d'occasion, peut-être. Encore un grand merci et mes meilleurs voeux pour l'année 2004 pour vous et toute l'Italie.
....
Paris

26.
Prévisions : pourquoi oui

Je tiens à dire, en premier lieu, que ce que je suis sur le point d'écrire n'a pas la prétention de représenter de larges, voire très larges groupes de collègues, mais simplement ma pensée sur ce sujet, dans le plus grand respect de ceux qui pensent différemment.

Je dois dire cependant, que dans ma longue vie d'astrologue (trente quatre ans d'études et de pratique très intenses, au mois de janvier 2004) il m'est arrivé très souvent d'entendre des collègues déclarer que les prévisions astrologiques étaient impossibles ou non crédibles et – dans la plupart des cas – il m'est apparu clairement (à partir de leurs récits) qu'en fait, ils n'étaient pas en mesure de produire des prévisions fiables et c'est probablement pourquoi ils se déclaraient opposés à la possibilité de déterminer les lignes du futur, pour un individu, ou pour un groupe de personnes.

Il y a aussi des chercheurs qui, réellement, ne sont pas intéressés à la chose ou qui sont fondamentalement et sincèrement convaincus de l'impossibilité de cette opération. Donc ils n'essaient même pas.

Moi, j'y suis favorable car chaque jour qui passe je réussis à affiner ma technique prévisionnelle et à obtenir des résultats que je considère extrêmement intéressants et gratifiants du point de vue du défi. Car c'est bien d'un défi qu'il s'agit.

Selon moi, cette pratique qui n'a rien de paranormal ni de miraculeux, est trop emphatisée : il s'agit là peut-être d'un problème fondamental à la base d'une grosse équivoque qui, à son tour, entraîne un comportement d'extrême préoccupation par rapport au sujet en question. En effet, beaucoup de personnes confondent pronostic et prévision.

Le pronostic, comme j'ai déjà eu l'occasion de l'écrire, c'est lorsque nous disons qu'au Tiercé de dimanche prochain, c'est Galopin qui gagnera ou que le premier numéro du loto qui sera extrait samedi prochain sera le 28.

En revanche, si nous étudions le processus de réchauffement de deux litres d'eau dans une casserole, que nous connaissons la pression barométrique du lieu, la température de l'environnement, l'énergie calorifère de la casserole, la tension de vapeur de la pièce, etc., alors nous pouvons prévoir que l'eau bouillira, admettons, dans 12 minutes : c'est une prévision. Dans le domaine astrologique, les variables sont très nombreuses, me direz-vous et elles ne sont pas toutes contrôlables : c'est vrai, mais cela ne peut pas nous faire nous tromper complètement sur une prévision. Dans mes livres, j'ai toujours posé le postulat que les variables fondamentales qui déterminent le destin d'un homme sont essentiellement au nombre de trois : l'imprinting astral (au moment de la naissance et vu à travers les différentes techniques prédictives), l'ADN du sujet (c'est-à-dire l'acide désoxyribonucléique qui véhicule les gènes et les "informations" des parents surtout, mais aussi des grands-parents et de tous les ascendants) et les variables environnementales : politiques, sociales, historiques, économiques, géographiques, etc., du lieu et des années où il naît et où il vit.

Voilà pourquoi je suis de l'avis qu'une prévision est d'autant plus sûre que l'astrologue est proche de son consultant ou vice versa. Si j'examine les transits et la Révolution solaire d'une femme que je suis depuis de nombreuses années, sur laquelle j'ai aussi effectué une correction de l'heure de naissance, dont je connais la vie précédente, l'état de santé, la vie professionnelle et sentimentale, dont la situation des membres de la famille m'est aussi assez claire, je sais alors que je serai en mesure de rédiger des prévisions extrêmement soignées à tel point que j'en viens à dire que, lue avec les transits, selon les règles que j'ai indiquées dans mes nombreux livres, la RS est infaillible comme la Cour de Cassation, dernier degré de juridiction, sentence suprême. Si, au contraire, je m'efforce d'étudier les étoiles du Président de la République dont je ne sais rien de la vie privée et personnelle, présente et passée, je pourrais alors dire des bêtises tout en définissant les lignes essentielles de l'année à venir.

La plupart des personnes que je suis, continuent à venir depuis des années, ou des dizaines d'années pour se faire aider à comprendre et aussi à améliorer leur vie. Certains ne reviennent plus parce qu'ils ne sont pas satisfaits pour des motifs très variés : selon eux, les prévisions ne se sont pas réalisées (ou ce qu'ils pensent en avoir compris - vous pouvez lire à ce sujet www.cirodiscepolo.it/aspettative.htm -, ou alors le courant n'est pas passé entre nous ou encore, les prévisions étaient tellement exactes que les bénéficiaires en ont eu peur). Si nous devions faire un concours, un recensement, une étude statistique, les personnes satisfaites seraient nettement plus nombreuses que celles qui ne le sont pas. Mais je ne veux convaincre personne, je dis simplement pourquoi, selon moi, il faut faire des prévisions : la première raison est que si elles sont faites avec une bonne technique et une grande expérience, elles fonctionnent très bien.

La deuxième raison que je voudrais exprimer est d'ordre éthique : les prévisions servent à aider son prochain. Je suis ici contraint, malgré moi, à entrer dans une polémique dont je me serais volontiers passé. Selon certains de mes collègues (mais pas tous) ceux qui font des prévisions (ou la plupart de ceux qui en font) exercent du "terrorisme prévisionnel ou astrologique".

Nous allons essayer d'examiner de près ces affirmations en recourant à une métaphore médicale : si une personne se rend chez un gastroentérologue et que ce dernier, après avoir fait pratiquer tous les examens nécessaires, dit à son patient " Cher Monsieur, ou vous cessez d'absorber de l'acide acétylsalicylique – c'est-à-dire l'Aspirine – ou alors votre ulcère évoluera en cancer de l'estomac. Je vous conseille, non seulement de bannir cette molécule de l'ensemble des médicaments dont vous faites usage d'ordinaire, mais aussi de protéger les parois de votre estomac avec de la ranitidine ou avec des molécules plus avancées". Question : selon vous, ce médecin fait du terrorisme prévisionnel ou il tente de sauver son patient ?

Alors pourquoi si un de mes élèves, un collègue, ou moi-même disons : "Attention madame, si vous restez à Brescia pour votre prochain anniversaire, vous aurez un ciel de *révolution solaire* très lourd et vous pourriez courir de sérieux risques de santé. Mais si vous vous déplacez et si vous vous offrez un magnifique voyage à Sharm – en Egypte – vous pourrez certainement "protéger" votre santé et en même temps votre situation professionnelle". Question : il s'agit de terrorisme prévisionnel ou de l'aide à autrui ?

Et puis pourquoi penser que les prévisions sont obligatoirement mauvaises ? Si nous voyons de très bonnes opportunités pour un maître de conférence qui aspire à obtenir une chaire, nous pourrions lui conseiller de se déplacer et d'aller passer son prochain généthliaque à Vancouver, au Canada pour potentialiser ces possibilités.

Dans l'album des meilleurs souvenirs de ma vie, il y a des personnes qui ne réussissaient pas à trouver un compagnon ou une compagne et qui, aujourd'hui, sont mariées et sont heureuses; d'autres bloquées professionnellement ont vu leur carrière "exploser"; d'autres qui ont réussi à avoir un enfant après avoir essayé pendant de nombreuses années. Tout cela vous semble être du terrorisme?

Je dis tout cela sereinement, sans particulière auto-indulgence, sachant que je dis la vérité et n'ayant l'intention de me soumettre à aucune "preuve de virilité" : je dois fortement restreindre le nombre de personnes que je peux suivre et je n'ai aucun intérêt à me faire de la publicité. Mes livres sont réimprimés régulièrement avant même qu'une recension n'en soit faite (si tant est qu'il y en ait) ; mes élèves sont des milliers et leur nombre ne cesse d'augmenter.

Bref, le message que je souhaite lancer est : croyez en votre savoir ; c'est grâce aux erreurs que l'on apprend et après vous pourrez étudier des prévisions très fiables qui pourront aider considérablement votre prochain à mieux vivre.

27.
La question de la santé

Ce chapitre, bien qu'apparemment distant du thème précédent, y est étroitement lié et plus loin vous en comprendrez les raisons.

Cette brève relation tend à déterminer ce qui, selon moi, est la situation actuelle de la santé de la planète et de l'humanité qui l'habite. Je vous prie de lire ce qui suit dans son sens le plus juste, c'est-à-dire de ne pas considérer que c'est relatif à une personne en particulier, à Untel, à moi, à ma fille de dix-neuf ans, au Premier Ministre ou au leader de l'opposition, mais à toute l'humanité, personne n'est exclu, des enfants jusqu'aux personnes âgées. Je dois reconnaître que les considérations suivantes peuvent sembler alarmantes et peut-être angoissantes, cependant je suis aussi convaincu qu'elles peuvent être d'une utilité pratique considérable. Si ce n'était pas le cas, il s'agirait simplement d'une lamentation tous azimuts pour pousser les personnes à la dépression et au suicide, alors que, dans l'esprit de *l'Astrologie Active*, il s'agit de tenter d'atteindre l'objectif opposé, c'est-à-dire protéger la vie des gens.

Cette dissertation a pour but de stimuler les réactions de mes lecteurs et les pousser à mettre en œuvre toutes les ressources que chacun d'eux pense être les meilleures pour améliorer leur santé.

Nous devons maintenant revenir un peu en arrière et, en préambule, partir d'un fait objectif. Quel est ce fait objectif ? J'écris en juillet 2003, il y a 33 ans que je pratique les Révolutions Solaires Ciblées et, faisant une estimation par défaut, j'ai envoyé au moins 16 000 (seize mille) personnes passer leur anniversaire ciblé loin, dans des lieux opportuns, avec les résultats que nous allons examiner. Arrêtons-nous un instant à il y a trois ans : cela faisait à peu près trente ans que j'orientais différentes personnes pour fêter leur anniversaire ciblé (environ douze mille). Eh bien, dans ce rapport, il est ressorti que sur douze mille personnes parties pour leur anniversaire ciblé et sur trente ans de cette pratique, j'ai eu seulement un cas (un cas seulement) d'une jeune femme âgée d'un peu plus de trente ans (une très chère amie romaine) qui – si je me souviens bien – l'année suivant son premier anniversaire ciblé, a été victime d'un carcinome au sein, un cancer plutôt difficile à traiter, à un stade avancé et ayant nécessité une mastectomie totale.

A cette occasion, j'ai été tout à fait déconcerté. En premier lieu j'ai pensé que l'heure de naissance qui m'avait été fournie était erronée. Par la suite, après avoir étudié les documents et les témoignages du sujet et après avoir revu le ciel de naissance de cette personne, j'ai été persuadé que l'heure était juste et que s'il y avait eu une erreur, elle ne pouvait pas concerner cette donnée. Par ailleurs je considérais – et je considère aujourd'hui encore – n'avoir commis aucune erreur de méthode sur le choix de cet anniversaire. De toute façon, même face à cet épisode, les statistiques continuaient à être en ma faveur, de manière écrasante. En effet un seul cas sur douze mille, en trente ans de pratique, cela pouvait signifiait seulement deux choses : ou Notre Seigneur m'aime beaucoup et donc il m'a aidé de manière extraordinaire, ou bien la méthode fonctionne. Excluant la première hypothèse car je ne pense pas mériter autant d'estime ou d'affection ou de protection de la part de Notre Seigneur, je crois que la seconde est valable c'est-à-dire que la méthode fonctionne vraiment. Je dois dire que, à cette occasion, au lieu d'essayer d'enterrer la mauvaise nouvelle, je l'ai largement diffusée, et vous pouvez le vérifier en lisant ce que j'ai écrit à ce sujet sur Internet, dans ma revue (*Ricerca '90*) et dans mes livres, naturellement sans révéler le nom de la personne, ni ses données de naissance. A cette occasion, si j'avais eu des "cadavres dans le placard", ils auraient été découverts. Je veux dire que, ayant écrit que j'avais un seul cas d'échec, "d'une jeune femme, avocate, de Rome", tous les autres cadavres se seraient "réveillés", car vraisemblablement chacun se serait exprimé sur le web auquel tout le monde a accès, pour me rappeler que j'avais "oublié le comptable de Canicattì", que j'avais "effacé le cas de la dame de Cuneo et de l'architecte de Ferrara" etc. Cependant, comme je le disais, ces hypothétiques cadavres dans le placard ne se sont jamais manifestés, ce qui est fortement indicatif du fait que – *et c'est un point fondamental* – les statistiques auxquelles je faisais référence précédemment sont vraies. En d'autres termes, sur douze mille personnes parties pour leur anniversaire ciblé jusqu'à la fin du siècle dernier, je n'avais eu qu'**un seul cas de maladie grave**. A cette occasion, j'ai écrit : "Je ne suis pas en mesure d'expliquer ce qui s'est passé, quand je pourrai le faire, *si* un jour je peux le faire, alors je vous raconterai ce qui s'est passé."

Maintenant continuons, pour arriver au mois de mars 2002. Ce mois-là, en dix jours environ, j'ai vu le ciel me tomber sur la tête. Cinq jeunes femmes, entre 40 et 50 ans environ, que je suivais astrologiquement, sont venues me voir, à quelques jours de distance l'une de l'autre, et m'ont dit qu'elles étaient atteintes d'un cancer. Bien, quatre de ces femmes avaient des Révolutions solaires terribles et n'avaient pas voulu partir malgré tous mes avertissements. Je dois dire qu'elles l'ont admis spontanément, sans difficulté et elles m'ont même rappelé que, alors que je les raccompagnais à la porte, je continuais à insister vivement pour qu'elles partent. Mais je ne disposais d'aucune marge de négociation pour les convaincre.

Dans ce cas, nous avons eu quatre tumeurs au sein et un à la gorge.

La cinquième femme était partie pour la première fois pour un anniversaire ciblé et le jour suivant son anniversaire, de retour en Italie, on lui a décelé un cancer au sein qu'évidemment elle avait déjà. Dans ce cas je n'ai pas été choqué à cause d'éventuelles responsabilités me concernant, car, objectivement, je n'en avais aucune, mais j'étais plutôt perturbé et j'ai pensé "Si dans un espace aussi petit que celui de mon bureau, dans un laps de temps aussi bref qu'une dizaine de jours et sur une population aussi restreinte que celle qui vient chez moi pour les consultations astrologiques, j'ai enregistré cinq cas de cancer, alors cela veut dire que cette maladie explose littéralement dans le monde entier (j'ai étudié les statistiques et je sais que ce n'est pas ainsi qu'il convient de raisonner mais mon intuition me poussait à enquêter).

C'est de cette profonde angoisse qu'a commencé pour moi une recherche ininterrompue. Je l'ai conduite, non pas grâce à des sources peu fiables ou risibles comme auraient pu l'être les articles à sensation de *Novella 2000* ou de *Eva Express*, mais en allant aux sources primaires et originales, comme les plus importants centres de recherche sur le cancer dans le monde, parmi lesquels le site du National Cancer Institute (www.cancer.gov), c'est-à-dire le centre mondial de recherche sur le cancer géré par le gouvernement des USA, ou bien le site du grand cancérologue Umberto Veronesi, ou encore les sites d'autres instituts français, qui dans le domaine de la recherche et du traitement du cancer, selon moi, sont à l'avant-garde, plus encore que les Etats-Unis ou que n'importe quel autre pays.

Durant ces mois, je me suis arrêté en particulier sur le cancer du sein. J'ai envoyé aux plus importants centres mondiaux un courriel dans lequel je demandais :"S'il vous plaît, pour mes recherches, pouvez-vous m'indiquer le nombre de cas de tumeur au sein enregistré dans votre institut, pour les femmes de plus de cinquante ans, de 1980 à 2002, pour chaque année ?". Bien, les différents centres de recherche interpellés m'ont rapidement et gentiment répondu, par courriel, chacun dans sa propre langue et ils m'ont dit qu'ils pouvaient me fournir ces données, mais jusqu'en 1997 seulement. Je me suis alors procuré un "piston" auprès du cancérologue chargé des statistiques de l'hôpital Pascale de Naples (spécialisé dans la recherche et dans le traitement des tumeurs), je lui ai téléphoné et j'ai demandé : "Docteur, pourquoi jusqu'en 1997 ?". Il m'a répondu : "Vous savez, la bureaucratie, les statistiques, l'épidémiologie, nous sommes toujours en retard d'environ deux ans par rapport aux données réelles…". Mais je continuais : "Excusez-moi, mais il ne s'agit pas que de deux ans, mais de cinq ans, de 1997 à 2002, pas deux ans. Et puis excusez-moi, mais je ne vous ai pas demandé combien de cas de récidives vous avez archivé, ou combien de cas de mortalité, ou combien de cas de complications, de métastases, etc., il y a eu. Non, je vous ai seulement demandé combien de patients sont entrés dans votre hôpital, jour après jour, en 1988, en 1989, en 1990 etc. et vous auriez tout simplement pu prendre le registre et lire trois aujourd'hui,

deux hier, trois avant-hier ; puis vous auriez fait la somme avec une calculatrice et vous m'auriez donné immédiatement un résultat. Vous pouvez me donner ce chiffre ?".
"Non !". "Et pourquoi ?". "Vous savez, la bureaucratie, les statistiques, l'épidémiologie…". "D'accord, merci, au revoir".

J'ai alors commencé à croire que les données dont on nous bassinait étaient toutes fausses. Je dois dire que ma recherche a continué et, au-delà des données publiées (qui, je le répète, selon moi sont fausses), il y a les témoignages de nombreux médecins, certains atteints d'un cancer, ou de certains cancérologues que je connais et qui, lorsqu'ils viennent me voir, me demandent d'éteindre le magnétophone et à voix basse : "J'ai quelque chose à vous dire, mais je ne veux pas que vous m'enregistriez, si vous publiez ce que je vais vous dire, je démentirai immédiatement". Et alors ils confessent : "C'est vrai, nous sommes convaincus qu'il ne s'agit pas d'une femme sur sept, comme en 1997 (femmes ayant plus de cinquante ans), mais nous évaluons l'hypothèse que le rapport avoisine une femme sur trois". Une sur trois, cela signifie qu'une femme a le cancer et deux autres l'auront dans un laps de temps assez court, d'ici quatre ou cinq ans, dans l'avenir en tous les cas. C'est la chose la plus impressionnante.

En continuant cette recherche, j'avais ma petite idée sur les causes qui pouvaient être à la base de la chute de ce, pour ainsi dire, "mur de Berlin", pour ce qui concerne l'avancée, dans notre cas, non pas du capitalisme et/ou de la liberté, selon les points de vue, à propos de cet événement historique, mais la progression de la maladie par rapport à la situation sanitaire de l'humanité tout entière.

Le raisonnement était assez simple. J'ai pensé : "La pollution a énormément augmenté durant ces dernières années, nos défenses immunitaires ont considérablement diminué et voilà la maladie qui se propage".

Il est à noter qu'outre le cancer (qui depuis lors a été pour moi comme l'effondrement d'une digue et chaque jour je reçois deux, trois, quatre coups de téléphone de personnes que je connais qui me communiquent qu'elles ont un cancer) beaucoup de personnes me disent qu'elles sont tombées malades et qu'elles ont, par exemple, des nodules à la thyroïde, la maladie cœliaque (intolérances alimentaires, au gluten en particulier), de graves allergies à la peau, aux organes respiratoires, aux yeux ; qu'elles ont attrapé l'hépatite virale ou d'autres maladies virales. Il me semble par ailleurs que certaines formes endémiques de tuberculose, syphilis et différentes maladies infectieuses sont de retour. D'autres maladies "nouvelles", comme le SARS, ont fait leurs débuts pour la première fois (comme vous savez, celle que nous avons eue l'hiver dernier, n'est que la première, mais je crains que nous n'en ayons d'autres). Il y a même eu des épidémies de Cytomégalovirus ou d'autres maladies virales qui, attrapées dans l'air que nous respirons, nous clouent au lit pendant un mois, avec 40° de fièvre. Il faut aussi signaler des formes d'asthénie générale qui frappent de nombreuses personnes ; une moitié de la population de plus de quarante ans est devenue stérile ; de nombreux hommes souffrent d'impuissance avant les quarante ans, ou, dans le meilleur des cas, ils voient baisser énormément leur désir sexuel et leur force physique. Et je pourrais continuer ainsi pendant des pages et des pages.

Et c'est sans parler du nombre de dépressions, de céphalées, de rhumatismes, de douleurs aux os et la liste serait encore longue (tout cela, bien sûr, en plus grand nombre encore par rapport à il y a dix ans).

Alors, ce qui me servait pour pouvoir démontrer le présent *théorème* était un fait objectif. Je l'ai "enfin" trouvé. Durant l'hiver dernier, nous parlons de 2003, a été publié, d'abord aux Etats-Unis (*Washington Post*) puis en Italie (*Corriere della Sera*), un article qui dit qu'un groupe de leaders écologistes américains, donc des personnes qui font ce travail à temps plein, des experts (parmi eux la compagne d'un leader écologiste américain, une dame qui mange seulement macrobiotique depuis dix ans), ont eu une brillante idée et se sont dit : "Jusqu'à aujourd'hui nous avons monitoré la pollution de la *poubelle terre* et nous avons examiné la pollution des eaux, de l'air et des sols, mais nous n'avons jamais examiné la pollution de la *poubelle homme*... alors cette fois nous le faisons". Ainsi ces personnes se sont soumises à un examen très spécialisé, effectué seulement dans quelques universités dans le monde, avec des analyses sophistiquées dans une des plus prestigieuses universités américaines coûtant 5000 dollars par personne. Il en est résulté que chacune d'elles avait dans leur corps 101 substances *hautement* cancérigènes, en commençant par la dioxine, en passant par le cyanure, l'arsenic, le plomb, le mercure et ainsi de suite. Et ce dans la même mesure, tant pour les hommes que pour la femme qui se berçait d'illusions parce qu'elle mangeait macrobiotique depuis dix ans. Je dis "elle se berçait d'illusions" car la pauvre femme cultivait son riz dans le petit potager de sa maison au nord-est de San Francisco, dans ces forêts infinies où a été tourné le film *Rambo*, où il n'y a pas de sites industriels importants et où l'on ne relève pas particulièrement de traces de pollution atmosphérique, où les fils à haute tension ne passent pas, etc.

Bien sûr, sur son terrain elle n'utilisait pas de substance chimique, mais elle ne comprenait pas que chaque fois qu'il pleuvait, dans son potager tombaient la dioxine, le cyanure, l'arsenic, le plomb, le mercure, etc. Cela met donc en évidence deux choses : d'abord que chacun de nous a dans son corps les 101 substances hautement cancérigènes (avec de légères oscillations des valeurs mesurées), ensuite, que nous ne pourrons jamais plus nous en débarrasser. Le niveau de pollution est largement supérieur à celui subi par ceux qui ont été touchés par le *nuage toxique* de Seveso, juste pour donner un exemple. Nous avons vu avec horreur ces images à la télévision, mais aujourd'hui nous sommes bien plus pollués que ces malheureuses personnes.

Alors en substance qu'est-ce que je pense ? Je pense qu'avec cette épouvantable pollution que nous avons dans l'organisme, les personnes de plus de cinquante, soixante ans, comme moi, se retrouveront toutes avec un cancer dans les dix prochaines années, j'en suis convaincu. Toutes, cela signifie de la première au dernière. Cependant je pense aussi que la médecine a fait des progrès importants et que donc une grande partie des personnes atteintes d'une tumeur maligne sera sauvée.

Maintenant, si nous reconstruisons le parcours du point de vue de l'*Astrologie Active*, je dois dire que si nous avons une maladie depuis déjà une dizaine d'années, l'anniversaire ciblé ne peut pas nous protéger à cent pour cent, mais il pourrait nous protéger à 80 % (grosso modo) et nous pourrions nous protéger pour l'avenir, mais pas pour le passé : je m'explique ainsi le cas de cette amie de Rome qui avait le cancer depuis probablement déjà trois ou quatre ans et il s'est manifesté après une bonne Révolution solaire. Cela a d'ailleurs contribué, je crois, fortement à la sauver, vu que nous en sommes maintenant (si je ne me trompe pas) à son quatrième anniversaire ciblé, qu'elle est en bonne santé et n'a pas eu de récidive.

C'est pourquoi, en premier lieu, je vous invite encore plus à prendre en considération l'idée de vous déplacer toutes les années et non pas une année sur deux. En second lieu, comme nous ne pouvons pas nous protéger des maladies précédentes, je vous invite à mettre en œuvre toute une série de protections que nous retenons utiles à la défense de notre santé, pour certains cela peut être l'homéopathie, pour d'autres les fleurs de Bach, pour d'autres encore la pranothérapie, l'acupuncture, les massages shiatsu et – pourquoi pas ? – la prière à Padre Pio, à la Sainte Vierge, à Mahomet, à Buddha. Pour d'autres personnes, l'amour pourrait être un excellent traitement car c'est un puissant antioxydant (difficile de tomber malade lorsqu'on est amoureux). Pour d'autres personnes encore il pourrait s'agir des moyens traditionnels de la science : par exemple désormais presque tous les médecins sont convaincus que des doses massives de vitamines C et E, mais aussi de mélatonine, ont une forte action antioxydante et aident à combattre le cancer. En outre rappelons que face à la demande "Puisque tous les aliments sont empoisonnés, quel est le mode correct de s'alimenter ?", la réponse des grands médecins est : 1) manger très peu ; 2) changer chaque jour de nourriture, car de petites doses de poisons différents ingérés quotidiennement sont beaucoup moins nocives qu'un seul même poison absorbé tous les jours.

Selon ce point de vue, une personne qui mange quotidiennement une grande quantité de mozzarella mourra probablement avant une personne qui n'a pas ces habitudes alimentaires, car elle mangera toujours le même type de poison qui s'accumulera et finira par la tuer. La personne qui en revanche mangera un peu de poison contenu dans les légumes, un peu de poison différent contenu dans les pâtes, dans la viande ou dans le poisson aura plus de chance de se sauver.

Je recommande en outre qu'on ne me demande absolument pas de remise sur le nombre de kilomètres pour l'anniversaire ciblé car, à une époque où nous devons affronter un ennemi aux dents très acérées, penser pouvoir se rendre seulement jusqu'à Londres ou Paris, cela n'a aucun sens. Nous devrions plutôt nous demander : "Est-il possible d'aller sur la Lune pour mieux se défendre ? Car, si c'est possible, j'irai même sur la Lune".

Cela dit, il est évident que j'invite tout le monde à être plus agressif face à l'ennemi qu'est la pollution et la maladie. Naturellement, j'invite tout le monde surtout à éviter les toxines que nous ingérons volontairement en fumant, en buvant de l'alcool, en prenant de la drogue, des médicaments, etc.

Je voudrais aussi dire que, personnellement, je nourris un certain espoir pour les jeunes d'aujourd'hui car je pense que nous subissons des mutations génétiques : comme les rats se sont habitués aux esches empoisonnées et que donc nous ne les tuons plus et que nous avons perdu la guerre contre eux, de la même manière, je crois que l'être humain aussi s'habitue lentement au poison. Je crois cependant que pour les êtres humains le processus sera très long, beaucoup plus long que pour les rats. Il est donc probable que lorsque les jeunes d'aujourd'hui auront soixante ans et qu'ils iront chez le médecin pour lui montrer des analyses, le médecin leur dira : "Madame, votre dioxine est un peu trop élevée, il faut la faire baisser !". Mais je crois que cela ne concernera que les jeunes et que nous (les personnes de 50/60 ans) sommes, hélas, fortement à risque. C'est pourquoi je répète qu'à mon avis la Révolution solaire ciblée n'est pas la lampe d'Aladin, Lourdes ou Padre Pio, mais c'est un des supports les plus importants, un des boucliers les plus protecteurs qui existent pour se défendre de la maladie, dont l'efficacité pourrait avoisiner les 80 %. Je suis tout à fait conscient que les vingt pour cent qui restent sont de toute façon terribles, mais la différence entre la protection avec un bouclier à 80 % et l'absence totale de protection en passant chaque année son anniversaire dans son lieu habituel de résidence et se retrouvant ainsi avec des positions astrales souvent insidieuses, est évident. Je crois que dans ce cas nous ne pouvons absolument pas, je dis *absolument pas*, courir un tel risque. Je vous invite donc à opérer dans cette direction et à continuer sur la voie de l'anniversaire ciblé et de l'*exorcisation du symbole*.

Enfin, en ce qui concerne la santé (j'espère que vous avez lu avec attention ce qui précède sans vous ennuyer), je vous déconseille fermement de tenter de convaincre les sceptiques à partir. Grand nombre de mes élèves et aussi certains de mes collègues fort compétents contraignent leurs parents de 80 ans à monter sur un avion et à partir pour leur anniversaire ciblé alors qu'ils ne croient absolument pas à ce type d'opération et ils se soumettent à de terribles souffrances, dans le seul but de faire plaisir à leurs enfants.

Lorsqu'en 1995, j'ai été convaincu qu'en un an j'aurais perdu mon père et ma mère, je n'ai rien fait pour les faire partir pour leur anniversaire ciblé, car ils ne croyaient absolument pas à cette technique. Alors mon exhortation est : vous, partez, partez, partez et si vous pouvez, faites partir vos enfants, parce que vous avez à leur égard une responsabilité directe, mais n'obligez jamais vos parents ou des personnes âgées qui ne croient pas aux Révolutions solaires ciblées à partir, car il s'agirait d'une violence mentale.

Voilà, c'est tout, mais naturellement, tant sur mon site qu'à travers ma revue, vous pourrez trouver les mises à jour de cette recherche que je considère un *file* temporaire et que donc je dois régulièrement mettre à jour en m'efforçant pour l'avenir de transmettre toutes les nouvelles utiles à nous tous pour mieux nous défendre.

Pourquoi tout cela est-il lié au thème de la validité des prévisions astrologiques ?

J'essaierai de l'expliquer par la suite. Avant cependant, j'ai besoin de rappeler un concept que je soutiens depuis de nombreuses années.

Dans l'appréciation des événements, en relation à nos actions "ciblées", nous ne devons pas oublier de tenir compte des variables en jeu. Nos ennemis viscéraux et historiques, dans le calcul des variables en jeu dans le destin humain, ne pensent nullement à prendre en considération celle relative à l'influence des astres. Nos partisans les plus fanatiques et aveugles, au contraire, oublient que les variables en jeu sont nombreuses et ne se limitent pas seulement à "l'influence" de ces petits *cailloux* qui tournent au-dessus de nos têtes. Cela a fait l'objet d'une discussion partielle à la télé durant l'année 1997. L'émission *Corto circuito* sur Canale 5, le soir de Pâques, le 30 mars à 23h45 était consacrée à une table ronde sur la bioéthique. Daria Bignardi et Gian Arturo Ferrari étaient les animateurs. Les invités étaient le philosophe Giacomo Marramao, don Roberto Colombo, le musulman Gabriel Mandel, le biologiste Edoardo Boncinelli (nous avons travaillé ensemble au CNR de Naples en 1967) et un écrivain dont j'ai oublié le nom. La discussion portait sur la clonation (ou le clonage, comme corrigeait le biologiste). Débat intéressant sous différents aspects. L'accent était mis sur la peur (de l'homme ? de l'église ?) de créer des "doubles" d'un point de vue humain, mais – heureusement – une telle bêtise était vite écartée. Cependant les invités, tous très cultivés, ont oublié de mettre en évidence un détail assez important, celui lié au rapport homme-astres. Laissons de côté le problème de l'âme de l'être cloné, non pas parce que ce n'est pas un problème important, mais parce qu'il risquerait de nous conduire dans des discussions stériles et absolument inutiles d'un point de vue pratique et considérons les autres aspects. Toutes les personnes présentes semblaient plus ou moins convaincues de l'existence de deux variables fondamentales rendant impossible le fait que deux êtres humains en apparence semblables, comme des jumeaux monozygotes, puissent être absolument identiques. Les deux variables fondamentales sont les matrices génétiques, à savoir l'information contenue dans l'acide désoxyribonucléique et celle historique qui nous dit combien chaque être humain est influencé par les conditions géographiques, économiques, politiques, sociales et culturelles du lieu et de la période où il naît et où il vit. A ce moment-là, petit coup de théâtre : le biologiste Boncinelli avance une nouvelle variable qui, pour ce que j'en sais, n'avait jamais été avancé dans les débats précédents sur ce sujet, à savoir le fait que la connexion entre les neurones, avec la naissance d'une nouvelle vie intra-utérine, se ferait de manière tout à fait aléatoire et déterminerait vraiment, pour soi-même, l'unicité absolue qu'est un être humain. Le scientifique n'a pas eu beaucoup de temps pour expliquer ses raisons, mais il m'a semblé qu'il voulait dire que, d'un point de vue absolument laïc, légitimement laïc, cette variable n'est rien d'autre que l'*âme*. Dans tous les cas, que nous l'appelions *âme*, ou que nous souhaitions la définir selon les spécificités de la biologie, de fait il s'agit réellement d'une troisième variable en jeu. Mais et les astres dans tout ça ? Si vraiment nous voulons compter toutes les variables, alors avons-nous oublié la variable astrologique qui est la quatrième et qui n'est pas la moins importante (au contraire, je pense qu'elle est en première position) ?

Ce petit préambule pour introduire un autre concept fondamental lié aux prévisions astrologiques :

Actualité du langage prévisionnel

Donnons un exemple. Prenons, des différents paragraphes de ce livre, celui qui correspond à Jupiter de Révolution dans la Maison III (de RS évidemment). Il y est dit, entre autres, que le sujet se consacrera à l'écriture ou qu'il suivra des cours d'informatique. En effet, juste pour citer un exemple, dans la Révolution solaire où Jupiter se trouve en Maison III, une femme de plus de cinquante ans exerçant une activité professionnelle intellectuelle et qualifiée commence à prendre des cours d'informatique et à beaucoup écrire en utilisant le programme Word même si, dans le passé, elle a détesté de toutes ses forces l'ordinateur et si pendant toute sa vie elle n'a utilisé que le papier et le stylo-bille.

Vous pensez que dans cinquante ans cela sera encore possible ? Non, évidemment, car dès les prochaines années tout le monde écrira à l'ordinateur dès l'école élémentaire. Mais les significations changeront peu et la même personne pourrait commencer à écrire des romans par exemple. Bref, le symbole doit être suivi dans son expression liée à l'époque et aussi au développement culturel de l'homme : ce qu'était le bige romain il y a deux mille ans est l'automobile d'aujourd'hui.

Ainsi, nous pouvons affirmer que les règles décrites dans ce livre fonctionnent dans de très nombreux cas, mais doivent être lues avec intelligence. Je pense pouvoir affirmer, personnellement, presque de manière apodictique, qu'il y a dix ans les personnes qui se déplaçaient chaque année pour leur voyage d'anniversaire étaient presque totalement à l'abri des maladies importantes pouvant se déclarer à cinquante ou soixante ans. Aujourd'hui, pour les raisons exposées précédemment, cela n'est plus vrai, mais il reste le fait que les personnes qui se déplacent pour leur voyage d'anniversaire et font en sorte, par exemple, que Mars ne soit jamais en Maison I, VI, ou XII, en cas de maladie grave, pourront s'en sortir bien mieux des personnes qui se retrouvent avec un Ascendant en Maison I ou un Soleil en Maison VI ou un stellium en Maison VIII.

Pour vous donner encore une démonstration de tout cela, je vous montrerai le graphique de deux femmes étrangères de générations différentes.

La première (figure A), plus âgée, présentait à la naissance un Mars en Cancer dans la Maison I. A son époque (quand elle était jeune), avec une telle position, il était possible d'affirmer, sans aucun doute ou avec une exactitude de prévision très élevée, qu'elle serait tombée gravement malade au cours de sa vie, que l'estomac ou le sein aurait été touché. En effet, il y a très longtemps, quand le cancer du sein était encore très rare, elle en a été victime.

La femme de la figure B, plus jeune, a été récemment frappée par le même mal, mais – comme vous pouvez le voir – elle ne présente, dans cette disgrâce, aucun caractère spécifiquement distinctif, comme c'est le cas pour son homologue. Bien sûr nous pourrions forcer l'interprétation en disant qu'il y a un demi Ascendant en Cancer et une Lune conjointe à Mars, mais cela serait une exagération car je pourrais présenter d'autres cas de jeunes femmes où, en présence d'un cancer du sein, il n'y a pas le moindre lien relatif au signe du Cancer ou à la Lune.

Nous devons donc conclure, encore une fois, que les prévisions doivent être faites surtout en disposant d'un grand bagage d'expérience et elles seront d'autant plus exactes que l'astrologue sera digne d'appartenir à l'espèce de l'*homo sapiens*.

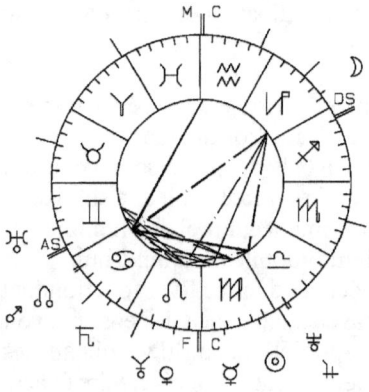

Figure A

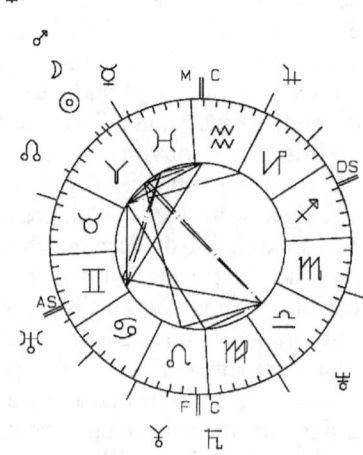

Figure B

28.
Que faire lorsque l'on ne peut pas partir

Dans de nombreux cas, pour une série de motifs différents et variés, les personnes qui en ont l'intention ne peuvent pas toujours partir pour l'anniversaire ciblé. Dans ces situations, nous avons en général deux possibilités : l'anniversaire ciblé raté servait à intensifier une chose à laquelle nous tenions particulièrement (amour, argent, carrière, etc.) ou bien il avait pour but de nous protéger de problèmes dérivant de mauvaises positions astrales dans la Révolution solaire de base (celle dressée pour le lieu où nous habitons normalement).

Dans le premier cas, il n'y a pas grand chose à commenter et, tout au plus, on peut s'en remettre à la chance (ainsi qu'à une série d'actions positives et concrètes pour avoir la chance de son côté dans le secteur où nous la cherchons).

Dans l'autre cas, nous avons encore deux possibilités différentes : il faut "parer" – admettons – un Mars en Maison VII (indiquant généralement des "guerres" de différente nature) ou un Saturne en Maison II ou VIII (presque toujours porteur de manque à gagner, ou de pertes d'argent, ou de nombreuses dépenses d'argent) ou bien nous sommes face à ces positions particulièrement hostiles/négatives, du type Soleil ou AS ou stellium ou Mars en Maison I, VI ou XII (mais aussi un stellium en Maison VIII).

La seconde situation est la plus difficile à surmonter car elle peut nous procurer des problèmes tous azimuts, presque dans tous les secteurs de notre vie : santé, argent, travail, amour, enfants, etc. (mais pas forcément au point "d'en mourir").

Si nous devons surveiller un Mars en Maison V ou un Saturne en Maison X, nous pouvons prendre en considération les "items" spécifiques expliqués dans mon livre **Astrologie Active**, *Edizioni Mediterranee*.

Dans le cas des secteurs "très mauvais" déjà cités, il faut étudier une stratégie qui puisse être "polyvalente" et qui puisse se rattacher et se coordonner à une série d'actions voulues et mises en pratique par nous-mêmes, indépendamment de chaque cas particulier.

Je sais que ce que je suis en train d'écrire suscitera l'opposition déclarée de ceux qui soutiennent que chaque cas est unique au monde et que pour cette raison il est impossible de confectionner des prévisions fiables pour tout le monde, mais je ne suis pas d'accord et je vais expliquer pourquoi. A mon avis, comme en sciences physiques, nous devons distinguer entre théorie et pratique. Par exemple, si, philosophant, nous soutenons que nous ne sommes pas sûr, en théorie, qu'après avoir tenté, un milliard de fois, de laisser en suspens dans l'air un stylo, il tombera toujours par terre, en pratique, nous pouvons dire que "chaque fois que nous laissons en suspens dans l'air un stylo, il tombera par terre".

De la même manière, si dans un service d'urgences arrive un automobiliste gravement blessé à cause d'un accident, voulant agir selon les partisans de la thèse opposée à la mienne, nous devrions d'abord effectuer tous les examens cliniques disponibles (et peut-être même ceux qui n'existent pas encore) puis intervenir avec une thérapie "étudiée scientifiquement". Alors que – à juste titre – le médecin de garde sait très bien que, indépendamment de tous les examens cliniques et de l'anamnèse du patient ainsi que l'absence de connaissance des maladies des ascendants du blessé, si le patient saigne abondamment d'une épaule, la première chose à faire est stopper l'hémorragie, puis passer à chacune des autres urgences, l'une après l'autre, mais toujours dans l'optique d'un médecin qui a (ou devrait avoir) une vision holistique du patient.

De la même manière je pense qu'il est légitime, selon mon expérience, de donner des règles qui puissent convenir à la très grande majorité des cas, même si je ne connais pas le microcosme spécifique du cas en objet : que nous ayons affaire à un végétarien ou à un carnivore, à une personne laïque ou croyante, libérale ou pas, et ainsi de suite…

N'ayant ni sentiments d'infériorité qui, dans ces cas-là, pourraient provoquer chez moi des hésitations paralysantes, ni examens à passer (du moins avec une grande partie des collègues vivants), j'utiliserai, comme à mon habitude, un langage net et direct, tout en sachant que des légions d'astrologues éprouveront de l'horreur (ou feindront d'en éprouver) pour ma façon plutôt crue de raisonner.

Donc, en simplifiant au maximum, (pour l'utilisateur de ces recommandations), je dirai que la question, examinée de ce point de vue, est plutôt simple : au moment d'un anniversaire, d'un mauvais anniversaire que nous ne voulons pas ou que nous ne pouvons pas éviter, c'est comme si nous signions un chèque en blanc aux astres. Et, durant l'année, certains de ces astres viendront en exiger le paiement.

Si nous acceptons ce principe (ceux qui y croient ne sont pas obligés à poursuivre la lecture de ce qui suit), il va de soi que plus tôt nous payons nos dettes et mieux c'est. En second lieu, ne sachant pas combien nous devons payer, il est préférable de donner beaucoup, même plus que ce que l'on devrait afin que l'on ne nous réclame pas autre chose qui pourrait tomber n'importe où et nous faire très mal dans le cas où des intérêts auxquels nous tenions particulièrement étaient frappés.

Ces deux règles de base pourraient nous aider considérablement dans la stratégie de contenance d'une année "dissonante", mais nous pouvons entrer plus dans le détail.

Mon expérience me consent d'affirmer (même si je n'en connais pas les raisons) que ces astres se comportent comme les anciens dieux de l'Olympe – c'est-à-dire de manière infantile et capricieuse – au point que leur "colère" ne s'apaise que si nous leur offrons des "sacrifices humains". Ces sacrifices n'ont aucun rapport avec la sorcellerie, la diablerie, la magie noire ou d'autres pratiques similaires, mais doivent être vus toujours dans l'optique de *l'exorcisation du symbole*. Je ne sais pas pourquoi, mais une très longue série d'exemples m'a convaincu du fait que nous pourrions définir certaines de ces planètes "maléfiques" comme des vampires qui sont satisfaites surtout lorsque du sang est versé. Voilà pourquoi – dans les cas de RSC ratée et particulièrement mauvaise – le premier conseil que je souhaite donner, est celui de se soumettre à une intervention chirurgicale un mois après l'anniversaire.

Un mois, parce que les vingt jours précédant et suivant chaque anniversaire sont critiques et potentiellement dangereux : donc je ne passerais pas volontairement sur le billard durant ces semaines-là, mais je n'attendrais pas trop non plus, car les premières demandes de "paiement" pourraient arriver avant même que je n'aie eu le temps d'agir pour "exorciser les symboles". Naturellement nous ne pouvons pas nous moquer des astres et nous ne résoudrons rien avec le traitement d'une carie. Il faut une vraie intervention chirurgicale. Nous n'avons besoin d'aucune intervention chirurgicale ? En sommes-nous bien sûr ? La première chose à faire, toujours un mois environ après l'anniversaire, est un check-up complet. Nous pourrions ainsi découvrir par exemple que nous avons des petits calculs à la vésicule biliaire ou aux reins qui pourraient, après avis médical, être enlevés ou détruits. Des éventuelles opérations relatives à des kystes cutanés ou gynécologiques, ou à des hémorroïdes, appendice, amygdales, hernie…pourraient certainement faire baisser considérablement la "température de cette année".

Quelqu'un dira peut-être :"Et si cette mauvaise année me procure des complications opératoires ?" C'est vrai, mais c'est un risque à courir, beaucoup moins dangereux que l'attente d'un éventuel infarctus à l'issue très incertaine.

Même une chirurgie plastique pourrait servir, qu'elle soit réussie ou non (notre objectif étant d' "apaiser la colère" des-dits astres maléfiques et non d'obtenir un nez plus joli).

Mais que faire si nous n'avons vraiment aucune intervention chirurgicale à faire pratiquer ? Nous devons agir différemment et éventuellement nous adresser à un dentiste pour un *curetage à ciel ouvert* : le nettoyage profond des gencives qui comporte une entaille verticale de ces dernières avec un bistouri, le détartrage (avec une fraise à grande vitesse) et la suture des gencives coupées. Il s'agit d'un type d'intervention assez impressionnant, mais absolument pas dangereux ni coûteux, à "savourer" au cours des mois.

Tous les dentistes pourraient ne pas être disposés à pratiquer cette intervention si elle ne s'avérait pas nécessaire, cependant certains médecins la pratique pour renforcer les gencives à titre préventif.

Cela, pour ce qui concerne les interventions chirurgicales et le sang.

Que peut-on faire encore ? Un peu de tout dans la logique des sacrifices, mais sans oublier que sur cette voie, nous serons de toute façon très loin de la première option : beaucoup d'études, beaucoup de travail, la lecture de livres difficiles le soir, très peu de sorties pour le divertissement, des régimes amaigrissants ou désintoxiquants menés avec un certain "intégrisme" ascétique, l'éventuelle décision d'une rupture amoureuse, la dissolution d'une société, se débarrasser des fruits secs, au sens large.

Le volontariat (mais pas à doses homéopathiques) aussi pourrait être utile. Tous les renoncements sont très utiles : à l'automobile, à l'ordinateur neuf, au voyage aux Caraïbes, à certaines situations amoureuses peu claires, etc.
Les mots clés de l'année devraient être : travailler dur ou étudier beaucoup, renoncer sévèrement aux plaisirs, se procurer des souffrances pouvant nous faire évoluer (étudier le soir au lieu de se détendre devant la télévision ou autre chose), se consacrer beaucoup aux autres, mortifier son propre ego, se retirer souvent pour méditer ou prier. Bref, donner, donner, donner et donner encore.
Ces règles, très souvent expérimentées par moi-même et par les personnes qui m'ont écouté quand elles n'ont pas pu partir, n'ont pas donné le même résultat protecteur qu'un anniversaire-bouclier ciblé, mais elles ont été en mesure d'atténuer une année qui se présentait comme très problématique.

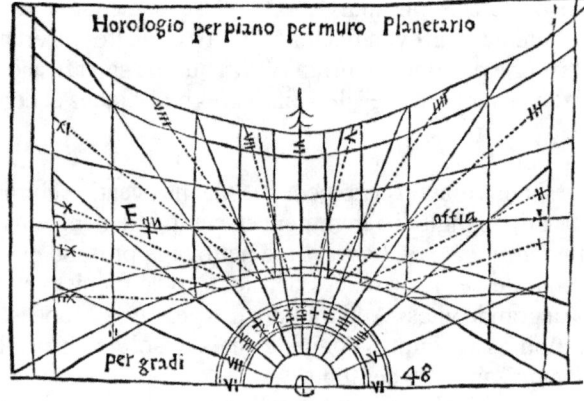

29.
Les résultats des dernières recherches

Comme je l'ai déjà écrit, nous sommes dans le domaine d'un laboratoire de recherche *in progress*. Le file temporaire qui recueille les indications de nos expériences – jour après jour – doit être mis à jour régulièrement, mais si je regarde derrière moi et si je pense aux énormes progrès réalisés en plus de trente ans d'études et de recherches, mais surtout d'expérience sur le terrain, je crois pouvoir affirmer que dans ce laboratoire ont été découvertes des règles de fondamentale importance. Ces règles nous consentent, au moins, de ne pas réitérer de très graves erreurs qui pouvaient être commises à l'aube de cette merveilleuse aventure, quand pratiquement aucune littérature scientifique pouvant guider les chercheurs sur la voie des Révolutions solaires ciblées n'existait. Bien sûr nous avons laissé des blessés derrière nous, mais c'était inévitable dans un travail expérimental, fortement expérimental comme celui-ci et c'est pour cette raison que je finis parfois par être peu tolérant, dur et intransigeant avec ceux qui prétendraient corriger les règles qui fixent aujourd'hui ma voie parce qu'ils croient en avoir découvert de meilleures, sur la base de deux ou trois Révolutions solaires ciblées étudiées.

Croyez-moi, ce n'est pas la bonne manière d'opérer. Dans un secteur dans lequel on a affaire avec la vie des gens, il n'y a pas de place pour l'astrologie de salon où l'on peut exprimer les plus grosses bêtises jamais entendues dans l'histoire de l'astrologie : le Capricorne est très fort dans les travaux manuels, le Cancer est vaniteux, la Vierge est tyrannique…
Dans ce secteur c'est comme si vous mettiez un fusil chargé entre les mains d'un enfant et si cet enfant n'est pas assez grand, mûr et expérimenté, je vous laisse imaginer ce qui pourrait arriver.
Je ne prétends pas dicter les tables de la loi en la matière, mais désormais, j'ai certainement défini une base de départ très valable à partir de laquelle moi-même je continuerai à travailler et à faire des recherches, avec mes élèves et mes collègues de la même école. Essayez d'imaginer qu'il faille recommencer depuis le début et que l'on doive encore comprendre, par exemple, que l'Ascendant dans la Maison I de Révolution est tout autant néfaste que dans la Maison XII, toujours de révolution.

J'espère, sur la base des nombreux livres écrits et des centaines d'articles publiés, toujours assortis d'un grand nombre de cas pratiques en guise d'exemples, avoir convaincu le Lecteur au moins sur un point fondamental : la Révolution solaire ne peut pas être lue comme si c'était un ciel de naissance. Si l'on ne comprend pas cela, mieux vaut s'occuper d'autre chose. Quand une personne que je suis depuis de nombreuses années me dit : "Mais l'Ascendant en Maison VI, ça ne pourrait pas vouloir dire que je change de travail ?", alors, les bras m'en tombent.

Les situations les plus dangereuses, selon moi, sont créées par certains de mes lecteurs ayant lu quelque chose çà et là, mais ne m'ayant pas suivi systématiquement dans tous mes écrits et qui s'aventurent malgré tout à partir ou à faire partir les autres sur la base de maigres notions en la matière et sans les mises à jour opportunes.

Il est vrai, cependant, qu'il n'est pas simple de me suivre dans l'évolution de mes recherches car j'en publie les résultats quelquefois seulement dans ma revue (à laquelle même certains de mes élèves se disant fidèles ne sont pas abonnés) ou j'en fais part au cours d'une conférence ou encore je les transmets sur Internet dans une lettre de réponse à l'intérieur d'une liste de diffusion.

Voilà donc la valeur d'un livre comme celui-ci où je peux, après quelques années, recueillir dans un chapitre récapitulatif les principales observations et recommandations que je souhaite adresser à ceux qui me suivent sur cette fascinante, mais aussi dangereuse, voie.

Voici donc, ci-dessous, ce que je voudrais rappeler et recommander :

1) La Révolution solaire nous donne des indications très précieuses, presque toujours "spectaculaires", sur la période d'anniversaire à anniversaire et penser que cela peut fonctionner avec des mois ou des semaines d'avance ou de retard par rapport au jour de l'anniversaire, est une énorme bêtise.

2) Il n'existe aucune différence, pour ce qui est des dommages, entre une Maison XII, VI et I de Révolution.

3) Un stellium entre la Maison XII et I vaut exactement comme un stellium en Maison XII, même si – par exemple – nous avons Jupiter en Maison XII et Vénus et Mercure en Maison I.

4) Les aspects angulaires des astres de Révolution solaire valent très peu par rapport aux positions des astres dans les Maisons, ne vous faites donc pas d'illusions, si votre Mars qui tombe en Maison VI est soutenu par des trigones et des sextiles : pratiquement le résultat sera identique à un Mars lésé.

5) Le ciel de Révolution solaire est de très loin plus influent que celui de naissance avec les transits relatifs : donc, ne pensez pas que dans une année avec le Soleil en Maison I vous serez protégés par un transit de Jupiter conjoint au Soleil de naissance. Mais, de la même manière, ne vous inquiétez pas plus que ça pour un Uranus qui transite sur votre Mars de naissance en Maison XII si vous effectuez une bonne Révolution solaire ciblée. La règle vaut dans les deux sens et ce n'est pas le résultat d'un comportement paranoïaque, plutôt du contraire : un pessimiste enverrait-il plus de mille personnes par an effectuer leur anniversaire ciblé s'il n'était pas convaincu de pouvoir améliorer sensiblement leur vie ?

6) Utilisez très peu la Maison X, à moins que vous ne sachiez vraiment l'utiliser : il vaut bien mieux, quand on ne possède pas une solide expérience, placer un Jupiter conjoint au Milieu de Ciel, ou même Vénus ou le Soleil au lieu d'un AS en Maison X, qui dans de nombreux cas, peut nuire fortement à l'intéressé.

7) Pour être sûr de ne pas avoir de mauvaises surprises, placez un Ascendant au moins à deux degrés et demi d'une cuspide dangereuse et vérifiez que cette distance reste intacte même en reculant d'une demi-heure, trois-quarts d'heure, l'heure de naissance du sujet.

8) Ne mettez jamais un astre potentiellement dangereux près de la cuspide d'une Maison "maléfique". Le Soleil n'est pas en soi dangereux, mais nous avons déjà dit que la Révolution solaire doit être lue très différemment du thème natal et si notre premier luminaire stationne, admettons, cinq degrés au-dessus de la Maison XII, cela peut devenir très dangereux dans le cas d'une heure estimée par excès (c'est presque la totalité des cas) du sujet examiné. Il en va de même par exemple pour un Mars en Maison V qui, quelquefois, semble très loin de la cuspide de la VI, mais vous n'avez pas tenu compte que vous êtes en train de travailler sur un segment de circonférence géré par des signes de courte ascension et que, donc, même une seule demi-heure de "marche arrière" peut vous causer des dommages considérables.

9) Le Soleil ou l'Ascendant en Maison VIII, si c'est vraiment nécessaire, et s'il n'y a pas d'alarmes particulières dans le thème du sujet, peut être consenti, mais il ne faut, en aucun cas, placer un stellium en Maison VII car cette dernière, dans une telle configuration, pourrait devenir très proche des trois Maisons très mauvaises que vous connaissez déjà.

10) Si vraiment vous ne réussissez pas à partir, essayez d'utiliser les règles de l'exorcisation des symboles – par exemple une intervention chirurgicale ciblée – mais essayez de ne jamais faire des examens médicaux importants ou des interventions chirurgicales dans les vingt jours précédents non seulement votre anniversaire, mais aussi celui des personnes les plus proches.

11) Révisez bien les trente règles (avec cette mise à jour) du livre *Transits et*

Révolutions solaires, pour comprendre parfaitement, par exemple, que si Untel a de gros problèmes économiques, la dernière chose à faire est de placer un Jupiter en Maison II ou VIII.

12) Adoptez la philosophie des petits pas, avec des Révolutions solaires médiocres qui consentent des déplacements en avant graduels, année après année, au lieu de tenter un "gros coup" qui peut quelquefois ruiner votre assisté.

13) Cherchez à utiliser, pour les localités à "cibler", seulement les sites géographiques où se trouve un aéroport de ligne et éviter les voyages du type "500 kilomètres dans la jungle en Quatre X Quatre" : dans ces cas, les dangers du voyage pourraient être largement supérieurs à ceux de l'anniversaire dans le lieu habituel de résidence.

14) Personne ne vous empêche d'expérimenter et de faire de la recherche dans ce secteur, mais n'ayez pas l'arrogance d'écrire de nouvelles règles sur la base de quelques dizaines de Révolutions solaires ciblées que vous avez gérées directement ou indirectement.

15) Une maladie peut se présenter même dans une année où la Révolution solaire est très positive : cela dépend du fait que, par exemple, si un processus cancérogène a commencé sept ou dix ans plus tôt, quand il arrive à maturation, il doit se déclarer par force et il n'y a pas de RSC qui tienne. Dans ces cas, cependant, une bonne RSC en cours peut aider à bien commencer le travail de rétablissement par rapport à la maladie.

16) Un Saturne, un Uranus, un Neptune ou un Pluton peuvent être positionnés en Maison I, VI ou XII de Révolution (je les ai y placés des milliers de fois sans le moindre incident), mais, évidemment, si on peut les éviter, c'est mieux.

17) La Maison XI concerne, beaucoup plus que la VIII, les deuils, mais nous ne devons pas éviter de l'utiliser pour autant : on ne meurt qu'une fois et au cours de sa vie on ne subit que très peu de deuils importants. Il en va de même pour la Maison III et IX à propos des accidents possibles, pour la V relativement aux enfants et ainsi de suite.

18) Faites en sorte d'arriver sur le lieu de Révolution solaire au moins trois ou quatre jours avant l'anniversaire, autrement les éventuelles grèves, fièvres du dernier moment ou enfants qui tombent malades le soir précédent le départ pourraient vous bloquer.

19) Si vous croyez à cet instrument, appliquez-le chaque année, comme s'il s'agissait d'un vaccin contre la grippe : faire l'anniversaire ciblé tous les trois ou quatre ans n'a aucun sens.

20) Ne demandez pas et n'acceptez pas de remise sur le nombre de kilomètres : soit vous vous déplacez correctement, soit vous ne vous déplacez pas du tout. Se déplacer à une heure d'avion juste pour enlever Mars de la Maison XII et laisser le Soleil en Maison I, est une des opérations les plus inutiles et stupides que l'on puisse faire.

21) Ne torturez pas vos parents âgés pour qu'ils partent à l'occasion de leur anniversaire : je vous conseille de ne pas essayer de convaincre qui que ce soit à ce sujet. Il faut une forte conviction pour pratiquer correctement les RSC.

22) Chaque Révolution solaire ciblée devrait avoir trois objectifs fondamentaux : protéger le sujet des choses les plus désagréables pouvant lui arriver durant l'année ; améliorer ses conditions de vie ; tenter de corriger son heure de naissance à l'aide des "capteurs" (placer toujours un astre important en cuspide entre deux Maisons pour vérifier, un an après, si cet astre est tombé avant ou après là où l'on attendait qu'il tombe. La recherche sur l'heure de naissance précise d'un sujet ne devrait jamais finir).

23) N'étudiez pas non plus un nouveau sujet s'il ne vous apporte pas tant l'heure indiquée par ses parents que celle reporté sur l'extrait d'acte de naissance délivré par l'état civil de sa commune de naissance.

24) Un astre à moins de deux degrés et demi d'une cuspide dangereuse, même quand l'heure de naissance est connue à la seconde près, doit être considéré à *l'intérieur* de la Maison "nocive".

25) Souvenez-vous que Saturne a toujours le dessus sur Jupiter, sur Vénus, sur le Soleil, etc. Il va de soi, cependant, que nous ne pouvons pas placer, par exemple, un Saturne en Milieu de Ciel en pensant que le Soleil et Jupiter en Maison X puissent en contrebalancer les effets très négatifs. Pour la même raison, tenant compte de ce que signifie la "Zone Gauquelin", nous ne pourrons pas non plus mettre, par exemple, un Jupiter conjoint au Milieu de Ciel, à cinq degrés, en Maison X, et un Saturne à la même distance, en Maison IX : en définitive c'est le second qui prévaudra et nous aurons, du point de vue travail/émancipation/succès/prestige, une année au cours franchement saturnien et non jupitérien. Il en va de même si nous mettons Saturne et Jupiter en Maison VII, II et ainsi de suite.

Je m'arrête là, mais ce file demeure un file *temporaire*.

30.
Bibliographie astrologique essentielle

- **AA.VV.**, *Articoli apparsi sul trimestrale* Ricerca '90 *dal 1990 al 2008*, Edizione Ricerca '90, pagg. 128

- **AA.VV.**, *Numero speciale (45-46) universitario de* l'astrologue, Éditions Traditionnelles, Parigi

- **John M. Addey**, *Ritmi armonici in astrologia*, Elefante ed., Catania, 1979, pagg. 352

- **Antonino Anzaldi - Luigi Bazzoli**, *Dizionario di Astrologia*, BUR, Milano, 1988, Dizionario Definizioni, pagg. 470

- **Francesco Aulizio & Domenico Cafarello**, *Considerazioni preliminari su un nuovo modo di studiare l'astrologia*, Cattedra di Storia della Medicina dell'Università di Bologna, Edizioni Capone, Torino

- **André Barbault - H. Latou - B. Rossi - G. Simon - Kepler**, Editions Traditionnelles (N. 52 de "l'astrologue"), Parigi

- **André Barbault e Autori Vari**, *Soleil & Lune en Astrologie*, Publications du Centre International d'Astrologie, Paris, 1953, pagg. 280

- **André Barbault**, *Ariete (Belier)*, La Salamandra, Milano, 1985, Monografia Segni, pagg. 160

- **André Barbault**, *Astrologia e orientamento professionale* (*Astrodiagnostic d'orientation professionnelle*), Edizioni Ciro Discepolo, Napoli, 1984, Monografia Professioni, pagg. 93

- **André Barbault**, *Astrologia mondiale* (*l'Astrologie Mondiale*), Armenia, Milano, 1980, Saggio Astrologia Mondiale, pagg. 272

- **André Barbault**, *Dalla psicanalisi all'astrologia* (*De la psychanalyse à l'astrologie*), Morin, Siena, 1971, pagg. 224

- **André Barbault**, *Giove & Saturno* (*Jupiter & Saturne*), Edizioni Ciro Discepolo, Napoli, 1983, pagg. 214

- **André Barbault**, *Il pronostico sperimentale in astrologia* (*Le pronostic expérimental en astrologie*), Mursia, Milano, 1979, pagg. 210

- **André Barbault**, *La Précession des Équinoxes et l'Astrologie*, Centre International d'Astrologie, Paris, 1972, pagg. 32

- **André Barbault**, *Astrologie, Symboliques, Calculs, Interprétations*, Seuil, Paris, 2005, pagg. 769

- **André Barbault**, *L'astrologia e la previsione dell'avvenire* (*La prévision de l'avenir par l'astrologie*), Armenia, Milano, 1993, pagg. 308

- **André Barbault**, *L'astrologia e l'avvenire del mondo* (*L'avenir du monde selon l'astrologie*), Xenia, Milano, 1996, Saggio Previsioni, pagg. 212

- **André Barbault**, *Toro (Taureau)*, La Salamandra, Milano, 1985, Monografia Segni, pagg. 153
- **André Barbault**, *Trattato pratico di astrologia* (Traité pratique d'astrologie), Morin, Siena, 1967, pagg. 317
- **Armand Barbault**, *Technique de l'interprétation*, Dervy Livres, Croissy-Beaubourg, 1991
- **Barbault & C.**, *La luna nei miti e nello zodiaco* (*La Lune dans les signes du zodiaque*), Nuovi Orizzonti, Milano, 1989, Monografia Pianeti, pagg.190
- **Enzo Barillà & Ciro Discepolo**, *Astrologia: sì e no*, Edizioni Ricerca '90, Napoli, 1994, pagg. 240
- **Angelo Brunini**, *L'avvenire non è un mistero*, edito dall'Autore, Roma, 1964, pagg. 528
- **Federico Capone**, *Astronomia oroscopica*, Edizioni Capone, Torino, 1977, pagg. 112
- **Federico Capone**, *Dizionario Astrologico*, Edizioni Capone, Torino, 1978, Dizionario Definizioni, pagg. 224
- **Charles E.O. Carter**, *An Introduction to Political Astrology*, Fowler, London, 1951, pagg. 104
- **Charles E.O. Carter**, *The Astrological Aspects*, Fowler, London, 1930, pagg. 160
- **Charles E.O. Carter**, *The Astrology of Accidents*, The Theosophical Publishing House Ltd., London, data di pubblicazione sconosciuta, pagg. 124
- **Charles E.O. Carter**, *The Principles of Astrology*, The Theosophical Publishing House Ltd., London, 1925, pagg. 190
- **Marco Celada**, *Articoli Vari*, Ricerca '90, Edizioni Ricerca '90, Napoli, 1990-2008
- **Yves Christiaen**, *La Domification*, Dervy Livres, Paris, 1978, pagg. 40
- **Nicholas De Vore**, *Encyclopedia of Astrology*, Littlefield Adams and Co., New Jersey, U.S.A. 1977
- **Arato Di Soli**, *I fenomeni ed i pronostici*, Arktos, Torino, 1984, Poema Astrologia Antica, pagg. 120
- **Ciro Discepolo & Andrea Rossetti**, *Astro & Geografia*, Blue Diamond Publisher, Milano, 1996, pagg. 102
- **Ciro Discepolo & Autori vari**, *Osservazioni politematiche sulle ricerche Discepolo/Miele*, Edizioni Ricerca '90, Napoli, 1992, pagg. 196
- **Ciro Discepolo & Autori vari**, *Per una rifondazione dell'astrologia o per il suo rifiuto*, Edizioni Ricerca '90, Napoli, 1993, pagg. 200
- **Ciro Discepolo & Francesco Maggiore**, *Elementi di astrologia professionale*, Blue Diamond Publisher, Milano, 1996, Manuale Professioni, pagg. 93
- **Ciro Discepolo & Francesco Maggiore**, *Introduzione alla sinastria*, Blue Diamond Publisher, Milano, 1996, pagg. 106
- **Ciro Discepolo & Luigi Galli**, *Supporto tecnico alla pratica delle Rivoluzioni solari mirate*, Blue Diamond Publisher, Milano, 2000, pagg. 136*

BIBLIOGRAPHIE ASTROLOGIQUE ESSENTIELLE

- **Ciro Discepolo**, *Astrologia applicata*, Armenia, Milano, 1988, pagg. 294
- **Ciro Discepolo**, *La ricerca dell'ora di nascita*, Edizioni Ricerca '90, Napoli, 1994, pagg. 64*
- **Ciro Discepolo**, *Astrologia Attiva*, Edizioni Mediterranee, Roma, 1998, pagg. 144*
- **Ciro Discepolo**, *Come scoprire i segreti di un oroscopo*, Albero ed., Milano, 1988, pagg. 253
- **Ciro Discepolo**, *Esercizi sulle Rivoluzioni solari mirate*, Blue Diamond Publisher, Milano, 1996, pagg. 96*
- **Ciro Discepolo**, *Guida ai transiti* (prima e seconda edizione), Armenia, Milano, 1984, pagg. 510*
- **Ciro Discepolo**, *Il sale dell'astrologia*, Edizioni Capone, Torino, 1991, pagg. 144
- **Ciro Discepolo**, *Nuova guida all'astrologia*, Armenia, Milano, 2000, pagg. 818*
- **Ciro Discepolo**, *Nuovo dizionario di astrologia*, Armenia, Milano, 1996, pagg. 394*
- **Ciro Discepolo**, *Nuovo trattato delle Rivoluzioni solari*, Armenia, Milano, 2003, pagg. 216*
- **Ciro Discepolo**, *Piccola guida all'astrologia*, Armenia, Milano, 1998, pagg. 200
- **Ciro Discepolo**, *Programmi informatici ASTRAL*, a cura dell'Autore e di Luigi Miele, Napoli 1979-2003
- **Ciro Discepolo**, *Prontuario calcoli*, Edizioni Capone, Torino, 1979, pagg. 72
- **Ciro Discepolo**, *Quattro cose sui compleanni mirati*, Blue Diamond Publisher, Milano, 2001, pagg. 104*
- **Ciro Discepolo**, *Traité complet d'interprétation des transits et des Révolutions solaires en astrologie*, Éditions Traditionnelles, Paris, 2001, pagg. 502*
- **Ciro Discepolo**, *Transiti e Rivoluzioni solari*, Armenia, Milano, 1997, pagg. 502*
- **Ciro Discepolo**, *Trattato pratico di Rivoluzioni solari*, Edizioni Ricerca '90, Napoli, 1993, pagg. 208*
- **Ciro Discepolo**, *Vari volumi di effemeridi*, Editori Vari
- **Ciro Discepolo**, *Vari volumi di Tavole delle Case*, Editori Vari
- **Ciro Discepolo**, *- Ci siamo con la datazione informatica degli avvenimenti?*, Edizioni Ricerca '90 - 168 pp., 2007*
- **Ciro Discepolo**, *- 365 nap alatt a Föld körül a szolárhoroszkóppal*, Edizioni DFT Húngaria - 190 pagine in formato B5, maggio 2006*
- **Ciro Discepolo**, *Temelji medicinske astrologije: osnove za razumevanje clovekove patologije s pomocjo nebesnih teles*, Edizioni Zalo•ba Astrološkega inštituta, Ljubljana, 262 pagg., 2007*
- **Ciro Discepolo**, *I Fondamenti dell'Astrologia Medica*, Armenia, Milano - 246 pagine - fine gennaio 2006*
- **Ciro Discepolo**, *L'Interpretazione del tema natale*, Milano, Armenia - 336 pagine - settembre 2007*

- **Ciro Discepolo**, *Transits and Solar Returns*, Napoli, Ricerca '90 Publisher, 560 pagg., settembre 2007*

- **Ciro Discepolo**, Edizione russa del "Nuovo Trattato delle Rivoluzioni solari", primavera 2008*

- **Ciro Discepolo**, - *Enquête sur l'hérédité astrale* - Statistiques Numéro 67 - 1984 de *l'astrologue* - Parigi, Éditions Traditionnelles

- **Ciro Discepolo**, - Numéro 75 - 1986 de *l'astrologue* - Éditions Traditionnelles - *Statistique sur 834 nominations ministérielles* - Statistiques

- **Ciro Discepolo**, - *Nouvelle recherche sur l'hérédité astrale* - Statistiques Numéro 106 - 1994 de *l'astrologue* - Parigi, Éditions Traditionnelles -

- **Ciro Discepolo**, *L'Hérédité astrale sur 50000 naissances* - Statistiques Numéro 125 - 1999 de *l'astrologue* - Parigi, Éditions Traditionnelles - *Astrologie activiste* - Réflexions sur l'astrologie

- **Reinhold Ebertin**, *Cosmobiologia: la nuova astrologia*, Edizioni C.E.M., Napoli, 1982, pagg. 208

- **Michael Erlewine**, *Manual of Computer Programming for Astrologers*, American Federation of Astrologers, Tempe (Arizona), 1980, pagg. 215

- **Hans J. Eysenck - S. Mayo - O. White**, *Un metodo empirico sul rapporto tra fattori astrologici e personalità*, Linguaggio astrale, Torino, 1981 n. 42

- **Serena Foglia**, *Prolusione al convegno di studi astrologici tenutosi a Napoli nel 1979*, Linguaggio Astrale, Torino, n. 37

- **H. Freiherr Von Klockler**, *Corso di astrologia*, ed. Mediterranee, Roma, 1979

- **Luigi Galli & Ciro Discepolo**, *Atlante geografico per le Rivoluzioni solari*, Blue Diamond Publisher, Milano, 2001, pagg. 136*

- **Luigi Galli & Ciro Discepolo**, *Geographical Atlas for the Solar Returns*, Edizioni Ricerca '90, Napoli, 2008, pagg. 138*

- **Luigi Galli**, *Articoli Vari*, Ricerca '90, Edizioni Ricerca '90, Napoli, 1990-2008

- **Michel & Françoise Gauquelin**, *Actors & politicians*, Laboratoire d'étude des relations entre rythmes cosmiques et psychophysiologiques, Parigi, 1970

- **Michel Gauquelin**, *Il dossier delle influenze cosmiche*, Astrolabio, Roma, 1975, pagg. 232

- **Michel Gauquelin**, *La Cosmopsychologie*, Retz, Paris, 1974, pagg. 256

- **Michel Gauquelin**, *L'astrologia di fronte alla scienza*, Armenia, Milano, 1981, Saggio Statistica, pagg. 312

- **Michel & Françoise Gauquelin**, *Méthodes pour étudier la répartition des astres dans le mouvement diurne*, Gauquelin ed., Parigi, 1970

- **Michel & Françoise Gauquelin**, *Painters and musicians*, Laboratoire d'étude des relations entre rythmes cosmiques et psychophysiologiques, Parigi, 1970

- **Françoise Gauquelin**, *Problèmes de l'heure risolus en astrologie*, Guy Trédaniel

BIBLIOGRAPHIE ASTROLOGIQUE ESSENTIELLE 463

- **Michel Gauquelin**, *Ritmi biologici e ritmi cosmici*, Faenza spa, Faenza, 1976, Saggio Cicli e Statististica, pagg. 226

- **Luigi Gedda & Gianni Brenci**, *Cronogenetica-Est*, Mondadori, Milano, 1974

- **Sergio Ghivarello**, *La realtà al di là dell'astrologia*, Edizioni Capone, Torino

- **Sergio Ghivarello**, *L'astrologia e la teoria dei cicli nel quadro dei fenomeni ondulatori*, C.I.D.A. ed., Torino, 1974

- **Sergio Ghivarello**, *Lo zodiaco siderale e le costellazioni boreali*, C.I.D.A. ed., n. 43/44/45, Torino, 1981

- **Sergio Ghivarello**, *Verso una scienza alternativa*, Linguaggio Astrale n. 37, Torino, 1979

- **Henri J. Gouchon e Jean Reverchon**, *Dictionnaire Astrologique - Supplément Technique*, H. Gouchon Éditeur, Paris, 1947, pagg. 40

- **Henri J. Gouchon**, *Dizionario di astrologia*, Siad ed., Milano, 1980

- **Henri J. Gouchon**, *Les Directions Primaires Simplifiées*, Éditions Traditionnelles, Paris, 1970, circa 150 pagg.

- **Henri J. Gouchon**, *L'Horoscope Annuel Simplifié*, Dervy Livres, Paris, 1973, pagg. 214

- **Hadès**, *Guide pratique de l'interprétation en Astrologie*, Éditions Niclaus, Paris, 1969, pagg. 228

- **Robert Hand**, *I transiti*, Armenia, Milano, 1982, Monografia Transiti, pagg. pagg. 512

- **Eujen Jonas**, *Articoli Vari*, Ricerca '90, Edizioni Ricerca '90, Napoli, 1990-2008

- **Eugen Jonas**, *Il controllo naturale del concepimento*, Blue Diamond Publisher, Milano, 1995, Saggio Concepimento, pagg. 76

- **Helene Kinauer Saltarini**, *Bioritmo*, Siad ed., Milano, 1977

- **George C. Noonan**, *Spherical Astronomy for Astrologers*, American Federation of Astrologers, Washington D.C., 1974, pagg. 62

- **Tommaso Palamidessi**, *Astrologia mondiale*, Archeosofica P., Roma, 1941, Manuale Astrol. Mondiale, pagg. 588

- **Johanna Paungger & Thomas Poppe**, *La Luna ci insegna a star bene*, Frasnelli - Keitsch, Bolzano, 1995, pagg. 260

- **Johanna Paungger & Thomas Poppe**, *Servirsi della Luna*, Frasnelli - Keitsch, Bolzano, 1995, pagg. 166

- **Mariagrazia Pelaia**, *Articoli Vari*, Ricerca '90, Edizioni Ricerca '90, Napoli, 1990-2008

- **Andrea Rossetti**, *Articoli Vari*, Ricerca '90, Edizioni Ricerca '90, 1990-2008

- **Andrea Rossetti**, *Breve trattato sui transiti*, Blue Diamond Publisher, Milano, 1994, Manuale Transiti, pagg. 125

- **Andrea Rossetti**, *Transiti, rivoluzioni solari e dasa indù*, Blue Diamond Publisher, Milano, 1997, Saggio Previsioni, pagg. 188

- **Alexander Ruperti**, *I cicli del divenire*, Astrolabio, Roma, 1990, Manuale Transiti, pagg. 301
- **Frances Sakoian and Louis Acker**, *Transits of Jupiter*, CSA Printing and Bindery Inc., USA, 1974, pagg. 72
- **Frances Sakoian and Louis Acker**, *Transits of Saturn*, CSA Printing and Bindery Inc., USA, 1973, pagg. 76
- **Frances Sakoian and Louis Acker**, *Transits of Uranus*, CSA Printing and Bindery Inc., USA, 1973, pagg. 78
- **Vanda Sawtell**, *Astrology & Biochemistry*, Rustington (Sussex, England), pagg. 86
- **Françoise Secret**, *Astrologie et alchimie au XVII siecle*, Studi francesi, Nuova serie, vol. 60, fascicolo 3
- **Nicola Sementovsky Kurilo**, *Trattato completo di astrologia teorico e pratico*, Hoepli ed., Milano, 1989
- **Heber J. Smith**, *Transits*, American Federation of Astrology, Tempe (Arizona), data di pubblicazione sconosciuta, pagg. 42
- **Kichinosuke Tatai**, *I bioritmi*, ed. Mediterranee, Roma,
- **George S. Thommen**, *Bioritmi*, Cesco Ciapanna ed.
- **Claudio Tolomeo**, *Descrizione della sfera celeste*, Arnaldo Forni, Bologna, 1990, Monografia Astronomia, pagg. 96
- **Claudio Tolomeo**, *Tetrabiblos, Le previsioni astrologiche*, Mondadori, Milano, 1985, Manuale Astrologia Antica, pagg. 490
- **Claudio Tolomeo**, *Tetrabiblos*, Arktos, Carmagnola, 1980
- **Claudio Tolomeo**, *Tetrabiblos*, Arktos, Torino, 1979, Manuale Astrologia Antica, pagg. 270
- **Alexander Volguine**, *Tecnica delle rivoluzioni solari*, Armenia, Milano, 1980, Monografia Rivol. Solari, pagg. 226
- **Herbert Von Klockler**, *Astrologia, scienza sperimentale*, Mediterranee, Roma, 1993, Manuale Segni e Case, pagg. 183
- **Ritchie R. Ward**, *Gli orologi viventi*, Bompiani, Milano, 1973
- **Lyall Watson**, *Supernatura*, Rizzoli ed, Milano, 1974
- **David Williams**, *Simplified Astronomy for Astrologers*, American Federation of Astrologers, Washington D.C., 1969, pagg. 90

* Textes traitant, en partie ou en grande partie, le thème des Révolutions Solaires et des Réolutions lunaires.

Sommaire

Préface .... pag. 7
1. Trente bonnes règles .... pag. 11
2. Transits du Soleil .... pag. 19
3. Les transits de la Lune .... pag. 49
4. Les Transits de Mercure .... pag. 79
5. Les transits de Vénus .... pag. 113
6. Transits de Mars .... pag. 143
7. Les transits de Jupiter .... pag. 177
8. Les transits de Saturne .... pag. 207
9. Les transits d'Uranus .... pag. 241
10. Transit de Neptune .... pag. 273
11. Transits de Pluton .... pag. 305
12. Les Maisons de Révolution .... pag. 335
13. Les astres dans les Maisons de Révolution .... pag. 351
14. Lune de Révolution dans les Maisons .... pag. 353
15. Mercure de Révolution dans les Maisons .... pag. 357
16. Vénus de Révolution dans les Maisons .... pag. 361
17. Mars de Révolution dans les Maisons .... pag. 367
18. Jupiter de Révolution dans les Maisons .... pag. 373
19. Saturne de Révolution dans les Maisons .... pag. 379
20. Uranus de Révolution dans les Maisons .... pag. 385
21. Neptune de Révolution dans les Maisons .... pag. 389
22. Pluton de Révolution dans les Maisons .... pag. 393
23. Indice de Dangerosité de l'année .... pag. 397
24. Exemples de graphiques .... pag. 399

Postface
25. Préface à la deuxième édition française .... pag. 431
26. Prévisions : pourquoi oui .... pag. 435

27. La question de la santé .... pag. 439
28. Que faire lorsque l'on ne peut pas partir .... pag. 449
29. Les résultats des dernières recherches .... pag. 453
30. Bibliographie astrologique essentielle .... pag. 459

Copyright © 2008 Edizioni Ricerca '90
Viale Gramsci, 16 - 80122 - Napoli - Italie

www.ingramcontent.com/pod-product-compliance
Lightning Source LLC
Chambersburg PA
CBHW070528230426
43665CB00014B/1603